근대 한국학 교과서 총서

1

국어과

성신여대 인문융합연구소 편

Publishing Company

간행사

근대 한국학 교과서의 탄생

1.

근대 교과서는 당대 사회의 복잡한 사회・역사・정치・문화의 상황과 조건들의 필요에서 나온 시대의 산물이다. 한국 근대사는 반봉건과 반외세 투쟁 속에서 자주적인 변혁을 이루어야 했던 시기였고, 특히 1860년대부터 1910년에 이르는 시간은 반봉건・반외세 투쟁을 전개하면서 근대적 주체를 형성해야 했던 때였다. 주체의 형성은 근대사에서 가장 중요한 과제였는 바, 그 역할의 한 축을 담당한 것이 근대 교육이다.

근대 초기 교과서 개발은 1876년 개항 이후 도입된 신교육 체제를 구현하기 위한 구체적인 과제였다. 교과서가 없이는 신교육을 실행할 수 없었기 때문에 개화정부는 교육개혁을 시행하면서 우선적으로 교과서 개발을 고려한다. 갑오개혁에 의해 각종 학교의 관제와 규칙이 제정되고 이에 따라 근대적 형태의 교육과정이 구성되는데, 교육과정이 실행되기 위해서는 교육내용을 전하는 교과서를 먼저 구비해야 했다. 당시 교과서 편찬을 관장했던 기구는 '학부(學部) 편집국'이다. 편집국은 일반도서와 교과용 도서에 관한 업무를 관장해서 ① 도서의 인쇄, ② 교과용 도서의 번역, ③ 교과용 도서의 편찬, ④ 교과용 도서의 검정, ⑤ 도서의 구입・보존・관리 등의 사무를 맡았다. 학부는 교과서의 시급성을 감안하여 학부 관제가 공포된지 불과 5개월만인 1895년 8월에 최초의 근대 교과서라 할 수 있는 『국민소학독본』을 간행하였고, 이후 『소학독본』(1895)과 『신정심상소학』(1896) 등을 연이어 간행해서 1905년까지 40여 종의 교과서를 출간하였다.

학부 간행의 교과서는 교육에 의한 입국(立國) 의지를 천명한 고종의 '교육조서'(1895,2)에 의거해서 이루어졌다. 교육조서는 ① 교육은 국가 보존의 근본이고, ② 신교육은 과학적 지식과 신학문과 실용을 추구하는 데 있고, ③ 교육의 3대 강령으로 덕육(德育)・체육(體育)・지육(智育)을 제시하고, ④ 교육입국의 정신을 들어 학교를 많이 설립하고 인재를 길러내는 것이 곧 국가 중흥과 국가보전에 직결된다는 것을 천명하였다. 이는 오늘날의 바람직한 국민상을 육성하기 위한 교육 목표와 동일한 것으로, 이런 취지를 바탕으로 학부는 신학문의 흡수와 국민정신의 각성을 내용으로 하는 교재를 다수 출간한다. 학부는 『조선역사』, 『태서신사』, 『조선지지』, 『여재촬요』, 『지구약론』, 『사민필지』, 『숙혜기략』, 『유몽휘편』, 『심상소학』, 『소학독본』, 『서례수지』, 『동국역사』, 『동국역대사략』, 『역사집략』, 『조선역사』 등 역사와 지리, 수신과 국어 교과서를 연속해서 간행했는데, 특히 역사와 지리 교과서가 다수 출판된 것을 볼 수 있다.

이 시기 교과서를 제대로 이해하기 위해서는 우선 교과서 편찬 주체가 누구인가를 알아야 한다. 불과 두세 달의 시차를 두고 간행되었지만 교과의 내용과 정치적 입장, 역사 인식 등에서 큰 차이를 보이는 『국민소학독본』과 『신정심상소학』을 비교해봄으로써 그런 사실을 알 수 있다.

『국민소학독본』이 간행된 1895년 전후의 시기는 민비와 대원군을 둘러싼 갈등과 대립이 극에 달했던 때였다. 『국민소학독본』은 박정양이 총리대신으로 있던 시기에 간행되었는데, 당시 교과서 편찬의 실무는 이상재(학부참서관), 이완용(학부대신), 윤치호(학부협판) 등 친미·친러파 인사들이 맡았다. 그런 관계로 『국민소학독본』에는 일본 관련 글은 거의 없고 대신 미국과 유럽 관련 글들이 대부분을 차지한다. 전체 41과로 구성되어 우리의 역사와 인물, 근대생활과 지식, 서양 도시와 역사와 위인을 다루었는데, 미국 관련 단원이 10과에 이른다. 그런데, 『신정심상소학』은 민비가 시해되고 대원군이 집권하면서 김홍집이 총리대신으로 있던 시기에 간행되었다. 친일 내각의 등장과 함께 일제의 개입이 본격화되어 책의 '서(序)'에는 일본인 보좌원 다카미 가메(高見龜)와 아사카와(麻川松次郎)가 관여한 사실이 소개되고, 내용도 일본 교과서인 『尋常小學讀本(신정심상소학)』을 그대로 옮겨놓다시피 했다. 근대적인 체계를 앞서 갖춘 일본의 교재를 참조한 것이지만, 일본인 명사 2명이 소개된 것처럼 교과 내용이 친일적으로 변해서 이전 교과서와는 상당히 다른 모습이다.

1906년 일제의 통감이 파견되고 일인 학정참정관이 조선의 교육을 장악하면서부터 교과서의 내용은 이전과 확연히 달라진다. 1906년 2월에 통감부가 서울에 설치되고 초대 통감으로 이토 히로부미(伊藤博文)가 부임해서 한국 국정 전반을 지휘·감독하였다. 일제는 교과서야말로 식민지 건설에 가장 영향력 있는 수단으로 간주해서 교과서 출판에 적극 개입하였다. 조선의 역사와 지리 그리고 국어과 교과서 출판에 대해서는 극심한 통제를 가했고, 한국인 출판업자가 출원하는 검정 교과서는 이른바 '정치적 사항에 문제가 있다' 하여 불인가 조치를 가하는 경우가 빈번하였다. 그 결과 한국사 및 한국 지리 교과서는 거의 간행되지 못하고, 대신 친일적인 내용의 교과서가 다수 간행된다. 1909년 5월에 보통학교용으로 『수신서』 4책, 『국어독본』 8책, 『일어독본』 8책, 『한문독본』 4책, 『이과서』 2책, 『도화 임본』 4책, 『습자첩』 4책, 『산술서』 4책이 출간된다. 이들 교과서에는 일본 관련 단원이 한층 많아져서, 『보통학교학도용 국어독본』(1907)에서 볼 수 있듯이, 우리나라와 일본의 국기가 나란히 걸린 삽화가 게재되고(1권 「국기」), 『일본서기』를 근거로 한 일본의 임나일본부설이 수록되며(6권 「삼국과 일본」), 심지어 세계 6대 강국이 된 군국주의 일본의 강성함을 선전하는 내용의 글(8권 「세계의 강국」)이 수록되기에 이른다.

민간인에 의한 교과서 출판은 을사늑약 이후 활발하게 이루어진다. 일제의 강압 아래 추진된 학부 간행의 교과서를 비판하면서 자주적 한국인 양성에 적합한 교과서를 편찬하고자 힘을 모으는데, 편찬의 주체는 민간의 선각이나 학회와 교육회였다. 이들은 교과서를 '애국심을 격발시키고 인재를 양성'하는 도구로 간주하였다. "학교를 설립하고 교육을 발달코자 할진데 먼저 그 학교의 정신부터 완전케 한 연후에 교육의 효력을 얻을지니 학교의 정신은 다름 아니라 즉 완전한 교과서에 있"다고 말하며, 학교가 잘 설비되어 있더라도 교과서가 "혼잡·산란하여 균일한 본국정신"을 담고 있지 못하다면 "쓸데없는 무정신교육"이 되어 국가에 별 이익이 없을 것이라고 주장했는데, 그것은 교과서가 "애국심을 격발케 하는 기계"(「학교의 정신은 교과서에 재함2」. 《해조신문》, 1908, 5.14.)라고 보았기 때문이다. 당시 민간 선각이나 학회들이 대대적으로 교과서 간행에 나선 것은 이런 배경을 갖고 있었다.

민간에서 간행된 최초의 교과서는 대한민국교육회의 『初等小學(초등소학)』(1906)이다. 당시 4년제인 보통학교의 전 학년이 배울 수 있도록 각 학년에 2권씩 모두 8권이 간행되었는데, 『초등소학』에서 무엇보다 두드러지는 것은 자주독립과 충절로 무장한 국민을 만들고자 하는 의지이다. 국가의 운명이 백척간두에 달한 현실에서 『초등소학』은 단군, 삼국시대, 영조, 세종, 성종 등 민족사의 성현들의 행적을 소환한다. 민족이란 발전하는 실체라기보다는 발생하는 현실이자 지속적으로 수행되고 또 다시 수행되는 제도적 정리 작업이라는 점에서 부단히 새롭게 규정될 수밖에 없는데, 『초등소학』은 그런 작업을 과거의 역사와 영웅적 인물들의 소환을 통해서 시도한다. 여기서 곽재우와 송상현, 조헌의 수록은 각별하다. 곽재우는 임진왜란 때 일제의 침략을 물리친 장군이고, 송상현 역시 동래부사로 있으면서 죽음으로 왜군을 막은 장수이며, 조헌은 일본군과 싸우다 금산성 밖에서 전사한 인물이다. 이들을 통해서 풍전등화의 민족적 위기를 극복하고자 하는 취지를 보여준다. 또, 『초등소학』에서 언급되는 한국사는 『大東歷史略(대동역사략)』의 내용을 그대로 집약한 것으로, 중국과의 관계에서 조선의 자주성이 강조되고 일본의 침략을 경계하는 내용이 주를 이룬다. 『대동역사략』은 신라가 마한의 뒤를 이어 삼국을 주도한, 한국사의 계통을 중화 중심에서 벗어나 자주적이고 주체적인 시각에서 서술하여 민족의 자부심을 고취시키고자 하는 취지를 갖고 있었다.

이런 내용의 『초등소학』을 시발로 해서 『유년필독』, 『몽학필독』, 『노동야학독본』, 『부유독습』, 『초등여학독본』, 『최신초등소학』, 『신찬초등소학』, 『초목필지』, 『초등국어어전』, 『윤리학 교과서』, 『초등소학수신서』, 『대한역사』, 『보통교과대동역사략』 등 수신과 역사, 지리 등의 교재들이 간행되었다.

사립학교의 대부분은 남학교였지만, 한편에서는 여성교육이 강조되고 여학교가 설립되기도 하였다. 1880년대부터 선교사들에 의하여 이화학당을 비롯한 여학교들이 설립되고, 민간에서도 1897년경 정선여학교가, 1898년에는 순성여학교가 설립되었다. 순성여학교를 설립한 찬양회는 여성단체의 효시로 여성의 문명개화를 위하여 여학교를 설립하였다. 이들 여학생을 위해서 각종 여학생용 교과서가 간행된다. 『녀ᄌᆞ쇼학슈신셔』, 『부유독습』, 『초등여학독본』 등의 교과서에서는, 여성이 맺는 여성 혹은 남성과의 관계에서 동등한 지위를 차지해야 한다는 담론이 등장하고, 유교적·전통적 성격의 여성상과 기독교적·서구적 성격의 여성상이 일정 수준 이상으로 혼재하고, 국모(國母)의 양성이 강조된다.

2.

『근대 한국학 교과서 총서』에는 총 54종 133권이 수록되었다. 여기서 교과서를 국어과, 수신과, 역사과, 지리과로 나누어 배치한 것은 다분히 편의적인 것이다. 근대적 의미의 교과(敎科)가 분화되기 이전에 간행된 관계로 개화기 교과서는 통합교과적인 특성을 갖고 있다. 특히 국어와 수신 교과서는 내용이 중복되어 분간이 어려울 정도이다. 그럼에도 교과를 나눈 것은 다음과 같은 최소 기준에 의한 것이다.

'국어과'는, 교재의 제명이 독본(讀本), 필독(必讀), 필지(必知), 독습(讀習), 보전(寶典), 작문(作文) 등 다양하게 나타나지만, 당대의 문화, 역사, 정치, 경제적 정체성을 '국어'로 반영했다는 데서 국어과로 분류하였다. 당시 국어과 교과서는 "다른 교과목을 가르칠 때에도 항상 언어 연습을 할 수 있도록 하고, 글자를 쓸 때에도 그 모양과 획순을 정확히 지키도록 지도"(보통학교령, 1906) 하는 데 초점을 두었다. 근대지의 효율적인 생산과 유통에서 무엇보다 긴절했던 것은 '국어'에 대한 인식과 국어 사용 능력의 제고였다. 『신정심상소학』, 『보통학교학도용 국어독본』, 『최신 초등소학』 등 이 시기 대다수의 국어 교과서가 앞부분에서 국어 자모나 어휘와 같은 국어 · 국자 교육을 실행한 까닭은 근대적 지식을 용이하게 전달하기 위한 교육적 필요 때문이었다.

'윤리과'는 '수신(修身)'이라는 제명을 가진 교과서를 묶었다. 학부에서 발간을 주도한 수신과 교과서는 대체로 초등학교용에 집중되어 있고, 중등학교용이나 여학교용은 이 영역에 관심이 있던 민간단체나 개인이 주로 발간하였다. 수신과 교과서는 발간의 주체가 다양했던 관계로 교과서의 내용이나 전개 방식이 다채롭다. 역사에서 뛰어난 행적을 남긴 인물들의 사례를 연령대별로 모아 열거한 경우도 있고(『숙혜기략』), 근대적 가치를 포함시키고 삽화에 내용 정리를 위한 질문까지 곁들인 경우도 있으며(『초등소학 수신서』), 당시 국가가 처한 위기 상황과는 맞지 않게 일제의 영향으로 충군과 애국 관련 내용을 소략하게 수록한 경우도(『보통학교학도용 수신서』) 있다. '중등학교용' 수신과 교과서는, '초등학교용'에 비해 다채로운 방식으로 내용이 전개되지는 않지만 교과서 발간 주체들이 전통적 가치와 대한제국으로 유입되던 근대적 가치들을 조화시키기 위해 노력한 흔적을 보여준다. 또한 발간 시기가 1905년 을사늑약 이후로 집중되어 있어서인지 전체적으로 교과서 내용의 수준이 심화되고 분량도 늘어나는 가운데 충군과 애국 관련 내용이 증가하고, 그 표현의 어조도 한층 강화된 것을 볼 수 있다.

'지리과'는 '지리(地理), 지지(地誌)' 등의 제명을 갖는 교과서를 대상으로 하였다. 지리과 교과서 역시 발행 주체에 따라 학부 간행과 민간 선각에 의한 사찬 교과서로 구분된다. 학부 교과서는 종류와 승인 · 보급된 수량이 적고 특히 을사늑약 이후 일본의 식민치하에서는 발행이 매우 제한적이었다. 1895년 학부 간행의 『조선지지』는 우리나라 최초의 지리 교과서로, 조선의 지정학적 위치를 설명한 뒤, 한성부에서 경성부에 이르는 전국의 23부를 원장부전답 · 인호 · 명승 · 토산 · 인물 등으로 구분·기재하였다. 반면에 민간 선각들에 의한 발행은 일본의 교육 식민화를 저지하기 위한 목적에서 간행된 다양한 특성의 교과서들이다. 이 시기에는 세계지리를 다룬 만국지리 교과서의 발행이 증가하였는데, 세계 대륙과 대양의 위치 및 관계를 서술하고, 사회 진화 정도(야만, 미개, 반개, 문명)에 따라 세계 지역을 구분하는 등 사회진화론적 인식체계를 보여주었다. 『초등만국지리대요』에서는 '청국 남자는 아편을 좋아하고, 한족 부녀는 전족을 한다'는 부정적 서술이 있는 등 중국 중심의 유교적 철학과 사대주의적 관념에서 벗어나 문명 부강을 추구하는 서구적 문명관으로 재편되고 있음을 볼 수 있다.

'역사과'는 학부에서 발행한 관찬 사서 6권과 사찬 사서 20권으로 대별된다. 관찬 사서 6권은 모두 갑오개혁기(1895)와 대한제국기(1899)에 발행되었고, 사찬 사서 20권은 계몽운동기(1905~1910)에 발행되었다. 갑오개혁기 교과서에서는 모두 '大朝鮮國 開國 紀元'이라는 개국 기원을 사용해 자주독립 의식을 표현하고 있는 점이 특징이다. 하지만 자주와 독립의 의미를 강조하면서도 개국과 근대화 과정에서 일본의 역할과 관계를 강조하는 시각이 투사되어 있다. 교과서에 대한 통제가 본격화된 통감부 시기에 간행된 교과서에는 일제의 사관이 한층 깊이 개입된다. 현채의 『중등교과 동국사략』의 경우, 일본 다이스케 하야시의 『朝鮮史(조선사)』(1892)의 관점을 수용해서 개국과 일본에 의한 조선 독립이라는 내용이 삽입되어 있다. 이후 발행된 다양한 자국사 교과서들 역시 비슷한 관점에서 서술된다. 외국사 교과서는 1896년에 발행된 『萬國略史(만국약사)』부터 1910년에 발행된 『西洋史教科書(서양사교과서)』까지 모두 유사한 관점으로 되어 있다. 제국주의 침략에 맞서 문명개화 노선으로 부국강병을 꾀하려는 의도를 담고 있지만, 문명개화국과 그렇지 않은 국가 간의 우열을 그대로 드러내는 사회진화론적 관점을 보여서 세계 각 나라를 야만→미개→반개→문명으로 나누어 서술하였다. 유럽은 문명을 이룩하여 강대국이 되었으나, 조선은 반개(半開)의 상태로 야만과 미개는 아니지만 문명에는 미달한다고 서술한 것을 볼 수 있다.

3.

그동안 근대 교과서에 대한 관심이 적었던 것은 교과서 자체가 온전한 형태로 복원되지 못했기 때문이다. 여기저기 자료들이 산재해 있었고, 그것의 내역과 계통을

파악하지 못한 경우가 많았다. 그러다 보니 학계의 관심 또한 저조하기 이를 데 없었다. 이에 필자는 근대 교과서를 조사하고 체계화하여 이렇게 그 일부를 공간한다. 상태가 온전하지 못하고 결락된 부분도 있지만, 지금 상황에서 최선을 다한 것임을 밝힌다. 이들 자료는 국립중앙도서관, 국회도서관, 서울대 중앙도서관, 규장각도서관, 고려대 도서관, 이화여대 도서관, 한국학중앙연구원 한국학도서관, 세종대학교 학술정보원, 한국교육개발원, 제주 항일기념관, 한국개화기교과서총서(한국학문헌연구소편) 등등에서 취합하고 정리하였다. 작업에 협조해 준 관계자분들께 감사를 표하며, 아울러 본 총서 간행을 가능케 한 한국학중앙연구원의 지원에 감사를 드린다.

영인본의 명칭을 『근대 한국학 교과서』라 칭한 것은 다양한 내용과 형태의 교과서를 묶기에 적합한 말이 '한국학(Koreanology)'이라고 생각한 때문이다. 한국학이란 범박하게 한국에 관한 다양한 분야에서 한국 고유의 것을 연구・계발하는 학문이다. 구체적 대상으로는 언어, 역사, 지리, 정치, 경제, 사회, 문화 등 제 분야를 망라하지만, 여기서는 국어, 역사, 지리, 윤리로 교과를 제한하였다. 이들 교과가 근대적 주체(한국적 주체) 형성에 결정적으로 기여하였고, 그것이 이후의 복잡한 사회・역사・정치・문화의 상황과 길항하면서 오늘의 주체를 만들었다고 믿는다.

모쪼록, 이들 자료가 계기가 되어 교과서에 대한 다양한 관심과 연구가 촉발되기를 소망한다.

2022년 3월 1일
강진호

일러두기

- 수록 교과서는 총 54종 133권이고, 각 권에 수록된 교과서 목록은 아래와 같다.
- 국어과 · 윤리과 · 역사과 · 지리과의 구분은 편의상의 분류이다.
- 『초등국어어전』은 1, 3권은 개정본이고, 2권은 초판본이다.
- 『해제집』(10권)은 개화기와 일제강점기 교과서 전반을 망라한 것이다.
- 개화기와 일제강점기 교과서 목록은 10권 말미에 첨부한다.

교과	권	수록 교과서
국어과 (20종 48권)	1	국민소학독본(1895), 소학독본(1895), 신정심상소학(3권)(1896), 고등소학독본(2권)(1906), 최신초등소학(4권)(1906), 초등소학(1906), 보통학교학도용 국어독본(7권)(1907)(7권 결)
	2	유년필독(4권)(1907), 유년필독석의(2권)(1907), 초등여학독본(1908), 노동야학독본(1908), 부유독습(2권)(1908)
	3	초목필지(2권)(1909), 신찬초등소학(6권)(1909), 몽학필독(1912), 초등작문법(1908), 개정초등국어어전(3권)(1910), 대한문전(1909), 보통학교학도용 한문독본(4권)(1907), 몽학한문초계(1907)
윤리과 (12종 31권)	4	숙혜기략(1895), 서례수지(규장각본), 서례수지(한문본, 1886), 서례수지(한글, 1902), 보통학교학도용 수신서(4권)(1907), 초등소학(8권)(1906), 초등윤리학교과서(1907), 초등소학수신서(1908)
	5	여자독본(2권)(1908), 초등여학독본(1908), 여자소학수신서(1909), 중등수신교과서(4권)(1906), 고등소학수신서(1908), 윤리학교과서(4권)(1906)
역사과 (9종 36권)	6	조선역사(3권)(1895), 조선역대사략(3권)(1895), 동국역대사략(6권)(1899), 초등대한역사(1908), 초등본국역사(1908),
	7	역사집략(11권)(1905), 보통교과 동국역사(5권)(1899), 중등교과 동국사략(4권)(1906), 초등본국약사(2권)(1909)
지리과 (13종 18권)	8	조선지지(1895), 소학만국지지(1895), 지구약론(1897), 한국지리교과서(1910), 초등대한지지(1907), 최신초등대한지지(1909), 대한신지지(2권)(1907), 문답대한신지지(1908), 여재촬요(1894)
	9	(신정)중등만국신지지(2권)(1907), 사민필지(한글본)(1889), 사민필지(한문본)(1895), 중등만국지지(3권)(1902), 신편대한지리(1907)
해제집	10	근대 교과서 해제

목차

국민소학독본

(國民小學讀本)

을싯고重稅를收ᄒᆞ야英國政府의뜻을ᄆᆞᆺ초랴ᄒᆞ니米人이그助暴홈을憤ᄒᆞ야各港口를封ᄒᆞ야入港을못ᄒᆞ게ᄒᆞ고버스면人民이밤을ᄐᆞ서그裝載ᄒᆞᆫ茶葉三百四十二櫃을海中에다播棄ᄒᆞ얏더니英人이맛ᄎᆞᆷ니그罪를다ᄉᆞ려ᄇᆞ스면港을封鎖ᄒᆞ니於是에禍機가漸漸깁허장ᄎᆞᆺ平和를保全치못ᄒᆞ더라

亞米利加獨立二

一千七百七十四年英祖五十年九月初四日에米人十三邦의紳董이히라델히아ᄯᅡ에相會ᄒᆞ야英王의게班師홈을奏請ᄒᆞᆫᄃᆡ英王이大怒ᄒᆞ야오히려侵擾ᄒᆞ니於是에衆人이議戰호ᄃᆡ議論이未決이어ᄂᆞᆯ顯理라ᄒᆞᄂᆞᆫ者ㅣ厲聲ᄒᆞ야曰今日에獨立지못ᄒᆞ면ᄒᆞᆫ번死홈이잇슬ᄲᅮᆫ이라다시多言치말나ᄒᆞ니音吐ㅣ洪鍾갓더라衆人이맛ᄎᆞᆷ니開戰을決議ᄒᆞ니米人이各處에蜂起ᄒᆞ야英兵으로더브러大戰이七十餘回요小戰은無筭이라衆人이華盛頓을推戴ᄒᆞ야元帥를삼고各處에轉戰ᄒᆞ니米兵의多數ᄂᆞᆫ民兵이오糧食이며彈丸이넉넉지못ᄒᆞ야幾回大敗에자못覆滅ᄒᆞ얏다가다시回復ᄒᆞ

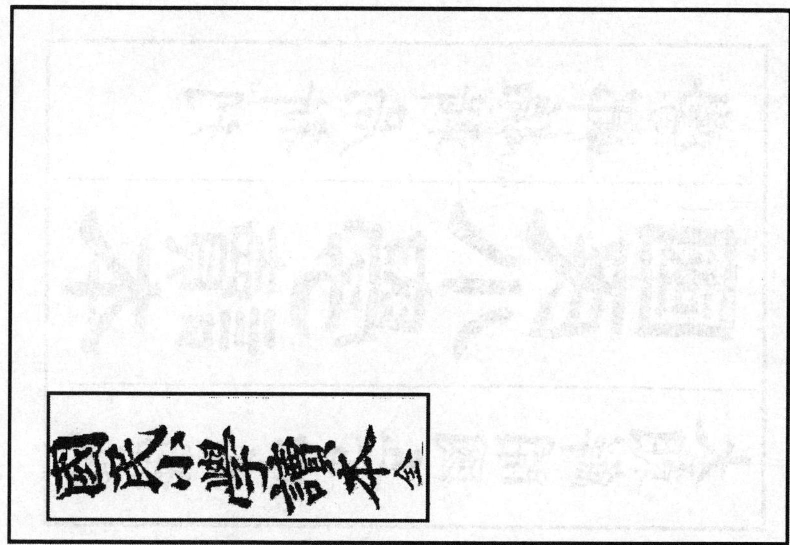
國民小學讀本 全

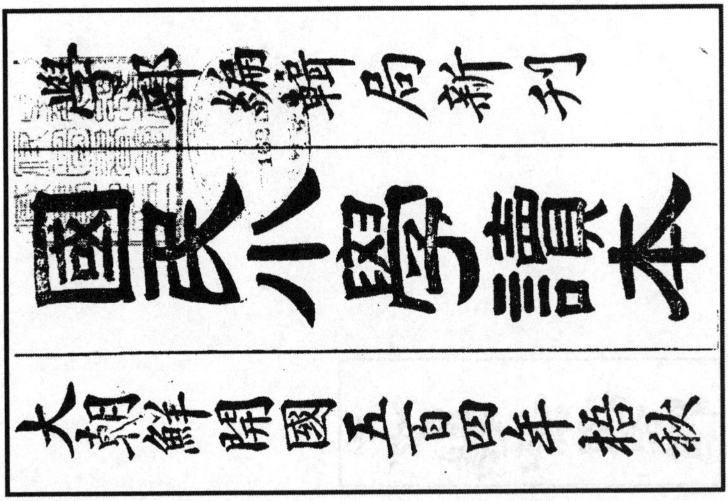

大朝鮮開國五百四年梧秋

國民小學讀本

學部編輯局新刊

國民小學讀本目次

國民小學讀本

第一課 大朝鮮國

우리大朝鮮은亞細亞洲中의一王國이라其形은
西北으로서東南에出ᄒᆞᆫ半島國이니氣候가西北
은寒氣甚ᄒᆞ나東南은溫和ᄒᆞ며土地ᄂᆞᆫ肥沃ᄒᆞ고
物産이饒足ᄒᆞ니라

世界萬國中에獨立國이許多ᄒᆞ니우리大朝鮮國
도其中의一國이라檀箕衛와三韓과羅麗濟와高
麗ᄅᆞᆯ지난古國이오 太祖大王이開國ᄒᆞ신後五
百有餘年에王統이連續ᄒᆞᆫ나라이라吾等은如此

ᄒᆞᆫ나라에生ᄒᆞ야今日에와서世界萬國과修好通商ᄒᆞ야富强을닷토ᄂᆞᆫᄯᅢ에當ᄒᆞ얏시니우리王國에사ᄂᆞᆫ臣民의最急務ᄂᆞᆫ다만學業을힘쓰기에잇ᄂᆞ니라ᄯᅩᄒᆞᆫ나라의富强이며貧弱은一國臣民의學業에關係ᄒᆞ니汝等學徒ᄂᆞᆫ泛然이알지말며學業은다만讀書와習字와筭數等課業을修ᄒᆞᆯᄲᅮᆫ아니오平常父母와敎師와長上의敎訓을조차言行을바르게ᄒᆞ미最要ᄒᆞ니라

第二課 廣智識

人人이各自奮發ᄒᆞ야能히農工商의業을勉勵ᄒᆞ기ᄂᆞᆫ智識에달녀시니智識을넓히랴ᄒᆞ면讀書ᄲᅮᆫ으로못ᄒᆞᆯ지라必然千事萬物을精密히觀察ᄒᆞᆫ然後에智識의門으로드러가ᄂᆞ니라

千事萬物을精密히觀察ᄒᆞ기ᄂᆞᆫ眼力을開ᄒᆞ미要緊ᄒᆞ니眼力을開ᄒᆞ랴ᄒᆞ면엇더ᄒᆞᆫ事物이나미양눈을열고그힘을쓰기에注意ᄒᆞᆯ것시니萬一注意ᄅᆞᆯ아니ᄒᆞ면눈은열어도明盲과無異ᄒᆞ야智識을넓히기難ᄒᆞ니라

能히眼力을쓰ᄂᆞᆫ者ᄂᆞᆫ山川과原野에놀아花卉며禽獸ᄅᆞᆯ보아도그形狀과性品等에注意ᄒᆞᆷ으로보

는것마다그모ᄋᆞᆷ을條利ᄒᆞᄂᆞᆫ故로事物을精密히
觀察ᄒᆞ면智識을넓힐ᄲᅮᆫ아니라그條心을더ᄒᆞᆷ이
라

一日은ᄒᆞᆫ野蠻人이제집의獸肉을被盜ᄒᆞᆫ바ㅣ되
야그近處를仔細히觀察ᄒᆞᆫ後에其人을ᄌᆞᆸ으랴林
中으로ᄎᆞ자갓더니몃者ㅣ三遊獵者를만나問曰
矮身老人을맛낫ᄂᆞ냐나ᄂᆞᆫ其人을보지못ᄒᆞ얏시
나短尾ᄒᆞᆫ小狗를ᄃᆞ리고잇ᄂᆞ니라遊獵者ㅣ答曰
果然그러ᄒᆞᆫᄉᆞ름을보앗노라네엇지보지못ᄒᆞᆫᄉᆞ
름을如此히아ᄂᆞ뇨野蠻人이曰그ᄉᆞ름이矮小

ᄒᆞᆷ을알기는獸肉을偸코져ᄒᆞ야石으로도ᄃᆞᆼ불
보미오老人인줄알기ᄂᆞᆫ沙上에足跡의ᄉᆞ이갓가
오미오短尾ᄒᆞᆫ小狗ᄂᆞᆫ其人이沙上에안진곳희개
가안진痕跡이잇기로判知ᄒᆞ노라遊獵者ㅣ그말
을듯고크게그精密ᄒᆞᆫ觀察을稱賛ᄒᆞ얏시니그野
蠻人은눈에丁字를아지못ᄒᆞ되能히智識을넓히
ᄂᆞᆫ法을아ᄂᆞᆫ者ㅣ로다

第三課 漢陽

漢陽은我國의首府ㅣ라 大君主陛下의皇居ᄒᆞ
시ᄂᆞᆫ地며政府잇ᄂᆞᆫ곳이라全國政事ᄂᆞᆫ다이ᄯᅡ에

셔出ᄒᆞ며宮殿第宅肆店이櫛比ᄒᆞ야繁榮이全國에읏듬이라

漢陽의地勢는北은華岳天險을據ᄒᆞ고東南은漢水로控ᄒᆞ야山川이淸淑ᄒᆞ니라

都城은周ㅣ九千九百七十五步오城郭이整然ᄒᆞ며城門은八이니東에興仁과南에崇禮는正門이니結搆宏大ᄒᆞ고皇居는景福宮이오光化門이壯巖無比ᄒᆞ며諸部는宮前大路兩邊에잇서都城의美觀이라城中을東西南北中五部에區別ᄒᆞ야部에坊이잇고坊에洞이잇ᄂᆞ니라

崇禮門으로鍾路ᄭᆞ지西門으로興仁門ᄭᆞ지큰길은京城大路ㅣ라其中에鍾路는商賈가輻輳ᄒᆞ야第一繁華ᄒᆞ니라

南山은青松이接天ᄒᆞ야幽靜ᄒᆞ기測量업고山頂에올나보면都城은眼前에잇고漢水漾漾ᄒᆞ며晴天에는富平外洋도뵈이니참都城의園囿ㅣ라

五江은漢水沿岸에잇서都城運輸의咽喉ㅣ라其中에麻浦와西江은帆檣이林立ᄒᆞ야繁盛ᄒᆞ니라

漢陽은八道의首府ㅣ라如此히繁華호ᄃᆡ外國의首府와比較ᄒᆞ면學藝며商工이며交通이며其餘

百般事業이具備치못ᄒᆞᆫ일이多ᄒᆞ니如此ᄒᆞᆫ事情을研究ᄒᆞ야漸漸文明開化되게經營ᄒᆞ기ᄂᆞᆫ者生徒의將來事業이니專心ᄒᆞ야修學ᄒᆞᆯ지어다

第四課　我家

우리집이라ᄒᆞ면萬般什物은勿論ᄒᆞ고居ᄒᆞᄂᆞᆫ父母와兄弟와姉妹로ᄡᅥ僕婢ᄭᆞ지全혀包括ᄒᆞᄂᆞ니鷄犬과牛馬의飼養이며草木과花卉의栽養이다吾家에屬ᄒᆞᆫ것시니라

我家ᄂᆞᆫ如此히緊切ᄒᆞ나本是偶然이ᄉᆡᆼ기ᄂᆞᆫ것시아니라經營ᄒᆞ며建造ᄒᆞ야우리居ᄒᆞ게되기ᄭᆞ지許多勞動을要ᄒᆞ며許多浮費를要ᄒᆞᄂᆞ니爲先집을지으랴ᄒᆞ면그圖式을지어木石을모ᄒᆞ고木手와石手의力으로始作ᄒᆞ며그木石을運來ᄒᆞ기ᄂᆞᆫ役軍을要ᄒᆞ고또各色機械를ᄡᅳ기ᄂᆞᆫ鍛冶도要ᄒᆞᄂᆞ니라

집이大槪된後에ᄂᆞᆫ瓦匠과泥工과席匠과塗褙匠을雇用ᄒᆞ야蓋瓦와塗壁과鋪陳等物을갓초아집은畢役ᄒᆞ나그ᄲᅮᆫ으로我家라ᄒᆞᆯ수업ᄉᆞ니一切什物器用이며衣服飮食의所用을辦備ᄒᆞᆫ然後에一家眷族이朝夕에相親ᄒᆞ며相樂ᄒᆞ야비各各그業

을勉從ᄒᆞ야겨우我家ㅣ라稱ᄒᆞᄂᆞ니라
우리ᄂᆞᆫ如此ᄒᆞᆫ爽快ᄒᆞᆫ집의사나녯적을도라보니
今日갓흔집을經營ᄒᆞ게되기ᄂᆞᆫ여러번變遷을지
냇시니太古時節에ᄂᆞᆫᄉᆞ름이다洞穴中에居ᄒᆞ고
石器로各色의物件을지엇시며그後에ᄂᆞᆫ樹木의
柯枝를結ᄒᆞ야盖屋ᄒᆞ고或큰나무를세워그우희
皮物을살고덥허因ᄒᆞ야粗糙ᄒᆞᆫ小屋을지엇시며
野蠻人中에ᄂᆞᆫ至今도如此ᄒᆞᆫ집의居ᄒᆞᄂᆞᆫ者ㅣ잇
ᄂᆞ니人智가進步ᄒᆞ기에좃차石器를銅으로變ᄒᆞ
고今日에ᄂᆞᆫ鐵器를ᄊᆞ고堅牢ᄒᆞ며壯嚴ᄒᆞᆫ집을지

으니然則우리가家眷과갓치爽快ᄒᆞᆫ집에居ᄒᆞ기
ᄂᆞᆫ大幸福이라다만그幸福으로滿足지말고더욱
爽快ᄒᆞ게經綸ᄒᆞ기ᄂᆞᆫ우리의所務ㅣ니라

第五課 世宗大王紀事

우리나라 世宗大王게셔萬古의大聖人이시라
人民의農事를爲ᄒᆞ샤農事集說이라ᄒᆞᄂᆞᆫ冊을지
어頒布ᄒᆞ시고刑罰의慘酷ᄒᆞᆷ을惻怛히녀기사笞
背法을除ᄒᆞ시고倫紀의綱領을定ᄒᆞ사三綱行實
이라ᄒᆞᄂᆞᆫ冊을頒行ᄒᆞ시고龍飛御天歌를撰ᄒᆞ사
祖宗의德을贊揚ᄒᆞ시고ᄯᅩ雅樂을正ᄒᆞ시며ᄯᅩ萬

國民小學讀本

世에欽仰ᄒᆞᆯ者ᄂᆞᆫ 世宗大王이ᄀᆞᆯ아ᄉᆞ되外國에
ᄂᆞᆫ다其國文字ㅣ有ᄒᆞ되我國에ᄂᆞᆫ無ᄒᆞ다ᄒᆞ샤訓
民正音을지으시고冊板삭이ᄂᆞᆫ法이不便ᄒᆞ다ᄒᆞ
사活字를鑄ᄒᆞ시니此ᄂᆞᆫ다大聖人의開物成務ᄒᆞ
시ᄂᆞᆫ文明ᄒᆞᆫ德이라支那의堯舜禹湯이아모리聖
人이라ᄒᆞᄂᆞ我 世宗大王의聖神ᄒᆞ신德을엇지
當ᄒᆞ리오支那古昔帝王에비록聖賢이多ᄒᆞ다ᄒᆞ
야도 世宗大王게셔行ᄒᆞ신여러가지文明ᄒᆞ신
德을合ᄒᆞᆫ者ㅣ無ᄒᆞ니라是故로我 世宗大王게
셔堯舜禹湯벼上에大聖人이시니汝等學徒들은

我國에이러ᄒᆞ선大聖人이계오신줄알지어다我
大君主陛下게셔大聖人의道德으로大聖人의王
統을繼承ᄒᆞ시니吾等은大聖人의人民이라아모
조록愛國心으로工夫를잘ᄒᆞ야富强文明ᄒᆞᆫ化를
協賛ᄒᆞ야大聖人自主獨立國의活潑勤勉ᄒᆞᄂᆞᆫ自
由良民이되미可ᄒᆞ니라

第六課　商事及交易

한坊洞에사ᄂᆞᆫᄉᆞ름은다른坊洞에ᄉᆞ름과往來交
通을긋치지못ᄒᆞ고한府縣과다른府縣ᄉᆞ이도亦
然ᄒᆞᄂᆞ니世界萬國ᄉᆞ이도다그럿치못ᄒᆞᆯ슈업ᄂᆞ

니라
如此히往來交通을大치몯ᄒᆞ기ᄂᆞᆫ무슨緣故ㅣ뇨
ᄒᆞ니ᄒᆞᆫ坊洞에셔産出과製作ᄒᆞᄂᆞᆫ物件은限이잇
스나人民이求ᄒᆞᄂᆞᆫ物件은限이업ᄂᆞᆫ故로ᄒᆞᆫ坊洞
人民中에셔他地에가셔그不足ᄒᆞᆫ物件을購來ᄒᆞ
야써그求ᄒᆞᆷ을應ᄒᆞ며各國의土地와氣候가ᄀᆞᆺ지
몯ᄒᆞᆫ故로그産出과製作의物貨도自然ᄀᆞᆺ지몯ᄒᆞᆫ
지라져셔에ᄂᆞᆫ苧麻ᄅᆞᆯ만이ᄂᆡ고이셔에ᄂᆞᆫ木花ᄅᆞᆯ
지어ᄂᆡ며이나라에ᄂᆞᆫ海面이만하漁物이흔ᄒᆞ고
져나라ᄂᆞᆫ山岳이만하材木이饒足ᄒᆞ니如此ᄒᆞᆫ則

이셔에남은物貨ᄅᆞᆯ다른셔에輸送ᄒᆞ야서로不足
을補ᄒᆞᄂᆞᆫ거시自然의勢ㅣ라이ᄂᆞᆫ곳交易이ᄉᆡᆼ기
ᄂᆞᆫ緣由ㅣ니라
漢陽과各府都會ᄂᆞᆫ他地方에셔産出과製作ᄒᆞᄂᆞᆫ
物貨ᄅᆞᆯ集散ᄒᆞᄂᆞᆫ곳이라集散이速ᄒᆞ면ᄆᆡ우繁華
ᄒᆞ고集散이遲ᄒᆞ면漸漸衰殘ᄒᆞᄂᆞ니集散의遲速
은道路와橋梁과舟車等의便不便에屬ᄒᆞ니라
如此ᄒᆞ니人은孤立ᄒᆞ야生業을經營치몯ᄒᆞ리
니부ᄃᆡ相依ᄒᆞ며相親ᄒᆞᆯ거시오外國과貿易ᄒᆞ기
ᄂᆞᆫ國家富强에相關이有ᄒᆞ니크게要念ᄒᆞᆯ거시니

라

第七課　植物變化

植物은土地와氣候를좃차變化ᄒᆞᄂᆞ니食料될植物의變化ᄂᆞᆫᄉᆞᄅᆞᆷ이맛당히알지니植物의變化ᄂᆞᆫ土地와氣候에有ᄒᆞ나農夫와園丁의耕作과栽培를因ᄒᆞ야變種ᄒᆞᄂᆞᆫ거시젹지아니ᄒᆞ니라

蔓菁과蘿蔔은耕作을因ᄒᆞ야여러가지로變化ᄒᆞ나土地와氣候를좃차스ᄉᆞ로變ᄒᆞᄂᆞᆫ거시또有ᄒᆞᄂᆞ니紅蔓菁을한地方에셔他地方으로옴기면흰게되고肥大ᄒᆞᆫ蘿蔔을다른ᄃᆡ移植ᄒᆞ면細小히變

ᄒᆞ고또野生의胡蘿蔔은細瘦ᄒᆞ야芻蕘갓ᄒᆞ되栽培를잘ᄒᆞ면크고길게되ᄂᆞ니라

如此ᄒᆞᆫ變化ᄂᆞᆫ다만食料되ᄂᆞᆫ植物ᄲᅮᆫ아니라盆栽에도만ᄒᆞ니熱國所産의크기宮塔ᄀᆞᆺᄒᆞᆫ사버텐이라ᄒᆞᄂᆞᆫ植物은日本으로移植ᄒᆞ면次第로細小히되고놉기四五寸에變ᄒᆞ며또薔薇와蘭草ᄀᆞᆺᄒᆞᆫ거ᄉᆞᆫ園丁의力으로變種을지어數百種이되게ᄒᆞ야各色일홈을지어愛玩ᄒᆞᄂᆞᆫ者ㅣ만코갑시數百元되ᄂᆞᆫ者ㅣ잇ᄂᆞ니라

植物에全體ᄂᆞᆫ不變ᄒᆞ되一部만變ᄒᆞᄂᆞᆫ거시더욱

만ᄒᆞ니그葉을맏ᄒᆞ면葉質이變化ᄒᆞ야鱗莖中에養分을貯蓄ᄒᆞᄂᆞᆫ者ㅣ잇ᄉᆞ니百合ᄀᆞᆺᄒᆞᆫ거시오或葉의一部가變化ᄒᆞ야針形을이루ᄂᆞᆫ것도잇고葉質이卷鬚ᄀᆞᆺ치되ᄂᆞᆫ것도잇시니是等을變形葉이라總稱ᄒᆞᄂᆞ니라

꼿貌樣도여러가지로變化ᄒᆞ니雄蕋雌蕋에도ᄯᅩᄒᆞᆫ各色變化ㅣ잇스나一定ᄒᆞᆫ理를ᄯᅡ라研究ᄒᆞ면입시며꼿시變化ᄒᆞᄂᆞᆫ緣由를알거시니라

第八課　書籍

書籍은古今ᄉᆞᄅᆞᆷ의言行이며思想이며知識等을收集ᄒᆞᄂᆞᆫ거시라故로書籍은寫眞과다ᄅᆞᆷ이업ᄂᆞᆫ니寫眞은古今ᄉᆞᄅᆞᆷ의外貌만寫出ᄒᆞ거니와그言行과그思想과知識을仔細히寫出ᄒᆞ기ᄂᆞᆫ書籍에由ᄒᆞᄂᆞ니라

如此ᄒᆞᆫ書籍은古今ᄉᆞᄅᆞᆷ의言行思想知識等을寫出ᄒᆞᄂᆞᆫ寫眞이미愛讀ᄒᆞ면益已利人ᄒᆞ미不少ᄒᆞ니可謂ᄉᆞᄅᆞᆷ의羅針盤이라비를타고萬里波濤를지나랴ᄒᆞ면所賴ᄂᆞᆫ다만한羅針盤이니ᄉᆞᄅᆞᆷ의生業經營에도ᄯᅩᄒᆞᆫ所賴가업지못ᄒᆞᆯ지라書籍은ᄯᅩᄒᆞᆫ古今萬國에往復ᄒᆞᄂᆞᆫ길이니그길을ᄎᆞᆺ지아니

ᄒᆞ면 古今萬國의 物情을 알기어려오니라 남의 지은 書籍은 如此히 큰 利益이 잇시니 우리 等은 남의 著書를 볼 ᄲᅮᆫ으로 滿足ᄒᆞᆯ 것시 아니오 自進ᄒᆞ야 有益ᄒᆞᆫ 冊을 지어 萬世 不朽ᄒᆞᆯ 事業을 圖謀ᄒᆞᆯ 것시니 有益ᄒᆞᆫ 冊은 一世一代의 ᄉᆞ람을 益ᄒᆞᆯ ᄲᅮᆫ 아니오 子孫後世를 益ᄒᆞ미 甚大ᄒᆞ야 有益ᄒᆞᆫ 發明을 ᄒᆞᄂᆞᆫ 事業과 갓고 ᄯᅩ ᄒᆞᆫ 그 冊과 그 姓名은 後代를 照ᄒᆞ야 消滅치 아니ᄒᆞ니 褒치 아니ᄒᆞ냐

第九課 以德報怨

ᄒᆞᆫ ᄯᆡ에 ᄒᆞᆫ 老人이 잇서 年이 六十이 넘은지라 一生中에 사가진 田畓을 三子의게 分與ᄒᆞ고 다만 錢兩을 남은 櫃를 가젓더니 一日은 그 三子를 불너 갓가히 안치고 일으기를 此櫃中에 自今으로 三個月 동안에 人事中에 最善ᄒᆞᆫ 일을 行ᄒᆞᄂᆞᆫ 者ㅣ 잇시면 이 櫃를 주리라 約束을 ᄒᆞ얏더니 一日은 그 長子ㅣ 老人을 對ᄒᆞ야 日 近時에 ᄒᆞᆫ ᄉᆞ람이 ᄂᆡ게 와서 돈을 맛기니 모르ᄂᆞᆫ ᄉᆞ람이오 ᄯᅩ ᄒᆞᆫ 標를 못 바다 갓시니 그 돈을 바로 ᄂᆡ 것스로 ᄒᆞ기 어려운 일이 아니로되 그 ᄉᆞ람이 다시 와서 그 돈을 ᄂᆡ게 求치면 나ᄂᆞᆫ 맛튼 報酬를 밧지 아니ᄒᆞ고 바로 보ᄂᆡ랴ᄒᆞ니 그 일이 善

行이라ᄒᆞ오ᄒᆞ엿가老人이曰그ᄂᆞᆫᄉᆞᄅᆞᆷ의맛당히
ᄒᆞᆯ일이니엇지善行이라ᄒᆞ리오
第二子ㅣ告曰昨日에ᄒᆞᆫ川邊에ᄂᆞᆯ더니七八歲된
兒孩가그릇물속에ᄲᅡ지거ᄂᆞᆯᄂᆡ바로救ᄒᆞ야그집
으로ᄃᆞ리고갓시니그일은ᄂᆡ가生命을도라보지
아니ᄒᆞ고救ᄒᆞᆷ이니足히善行이라아니ᄒᆞ오릿가
老人이曰남의危急ᄒᆞᆷ을보고救ᄒᆞᄂᆞᆫ것슨ᄉᆞᄅᆞᆷ의
맛당히行ᄒᆞᆯ일이라아즉善行이라ᄒᆞᆯ슈업ᄂᆞ니라
第三子ㅣ告曰지ᄂᆞᆫ밤에ᄒᆞᆫ山逕을지나더니ᄂᆡ가
平生深仇로아ᄂᆞᆫ者ㅣ懸崖우희ᄌᆞ거ᄂᆞᆯ그셰ᄒᆞᆫ손

가락으로쳐도바로崖下로ᄯᅥ러질것슬오히려그
危殆ᄒᆞᆷ을ᄎᆞᆷ아보지못ᄒᆞ야그ᄉᆞᄅᆞᆷ손을잡고ᄌᆞᆷ을
ᄭᆡ여安全ᄒᆞᆫᄯᅡᄒᆞ로ᄃᆞ리고왓ᄂᆞ이다老人이그말
을듯고喜色이滿面ᄒᆞ야그櫃를第三子를주니라

第十課 時計

世上에時計나기前에ᄂᆞᆫ甁이모래를담고或그릇
셰믈을담아그밋헤小孔으로믈을파모ᄅᆡ가새져나
리ᄂᆞᆫ分數를보고時刻을알더니至今도그와ᄀᆞᆺᄒᆞᆫ
法을쓰ᄂᆞᆫ나라히或잇ᄂᆞ니라그法은ᄉᆞᄅᆞᆷ의머리
만ᄒᆞᆫ(고로)라ᄂᆞᆫ果實의겁질을正中으로割ᄒᆞ야그

一片밋헤小孔을穿ᄒᆞ야水筒에셔워두면물이漸漸小孔으로드러一時間에水滿ᄒᆞ야果皮가筒底에셔러지ᄂᆞᆫ소리로時間을定ᄒᆞᄂᆞ니라

然ᄒᆞ나理學大家(갈리레오)라ᄒᆞᄂᆞᆫᄉᆞ롬이搖錘롤發明ᄒᆞᆫ以來로ᄉᆞ롬마다輕便ᄒᆞᆫ時計를가지게되얏시니그發明ᄒᆞ던일을左述ᄒᆞ노라

한寺刹에一個燈籠이잇셔天障으로懸下ᄒᆞ미바롬을因ᄒᆞ야振動ᄒᆞ야左右一定ᄒᆞᆫ距離로往來ᄒᆞ거ᄂᆞᆯ(갈리레오)가그形容을熟視ᄒᆞ얏다가집으로도라온後深思硏究ᄒᆞ야맛ᄎᆞᆷ니한法을發明ᄒᆞ니

定振이라ᄒᆞᄂᆞᆫ理ᄂᆞᆫ곳이거시라今日에와셔時計가指時ᄒᆞ기ᄂᆞᆫ그機械中게搖錘가잇슴이니라

第十一課 駱駝

ᄉᆞ롬이부리ᄂᆞᆫ畜類中에駱駝갓치異常ᄒᆞᆫ거시업ᄉᆞ니馬와牛ᄂᆞᆫ世界中各處에셔使用ᄒᆞ되駱駝ᄂᆞᆫ沙漠에만부리ᄂᆞᆫ故로沙漠의비라ᄒᆞᄂᆞ니라

駱駝ᄂᆞᆫ그貌樣이馬쳐름美麗치못ᄒᆞ고背에肉塊ᄒᆞᄂᆞ或둘이잇스며그털은茶褐色이오그다리ᄂᆞᆫ길고그膝에ᄂᆞᆫ硬皮가잇ᄂᆞᆫ故로砂礫에안ᄌᆞ도傷치아니ᄒᆞ며足蹠에ᄂᆞᆫ厚皮가잇서扁平ᄒᆞᆫ故로沙

漢에단녀도馬蹄갓치파이ᄂᆞᆫ念慮업고그입에ᄂᆞᆫ
硬骨이만흔故로沙漠에ᄉᆡᆼ기ᄂᆞᆫ荊棘을먹어도입
을傷치아니ᄒᆞ며그上唇은二片이되야손과갓치
草木을ᄲᅡᆸ아먹기에便ᄒᆞ니라

肉塊ᄂᆞᆫ駱駝몸中에第一奇異ᄒᆞ니二個肉塊가併
立ᄒᆞ야그貌樣이鞍裝ᄀᆞᆺᄒᆞᆫ거ᄉᆞᆯ雙峰駝라ᄒᆞ고單
塊ᄅᆞᆯ單峰駝라ᄒᆞᄂᆞ니그肉塊ᄂᆞᆫ脂肪質노되니沙
漠을단닐ᄯᅢ에먹을거시업서지면그脂肪質노保
命ᄒᆞ되제스ᄉᆞ로먹ᄂᆞᆫ거시아니라오리먹지아니
ᄒᆞ면肉塊가스ᄉᆞ로減縮ᄒᆞ야그脂肪質이體中에

드러血液과混合ᄒᆞ야因ᄒᆞ야身體ᄅᆞᆯ滋養ᄒᆞᄂᆞᆫ資
料가되ᄂᆞ니라

肉塊에比ᄒᆞ야더욱奇異ᄒᆞᆫ기ᄂᆞᆫ駱駝의胃臓ㅣ라
다른動物의胃臓에ᄂᆞᆫ保命에要ᄒᆞᄂᆞᆫ食物을담아
도駱駝의胃臓ᄂᆞᆫ食物을담을ᄲᅮᆫ아니라數多ᄒᆞᆫ水
脬가잇서遠行ᄒᆞᆯ셰에水ᄅᆞᆯ만히먹어脬中에貯蓄
ᄒᆞ미그水脬ᄂᆞᆫ足히駱駝의渴疾을醫ᄒᆞ나그ᄅᆞᆯ因
ᄒᆞ야或져의生命을戕害ᄒᆞᆯ時도有ᄒᆞ니御者가貯
蓄ᄒᆞ야오ᄂᆞᆫ水ᄅᆞᆯ다먹은後에다시水ᄅᆞᆯ엇기어려
울셰에駱駝ᄅᆞᆯ쥭이여그水脬中의水ᄅᆞᆯ닉여먹으

나駱駝一頭의갑시數百圓이니必死地境에逼迫지아니ᄒᆞ면죽이지아니ᄒᆞᄂᆞ니라

第十二課 條約國

우리 大君主陛下와外國帝王이며大統領ᄉᆞ이에條約書를交換ᄒᆞ야그나라ᄉᆞ롬과셔로交通貿易ᄒᆞᄂᆞᆫ나라를條約國이라稱ᄒᆞ니그條約國ᄉᆞ이에ᄂᆞᆫ彼此公使라ᄒᆞᄂᆞᆫ큰官員을派遣ᄒᆞ야外交事務를辦理케ᄒᆞ며各國人民의貿易場에ᄂᆞᆫ領事官을派置ᄒᆞ야各其제나라ᄉᆞ롬의貿易所關ᄒᆞᆫ일을提掌케ᄒᆞᄂᆞ니라

우리條約國은現今八國이니開國四百八十五年에

大君主陛下게셔決然히日本과修交通商의條約을交換ᄒᆞ시기를始ᄒᆞᆫ後로各國이와셔條約을求ᄒᆞᄂᆞᆫ者ㅣ陸續ᄒᆞ야맛ᄎᆞᆷ니八國과結約ᄒᆞ니라

그條約國은東洋에ᄂᆞᆫ日本이오歐羅巴洲에ᄂᆞᆫ英法獨俄墺伊六國이오亞米利加洲에ᄂᆞᆫ合衆國이니各各獨立國으로對等의條約을믹졋고오즉淸國은본ᄅᆡ兄弟의國으로일즉이開國二百四十五年丙子에큰나라威力으로凌逼ᄒᆞ야南漢의約을

不得已結ᄒᆞᆫ後로幾百年來에國恥를雪치못ᄒᆞ얏더니今에至ᄒᆞ야淸國의옛約을업시ᄒᆞ야世界萬國과이에差等이업게되얏스니 大君主陛下에ᄂᆞᆫ功烈이 祖宗에有光ᄒᆞ시니라

外國評論에ᄂᆞᆫ우리나라를小國이라弱ᄒᆞ고貧타ᄒᆞ되나라의貧富强弱은大小에잇지아니ᄒᆞ니俄國은大ᄒᆞ히歐洲中에第一크거니와其他英國은彈丸小國이로ᄃᆡ印度를征服ᄒᆞ며殖民地를만히두엇고法獨兩國은國外領地를合ᄒᆞ야도俄國의큼파갓지못ᄒᆞ되다갓치富强ᄒᆞ야四海를雄視ᄒᆞ니진실노나라의富强은地方大小에相關이無ᄒᆞ고다만그나라開化與否와人民의尊王愛國心의有無에係ᄒᆞ니汝等은尊王愛國心을造次에不忘ᄒᆞ고國民이一團이되야專心勤勞ᄒᆞ면各國과爭衡ᄒᆞ기어렵지아니ᄒᆞ리라各條約國中의셔英國은王國이오獨俄墺伊와日本은帝國이오法國과合衆國은共和國이라如此히帝라王이라大統領이라稱號ᄂᆞᆫ各各다르나相對ᄒᆞᄂᆞᆫ權利ᄂᆞᆫ差等이업ᄂᆞ니라

第十三課 智識一話

一日은ᄒᆞᆫ見孩가老人을對ᄒᆞ야曰方今見孩ᄂᆞᆫ七
八歲되면古人의모르던일을能히知ᄒᆞᄂᆞ니方今世
上에智識이古昔보다富ᄒᆞᆫ은各色冊을보고各色
일을發明ᄒᆞᆷ이아니잇가

老人이答曰너ᄂᆞᆫ아즉一을알고二를모르ᄂᆞᆫ도다凡智
識의貴ᄒᆞ기ᄂᆞᆫ實地應用에잇슴ᄲᅮᆫ이니實地에應用
ᄒᆞ면惡ᄒᆞᆫ力도良ᄒᆞᆫ力이되고應用치못ᄒᆞ면良ᄒᆞᆫ力
도惡ᄒᆞᆫ力이되ᄂᆞ니라그見孩驚訝ᄒᆞ야曰ᄉᆡ듯지못
ᄒᆞ나이다惡ᄒᆞᆫ力과良ᄒᆞᆫ力이何를謂ᄒᆞᆷ이니잇고

老人이曰너ᄂᆞᆫ御馬法을아ᄂᆞ냐銜轡로控御ᄒᆞ면
人을운ᄐᆡ오고千里에馳騁ᄒᆞ며物貨를運送ᄒᆞᄂᆞᆫ
馬의良ᄒᆞᆫ力이나一朝에그銜轡가버서지면人를
은ᄭᅢ러지고物貨ᄂᆞᆫ쳐ᄲᅥ지ᄂᆞ니그ᄂᆞᆫ馬의惡ᄒᆞᆫ力
이아니냐또溝河의물이灌漑의利ᄒᆞᄂᆞᆫ水의良ᄒᆞᆫ
力이나一朝에暴漲ᄒᆞ야泛濫ᄒᆞ면堤防이潰決ᄒᆞ
며橋梁이頹圮ᄒᆞ야其害가不少ᄒᆞ니그ᄂᆞᆫ水의惡
ᄒᆞᆫ力이아니냐

네가是等事實을能히曉解ᄒᆞ면智識의貴ᄒᆞ기ᄂᆞᆫ
應用如何의잇슴을알터이라다만冊을보아各色
일을아라도貴치아니ᄒᆞ고그아ᄂᆞᆫ일을實狀도ᄒᆞᆫ

일에應用홈이貴ᄒᆞ니만일不然ᄒᆞ야오ᄅᆞ치못ᄒᆞᆫ일
에應用ᄒᆞ면오히려世上을害ᄒᆞ고사ᄅᆞᆷ을傷ᄒᆞ니汝
等이能히銘心ᄒᆞᆯ지어다

第十四課 倫敦一

江의大小ᄂᆞᆫ그長短廣狹만가지고還定ᄒᆞᆯ거시아
니오바다에흐ᄅᆞᄂᆞᆫ니가ᄂᆞᆫ水量多少에조차大仔細히
알것시니라都城府市에大小도또ᄒᆞᆫ그러ᄒᆞ니싸
의廣狹에不關ᄒᆞ고人口多少로定ᄒᆞᆯ지니英吉利
國倫敦은世界中第一大都會라人口가처의四百
萬이되니果然名이虛傳치아니ᄒᆞᆷ을可知로다

倫敦은다만그나라首府될뿐아니오世界中商業
의首府되야萬國城鎭과市港의商務를聯絡ᄒᆞᆷ으
로滊船과帆船이萬國에往來ᄒᆞ고鐵路와電線이
倫敦으로브터東西南北에縱橫ᄒᆞ니라
倫敦은一大都會로되ᄒᆞᆫ되라도空地업시人家ㅣ
稠密ᄒᆞ야四方에蹊逕ᄒᆞ니長이十六里오横이十
二里라며리街衢를一條로連ᄒᆞ면八千里되ᄂᆞᆫ故
로그싸에사ᄂᆞᆫ사ᄅᆞᆷ도一生中에보지못ᄒᆞᄂᆞᆫ街衢
가不少ᄒᆞ니라
府中의生死數爻를平均ᄒᆞ면每四分時間에ᄒᆞᆫ名

이나고每六分時間에한名이죽ᄂᆞᆫ分數ㅣ니一晝夜의나ᄂᆞᆫ兒孩三百六十이오죽ᄂᆞᆫᄉᆞᄅᆞᆷ이二百四十이라이일노보아도人數가날마다더ᄒᆞᆷ을可知오또府中人口百分의三十七은다鄕曲에셔와ᄉᆞᄂᆞᆫ者ㅣ라故로每歲에二十萬人을더ᄒᆞ며三十哩街衢를新開ᄒᆞ니倫敦은實노都城과城市와村落等의모히ᄂᆞᆫ一大州ㅣ라如此히繁華ᄒᆞᆫ緣由ᄂᆞᆫ그압희뎀스江이잇서一日두번식往來ᄒᆞᄂᆞᆫ海水ᄂᆞᆫ勞費업시船舶의上下를便ᄒᆞ게ᄒᆞᆷ이니라

第十五課 倫敦二

倫敦市街에往來ᄒᆞᄂᆞᆫᄉᆞᄅᆞᆷ이朝暮에不絶ᄒᆞ야肩摩轂擊ᄒᆞᄂᆞᆫ貌樣이世界에無比ᄒᆞ고街衢ᄂᆞᆫ坦坦ᄒᆞ며廣濶ᄒᆞ야驅馬에鞭ᄒᆞ야가ᄂᆞᆫ者도잇고四輪馬車를馳ᄒᆞᄂᆞᆫ者도잇고兩人同乘馬車와各色馬車의往來가絡繹無數ᄒᆞ며뎀스江에노흔倫敦橋와其餘十三大橋ᄂᆞᆫ終日人馬의足響이긋치지아니ᄒᆞ고河底隧道로ᄂᆞᆫ蒸滊車가往來ᄒᆞ고江을지ᄂᆞᄂᆞᆫ滊船은其數가無筭ᄒᆞ니라

倫敦의人口ᄂᆞᆫ다만英人ᄲᅮᆫ아니라各國으로셔往來ᄒᆞᄂᆞᆫ者ㅣ每朝夕에二十萬名이라如此히外國

人믈의出入이頻頻ᄒᆞ며와셔居住ᄒᆞᄂᆞᆫ者도不少ᄒᆞ야東으로ᄂᆞᆫ日人과淸人과印度人과波斯人이오西으로ᄂᆞᆫ美人과南阿諸國人이오歐羅巴에셔ᄂᆞᆫ德人과法人은勿論ᄒᆞ고西班牙人과葡萄牙人과露西亞人과波蘭人과匈牙利人과瑞西那威荷蘭等國人이輻輳ᄒᆞ며蘇格蘭人과愛蘭人과威勒士人과猶太人과希臘人의倫敦에居ᄒᆞᄂᆞᆫ數ᄂᆞᆫ가ᄀᆞ本國都城의人口보다도만ᄒᆞᆫ故로言語와風俗도種類가不少ᄒᆞ니라

人口가多ᄒᆞᆫ都府에ᄂᆞᆫ相反ᄒᆞᄂᆞᆫ일이自然히ᄒᆞ나倫敦갓치甚ᄒᆞᆫ셔이업ᄂᆞ니其中의一二를擧ᄒᆞ면大建ᄒᆞᆫ집이麤造ᄒᆞᆫ집과相接ᄒᆞ고村落이都府ᄉᆞ이에잇스며闊路와窮閭이隘巷에相隣ᄒᆞ고繁華ᄒᆞᆫ街閭이人目을驚ᄒᆞᄂᆞ數步를셔ᄂᆞ면茅屋의草創ᄒᆞᆫ者ㅣ悲心을興起ᄒᆞ며富者의揚揚ᄒᆞᆷ과貧者의憔悴ᄒᆞᆫ光景이路上의參差ᄒᆞ고德行이놉흔者와罪惡이깁흔ᄉᆞᄅᆞᆷ이ᄒᆞᆫ길에往來ᄒᆞ며博識者와無智者와貪鄙醜惡과美麗賢能이一都에聚集ᄒᆞ니聰明ᄒᆞᆫ耳目으로그街衢를逍遙ᄒᆞ면人間萬象을다보ᄂᆞ니라

第十六課 風

바람은空氣의流動이니물이河海에셔流動ᄒᆞᆷ과同ᄒᆞ야물은高로브터低에流動ᄒᆞᄂᆞ空氣ᄂᆞᆫ其分量이重ᄒᆞᆫᄃᆡ셔輕ᄒᆞᆫᄃᆡ로向ᄒᆞ야流動ᄒᆞᄂᆞ니그流動은空氣寒暖이不同ᄒᆞᆫᄃᆡ由ᄒᆞ니라

日光이放射ᄒᆞᄂᆞᆫ故로ᄯᅡ의熱度가各處에不同ᄒᆞ고그地位를ᄯᆞ라太受熱ᄒᆞᄂᆞᆫ差等이잇고ᄯᅩᄯᅡ의放射ᄒᆞᄂᆞᆫ熱量은同ᄒᆞᆫᄃᆡ地上物質이熱氣를吸收ᄒᆞᄂᆞᆫ分數ᄂᆞᆫ各各다르니假令樹陰과屋裏와林藪와水邊의溫度ᄂᆞᆫ乾燥ᄒᆞᆫᄯᅡ이나巖石과屋上과平野等에比ᄒᆞ면溫度가少ᄒᆞ니라

ᄯᅡ히溫度를受ᄒᆞᆷ이各處가不同ᄒᆞ야溫度를受ᄒᆞᆷ이速ᄒᆞ고만ᄒᆞᆫᄯᅡ의空氣ᄂᆞᆫ膨脹ᄒᆞ야上昇ᄒᆞᄂᆞᆫ故로大氣中에稀薄ᄒᆞᆫ處가生ᄒᆞ면寒冷ᄒᆞᆫ地方으로셔찬空氣와셔塡充ᄒᆞ며樹陰과林藪와湖海邊에ᄆᆡ양微風이나ᄂᆞᆫ것슨稀薄ᄒᆞᆫ空氣와濃厚ᄒᆞᆫ空氣ᄎᆡ셔로轉換ᄒᆞᆷ을因ᄒᆞ야運動ᄒᆞᆷ이라故로바람이나면空氣上層과下層에相反ᄒᆞᆫ運動을싱기ᄂᆞᆫ거시必然ᄒᆞᆫ勢라그緣由ᄂᆞᆫ左記ᄒᆞᆫ法으로證明ᄒᆞ노라

隔壁ᄒᆞᆫ두房에ᄒᆞᆫ房을ᄎᆞ게ᄒᆞ고ᄒᆞᆫ房을덥게ᄒᆞ야

그ᄉᆞ이壁에上中下로三孔을ᄯᅮ러各各孔前에燭을셰워點火ᄒᆞ면아리불은寒房으로셔暖房에向ᄒᆞ고우희불은暖房으로셔寒房에向ᄒᆞ고가온ᄃᆡ불은그方向이一定不動ᄒᆞᄂᆞ니라

如此ᄒᆞᆫ空氣의運動을因ᄒᆞ야海邊에定時風이잇ᄂᆞ니午後ᄂᆞᆫ陸地가溫度를受홈이만ᄒᆞᆫ故로空氣가膨脹ᄒᆞ야上騰ᄒᆞ면冷空氣가海上으로브터塡充ᄒᆞ야海風이되고밤에ᄂᆞᆫ海面이陸地보다溫暖ᄒᆞᆫ故로空氣가膨脹ᄒᆞ야上騰ᄒᆞ면陸地의空氣가塡充ᄒᆞ야陸地風이되ᄂᆞ니如此히海陸風이晝夜에그方向을變ᄒᆞᄂᆞᆫ理가一定ᄒᆞᆫ故로定時風이라ᄒᆞᄂᆞ니라

第十七課　勤學

汝等은學校에셔卒業ᄒᆞ야다른事務에從事ᄒᆞ야도決斷코讀書를廢치말지니學校의教育은智識의階梯오ᄯᅩ比ᄒᆞ면집의基礎ㅣ라그우헤宏大ᄒᆞᆫ집을짓기ᄂᆞᆫ汝等의將來勤勉에係ᄒᆞ니라汝等이學校에잇슬동안은다만教師의말을좃ᄎᆞ勤學ᄒᆞᆯᄲᅮᆫ이나一朝에出校ᄒᆞ야訓戒ᄒᆞᄂᆞᆫ教師업고ᄯᅩ汝等이事物에應用ᄒᆞᆯ智識이不足ᄒᆞ며讀書ᄒᆞ야自

進ᄒᆞ기에 無心ᄒᆞ면 事業을 收ᄒᆞᆷ을 得치 못ᄒᆞᆯ섇아니라
人의 後에 ᄯᅥ러지ᄂᆞ니 故로 每日 一二時間을 讀書
時로 定ᄒᆞ야 그 동안 專心ᄒᆞ야 讀書ᄒᆞ고 다른 일을
도라보지 아니ᄒᆞᆯ지니라

或 事務가 煩劇ᄒᆞ야 讀書ᄒᆞᆯ 餘暇ㅣ 업다 ᄒᆞᄂᆞᆫ 者ㅣ
잇시나 實狀은 이를 口實로 삼아 光陰을 虛送ᄒᆞᆷ이니
歲月과 潮水ᄂᆞᆫ 사ᄅᆞᆷ을 기다리지 아니ᄒᆞ거ᄂᆞᆯ 悠悠
히 消日ᄒᆞ야 一生을 虛過ᄒᆞ면 엇지 浩嘆치 아니리
오 故로 汝等은 今日에 不學ᄒᆞ고 來日이 잇스며 今
年에 不學ᄒᆞ고 來年이 잇다 ᄒᆞᄂᆞᆫ 虛想을 ᄂᆡ지 말지
어다

然이나 一時에 여러 事業을 ᄒᆞ고져 말고 다만 조아
ᄒᆞᄂᆞᆫ 一業에 專心으로 從事ᄒᆞᆷ이 可ᄒᆞ며 또 一身이
疲勞ᄒᆞᆫ 셰ᄂᆞᆫ 郊外와 遊園에 逍遙ᄒᆞ야 ᄆᆞ음을
慰勞ᄒᆞᆷ이 조흐니 暫時 休憩ᄂᆞᆫ 사ᄅᆞᆷ의 精神을 收拾
ᄒᆞᄂᆞᆫ 거시라 勤勉ᄒᆞᆯ 셰ᄂᆞᆫ 勤勉ᄒᆞ고 休憩ᄒᆞᆯ 셰ᄂᆞᆫ 休
憩ᄒᆞᆷ이 實上 事務를 完全이 ᄒᆞᄂᆞᆫ 最良法이니라

第十八課 蜂房

蜜蜂은 山野에 잇ᄂᆞ니 蜜과 蠟을 爲ᄒᆞ야 人家에
도 길으며 體容이 小ᄒᆞ야 三四分에 지나지 안코 全

身의微黃色毛가잇고背ᄂᆞᆫ淡黑이오翅ᄂᆞᆫ灰白이니
라그種類ᄂᆞᆫ雄蜂雌蜂工蜂에分ᄒᆞ니라
蜂房의構造ᄂᆞᆫ다른昆虫의巢와比ᄒᆞ면宮殿이라
蜂房에ᄂᆞᆫ색기를養ᄒᆞ며或蜜을貯蓄ᄒᆞ야겨을糧
食을準備ᄒᆞ고工蜂이蜂房을짓ᄂᆞᆫ거슬보면그邊
을附着ᄒᆞᄂᆞᆫ기에樹脂를쓰고그材料ᄂᆞᆫ蠟을쓰며그
일ᄒᆞᆷ을보면整然不亂ᄒᆞ고其中에三隊工蜂이잇
서第一隊ᄂᆞᆫ材料를集ᄒᆞ야初創히構造ᄒᆞ면第二
隊ᄂᆞᆫ初創ᄒᆞᆫ蜂房의凸處를平平히ᄒᆞ고過多ᄒᆞᆫ蠟
을除去ᄒᆞ야完全케ᄒᆞ고第三隊ᄂᆞᆫ連續히蜂房에

出入ᄒᆞ야專혀花粉을採集ᄒᆞ야第二隊를輔助ᄒᆞ
ᄂᆞ니라
蜜蜂에一羣은其數가大槩一萬九千이니그中의
眞正ᄒᆞᆫ雌蜂은다만ᄒᆞᄂᆞ뿐이라그雌蜂의크기ᄂᆞᆫ
自然히出衆ᄒᆞ야蜂王이되야一羣을指揮ᄒᆞ고雄
蜂은其數가大槩六百이ᄂᆞ四五月兩朔ᄉᆞ이에生
存ᄒᆞᆯ뿐이오그限을지ᄂᆞ면다시無用이라ᄒᆞ야工
蜂이쏘아죽이고工蜂은服役을專掌ᄒᆞ야其數ᄂᆞᆫ
大槩一羣에一萬五千有餘ㅣ라蜜蜂中에셔蜂王
이될者ᄂᆞᆫ一어릴ᄯᅢ에廣大ᄒᆞᆫ圓形宮殿에셔花液

汁으로釀成ᄒᆞᆫ飮食을ᄒᆞ고여름이되며蜂數가
漸漸더ᄒᆞ야房中이充滿ᄒᆞ면他處로求ᄒᆞ고져ᄒᆞ
야分王이一羣을거ᄂᆞ려外에往ᄒᆞ야植蜂ᄒᆞᄂᆞ니라

第十九課 支那國一

支那國은我國과갓치亞細亞洲中의一國이오我
國의隣邦이라그面積과人口ᄂᆞᆫ世界中의一大國
이니라

支那國은亞洲中의大國이오또ᄒᆞᆫ古國이라堯舜
後에여러歷代治亂을지ᄂᆡ야方今淸國이되얏ᄉᆞ
니堯의卽位ᄂᆞᆫ西洋紀年으로ᄒᆞ면紀元前ᄌᆞ못二

千餘年이라周나라ᄯᅢ에孔子ㅣ列國에遊ᄒᆞ샤仁
義로論說ᄒᆞ시니因ᄒᆞ야學者ㅣ輩出ᄒᆞ야그ᄯᅢ世
界로보면文化가盛行ᄒᆞ니라

支那國은如此ᄒᆞᆫ大國이오古國이오또ᄒᆞᆫ文化의
先進國이로ᄃᆡ方今에漸漸衰殘ᄒᆞ야人을侮ᄒᆞ고
己를尊ᄒᆞ야漫然히外國과釁端을열어鴉片싸홈
에英國의敗ᄒᆞᆫ바ㅣ되고尙且蠢蠢不醒ᄒᆞ더니또
開釁ᄒᆞ야英法同盟軍과싸와一敗塗地ᄒᆞ야北京
城頭에白旗를세워圓明園을灰燼에委ᄒᆞ고歷代
寶物을見奪ᄒᆞ며城下에盟을乞ᄒᆞ야許多ᄒᆞᆫ償金

國民小學讀本 二十五

을뉘이고滿州一部ᄂᆞᆫ俄國에割ᄒᆞ야주고香港은英國에占領ᄒᆞᆫ바ㅣ되고安南暹羅等南方藩屛은洋人의蹂躪에一委ᄒᆞ야國勢ᄂᆞᆫ날노陵夷ᄒᆞ되至今도中華라自大ᄒᆞ고他國을外夷라蔑視ᄒᆞ야無識無義ᄒᆞ야世界의嗤笑와凌辱을甘受ᄒᆞ니可憐ᄒᆞ고可笑롭도다

第二十課 錢

錢은物貨의交易을便히ᄒᆞᄂᆞᆫ거시라假令冠파ᄂᆞᆫ廛의셔冠를팔아그錢으로米를사면이ᄂᆞᆫ곳冠과米와交易ᄒᆞᄂᆞᆫ分數ㅣ라故로錢의所用은二個商品을交易ᄒᆞᄂᆞᆫ스이에드러그媒ㅣ될ᄲᅮᆫ이니라

元來交易은物貨와物貨의交換이라故로太古時節에ᄂᆞᆫ錢을ᄡᅳ지안코各各物貨로交易ᄒᆞ더니人智가開ᄒᆞ기에隨ᄒᆞ야彼此의交際가煩雜ᄒᆞ고物貨의需用이增加ᄒᆞ믹運用에便利ᄒᆞᆫ錢이업스면엇지人間의交易을融滑케ᄒᆞ리오

物貨를交換ᄒᆞ기에便利ᄒᆞᆷ을爲ᄒᆞ야貨幣에金銀과白銅과赤銅으로此交易에適當ᄒᆞᆫ左列ᄒᆞᆫ縁故ㅣ니라

(一)人人이됴아ᄒᆞ야通用에便ᄒᆞ고

(二)每年에各處에서出ᄒᆞᄂᆞᆫ斤量數가過히加減업고
(三)速히損傷ᄒᆞ지안코
(四)輕ᄒᆞ야도貴ᄒᆞ고
五分ᄒᆞ기에便利ᄒᆞ며鑄ᄒᆞ기容易ᄒᆞ고
錢이各樣의品格이잇서도僞造를禁코저ᄒᆞ면政府에서一定ᄒᆞᆫ規則으로盖印ᄒᆞ야品質과重量이畫一ᄒᆞᆷ을示ᄒᆞᆯ 니라

第二十一課 紐約

紐約은北阿米利加洲合衆國紐約州의貿易大都

오合衆國中의第一都會라그西邊에흐르ᄂᆞᆫ하도손江對岸에(제세)라ᄒᆞᄂᆞᆫ府가잇고그東方에흐르ᄂᆞᆫ이스트江對岸에(브로클닌)이라ᄒᆞᄂᆞᆫ府가잇서二府ᄂᆞᆫ紐約의外府ㅣ라本府와外府의人口를合ᄒᆞ면二百萬餘가되ᄂᆞ니라

府中南端에(바데리)라ᄒᆞᄂᆞᆫ遊園이잇스니海水가浸入ᄒᆞᆷ을長堤로막고園內의光景이美麗ᄒᆞ며그北東에(부로두웨)라ᄒᆞᄂᆞᆫ廣街가잇서長이三哩有餘오幅이八十尺이라旅館과商廛이櫛比ᄒᆞ고車馬와行人이雜沓ᄒᆞ며그東에(버엔)街ᄂᆞᆫ또한美麗

ᄒᆞᆫ街路ㅣ라그北으로一哩半을가면新開ᄒᆞᆫ街衢
가잇ᄉᆞ니長이八哩오幅이百尺有餘ㅣ며(월)街ᄂᆞᆫ
股券을賣買ᄒᆞᄂᆞᆫ집이聯續ᄒᆞ고(사우스)街ᄂᆞᆫ海運
을專業ᄒᆞᄂᆞᆫ집이만코ᄯᅩ其餘(바을)(세달)街等은雜貨
를賣買ᄒᆞᄂᆞᆫ肆店이連續ᄒᆞ며各樣建築이壯嚴을極
ᄒᆞ니그中(월)街에잇ᄂᆞᆫ商會館은長이一百二十間
이오廣이二十五間이라四層의高ㅣ七十尺有餘
ㅣ오屋頂은一百二十尺이며그建築費와地價로
算ᄒᆞ면一百八十萬元이라ᄒᆞ고政府의書籍館은
白大理石으로建築ᄒᆞ니浮費ㅣ百十七萬元이오議事

堂은五百萬元으로지으니라
府內遊園은中央園이라ᄒᆞᄂᆞᆫ公園이最大ᄒᆞ니그
公園은府民의醵金으로府中中央에잇ᄂᆞᆫ廣地에
築造ᄒᆞ야元來ᄂᆞᆫ平野로ᄃᆡ假山과泉石을設置ᄒᆞ
야勝致와景이天然ᄒᆞᆫ形象을일우니實로天下에
比ᄒᆞᆯᄃᆡ업ᄂᆞᆫ公園이니라
紐約府ᄂᆞᆫ世界中에一二를ᄃᆞᆺ토ᄂᆞᆫ商業이繁盛ᄒᆞᆫ
ᄯᅡ이라鐵路ᄂᆞᆫ蜘蛛의網과ᄀᆞᆺ치全國各州에ᄲᅥᆺ고
이고高架鐵路ᄂᆞᆫ道路우에連亘ᄒᆞ야空中에往來
ᄒᆞ니實노天下의壯觀이오그府와ᄇᆞ로클닌府ᄉ

이에世界第一이라ᄒᆞᄂᆞᆫ長鐵橋가잇고그港口ᄂᆞᆫ
ᄯᅩᄒᆞᆫ屈指ᄒᆞᄂᆞᆫ良港이니周回ㅣ二十五哩오直徑
이八哩라內外船隻의出入이긋칠ᄯᅢ업고一歲의
輸出入ᄒᆞᄂᆞᆫ物貨價格이七億萬元이되야東은大
西洋을橫斷ᄒᆞ야歐羅巴로直航ᄒᆞ고內方은하도
ᄉᆞᆫ과運河로지나며各地로貨物을運輸ᄒᆞ니倫敦
과巴里와並肩ᄒᆞᄂᆞᆫ大都ㅣ니라

第二十二課 乙支文德

乙支文德은高句麗大臣이라ᄉᆞ름됨이沈鷙ᄒᆞ고
兼ᄒᆞ야智慧잇스니이ᄯᅢ를當ᄒᆞ야隋煬帝ᄂᆞᆫ支那
天子ㅣ라一百三十萬大兵을發ᄒᆞ고天下의財物
을다ᄒᆞ야高句麗를치니乙支文德이그虛實을엿
보고저ᄒᆞ야使臣이되야隋煬帝營中에간ᄃᆡ隋帝
가臣下로더브러議論ᄒᆞ고文德을잡으랴ᄒᆞ거ᄂᆞᆯ
文德이알고말ᄉᆞᆷ을잘ᄒᆞ고계교를行ᄒᆞ야逃亡ᄒᆞ
여도라온ᄃᆡ隋國ᄉᆞ름이잡으랴고ᄶᅩᆺ차오ᄂᆞ밋지
못ᄒᆞᆫ지라文德이이믜도라오믹隋兵의虛實을알
고勝戰홀계교를ᄉᆡᆼ각ᄒᆞ야하로ᄉᆞ이에일곱번ᄊᆞ
와다敗ᄒᆞᄂᆞᆫ체ᄒᆞ고退軍ᄒᆞ니隋兵이果然계교에
ᄲᅡ져驕慢ᄒᆞ거ᄂᆞᆯ文德이五言詩를지어隋將의게

보니너其詩에曰神策은究天文이오妙算은窮地理라戰勝功旣高ᄒᆞ니知足願云止라ᄒᆞ고因ᄒᆞ야隋兵을四面으로쳐平壤近處에셔隋나라將帥를만히쥭이고軍士ᄂᆞᆫ모다降服바드며사로잡고軍器를鉅萬으로어드니이한싸홈에隋나라에百餘萬軍士가二千七百人이남아도라가고隋煬帝ᄂᆞᆫ이를因ᄒᆞ야나라ᄭᆞ지亡ᄒᆞ니라너의學徒들은ᄉᆡᆼ각ᄒᆞ야보라高句麗ᄂᆞᆫ卽今平安道와遼東을合ᄒᆞ야가졋스나隋나라에比ᄒᆞ면小國이로ᄃᆡ한싸홈에이러틋시이긔엿스니此를觀ᄒᆞ면군ᄉᆞ의强弱은그나라ᄉᆞᄅᆞᆷ의心과氣에잇고나라大小에잇지아니ᄒᆞ니高句麗ᄲᅧᄂᆞᆫ朝鮮ᄉᆞᄅᆞᆷ이그다지强ᄒᆞ야隋를이긔기를枯木을拉ᄒᆞ듯ᄒᆞ얏거ᄂᆞᆯ엇지ᄒᆞ야今에至ᄒᆞ야ᄂᆞᆫ殘弱ᄒᆞᆫ淸人도勝치못ᄒᆞᄂᆞᆫ고이ᄂᆞᆫ아마도朝鮮ᄉᆞᄅᆞᆷ이愛國心이녯ᄯᅢ만못ᄒᆞᆷ이라너의學徒들은아모조록힘ᄡᅥ工夫ᄒᆞ야ᄉᆞᄅᆞᆷ마다乙支文德이되기를ᄉᆡᆼ각ᄒᆞᆯ지어다乙支文德은우리나라四千年以來에文武兼備ᄒᆞᆫ第一人物이니라

第二十三課 鯨獵

南北二海ᄂᆞᆫ鯨이만ᄒᆞ니歐羅巴와亞米利加써에

셔ᄒᆡ마다여러船隻을ᄂᆡ여獵取ᄒᆞᄂᆞ니그業은甚
히危殆ᄒᆞᄂᆞ每歲鯨獵時節을當ᄒᆞ면剛毅ᄒᆞᆫ水夫
ᄂᆞᆫ그危殆ᄒᆞᆷ을顧치아니ᄒᆞ고잡기를맛토니그利
만흔緣由ㅣ라고리ᄂᆞᆫ크기獸中의第一이라其中
에最大ᄒᆞᆫ거ᄉᆞᆫ長이六七十尺되ᄂᆞᆫ것도잇ᄂᆞ니形
容은鱗族에屬ᄒᆞ야水中에살기極히便ᄒᆞ게前肢
와尾ᄂᆞᆫ鰭狀을ᄒᆞ고그尾ᄂᆞᆫ力이强ᄒᆞ니라
捕鯨船이獵場에가면ᄒᆞᆫ水夫ᄂᆞᆫ檣頭籃中에올나
안자海上에고리가ᄯᅱᆷ을伺察ᄒᆞ야船長ᄭᅴ報ᄒᆞ면
船長은곳여러輕艇을나려水夫들이와고리ᄯᅱᄂᆞᆫ

뒤로進行ᄒᆞᄂᆞ니라
ᄒᆞᆫ水夫ᄂᆞᆫ그輕艇船頭에立ᄒᆞ야고리身邊에갓가
히가서그手中에가진銛을投ᄒᆞ면고리ᄂᆞᆫ銛을맛
고海底로나려가도銛의ᄆᆡ인長繩은고리에纏着
ᄒᆞᄂᆞ니라
輕艇은고리가ᄌᆞᆷ기ᄂᆞᆫ곳을追及ᄒᆞ야ᄯᅱᆷ을待ᄒᆞ야
銛을投ᄒᆞ면고리ᄂᆞᆫ다시受銛ᄒᆞ야海底로ᄌᆞᆷ기되
空氣를呼吸ᄒᆞᄂᆞᆫ故로再三水面에ᄯᅱ여나ᄆᆡ水夫
ᄂᆞᆫ그ᄯᅢ마다銛을投ᄒᆞ니고리ᄂᆞᆫ漸漸血液을일허
衰弱ᄒᆞ야죽어水面에ᄯᅳ니水夫ᄂᆞᆫ鏈을가지고船

側에ᄲᅵ며그膏腊을搾取ᄒᆞ야桶中에담ᄂᆞ니라
前記ᄒᆞᆫ바ᄂᆞᆫ捕鯨ᄒᆞᄂᆞᆫ景狀을槩述ᄒᆞᆷ이오그危險은
여러가지라或海水에漂流ᄒᆞᄂᆞᆫ氷塊에衝突ᄒᆞ며
或氷山에맛처ᄇᆡ를破ᄒᆞ며或受傷ᄒᆞᆫ고래의突衝
ᄒᆞᆷ을맛나小艇을覆沈ᄒᆞ며或그力으로小艇을破
碎ᄒᆞ야水夫數十을魚腹에葬ᄒᆞ니그業의危殆ᄒᆞᆷ
은千態萬狀이라詳述치못ᄒᆞ노라
冒險ᄒᆞ고勇進ᄒᆞᄂᆞᆫ水夫의豪氣ᄂᆞᆫ兵士가死를期
ᄒᆞ야戰場에向ᄒᆞᄂᆞᆫ일과갓트니水夫ᄂᆞᆫ一身의利
를爲ᄒᆞ야危殆ᄒᆞᆷ을顧치아니ᄒᆞᄂᆞᆫ兵士ᄂᆞᆫ나라를

爲ᄒᆞ야그몸을바리니그區別은다르나勇奮ᄒᆞ야
몸을塵芥갓치輕視ᄒᆞᆷ은彼此一般이라勇奮ᄒᆞᄂᆞᆫ
氣槩를世人이欽慕ᄒᆞᄂᆞ니라

第二十四課 老農夕話

한老農이一日은子孫을모아일너曰ᄂᆡ가어릴셰
ᄂᆞᆫ怠惰ᄒᆞ야務業에마음이업고或就業ᄒᆞᆯ셰도남
을爲ᄒᆞ야ᄒᆞᄂᆞᆫ가싱각ᄒᆞ더니今日갓치農業을힘
쓰게되믄全혀魚와鳥의賜ᄒᆞᆫ바ㅣ라
一日에魚를낙ᄭᅳ라川邊에遊ᄒᆞ더니水中에여러
魚가游泳ᄒᆞ되그中에한魚ᄂᆞᆫ安全ᄒᆞᆫ곳에卵을散

附코져ᄒᆞ야몸과입으로小石을흔들고맛ᄎᆞᆷ한鳥
가ᄂᆡ겻히잇다가榛莽中으로飛去ᄒᆞ야입에苔蘚
의類를물어그집을지으랴ᄒᆞ거ᄂᆞᆯᄂᆡ因ᄒᆞ야熟思
ᄒᆞ니鳥魚ᄂᆞᆫ手가업스나그勤勞ᄂᆞᆫ오히려나보다
더ᄒᆞ니나ᄂᆞᆫ身體의屈伸과手足의開合이自在ᄒᆞᆫ
故로物件의把擧携擲을任意로못ᄒᆞᆯ거시업고勞
動事爲로支保치못ᄒᆞᆯ거시업스니然則ᄉᆞ름이怠
惰ᄒᆞ야ᄂᆞᆫ生存이難ᄒᆞᆯ지니나갓튼者ᄂᆞᆫ鳥와魚에
比ᄒᆞ면羞耻가多ᄒᆞ니라如此히斟酌ᄒᆞ고昨非를
改悟ᄒᆞ야크게奮發ᄒᆞ고自後로營營勤勞ᄒᆞ야荒
蕪ᄒᆞᆫ田園을開拓ᄒᆞ고耕耘을用力ᄒᆞ야時時로疎
忽홈이업더니맛ᄎᆞᆷᄂᆡ今日에如此ᄒᆞᆫ幸福을享ᄒᆞ
노라

汝等이萬一勤勞를어렵고피롭게알거든못당히
野外에나가動物의ᄒᆞᄂᆞᆫ거ᄉᆞᆯ熟視ᄒᆞᆯ것시라螻蟻
가飮食을貯蓄ᄒᆞ야집을지으며蜂이蜜을모ᄒᆞᄂᆞᆫ
일은다吾等의良師友ㅣ라動物도이갓치勤勞ᄒᆞ
기ᄂᆞᆫ各各그幸福을求홈이니ᄉᆞ름도ᄯᅩ한怠惰치
못ᄒᆞᆯ거시라怠惰ᄂᆞᆫ곳不幸의本이니汝等은輕輕
히看過치말지어다ᄒᆞ더라

그老農의말을仔細히ᄉᆡᆼ각ᄒᆞ야보니幸福은사ᄅᆞᆷ
마다스ᄉᆞ로求ᄒᆞᆯ거시라王侯將相이나汝等이나
勤勞를아니ᄒᆞ고幸福을어들슈업기ᄂᆞᆫ一般이라
나라의富强은國民의勤勞에잇다ᄒᆞ니汝等의勤
勞ᄂᆞᆫᄯᅩ한나라에富强의幸福이니學校에잇슬ᄯᅢ
와卒業ᄒᆞᆫ後에도一生勤勞를잇지말지어다

第二十五課　時間恪守

ᄉᆞᄅᆞᆷ의貴賤을勿論ᄒᆞ고職業에從事ᄒᆞ야成就를
期望ᄒᆞ라ᄒᆞ면부ᄃᆡ時間을직힐거시라ᄉᆞᄅᆞᆷ이世
上에立身을못ᄒᆞᄂᆞᆫ者ᄂᆞᆫ그時間을不守ᄒᆞᆷ이오ᄯᅩ

제職業을泛然이ᄒᆞᄂᆞᆫ者ᄂᆞᆫ남의時間을妨害ᄒᆞᄂᆞᆫ
일이만ᄒᆞ니라世上에미들바ᄂᆞᆫ다만萬般事에時
間을堅守ᄒᆞᆯᄲᅮᆫ이니그런故로劇務의當ᄒᆞᄂᆞᆫᄉᆞᄅᆞᆷ
의게ᄂᆞᆫ時間이곳金錢이라如此히貴重ᄒᆞᆫ時間을
妨害ᄒᆞᄂᆞᆫ거ᄉᆞᆫ곳그ᄉᆞᄅᆞᆷ의財物을쎄서가ᄂᆞᆫ貌樣
이니라

米國大統領지넌華盛頓은精密히時間을직히ᄂᆞᆫ
者ㅣ라일즉그度支大臣(하밀돈)이約束ᄒᆞᆫ時間을
五分을더듸게와셔제時計더ᄃᆡᆫ緣由를告ᄒᆞ니(華
盛頓)이그말을듯고일으되다시精良ᄒᆞᆫ時計를求

흠이올흐니不然則시로大臣을求ᄒᆞ겟다ᄒᆞ더라
(華盛頓)이ᄆᆡ양國會에臨ᄒᆞ미ᄯᅢ를어긔지아니ᄒᆞ
야上午十二点이면議事堂으로갈ᄯᅢ로定ᄒᆞ고또
下午四點이면晩餐ᄯᅢ로定ᄒᆞ며請ᄒᆞᆫ客이잇서그
ᄯᅢ에오지아니ᄒᆞ면제ᄒᆞᆫ자食堂으로드러가暫時
도기다리지아니ᄒᆞ고或客이더된緣由를發明ᄒᆞ
면答ᄒᆞ야일오되나ᄂᆞᆫ다만時間을직힐ᄲᅮᆫ이라ᄒᆞ
더라

한貴人이一日은길가더니한卑陋ᄒᆞᆫᄉᆞ람이불너
ᄀᆞᆯ오되나ᄂᆞᆫ舊學友某ㅣ니아ᄂᆞ니잇가貴人이熟

ᄒᆞ니果然舊日相識이라學校에잇슬ᄯᅢᄂᆞᆫ집이
富豪ᄒᆞ야學生中의녁녁히지ᄂᆡ던ᄉᆞ람이러니이
제ᄂᆞᆫ몸에襤褸를닙고顔色이衰憊ᄒᆞ거ᄂᆞᆯ놀나ᄀᆞᆯ
오되如此히賤陋ᄒᆞᆫ地境에陷落ᄒᆞ기ᄂᆞᆫ엇진일인
요그ᄉᆞ람이答ᄒᆞ야ᄀᆞᆯ오되ᄂᆡ가어릴ᄯᅢ븟터時間
을足足히아ᄂᆞᆫ行習이잇기로일을ᄒᆞᆯᄯᅢ에아니ᄒᆞ
고맛ᄎᆞᆷᄂᆡ이貧寠ᄒᆞᆫ地境이되엿스니이ᄂᆞᆫᄂᆡ一身
을誤ᄒᆞᄂᆞᆫ原由ㅣ라萬一어릴ᄯᅢ에時間을恪守ᄒᆞ
ᄂᆞᆫ行習을어더스면今日에반다시富榮ᄒᆞᆯ터이라
ᄒᆞ니實노名言이로다故로汝等은어릴ᄯᅢ에用心

勤勉ᄒᆞ야時間을직히ᄂᆞᆫ習을養成ᄒᆞ야ᄡᅥ定ᄒᆞᆫ
ᄯᅢ에定ᄒᆞᆫ곳스로가셔各기제業務의時間을恪守
ᄒᆞ야實踐ᄒᆞᆯ지어다

第二十六課 支那國二

第十九課에支那國이漸漸衰殘ᄒᆞᆫ緣由를畧求ᄒᆞ
얏거니와支那國이如此히되ᄂᆞᆫ緣由를硏究ᄒᆞ면
其間에遠因과近因과ᄯᅩᄒᆞᆫ直接因과間接因이各
各다잇ᄂᆞ니一朝一夕에仔細히說明ᄒᆞ기쉽지못
ᄒᆞᆯ일이로되아마도文敎의失宜ᄒᆞᆷ이大原因인듯
ᄒᆞ니라

孔子와前後賢人의論說은그니라文化를開進ᄒᆞ
야世道人心의扶植ᄒᆞᆫ바ㅣ라後學이그敎의實地
를眞正硏究치아니ᄒᆞ고ᄒᆞᆫ갓虛文만崇尙ᄒᆞ며ᄯᅩ
ᄒᆞᆫ前人의法令을討究치못ᄒᆞ야그밧남ᄒᆞᆷ을일고日
新치못ᄒᆞ기로맛춤ᄂᆡ스ᄉᆞ로暴棄ᄒᆞᆷ으로習을成
ᄒᆞᆫ지라이런故로人民의智慧가開進치못ᄒᆞ야時
勢를조차敎義에適用ᄒᆞᆷ을아지못ᄒᆞ고다만中華
ㅣ라自尊ᄒᆞ며外國을夷狄이라ᄒᆞ니此ᄂᆞᆫ곳支那
人의偏見이니라

支那國은여러皇統을經ᄒᆞ야儒敎ㅣ綿綿不絕이

[illegible]

라몯ᄎᆞᆷ비虐政으로本을合ᄒᆞ고皇室社稷을붓잡으로
아라스ᄉᆞ로尊王愛國의마음이업기ᄂᆞᆫ自然ᄒᆞᆫ일
이니라

淸朝ᄂᆞᆫ滿州셔에ᄒᆞᆫ蠻族이라中國의道ᄅᆞᆯ尊ᄒᆞ고
君德을施行ᄒᆞᄂᆞᆫ萬一先大道와德의일을ᄒᆞᆯ진ᄃᆡ天
命이스ᄉᆞ로定ᄒᆞ실바ㅣ잇ᄂᆞ니라故로民은一心
으로君을奉戴ᄒᆞ야租庸을上納ᄒᆞ고使役을服從
ᄒᆞ기에잇고君은民을報ᄒᆞ기ᄂᆞᆫ施德布恩ᄒᆞ기에
잇ᄂᆞ니君이民을保護치못ᄒᆞ면民이君을奉戴아
니ᄒᆞ기ᄂᆞᆫ當然ᄒᆞᆫ일이라假令淸朝ㅣ滅亡ᄒᆞ야도하

ᄂᆞᆯ은반ᄃᆞ시賢明ᄒᆞᆫ君主ᄅᆞᆯ내사護道布德ᄒᆞ야此
民을保護케ᄒᆞ리니라

이ᄂᆞᆫ곳淸國사ᄅᆞᆷ의意嚮이라故로朝廷의存廢興
亡은我의不關이라ᄒᆞ고天命과道德에一歸ᄒᆞ니
國家愛護의情念은自然히업기ᄂᆞᆫ고이치아닌일
이라이러번外國과開戰ᄒᆞ야每戰每敗ᄒᆞ야ᄊᆞᄒᆞᆫ
일고償金을갑흔되悟然不顧ᄂᆞᆫ곳그니라사ᄅᆞᆷ의
尊王愛國의마음이업ᄂᆞᆫ緣由ㅣ니이ᄂᆞᆫ다文敎의
失宜ᄒᆞᆫ바ㅣ라可히鑑ᄒᆞ며懲ᄒᆞᆯ일이니라

第二十七課 ᄊᆞ홈ᄃᆞ 一

亞米利加洲合衆國에大統領(갸흴드)ᄂᆞᆫ일홈은졔님스아브람이라ᄒᆞ니(어하이어)州(오린지)村에農家의아ᄃᆞᆯ이라父親(갸흴드)가두살셰에도라가니兄(도마스)ᄂᆞᆫ그셰겨우十歲라母親은田園邊에木棉짓기ᄅᆞᆯ生業ᄒᆞ고도마스ᄂᆞᆫ農業에힘ᄡᅳ더라然이나母親과어린兒孩ᄲᅮᆫ이니生涯에艱難ᄒᆞ고困窮ᄒᆞᆷ이殊甚ᄒᆞ야머리번ᄂᆞᆯ며ᄌᆞ게되얏더라(도마스)가남의밧슬지어若干財産을어더(갸흴드)ᄅᆞᆯ小學校에드리니母親이그學校가넘우먼니잇슴을念慮ᄒᆞ야져샤ᄒᆞᆫ밧치小學校터ᄅᆞᆯ삼으니村中人ᄃᆞᆯ이相議ᄒᆞ야ᄒᆞᆫ小學校ᄅᆞᆯ셰웟더라自後ᄅᆞᆯ(갸흴드)의學業이크게進ᄒᆞ야다ᄅᆞᆫ生徒에數等이優ᄒᆞ더라(도마스)가二十一歲셰에荒地ᄅᆞᆯ開拓ᄒᆞ야七十五元을어더셔母親의집을지으라兄弟戮力ᄒᆞ야셔로木造집을建設ᄒᆞᆯ싀그셰(갸흴드)ᄂᆞᆫ十二歲라木手의힘을輔助ᄒᆞ니木手들이그役事에工巧ᄒᆞᆷ을보고크게稱贊ᄒᆞ더라(갸흴드)가自後로寸暇곳잇스면建築業에從事ᄒᆞ야맛ᄎᆞᆷ니남을爲ᄒᆞ야여러數會ᄅᆞᆯ지어니니라(갸흴드)가十六歲後에或商賈의雇用이되며或舟子ㅣ

되야一朔에十四元式月給을밧더니一日은偶然
이ᄒᆞᆫ冊을보고水師될ᄉᆡᆼ각이잇셔母親쎄엿ᄌᆞ오
니母親은싸휠드로學者를만들야ᄒᆞ기로그말을
듯지아니ᄒᆞᄂᆞ싸휠드가여러번强請ᄒᆞ기로마지
못ᄒᆞ야許ᄒᆞ니싸휠드가大喜ᄒᆞ야旅裝을다ᄉᆞ려
가지고(클니브난드로가서運河를往來ᄒᆞᄂᆞᆫ短艇
水夫ㅣ되얏더라그ᄉᆞ이에艱難ᄒᆞᆫ貌樣은比ᄒᆞᆯᄃᆡ
업고ᄯᅩ溺水灾十四回를지ᄂᆡ야겨우生命을保全
ᄒᆞ더니最後에ᄉᆞᄉᆞ로感悟ᄒᆞ되至今ᄭᆞ지몃번生
命을업시ᄒᆞᄂᆞᆫ地境을當ᄒᆞ야萬死中에一生을得
ᄒᆞ니天意잇ᄂᆞᆫ듯ᄒᆞᆷ은반ᄃᆞ시他日에國家를爲ᄒᆞ
야致身케ᄒᆞᆷ이니如此히貴ᄒᆞᆫ몸을가지고短艇又
ᄒᆞᆫ일에生業ᄒᆞ기ᄂᆞᆫ그ᄯᅳᆺ슬아지못ᄒᆞᄂᆞᆫ일이라ᄒᆞ
고急히집에도라와서教育을受ᄒᆞ야一個丈夫될
經營을ᄒᆞ니라

第二十八課　싸휠드 二

(싸휠드)가水師의業을斷念ᄒᆞ고집으로도라오니
母親이크게깃거就學을爲ᄒᆞ야十七元을쥬엇더
니(싸휠드)가二三朋友와갓차집을ᄯᅥ나中學校에
드러가니그中學校ᄂᆞᆫ집에서一百四十里라(싸휠

드가貧困ᄒᆞ야寄宿舍에寓宿ᄒᆞᄂᆞᆫ財力이不足ᄒᆞ기로그近方의矮屋中에한房을비러서寓宿ᄒᆞ더라

外힐드가中學을通學ᄒᆞᄂᆞᆫ餘暇에或木手의집으로가서工業을從事ᄒᆞ고夏節休暇에ᄂᆞᆫ農家에雇用이되야若干工錢을밧고冬節休暇에ᄂᆞᆫ村落學校의助教授ㅣ되야酬勞金을어더빗슬갑고衣食을自辦ᄒᆞ더라나히二十이되ᄆᆡ中學에退ᄒᆞ야히람ᄯᅡ에電信術講習所로轉學ᄒᆞ야처음에ᄂᆞᆫ門衛되고後에ᄂᆞᆫ助教授ㅣ되얏더니그後에羅甸語와希臘語를專心修學ᄒᆞ야맛ᄎᆞᆷ내卒業ᄒᆞ니라

外힐드가電信術講習所에卒業ᄒᆞ고또大學校로入코ᄌᆞᄒᆞ나學資가不足ᄒᆞ더니맛ᄎᆞᆷ保驗證書를典當잡ᄂᆞᆫᄉᆞ롬이잇기로그保驗證書를붓쳐若干財物을어더新英倫地에가서윌암스大學校에入ᄒᆞ니그大學에總理博士허프킨스라ᄒᆞᄂᆞᆫᄉᆞ롬이그篤志를感動ᄒᆞ야學資를輔助ᄒᆞ니因ᄒᆞ야더욱苦學ᄒᆞ야二年間에大學學科를卒業ᄒᆞ니라

外힐드의學識이饒富케되얏시나衣食이며書籍이不足ᄒᆞ고오히려四百五十元빗시잇더라못ᄎᆞᆷ

(히란)講習所에羅甸希臘語學教師가缺이잇셔聘
ᄒᆞᆫ바ㅣ되미講習所長이되야子弟를教育ᄒᆞ더니
그翌年은나히겨우二十六이라그ᄯᅢ에南北이戰
爭ᄒᆞᆷ이講習所生徒ᄃᆞ리스ᄉᆞ로奮發ᄒᆞ야一聯隊
를編成ᄒᆞ니(外힐드)가所長을辭職ᄒᆞ고그義兵一
聯隊司令官이되야每戰에每勝ᄒᆞ야將官으로昇
進ᄒᆞ니라

南北戰爭이긋치기前에(外힐드)가그故鄕(오하요)
州의國會議員에選擇ᄒᆞᆫ바ㅣ되야事務에盡力ᄒᆞ
며비록寸暇ㅣ업셔도講學은依然히不廢ᄒᆞ더라

그後에大統領(닝곤)이職을辭ᄒᆞ니一千八百八十
年에外힐드가合衆國人民의推薦ᄒᆞᆫ바ㅣ되미大
統領이되야그明年三月에華盛頓府의議事堂壇
上에셔大統領任官의演說를ᄒᆞ니그ᄯᅢ에老母는
그背後에셔演說을듯더니演說을罷ᄒᆞᆫ後에(外힐
드)가바로老母압흐로와셔그舊恩을厚謝ᄒᆞ니그
親愛ᄒᆞᆫ情誼가滿堂을感動ᄒᆞ더라

大統領된後에四箇月을지ᄂᆡ야夫人을맛ᄂᆞ라(롱
부레인)으로갈시華盛頓停車傷을지ᄂᆡ더니(자아
질지류깃더)라ᄒᆞᄂᆞᆫᄉᆞ름이短銃으로狙擊二回ᄒᆞ

니重傷을맛고醫藥의効驗이업서그九月에逝去ᄒᆞ니ᄉᆞᄅᆞᆷ마다그訃聞을듯고哀悼치아니ᄒᆞ리업더라遺骸를(콜니블난드ᄯᅡ에葬ᄒᆞᆯᄯᅢ에靈前에供花幾千이燦然ᄒᆞ고其中에殊勝키ᄂᆞᆫ一箇花冠을柩上에安置ᄒᆞᆫ거시니이ᄂᆞᆫ곳英國女皇의供ᄒᆞᆫ바ㅣ라그겻히記錄ᄒᆞᆫ글에ᄒᆞ얏시되人生競爭에一步도不讓ᄒᆞ고人生工場에萬苦를不避ᄒᆞ고人生의冠冕을華麗히戴ᄒᆞ얏더니이제야이에頓住ᄒᆞᆯ지어다ᄒᆞ니라

第二十九課 氣息一

ᄉᆞᄅᆞᆷ의氣息이나고드리ᄂᆞᆫ두가지라입으로드리ᄂᆞᆫ김을吸息이라ᄒᆞ고입으로나ᄂᆞᆫ김을呼息이라ᄒᆞᄂᆞ니然이나한번나ᄂᆞᆫ김을ᄯᅩ다시드리면몸에害가적지아니ᄒᆞ니라

呼息과吸息의다름은各色試驗으로顯實ᄒᆞ기쉬우니兒孩가잘ᄯᅢ에머리를이블속에드리고제가나ᄂᆞᆫ김을여러번입으로드리면次第로顏色이疲衰ᄒᆞ야病身이되고初에ᄂᆞᆫ健壯ᄒᆞᆫ兒孩도長成ᄒᆞ기에이르러病이生ᄒᆞᄂᆞ니라이ᄂᆞᆫ兒孩ᄯᅢ에자든惡習으로나ᄂᆞᆫ거시니그惡習을고치면次第로回

復ᄒᆞᄂᆞ니라
衆人이一房內에모와숫불픠고燭불켜고窓과障
을다닷치면必然히氣運이糢糊케되야그房內에
ᄉᆞ롬과숫불과燭불이그房內에空氣를吸收ᄒᆞᄂᆞᆫ
故로空氣가自然이害롭게되ᄂᆞ니라
ᄒᆞᆫ山刹에서衆人이徹夜코쟈ᄒᆞ야젹은ᄒᆞᆫ房에모
와안ᄌᆞ戶와窓을始終을닷쳐一夜를ᄉᆡ우니房內
에空氣가漸漸害롭게되야其中일곱이熱病을어
더둘이맛ᄎᆞᆷᄂᆡ죽엇다ᄒᆞᄂᆞ니라
是故로房內에通氣ᄒᆞᆯ고지업고新鮮ᄒᆞᆫ空氣가드

러오지못ᄒᆞ면燭불은푸른빗치되야못ᄎᆞᆷᄂᆡᄭᅥ지
고사람도顏色이變ᄒᆞ야頭腦의痛을일위혹죽기
도ᄒᆞᄂᆞ니라如此히空氣가害롭게되야房內에燈
불이ᄭᅥ지ᄂᆞᆫ實狀을알고져ᄒᆞ면櫃속에불을셰워
켜고櫃밋ᄐᆡᄒᆞᆫ구녕으로管을通ᄒᆞ야消火치아니
ᄒᆞ게입으로氣息을드리면不久ᄉᆞ히에그燭불이
必然히滅ᄒᆞᄂᆞ니라
사ᄅᆞᆷ의吸息과呼息이다름이잇스니吸息은純粹
ᄒᆞᆫ空氣로ᄃᆡ呼息은純粹ᄒᆞᆫ空氣아니라其多ᄂᆞᆫ炭
酸瓦斯라ᄒᆞᄂᆞᆫ거시라이일을試驗코쟈ᄒᆞ면石灰

水속에細管으로氣息을불어드리면石灰水는그
氣息을위ᄒᆞ야乳汁처럼變ᄒᆞᄂᆞ니이ᄂᆞᆫ息中에잇
ᄂᆞᆫ炭酸瓦斯가石灰에結着ᄒᆞ야炭酸石灰를맨드
ᄂᆞ니라炭酸石灰ᄂᆞᆫ漆板에쓰ᄂᆞᆫ白墨과ᄀᆞᆺ트니라
空氣中에酸素와炭酸瓦斯가잇ᄉᆞ니酸素ᄂᆞᆫ命門
의火를燃ᄒᆞ고炭酸은그火를滅ᄒᆞᄂᆞᆫ거시니이두
말을可히銘心ᄒᆞᆯ지니라

氣息二

前章에命門의火라ᄒᆞᄂᆞᆫ말이잇ᄉᆞ니何故로사ᄅᆞᆷ
의氣息은火를點ᄒᆞᄂᆞᆫ燭과ᄀᆞᆺ다ᄒᆞᄂᆞ뇨ᄌᆞ셰히혜
아린즉ᄃᆡ저ᄉᆞᄅᆞᆷ은다生ᄒᆞᄂᆞᆫ불이라萬一그럿치못
ᄒᆞ면엇더ᄒᆞᆫ셰에사ᄅᆞᆷ의몸이밧긔空氣에比ᄒᆞ야
덥기를保ᄒᆞ리요實은ᄉᆞᄅᆞᆷ의몸中에ᄒᆞᆫ機關이잇
셔燃火不絶이니그모양은맛치숫시爐中에燃ᄒᆞ
고기름이불속에燃ᄒᆞᄂᆞᆫ것과ᄀᆞᆺ트니라如此히燃
火ᄒᆞᆷ은酸素가업지못ᄒᆞ니酸素로불을셔고因ᄒᆞ
야炭酸瓦斯가蒸氣를지어ᄂᆡ니이ᄂᆞᆫ엇더ᄒᆞᆫ셰든
지다同然ᄒᆞ니라

衆人이모이ᄂᆞᆫ房에셔ᄂᆞᆫ촛불이며燭불이ᄉᆞᄅᆞᆷ과
ᄀᆞᆺ치息을呼吸ᄒᆞᆫ다ᄒᆞᄂᆞᆫ거시맛당ᄒᆞ니何故오불

이燃ᄒᆞ야잇슬ᄯᅢᄂᆞᆫ미양酸素ᄅᆞᆯ多量히要ᄒᆞ니如此히酸素ᄅᆞᆯ取ᄒᆞ야ᄲᅢ블이지어니ᄂᆞᆫ거시곳炭酸瓦斯ㅣ니라

블이지어니ᄂᆞᆫ炭酸瓦斯ᄂᆞᆫ烟과ᄀᆞ치烟突로ᄲᅢ져나가게ᄒᆞ되ᄉᆞᄅᆞᆷ이지어니ᄂᆞᆫ炭酸瓦斯ᄂᆞᆫ그房中에通氣ᄒᆞᆫ뒤가업스면방안에充滿ᄒᆞ야ᄯᅩ다시입으로드러게되ᄂᆞ니라

房內에火爐ᄅᆞᆯ놋고숫블을만이픠고窓과其餘通氣ᄒᆞᆯ뒤ᄅᆞᆯ막고그房에자ᄂᆞᆫᄉᆞᄅᆞᆷ이잇더니잠드러ᄉᆞᄉᆞ로죽엇다ᄒᆞᄂᆞᆫ말이잇스니이ᄂᆞᆫᄉᆞᄅᆞᆷ의몸과炭火가방안에酸素ᄅᆞᆯ吸取ᄒᆞ야兩邊이다炭酸瓦斯ᄅᆞᆯ吐出ᄒᆞᄂᆞᆫ緣由ㅣ라炭火ᄂᆞᆫᄉᆞᄅᆞᆷ과比ᄒᆞ면勢力이强ᄒᆞ니酸素ᄅᆞᆯ取ᄒᆞ기도더욱만ᄒᆞ니라

如此ᄒᆞᆫ셔에ᄂᆞᆫᄉᆞᄅᆞᆷ만죽ᄂᆞᆫ게아니라炭火도ᄯᅩ한죽ᄂᆞᆫ니라그모양은炭火가房內에酸素ᄅᆞᆯ모다吸取ᄒᆞ면점점冷却ᄒᆞ야消滅ᄒᆞ니이ᄂᆞᆫ곳제가ᄉᆞᄅᆞᆷ을죽기고그겻히셔져도맛ᄎᆞᆷ니半燃消滅ᄒᆞ야죽ᄂᆞᆫ니라

然이나ᄉᆞᄅᆞᆷ의입으로나가ᄂᆞᆫ呼息은엇더케되ᄂᆞᆫ고ᄒᆞ니害ᄲᅮᆫ아니라ᄎᆞᆷ要緊이ᄡᅳᆯ뒤가잇스니입으

로나가ᄂᆞᆫ炭酸瓦斯ᄂᆞᆫ날마다사ᄅᆞᆷ이먹ᄂᆞᆫ物件에
죠흔利益이잇ᄂᆞ니라녯적에天人이開語ᄒᆞ면그
입으로眞珠와寶貝가ᄯᅥ러진다ᄒᆞᄂᆞᆫ말이잇스되
ᄌᆞ세이짐쟉ᄒᆞ면眞理를比喩ᄒᆞᄂᆞᆫ말이니라그緣
由ᄂᆞᆫ사ᄅᆞᆷ이ᄒᆞᆫ번ᄂᆡᄂᆞᆫ息으로그겻히植物이며花
卉等의養方이되니植物이사ᄅᆞᆷ의氣息을吸收ᄒᆞᆯ
ᄯᅢᄂᆞᆫ柔弱ᄒᆞᆫ綠葉이表面에셔炭酸瓦斯를吸取ᄒᆞ
고分析ᄒᆞ야炭素만먹어酸素을더러空中에ᄂᆡ면
사ᄅᆞᆷ이그酸素를다시吸用ᄒᆞᄂᆞ니라

如此히사ᄅᆞᆷ은植物을養ᄒᆞ고植物은ᄯᅩ사ᄅᆞᆷ을養
ᄒᆞ니故로病人의房에盆栽를두면그植物이生光
ᄒᆞ야病人의마음을慰藉ᄒᆞᆯᄲᅮᆫ아니라病人이植物
에게惠與ᄒᆞᄂᆞᆫ거슬植物이必然히答禮ᄒᆞᄂᆞ니곳
病人의無用ᄒᆞᆫ息은植物이吸取ᄒᆞ고病人의계緊
要ᄒᆞᆫ息은植物에셔吸取케ᄒᆞᄂᆞ니라

亞米利加發見一

西班牙ᄂᆞᆫ歐羅巴洲中에一王國이라一面은大西
洋에濱ᄒᆞ니그海岸에一小港口가잇스되삐러스
라ᄒᆞᄂᆞ니라ᄯᅢᄂᆞᆫ距今四百有餘年前의八月三日
이라東天에紅日이오르기前에數百人民이와셔

堪頭에 羣集ᄒᆞ더라
港中에 奇形ᄒᆞᆫ 船三隻을 繫泊ᄒᆞ니 兩隻은 甲板이
업ᄂᆞᆫ 圓形船이오 一隻은 크고 ᄯᅩᄒᆞᆫ 甲板이 잇ᄂᆞᆫ 지
라 모이ᄂᆞᆫ 數百人民은 기ᄃᆞ리ᄂᆞᆫ 듯ᄒᆞ더라 맛참 一
제 船客이 徐徐히 堪頭로 進行ᄒᆞ더니 第一에ᄂᆞᆫ 數
名 僧徒가 讚歌를 口唱ᄒᆞ고 그 次에ᄂᆞᆫ ᄒᆞᆫ 偉丈夫ㅣ
年이 四十은 되고 容貌ᄂᆞᆫ 嚴威ᄒᆞᆫ 中에 溫容을 ᄯᅴ여
百難을 當ᄒᆞ야도 屈치 아니ᄒᆞᆯ 듯ᄒᆞ니 左右에 兩船
將이며 海路引導人을 ᄃᆞ리고 그 次에ᄂᆞᆫ 水夫의 一
隊라 一行通合이 一百二十人이라

船將 水夫 一行이 모다 三艘를 ᄐᆞ고 西班牙國旗를
各各 檣頭에 세우고 도ᄉᆞᆯ 놉히 ᄃᆞᆯ고 因ᄒᆞ야 西方으
로 進向ᄒᆞ더라 羣集ᄒᆞ던 數百人民이 놉히 손을 들
고 作別을 앗기며 或은 눈물 지고 永訣을 슬허ᄒᆞ더
니 ᄇᆡᄂᆞᆫ 漸漸 나아가셔 맛참ᄂᆡ 水烟模糊ᄒᆞᆫ ᄉᆞ이로
못보게 되니 人人이 다 悲泣ᄒᆞ야 各各 제 집으로 가
더라
此三隻을 指揮ᄒᆞᄂᆞᆫ 者ᄂᆞᆫ 果然 누구나ᄒᆞ니 곳 伊太
利國 제노와 셩에 生ᄒᆞᆫ 구리소도회 가론부스니
라 然이ᄂᆞ 어ᄃᆡ로 向ᄒᆞᄂᆞᆫ고ᄒᆞ니 印度에 接ᄒᆞᆫ 極東

의陸地계ᄇᆞᆫ구석으로航行ᄒᆞ고자ᄒᆞᆷ이니이ᄂᆞᆫ고
로부스가歐羅巴셔ᄒᆞᆫ로西行ᄒᆞ면반다시亞細
亞의印度極東에가깃다推算ᄒᆞ기로因ᄒᆞᆷ이니
라

빈가六日만에가나리島에至ᄒᆞ니亞非利加洲中
의一島오西班牙國의屬地라歐羅巴人의往來가
이섬으로限ᄒᆞ니以西에進往ᄒᆞᆫ者ᄂᆞᆫ일즉이업다
ᄒᆞ더라고로부스가이섬에셔빈를修理ᄒᆞ고世人
이鬼域이라稱ᄒᆞᄂᆞᆫ大洋으로向ᄒᆞ야다시進行ᄒᆞ
니뭇剛果歟의水夫도다流涕ᄒᆞ야最愛ᄒᆞᄂᆞᆫ家國
에다시도라가지못ᄒᆞᆯ가嘆息ᄒᆞ되다만고런부스
ᄂᆞᆫ毅然不動ᄒᆞ고温言으로水夫등을慰勞ᄒᆞ며혹
正色ᄒᆞ야그卑屈ᄒᆞᆷ을嚴戒ᄒᆞ더라然이나東風은
날노부ᄂᆞᆫ듸西方으로進行ᄒᆞ니가나리島를셔ᄂᆞᆫ
지이믜一個月을지ᄂᆞᆫ지라고로부스ᄂᆞᆫ그進航ᄒᆞ
ᄂᆞᆫ海程을測量ᄒᆞ야西班牙로브터二千里를너야
온줄알더라

亞米利加發見二

如此히빈가西方으로進行ᄒᆞᆯ시或陸地에到達치
못ᄒᆞᆯ가念慮도ᄒᆞ고或陸地에到達ᄒᆞ리라즐기ᄂᆞᆫ

者도잇더라漸漸西進ᄒᆞ미陸地에갓가온며란가
지兆候가顯出ᄒᆞ니水面에野草와海草가ᄯᅳ며生
ᄒᆞᆫ陸地에셔ᄂᆞᆫ飛禽이來翔ᄒᆞᄂᆞᆫ지라이러무로
船中人들이時時로陸地가뵈인다ᄒᆞᄂᆞᆫ말에奮走
ᄒᆞ야奮然히그곳으로進ᄒᆞ면다만密雲이蔽天홈
을보고呆然홈이數回러라
ᄇᆡᄂᆞᆫ다시數日을進行ᄒᆞᄂᆞ陸地ᄂᆞᆫ漠漠不見이라
於是에水夫들이怨望ᄒᆞ야相語ᄒᆞ되彼의命을좃
犬如此히進行ᄒᆞᆯ진ᄃᆡ吾等의生命이엇지될지모
르니吾等은彼를海中에投ᄒᆞ자約束ᄒᆞ얏거ᄂᆞᆯ그

셔에고런부스ᄂᆞᆫ홀노沉然히彼等의約束홈을아
지못ᄒᆞ고斷然히船頭를西向ᄒᆞ야進ᄒᆞ다가水夫
의怨言이날노더홈을보고마지못ᄒᆞ야이후三日
間에陸地를發見치못ᄒᆞ면바로本國으로歸航ᄒᆞ
자約束ᄒᆞ더라
ᄇᆡ가漸漸나아가니陸地에迫接ᄒᆞᆫ兆候가顯出ᄒᆞ
니或草芥가水面에ᄯᅳ고或果實이달니ᄂᆞᆫ樹枝
가물에漂來홈을보고船中人이紛紛히陸地에到
達ᄒᆞ기를希望ᄒᆞ더라고런부스ᄂᆞᆫ船室의四顧ᄒᆞ며處
에안자밤은어두어도遠洋을瞭覵ᄒᆞ더니그밤十

時畢은되야멀니ᄒᆞᆫ次光을보되그眞否를確信치
못ᄒᆞ얏더니左右人이一齊히此光이라稱ᄒᆞ고
나아가니陛上에셔소ᄅᆡ를ᄒᆞ고다니ᄂᆞᆫ此光인줄
알너라

앗ᄎᆞᆷ二時에다다라압셔잔비에셔忽然히號砲一
發ᄒᆞ야陸地發見홈을報ᄒᆞ니因ᄒᆞ야三艦이一齊
히進行을止ᄒᆞ고天明을기다리더라

東天이漸漸밝으니一帶陸地ᄂᆞᆫ前面에起伏ᄒᆞ야
森林의鬱蔥ᄒᆞᆫ이眼에映照ᄒᆞ거ᄂᆞᆯ艦中人의驚喜ᄒᆞᆷ
ᄂᆞᆫ中에고리부스ᄂᆞᆫ多年經營ᄒᆞ던바ㅣ니그歡喜
ᄒᆞᆷ을形容치못ᄒᆞ더라

고리부스가몸에禮服을닙고손에西班牙國旗를
들고泊船ᄒᆞ고下陸ᄒᆞ야바로地上에셔跪ᄒᆞ야上
帝께拜ᄒᆞ고다시長劒을쌔혀들고國旗를셰워因
ᄒᆞ야이셤을西班牙領地로ᄒᆞ야산살바더ㅣ라名
ᄒᆞ니當時에ᄂᆞᆫ다만印度의ᄒᆞᆫ셤이라알기로至今
에도그諸島를西印度ㅣ라ᄒᆞ고그土人을印度人
이라稱ᄒᆞ니이ᄂᆞᆫ곳亞米利加洲發見의槪略이니라

亞米利加獨立一

고리부스가亞米利加洲를發見ᄒᆞᆫ일은前章에

이믜記述ᄒᆞ얏거니와爾後로歐洲人이移住ᄒᆞᄂᆞᆫ者
ㅣ만터니就中에英國人은믈이流下ᄒᆞᄂᆞᆫ不毛의
ᄯᅡ흘開拓ᄒᆞ며土蕃을掠奪ᄒᆞ야여러번戰鬪ᄒᆞᆫ지
니艱難을備嘗ᄒᆞᆫ後에漸漸蕃殖ᄒᆞ야여러都府도
創始ᄒᆞ고人口도날로더ᄒᆞ야商事와工業이ᄯᅩᄒᆞᆫ
就緖ᄒᆞ더라

英人이法國과交兵ᄒᆞ야紀元一千六百六十三年
顯宗五年에巴黎(法國서울)에會ᄒᆞ야講和ᄒᆞᆫ後로
國用이蕩耗ᄒᆞ야國債가一億八千萬磅有餘ㅣ라
英國이賦稅를米人에게收斂ᄒᆞ야歲入을더ᄒᆞ고

ᄌᆞᄒᆞ야曰米人을爲ᄒᆞ야法國과싸왓스니米人은
맛당이그費用을償ᄒᆞᆯ지어다一千七百六十四年
英祖四十年에輸入稅를徵ᄒᆞ고印稅法을磨鍊ᄒᆞ
야國內貨物에印紙를貼用케ᄒᆞ고不用者ᄂᆞᆫ論罪
ᄒᆞ고ᄯᅩᄒᆞᆫ米人은英國國會에參領ᄒᆞᆷ을許ᄒᆞ지아
니ᄒᆞ니米人의論議ㅣ紛紛ᄒᆞ야物情이洶洶ᄒᆞ더
라米人바도릭구헨리ᄂᆞᆫ爲人이剛毅善斷이라國
人에게論告ᄒᆞ야印紙를ᄡᅳ지말나ᄒᆞ야曰하ᄂᆞᆯ이
我에賦與ᄒᆞ신바ᄂᆞᆫ我ㅣ스ᄉᆞ로棄ᄒᆞᆯ수업고남이
ᄯᅩᄒᆞᆫ奪ᄒᆞᆯ수도업스니이ᄂᆞᆫ人君의職으로ᄒᆞ야금

自主의權을保全케ᄒ기에잇스되英王은오히려奪코ᄌᄒ니至今에拒絶치아니ᄒ면我輩ᄂ後에魚肉이되리라ᄒ더라四年後에印稅法은革破가되얏스ᄂ其他征稅ᄂ如前ᄒ더니一千七百六十七年(英祖四十三年)에英人이茶葉玻璃染料等物의輸入稅를米人에게賦課ᄒ니婦人이待客ᄒᄂ一椀茶도또ᄒ納稅를免치못ᄒ거ᄂ米人이크게憤怒ᄒ야다시茶를아니쓰게相議ᄒ더라不久에玻璃等物의稅法은廢ᄒ얏스되茶稅ᄂ依然히如舊ᄒ더라마사제셋도ᄯ의人民은英國에抗敵홈이益甚ᄒ야婦人小童도各其自主의義를主張ᄒ더라

버스턴ᄯ에셔一日은아희들이흔못가에羣聚ᄒ야어름을모으고遊戲ᄒ더니英兵이偶然이杖으로破氷ᄒ니童子들이크게憤ᄒ야鎭將의게謂ᄒ야兵丁으로妨害홈을詰難ᄒ더라이럿ᄐ시人心이振作ᄒ거ᄂᆯ一日은英兵이버스턴ᄯ을砲擊ᄒ야恐嚇ᄒ니市民이셰시죡고다삿시傷ᄒ얏스되맛ᄎᆷ닉屈치아니ᄒ더라一千七百七十三年(英祖四十九年)에東印度의흔商會에셔數隻비에茶葉

을씻고重稅를收ᄒᆞ야英國政府의뜻슬못초랴ᄒᆞ니米人이그助暴홈을憤ᄒᆞ야各港口를封ᄒᆞ야入港을못ᄒᆞ게ᄒᆞ고버스던人民이밤을ᄐᆞ셔그裝載ᄒᆞᆫ茶葉三百四十二櫃을海中에다播棄ᄒᆞ얏더니英人이맛춤ᄂᆡ그罪를다스려버스던港을封鎖ᄒᆞ니於是에禍機가漸漸깁허장찻平和를保全치못ᄒᆞ더라

亞米利加獨立二

一千七百七十四年英祖五十年九月初四日에米人十三邦의紳董이히라델히아셔에相會ᄒᆞ야英王의게班師홈을奏請ᄒᆞᆫ되英王이大怒ᄒᆞ야오히려侵擾ᄒᆞ니於是에衆人이議戰호되議論이未決이어ᄂᆞᆯ顯理라ᄒᆞᄂᆞᆫ者ㅣ厲聲ᄒᆞ야日今日에獨立지못ᄒᆞ면ᄒᆞᆫ번死홈이잇슬ᄲᅮᆫ이라다시多言치말나ᄒᆞ니音吐ㅣ洪鍾갓더라衆人이맛춤ᄂᆡ開戰을決議ᄒᆞ니米人이各處에蜂起ᄒᆞ야英兵으로더브러大戰이七十餘回요小戰은無算이라衆人이華盛頓을推戴ᄒᆞ야元帥를삼고各處에轉戰ᄒᆞ니米兵의多數ᄂᆞᆫ民兵이오糧食이며彈丸이넉넉지못ᄒᆞ야幾回大敗에자못覆滅ᄒᆞ얏다가다시回復ᄒᆞ

머七落八起ᄒ야 兵連八年에 艱難을 備嘗ᄒ되 人
人이 一片志氣가 金鐵ᄀ치 自立에 銳意ᄒ야 必死
를 期ᄒᆷ으로 맛ᄎᆷ니 全局에 大勝을 占ᄒ더라
ᄒᆞᆫ 老嫗ㅣ 鈍刀를 지아ᄃᆞᆯ을 주고 曰奮戰ᄒ야 물너
나지 말고 快히 大功을 세우라ᄒ고 ᄒᆞᆫ 農家에 아ᄃᆞᆯ
이 兵丁이 되야 入營ᄒ니 父母ㅣ 戒ᄒ야 曰千歲에
遺芳치 아니ᄒ면 다시 와셔 나를 보지 말나ᄒ더라
이 마음은 곳 同盟十三邦의 마음이라 그 精神이 如
此ᄒ고 天下에 何事를 不成ᄒ리오 이러ᄒᆫ 英兵과
싸와 以小敵大ᄒ며 以粗抗精ᄒ야 맛ᄎᆷ니 全局勝

利에 그 羈絆을 免脫ᄒ야 獨立에 利志를 貫徹ᄒ더
라 一千七百七十六年(正宗元年)七月에 同盟各邦
의 紳董이 히라델히아씨에 再會ᄒ야 自立을 議ᄒ고
야 國號를 合衆國이라 셰우며 華盛頓이 軍隊를 모
으고 告文을 朗讀ᄒ며 檄文을 遠近에 馳ᄒ니 그 글
에 ᄒ얏스되 英王이 我商船을 損ᄒ며 我財貨를 劫
ᄒ고 我民生을 害ᄒ며 我兵器를 毁ᄒ거ᄂᆞᆯ 我衆의
리우ᄀ 懇ᄒᆷ은 王政의 더욱 虐이니 이ᄂᆞᆫ 英王이 驕我
ᄒ야 邦國을 創立고ᄌ ᄒᆷ이라 自今以後ᄂᆞᆫ 永永히
英法을 奉遵치 말지어다 因ᄒ야 英王의 虐民不君

ᄒᆞᆫ罪十六條로聲明ᄒᆞ야各國에宣告ᄒᆞ더라그ᄯᅢ에國人이그ᄯᅡ흐로모이ᄂᆞᆫ者ㅣ萬數ㅣ라鳴鐸大呼ᄒᆞ야밤이면燎火烘天ᄒᆞ야街衢가낫갓더라紐育克ᄯᅡ에人民은英王若耳治第三의像을蹴倒ᄒᆞ야彈丸을鎔作ᄒᆞ니그ᄯᅢ萬衆의歡呼가數十里에轟然ᄒᆞ더라

時에法人이義氣가富ᄒᆞ야豪將라하엿더ᄂᆞᆫ나히十九歲라米軍의將帥되야督戰ᄒᆞᆯᄉᆡ俸金을밧지아니ᄒᆞ고勇이諸軍에冠絶ᄒᆞ니其餘法人이와셔從軍ᄒᆞᆫ者ㅣ만터라이에ᄒᆞ란구린을法國으로派

遣ᄒᆞ야獨立을認ᄒᆞᆷ을請ᄒᆞ야同盟ᄒᆞ니法國이大將로산뷰로ᄒᆞ야吾兵船을거ᄂᆞ려救援ᄒᆞ더라因ᄒᆞ야英法兩國이戰端을열ᄆᆡ西班牙國이ᄯᅩᄒᆞᆫ法國과合ᄒᆞ고荷蘭國人이ᄯᅩᄒᆞᆫ米人을도아開戰ᄒᆞ니東西印度와歐羅巴海上에無端히戰場이열녀彈雨와硝烟이漠漠蔽天ᄒᆞ고傷者와死者의慘酷이極ᄒᆞᄂᆞ一片獨立의志氣와救弱의義氣에發ᄒᆞ야不得已ᄒᆞᆫ일이러라

亞米利加獨立 三

이러므로歐亞米三大洲ᄉᆞ이에兵結不解ᄒᆞ야數

年을지나엿더니맛참니英國諸大臣이禍亂不彈홈을견듸지못ᄒᆞ야米國獨立을許홈을英王의게諫奏ᄒᆞ고國會에ᄯᅩᄒᆞᆫ그失計를悔ᄒᆞ더라一千七百八十三年(正宗八年)에英人이米人과法人으로더부러法都巴黎에會同ᄒᆞ야和議를講ᄒᆞ니米人十三邦에獨立建國을認ᄒᆞ고法國과西班牙國에ᄯᅡ흘割與ᄒᆞ고荷蘭國에그侵地를도로보ᄂᆡ야因ᄒᆞ야ᄡᆞ홈이終局이되니라그ᄒᆡ十一月에華盛頓이戰船二十과兵丁一萬을留ᄒᆞ고其餘全軍은解散ᄒᆞ며그翌月에華盛頓이ᄯᅩᄒᆞᆫ兵柄을謝ᄒᆞ고田里로歸ᄒᆞ니하엿더以下親信將士ㅣ從ᄒᆞ야車馬ㅣ前後를擁衛ᄒᆞ거ᄂᆞᆯ環視者ㅣ如堵ᄒᆞ야모다일오ᄃᆡ我等이今日을보기ᄂᆞᆫ實노元帥의賜ㅣ라ᄒᆞ더라

於是에十三邦에紳董이會同ᄒᆞ야國憲을議定ᄒᆞ야上下議院을設置ᄒᆞ고大統領은四年限으로ᄒᆞ고因ᄒᆞ야共和政治를施行ᄒᆞ더라

國人이華盛頓을推戴ᄒᆞ야大統領을숨고졔아단스를副統領을숨으니라이ᄯᅦ먼져公會에將卒의功을賞ᄒᆞ야終身ᄭᆞ지그俸祿의半을給ᄒᆞ더니不

父에그法을撤廢ᄒᆞ니將卒이憤怒ᄒᆞ야因ᄒᆞ야國
憲를廢ᄒᆞ야國王을세워제ᄉᆞᄉᆞ로貴族이되야世
襲코쟈ᄒᆞ야華盛頓의게相議ᄒᆞ거ᄂᆞᆯ華盛頓이慨
然嘆息ᄒᆞ야日다만宿德重望이足히四海를鎭ᄒᆞᆯ
者ㅣ맛당이上帝를代ᄒᆞ야億兆를統治ᄒᆞᆯ거시요
만일帝王世襲으로賢愚를勿論ᄒᆞ면이ᄂᆞᆫ天下를
私ᄒᆞᆷ이니吾ᄂᆞᆫ알비아니라ᄒᆞ니諸將이愧服ᄒᆞ더
라이에일으러國會에셔華盛頓을迎ᄒᆞ니華盛頓
이마지못ᄒᆞ야聽從ᄒᆞ야上途ᄒᆞ거ᄂᆞᆯ人民이扶老
挈幼ᄒᆞ고出迎ᄒᆞ니道路ㅣ塡咽ᄒᆞ야歡聲이如雷

ᄒᆞ더라그ᄯᆡ맛ᄎᆞᆷ亂後를當ᄒᆞ야民力이彫弊ᄒᆞ며
國債가山積ᄒᆞ고盜賊은各處에蜂起ᄒᆞ며外國은
釁을엿보니ᄎᆞᆷ國步ㅣ艱難ᄒᆞᆫ셰라그ᄯᆡ萬一措置
에못당ᄒᆞᆷ을일으면계우創始ᄒᆞ던功을장ᄎᆞᆺ一簣
에버릴거ᄉᆞᆯ華盛頓의周密ᄒᆞᆫ智慮로萬事ㅣ다得
宜ᄒᆞ야前後八年在職ᄉᆞ이에맛ᄎᆞᆷᄂᆡ米國百年의
富庶基를셰우니라

米國에獨立은비록그나라ᄉᆞ룸의志氣가凝結ᄒᆞ
기에發ᄒᆞ얏스나萬一華盛頓의創業守成에大手
腕이업스면일이아직아지못ᄒᆞᆯ지라攻城守戰에

終局의勝利ᄒᆞᆷ과建國ᄒᆞᆫ父에ᄒᆞᆫ敎를더러全國이
大治ᄒᆞ야四隣이듯비옴은實노다華盛頓의功이
라그蘇赫ᄒᆞᆫ勲業이진실노千古의偉人이러라

鰐魚

鰐魚ᄂᆞᆫ熱帶地方에잇ᄂᆞᆫ卵生冷血의動物이라爬
蟲類中에第一크니기리八九尺이되ᄂᆞᆫ者ᄂᆞᆫ平常
ᄒᆞ고或十六七尺이되ᄂᆞᆫ者도잇ᄉᆞ니그四肢ᄂᆞᆫ져르
으며後趾에蹼이잇고몸에上部ᄂᆞᆫ背로尾ᄭᆞ지骨
質이가지런ᄒᆞᆷ으로범이銃丸도擊破치못ᄒᆞᄂᆞ니
라

머리ᄂᆞᆫ扁平ᄒᆞ고齶은길고그입에ᄂᆞᆫ銳利ᄒᆞᆫ齒가
잇고舌은져그나牢固ᄒᆞ야口底에附着ᄒᆞ니故로
昔時에ᄂᆞᆫ鰐魚의舌이잇ᄂᆞᆫ줄아지못ᄒᆞ니라如此
히舌이적고음식이지아니ᄒᆞᆷ으로或昆蟲이그입
으로出入도ᄒᆞ며小鳥가昆蟲을ᄉᆡ라그입으로드
러가셔어먹으되鰐魚ᄂᆞᆫ미양입을열어그鳥를害
치아니ᄒᆞ고ᄯᅩᄒᆞᆫ그尾ᄂᆞᆫ길고强ᄒᆞ니揮尾一擊으
로防敵ᄒᆞᆫ다ᄒᆞᄂᆞ니라

鰐魚ᄂᆞᆫ水와陸에兩棲ᄒᆞᄂᆞᆫ者ㅣ로ᄃᆡ미양湖河의
中에잇슬ᄯᅢᄂᆞᆫ游泳이自在ᄒᆞ야物을害ᄒᆞᆷ이적지

아니ᄒᆞᄂᆞ陸地에잇슬셰ᄂᆞᆫ物을害ᄒᆞ지못ᄒᆞᄂᆞ니이ᄂᆞᆫ그몸이길고발이젹고ᄯᅩᄒᆞᆫ머리의運動이自在치못ᄒᆞᄂᆞᆫ緣由ㅣ라나아갈셰ᄂᆞᆫ바로進行이敏速ᄒᆞᄂᆞ進行中에그方向이變ᄒᆞᆷ을最難ᄒᆞ니故로鰐魚를맛ᄂᆞ追ᄒᆞᆫ바ㅣ될셰ᄂᆞᆫ몸을他方으로回避ᄒᆞ면害를免ᄒᆞ기쉽다ᄒᆞ니라

鰐魚가水邊에羣集ᄒᆞᄂᆞᆫ되를向ᄒᆞ야空球를抛投ᄒᆞ면그球를잡으랴氷中에닷토ᄂᆞᆫ形容은맛치見孩가打球遊戲를ᄒᆞᄂᆞᆫ것과다름이업다ᄒᆞ니라

鰐魚ᄂᆞᆫ水中에잇슬셰라도ᄉᆞ람을攻擊ᄒᆞᆷ이稀少ᄒᆞ니하물며水邊에嬉戲ᄒᆞᄂᆞᆫ兒孩를害ᄒᆞᄂᆞᆫ일은絕無ᄒᆞ니라그平生에食料ᄂᆞᆫ鱗族이며或다른小動物을잡아먹기도ᄒᆞ고特히狗肉을죠화ᄒᆞ고或여러鰐魚가무리지어잇슬셰ᄂᆞᆫ잇다감大動物도죽이니犀와河馬ᄂᆞᆫ往往그害를免치못ᄒᆞᆫ다ᄒᆞ니라

東洋諸國에셔神靈ᄒᆞ다ᄒᆞ고特이支那에셔國旗에도表章ᄒᆞᆫ龍은傳說에녯젹ᄒᆞᆫᄉᆞ람이鰐魚의兇惡ᄒᆞᆫ모양을보고附會ᄒᆞ야그린거시라ᄒᆞ니라

動物天性

各色動物은제먹을것슬ᄎᆞᄌᆞ먹고또ᄒᆞᆫ그것슬消化ᄒᆞᄂᆞᆫ機關을가지며兼ᄒᆞ야自衛ᄒᆞᄂᆞᆫ機關도具備ᄒᆞᄂᆞ니比例ᄒᆞ면家畜獸ᄂᆞᆫ草와穀의類ᄅᆞᆯ常食ᄒᆞᄂᆞᆫ故로嚼碎에맛당ᄒᆞᆫ廣齒ᄅᆞᆯ具ᄒᆞ고其中에牛羊의類ᄂᆞᆫ齝芻ᄅᆞᆯ食ᄒᆞ니스ᄉᆞ로適ᄒᆞᆫ胃腑ᄅᆞᆯ具ᄒᆞᄂᆞ然이ᄂᆞ그四肢ᄂᆞᆫ身體ᄅᆞᆯ保支ᄒᆞ며또ᄒᆞᆫ運動徘徊ᄅᆞᆯ爲ᄒᆞᆯᄲᅮᆫ이오食料ᄅᆞᆯ取ᄒᆞᆯ要ᄂᆞᆫ업ᄂᆞ니라

噉肉獸ᄂᆞᆫ그爪ᄂᆞᆫ다ᄅᆞᆫ動物을잡기에맛당ᄒᆞ고그牙ᄂᆞᆫ銳利ᄒᆞ야噬嚼ᄒᆞ기에便ᄒᆞ니라또ᄒᆞᆫ猫ᄂᆞᆫ그性이柔和ᄒᆞᄂᆞ獅子와虎狼의類와가튼즘승이니쥐ᄅᆞᆯ잡기에용홈은맛치虎狼이羊鹿을잡기와다ᄅᆞᆷ이업고野兎와鼴鼠의類ᄂᆞᆫ嚙物이그性이오豚과野猪의鼻ᄂᆞᆫ掘穴ᄒᆞ야植物에풀을키여먹기에맛당ᄒᆞ니라

是等은動物이제먹을거슬取ᄒᆞ며제몸을保護ᄒᆞᄂᆞᆫ機關에不過ᄒᆞ니然이ᄂᆞ萬一動物에智能이업셧스면是等機關은假令잇스ᄂᆞ無益ᄒᆞᆯ지니例之ᄒᆞ면家畜類의즘승이제가먹을만ᄒᆞᆫ草類의適否ᄅᆞᆯ撰擇ᄒᆞᄂᆞᆫ知覺이업슬진ᄃᆡ그齒와그胃도제몸을益홈이決無ᄒᆞᆯ거시요噉肉獸도다ᄅᆞᆫ動物을잡

으라經營홀智能이업셧스면그爪와그牙가亦是
所用이업슬거시니是等의智能을큰動物의天性
이라稱ᄒᆞᄂᆞ니라
啖肉獸의天性은그먹을거슬取홀ᄯᅢ에顯出ᄒᆞᄂᆞ니
是等動物은그먹을바ㅣ大槩肉類ㅣ라或제몸에
比ᄒᆞ야더큰動物을잡으니故로그ᄯᅢ에제힘으로
만못ᄒᆞ니智慮를ᄯᅩᄒᆞᆫ要ᄒᆞᄂᆞ니라暗夜藪中에蟄
伏ᄒᆞ야牛羊馬鹿의나오믈기다려그意外에突進
ᄒᆞ야잡으며獅子ᄀᆞᆺᄒᆞᆫ즘승은或그머리를ᄯᅡ에븟
쳐怒吼ᄒᆞ미그소리멀니響ᄒᆞᄂᆞ니百獸ㅣ恐迷ᄒᆞ야

급히東西로遁逃ᄒᆞ거든獅子ᄂᆞᆫ그틈을엿보아바
로나아가잡ᄂᆞ니라
犬과狼은他獸의臭氣를ᄎᆞᄌᆞ제몸보다强ᄒᆞᆫ動物
을잡기도ᄒᆞ고牛羊鹿은急遽ᄒᆞᆫᄯᅢ에ᄂᆞᆫ모와무리
를지어ᄡᅧ防敵ᄒᆞ고馬의天性은그後足으로蹴敵
ᄒᆞ니或猛獸도죽이ᄂᆞ니라ᄯᅩᄒᆞᆫ鹿의知覺은그危
殆ᄒᆞᆫᄯᅢ에바로水中으로드러가그鼻만水上에ᄂᆡ
여呼吸ᄒᆞ야ᄡᅧ겨우患을免ᄒᆞ니이ᄂᆞᆫ追躡者로ᄒᆞ
야곰제냄시를ᄎᆞᆽ슈업게홈이라兎ᄂᆞᆫ避敵ᄒᆞ라
跳躍ᄒᆞ며海狸가巢를지으미온갓鳥獸가其子를

ᄉᆞ랑ᄒᆞᄂᆞᆫ것시모다그天性이아닌者ㅣ업ᄂᆞ니
라

合衆國鑛業

古代에ᄉᆞᄅᆞᆷ은石으로各色연장을지오니그ᄯᅢ를
石時代라ᄒᆞ니라人智가稍進ᄒᆞ기에좃ᄎᆞ처음銅
鑛을採掘ᄒᆞ여漸漸金銀을堀取ᄒᆞ니그三種에金
屬만貴히아ᄂᆞᆫᄯᅢᄂᆞᆫ人智가아직中等이니그ᄯᅢ를
金時代라ᄒᆞ니라오직堅剛ᄒᆞᆫ鐵을ᄡᅳ고器械를製
作게되지아니ᄒᆞ면그나라의富를더ᄒᆞ기어려우
니ᄉᆞᄅᆞᆷ이모다鐵을貴이아ᄂᆞᆫᄯᅢ를이제鐵時代라
ᄒᆞᄂᆞ니라如此히鑛物은古代로ᄉᆞᄅᆞᆷ의ᄡᅳᄂᆞᆫ바ㅣ
라其中에鐵用이만치못ᄒᆞ면百工이興隆ᄒᆞᆯ슈업
스니故로各國의鐵用이희로더ᄒᆞ기ᄂᆞᆫ가히文明
의徵兆ㅣ라ᄒᆞᆯ만ᄒᆞ니라

合衆國은世界中에鑛物의富ᄒᆞᆫᄯᅢ히니高山峻
嶺이ᄯᅩᄒᆞᆫ적지아니ᄒᆞ니라그山脉은네줄기니
太平洋의西岸으로計數ᄒᆞ면第一은海岸에山
脉이오第二ᄂᆞᆫ실라녜바다의山脉이오第三은
롯기의大山脉이오第四ᄂᆞᆫ아레파니의山脉이
라이네줄기山脉外에ᄂᆞᆫ大槩平原이니밋시비

河의兩邊은百萬方哩되ᄂᆞᆫ沃野ㅣ라全國農産의
大槩ᄂᆞᆫ그ᄯᅡ흐로난다ᄒᆞ니라道路의修補ᄂᆞᆫᄯᅡ
이너무크기로다完全치못ᄒᆞᄂᆞ鐵路가못가ᄂᆞᆫ
듸ᄌᆞ못無ᄒᆞ니그長이九萬哩로가고ᄯᅩᄒᆞᆫ舟楫
이通ᄒᆞᄂᆞᆫ河湖의長이二萬哩잇고그外에運河
를鑿開ᄒᆞ니長이四千哩有餘ㅣ라然ᄒᆞ기로合
衆國의建國이至今百有餘年에不過ᄒᆞ되富를
지어ᄂᆡᄂᆞᆫ法이가장整頓ᄒᆞ니自然히散布ᄒᆞᆫ富
源을거두어各國으로輸送ᄒᆞ야因ᄒᆞ야利益을
取ᄒᆞ기ᄂᆞᆫ이나라쳐럼極便ᄒᆞᆫᄯᅡ히업ᄂᆞ니라鑛

業中에셔第一利益이잇ᄂᆞᆫ거ᄉᆞᆫ그炭과鐵에더
ᄒᆞᆯ거시업스니炭鐵의産出이世界에이나라가ᄯᅩ
ᄒᆞᆫ第一이라一年中에掘出ᄒᆞᄂᆞᆫ石炭이七千餘
萬噸이오錢이八百餘萬噸이라변실바니아州
에셔掘出ᄒᆞᄂᆞᆫ炭과鐵은그三分一을當ᄒᆞ고紐
約과미싱안과뉴젤시와오하이오等諸州에셔
ᄂᆞᆫ그半을出ᄒᆞᆫ다ᄒᆞ니라銅은미싱안州로出ᄒᆞ
ᄂᆞᆫ거시殊多ᄒᆞ고가리헐니아와네바다州에셔
出ᄒᆞᄂᆞᆫ金銀은갑시一歲에七千餘萬元이라其
外에이리노스와미세리州에셔ᄂᆞᆫ銅을出ᄒᆞ며

편셜바니아州에셔ᄂᆞᆫ石脳油를만히出ᄒᆞ며마ᄉ제셰ᄉᆞ州에셔ᄂᆞᆫ大理石과靑石等의建造에ᄊᆞᄂᆞᆫ石材를出ᄒᆞ니是等鑛物은다世界에일홈난거시라

此國이如此히炭鐵이富ᄒᆞᆫ故로製鐵業이尤ᄒᆞᆫ旺盛ᄒᆞ니全國을通ᄒᆞ야熔鐵所ᄂᆞᆫ三百에나름이잇고그職工이二萬七千餘人이오鐵砲製作所ᄂᆞᆫ二千에나름이잇고그職工이五萬餘人이라그外에木匠이며農家에ᄊᆞᄂᆞᆫ器械類를지어ᄂᆡᄂᆞᆫ곳이三百에나름이잇고그職工이四萬餘人이라ᄒᆞ니라

製鐵이殊盛ᄒᆞᆫ더ᄂᆞᆫ히라델ᄒᆞ야와빗벌구의二府니그일홈이海外에轟聞ᄒᆞ니라

元素

元素ᄂᆞᆫ엇더ᄒᆞᆫ거신고ᄒᆞ니化學上에元素를두고ᄒᆞᄂᆞᆫ말이라大體元素ᄂᆞᆫ非常ᄒᆞᆫ知力으로發明된거시니凡萬物은大槩六十五種物質中에ᄒᆞᆫᄂᆞ或둘以上으로構成ᄒᆞᄂᆞᆫ거시라이六十有餘의物質은엇더ᄒᆞᆫ手段으로ᄒᆞ야도到底다른物質로分離치못ᄒᆞᄂᆞᆫ일을發見ᄒᆞᆫ지라是等의物質은各各一物로成立ᄒᆞ니가령純金의物質은ᄒᆞᆫᄂᆞ히니곳鉄

金이오銅도그物質은銅뿐이라如此혼物質을元素ㅣ라ᄒᆞᄂᆞ니라

金屬의純粹혼거슨다元素ㅣ니硫黃도元素오寶石中의第一美麗혼金剛石도亦是元素ㅣ라然而우리呼吸ᄒᆞᄂᆞᆫ空氣ᄂᆞᆫ渾斯狀을ᄒᆞᄂᆞᆫ二元素를混合흠이라如此ᄒᆞ니元素ᄂᆞᆫ다만혼物質이오其中으로다른元素를ᄎᆞᄌᆞᆯ슈업기ᄂᆞᆫ明白ᄒᆞ니라然이나古代에서ᄂᆞᆫ學識이깁흔者도一元素中으로다른元素를ᄎᆞᄌᆞ니라極力혼ᄌᆞ도적지아니ᄒᆞ니古人은鉛과其餘金屬으로金銀을煉出코ᄌᆞ盡力ᄒᆞ더라然이나當時ᄂᆞᆫ學術이十分開達치못혼ᄯᅢ라至今에우리가그일을웃기ᄂᆞᆫ當치아니니라是等의所謂煉金家라稱ᄒᆞ던者의慘憺혼許多經營은今日我等의큰便益이되여맛ᄎᆞᆷ니數多發明을ᄒᆞ게되엿ᄂᆞ니라

二個或二個以上에元素가서로和合ᄒᆞᄂᆞᆫ거슬化合物이라ᄒᆞᄂᆞ니이化合物의數ᄂᆞᆫ限이업고또혼漸漸其數를더ᄒᆞ야가ᄂᆞ니라물과갓치다만二個元素로되ᄂᆞᆫ것도잇고砂糖과갓치三個元素로되ᄂᆞᆫ것도잇고또혼數多元素를含蓄ᄒᆞᄂᆞᆫ것도잇ᄉᆞ니

蛋白質은六個元素로되고十二個江上元素를含有ᄒᆞᄂᆞᆫ거ᄉᆞᆫ너무複雜ᄒᆞᆫ血液ᄲᅮᆫ이라其他에蛋白質ᄎᆞ럼여러元素를含有ᄒᆞᆫ物體ᄂᆞᆫ만치아니ᄒᆞ니라 .

大理石과石灰石은化合物의的例되니窯에드려얼마時間을熱ᄒᆞ면크게그性質을變ᄒᆞᄂᆞ니라熱치아니ᄒᆞ기前에ᄂᆞᆫ그質이硬ᄒᆞ고물과混合지못ᄒᆞ되한번窯에드려熱ᄒᆞᆫ후에ᄂᆞᆫ柔軟게되여물을吸收ᄒᆞ야白壁에塗ᄒᆞ기에맛당ᄒᆞ며煉風을粘着게ᄒᆞᄂᆞᆫ煉風灰를지워ᄂᆡ기에맛당ᄒᆞᆫ지라如此이變化홈은엇더ᄒᆞᆫ일인고石灰石을熱燒ᄒᆞ면一種의尾斯가其中으로飛散ᄒᆞ야ᄲᅡ져나가니石灰石은다만石灰되ᄂᆞᆫ緣由ㅣ라故로石灰石과大理石은石灰와一種의尾斯가化合ᄒᆞᆫ거신쥴알거시니라

凡元素와合化物의分別이업시여러物體의性質을講論ᄒᆞᄂᆞᆫ學問을化學이라ᄒᆞ고化學을硏究ᄒᆞᄂᆞᆫ者를化學者라ᄒᆞᄂᆞ니라녯적에化學者ᄂᆞᆫ이믜記述ᄒᆞ던煉金家ㅣ라現今化學者ᄂᆞᆫ鉛으로金銀을取ᄒᆞ랴極力ᄒᆞᄂᆞᆫ者ᄂᆞᆫ업스나元素와化合物을

利用코ᄌᆞ홈에改良ᄒᆞ며또各種物質을結合ᄒᆞ야
新化合物을製出코ᄌᆞ盡力ᄒᆞᄂᆞ니거을다을이라ᄒᆞ
ᄂᆞᆫ物體中으로化學者가美麗ᄒᆞᆫ赤色染料를製出
ᄒᆞ기ᄂᆞᆫ近來의發明이라從來그染料ᄂᆞᆫ고지니일
이라ᄒᆞᄂᆞᆫ虫을가지고製出ᄒᆞ더니그發明이되엿
스니世人을爲ᄒᆞ야益홈이ᄌᆞ못크니라

二 成吉思汗

姓은奇握温이오名은鐵木真이오號ᄅᆞᆯ成吉思汗
이라父ᄅᆞᆯ也速該라ᄒᆞ고母ᄅᆞᆯ月倫이라ᄒᆞ니西洋
曆紀元一千百六十二年(高麗仁宗十五年)에데리
언부다山下에셔生ᄒᆞᄂᆞᆫ지라그셔韃靼ᄂᆞᆫ國號ᄅᆞᆯ
女真이라ᄒᆞ야金나라에屬ᄒᆞ되國內統一이못되
야遠近에諸部落이紛紛이各方으로割據ᄒᆞ야虎
視龍驤ᄒᆞ더니其間에眼光이能히宇宙ᄅᆞᆯ達觀ᄒᆞ
야歐亞諸洲ᄅᆞᆯ經略고ᄌᆞ企圖ᄒᆞᄂᆞᆫ者ᄂᆞᆫ다만一個
成吉思汗이잇슬ᄲᅮᆫ이라그셔ᄅᆞᆯ當ᄒᆞ야蒙古部中
에셔ᄊᆞ히됨고威力이强大ᄒᆞ고從民이最多ᄒᆞ기
ᄂᆞᆫ대쥬部ᄅᆞᆯ稱首ᄒᆞᄂᆞᆫ되其族데레部의酋長이대
쥬에잡핀바ㅣ되여所部ᄅᆞᆯ거ᄂᆞ리고汗의게來歸
ᄒᆞ야대쥬ᄅᆞᆯ쥭여自效코자盟誓ᄒᆞ더라汗의ᄉᆞ롬

되미英邁ᄒᆞ고雄略이잇셔處己ᄅᆞᆯ嚴毅方正이ᄒᆞ며遇人을寬弘大度로ᄒᆞ고部下ᄅᆞᆯ眷愛ᄒᆞ야勳功을厚賞ᄒᆞ니人人이悅服ᄒᆞ야各各自効ᄅᆞᆯ질기ᄂᆞᆫ지지그ᄯᅢ韃靼部의酋長멩에신리더가金나라에背叛ᄒᆞ거ᄂᆞᆯ金主ㅣ丞相完顏襄로ᄒᆞ야금征伐을식이니汗이於是에乘機蹶起ᄒᆞ야斡難河ᄅᆞᆯ올나노라도신原野에셔邀戰ᄒᆞ야大勝ᄒᆞ니金主ㅣ그功을賞ᄒᆞ야招討使ᄅᆞᆯ식여四方征討ᄅᆞᆯ뫼기니自後로크게威力을蓄ᄒᆞ야勇兵을養ᄒᆞ더라대쥬의部長한후ᄂᆞᆫ汗의威勢가如此이日熾ᄒᆞᆷ을忌ᄒᆞ야擧兵

來侵ᄒᆞ거ᄂᆞᆯ斡難河畔에셔크게破ᄒᆞ니이러므로諸部落의酋長들이크게놀나連合ᄒᆞ야汗을襲擊코ᄌᆞᄒᆞ더니이믜通款ᄒᆞᆫ者ㅣ잇셔因ᄒᆞ야成吉思汗이返擊大破ᄒᆞ니遠近部落이前後로漸漸降服ᄒᆞ야汗의勢焰이一時에四方을風靡ᄒᆞ더라

汗은如此히蕞爾ᄒᆞᆫ蒙古中一小部落으로掘起ᄒᆞ야羣雄을駕御ᄒᆞ야韃靼을統一케되엿스ᄂᆞ스스로足ᄒᆞ다아니ᄒᆞ고더욱四方을經略ᄒᆞ야基業을鞏固히ᄒᆞ며政略과兵力을並用ᄒᆞ야種族의同盟을結ᄒᆞ고法律을베풀며兵制ᄅᆞᆯᄃᆞᄉᆞ려스ᄉᆞ로各

部族의標準이되엿더라 一千二百十八年高麗高
宗五年에當ᄒᆞ야汗이맛ᄎᆞᆷᄂᆡ決意ᄒᆞ야西征을企
圖ᄒᆞ거ᄂᆞᆯ고셰中央亞細亞셔에二大帝國이잇스
되하ᄂᆞᆫ가라기단이오셔하ᄂᆞᆫ히라등이라汗
이爲先哲伯將軍으로ᄒᆞ야곰가라기단에入寇ᄒᆞ
야마ᄎᆞᆷᄂᆡ그나라ᄅᆞᆯ併略ᄒᆞ고旣而오ᄉᆞ介로將이되
어ᄒᆞ라등에向進ᄒᆞ야翌年여름에를도이시河岸
에다다라駐陣ᄒᆞ야士馬ᄅᆞᆯ休息ᄒᆞ고가을을기다
려前進ᄒᆞ더니히라등部兵이그勇猛을듯고크게
恐怯ᄒᆞ야쇼ᄒᆞ기前에戰地로브터退却ᄒᆞ거ᄂᆞᆯ因

ᄒᆞ야汗의軍鋒은到處마다敵이當ᄒᆞᆯ者ㅣ업서無
人之境으로드러감과갓ᄒᆞ야東戰西擊ᄒᆞ야그군
사로나아가고露西亞의邊境으로迫ᄒᆞ야露兵과
交戰ᄒᆞ야크게破ᄒᆞ고長驅ᄒᆞ야더네불에다다라
因ᄒᆞ야구리미아로侵入ᄒᆞ니當時에黑海南非岸
ᄉᆞ히에貿易場의스단으府시지併ᄒᆞ야벌벌이아
사ᄅᆞᆯ襲擊ᄒᆞ야破ᄒᆞ고因ᄒᆞ야收陣班師ᄒᆞ니그셰
ᄂᆞᆫ一千二百二十四年高麗高宗十一年五月이
라

成吉思汗二

先是一千二百十一年高麗康宗元年三月에汗이支那를經略코ᄌᆞᄒᆞ야師를發ᄒᆞ야金人과싸와여러번이긔여北京을陷沒ᄒᆞ고未幾에허라든征討의擧가잇서그勇將무우왈이를遼東으로召還ᄒᆞ고王을封ᄒᆞ야ᄡᅥ支那征討의總督을合고金나라併略의功을完結코ᄌᆞᄒᆞ니游牧民兵二萬五千과契丹金人으로ᄡᅥ編成ᄒᆞᆫ二軍이그總督의거ᄂᆞ리는바ㅣ되여征進ᄒᆞ야因ᄒᆞ야무우할이濟南東平村을略取ᄒᆞ고進ᄒᆞ야黃河에다다라단구더國으로向ᄒᆞ더니마춤總督의逝去ᄒᆞ믈못나汗이ᄉᆞᄉᆞ

로精兵을거ᄂᆞ려進軍ᄒᆞ고그ᄯᅡ흘征服ᄒᆞ야金나라로轉ᄒᆞ더니마춤重病에罹ᄒᆞ야希世偉傑이遠然이此世를辭ᄒᆞ니在位二十二年이오壽ㅣ六十六이라이는곳元太祖聖武皇帝러라

汗이病蓐에臥ᄒᆞ야命이朝夕에迫ᄒᆞ되諸將을모ᄒᆞ고金을치는策을遺言ᄒᆞ거ᄂᆞᆯ第三子元太宗이그遺言을奉ᄒᆞ야政略과兵力을併用ᄒᆞ야宋과和ᄒᆞ고金을滅ᄒᆞ야穆世祖ᄯᅢ에일으러宋을滅ᄒᆞ고支那全國을經略ᄒᆞ니라

汗의治民略地ᄒᆞ는法을보니政柄을掌握ᄒᆞ며法

律로制定ᄒᆞ야써人民의性命과財産을保護ᄒᆞ고
社會에弊風을匡正ᄒᆞ야마참ᄂᆡ威權에强盛ᄒᆞᆷ을
致ᄒᆞᄂᆞᆫ지라그蕃民을統御ᄒᆞ야內治ᄅᆞᆯ整理ᄒᆞᆷ은
千事萬物이秩序가잇서措置公平ᄒᆞ며人民保護
ᄒᆞᆷ을急務로ᄒᆞ며各道各府의警備ᄅᆞᆯ嚴肅케ᄒᆞ니
是故로橫恣暴戾의徒가漸漸斂跡ᄒᆞ야旅客商賈
가自由로往來ᄒᆞᆷ을어더從來에戒心顧慮ᄅᆞᆯ免ᄒᆞ
고其他分隊ᄅᆞᆯ各道에屯駐케ᄒᆞ야往來의警察을
擔任케ᄒᆞ며因ᄒᆞ야貿易을旺盛케ᄒᆞ니是等事에
處ᄒᆞᄂᆞᆫ注意가周到縝密ᄒᆞᆷ은一毫의遺ᄒᆞᆫ바ㅣ업
고또ᄒᆞᆫ兵制에가장留心ᄒᆞ야遊牧의人民으로各
其兵役을擔當케ᄒᆞ야幼時로武藝ᄅᆞᆯ練習게ᄒᆞ며
精銳의兵을編成ᄒᆞ야尙武ᄒᆞᄂᆞᆫ俗을일우며部下
諸將에攻城野戰의良法을授ᄒᆞ니그才略의傑然
特出ᄒᆞᆷ은可히想見ᄒᆞᆯ너라

汝等學徒ᄂᆞᆫ이後에太太萬國史記ᄅᆞᆯ工夫ᄒᆞᆯ거시
미ᄉᆞᄉᆞ로書上에서여러聖人君子와豪傑偉人을
맛나려니와成吉思汗又ᄐᆞᆫᄉᆞᄅᆞᆷ은다시못나키어
려온지라歐羅巴洲에住民이크게遷移ᄒᆞ야東北
으로南下ᄒᆞᆷ은곳現今列國을민드러스되汗이東

歐ᄊᆞ흐로侵入ᄒᆞ기에因ᄒᆞ니라故로汗의一生事業은眞實노地球半球上에相關ᄒᆞ니엇지크지아니ᄒᆞ리오特別히東洋各國에셔古來로偉人이젹지아니ᄒᆞ되如此大業을圖謀ᄒᆞᆫ者ᄂᆞᆫ成吉思汗外에다시보지못ᄒᆞ니라汗의威名은歐洲를驚破ᄒᆞ니곳東洋에威名을歐洲에轟揚ᄒᆞ기ᄂᆞᆫ前後數千年間에다만汗이一人ᄲᅮᆫ이라現今에東亞各國의形勢를보니우리東亞人이엇지根이업스리오八道山河에鍾出ᄒᆞᄂᆞᆫ人傑이업지아니ᄒᆞ나다만汝等의努力에잇스니깁히심쓸지어다

古記를보니우리平山ᄯᅡ에僧今俊이女眞으로드러가그後裔가元나라始祖ㅣ되엿다ᄒᆞ며日本서ᄂᆞᆫ源義經이北海道로滿州로가셔成吉思汗이되엿다ᄒᆞ니輓近되여ᄒᆞᆫ洋人이著ᄒᆞᆫ義經再興記ᄂᆞᆫ곳汗이義經이라ᄒᆞᄂᆞᆫ證據를擧示ᄒᆞᆫ게니라

國民小學讀本 終

소학독본

(小學讀本)

貨財積ᄒᆞᆯ心으로ᄡᅥ學問을積ᄒᆞ며功名求ᄒᆞᆯ念으로ᄡᅥ道德을求ᄒᆞ며妻子愛ᄒᆞᄂᆞᆫ心으로ᄡᅥ父母를愛ᄒᆞ며爵位保ᄒᆞᄂᆞᆫ策으로ᄡᅥ國家를保ᄒᆞᆯ지니此에出ᄒᆞ야彼에入ᄒᆞᆷ이다만毫末이差ᄒᆞ나凡에超ᄒᆞ야聖에入ᄒᆞᆫ人品이星淵에判ᄒᆞ니人이엇지猛然이轉念치아니ᄒᆞ리오

性情上偏私를融得ᄒᆞᆷ이便是一大學問이오家庭內嫌隙을消得ᄒᆞᆷ이便是一大經綸이니라

工夫를難處로부터做去ᄒᆞᆷ은風을逆ᄒᆞ야棹를鼓ᄒᆞᆷ갓치ᄒᆞᆷ이便是一段眞消息이오學問을苦中으로부터得來ᄒᆞᆷ은沙를披ᄒᆞ야金을獲ᄒᆞᆷ갓치ᄒᆞᆷ이卽是一箇眞精神이니라

才智가英敏ᄒᆞᆫ者ᄂᆞᆫ맛당이學問으로ᄡᅥ그躁ᄒᆞᆷ을攝ᄒᆞᆯ거시오氣節이激昻ᄒᆞᆫ者ᄂᆞᆫ맛당이德性으로ᄡᅥ그偏을融ᄒᆞᆯ지니라

人慾이初起處를從ᄒᆞ야剪除ᄒᆞ면문득新芽를遽新ᄒᆞᆷ과갓타니그工夫가極히쉽고天理가乍明時로부터保養ᄒᆞ면문득塵鏡을復磨ᄒᆞᆷ과갓ᄒᆞ여그光彩가다시新ᄒᆞ니라

人言을因ᄒᆞ여事理를悟ᄒᆞᆫ者ᄂᆞᆫ悟ᄒᆞᆷ이잇서도다

小學讀本

學部編輯局新刊

小學讀本

大朝鮮開國五百四年仲冬

小學讀本

立志第一

古者에男子ㅣ生에桑弧와蓬矢로天地와四方을射ᄒᆞᆷ은男子ㅣ[illegible]立志가上下와四方의有ᄒᆞᆷ으로뻐ᄒᆞᆷ이니라

是故로幼時에學習은愛親과敬兄에지남이업고長後에事業은愛君과爲國에더ᄒᆞᆷ이업ᄂᆞ니라幼時에孝心이極ᄒᆞ면長後에忠君치아니리업ᄉ며在家에慈情이厚ᄒᆞ면立世에愛民치아니리업ᄉᆞ니라

小學讀本 一

是故로古聖이曰孝란者ᄂᆞᆫᄡᅥ親을事ᄒᆞᄂᆞᆫ비오悌란者ᄂᆞᆫᄡᅥ長을事ᄒᆞᄂᆞᆫ비오慈란者ᄂᆞᆫᄡᅥ衆을使ᄒᆞᄂᆞᆫ비라ᄒᆞ시니라

大凡幼時에學홈은長後에行ᄒᆞ기를爲홈이라歲月이流ᄒᆞᄂᆞᆫ듯ᄒᆞ야長ᄒᆞ고老ᄒᆞᆯ日이遠치안니ᄒᆞ니、一生이幼ᄒᆞᆯ줄알지말고勉强ᄒᆞ야學을勤히ᄒᆞᆯ띠어다

孟文貞公(世宗朝左相名思誠)이八歲에入學ᄒᆞ야禹貢을學ᄒᆞ다가啓呱呱而泣ᄒᆞ되予不子句에至ᄒᆞ야問曰禹ᄂᆞᆫ何如ᄒᆞᆫ人也잇고答曰古에聖君이시니라公이曰聖君갓ᄒᆞ시면天下事ㅣ卽몸의일이어ᄂᆞᆯ予不子三字에德色이有ᄒᆞᆫ것갓ᄒᆞ니禹를爲ᄒᆞ야取치안니ᄒᆞ노라ᄒᆞ여ᄡᅳ니公이비록禹의本意와書經大義를詳解치못ᄒᆞ여ᄡᅳ나八歲兒의志趣가ᄯᅩᄒᆞᆫ奇偉치안니ᄒᆞ냐

男子ㅣ天下에生ᄒᆞ야天下로ᄡᅥ自任치못ᄒᆞ면엇지男子라稱ᄒᆞ리오

尤菴宋先生이(孝宗朝左相時烈諡文正)名門人을戒ᄒᆞ여曰丈夫ㅣ能히當世로ᄡᅥ留念치못ᄒᆞ면엇지足히더부러學을議ᄒᆞ리오ᄒᆞ니大凡人의學홈이君國을爲

홈인즉此에可히볼씨로다

月川趙先生이(名穆) 退溪李先生께(諡文純 名滉) 後學敎ᄒᆞᄂᆞᆫ法을問ᄒᆞᆫ듸退溪答曰그德을先養ᄒᆞᄂᆞ니라月川이曰何謂也오退溪曰不養德이면立地不厚ᄒᆞ고立地不厚ᄒᆞ면萬物을不可成이라ᄒᆞ니大抵蒙學時로부터德義를養ᄒᆞ여야爲民成物ᄒᆞᄂᆞᆫ根基가되ᄂᆞ니라

是故로方長ᄒᆞᄂᆞᆫ木을折치아니ᄒᆞ며啓蟄ᄒᆞᄂᆞᆫ蟲을殺치아니ᄒᆞᄂᆞᆫ거시다幼孩時에仁德을養홈이니라

德이란者ᄂᆞᆫ盛福ᄒᆞᄂᆞᆫ器具ㅣ오聚民ᄒᆞᄂᆞᆫ基地니可히培養치아니ᄒᆞ랴

愼獨齋金先生이(名集 諡文敬) 幼時에殺生홈을보지못ᄒᆞ야衣服에蟣蝨을잡아도外地에버리고주기지아니ᄒᆞ니라

人의心志가이러ᄒᆞ여사可히君上을佐ᄒᆞ며百姓을濟홀지니라

新堂鄭先生이(名鵬 字[illegible] 淵源) 十歲前에羣兒와同學홀세村內書堂들이다貧寒ᄒᆞ야齋糧을못ᄒᆞ거ᄂᆞᆯ先生이父母께固請ᄒᆞ야數十童을다饋餉ᄒᆞ야飢飽를

갓치ᄒᆞ여日人의學ᄒᆞᆷ이本是爲國濟衆ᄒᆞ옴이라
ᄂᆡ將次學을向ᄒᆞ니엇지同類의飢寒을救濟치아
니리요ᄒᆞ니幼孩時라도處事와心德이老成의畏
홀비로나

比컨ᄃᆡ材木이幼時에곳게길너야大ᄒᆞᆫ後棟樑이
될새시오水泉이根源을맑게ᄯᅮᆯ어야達ᄒᆞᆫ後江漢
이되나니사람도蒙養이正ᄒᆞ야야長ᄒᆞᆫ後大人이
되ᄂᆞ니라

是以로孔子ㅣ曰蒙이正으로ᄡᅥ養ᄒᆞᆷ이聖功이라
ᄒᆞ시니라

沙溪金先生이(諡文元 名長生)幼로부터性行이純篤ᄒᆞ야
華麗ᄒᆞᆷ을思慕치아니ᄒᆞ고實心으로學을求ᄒᆞ야
맛참ᄂᆡ國內에儒宗이되니라일즉定山縣監이되
야쓸ᄯᅢ에倭人이入寇ᄒᆞ거ᄂᆞᆯ先生이百姓을撫綏
ᄒᆞ야各各便宜ᄒᆞᆷ을엇게ᄒᆞ며近境士大夫의집이
마니避亂ᄒᆞ야오거ᄂᆞᆯ先生이ᄯᅩᄒᆞᆫ盡心周恤ᄒᆞ니
百姓이다亂離의苦ᄅᆞᆯ忘ᄒᆞ고從歸ᄒᆞᄂᆞᆫ者ㅣ市人
갓타스니幼學時에立志가篤實치못ᄒᆞ여쓰면功
效가엇지이러ᄒᆞ리오

後進幼學들아우리

大君主陛下계옵셔峻德을克明ᄒᆞ샤詔飭이屢降ᄒᆞ시니詩에이론바周雖舊邦이나其命維新ᄒᆞᆯ셔라우리도 聖意를效慕ᄒᆞ야學習을힘쓰며忠孝를일사마 國家와ᄒᆞᆫ가지萬歲太平ᄒᆞ기拜祝ᄒᆞ노라

勤誠第二

勤誠二字가쉽고도어려우니初學ᄒᆞᄂᆞᆫ사람들은勉之勉之ᄒᆞᆯ지어다

寒岡鄭先生이(諡文穆 名逑)七歲에入學ᄒᆞ미山房에獨上ᄒᆞ야四十日을不寢ᄒᆞ고勤勤이求學ᄒᆞ야一年에文章이成ᄒᆞ엿스니사람이誠勤ᄒᆞ면天下에難事ㅣ업ᄂᆞ니라

是故로子思子ㅣ曰人이ᄒᆞᆫ번에能ᄒᆞ거든我ᄂᆞᆫ百番을ᄒᆞ고人이열번에能ᄒᆞ거든我ᄂᆞᆫ千番을ᄒᆞᆯ씨니진실노能히이러ᄒᆞ면비록愚ᄒᆞ나반다시明ᄒᆞ며비록柔ᄒᆞ나반다시剛ᄒᆞᄂᆞ니라

天命이別노잇스미아니라人의誠에잇스며運數가別노잇스미아니라人의勤에잇ᄂᆞ니라

孔子ㅣ曰天이物을生ᄒᆞ미반다시그材를因ᄒᆞ야篤ᄒᆞᄂᆞᆫ지라是故로栽ᄒᆞᄂᆞᆫ者ᄂᆞᆫ培ᄒᆞ고傾ᄒᆞᄂᆞᆫ者

ᄂᆞᆫ震ᄒᆞᄂᆞ니라

福祿은天이降ᄒᆞ심이아니라卽人이造ᄒᆞᄂᆞᆫ거시니라

是故로孟子ㅣ曰命을知ᄒᆞᄂᆞᆫ者ᄂᆞᆫ巖墻下의立지아니ᄒᆞᆫ다ᄒᆞ니死生이비록命이나不立ᄒᆞᆷ은人事ㅣ니라

栗谷李先生이(諡文成 名珥)曰人이心을盡ᄒᆞᄂᆞᆫ處에自然이前識ᄒᆞᄂᆞᆫ明見이잇다ᄒᆞ니무릇識이란者ᄂᆞᆫ心鏡을修ᄒᆞᄂᆞᆫ비라心鏡이一修ᄒᆞ면百事에難ᄒᆞᆷ이업슬쎠니만일事를做고져ᄒᆞᆯ진ᄃᆡ반다시識으로써ᄒᆞᆯ쎠니라

遂菴權先生이(諡文純 名尙夏)曰世人의事를做ᄒᆞᄂᆞᆫ者ㅣ多ᄒᆞ나一技라도能ᄒᆞᆫ者ᄂᆞᆫ少ᄒᆞ니그病이識치못ᄒᆞᆫ中에出ᄒᆞ다ᄒᆞ니

하믈며今世에萬國이相交ᄒᆞ야男子의事業이百倍나더ᄒᆞ니무릇天下와國家를爲ᄒᆞᄂᆞᆫ君子들은맛당이萬分着念ᄒᆞᆯ지니라

孔子ㅣ曰文武의政이方策에布在ᄒᆞ니其人이存ᄒᆞ면其政이擧ᄒᆞ고其人이亡ᄒᆞ면其政이息이라ᄒᆞ시니其人이란者ᄂᆞᆫ可用ᄒᆞᆯ人을이르미시니라

是故로人이天下事를做홀진딕반다시可用人을
지을씨니라
工夫做ᄒᆞᄂᆞᆫ時에誠을ᄒᆞ지아니ᄒᆞ면한갓工夫가
不成홀ᄲᅮᆫ아니라自家人品이半塗의落下ᄒᆞᄂᆞ니
是故로君子ᄂᆞᆫ誠을貴히너기ᄂᆞ니라
誠이란者ᄂᆞᆫ事爲를當ᄒᆞᆫ後에用ᄒᆞᄂᆞᆫ바ㅣ나그러나
本源인則工心에잇스니是故로君子ᄂᆞᆫ그心을篤
實이ᄒᆞᄂᆞ니라

務實第三

天下에事와物이虛實이잇스니虛ᄒᆞᆫ거슨廢ᄒᆞ고
實ᄒᆞᆫ것만務ᄒᆞ미이른바務實이니라
是故로古昔聖賢의行ᄒᆞᆷ은實치아니미업더니中
古에科擧法이行ᄒᆞᆷ으로부터士習이漸漸乖亂ᄒᆞ
야請囑이浪籍ᄒᆞ고賄賂가盛行ᄒᆞᄂᆞᆫ지라後生少
年들이實地를務치아니ᄒᆞ고或優遊로日을度ᄒᆞ
고雜技로月을送ᄒᆞ다가不幾에老且衰ᄒᆞ면窮途
의悲歎ᄒᆞ니또ᄒᆞᆫ可憐치아니ᄒᆞ냐
寒暄堂金先生이(名宏弼諡文敬)幼時로부터戲言이업더
니일즉言牌를지여後人을戒ᄒᆞ여曰言이實ᄒᆞ면
朋友ㅣ스스로이르고行이實ᄒᆞ면福祿이스스로

이른다ᄒᆞᄂᆞ니라
禽獸와蜫蟲도다實事로做ᄒᆞ야爲身謀生ᄒᆞᄂᆞ니蜂이그房을護ᄒᆞ고蜣이그糟를轉ᄒᆞᆷ은다그自養ᄒᆞᆷ을爲ᄒᆞ미오雞가그距로써鬪ᄒᆞ고鸞가그翮으로ᄡᅥ搏ᄒᆞᆷ은다그自防ᄒᆞᆷ을爲ᄒᆞ미라ᄒᆞ말며사람으로物만갓지못ᄒᆞ라

是故로人의當務ㅣ다利用을爲ᄒᆞ미라書를務ᄒᆞ기ᄂᆞᆫ往迹알기를爲ᄒᆞᆷ이오農을務ᄒᆞ기ᄂᆞᆫ飢餓免키를爲ᄒᆞᆷ이오織을務ᄒᆞ미衣裳을裁ᄒᆞ며匠을務ᄒᆞ미宮室을成ᄒᆞ며商으로ᄡᅥ財貨를通ᄒᆞ며工으로ᄡᅥ器用을備ᄒᆞ야井萬件事爲가다쓰기를爲ᄒᆞ미니만일無故이優遊ᄒᆞ야博奕을일사무며諧謔을조히너겨幼少時好光陰을하욤업시다보ᄂᆡ면爲先은편커니와末稍百事가不成後에父母兄弟妻子들이飢寒中에困苦ᄒᆞ면엇지後悔치아니ᄒᆞ라

宋蕭靖公이(中宗朝首相名軼)幼少로부터芬華를尙치아니ᄒᆞ고少時에擧業을務ᄒᆞ다가一朝에翻然이棄擲曰비록잘ᄒᆞ여도國家에有助ᄒᆞᆷ이업슬工夫ㅣ라엇지조흔光陰을虛地에送ᄒᆞ리오ᄒᆞ고綱目과

史記를閱覽ᄒᆞ야古今에治亂과得失을살피며當世에經濟ᄒᆞᆯ道理를思諒ᄒᆞ야　中宗靖社ᄒᆞ신後에匡濟ᄒᆞᆫ事業이多ᄒᆞᆫ지라因ᄒᆞ여靖國功臣을封ᄒᆞ고官이首相에至ᄒᆞ니라七十後에東城外에別業을築ᄒᆞ고世事를相關치아니ᄒᆞ나君을愛ᄒᆞ고國을憂ᄒᆞᄂᆞᆫᄯᅡ에ᄂᆞᆫ오히려衰치아니ᄒᆞ야屢次疏劄를上ᄒᆞ니라

是故로孔子ㅣ曰大德ᄒᆞᆫ者ᄂᆞᆫ그位를必得ᄒᆞ며그祿을必得ᄒᆞ며그名을必得ᄒᆞ며그壽를必得ᄒᆞᆫ다ᄒᆞ시니라

百不庵崔先生이(正宗朝叅奉不仕名)大邱扶仁洞에室을築ᄒᆞ고弟子를모와學을講ᄒᆞ며洞裏百姓을勸ᄒᆞ야각각業을修케호ᄃᆡ士農工商에所長ᄃᆡ로習ᄒᆞ야一民도遊食ᄒᆞᄂᆞᆫ사람이업게ᄒᆞ니居ᄒᆞᆫ지十餘年에百姓이다化ᄒᆞ야百里境內에道에拾遺치아니ᄒᆞ고山行野宿에盜賊을不識ᄒᆞᄂᆞᆫ지라自　上으로畵師를送ᄒᆞ사扶仁洞을繪面에보시고벼슬을除ᄒᆞ신ᄃᆡ時에公이年過七旬이라上疏辭遞ᄒᆞ니惜乎ㅣ라際遇가느즈미여

由是로觀ᄒᆞ건ᄃᆡᄒᆞᆫ갓一洞ᄲᅮᆫ은니라天下와國家

小學讀本　七一

라도百姓으로ᄒᆞ여곰각각그才를因ᄒᆞ여業을修
케ᄒᆞ면어느ᄯᅡ이扶仁洞이아니리오
是故로君子ㅣ心을君國에두ᄂᆞᆫ者ᄂᆞᆫ반다시實을
務行ᄒᆞ고虛僞를削去ᄒᆞᄂᆞ니라
孔子ㅣ曰精義가入神ᄒᆞ기ᄂᆞᆫ致用으로以홈이라
ᄒᆞ시니大抵精義가極盡ᄒᆞ여ᄉᆞ可히事를造ᄒᆞ야
世에用홈이잇스리라
精이란者ᄂᆞᆫ自己上에잇ᄂᆞᆫ거시오義란者ᄂᆞᆫ事物
上에잇ᄂᆞᆫ거시니自己의精을極盡이ᄒᆞ면行치못
ᄒᆞᆯ事爲가업슬거시오事物의義를正齊히ᄒᆞ면信

치아니ᄒᆞᆯᄉᆞ람이업슬거시니自然이天下事爲가
擔着될거시오自然이天下人物이均平ᄒᆞ리라
牛溪成先生이(名渾諡文簡) 精義上에用工을깁히ᄒᆞ사
平生에責人이업더니一日에門生이怨人ᄒᆞᄂᆞᆫ者
ㅣ잇거ᄂᆞᆯ先生이曰我ㅣ果然洪爐와大冶가될
진ᄃᆡ엇지頑金鈍鐵의鋾鎔치아니홈을患ᄒᆞ며我
ㅣ果然巨海와長江이될진ᄃᆡ엇지細流汚瀆의容
納지못홈을患ᄒᆞ리오君子의道ᄂᆞᆫ다만ᄂᆡ몸의反
求ᄒᆞᄂᆞ니라
是故로孔子ㅣ曰射ㅣ君子와似홈이잇스니正鵠

에失ᄒᆞ고ᄂᆞᆫ곳그身에反求ᄒᆞᆫ다ᄒᆞ시니라
同春宋先生이(諡文正 名浚吉)曰人休憂樂因ᄒᆞ라得失이
摠由吾ㅣ라ᄒᆞ니大抵得ᄒᆞᆷ도自取오失ᄒᆞᆷ도自取
니라
他國人은다自家의事務를自家의料量으로行ᄒᆞ
야成業이되거ᄂᆞᆯ我國人은主心이업서他國物色
을보던지他國言辭를드르면我心을自守치못ᄒᆞ
야後日料量은업시新聞新見만崇尙ᄒᆞ다가畢竟
은成就ᄒᆞᄂᆞᆫ者ㅣ드무니엇지憤恨치아니ᄒᆞ리오
是故로孟子ㅣ曰一家一國天下ㅣ皆曰可用可殺
이라도뇌가察ᄒᆞ야可用함과可殺함을본然後에
行ᄒᆞ라ᄒᆞ시니무릇自主ᄒᆞᆫ見得을貴히너기시미
니라
梧里李先生이(諡文忠 名元翼)曰記聞ᄒᆞᆫ學은事理가通曉
치못ᄒᆞᄂᆞ니今世에精明ᄒᆞᆫ見得이趙穆(號月川)갓ᄒᆞᆫ者
ㅣ드물다ᄒᆞ니大凡士의學은透理ᄒᆞ야自得ᄒᆞᆷ이
貴ᄒᆞ니라
鶴峰金先生이(名誠一 辰勳)壬子를戒ᄒᆞ며曰남의父ㅣ
되여望子ᄒᆞᄂᆞᆫ情이엇지大치아니ᄒᆞ리오마ᄂᆞᆫ不
幸이汝輩의才稟이卑下ᄒᆞ야大事業은希望치못

홀지라다만所望이事物을當ᄒᆞ거든客氣를除去ᄒᆞ고本心으로商確ᄒᆞ야吉凶과利害를揀擇ᄒᆞ야吉을取ᄒᆞ고凶을避ᄒᆞ며利를取ᄒᆞ고害를避ᄒᆞ면父된者ㅣ또ᄒᆞᆫ거의寬心ᄒᆞ리라

世人이뉘가福을樂ᄒᆞ고凶을取ᄒᆞ리오마ᄂᆞᆫ後生이愚蒙ᄒᆞ야目下慾心과當頭愛情으로種種凶禍에陷溺ᄒᆞ니엇지可惜지아니ᄒᆞ랴

修德第四

道義로性을涵養ᄒᆞ야仁愛가心에洽足ᄒᆞ면德氣가自然이現外ᄒᆞᄂᆞ니德이能히現ᄒᆞ면上으로君을事ᄒᆞ며下로民을治홈의自然이敎化ㅣ成ᄒᆞᄂᆞ니라

萬一德을修치못ᄒᆞ고巧僞로事를濟ᄒᆞ면化치못홀ᄲᅮᆫ아니라弊가百端으로生ᄒᆞ야반다시顚覆에至ᄒᆞᄂᆞ니라

靜庵趙先生이(諡文正 名光祖)曰一點不忍ᄒᆞᆫ心端이是ㅣ生民生物ᄒᆞᄂᆞᆫ根本이오一種無吝ᄒᆞᆫ氣槩가是ㅣ撑天撑地ᄒᆞᄂᆞᆫ柱石이라ᄒᆞ니故로君子ㅣ一蟲과一蟻라도忍ᄒᆞ야傷殘치아니ᄒᆞ며千金과萬財라도吝ᄒᆞ야愛惜지아니ᄒᆞᄂᆞ니然後에야可히民物을

爲ᄒᆞ야命을立ᄒᆞ며天地를爲ᄒᆞ야功을立ᄒᆞᄂᆞ니
라
業을成ᄒᆞ고功을建ᄒᆞᆯ진ᄃᆡ事事이實地를從ᄒᆞ야
脚을着ᄒᆞᆯ지니萬一半點이라도名譽를慕ᄒᆞ면문
득僞科에歸ᄒᆞᆯ거시오道를講ᄒᆞ고德을修ᄒᆞᆯ진ᄃᆡ
念念이虛處를從ᄒᆞ야心을置ᄒᆞᆯ지니萬一分이
라도功效를計ᄒᆞ면문득塵情에落ᄒᆞ리라
象村申先生이(名欽諡文貞)曰人이그德을厚히ᄒᆞᆯ진ᄃᆡ
차라리默ᄒᆞᆯ지언졍躁ᄒᆞ지말며차라리拙ᄒᆞᆯ지언
졍巧ᄒᆞ지말ᄂᆞ니라

十語에九中ᄒᆞᆷ이반다시奇라稱ᄒᆞᆯ거시아니라一
語가中치못ᄒᆞᆫ則愆尤가集ᄒᆞ고十謀에九成ᄒᆞᆷ이
반다시功에歸ᄒᆞᆯ거시아니라一謀가成치못ᄒᆞ면
訾議가興ᄒᆞᄂᆞ니라
大凡天地도氣候가暖ᄒᆞᆫ則物이生ᄒᆞ고寒ᄒᆞᆫ則物
이殺ᄒᆞᄂᆞ니그런故로氣味가淸冷ᄒᆞᆫ者ᄂᆞᆫ受享ᄒᆞ
ᄂᆞᆫ배亦ᄒᆞᆫ涼薄ᄒᆞ고氣가和ᄒᆞ며心이暖ᄒᆞᆫ者ㅣ야
오직그福이厚ᄒᆞ고그澤이長ᄒᆞᄂᆞ니라
人이萬一念이貪ᄒᆞ고私ᄒᆞ면문득剛을銷ᄒᆞ야
柔가되며智를塞ᄒᆞ야昏이되며恩을變ᄒᆞ야慘가

되며潔을染ᄒᆞ야汚가되야一生人品이壞了ᄒᆞᄂᆞ니古人이云ᄒᆞ되不貪二字로可히一世를度越ᄒᆞᆫ다ᄒᆞ니라

眞箇廉ᄒᆞᆫ者ᄂᆞᆫ廉ᄒᆞᆫ名이업ᄂᆞ니名을立ᄒᆞᄂᆞᆫ者ᄂᆞᆫ正히이른바貪夫ㅣ오크게巧ᄒᆞᆫ者ᄂᆞᆫ巧ᄒᆞᆫ術이업ᄂᆞ니術을用ᄒᆞᄂᆞᆫ者ᄂᆞᆫ正히이른바拙工이니라

栗谷先生이曰學ᄒᆞᄂᆞᆫ者ㅣ다만藝業ᄒᆞᄂᆞᆫ心思가잇스며蕭灑ᄒᆞᆫ趣味가업스면美ᄒᆞᆫ則美ᄒᆞ나一樣으로斂束ᄒᆞ야淸高ᄒᆞᆷ만求ᄒᆞ면是ᄂᆞᆫ秋殺만잇고春生이업스미니엇지理氣에合다ᄒᆞ리오

惡을爲ᄒᆞ되人이知ᄒᆞᆯ가畏ᄒᆞᄂᆞᆫ者ᄂᆞᆫ惡ᄒᆞᆫ中에오히려一條善路가잇고善을爲ᄒᆞ되人이知ᄒᆞᆷ을希ᄒᆞᄂᆞᆫ者ᄂᆞᆫ善ᄒᆞᆫ處에一種惡根이伏ᄒᆞᆷ이니라

心地가淸淨ᄒᆞᆫ後에야可히書를讀ᄒᆞ며古를學ᄒᆞᆯ지니그럿치못ᄒᆞ고一善을行ᄒᆞ야私를濟ᄒᆞ려ᄒᆞ며一善을言ᄒᆞ야短을覆ᄒᆞ라ᄒᆞ면是ᄂᆞᆫ寇兵을藉ᄒᆞ며盜糧을齎ᄒᆞᆷ이니라

道德을苦守ᄒᆞᄂᆞᆫ者ᄂᆞᆫ一時에寂寞ᄒᆞ고權勢를依阿ᄒᆞᄂᆞᆫ者ᄂᆞᆫ萬古에凄凉ᄒᆞᄂᆞ니達人은物外에物을觀ᄒᆞ며身後에身을思ᄒᆞ야차라리一時에寂寞

ᄒᆞᆷ을愛ᄒᆞᆯ지언졍萬古에寂寞ᄒᆞᆷ은愛치안ᄂᆞ니라
是故로君子의心事ᄂᆞᆫ天이淸ᄒᆞ고日이白ᄒᆞᆷ갓치
ᄒᆞ야人으로ᄒᆞ여금아니알지못ᄒᆞᆯ거시오君子의
才華ᄂᆞᆫ玉을韞ᄒᆞ고珠를藏ᄒᆞᆷ갓치ᄒᆞ야人으로ᄒᆞ
여금卒이알지못ᄒᆞᆯ지니라
鬪을解ᄒᆞ되感으로ᄡᅥ助ᄒᆞᆫ則怒ᄒᆞᄂᆞᆫ氣가自然이平ᄒᆞᆯ
거시오貪을懲ᄒᆞ되財로ᄡᅥ濟ᄒᆞᆫ則利ᄒᆞᆯ心이自然
이滯ᄒᆞᄂᆞ니이른바그勢를因ᄒᆞ야利케導ᄒᆞᄂᆞᆫ거
시오ᄯᅩ이變을應ᄒᆞᄂᆞᆫ權宜니라
貪士로셔肯히濟人ᄒᆞᆷ이바야흐로性天中에惠澤

이오貴家의셔能히尊禮ᄒᆞᆷ이바야흐로心地上에
工夫ㅣ니라
作人을다만一味로眞率ᄒᆞ면踪迹이비록隱ᄒᆞ나
도로顯ᄒᆞᆯ거시오存心을만일半毫나未淨ᄒᆞ면事
爲가비록公이나ᄯᅩᄒᆞᆫ私ㅣ니라
無事ᄒᆞᆫ時에문득閑雜ᄒᆞᆫ念想이有ᄒᆞᆫ가思ᄒᆞ며有
事ᄒᆞᆫ時에문득麤浮ᄒᆞᆫ意想이有ᄒᆞᆫ가思ᄒᆞ며得意
ᄒᆞᆫ時에문득驕矜ᄒᆞᆫ辭色이有ᄒᆞᆫ가思ᄒᆞ며失意ᄒᆞᆫ
時에문득怨尤ᄒᆞᆫ情懷가有ᄒᆞᆫ가思ᄒᆞ야時時로檢
閱ᄒᆞ야漸漸多로從ᄒᆞ야少에入ᄒᆞ며有로從ᄒᆞ야

無에入ᄒᆞ기에到得ᄒᆞ여ᄉᆞ진실노이學問의眞消息이니라

惡은陰ᄒᆞᆷ을忌ᄒᆞ고善은陽ᄒᆞᆷ을忌ᄒᆞᄂᆞ니故로惡의顯ᄒᆞᆫ者ᄂᆞᆫ禍ㅣ淺ᄒᆞ고隱ᄒᆞᆫ者ᄂᆞᆫ禍ㅣ深ᄒᆞ며善의顯ᄒᆞᆫ者ᄂᆞᆫ功이小ᄒᆞ고善의隱ᄒᆞᆫ者ᄂᆞᆫ功이大ᄒᆞ니라

花潭徐先生이(名敬德 諡文康)曰德은才의主ㅣ오才ᄂᆞᆫ德의奴ㅣ라萬一有才ᄒᆞ고無德ᄒᆞ면無主空家에奴輩가用事ᄒᆞᆷ갓ᄒᆞ니엇지倫常과綱紀를正釐ᄒᆞ리오ᄒᆞ니라

我心을常히圓滿이持ᄒᆞ면天下에반다시缺陷ᄒᆞᆫ地方이업슬거시오我心을常히寬平이持ᄒᆞ면天下에반다시險側ᄒᆞᆫ人情이업스리라

老年의疾病이다壯時에招得ᄒᆞᆫ비오晩境의罪業이다盛年에作孽ᄒᆞᆫ비라故로盈을持ᄒᆞ고滿을履ᄒᆞᄂᆞᆫ君子ᄂᆞᆫ合當이더욱兢兢ᄒᆞᆯ지니라

人의小過를責치말며人의陰私를發치말며人의舊惡을念치말면可히ᄡᅥ德을養ᄒᆞᆯ거시오ᄯᅩᄒᆞᆫ可히害를遠히ᄒᆞ리라

口에爽ᄒᆞᆫ味가다腸을爛ᄒᆞ고骨을腐ᄒᆞᄂᆞᆫ毒藥이

니斟酌ᄒᆞ야五分만ᄒᆞ면문득快이無ᄒᆞᆯ거시오心에快ᄒᆞᆫ事가다身을敗ᄒᆞ고德을散ᄒᆞᄂᆞᆫ惡媒니斟酌ᄒᆞ야五分만ᄒᆞ면문득悔ㅣ無ᄒᆞ리라

私恩을市ᄒᆞᆷ이公議를扶ᄒᆞᆷ만갓지못ᄒᆞ며新知를結ᄒᆞᆷ이舊好를敦ᄒᆞᆷ만갓지못ᄒᆞ며榮名을立ᄒᆞᆷ이陰德을種ᄒᆞᆷ만갓지못ᄒᆞ며奇節을尙ᄒᆞᆷ이庸行을謹ᄒᆞᆷ만갓지못ᄒᆞ니라

家人骨肉間에有變ᄒᆞ면맛당이從容히ᄒᆞᆯ지니激厲치못ᄒᆞᆯ거시오朋友交遊際에有失ᄒᆞ면맛당이剴切히ᄒᆞᆯ지니婉順치못ᄒᆞᆯ지니라

公平ᄒᆞᆫ正論은可히犯手치못ᄒᆞᆯ지니一番犯手ᄒᆞᆫ則萬世에羞를貽ᄒᆞᆯ거시오權門에私竇ᄂᆞᆫ可히着脚지못ᄒᆞᆯ지니一番着脚ᄒᆞᆫ則終身에玷汚가되ᄂᆞ니라

偏信ᄒᆞ야奸의欺ᄒᆞᄂᆞᆫ비되지말며自任ᄒᆞ야氣의使ᄒᆞᄂᆞᆫ비되지말며己의長으로人의短을形치말며己의拙로人의能을忌치말지니라

人의短處ᄂᆞᆫ隱ᄒᆞ야彌縫ᄒᆞ기를要ᄒᆞᆯ지니萬一暴揚ᄒᆞ면是ᄂᆞᆫ短으로써短을攻ᄒᆞᆷ이오人의頑行은誘ᄒᆞ야悔化ᄒᆞ기를要ᄒᆞᆯ지니萬一忿激ᄒᆞ면是ᄂᆞᆫ

頑으로써頑을濟홈이니라

節을直히ᄒᆞ야人의怨를밧을지언졍意로曲히ᄒᆞ야人의善를밧지아니ᄒᆞᆯ거시오罪가업시人의毁를밧을지언졍實이업시人의譽를밧지아니ᄒᆞᆯ지니라

小處에도滲漏치아니ᄒᆞ며暗室에도欺隱치아니ᄒᆞ며末路에도怠荒치아니ᄒᆞ여ᄉᆞ이른바眞正ᄒᆞᆫ英雄이니라

閑中에放過치아니ᄒᆞ면忙中의受用홈이잇슬거시오靜中에落空치아니ᄒᆞ면動中에受用홈이잇슬거시오暗中에欺隱치아니ᄒᆞ면明中에受用홈이잇스리라

清호ᄃᆡ能히容홈이잇고仁호ᄃᆡ能히斷을善ᄒᆞ고明호ᄃᆡ察에傷치아니ᄒᆞ고直호ᄃᆡ矯에過치아니홈이이른바蜜餞이甜치아니ᄒᆞ고海錯이鹹치아니홈이니라

眞士ᄂᆞᆫ邀福ᄒᆞ기에無心ᄒᆞ여도天이곳其心上에就ᄒᆞ야其衷을開ᄒᆞ고險人은避禍ᄒᆞ기를着意ᄒᆞ여도天이곳其意中에就ᄒᆞ야其魄을奪ᄒᆞᄂᆞ니天의機權이最神홈을可히볼지라人의智巧가무엇

有益ᄒᆞ리오

平民이라도種德과施惠를肯ᄒᆞ면문득位업ᄂᆞᆫ卿相이오士大夫라도貪權과市寵이甚ᄒᆞ면맛참ᄂᆡ位잇ᄂᆞᆫ乞人이니라

一翳라도眼에在ᄒᆞ면空花가亂히起ᄒᆞ고纖塵이라도體에着ᄒᆞ면雜念이紛히飛ᄒᆞᄂᆞ니翳를了ᄒᆞ여ᄉᆞ花가落ᄒᆞᆯ거시오塵을銷ᄒᆞ여ᄉᆞ念이絶ᄒᆞ리라

榮寵ᄒᆞᆫ頭邊에ᄂᆞᆫ辱이等待ᄒᆞᄂᆞ니반다시揚揚치말거시오困窮ᄒᆞᆫ背後에ᄂᆞᆫ福이跟隨ᄒᆞᄂᆞ니ᄯᅩᄒᆞᆫ무엇戚戚ᄒᆞ리

古人閑適ᄒᆞᆫ處에今人은문득一生을忙過ᄒᆞ고古人實受ᄒᆞᆫ處에今人은문득一世를虛度ᄒᆞ니病因이空을耽ᄒᆞ고妄을逐ᄒᆞ야實眼을開치못ᄒᆞᆫ緣故ㅣ니種種人은察ᄒᆞᆯ지어다

少壯ᄒᆞᆫ者ᄂᆞᆫ事事이意를着ᄒᆞᆯ지어ᄂᆞᆯ意가도로輕ᄒᆞ야泛泛히水中鳧를作ᄒᆞ니엇지써雲霄의翮을振ᄒᆞ며衰老ᄒᆞᆫ者ᄂᆞᆫ事事이情을忘ᄒᆞᆯ지어ᄂᆞᆯ情이도로重ᄒᆞ야碌碌히轅下駒를做ᄒᆞ니엇지써韁鎖ᄒᆞᆫ身을脫ᄒᆞ리오

貨財積ᄒᆞᆯ心으로ᄡᅥ學問을積ᄒᆞ며功名求ᄒᆞᆯ念으로ᄡᅥ道德을求ᄒᆞ며妻子愛ᄒᆞᄂᆞᆫ心으로ᄡᅥ父母를愛ᄒᆞ며爵位保ᄒᆞᄂᆞᆫ策으로ᄡᅥ國家를保ᄒᆞᆯ지니此에出ᄒᆞ야彼에入ᄒᆞᆷ이다만毫末이差ᄒᆞ나凡에超ᄒᆞ야聖에入ᄒᆞᆫ人品이星淵에判ᄒᆞᄂᆞ니人이엇지猛然이轉念치아니ᄒᆞ리오

性情上偏私를融得ᄒᆞᆷ이便是一大學問이오家庭內嫌隙을消得ᄒᆞᆷ이便是一大經綸이니라

工夫를難處로부터做去ᄒᆞᆷ은風을逆ᄒᆞ야棹를鼓ᄒᆞᆷ갓치ᄒᆞᆷ이便是一段眞消息이오學問을苦中으로부터得來ᄒᆞᆷ은沙를披ᄒᆞ야金을獲ᄒᆞᆷ갓치ᄒᆞᆷ이即是一箇眞精神이니라

才智가英敏ᄒᆞᆫ者ᄂᆞᆫ못당이學問으로ᄡᅥ그躁ᄒᆞᆷ을攝ᄒᆞᆯ거시오氣節이激昻ᄒᆞᆫ者ᄂᆞᆫ못당이德性으로ᄡᅥ그偏을融ᄒᆞᆯ지니라

人慾이初起處를從ᄒᆞ야剪除ᄒᆞ면문듯新芽를遽斬ᄒᆞᆷ과갓다니그工夫가極히쉽고天理가乍明時로부터保養ᄒᆞ면문듯塵鏡을復磨ᄒᆞᆷ과갓ᄒᆞ여그光彩가다시新ᄒᆞ니라

人言을因ᄒᆞ여事理를悟ᄒᆞᆫ者ᄂᆞᆫ悟ᄒᆞᆷ이잇셔도다

시送ᄒᆞᆯ지니大凡自悟ᄒᆞ야了了ᄒᆞᆷ만갓지못ᄒᆞ며
外境으로從ᄒᆞ야意味를得ᄒᆞᄂᆞᆫ者ᄂᆞᆫ得ᄒᆞᆷ이잇셔도
다시失ᄒᆞᆯ지니自得ᄒᆞ야休休ᄒᆞᆷ만갓지못ᄒᆞᆯ지니
라

應世第五

士君子ㅣ世를涉호ᄃᆡ人의게喜怒를輕히ᄒᆞ지못
ᄒᆞᆯ지니喜怒가輕ᄒᆞᆫ則心腹과肝膽이다人의窺ᄒᆞ
ᄂᆞᆫ비될거시오物의게愛憎을重히ᄒᆞ지못ᄒᆞᆯ지니
愛憎이重ᄒᆞᆫ則意氣와精神이다物의制ᄒᆞᄂᆞᆫ비될
지니라

秋江南先生이名孝溫曰蒼蠅이驥에附ᄒᆞ면捷ᄒᆞ
則捷ᄒᆞ되處後ᄒᆞᄂᆞᆫ羞ᄂᆞᆫ免치어렵고蔦蘿가松에
依ᄒᆞ면高ᄒᆞᆫ則高ᄒᆞ되仰攀ᄒᆞᄂᆞᆫ恥ᄂᆞᆫ辭치못ᄒᆞᆯ지
니君子ㅣ차라리身에風霜을耕ᄒᆞᆯ지언졍엇지남
의鷹犬이되리오ᄒᆞ니大丈夫ㅣ處世를鄙陋이ᄒᆞ
면엇지名節을成ᄒᆞ리오

栗谷先生이曰士君子ㅣ人을濟ᄒᆞ고物을利케ᄒᆞᆯ
진ᄃᆡ맛당이그實에居ᄒᆞᆯ거시오그名에居치못ᄒᆞᆯ
지니名에居ᄒᆞᆫ則德이損ᄒᆞ고卿大夫ㅣ國을憂ᄒᆞ
고民을爲ᄒᆞᆯ진ᄃᆡ맛당이그心을둘거시오그言을

두지못홀지니言을듣則毁가來ᄒᆞᄂᆞ니라
是故로古昔에賢人과君子ᄂᆞᆫ立世ᄒᆞ야處事흠이名實이異치아니ᄒᆞ고言行이違치아니ᄒᆞᄂᆞ니라
圃隱鄭先生이(麗朝忠臣名夢周諡文忠)日平居홀ᄯᅢ에ᄂᆞᆫ欲을息ᄒᆞ고身을惜ᄒᆞ다가도大節을臨ᄒᆞ면可히性命을委홀거시오治家홀ᄯᅢ에ᄂᆞᆫ入을量ᄒᆞ야出을ᄒᆞ다가도大義를當ᄒᆞ면可히千金을棄홀지니라
是故로大事를遇ᄒᆞ야矜持ᄒᆞᄂᆞᆫ者ᄂᆞᆫ小事에반다시縱弛ᄒᆞ고明庭에處ᄒᆞ야撿飭ᄒᆞᄂᆞᆫ者ᄂᆞᆫ暗室에반다시放逸ᄒᆞᄂᆞ니故로君子의心行은小事를臨

ᄒᆞ여도大敵을對홈갓고密室에坐ᄒᆞ여도通衢에行홈ᄀᆞᆺ타니라
於于柳先生이(光海朝節義名夢寅)日己의情欲은可히縱치못홀지라맛당이逆ᄒᆞᄂᆞᆫ法으로ᄡᅥ制홀거시니그道가一忍字에잇고人의情欲은可히拂치못홀지라맛당이順ᄒᆞᄂᆞᆫ法으로ᄡᅥ調할거시니그道가一恕字에잇ᄂᆞ니라
今人은다恕로ᄡᅥ己를適ᄒᆞ고忍으로ᄡᅥ人을制ᄒᆞ니또ᄒᆞᆫ不可홈이업ᄂᆞ냐
細察이明이아니라能히察홀거슬能히察치아니

ᄒᆞᆷ이可히明이라謂ᄒᆞᆯ거시오必勝이勇이아니라
能히服ᄒᆞᆯ거슬能히勝치아니ᄒᆞᆷ이可히勇이라謂
ᄒᆞᄂᆞ니라

白沙李先生이(諡文忠名恒福鰲城府院君)每稱曰明甫(即漢陰字)
갓ᄒᆞᆫ者ᄂᆞᆫ可히命世ᄒᆞᆫ器로다時를隨ᄒᆞᄂᆞᆫ內에能
히時를救ᄒᆞᆷ이和風이酷熱을消ᄒᆞᆫ둣ᄒᆞ며俗에混
ᄒᆞᄂᆞᆫ內에能히俗을脫ᄒᆞᆷ이淡月이輕雲에映ᄒᆞᆫ둣
ᄒᆞ도다

潛庵白先生이(諡文簡名文甫)處世ᄒᆞᄂᆞᆫ道로그子弟를訓
ᄒᆞ여曰朋友로더부러交ᄒᆞᄂᆞᆫ者ㅣ그終에易疎ᄒᆞ
기론차라리그始에難親ᄒᆞᆯ거시오事物을當ᄒᆞ야
御ᄒᆞᄂᆞᆫ者ㅣ그後에巧持ᄒᆞ기론차라리그前에拙
守ᄒᆞᆯ지니라

是故로酷烈ᄒᆞᆫ禍가만니玩弄ᄒᆞᄂᆞᆫ人에起ᄒᆞ고盛
滿ᄒᆞᆫ功이常히細微ᄒᆞᆫ事에敗ᄒᆞᄂᆞ니라

是故로人人이다好타ᄒᆞ여도一人의怨을愼防ᄒᆞ
며事事이다功이잇서도一事의終을愼繼ᄒᆞᆯ지니
라

讎怨의弩ᄂᆞᆫ避ᄒᆞ기易ᄒᆞ나恩人의戈ᄂᆞᆫ防ᄒᆞ기難
ᄒᆞ고苦時에坎은免ᄒᆞ기易ᄒᆞ나樂處의阱은脫ᄒᆞ

기難ᄒᆞ니라

是故로泥에汚ᄒᆞ고涵에沾ᄒᆞᄂᆞᆫ累ᄂᆞᆫ病根이戀一字에잇고方을隨ᄒᆞ고圓을逐ᄒᆞᄂᆞᆫ法은便宜가耐一字에잇ᄂᆞ니라

落落ᄒᆞᆫ者ᄂᆞᆫ合기가難ᄒᆞ나또ᄒᆞᆫ分키도難ᄒᆞ고欣欣ᄒᆞᆫ者ᄂᆞᆫ親키가易ᄒᆞ나또ᄒᆞᆫ疎키도易ᄒᆞ니라

梧陰尹先生이(名斗壽 諡文靖)曰丈夫의意氣가天下로더부러相期ᄒᆞᄂᆞᆫ거시春風이庶物을鼓暢ᄒᆞᆷ과갓ᄒᆞᆯ지니맛당이半點偏閡ᄒᆞᆫ形을存치못ᄒᆞᆯ거시오丈夫의肝膽이天下로더부러相照ᄒᆞᄂᆞᆫ거시秋月이萬物을洞徹ᄒᆞᆷ과갓ᄒᆞᆯ지니맛당이一毫曖昧ᄒᆞᆫ狀을作지못ᄒᆞᆯ지니라

士君子ㅣ持心處世에天下를一室로視ᄒᆞᆯ지니君王을事ᄒᆞᆷ은父兄갓치ᄒᆞ며百姓을使ᄒᆞᆷ은子弟갓치ᄒᆞ며政事를務ᄒᆞᆷ은治產갓치ᄒᆞ여야天下의大事業을期待ᄒᆞ리라

無事ᄒᆞᆫ時라도恒常有事ᄒᆞᆷ갓치隄防ᄒᆞ여야可히意外에變을彌ᄒᆞᆯ거시오有事ᄒᆞᆫ時라도恒常無事ᄒᆞᆷ갓치鎭定ᄒᆞ여야可히局中에危를消ᄒᆞᆯ지니라

齒ᄂᆞᆫ亡ᄒᆞ나舌은久存ᄒᆞᄂᆞ니強剛이柔順ᄒᆞᆷ만못

ᄒᆞᆫ거시오尸는朽ᄒᆞ나樞는不蠹ᄒᆞᄂᆞ니偏執이圓融만못ᄒᆞ니라

持身ᄒᆞ기를泰山과九鼎ᄀᆞᆺ치ᄒᆞ야凝然히不動ᄒᆞ면愆尤가自然이少ᄒᆞᆯ거시오應事ᄒᆞ기를流水에落花ᄀᆞᆺ치悠然이任去ᄒᆞ면趣味가自然이多ᄒᆞ니라

鄭文翼公이(名光弼)平生에臨事를自任ᄒᆞ야造次도妄卒ᄒᆞᆷ이업더니嘗曰事를遇ᄒᆞ미終始에安靜從容ᄒᆞ면비록紊ᄒᆞᆷ이亂絲와如ᄒᆞ야도畢竟은就緖ᄒᆞᆯ거시오人을接ᄒᆞ미終始에忠信謹厚ᄒᆞ면비록狡ᄒᆞᆷ이山鬼와如ᄒᆞ야도末梢는歸順ᄒᆞᄂᆞ니라

芝草가種이업고醴泉이源이업스니志士는맛당이勇奮ᄒᆞ야自期를高히ᄒᆞᆯ거시오彩雲은散이易ᄒᆞ고琉璃는脆가易ᄒᆞ니達人은맛당이回頭ᄒᆞ야韜晦를早히ᄒᆞᆯ지니라

橫逆과困窮이비록暫時에苦緣이나진실노豪傑을鍛鍊ᄒᆞᄂᆞᆫ一部爐鎚ㅣ니能히그鍛鍊을受ᄒᆞᄂᆞᆫ者는身心이化ᄒᆞ야精金이되고受치못ᄒᆞᆫ者는鈍鐵이變치못ᄒᆞ야終來에價를售치못ᄒᆞ나니라

芝峰李先生이(名晬光)二訓으로世人을戒ᄒᆞ야曰害人ᄒᆞᆯ心은可히잇지못ᄒᆞᆯ거시오防人ᄒᆞᆯ心은可히업

末이되ᄂᆞ니라

栗谷李先生이曰事를謝호ᄃᆡ盛滿ᄒᆞᆫ時에홀거시오身을居호ᄃᆡ獨後홀地에홀거시오德을謹호ᄃᆡ至微ᄒᆞᆫ事에홀거시오恩을施호ᄃᆡ不報홀人의게홀지니라

德이란者ᄂᆞᆫ事業의基地니基地가固치못ᄒᆞ고棟宇가堅久홀者ㅣ업스며心이란者ᄂᆞᆫ治平의根委니根委가植지못ᄒᆞ고枝葉이茂홀者업ᄂᆞ니라

道를學ᄒᆞᄂᆞᆫ人이비록心을有ᄒᆞ여도恒常定에有ᄒᆞ야猿馬의不寧과同치말며心을無ᄒᆞ여도恒常

지못홀거시라ᄒᆞ니此ᄂᆞᆫ疎에傷ᄒᆞᆫ者를戒홈이오차라리人의欺를受홀지언졍人의詐를逆치말나ᄒᆞ니此ᄂᆞᆫ察에傷ᄒᆞᆫ者를戒홈이라二訓을並存ᄒᆞ여사精明ᄒᆞ고또渾厚ᄒᆞ리라

羣疑를因ᄒᆞ야獨見을廢치못홀거시오己意를主ᄒᆞ야人言을阻치못홀거시오小惠를私ᄒᆞ야大體를害게못홀거시오公論을藉ᄒᆞ야私情을快게못홀지니라

節義가靑雲에過ᄒᆞ며文章이白雪에高ᄒᆞ여도德性으로鎔鑄치못ᄒᆞ면뭇춤ᄂᆡ血氣의私와技能의

慧에寓ᄒᆞ야木石의不動과同케말지니라

河西金先生이(名麟厚 諡文正)曰勤이란者ᄂᆞᆫ德義를敏코져ᄒᆞᆷ이어ᄂᆞᆯ世人이勤을借ᄒᆞ야ᄡᅥ그貧을濟ᄒᆞ며儉이란者ᄂᆞᆫ貨利에澹코져ᄒᆞᆷ이어ᄂᆞᆯ小人이儉을假ᄒᆞ야ᄡᅥ그吝을飾ᄒᆞᄂᆞ니勤儉二字가君子의持身ᄒᆞᄂᆞᆫ符契어ᄂᆞᆯ도로여小人의營私ᄒᆞᄂᆞᆫ具ㅣ되니엇지愛惜지아니리오

恩을施호ᄃᆡ못당이澹으로부터漸漸濃히ᄒᆞᆯ지니濃을先ᄒᆞ고澹을後ᄒᆞ면人이그惠를忘ᄒᆞᆯ거시오威를施호ᄃᆡ못당이嚴으로부터次次寬히ᄒᆞᆯ지니寬을先ᄒᆞ고嚴을後ᄒᆞ면人이酷을怨ᄒᆞᄂᆞ니라

士君子ㅣ或權門과勢路에處ᄒᆞ미操履ᄂᆞᆫ嚴明이ᄒᆞ고心氣ᄂᆞᆫ和易히ᄒᆞ야暫時라도腥羶의黨을隨ᄒᆞ야近히말거시오暫時라도蜂蠆의毒을激ᄒᆞ야犯치말지니라

陰謀와怪術과異行과奇能이다涉世ᄒᆞᄂᆞᆫ禍胎니다만一箇庸德과庸行이야可히ᄡᅥ始終에一ᄒᆞ며和平을招ᄒᆞᄂᆞ니라

我의心을昧치말며人의情을拂치말며物과財를竭치말지니三件을體行ᄒᆞ면足히ᄡᅥ天地를爲ᄒᆞ

야心을立홀거시오生民을爲ᄒᆞ야命을立홀거시
오後世를爲ᄒᆞ야福을立홀거시니라

官에居ᄒᆞᄆᆡ二戒가잇스니曰公ᄒᆞᆫ則明이生ᄒᆞ고
廉ᄒᆞᆫ則威가生ᄒᆞᄂᆞ니라家에居ᄒᆞᄆᆡ二戒가잇스
니曰恕ᄒᆞᆫ則情이和ᄒᆞ고儉ᄒᆞᆫ則用이足ᄒᆞᄂᆞ니라

小人을遠호ᄃᆡ仇怨을作지말나小人도스스로黨
類가잇나니라君子로交호ᄃᆡ諂諛를納치말나君
子ᄂᆞᆫ본ᄃᆡ私情이업ᄂᆞ니라

圭菴宋先生이(諡文忠 名麟壽)子를戒ᄒᆞ여曰拂意를憂치
말며快心을喜치말며久安을恃치말며初難을畏
치말ᄂᆞᄒᆞ니라

是故로易傳에曰龍蛇의蟄홈은存홈에利홈이오
尺蠖의屈홈은信홈에利홈이라ᄒᆞ니라

孔子ㅣ曰天의道ᄂᆞᆫ盈을虧ᄒᆞ고謙을益ᄒᆞ며地의
道ᄂᆞᆫ盈을變ᄒᆞ야謙에益ᄒᆞ며人의道ᄂᆞᆫ盈을惡ᄒᆞ
고謙을好ᄒᆞ며鬼神은盈을害ᄒᆞ고謙을福ᄒᆞᆫ다ᄒᆞ
니라

是故로人의道ᄂᆞᆫ温良恭儉ᄒᆞᆫ中에萬事를做ᄒᆞ며
百福을招ᄒᆞᄂᆞ니라

大人은可히畏치아니치못홀지니大人을畏ᄒᆞᆫ則

放逸ᄒᆞᆫ心이無ᄒᆞ니라小民을ᄯᅩᄒᆞᆫ畏치아니치못ᄒᆞᆯ거시니小民을畏ᄒᆞᆫ則豪橫ᄒᆞᆫ名이無ᄒᆞ니라

士君子ㅣ貧ᄒᆞ야能히物을濟치못ᄒᆞᄂᆞᆫ者ᄂᆞᆫ人의癡迷ᄒᆞᆫ事를遇ᄒᆞ거든一言을出ᄒᆞ야提醒ᄒᆞ며人의急難ᄒᆞᆫ事를當ᄒᆞ거든一言을出ᄒᆞ야救解ᄒᆞ면이ᄯᅩᄒᆞᆫ無量ᄒᆞᆫ功德이니라

人生이幻景과眞景이잇ᄉᆞ니幻으로븟터진ᄃᆡ功名富貴로부터吾의肢體ᄭᆞ지無非外物이오眞으로븟터진ᄃᆡ父母兄弟로븟터天下萬物ᄭᆞ지無非一體니人이能히幻眞二景을大眼으로看破ᄒᆞ여사可히ᄡᅥ天下擔負를任ᄒᆞᆯ거시오可히ᄡᅥ世間韁鎖를脫ᄒᆞᆯ지니라

富貴와名譽가道德으로從來ᄒᆞᆫ者ᄂᆞᆫ山林中花갓타스ᄉᆞ로舒徐繁衍ᄒᆞ고功業으로從來ᄒᆞᆫ者ᄂᆞᆫ盆檻中花와갓타문득遷徙廢興ᄒᆞᆫ態가잇고만일權勢로得ᄒᆞᆫ者ᄂᆞᆫ그根이植지못ᄒᆞ야그凋萎ᄒᆞ믈可히立待ᄒᆞ리라

旣敗ᄒᆞᆫ事를救ᄒᆞᄂᆞᆫ者ᄂᆞᆫ臨崖ᄒᆞᆫ馬를御ᄒᆞᆷ과如ᄒᆞ니一鞭이라도輕히말거시오垂成ᄒᆞᆫ功을圖ᄒᆞᄂᆞᆫ者ᄂᆞᆫ上灘ᄒᆞᄂᆞᆫ舟를挽ᄒᆞᆷ과如ᄒᆞ니一棹라도停치

못ᄒᆞᆯ지니라
恩을市홈이報德ᄒᆞᄂᆞᆫ厚홈만갓지못ᄒᆞ고忿을雪
홈이忍恥ᄒᆞᄂᆞᆫ高趣만갓지못ᄒᆞ니라
士亭李先生이華山人妙年에花潭徐先生ᄭᅴ周易
을受ᄒᆞᆯ새比隣商賈의집에寓居ᄒᆞ더니主婦가姿
色이絶倫호ᄃᆡ先生이往來에寓眼치아니ᄒᆞ더니
一日은厥婦ㅣ其夫의商行을促ᄒᆞ거ᄂᆞᆯ其夫ㅣ乘
ᄒᆞ야佯出ᄒᆞ야厥竊ᄒᆞ더니日이昏ᄒᆞ믜士亭이明
燈ᄒᆞ고讀書ᄒᆞ거ᄂᆞᆯ厥婦ㅣ從容의坐ᄒᆞ야挑戲가
甚호ᄃᆡ士亭이不應ᄒᆞ고樂理ᄒᆞ야大責ᄒᆞᄃᆡ厥婦

ㅣ悔泣ᄒᆞ더니其夫ㅣ在外窺覩ᄒᆞ야當場喜色을
다얻고夜間에花潭宅으로直赴ᄒᆞ야門을叩ᄒᆞ고
入曰先生의門下에學文ᄒᆞᄂᆞᆫ士ㅣ眞箇聖人이라
ᄒᆞ고그緣由를다陳說ᄒᆞᄃᆡ花潭이稱讚ᄒᆞ고士亭
寓에卽往ᄒᆞ야謝曰公이敬德은花潭의師ㅣ오敬德
의友ㅣ아니라ᄒᆞᆯ만ᄒᆞ며業을受ᄒᆞᆯ가보냐ᄒᆞ니學者
의眞心踐履가合當이러ᄒᆞᆯ지니라
學者의精ᄒᆞᆫ바廉介ᄒᆞ고心柱가堅히立ᄒᆞ며사後
日의君을事ᄒᆞ며民을臨ᄒᆞ며奸人의誘ᄒᆞᄂᆞᆫ바되
지아니ᄒᆞᄂᆞ니라

孔子ㅣ曰샤ᄃᆡ 白타 아니ᄒᆞ랴 涅ᄒᆞ며도 緇치 아니ᄒᆞ며 ᄯᅩᄒᆞᆫ 堅타 아니ᄒᆞ랴 磨ᄒᆞ여도 磷치 아니ᄒᆞᆫ다 ᄒᆞ시니라

如是ᄒᆞᆫ後에야 君을 奉ᄒᆞ며 社를 扶ᄒᆞᄂᆞᆫ 棟柱가 되ᄂᆞ니라

小學讀本 終

신정 심상소학

(新訂 尋常小學)

卷1·2·3

新訂 尋常小學

ㄱ ㄴ ㄷ ㄹ ㅁ ㅂ ㅅ ㅇ

ㄱ	가	갸	거	겨	고	교	구	규	그	기	ᄀᆞ
ㄴ	나	냐	너	녀	노	뇨	누	뉴	느	니	ᄂᆞ
ㄷ	다	댜	더	뎌	도	됴	두	듀	드	디	ᄃᆞ
ㄹ	라	랴	러	려	로	료	루	류	르	리	ᄅᆞ
ㅁ	마	먀	머	며	모	묘	무	뮤	므	미	ᄆᆞ
ㅂ	바	뱌	버	벼	보	뵤	부	뷰	브	비	ᄇᆞ
ㅅ	사	샤	서	셔	소	쇼	수	슈	스	시	ᄉᆞ
ㅇ	아	야	어	여	오	요	우	유	으	이	ᄋᆞ

자쟈 저져 조죠 주쥬 즈지 ᄌᆞ

차챠 처쳐 초쵸 추츄 츠치 ᄎᆞ

카캬 커켜 코쿄 쿠큐 크키 ᄏᆞ

타탸 터텨 토툐 투튜 트티 ᄐᆞ

파퍄 퍼펴 포표 푸퓨 프피 ᄑᆞ

하햐 허혀 호효 후휴 흐히 ᄒᆞ

과궈 돠둬 솨숴 와워 좌줘

촤춰 콰쿼 톼퉈 퐈풔 화훠

新訂 尋常小學序

學ᄒᆞᄂᆞᆫ者ㅣ젼혀漢文만崇尙ᄒᆞ야古ᄅᆞᆯ學ᄒᆞᆯᄲᅮᆫ아니라時勢ᄅᆞᆯ헤아려國文을參互ᄒᆞ야ᄯᅩ한今도學ᄒᆞ야智識을널닐것시니我國의

世宗大王게으셔ᄒᆞ샤대世界各國은다國文이有ᄒᆞ야人民을開曉ᄒᆞ되我國은ᄒᆞᆯ노업다ᄒᆞᄉᆞ特別히訓民正音을지으ᄉᆞ民間에

廣布ᄒᆞ심은婦孺와輿儓라도알고셔닷기
쉬운緣故ㅣ라卽今萬國이交好ᄒᆞ야文明
의進步ᄒᆞ기를힘쓴즉敎育의一事가目下
의急務ㅣ라玆에日本人補佐員高見龜와
麻川松次郎으로더부러小學의敎科書를
編輯ᄒᆞᆯ식天下萬國의文法과時務의適用
ᄒᆞᆫ者를依樣ᄒᆞ야或物象으로譬喩ᄒᆞ며或
畫圖로形容ᄒᆞ야國文을尙用ᄒᆞᆷ은여러兒

孩들을위션셰닷기쉽고ᄌᆞᄒᆞᆷ이오漸次經
漢文으로進階ᄒᆞ야敎育ᄒᆞᆯ거시니므롯우
리羣蒙은 國家의實心으로敎育ᄒᆞ심을
몸바다恪勤ᄒᆞ고勉勵ᄒᆞ야材器를速成ᄒᆞ
고各國의形勢를諳練ᄒᆞ야並驅自主ᄒᆞ야
我國의基礎를泰山과磐石갓치措置ᄒᆞ기
를日望ᄒᆞ노이다

建陽元年二月上澣

新訂尋常小學卷一目錄

第八課 農工商

第九課 曉

第十課 虹

第十一課 苦ᄂᆞᆫ樂의種이라

第十二課 雀

第十三課 입은ᄒᆞᆫ아이라

第十四課 金志學

第十五課 부엉이가비둘기의게 우숨을보앗더라

第十六課 食物

第十七課 쥐의이야기

第十八課 ᄋᆞ들되ᄂᆞᆫ者의道理라

第十九課 正直ᄒᆞᆫ兒孩

第二十課 貪心잇ᄂᆞᆫ개라

第二十一課 和睦ᄒᆞᆫ家眷 一

第二十二課 和睦ᄒᆞᆫ家眷 二

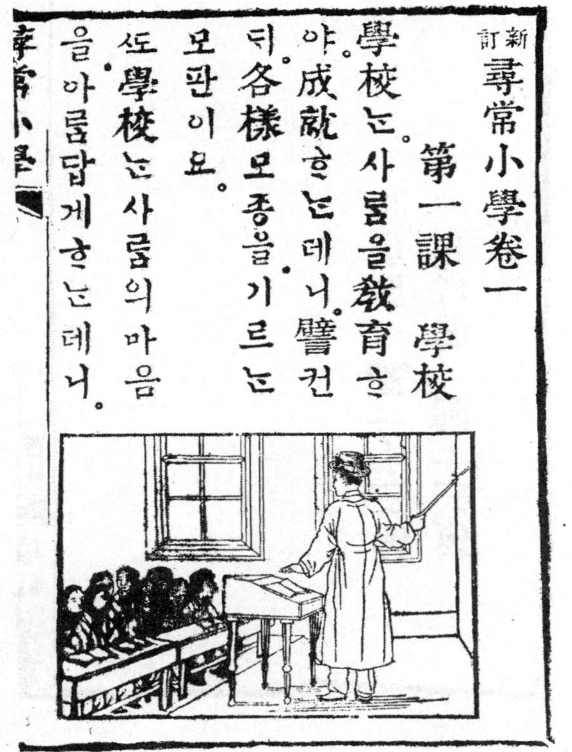

新訂尋常小學卷一

第一課 學校

學校ᄂᆞᆫ。사ᄅᆞᆷ을敎育ᄒᆞ야。成就ᄒᆞᄂᆞᆫ데니。譬컨ᄃᆡ。各樣모종을。기ᄅᆞᄂᆞᆫ모판이오。

또。學校ᄂᆞᆫ사ᄅᆞᆷ의마음을。아ᄅᆞᆷ답게ᄒᆞᄂᆞᆫ데니。

譬컨ᄃᆡ。各色믈드리ᄂᆞᆫ집이오。
生徒ᄂᆞᆫ。모인가。쟝ᄎᆞᆺ。조흔쏫도픠며。조흔열ᄆᆡ도열니옵ᄂᆞ이다、

生徒ᄂᆞᆫ。白絲인가。쟝ᄎᆞᆺ。조흔빗스로染色되옵ᄂᆞ이다、

第二課 勉勵

무릇。사ᄅᆞᆷ이。勉勵ᄒᆞᆯᄆᆞ음이。업슨則아모일이던지。苦狀만되옵ᄂᆞ이다。

진실노。勉勵ᄒᆞᆯ마음이잇스면。조곰도。그苦狀을아지아닐ᄲᅮᆫ더러。도로혀樂이되옵ᄂᆞ이다。

그런고로나ᄒᆞᆯ일을。苦狀으로녁이기ᄂᆞᆫ。實노。그일이。苦狀스러온거시아니라。다만。勉勵ᄒᆞᆯᄆᆞ음이업ᄂᆞᆫ。緣故로그러ᄒᆞ오이다。

第三課 蟻

개아미ᄂᆞᆫ여름ᄉᆞ이에一年먹을것슬장만ᄒᆞ다ᄒᆞ니ᄉᆞ룸이되야儲蓄이업ᄂᆞᆫ者ᄂᆞᆫ비러지만못ᄒᆞ오이다.

第四課 四大門과밋四小門

二

이라

京城四方에四大門과四小門이잇ᄉᆞ니東에興仁門과西에敦義門과南에崇禮門과東北에惠化門을四大門이라稱ᄒᆞ며또北에肅靖門과東南間에光熙門과西南間에昭義門과西北間에彰義門을四小門이라稱ᄒᆞ고此外에東南間에南小門이잇ᄉᆞᆸᄂᆞ이다.

三

第五課　東西南北이라

아참에。일즉이러나서。히돗는景致를보는것보담。더爽快ᄒᆞᆫ일은업ᄉᆞ오리이다。

수에。이兒孩는。돗는히를向ᄒᆞ야。섯ᄂᆞ니。그兒孩의압흔。東이라ᄒᆞ고뒤를西이라ᄒᆞ며ᄯᅩ이

兒孩의올은편을南이라ᄒᆞ고외인편을北이라ᄒᆞᄋᆸᄂᆞ이다.

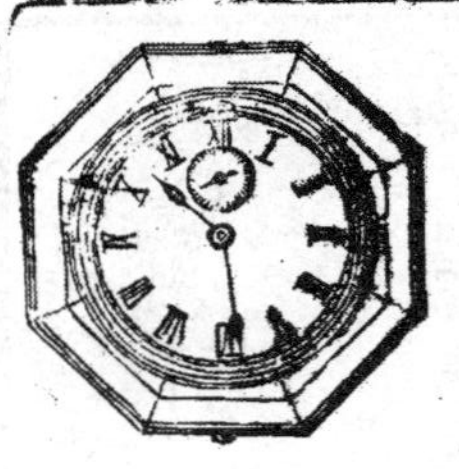

第六課 時

一晝夜ᄂᆞᆫ二十四時가되니二十四時ᄅᆞᆯ一日이라稱ᄒᆞ고一時間을六十으로分ᄒᆞᆫ거ᄉᆞᆯ一分이라일으며그一分을또六十으로分ᄒᆞᆫ거ᄉᆞᆯ一秒라ᄒᆞᄋᆸᄂᆞ이다.

이런時間은다時計로헴ᄒᆞᆯ거시니날슈가七日이되면一週日이라稱ᄒᆞ고三十日或三十一日이되면ᄒᆞᆫ달이라稱ᄒᆞ고달슈가열둘이되면一年이라稱ᄒᆞᄋᆸᄂᆞ이다.

第七課 馬와牛라

말은性品이順ᄒᆞ고힘이
만코몸을가ᄇᆡ엽게달ᄂᆞ
ᄋᆞᆸᄂᆞ이다.
그런故로사ᄅᆞᆷ이기르고
무거온짐을실으며ᄯᅩ수
레ᄭᅳᆯ기를시기ᄋᆞᆸᄂᆞ이다.
소ᄂᆞᆫ農事에第一긴요ᄒᆞ며全身에ᄒᆞᆫ가지
도ᄇᆞ릴것시업ᄂᆞ니그졋슨飮料에조ᄒᆞ며

고기ᄂᆞᆫ食物에조ᄒᆞ며ᄲᅧᄂᆞᆫ거름을ᄒᆞ며가
족은신과馬鞍等物에緊要ᄒᆞ며털은ᄡᅡ셔
席物을ᄒᆞ며ᄲᅳᆯ과굽통도다소용이되ᄋᆞᆸᄂᆞ
이다.

第八課　農工商

田畓을耕作ᄒᆞ며養蠶ᄒᆞᄂᆞᆫ거슬農이라일
으며各色器皿과밋여러가지器械를ᄆᆡᆫ드

는거슬工이라ᄒᆞ며ᄯᅩ世上萬物을賣買ᄒᆞ는거슬商이라ᄒᆞ니우리들은農工商세가지中에ᄒᆞᆫ가지業이잇서야ᄉᆞᄅᆞᆷ이된職責이라稱ᄒᆞᄋᆞᆸᄂᆞ이다

第九課 曉

가마귀는ᄭᅡ악ᄭᅡ악울면서수물에서나오고참ᄉᆡ는ᄌᆡᄌᆡ히울면서簷下에서들네고ᄯᅩ문을여는소ᄅᆡ와우물에서물깃는소ᄅᆡ와牛馬가喂養間에서나오는소ᄅᆡ는참ᄉᆡ精神이나옵ᄂᆞ이다

그뉘인지몰으거니와어늬ᄉᆞ이에발서글을읽ᄂᆞᆫ소ᄅᆡ나니재나도어서이러나서그ᄉᆞᄅᆞᆷ의게지지안케읽又소

第十課 虹

이그림은、수풀과山ᄉᆞ이에。무지개가。쌧친
貌樣이라、
무지개는.히빗시안개에
비취여되니、그빗슨。七色
으로뵈옵ᄂᆞ이다。
무지개는。아참.或져녁에。
비가。개인뒤에。히와相向處.구름ᄉᆞ이에。쌧
침ᄂᆞ이다.

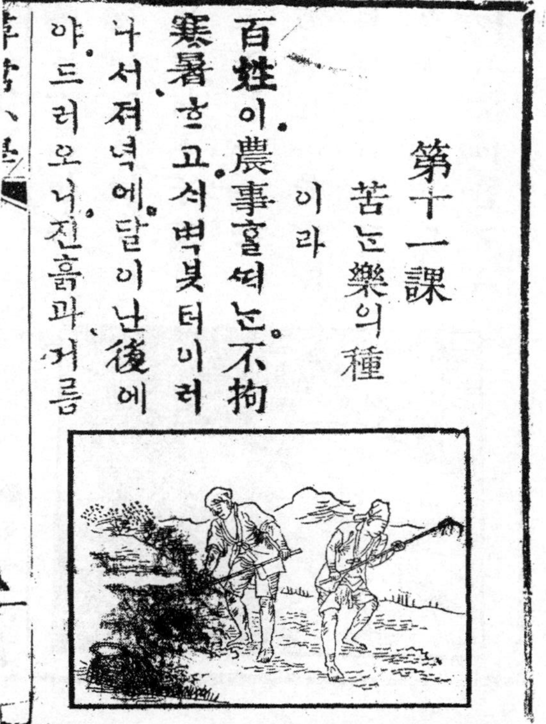

第十一課
苦는樂의種 이라

百姓이.農事홀때는。不拘
寒暑、ᄒᆞ고.ᄉᆡ벽붓터이러
나서져녁에。달이난後에
야.드러오니、진흙과거름

에。더러오며雨露에젓고,霜雪에얼어。그苦狀이形容ᄒᆞᆯ슈업스나이受苦ᄒᆞᆷ으로ᄡᅥ젹은種子를가지고,여러千갑절秋收를어드니그런故로ㄴ苦狀은樂의種인ᄃᆡ實노苦狀을ᄒᆞᆫ보람이잇ᄉᆞᆸᄂᆞ이다。

第十二課 雀

참새ᄂᆞᆫ凡常ᄒᆞᆫ새라。處處에잇ᄂᆞᆫ고로,모르

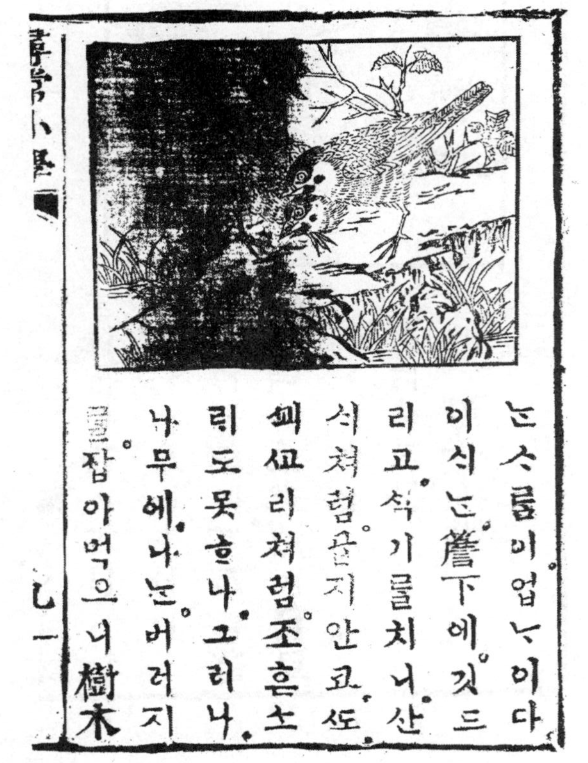

ᄂᆞᆫᄉᆞᄅᆞᆷ이업ᄂᆞ이다。이새ᄂᆞᆫ簷下에깃드리고,삭기를치나,산새쳐럼곱지안코,또꾀꼬리쳐럼조흔소리도못ᄒᆞ나,그러나,나무에나ᄂᆞᆫ버러지를잡아먹으니樹木

이제는참有益ᄒᆞᆫ일ᄒᆞᆷ은일ᄌᆞ미이라

나셔게이른ᄉᆞ름을웃ᄂᆞᆫ것갓소이다.

第十三課 입은ᄒᆞ나이라

입은ᄒᆞ나이로되귀는둘이오

그러ᄒᆞ니말ᄒᆞ기는젹게ᄒᆞ고

듯기는만이ᄒᆞ미올치.

입은ᄒᆞ나이로되눈은둘이오

그러ᄒᆞ니만히보고알아서

無益ᄒᆞᆫ이ᄋᆡ기를아니ᄒᆞᆷ이올치.

입은ᄒᆞ나이로되손은둘이오

그러ᄒᆞ니飮食먹기보다

일을갑졀이나ᄒᆞ오말을갑졀이나ᄒᆞ오

第十四課 金志學

金志學이란兒孩는손才操가잇ᄂᆞᆫ兒孩라

봄즘당ᄒᆞ야ᄂᆞᆫ연을민드러파니그연미날니기조코갑시ᄡᆞᆫ故로ᄆᆡ우잘팔니나志學이決斷코이돈을虛費치아니코ᄒᆞᆫ돈두돈식모와셔마츰네二元이되얏더라。

志學은知覺이잇ᄂᆞᆫ兒孩라이돈으로紙筆墨만사고其餘ᄂᆞᆫ다儲蓄ᄒᆞ야두엇더라。

第十五課 부엉이가비둘기

의게우슴을보앗더라。

비둘기가부엉이의移居ᄒᆞ라ᄂᆞᆫ貌樣을보고어듸갈터이뇨무르니부엉이對答ᄒᆞ야갈오듸。

이地方ᄉᆞᄅᆞᆷ은。내우름쇼리ᄅᆞᆯ미워ᄒᆞᄂᆞᆫ故
로나ᄂᆞᆫ。다른地方으로올무라ᄒᆞ노라ᄒᆞ니
비둘기。우서갈오ᄃᆡ
조네우ᄂᆞᆫ쇼리ᄅᆞᆯ。곳치지안코居處만옴기
면。如舊히。또미워ᄒᆞᆷ을。免치못ᄒᆞ리라ᄒᆞ얏
소。

이이ᄋᆡ기ᄂᆞᆫ。춈滋味잇삽ᄂᆞ이다。
여러분즁에도。自家의악ᄒᆞᆫ일은。곳치지안

코。다른ᄃᆡ로만가라고ᄒᆞᄂᆞ니잇스면。이ᄂᆞᆫ
亦是이비둘기의게우숨을보오리다。

第十六課 食物

ᄉᆞᄅᆞᆷ은。먹기ᄅᆞᆯ爲ᄒᆞ야ᄉᆞᄂᆞᆫ것시아니라。살
기ᄅᆞᆯ爲ᄒᆞ야。먹ᄂᆞᆫ쥴을。이져바리지말깃시
오이다。
ᄉᆞᄅᆞᆷ의食物은。五穀과나물과果實과밋。고

기ᄃᆞᆼ뉴오이다。
五穀이란것ᄉᆞᆫ빨과。보리와。피의종뉴요니
물이란깃ᄉᆞᆫ무와。白菜의종뉴를일으며。果
實이란것ᄉᆞᆫ복숑아와。감과。비와。大棗와。밤
의종뉴를일으며。또。고기ᄂᆞᆫ。獸肉과魚物등
뉴를일음이오이다。

第十七課 쥐의이ᄋᆡ기

쥐석기가。어미ᄒᆞᆫ테와서。
말ᄒᆞ되。
나ᄂᆞᆫ。卽今。죠흔데를。ᄎᆞ젓
ᄂᆞ이다。그구멍이大小ㅣ죠고。
適當ᄒᆞ야出入ᄒᆞ기죠코。其
괴ᄂᆞᆫ드러을슈업스며。
內에ᄂᆞᆫ。ᄯᅥᆨ이며生鮮의ᄲᅧ
가。만히잇서。죠흔넘셔나

니나ᄂᆞᆫ곳드러가라ᄒᆞ오나어마님意向이엇더ᄒᆞ온잇가
쥐어미對答ᄒᆞᄂᆞᆫ말이
어어이 이왼말이냐 큰일날번ᄒᆞ얏다 그것ᄉᆞᆫ쥐돗이란것시니 ᄒᆞᆫ번드러간則 나올슈업ᄂᆞ니라 너오기ᄅᆞᆯ참잘ᄒᆞ얏다
뒤톄아 모것이라도모르ᄂᆞᆫ것ᄉᆞᆯ뭇지아니코直行ᄒᆞ면 意外災禍ᄅᆞᆯ맛ᄂᆞᆯ것시오이다

第十八課 ᄋᆞ들되ᄂᆞᆫ者의道理라

(一) 父母의恩惠ᄂᆞᆫ 산보다놉고 바다보다 깁ᄒᆞ오이다

(二) ᄋᆞ들되ᄂᆞᆫ者ᄂᆞᆫ 每朝에父母보다먼저이러나 洗手ᄒᆞ며養齒ᄒᆞ며 머리비스며몸을清潔이ᄒᆞ야 옷ᄉᆞᆯ端正이입고 먼저 父母의

게問安ᄒᆞᆯ것시오이다。
(三)父母가萬一알으시는ᄯᅢ는。除萬事ᄒᆞ고。
侍湯ᄒᆞᆯ일이오이다
(四)父母를對ᄒᆞ야。怒色을뵈이는것슨ᄌᆞ식
의道理가。아니오이다
(五)나히만ᄒᆞ신父母를奉養ᄒᆞ는ᄯᅢ는。아모
일이라도。父母의마음에。合ᄒᆞ시게ᄒᆞ야。養
志ᄒᆞ는道理를。일치아니ᄒᆞᆯ것시오히다。

第十九課　正直ᄒᆞᆫ兒孩

朴正福이란兒孩가。ᄒᆞᆫ벗과同行ᄒᆞ야還家
ᄒᆞᆯ식이ᄯᅢ는。히가져물고。往來ᄒᆞ는ᄉᆞᄅᆞᆷ도
업고。ᄯᅩ。시장ᄒᆞᆫ지라。맛ᄎᆞᆷ。路傍에梨樹ㅣ잇
서。비가만이열녀거ᄂᆞᆯ그벗이말ᄒᆞ되비를
ᄯᅡ서饑飢ᄒᆞᆫᄌᆞᄒᆞᆫ듸正福이갈오듸비록볼
ᄉᆞᄅᆞᆷ은。업스나남의거ᄉᆞᆯ몰니먹기는。올치

아니·ᄒᆞ니。나ᄂᆞᆫ아
모리시장ᄒᆞ야도·
決斷코·먹지아니
ᄒᆞ리라·對答ᄒᆞ니
그벗이。이正直ᄒᆞᆫ
말을듯고。올히녁
여ᄇᆡ를ᄯᅡ지아니
ᄒᆞ얏ᄂᆞ이다。

第二十課 貪心잇ᄂᆞᆫ개라

ᄒᆞᆫ개가·고기ᄒᆞᆫ덩이·를물고다리를·건널ᄉᆡ
그다리아래도·ᄯᅩᄒᆞᆫ져와ᄀᆞᆺ치고기를。문개
가잇ᄂᆞᆫ것슬보고;貪心이發ᄒᆞ야·마저ᄲᅢ서
먹고ᄌᆞᄒᆞ야。다리아래로向ᄒᆞ야지젓소이
다

그러나·제·지즐야고,입을열셕·물엇든·고기

가。忽然ᄂᆡ에ᄯᅥ러저물속으로드러갓소

그ᄯᅢ에。다리아래잇ᄂᆞᆫ개의입에고기도、ᄒᆞᆫ가지업서졋소이ᄂᆞᆫ。앗가實狀개처럼。보인것ᄉᆞᆫ。제形狀이。물에빗최여。그처럼된것시오이다。

그러므로이개ᄂᆞᆫ貪心만ᄂᆡ다가가저물엇든고기도못먹엇소이다

第二十一課 和睦ᄒᆞᆫ家眷一

여긔。ᄒᆞᆫ조고마ᄒᆞᆫ집이잇스니지은지오린故로그簷牙와。집웅도。장ᄎᆞᆺ허러질러이되야。別노볼거슨업스나。그러나。그속을본則、참。말노도ᄒᆞᆯ수업ᄂᆞᆫ。아름다온것시。잇스니

여러분ᄉᆡᆼ각에ᄂᆞᆫ。이거시무엇신듯ᄒᆞ오。必然。寶玉인가。或金銀인가。녁이시ᄂᆞᆫ가보오이다。ᄋᆡ다

그러나寶玉도아니오。金銀도아니라。다만이집속에ᄂᆞᆫ。父母와兄弟와姊妹가。和睦ᄒᆞ야ᄉᆞᄂᆞᆫ、貌樣이。ᄋᆞ름다온일뿐이오이다

第二十二課 和睦ᄒᆞᆫ家眷 二

지금아비ᄂᆞᆫ집신을삼고。겻헤서。맛아들이집을츄리며。아우ᄂᆞᆫ索只를ᄭᅩ으며。ᄯᅩ어미ᄂᆞᆫ。베틀에서。무명을ᄶᆞ고。그겻헤ᄂᆞᆫ못ᄯᆞᆯ과누의가。어미ᄒᆞᄂᆞᆫ일을거드니。이아우와누의ᄂᆞᆫ。學校에。단이ᄂᆞᆫ。兒孩로ᄃᆡ。오ᄂᆞᆯ은空日이기집에셔。이러케일을ᄒᆞᄂᆞᆫ것시라

이집이지금은苟且ᄒᆞ나。兒孩들도다이러케合力ᄒᆞ야。일을ᄒᆞ니。수이넉넉히지ᄂᆡ깃

습ᄂᆞ이다。

第二十三課 貪慾은 그몸을 亡ᄒᆞᆷ이라

ᄒᆞᆫ農夫가돗을나무우에ᄆᆡ고。그속에ᄡᆞᆯ을너헛더니。어ᄂᆡᄂᆞᆯ밤에ᄒᆞᆫ잔납이그나무에을나가。돗속에잇ᄂᆞᆫᄡᆞᆯ을다먹고。나오려ᄒᆞ다가몸이돗헤ᄭᅵ여。움직이지못ᄒᆞᄂᆞᆫ지라。

그잇튼날아참에。農夫ㅣ와셔。잡아습ᄂᆞ이다。자。보시요。여러분네。이잔납이ᄂᆞᆫ貪慾ᄒᆞᆫᄆᆞᄋᆞᆷ을참

지못ᄒᆞ야。드듸여。그몸을亡ᄒᆞ얏슨니참知覺업ᄂᆞᆫ일이오이다。
슬푸다。世上ᄉᆞᄅᆞᆷ이。財物을貪ᄒᆞᄂᆞᆫᄆᆞ음으로。그몸과그집을亡ᄒᆞᄂᆞᆫ者ㅣ다이잔납이와갓소이다。

第二十四課 손가락ᄭᅳᆺ이라

ᄒᆞᆫ大商估가그廛舖에。使喚ᄒᆞᆯ兒孩를。求ᄒᆞᆯ셰아모말도아니ᄒᆞ고다만。그손가락ᄭᅳᆺ을。仔細이보아。손톱을ᄡᅳ르게베혀。셕뭇지아니ᄒᆞᆯᄉᆞᄅᆞᆷ만。갈이여ᄲᅢᆺ다ᄒᆞ니。이商估ᄂᆞᆫ엇지그리ᄒᆞ얏ᄂᆞ뇨。

이ᄂᆞᆫ그손가락ᄭᅳᆺ이。清潔ᄒᆞᆫᄉᆞᄅᆞᆷ은몸의清潔ᄒᆞᆫ標가되며。ᄯᅩ몸의清潔ᄒᆞᆷ으로。ᄆᆞ음의

아름다옴과몸의康健ᄒᆞᆫ標가될緣故ㅣ가
ᄒᆞ옵ᄂᆞ이다

第二十五課　淸潔ᄒᆞ게ᄒᆞ라

우리恒常몸을淸潔케아니ᄒᆞᆫ則남이실여도ᄒᆞᆯᄲᅮᆫ더러악ᄒᆞᆫ病은大槪더러운몸에서나고。또傳染도ᄒᆞᄂᆞ니。故로얼골과입과손과손가락ᄲᅮᆫ아니라其他全身도자조물에

ᄡᅵ서。精ᄒᆞ게ᄒᆞ며。또。衣服은。ᄌᆞ조ᄲᅡ라입어ᄯᅢ뭇지아니케ᄒᆞᆯ것시오이다。

第二十六課　蠅과飛蛾의。이 익기라

파리가。쑬담은그릇가에。안ᄌᆞ서。쑬을먹다가。쑬이。다리에붓터。ᄊᆞᆫᄊᆞᆫᄒᆞ야ᄯᅥ러지지아니ᄒᆞᄂᆞᆫ지라

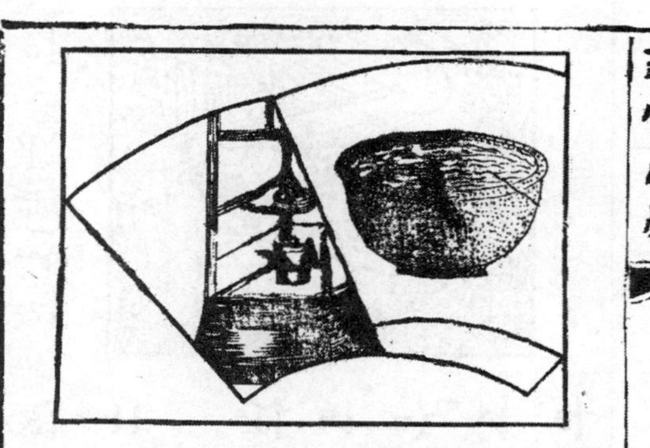

飛蛾가이거ᄉᆞᆯ보고그慾心이만흠을우셧더니不過暫時에飛蛾가그쳣등불가으로나라단이다가ᄆᆞᆺᄎᆞᆷ내불길노드러가크게데이거ᄂᆞᆯ파리또ᄒᆞᆫ그撲火ᄒᆞᆫ고ᄌᆞ흠은無識ᄒᆞᆫ일이라고우셧ᄂᆞ이다.

第二十七課 조고마ᄒᆞᆫ羊이라

조고마ᄒᆞᆫ羊들이각각ᄒᆞᆫ길노산에올나갈ᄉᆡ외나무다리에서서로만ᄂᆞᆺᄉᆞᆸᄂᆞ이다.이다리ᄂᆞᆫᄆᆡ우좁아ᄒᆞᆫ마리式아니면건널수업거ᄂᆞᆯ저羊들은각각길을辭讓치아니

ᄒᆞ고。서로먼저건너라
고ᄒᆞ야。ᄒᆞᆫ거름도물너
가지안코서로怒ᄒᆞ야。
남을밀치다가,마춤내
둘이갓치。내에써러졋
소。
萬一。이두마리羊이,서
로길을。辭讓ᄒᆞ얏스면。이러ᄒᆞᆫ苦狀은。아니

二十二

볼터이오이다。

여러분은。이말ᄉᆞᆷ을。잘혜아려보시오。

第二十八課　我國

우리朝鮮은。眞實노조흔나라이라。其人數
는。一千五百萬이오풍속이淳朴ᄒᆞ오이다
서울을漢陽이라稱ᄒᆞ며。
大君主陛下게ᄋᆞᆸ서계시ᄂᆞᆫ데니。크고繁華ᄒᆞ

二十三

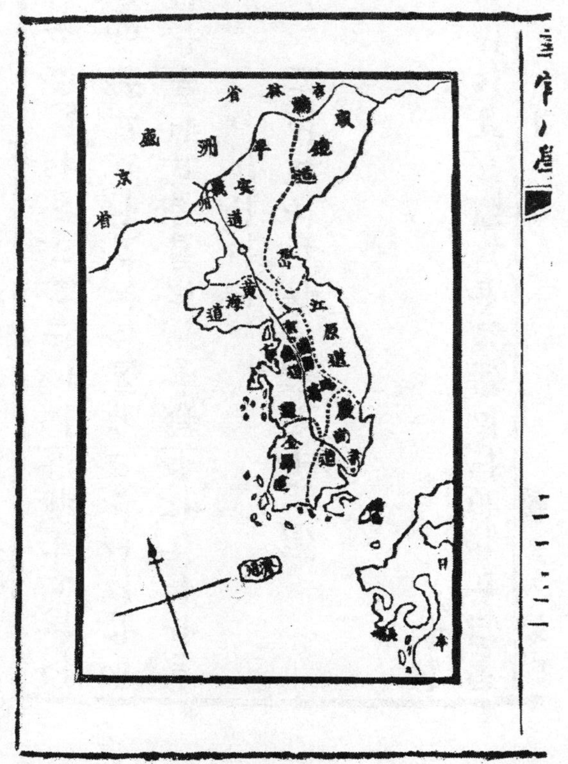

기ᄂᆞᆫ朝鮮國中에第一이오이다

朝鮮은氣候가조코土地도조흐니各色곡식이만이나며또礦物도만이産出ᄒᆞᄋᆞᆸᄂᆞ이다

朝鮮에ᄂᆞᆫ녜부러어진ᄉᆞᄅᆞᆷ이며勇猛ᄒᆞᆫᄉᆞᄅᆞᆷ이며일홈난ᄉᆞᄅᆞᆷ이許多ᄒᆞ니여러분도學校에서各般工夫ᄅᆞᆯᄒᆞ야才藝ᄅᆞᆯ닥고몸을充實ᄒᆞ게ᄒᆞ며濟世ᄒᆞᆯᄉᆞᄅᆞᆷ이되야國家

를爲ᄒᆞ야맛당히盡忠ᄒᆞ고竭力ᄒᆞᆯ거시니이다。

第二十九課 가마귀와여호의이ᄋᆡ기라

ᄒᆞᆫ가마귀가。生鮮ᄒᆞᆫ마리를물고。나무가지에안저서먹으랴ᄒᆞᆯ셕。여호가보고。慾心을너여。그生鮮을쎅서먹고ᄌᆞᄒᆞ야。急히그나무아릭에와서。가마귀를向ᄒᆞ야말ᄒᆞ되。當身소릭ᄂᆞᆫ춤ᄋᆞ름다온지라아무커ᄂᆞ。ᄒᆞᆫ번소릭를들닙시ᄉᆞ고ᄒᆞ니

가마귀가。여호의와서。稱讚ᄒᆞᄂᆞᆫ말을듯고하。조아ᄒᆞ야!싸악

이라고。ᄒᆞᆫ소리ᄅᆞᆯᄒᆞ다가。곳그고기、ᄯᅡ에ᄯᅥ러지거ᄂᆞᆯ여호ㅣ。急히집어입에물고卽時수풀노다라낫소

가마귀ᄂᆞᆫ그제야。비로소그속음을ᄭᆡ다라ᄡᅳ나엇지ᄒᆞᆯ수업섯ᄂᆞ이다。

第三十課 葡萄田

ᄒᆞᆫ사ᄅᆞᆷ이장ᄎᆞᆺ죽을ᄯᅢ에。아들三兄弟ᄅᆞᆯ。불너일으되。이아희들아。너의게分財로줄物件은。다만。이됴고마ᄒᆞᆫ집과葡萄田外에ᄂᆞᆫ。아모것도업다。그러나葡萄田밋헤寶貝가잇슬터이니。너의들은。갓치파서가지라ᄒᆞ더라。삼형제그말ᄉᆞᆷ뒤로。아비가도라가신後에밤ᄂᆞᆺ업시葡萄田을。파보아도。金銀은姑捨ᄒᆞ고。銅錢도업ᄂᆞ이다。

第三十一課 葡萄田二

三兄弟ᄂᆞᆫ이처럼밤낫파쓰되아모것도업스니又치。失望ᄒᆞ나그러나이葡萄田은前에업시깁히갈라ᄂᆞᆫ故로열미가잘여러。그가을에거든葡萄갑슨춤。許多ᄒᆞᆫ金銀이되얏더

라。三兄弟이金銀을엇고비로소아비말솜ᄒᆞ신뜻을알아소이다

新訂尋常小學卷一 終

定價卅四錢

學部編輯局開刊書籍定價表

書名	定價
萬國地誌	三十錢
萬國略史上	二十五錢
朝鮮歷代史略 漢文三冊	七十錢
朝鮮歷史三冊	五十錢
國民小學讀本	二十五錢
朝鮮略史	十二錢
朝鮮地誌	二十錢
小學讀本	十五錢
牖蒙彙編	十二錢
夙惠記略	十八錢
輿載撮要	五十錢
地璆略論	十二錢
東輿地圖	十二錢
近易筭術 上下	八十錢
簡易四則筭術	四十錢
士民必知漢文	三十二錢

新訂 尋常小學卷二目錄

第二十九課 山應聲이라 一
第三十課 山應聲이라 二
第三十一課 사슴이물을거울삼음이라
第三十二課 生覺홀말이라

新訂 尋常小學卷二

第一課 兵士라

世上에兵士갓치勇氣잇는거슨업나니。萬一。敵兵이치라오는써는大砲며小銃을쏫는烟氣中이라도무릅쓰고。다니며남의게지이지아니케衝突ᄒᆞ야國家와。

大君主陛下를爲ᄒᆞ야듁기를避치아니고칼날이霜雪갓ᄒᆞ야도조곰도怯내지아니ᄒᆞ

고無人之境갓치드리
가니。용밍ᄒᆞ다。우리ᄂᆞᆫ。
恒常이兵士를恭敬ᄒᆞᆯ
거시오이다。
우리가。至今은兒孩라
도後日에ᄂᆞᆫ다兵士가
되야。勇猛잇게。我國을。
직힐터이오이다。

第二課　運動이라

ᄉᆞ룸이。六七歲가되면。不可不冊을읽으며。
글시를쓰며。또數法을비올일이오이다。
이런일은。官員이나百姓이나商估나。다。緊
要ᄒᆞᆫ거시오。
學校에서도。이런일을먼저가르치나그러
나。몸이健康치못ᄒᆞ면마음뒤로。工夫를못

ᄒᆞᆯ거시니ᄉᆞᄅᆞᆷ은。몸을操心ᄒᆞ야飮食이라도ᄉᆞᆷ가ᄒᆞ고。또恒常게어르지아니케。運動ᄒᆞ고。몸을強ᄒᆞ게ᄒᆞᆷ이。緊ᄒᆞᆫ일이올시다

第三課 智成의智慧라

數多ᄒᆞᆫ兒孩들이。羣集ᄒᆞ야제기를가지고。더지며。노다가。잘못ᄒᆞ야。나무ᄲᅳᆯ이구멍으로ᄲᅥ러져。드러간지라。힘을다ᄒᆞ야。집어내

랴ᄒᆞ나구멍이깁허。ᄒᆞᆯ수업더니그중에。智成이란兒孩가물ᄒᆞᆫ桶을길어다가。노코。나ᄂᆞᆫ。卽今。그구멍에들어가서。제기를가지고나올。벗을請ᄒᆞ야왓다ᄒᆞ고。말ᄒᆞ며。곳그물을구멍속으로。부엇더니。그제기가。물에

써나왓소이다。

第四課 張維의이ᄋᆡ기라

녜부터有名ᄒᆞᆫ學者와高明ᄒᆞᆫ賢人이。만히잇숩니다。이ᄉᆞᄅᆞᆷ들은世上의生ᄒᆞᆷ으로부터知識이잇ᄂᆞᆫ거시아니라。多年刻苦ᄒᆞ야。비로소學者ㅣ되며賢人이되얏ᄂᆞ이다。

녯적我國에張維ㅣ라ᄒᆞᄂᆞᆫᄉᆞᄅᆞᆷ이잇스니

書傳을。萬讀고ᄌᆞᄒᆞ나。家貧ᄒᆞ야ᄒᆞᆯ길업ᄂᆞᆫ지라。이에全羅道俗離山에드러가。山僧의게。讀書ᄒᆞᆯ處所를請ᄒᆞ되。山僧이。겻히ᄒᆞᆫ房을가르쳐갈오되。저房에ᄒᆞᆫ書生이。몬저와잇스니。公子ᄂᆞᆫᄒᆞᆷ게處ᄒᆞᆷ이엇더ᄒᆞ뇨。張維ㅣ。大喜ᄒᆞ야。晝夜工夫ᄒᆞᆯ시。歲月가ᄂᆞᆫ줄을모르더니。一日은。그同居ᄒᆞ든。書生ᄭᅴ歸家ᄒᆞ거ᄂᆞᆯ。그제야비로소人事ᄒᆞ고。作別ᄒᆞ니。

므릇ᄒᆞᆫ房에잇슨지七年만에이제야그書生의姓名을알어더라.

張維ㅣ이갓치十年을工夫ᄒᆞ며天下事理에모를것시업ᄂᆞᆫ지라

宣廟朝에서드르시고그마음의堅確ᄒᆞᆷ을稱賞ᄒᆞ시고버슬을除授ᄒᆞ사後에慶尙監司에일으며前後功績이至今가지有名ᄒᆞ오이다.

第五課 누에라

누에는。뽕닙을。먹는버러지라。

처음은。조고만毛蟲의석기쳐럼뵈이다가。뽕닙먹기를。四五十日間이되면。그몸이。크고빗치희며明潤ᄒᆞᆫ。

然後에。입에서。실을吐ᄒᆞ야。제몸을。감아서。집을숨고。그속에잇스니。그집을。곳치라일으ᄂᆞ니。이곳치를。살마서。실을。ᄲᆡᆸᄂᆞ이다。

第六課 여호라

여호는。그形狀이。ᄀᆡ와비스름ᄒᆞ고。또狡ᄒᆞᆫ才操가。잇는짐승이올시다。

그러므로。간교ᄒᆞᆫ才操잇는ᄉᆞ룸을。여호갓

다ᄒᆞ옵니다. 여호의 귀
와 코ᄂᆞᆫ 섀족ᄒᆞ고 눈은
밝으며 ᄭᅩ리ᄂᆞᆫ 길고 ᄉᆞᆺ
ᄒᆞ며 ᄯᅡ에 구멍을 파고
그 속에서 ᄉᆞᄂᆞ니 낫에
ᄂᆞᆫ 숨어다니고 밤에ᄂᆞᆫ
먹을거슬 ᄎᆞᆺ지라 나옵니다. 여호ᄂᆞᆫ 닭이며
마구리며 쥐를 잘먹으며 ᄯᅩ 집오리며 木實

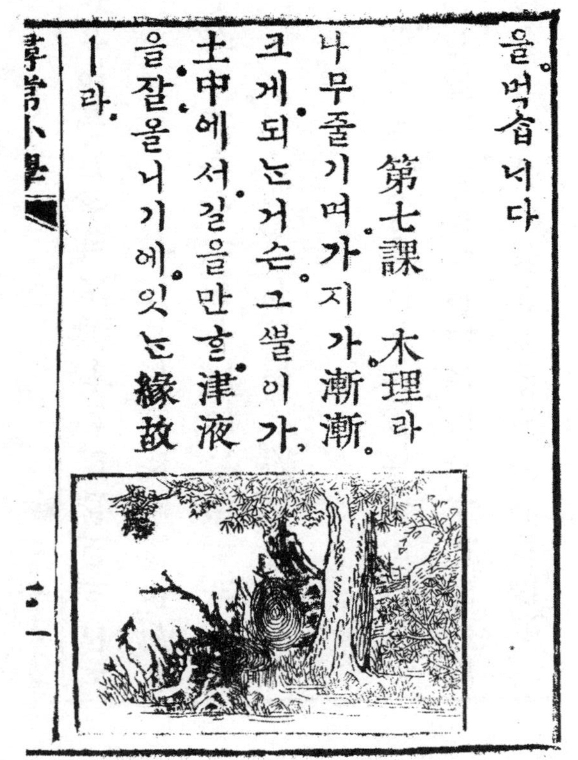

을 먹ᄉᆞᆸ니다.

第七課 木理라

나무줄기며 가지가 漸漸
크게 되ᄂᆞᆫ 거슨 그 ᄲᅳᆯ이가
土中에서 길을 만ᄒᆞᆫ 津液
을 잘 올니기에 잇ᄂᆞᆫ 緣故
ㅣ라.

大槪나무는每年ᄒᆞᆫ섭질式ᄌᆞ라ᄂᆞ니그런故로몃히묵은줄을알고ᄌᆞᄒᆞ면줄기를뷔여서그뷘ᄌᆞ리를보면둥글게도라간나무결數爻로좃차아ᄂᆞ니또그中心에잇는조고마ᄒᆞᆫ결은初年에싱긴거시외다.

第八課 기름이라

기름은그種類가甚多ᄒᆞ니이루말ᄒᆞ기어려오나恒用ᄒᆞ는거술일은則춤씨와콩과들씨와면화ᄡᅵ들을짠것과靑魚와고릐와며르치들魚類를짜서ᄆᆡᆫ든것과또石油가잇습니다.

춤씨기름과콩기름은恒用食物에쓰며또불도켜고면화ᄡᅵ기름과魚油는불켜기에만쓰ᄂᆞ이다.

들씨기름은ᄭᅳ려서도유를ᄆᆡᆫ드러雨傘이

며油彩이나ᄆᆡᆫ드ᄂᆞᆫ데쓰고。石油ᄂᆞᆫ專혀石油燈에만쓰옵ᄂᆡ다。

石油ᄂᆞᆫ石油잇ᄂᆞᆫᄯᅡ흘깁히파서길어내며。그기름을ᄆᆡᆫ든거시올시다。

第九課 禮와信과仁이라

무릇ᄉᆞᄅᆞᆷ을對ᄒᆞ야。恭敬ᄒᆞ며ᄉᆞ랑ᄒᆞᄂᆞᆫᄆᆞ음을뵈ᄂᆞᆫ거슬。禮라ᄒᆞ며正直ᄒᆞ야조곰도

남을속이지아니ᄒᆞᆷ을信이라ᄒᆞ며또ᄂᆡ힘을혜아려。남을救濟ᄒᆞᆷ을仁이라일으옵ᄂᆡ다。ᄉᆞᄅᆞᆷ이되야서。此三德을具備ᄒᆞ야ᄒᆞᆫ가지도缺ᄒᆞᆷ이업슨則비로소ᄉᆞᄅᆞᆷ이라ᄒᆞᆯ만ᄒᆞᆫ옵ᄂᆡ다。

ᄉᆞᄅᆞᆷ이世上에나와서。萬若善良ᄒᆞᆫᄉᆞᄅᆞᆷ으로못되얏스면그世上에나온보ᄅᆞᆷ이어ᄃᆡ잇슬잇가

그러므로여러분의工夫를ᄒᆞ심도畢竟善良ᄒᆞᆫᄉᆞᄅᆞᆷ이되야。나라를爲ᄒᆞ며또自己를爲ᄒᆞ야。盡力ᄒᆞ라ᄒᆞᆷ이아니온잇가。

第十課 동모를갈히ᄂᆞᆫ法이라

동모란거ᄉᆞᆫᄀᆞᆺ치學校에다니고ᄀᆞᆺ치工夫를ᄒᆞ며。또ᄀᆞᆺ치노ᄂᆞᆫ者를일으ᄂᆞ이다。

그親切ᄒᆞ야。남을속이지아니ᄒᆞᄂᆞᆫ사ᄅᆞᆷ은조흔동모요。우리몸에。益友ㅣ될거시니故로。우리ᄂᆞᆫ。힘ᄡᅥ서。그런조흔동모로더부러사귀ᄂᆞᆫ거시。올소이다。

또남을속이며。남을害롭게ᄒᆞᄂᆞᆫ。사ᄅᆞᆷ은악ᄒᆞᆫ

동모ㅣ너우리ᄂᆞᆫ決斷코그런악ᄒᆞᆫ동모를
사귀지아니ᄒᆞᆯ일이오이다.
恒常악ᄒᆞᆫ동모를相從ᄒᆞ면自家도惡ᄒᆞᆫ行
習에물드러드듸여惡人이될거시요
俗談에갈오듸朱紅과相從ᄒᆞ면붉은빗치
된다ᄒᆞᄂᆞᆫ말도잇스니이거ᄉᆞᆫ붉은것과흰
거ᄉᆞᆯᄒᆞᆫ데둔則흰것도亦是붉은빗치되ᄂᆞᆫ
것ᄀᆞᆺ치惡友로더부러相從ᄒᆞᆫ則自然히惡

習에물드린단譬喩올시다

第十一課　소곰이라

여러분은다소곰맛시ᄶᅡᆫ줄은아시나그러
나그거슬무엇스로엇더케ᄆᆡᆼ그ᄂᆞᆫ지모르
시ᄂᆞᆫ가보니그이ᄋᆡ기를大槪ᄒᆞ오리이다.
소곰은바다물노ᄆᆡᆼ그ᄂᆞᆫ거신듸그ᄆᆡᆼ그ᄂᆞᆫ
法은潮水를기러서海邊白沙場에널너여

러번ᄲᅮ려。曝陽에말니면소곰이모리에。븟ᄂᆞ니。이沙場을鹽田이라。稱ᄒᆞᄂᆞ이다。그런후에。그모리를글어모와광주리에。담고。물을부어。그소곰녹은물을。큰솟테

담아물이마르도록。ᄶᅩ리면드듸여희고。精ᄒᆞᆫ소곰이되ᄂᆞ이다。

ᄯᅩ소곰은山에셔도。파ᄂᆡ여。ᄆᆡᆼ기ᄂᆞᆫ法도잇ᄉᆞᆸᄂᆡ다。

第十二課　小野道風의이약기라

小野道風이라ᄒᆞᄂᆞᆫᄉᆞᄅᆞᆷ은日本國에셔일

훌난。筆家ㅣ라이거슨。道風이。雨中에서셔
ᄀᆡ구리를。보ᄂᆞᆫ그림이오이다。
이ᄀᆡ구리ᄂᆞᆫ버들나무가지에붓고ᄌᆞᄒᆞ다。
가。여러번써러지되
더욱힘써뭇치지아
니。ᄒᆞ더니。맛참ᄂᆡ。그
가지에。붓터ᄉᆞᆸᄂᆡ다。
道風이。그거슬。보고。

二十二

感動ᄒᆞ야。아모일이라。도忍耐ᄒᆞ야。힘을쓴
則。못될거시업다ᄒᆞ고。其後ᄂᆞᆫ雪朝에도。일
즉이。일어나며。雨夜에도。늣도록勉勵ᄒᆞ야。
글시를비와。드듸여有名ᄒᆞᆫ筆家ㅣ되야至
今ᄭᆞ지ᄉᆞ름들이。大端히稱讚ᄒᆞ옵ᄂᆡ다。

第十三課　익길習이란字라

우리들이。이의익길習이란글ᄌᆞ를비왓거

二十三

니와。그러나。엇지ᄒᆞ야。이글ᄌᆞ가。깃우ᄡᅳ와
흰빗ᄡᅳ로合ᄒᆞ야되얏ᄂᆞᆫ잇가。서로、生覺ᄒᆞ
야보옵시다。

그ᄯᅳᆺ은。석가。어릴ᄯᅢᄂᆞᆫ。大槪。그깃이희고。ᄯᅩ。
잘。날지못ᄒᆞ나。자조。날기롤。熟工ᄒᆞ면。自然
히。잘。날게될터이니。그런故로。그글ᄡᅳ롤밍
근거신가。보외다。

우리들도。석에比ᄒᆞᆫ則。아직。깃시흰ᄯᅢ라。아

모일이라도。남처럼못ᄒᆞᄂᆞ니。故로。ᄉᆞ룸이
비홀만ᄒᆞᆫ算術과讀書와習字롤專心으로
工夫ᄒᆞ며。精力ᄒᆞ야。道通치못ᄒᆞᆯ일이。업습
니다

第十四課　숫이라

여긔。가ᄂᆞᆯ고。기인나무롤큰부억속에ᄲᅡᆺᄂᆞᆫ
老人이잇스니。그겻헤。ᄒᆞᆫ見孩가。나무롤옴

기여老人을助力ᄒᆞ옵니다.
이거ᄉᆞᆫ그祖父가孫子와.
ᄭᅩᆺ치숫을굽ᄂᆞᆫ데오. 그뒤
에. 나무가지로. 이은. 조고
마ᄒᆞᆫ집은그숫을굽ᄂᆞᆫᄉᆞ
이에뎌의들이. 잇ᄂᆞᆫ處所
올시다.

여긔ᄂᆞᆫ. 靜寂ᄒᆞᆫ산속이어널우리가잇다금.

산ᄉᆞ이에서. 올나오ᄂᆞᆫ. 烟氣롤불셔잇스니.
그거ᄉᆞᆫ이런데서올나오ᄂᆞᆫ거시올시다.
숫을굽기ᄂᆞᆫ. 부억속에ᄲᅡ흔나무에. 불을질
너조곰탄후에. 그부억아귀롤막아불을ᄭᅥ
지게ᄒᆞ야. 그불이잘ᄭᅥ진然後에숫시되ᄂᆞ
니. 그후에쳔쳔히ᄭᅥ어ᄂᆡ서섬에너어산아
리로옴기고파ᄂᆞ니이다.

第十五課 杜鵑

杜鵑새는。비둘기보다적고。왼몸이。灰色이로되。비에는미와갓치。斑斑훈點이잇스며。다리에는。네발가락이잇서前後에。둘式잇스니。발가락에는。날닌발톱이잇는故로남게。잘。올으나리며。山林에。사는。새올시다。

杜鵑새는。스사로집을짓지못훈는故로달은조고마훈새의집속에。그알을나흐두고。그새로훈야곰안기게훈나이다。

杜鵑의삿기는。性品이惡훈야。집속에又치안진달은삿기를。쫏처니고。혼자잇서。어미새와아비새가。가져오는밥을。먹는다。훈옵니다。

그러ᄒᆞ나杜鵑새ᄂᆞᆫ植物을害롭게ᄒᆞᄂᆞᆫ버러지를잡아먹ᄂᆞᆫ고로植物에비우有益ᄒᆞ니며또여름에ᄂᆞᆫ空中으로나라단이며우니그소ᄅᆡ悽愴ᄒᆞᆫ지라이러므로이새를노ᄅᆡ에말ᄒᆞ고風月에도말ᄒᆞ야大端히稱賞ᄒᆞ옵ᄂᆡ다

第十六課 雪이라

저녁ᄭᅦ부터北風이몹시불고거문구름이太空을덥흐며별은ᄒᆞ아도뵈이지아니ᄒᆞ더니不過暫時에눈이霏霏히오옵ᄂᆡ다兒孩들은조와ᄒᆞ야窓압희안저서求景ᄒᆞ더니눈이더욱甚히오옵ᄂᆡ다

잇흔날아참에보니。나무나무에는흰꼿치
핀듯ᄒᆞ고。ᄯᅳᆯ에는白玉을깐듯ᄒᆞ야ᄒᆞ로밤
ᄉᆞ이에。世上이銀世界가되얏더니이윽고。
太陽이그景致를보랴ᄒᆞᄂᆞᆫ지東邊에서낫
훌들고올나오니。이景致ᄯᅩᄒᆞᆫ奇異ᄒᆞ다。太
陽이雪上에빗취는貌樣이뭇치無數ᄒᆞᆫ별
이輝煌燦爛홈과갓타야혼자보기앗갑소
이다。

엇지ᄒᆞ야그럿케희고。아름다온눈이그거
믄。구름속에서나왓습ᄂᆞᆫ잇가

第十七課 訓練이라

여긔兒孩가。여섯시잇스니큰兒孩는軍刀
를ᄎᆞ고。將帥가되고。세兒孩는막대를메우
고軍士가되야整齊히羅列ᄒᆞ야셧스니。둘
지兒孩는喇叭을불며셋지兒孩는북을치

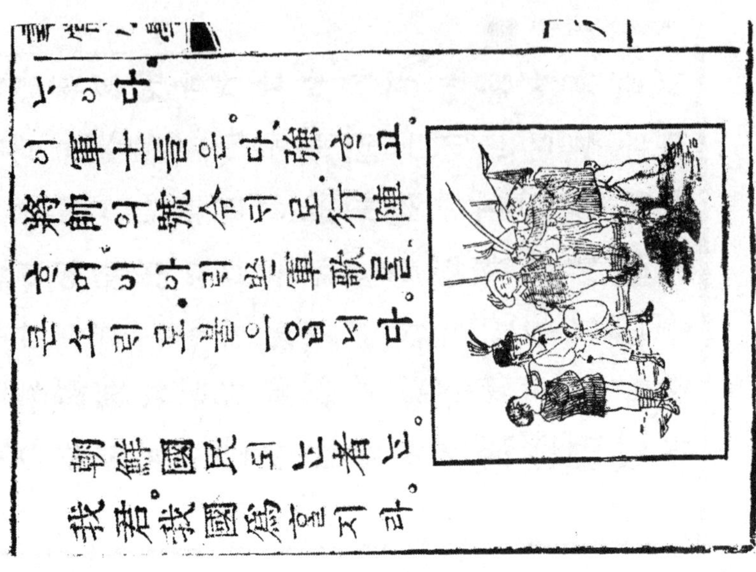

ᄂᆞᆫ이다。

이軍士들은。다、強ᄒᆞ고。

將帥의號令ᄃᆡ로。行陣ᄒᆞ며、이아리ᄯᅩ軍歌를、큰소리로불으옵ᄂᆡ다。

朝鮮國民되ᄂᆞᆫ者ᄂᆞᆫ。我君。我國爲ᄒᆞᆯ지라。

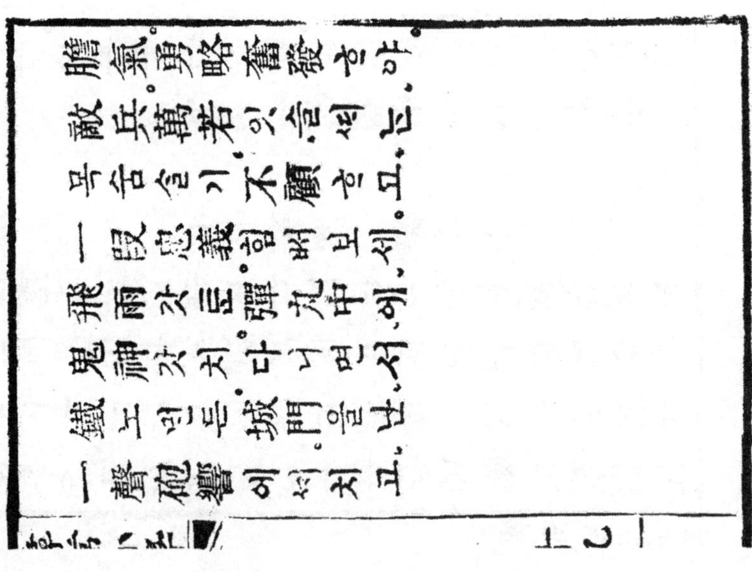

膽氣。勇略奮發ᄒᆞ야。

敵兵。萬若잇슬ᄯᅢᄂᆞᆫ。

목숨슬기不顧ᄒᆞ고。

一段忠義힘ᄡᅥ보세。

飛雨갓ᄐᆞᆫ彈丸中에、

鬼神갓치。다니면서、

鐵노만든。城門을난、

一聲砲響에셔치고。

구룸갓치뫼인敵兵
바룸보듯흣터보세

第十八課 司馬溫公어린ᄯᆡ 이ᄋᆡ기라

녯적，支那宋時에，司馬溫公이란ᄉᆞ룸이잇스니。五六歲時에。兒孩들과갓치노다가。동모中ᄒᆞᆫ兒孩가意外에물독속에ᄲᅡ지ᄂᆞᆫ지라。急히救코자ᄒᆞ나。그독이깁고。물이만하。엇지ᄒᆞᆯ수업스미。각각慌惶罔措ᄒᆞ더니。ᄒᆞᆯ노司馬溫公이돌을드러독을세쳐。이兒孩를救ᄒᆞ얏소이다。

진실노。ᄉᆞ룸의智慧ᄂᆞᆫ。측냥치못ᄒᆞᆯ일이오이다。

第十九課 녀호와괴의이ᄋᆡ

기라

ᄒᆞᆫ괴가山中에서。여호를맛나。問安ᄒᆞᆫᄃᆡ。여호ᄂᆞᆫ答禮도아。니ᄒᆞ고。다만귀를옷독이세우고。ᄭᅩ리를흔들며。괴더러무러曰너ᄂᆞᆫ

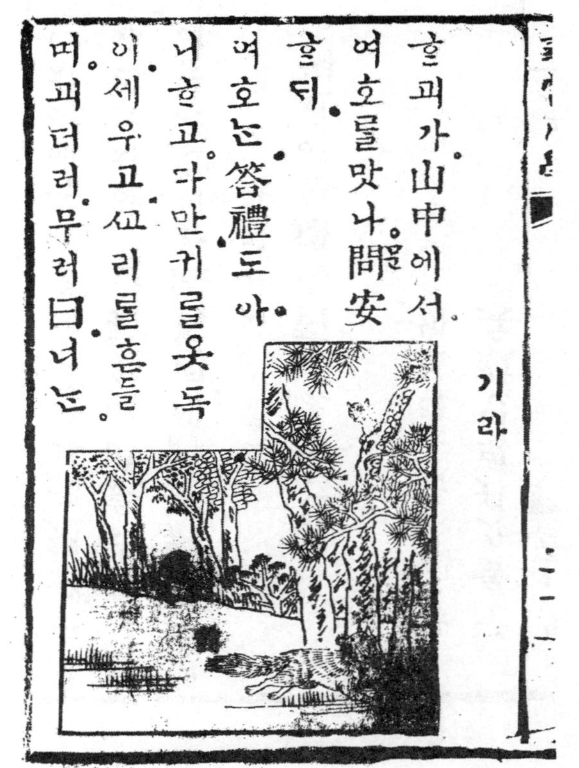

무ᄉᆞᆷ技藝잇ᄂᆞ뇨。괴對答ᄒᆞ야갈오ᄃᆡ나ᄂᆞᆫ아모技藝도몰으옵나이다ᄒᆞᄂᆞ니。여호ㅣ웃고。갈오ᄃᆡ어어不祥ᄒᆞ다。技藝몰으ᄂᆞᆫ놈아네。萬一산냥ᄀᆡ가올진ᄃᆡ엇지ᄒᆞ라ᄂᆞ뇨ᄒᆞ고。辱ᄒᆞ더니。그ᄯᅢ。ᄆᆞᆺ춤獵狗가오ᄂᆞᆫ지라。괴ᄂᆞᆫ急히나무우희올ᄂᆞ。안졋소나。여호ᄂᆞᆫ나무에올으지못ᄒᆞ고慌忙이四面으로。避ᄒᆞ야다라나다가。ᄆᆞᆺ춤ᄂᆡ。개의게잡

헛ᄂᆞ이다.

여러분도。自己일만힘쓰고。남을웃지마시
오。

第二十課 달핑이라

달핑이ᄂᆞᆫ등에ᄒᆞᆫ셥질을가지고잇스니。이
ᄂᆞᆫ몸을감추ᄂᆞᆫ집이오이다.

달핑이가잇다감。나올새。軟ᄒᆞᆫ쑬。넷슬니나.

그中에서긴것들의굿헤
ᄂᆞᆫ눈이잇고。저른것들의
아리에ᄂᆞᆫ입이잇습니다.

달핑이가제마음뒤로。그
쑬을움치기도ᄒᆞ며。쏘내
여느리기도ᄒᆞ나。이버러
지ᄂᆞᆫ비를붓치고。느릿느릿ᄒᆞ게다니며。쏘
집우에도올나가나。急히ᄂᆞᆷ다니지못ᄒᆞᄂᆞ

이다。

달팽이ᄂᆞᆫ겨울이되면집에들어치운셰월。

지내옵ᄂᆞ이다。

第二十一課　回水라

여긔回水가잇ᄉᆞᆸᄂᆞ이다。

자보시오져나무닙히물을ᄯᅡ라나오기도。

ᄒᆞ며들어가기도ᄒᆞ며。ᄯᅩ도라단니옵ᄂᆞ이

다。

卽수은물가온ᄃᆡ許

多ᄒᆞᆫ닙히잇스나。졉

ᄉᆡ너가。더진닙히여

러번도라다니다가。

나종에。다물에ᄲᅡ이

며들어갓소。

너가家親말ᄉᆞᆷ을드

르니。바다에도큰回水ㅣ잇서。비가져나무
입처럼물에ᄯᅳ이여들어간다ᄒᆞ시옵더이
다

第二十二課 時計ᄅᆞᆯ보ᄂᆞᆫ法 이라ㅡ

榮福이란兒孩가。그兄의게물어갈오되。至
수은몃시나되얏ᄂᆞᆫ잇가。
兄이。自鳴鍾을손가락으로가르쳐曰。저것

슐보아라ᄒᆞ나。榮福
이ᄂᆞᆫ。아직어린兒孩
라。時計볼줄을아지
못ᄒᆞ거놀。그兄이時
計ᄅᆞᆯ보ᄂᆞᆫ法을。仔細
하가르쳣소

榮福아。저것슨。팔모鍾이요。그面에ᄡᅳᆫ글ᄌᆞ
ᄂᆞᆫ。녯적羅馬國에서ᄡᅳ던數字인데곳ⅠⅡ

III IIII V VI VII VIII IX X XI XII 이것시라. 그러나.
네. 또 보아라. 그外에 무엇시 잇ᄂᆞ뇨.
榮福이。對答ᄒᆞ야 갈오ᄃᆡ 그속에 긴바늘과.
ᄌᆞ른바늘이 잇ᄉᆞᆸᄂᆞ이다
兄이 갈오ᄃᆡ 져두바늘은 刻針과 時針이라.
그바늘이 쉬이지 아니ᄒᆞ고 도라다니며 그
가에 잇ᄂᆞᆫ 글ᄌᆞ를 갈으쳐 時를 알게ᄒᆞᄂᆞᆫ 것
시오. 또 두바늘이 合ᄒᆞ야. 그 ᄯᅩᆨ치 XII에 오면

열두시니라
榮福이 對曰 그러면 발셔 열두시니 點心을
먹을ᄯᅢ가 되엿ᄂᆞ이다ᄒᆞ고 兄과 갓치 食堂
으로 드러갓ᄉᆞᆸᄂᆞ이다.

第二十三課 時計를 보ᄂᆞᆫ 法

이라 二

榮福이. 食後에. 다시. 自鳴鐘압ᄒᆡ。나아가서.

보더니 어어 보시오 時針ᄂᆞᆫ 조고마치 도라
갓스나 刻針은 大端히 먼저 도라갓소 ᄒᆞ니
兄이 그 말을 듯고
이 時針이 XII에셔 I ᄭᆞ지 갈 ᄉᆞ이에 刻針
은 ᄒᆞᆫ번 도라 다니며 時針이 I을 指點ᄒᆞ
ᄂᆞᆫ ᄯᅢ에 刻針은 못춤니 XII를 指點ᄒᆞ니 그
ᄯᅢ를 一時라 일으ᄂᆞᆫ 거시라
다음에 ᄯᅩ 刻針이 ᄒᆞᆫ번 도라 다녀셔 XII를 指

點ᄒᆞ며 時針이 II를 指點ᄒᆞᆫ則 두시오 III을
指點ᄒᆞ면 세시가 된 거시라 갈으쳐습니다
榮福이 그러면 刻針이 XII를 指點ᄒᆞ고 時針
이 IIII를 指點ᄒᆞᆫ則 네시오 ᄯᅩ V를 指點ᄒᆞ면
다셧시오닛가 무럿더니
兄이 갈오ᄃᆡ 그러ᄒᆞ니라 그 後도 亦是 前과
갓치 刻針이 XII를 指點ᄒᆞ고 時針이 VI을 指
點ᄒᆞ면 여셧시오 VII을 指點ᄒᆞ면 일곱시오

Ⅷ을指點ᄒᆞ면여덟시오Ⅸ를指點ᄒᆞ면아
홉시오Ⅹ을指點ᄒᆞ면열시오Ⅺ을指點ᄒᆞ
면열ᄒᆞᆫ시오Ⅻ를指點ᄒᆞᆫ則열두시라고仔
細히갈으쳐더니榮福이暫時間生覺ᄒᆞ다
가그러면열두시에는다시時針과刻針이
ᄒᆞᆫ데와서合ᄒᆞᆯ터이라ᄎᆞᆷ感謝ᄒᆞ외다이졔
나는時計보는法을잘비왓습나이다

第二十四課 職業에는貴賤이업는것시라

ᄉᆞᄅᆞᆷ의貧富는大槪그職業으로될것시아
니라오직그ᄉᆞᄅᆞᆷ의勤惰에잇ᄉᆞᆸᄂᆞ이다
世上에는집신장ᄉᆞ와담베장ᄉᆞ들을천ᄒᆞᆫ
商估라ᄒᆞ고間或실여ᄒᆞ는ᄉᆞᄅᆞᆷ도잇스나
이것슨大端히잘못生覺ᄒᆞᆫ일이오이런장
ᄉᆞ라도世上에緊ᄒᆞᆫ것시어늘엇지천ᄒᆞ다

ᄒᆞᄂᆞ뇨。그業의貴ᄒᆞ기ᄂᆞᆫ다른精ᄒᆞᆫ業과조금도다름이업스니。그런故로ᄉᆞᄅᆞᆷ되ᄂᆞᆫ者ᄂᆞᆫ。아모職業이라도제몸에相當ᄒᆞᆫ것슬가려서조금도。게을니말고專心으로ᄒᆡᆼᄒᆞᆷ이올ᄉᆞ오이다。

第二十五課 가마귀가조개를먹는이야기

라

許多ᄒᆞᆫ。가마귀가。ᄒᆞᆫ바다가에。모히여。조개를。바위우헤두고입부리로。뼈ᄧᅩ와ᄧᅩ개랴ᄒᆞ니조개가단단ᄒᆞ야容易히ᄧᅩ길수

업ᄂᆞᆫ지라。여러가마귀가다。束手無策ᄒᆞ더니。其中에ᄒᆞᆫ가마귀。고ᄀᆡ를숙이고무ᄉᆞᆷ計較를。生覺ᄒᆞᄂᆞᆫ듯ᄒᆞ더니못참셔。ᄒᆞᆫ용ᄒᆞᆫ手段을。내야ᄉᆞᆸ나이다。

이가마귀가。조개를물고。空中에놉히날아올나셔。조개를。그아ᄅᆡ바위에ᄯᅥ릇치니。조개。깃야。지ᄂᆞᆫ지라。이에。그속에잇ᄂᆞᆫ고기를。ᄲᅡ와먹엇소이다。

世上ᄉᆞ름이。일을始作ᄒᆞ다가。조금어려우면。스ᄉᆞ로말ᄒᆞ되。나ᄂᆞᆫ到底히일을ᄒᆞᆯ수업다。ᄒᆞᄂᆞᆫᄉᆞ름도만히잇스니。이런가마귀도。처음에조개를ᄭᆡᆯ수업슬ᄯᅢ에ᄒᆞᆯ수업다ᄒᆞ고。그만두엇스면。반다시。맛잇ᄂᆞᆫ고기를。먹지못ᄒᆞ얏슬가보오이다。

第二十六課 無識ᄒᆞᆫᄉᆞ름이

라

녯적에。ᄒᆞᆫ無識ᄒᆞᆫᄉᆞᄅᆞᆷ이잇스니이ᄉᆞᄅᆞᆷ이。처음에는樵夫ㅣ되얏다가도ᄭᅴ의무거옴을ᄎᆞᆷ지못ᄒᆞ야그만두고다음에引鉅匠이가。되얏더니。또큰톱의무거옴을ᄎᆞᆷ지못ᄒᆞ야。그만두고。다음에木手가。되얏더니자귀의危殆홈을무섭게너겨그만두고다음에。또。草家匠이가되얏더니집우에올ᄒᆞ기를。

겁ᄂᆡ야。그만두고다음에。冶匠이가되얏더니。여름의더옴을괴로와그만두고다음에。農夫가。되얏더니。거름이츄ᄒᆞ야。그만두고다음에。빨春精을ᄒᆞ얏더니힘이든다ᄒᆞ야。그만두고。나종에는白丁이。되얏더니。이거슨。賤(쳔)ᄒᆞᆫ生涯(ᄉᆡᆼ애)라。亦是(역시)그만두엇ᄉᆞᆸᄂᆞ이다。

第二十七課 無識ᄒᆞᆫᄉᆞᄅᆞᆷ이

슬푸다。이無識ᄒᆞᆫᄉᆞᄅᆞᆷ이여。이제ᄂᆞᆫ。ᄒᆞᆯ일도
업고。또。移業ᄒᆞ기에。歲月을虛費ᄒᆞ야。일을
ᄒᆞᆯᄉᆞ이가。업서ᄉᆞᆸᄂᆞ이다。

라二

그러ᄒᆞᆷ으로。이ᄉᆞᄅᆞᆷ이。至今은。大端히。後悔
ᄒᆞ야갈오ᄃᆡ。슬푸다。나ᄂᆞᆫ。절물ᄯᅢ에。어이。生
業을。專一히。아니ᄒᆞ얏ᄂᆞᆫ뇨ᄒᆞ며。恨歎ᄒᆞ고。
슬허ᄒᆞ나即今은。年老ᄒᆞ야手足도。任意로。
ᄒᆞᆯ슈업서다。만。남의게。어더먹고。世上을보
니。나。그苦狀은。形容ᄒᆞᆯ슈업고。또。後悔만ᄒᆞᆯ
든。무ᄉᆞᆷ効驗이잇ᄉᆞ오리잇가。

자여러분은。이無識ᄒᆞᆫᄉᆞᄅᆞᆷ의苦狀ᄒᆞᄂᆞᆫ거
슬보고。ᄒᆞᆫ번。定ᄒᆞᆫ職業은。아모리。어려울지
라도。참고참아。中途에。變치말고。始終을힘
쓰ᄂᆞᆫ것시。올ᄉᆞ오이다。

第二十八課 老人이라

무릇老人갓치可憐ᄒᆞ고슬픈이ᄂᆞᆫ업ᄉᆞᆸᄂᆞ이다。前에ᄂᆞᆫ充實ᄒᆞ고堅強ᄒᆞᆫ몸이至今은瘦衰ᄒᆞ야起坐도任意로못ᄒᆞ며또前에ᄂᆞᆫ來頭의歲月이만ᄒᆞ니아모일이라도아즉ᄂᆞᆺ지안타ᄒᆞ고마음에미덧더니至今은衰弱ᄒᆞ야아모일도즐거울것시업ᄉᆞᆸᄂᆞ이다。무릇이런ᄉᆞᄅᆞᆷ은절믈ᄯᅢ브터늙게ᄭᅡ지그ᄋᆞᆫ들이며孫子를길으기에苦心勞力ᄒᆞ얏ᄉᆞ니그子孫되ᄂᆞᆫ者ᄂᆞᆫ恒常父祖를恭敬ᄒᆞ야힘뻐서。그늙은父母를慰悅ᄒᆞ고도라온恩惠를갑ᄂᆞᆫ거시이孝道ㅣ라일으ᄂᆞ이다。

第二十九課 山應聲이라一

一日은龍福이란兒孩가조고마ᄒᆞᆫ山에가서혼ᄌᆞ다니며놀더니그ᄯᅢᄂᆞᆫ뭇춤仲春이라.山마다.꼿이盛히피고.
ᄉᆡ는.관관이.울어.참경치.
죠커날.龍福이.
花爛春城ᄒᆞ고萬化方暢

三十二

이라.노리를불너더니건넌편쟉에서도져와.ᄯᅩᆨ갓치.노리를부르는지라.龍福이ᄉᆡᆼ각ᄒᆞ되.뉘가.져를숭내내는가ᄒᆞ야.누구냐.ᄒᆞᆫ즉.ᄯᅩ누구냐ᄒᆞᄂᆞᆫ지라.龍福이조곰怒ᄒᆞ야.辱을ᄒᆞ얏더니.ᄯᅩ.그辱소리.갓치소리나거날.

龍福이.그蔑視ᄒᆞᄂᆞᆫ줄알고.大端히.忿ᄒᆞ야.그숭내내던ᄉᆞᄅᆞᆷ을달음질ᄒᆞ야다니며.ᄎᆞ

三十三

지나。마참니。그형젹을。보지못ᄒᆞ얏소

第三十課 山應聲이라 二

龍福이。卽時還家ᄒᆞ야。그어머니의게。告ᄒᆞ야갈오ᄃᆡ。산속에숨어셔남의ᄒᆞᄂᆞᆫ말을숭너。니ᄂᆞᆫᄉᆞᄅᆞᆷ이。잇서。날다려辱ᄒᆞ엿습ᄂᆞ이다。

어미。그말을듯고。對答ᄒᆞ되。아니라。그ᄂᆞᆫ山應聲이란거시니라。自家의소리가。山에마조치면。제가ᄒᆞ던소리와갓치소리가나ᄂᆞᆫ니라。네게辱ᄒᆞᄂᆞᆫ말이。들닌거ᄉᆞᆫ。本來。네가。辱ᄒᆞᆫ緣故ㅣ라。萬若。네가됴흔말을ᄒᆞ얏스면。엇지。됴흔말노。도라오지아니리오。

자。龍福아。이일ᄲᅮᆫ아니라。ᄉᆞᄅᆞᆷ이。남을對ᄒᆞ야ᄒᆞᄂᆞᆫ일도。이山應聲과갓ᄒᆞ여。네가남의게。됴흔일을ᄒᆞ면。남도。亦是。네의게。됴흔일

노。갑ᄂᆞ니라ᄒᆞ고。가르쳣소이다。

第三十一課 사슴이물을거울슴음이라

사슴。ᄒᆞᆫ마리가。물을먹으랴ᄒᆞ야。시ᄂᆡ에ᄂᆡ려왓더니。偶然히。제몸이물에빗칀것슬보고。머리붓터다리ᄭᆞ지。熟視ᄒᆞ야。數分時間을。물속에。섯다가。혼ᄌᆞ말ᄒᆞ되。

三十四

아아。ᄂᆡᄲᅳᆯ은。어이이리됴흔고。잇지ᄒᆞ야이런。큰ᄲᅳᆯ이ᄂᆡ머리에낫ᄂᆞ뇨。萬一ᄂᆡ몸의달은데도다。이ᄲᅳᆯ과ᄀᆞᆺ치커쓰면。眞實노ᄂᆡ가。가장。조흔짐ᄉᆡᆼ이될거시요。

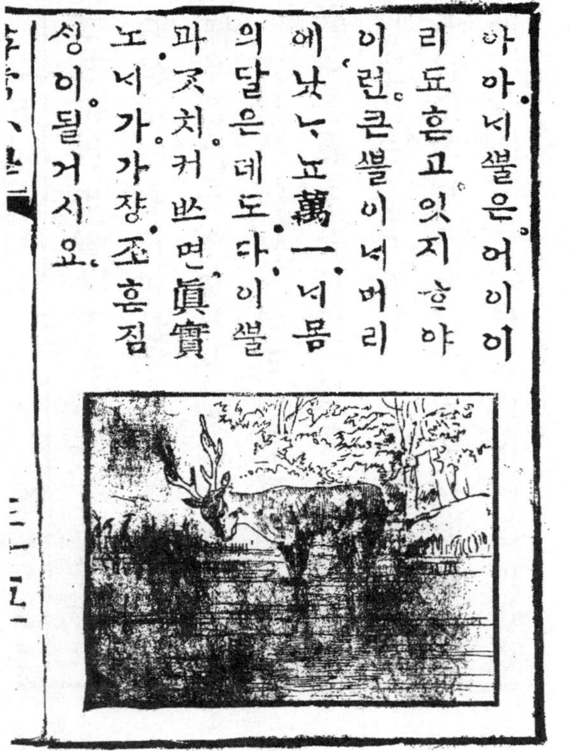

三十五

그러나이다리가이러케가는거슨춤을푸고ᄭᅩᆺ그라온일이라엇지ᄒᆞ면이다리도ᄲᅮᆯ과ᄭᅩᆺ치크고아름다올고ᄒᆞ더니그ᄯᅨ맛춤산양군이近處에오는소리나는지라크커놀나다라낫소이다.

그러나사슴이다리가갑븨야와잘다라나다가忽然그ᄲᅮᆯ이가시덤불에걸니여것구러저옴작이지못ᄒᆞ니可憐ᄒᆞ다저사슴이여이ᄲᅮᆯ노因緣ᄒᆞ야못참너산양군의게잡힌바되얏소이다.

사슴은그제야비로소自矜ᄒᆞ던ᄲᅮᆯ은그몸에원슈가되고붓그럽다ᄒᆞ던다리는도로혀그몸을害치아니ᄒᆞ는줄을알앗소이다.

第三十二課 生覺ᄒᆞᆯ일이라

某日에蘭姬라ᄒᆞ는處女ㅣ그同生文智信

의게左揭ᄒᆞᆫ生覺ᄒᆞᆯ일을물엇소
ᄒᆞᆫ農夫가여호를잡아ᄃᆞᆰ과밋穀食과ᄀᆞᆺ치
가지고場에가팔나ᄒᆞᆯ식가ᄂᆞᆫ길에ᄒᆞᆫ비가
잇서다만되나무다리ᄲᅮᆫ이라세物件을흠
게가지고것널수ᄂᆞᆫ업거ᄂᆞᆯ
그農夫ㅣᄒᆞᆫ아式옴기랴ᄒᆞ나먼저穀食을
옴긴즉뒤에여호가ᄃᆞᆰ을먹을터이오ᄯᅩ여
호를먼저옴긴즉뒤에ᄃᆞᆰ이穀食을먹을念

慮가잇스며ᄯᅩᄃᆞᆰ을먼저옴기고다음에여
호를옴길ᄂᆞᆫ지穀食을옴길ᄂᆞᆫ지아모리生
覺ᄒᆞ야도달은것ᄒᆞᆯ아를가질나갈ᄉᆞ이에
여호가ᄃᆞᆰ을먹을가ᄃᆞᆰ이穀食을먹을가念
慮ㅣ잇스니此時를當ᄒᆞ야이農夫ᄂᆞᆫ엇더
케ᄒᆞ면이三件을조곰도傷치아니ᄒᆞ고다
옴길터인가生覺ᄒᆞ야보아라ᄒᆞ니
智信이이윽키잇다가그方法을生覺ᄒᆞ야

니얏다ᄒᆞ옵ᄂᆞ이다。

우리들도。또ᄒᆞᆫ智信과ᄀᆞᆺ치。그方法을。生覺ᄒᆞ옵시다。

新訂 尋常小學卷二

定價卅六錢

學部編輯局開刊書籍定價表

書名	定價
萬國地誌	三十錢
萬國略史 上	二十錢
朝鮮歷代史略 漢文三冊	七十錢
朝鮮歷史 三冊	五十錢
國民小學讀本	二十五錢
朝鮮略史	十二錢
朝鮮地誌	二十錢
小學讀本	十五錢
牖蒙彙編	十二錢
夙惠記略	十八錢
輿載撮要	五十錢
地璆略論	十二錢
東輿地圖	十二錢
近易算術 上下	八十錢

新訂

尋常小學卷三目錄

新訂尋常小學卷三

第一課 萬壽聖節

九月八日은。萬壽聖節이라。
上大君主陛下계옵서
誕生ᄒᆞ옵신날이니。國民들이業을休ᄒᆞ고慶을賀ᄒᆞ며。門前에國旗를달고恭謹히此日을奉祝ᄒᆞᄂᆞ이다。

上大君主陛下계옵서.
建陽元年前四十四年(壬子 開國四百六十一年)에.
誕生ᄒᆞ사, 建陽元年前三十二年甲子(開國四百七十二年)에.
登極ᄒᆞ옵시니그ᄯᅢ

春秋ㅣ十三이시오
太祖大王부터繼統이二十八代시오이다.

第二課 비호기를, 勸홈이라.

杏花며. 桃花ᄂᆞᆫ. 발서셔러지고.
三夏九秋ᄂᆞᆫ. 어느결을에다갓ᄂᆞ뇨.
白雪이. 霏霏ᄒᆞ야, 今年이벌서歲暮ㅣ로다
오, ᄂᆞᆫ날을밋고. 게어르게말아.

歲月은 ᄉᆞ람을 기다리지. 아니ᄒᆞ니.
於焉間에. 少壯ᄒᆞ던 니가. 老大ᄒᆞ야 진다.
不學ᄒᆞ면. 無識ᄒᆞᄂᆞ니 世上ᄉᆞ람의게
譏弄을 바들 그셔에ᄂᆞᆫ.
後悔ᄒᆞ야. 슬퍼ᄒᆞ야도, 効驗이 업나니라.
暫時ᄉᆞ이라도. 虛送ᄒᆞ지 말고.
各般才藝를. 學習ᄒᆞ며 古今歷代를 達通ᄒᆞ야.
着實히. 工夫ᄒᆞ면. 追後에ᄂᆞᆫ 必然

有識ᄒᆞᆫ ᄉᆞ람으로 될터이라
到底히 工夫ᄒᆞ라 우리들

第三課 塙保己一의 事蹟이라

塙保己一은 日本國에. 일홈난 博學者ㅣ라
七歲에. 盲者ㅣ되야. 十五歲부터. 彈琴法과
導引法을 비오다가. 버리고. 恆常讀書흠을.

조와ᄒᆞ야。他人을식이며。書義를講解ᄒᆞ야。
문득暗誦ᄒᆞ더니。맛ᄎᆞᆷ
니有名ᄒᆞᆫ先生을。請ᄒᆞ
야。着實이。工夫ᄒᆞ야。日
本의。書籍ᄲᅮᆫ아니라。我
國과밋。支那等國의글
ᄭᆞ지。涉獵아니ᄒᆞᆫ거시
업더라。

成工ᄒᆞᆫ後에。ᄒᆞᆫ學堂을開設ᄒᆞ니。弟子ㅣ。甚
多ᄒᆞᆫ지라。ᄒᆞ로밤에ᄂᆞᆫ。弟子를모와某書를
釋義ᄒᆞᆯ식。바람이불어。燈火를滅ᄒᆞ야。冊을。
불수업ᄂᆞᆫ지라。弟子ㅣ。暫時기다리믈。請ᄒᆞ
거ᄂᆞᆯ。保巳ㅣ。이갈오ᄃᆡ。燈火가。업서보지못
ᄒᆞᆫ다ᄒᆞ면。이ᄂᆞᆫ。참눈이밝은ᄉᆞ름이도리여
自由치못ᄒᆞᆫ거시로다ᄒᆞ고。우섯더라。
保巳ㅣ의。編輯ᄒᆞᆫ。羣書類從이란。冊은。正續

兩帙을合ᄒᆞ야三千七十種이요其冊數ᄂᆞᆫ
二千八百五十卷이라그몸은盲者ㅣ나그
런巨帙의冊을編輯ᄒᆞᆫ거ᄉᆞᆫ實노感歎ᄒᆞᆯ만
ᄒᆞᆫ일이아니오릿가

第四課　소경이라

世上에소경이잇슴은
兒孩들도다알싸보오

그러나두눈이밝은
소경도世上에잇ᄂᆞ이다
文字란거ᄉᆞᆫ우리들로ᄒᆞ야곰古今事를
눈으로말미암아알게ᄒᆞᆫ거시나
文字를읽지못ᄒᆞᆫ者ᄂᆞᆫ엇지ᄒᆞᆯ터이요
必然조곰도分間치못ᄒᆞᆯ것시니
이런ᄉᆞ름을俗談에
눈뜬소경이라고일은다ᄒᆞ오

두눈이 잇스면서

보지못ᄒᆞᄂᆞᆫ소경이되지말고

힘쓸것시라우리들은 暫時도게어르게

마시옵시다

第五課 警察이라

무릇警察은市街ㅣ며田野ㅣ며山林이며或水上이며그管轄되ᄂᆞᆫ데를巡邏ᄒᆞ야火災며水難이며盜難이며其他各樣으로人民의災難을豫防ᄒᆞ기도ᄒᆞ며或救援ᄒᆞ기도ᄒᆞᄂᆞ이다

그職分을當ᄒᆞᄂᆞᆫᄉᆞᄅᆞᆷ은總巡과巡檢이라이런ᄉᆞᄅᆞᆷ은恒常嚴ᄒᆞᆫ規則을遵守ᄒᆞ야人民의災難을防備ᄒᆞ며救濟ᄒᆞ기에제身命을顧치아니ᄒᆞᄂᆞᆫ者ㅣ니故로人民되ᄂᆞᆫ者ᄂᆞᆫ이ᄉᆞᄅᆞᆷ을恒常敬愛ᄒᆞᆯ거시오이다

第六課　虎와狐의話라

古時에ᄒᆞᆫ범이여호를맛나生擒ᄒᆞ야먹고
ᄌᆞᄒᆞ더니그여호ㅣ갈ᄋᆞᄃᆡ나ᄂᆞᆫ짐생의王
이되야하ᄂᆞᆯ께셔나를보내섯스니萬一나를犯
ᄒᆞ면直地에罰을닙을이라
범이그말을듯고半信半疑ᄒᆞ거ᄂᆞᆯ여호ㅣ
또갈ᄋᆞᄃᆡ내뒤를좃차와보라山中의

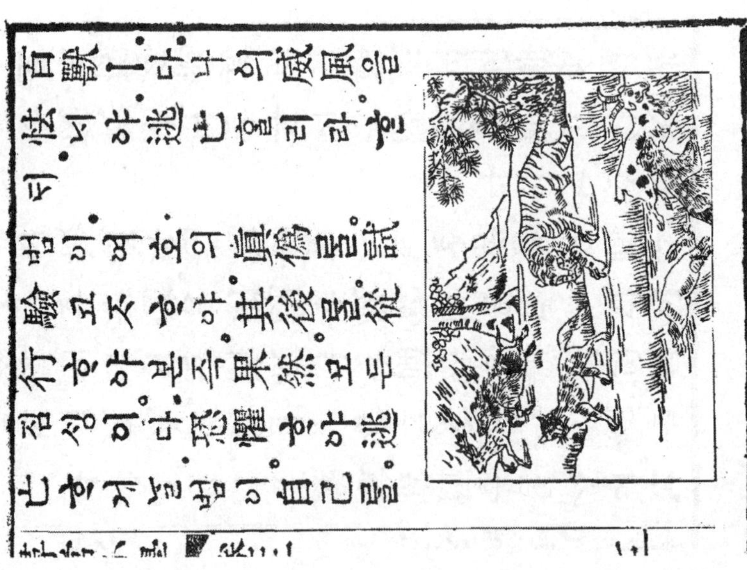

百獸ㅣ다나의威風을
怯ᄂᆡ야逃亡ᄒᆞᆯ리라ᄒᆞᆫ
뒤범이여호의眞僞를試
驗코ᄌᆞᄒᆞ야其後를從
行ᄒᆞ야본즉果然모든
짐생이다恐懼ᄒᆞ야逃
亡ᄒᆞ거ᄂᆞᆯ범이自己를

怯ᄒᆞ야。逃亡ᄒᆞᆯ줄은알지못ᄒᆞ고眞實노여
호의威嚴이壯ᄒᆞ다ᄒᆞ더라。
然故로主人의勢力이며親知의威權을밋
고。微弱ᄒᆞᆫ사ᄅᆞᆷ을凌虐ᄒᆞᄂᆞᆫ者ᄅᆞᆯ俗言에일
으되。狐假虎威라ᄒᆞᄂᆞ이다。

第七課 華盛頓의話라

華盛頓(名은제어지)은百餘年前에美國ㅅ
ᄅᆞᆷ이니眞實노智勇이兼
備ᄒᆞᆫ英雄이라汝等은後
日에必然이英雄의來歷
을알년니와卽今그ᄉᆞᄅᆞᆷ
의이ᄋᆡ기ᄒᆞᆫ아ᄅᆞᆯᄒᆞ리라。
華盛頓이어릴ᄯᅵ에저의
父親이ᄒᆞᆫ小斧ᄅᆞᆯ쥬거ᄂᆞᆯ。
저ㅣ甚喜ᄒᆞ야그小斧의利鈍을試驗코자

ᄒᆞ야마당에나아가여러나무ᄅᆞᆯ버혀볼ᄉᆡ저의父親이가장愛惜ᄒᆞ야培養ᄒᆞᄂᆞᆫ櫻木을버혀너머더리고그일이惡ᄒᆞᆫ줄은알지못ᄒᆞ더라

저의父親이그櫻木의너머진것을보고心中에不悅ᄒᆞ야곳華盛頓을불너닐오ᄃᆡ누가나의사랑ᄒᆞᄂᆞᆫ櫻木을버혓ᄂᆞ냐뭇거ᄂᆞᆯ華盛頓이그제야그잘못ᄒᆞᆷ을알고곳恭敬

對答ᄒᆞ야갈오ᄃᆡ나ᄂᆞᆫ父親을속이지못ᄒᆞ옵ᄂᆞ니이ᄂᆞᆫ眞實노小子가버혓ᄉᆞᆸᄂᆞ이다ᄒᆞᆫᄃᆡ저의父親이大喜ᄒᆞ야華盛頓의머리ᄅᆞᆯ어루만저曰참奇特ᄒᆞ다나ᄂᆞᆫ實노너의欺罔아니ᄒᆞᆷ을사랑ᄒᆞ야責지아니ᄒᆞ리라ᄒᆞ얏다ᄒᆞ니라

汝等은다이이ᄋᆞ기ᄅᆞᆯ잇지말나萬一모ᄅᆞ고惡事ᄅᆞᆯᄒᆞ얏슬지라도이華盛頓갓치그

것슬감츄지아니ᄒᆞ야저의誤錯홈을謝罪홀것시니라萬一그리아니ᄒᆞ고그일을감츄ᄂᆞᆫ셔ᄂᆞᆫ惡事를거듭진ᄂᆞᆫ거시니라

第八課 心의秤이라

ᄒᆞᆫ慾心만흔兒孩잇서恒常貴物을맛ᄂᆞ면저혼ᄌᆞ가지고ᄌᆞᄒᆞ며有味ᄒᆞᆫ飮食을보면저혼ᄌᆞ먹고ᄌᆞᄒᆞᄂᆞ이다

그러ᄒᆞ더니제가一夜에ᄂᆞᆫ꿈을으드니ᄒᆞᆫ벗과갓치큰川邊으로行홀셔ᄒᆞᆫᄉᆞᄅᆞᆷ이籠둘에水朴을담아억기에메이고오다가이두아히더러曰이水朴을너의게주리라ᄒᆞ거ᄂᆞᆯ慾心만흔兒孩곳兩手를내며나만다쥬옵소서ᄒᆞ니

그ᄉᆞᄅᆞᆷ이ᄒᆞᆫ번웃고갈오ᄃᆡ올타그러나그냥은쥬지아니ᄒᆞ깃스니爲先이籠속에드

러가보라ᄒᆞ고二兒을다잡아兩邊籠속에
녀흐니奇異ᄒᆞ다이두籠은籠이아니오곳
큰저울바탕이라그ᄉᆞ름이그바탕을물에
向ᄒᆞ야半뼘기우리고일너曰이러케되야
도너ᄒᆞᆫᄌᆞ이水朴을다바들터이냐뭇거ᄂᆞᆯ
慾心잇ᄂᆞᆫ兒孩그제야生覺ᄒᆞ되이水朴을
저ᄒᆞᆫ자바드면必然ᄒᆞᆫ편이무거워물에ᄲᅡ
러질줄알고갈오ᄃᆡ저兒孩와갓치平均히

分給ᄒᆞ소서ᄒᆞ고萬端哀乞ᄒᆞ다가문득ᄭᅮᆷ
을ᄭᆡ얏나이다
此後로ᄂᆞᆫ이兒孩改過ᄒᆞ야物件을보면自
然心中에그ᄭᅮᆷ을生覺ᄒᆞ야아모일이라도
公平치아닐ᄯᅢ업스니이런故로남이稱賞
치아니ᄒᆞᆯ이업다ᄒᆞᄂᆞ이다

第九課　孝鼠의이ᄋᆡ기라

順姬란女子ㅣ。冊床압
히서。ᄒᆞᆫ자冊을볼ᄉᆡ。조
고마ᄒᆞᆫ소ᄅᆡ。들니거늘、
눈을드러보니。壁밋히
저근구멍에서。ᄒᆞᆫ쥐셕
기가。머리ᄅᆞᆯ。내밀고。ᄉᆞ
ᄅᆞᆷ의動靜을보는지라。
順姬ㅣ쥐셕기의動靜

을보고。조ᄒᆞ야。氣運을낫추고。喘息을。가만
이ᄒᆞ고。잇섯더니。쥐셕기가、이리저리보면서
房의ᄲᅥ러진、米粒을보고。忽然히。다시。슈미
가거늘
順姬ㅣ。ᄉᆡᆼ각ᄒᆞ되。쥐셕기、何故로。다시。나오
지。아니ᄒᆞ는고。疑心ᄒᆞ얏더니。이윽고。그셕
기。저의어미ᄅᆞᆯ房中으로引導ᄒᆞ야。오고。그
뒤에는。ᄯᅩ。ᄒᆞᆫ셕기。ᄯᅡ라나오더니

그큰쥐ᄂᆞᆫ구멍겻히잇서나오지아니ᄒᆞ고두석기만房中으로도라다니면서米粒을집어서저ᄂᆞᆫ먹지아니ᄒᆞ고큰쥐압흐로輸運ᄒᆞ야가더니

큰쥐卽時먹지못ᄒᆞ고다만입으로米粒을ᄎᆞ지면서어릿어릿ᄒᆞᄂᆞᆫ지라仔細히보니可憐ᄒᆞ다이큰쥐ᄂᆞᆫ盲者ㅣ오두석기가食物을어더奉養ᄒᆞᄂᆞᆫ거시라

順姬ㅣ싱각ᄒᆞ되저것슨짐싱이로되오히려그母를極히奉養ᄒᆞ다ᄒᆞ고ᄆᆡ우感動ᄒᆞ야더욱고요히안저놀ᄂᆡ지아니ᄒᆞ얏더니窓外에忽然人跡이잇ᄂᆞᆫ지라두석기듯고大驚ᄒᆞ야ᄒᆞᆫ소리를크게질으니이ᄂᆞᆫ졔어미의게들녀急히逃亡ᄒᆞ게홈이라

그ᄯᅢ큰쥐듯고곳구멍으로드러갓ᄂᆞ이다

嗚呼ㅣ라짐싱이라도其親을奉養과保護

ᄒᆞ기에用心ᄒᆞ기를이갓치ᄒᆞ니ᄒᆞ믈며。ᄉᆞᄅᆞᆷ되ᄂᆞᆫ者ㅣ孝心이업슨즉엇지ᄒᆞ리요

第十課 英祖朝계옵서褥를還給ᄒᆞ신이의기라

英祖朝계옵서。一日은。戶曹判書를入侍식이사。下教曰朕이年老ᄒᆞ야筋骨이衰弱ᄒᆞ야坐臥ㅣ甚히不便ᄒᆞ지라卿은朕을爲

ᄒᆞ야。寢褥ᄒᆞᆫ아를지어드리라ᄒᆞ시거ᄂᆞᆯ戶判이。命을밧자와卽時靑木으로솜을만이두어、두텁게ᄒᆞ야드렷더니。

後數日에。다시戶判을命召ᄒᆞ야、그褥를還給ᄒᆞ사、曰朕이。이褥를어든後로、寢睡ㅣ。미오便安ᄒᆞ나。그러나。數日以來로漸漸懶惰ᄒᆞ야。일즉자고。늣게이러나며。百姓의疾苦를도라볼餘暇ㅣ。업스니朕이。엇지一身의便ᄒᆞᆷ을取ᄒᆞ야。萬民을。생각지。아니ᄒᆞ리오。ᄯᅩ國中에나와갓치年老ᄒᆞᆫ者ㅣ。飢寒이甚多ᄒᆞ리니卿은朕의ᄯᅳᆺ을생각ᄒᆞ야錢米를分給ᄒᆞ라ᄒᆞ시고。ᄯᅩ諸臣을。도라보와ᄀᆞᆯᄋᆞᄉᆞ되。卿等은各其職業을직히여。朕으로ᄒᆞ야곰。祖宗과萬民의게得罪치아니ᄒᆞ게ᄒᆞ라ᄒᆞ시얏삽ᄂᆞ이다。

第十一課 李時白이 꼿을 밧치지 아니ᄒᆞᆫ 이ᄋᆡ기라

李相時白家에。牧丹이。盛開ᄒᆞ얏더니。孝宗大王이。中官을보내사。求ᄒᆞ신ᄃᆡ。時白이。正色ᄒᆞ야。ᄀᆞᆯ오ᄃᆡ。내비록不肖ᄒᆞ나。三公이되야。엇지。耳目의玩好로ᄡᅥ。人君을섬기리오ᄒᆞ고。곳庭下에ᄂᆡ려。牧丹을썩거ᄇᆞ리고。北向再拜ᄒᆞ야。曰臣이。正道로ᄡᅥ。事君치못ᄒᆞ와。今日에.陛下로ᄒᆞ야곰臣을向ᄒᆞ야。狎邪ᄒᆞᆫ일을行ᄒᆞ라ᄒᆞ시게ᄒᆞ오니。若此

不已ᄒᆞ면賄賂將行ᄒᆞ야國家의危亡이장찻朝夕에잇슬지라臣의罪ㅣ萬死無惜이오이다ᄒᆞ거ᄂᆞᆯ

上이드르시고大端히後悔ᄒᆞ샤自後로敬禮더욱隆重ᄒᆞ시고政治ᄅᆞᆯ힘쓰셧ᄂᆞ이다

第十二課 宿瘤의話라

支那昔時에齊나라에ᄲᅩᆼ닙을ᄯᅡᄂᆞᆫᄒᆞᆫ女子ㅣ잇스니이女子ᄂᆞᆫ목에큰혹이잇ᄂᆞᆫ지라그런故로ᄉᆞ람이宿瘤라일홈을지엇더라

一日은宿瘤ㅣᄲᅩᆼ닙을ᄯᅡ더니못ᄎᆞᆷ國君의擧動이되ᄂᆞᆫ지라許多ᄒᆞᆫ士女ㅣ다구경ᄒᆞᆷ을爲ᄒᆞ야奔走ᄒᆞ되宿瘤ㅣᄒᆞᆯ노도라보지아니ᄒᆞ고ᄲᅩᆼ닙만ᄯᅡ거ᄂᆞᆯ齊王이보고疑訝ᄒᆞ야宿瘤ᄅᆞᆯ불으사그緣故ᄅᆞᆯ믈으시니宿瘤ㅣ對ᄒᆞ야ᄀᆞᆯ오ᄃᆡ父母의게ᄲᅩᆼ닙을ᄯᅡ라

는말을듯고大王의擧動을구경ᄒᆞ라ᄂᆞᆫ말
은듯지못ᄒᆞ와敢히仰瞻치못ᄒᆞ얏ᄂᆞ이다
ᄒᆞ거ᄂᆞᆯ王이크게感動ᄒᆞ야ᄀᆞᆯ오ᄃᆡ너ᄂᆞᆫ眞
實노奇女子ㅣ로다그러나목에혹이잇스
니ᄎᆞᆷ앗갑다ᄒᆞᆫᄃᆡ宿瘤ㅣ또對ᄒᆞ야ᄀᆞᆯ오ᄃᆡ
ᄉᆞ롬은ᄆᆞ음이第一이오니혹이잇ᄉᆞᆸ기로
무ᄉᆞᆷ關係잇ᄉᆞ오릿가ᄒᆞᆫᄃᆡ王이그賢明ᄒᆞᆷ
을歎賞ᄒᆞ시고宮中에잇그러드리시니

宮中의女官들이宿瘤ㅣ入闕ᄒᆞᆷ을듯고다
服飾을盛히ᄒᆞ고기다리더니宿瘤ㅣ入闕
ᄒᆞ미非但衣服이麤ᄒᆞᆯ뿐아니라목에큰혹
이잇슴을보고다웃ᄂᆞᆫ지라王이그無禮ᄒᆞᆷ
을譴責ᄒᆞ고곳宿瘤를封ᄒᆞ야王妃를삼고
自後로王妃의諫言을容納ᄒᆞ야宮中의冗
費를減省ᄒᆞ며百姓의게惠澤을ᄂᆞ리니나
라이날노富強ᄒᆞ야威力이隣國을壓服ᄒᆞ

여ᄂᆞ이다。

第十三課 鳥되믈願ᄒᆞᄂᆞᆫ問答이라

ᄒᆞᆫ教師ㅣ。女生徒셔희를모와ᄎᆞ고左列ᄒᆞᆫ일을。質問ᄒᆞ얏ᄂᆞ이다

教師曰。蘭姬야。萬一。네가。새될진ᄃᆡ。어ᄂᆡ새되기를。바라나뇨。

蘭姬對曰나ᄂᆞᆫ。꾀고리되기를願ᄒᆞ옵ᄂᆞ이다。꾀고리ᄂᆞᆫ。恒常,아름다온소리로滋味잇게

스리우옵나이다。

教師曰。竹姬야。너ᄂᆞᆫ。어ᄂᆡ새되기를。바라나뇨。

竹姬對曰나ᄂᆞᆫ鴛鴦으로되기ᄅᆞᆯ願ᄒᆞᄋᆞᆸᄂᆞ이다。鴛鴦은깃도。고을ᄲᅮᆫ더러恆常즐기며물우희셔노ᄋᆞᆸᄂᆞ이다。

敎師曰貞姬야너ᄂᆞᆫ어ᄂᆡ새되기ᄅᆞᆯ바라ᄂᆞ뇨。

貞姬曰나ᄂᆞᆫ가마귀되기ᄅᆞᆯ願ᄒᆞᄋᆞᆸᄂᆞ이다。가마귀ᄂᆞᆫ보기ᄂᆞᆫ좃치아니ᄒᆞ나孝心이大端ᄒᆞ시라ᄒᆞᄋᆞᆸᄂᆞ이다。

敎師ᄂᆞᆫ三女의對答을聞ᄒᆞ고。그貞姬의對答이가장됴흔줄노미우稱贊ᄒᆞ고。또訓戒ᄒᆞ되무롯ᄉᆞ람은。姿貌의고흔것보다。心志의아름다온거시第一이라ᄒᆞ고。仔細히말ᄒᆞ얏다ᄒᆞᄋᆞᆸᄂᆞ이다。

第十四課　菊花라

菊花ᄂᆞᆫ百花ㅣ다凋枯ᄒᆞᆫ後에혼ᄌᆞ아름다온ᄭᅩᆺ을픠고그香氣도ᄯᅩᄒᆞᆫ甚히可愛ᄒᆞᄂᆞ이다

菊花에ᄂᆞᆫ큰판과적은판도잇스며ᄯᅩ그빗도白과黃과紅과淡紅等의各色이잇스며그種類가大端히多ᄒᆞ니이런種類ᄂᆞᆫ大概養ᄒᆞ기를ᄯᆞ라서變ᄒᆞᄂᆞᆫ거시요ᄯᅩ種類ᄂᆞᆫ만히種子를심어서되ᄂᆞ이다

菊花ᄂᆞᆫ培養에가장用力ᄒᆞᄂᆞᆫ거시니萬一그用力이不足ᄒᆞᄂᆞᆫᄯᅢᄂᆞᆫ苗ᄭᅩᆺ판이五寸될만ᄒᆞᆫ

도不過二寸外에는아니되는일도잇ᄂᆞ니
다.
世上에는죠고마ᄒᆞᆫᄡᅡᆨ븐거슬보고비로소
自家의用力이不足ᄒᆞᆷ을後悔ᄒᆞᄂᆞᆫ사ᄅᆞᆷ도
잇ᄂᆞ니다.
우리도兒時에培養이足지못ᄒᆞ면成長ᄒᆞ
마.맛ᄎᆞᆷ내에後悔ᄒᆞᄂᆞᆫ자도잇ᄂᆞ니다.
우리들을培養ᄒᆞ시ᄂᆞ니ᄂᆞᆫ父母와敎師시

요그敎育ᄒᆞᆷ은우리ᄅᆞᆯ爲ᄒᆞ야거ᄅᆞᆷᄒᆞ시ᄂᆞᆫ
거시오니다
우리가弟妹ᄒᆞ고分別ᄒᆞ야비로소學校로
드러가ᄂᆞᆫ거슨ᄆᆞ치叢生ᄒᆞᄂᆞᆫ莿苗를ᄲᅢ여
花壇으로移植ᄒᆞᆷ과다ᄅᆞᆷ이업스니.그러ᄒᆞᆫ
즉우리가學校로入赴ᄒᆞ지아니ᄒᆞ고,敎育
을受치아니ᄒᆞᆫ거슨莿苗ㅣᄲᅢ짐이되지아
니ᄒᆞ고거ᄅᆞᆷ을受치아니ᄒᆞᆫ것과ᄀᆞᆺ트리다.

그런菊花ᄂᆞᆫ엇던ᄭᅩᆺ을
픠ᄂᆞᆫ터이요우리ᄂᆞᆫ前
에籬陰에生ᄒᆞ고그ᄃᆡ
로ᄭᅩᆺ을핀거슬보왓것
니와그培養을愛치못
ᄒᆞᆫ거ᄉᆞᆫ實노可憐ᄒᆞᆫ貌
樣이오이다.

第十五課　紀元節이라

紀元節이란거ᄉᆞᆫ我
太祖大王이비로소御位에오르신날이라
當初에
大王이高麗朝에仕ᄒᆞ사門下侍中이되야
더시니時에그國政이紊亂ᄒᆞ야衆望이다
上에게歸ᄒᆞ더라일즉이將帥가되사혹外
寇를防ᄒᆞ며혹內亂을戡定ᄒᆞ사大勳을세

와계시더니못ᄎᆞᆷᄂᆡ裴克廉等의推戴ᄒᆞᆷ을。
被ᄒᆞ사。大位에卽ᄒᆞ사億萬年宗社의業을。
創ᄒᆞ시고。統을垂ᄒᆞ시니。그날은。八月二十
四日이니。此日을紀元節이라。定ᄒᆞ며。每年
奉祀ᄒᆞ시ᄂᆞᆫ格式이되ᄂᆞ니다。
그러므로。우리ᄂᆞᆫ이良日을當ᄒᆞ면。其 恩
澤의깁흔줄을。ᄉᆡᆼ각ᄒᆞ고。더욱愛國忠君ᄒᆞ
ᄂᆞᆫ마음을。힘쁠거시오이다。

第十六課　鷲이라

鷲이란ᄉᆡᄂᆞᆫ大小가。雀과갓트니。등은검고。
비ᄂᆞᆫ회며。가ᄉᆞᆷ은。赭石色이라。
翅와尾ᄂᆞᆫ長ᄒᆞ고。ᄭᅩ리끗이。둘노分ᄒᆞ며。飛
ᄒᆞᆷ이。甚速ᄒᆞ며。任意로。놉히飜身ᄒᆞᄂᆞ이다。
ᄯᅩ。嘴ᄂᆞᆫ。短ᄒᆞ나。깁히ᄶᅵ여저서。나라다닐ᄉᆞ
이에。小虫을ᄯᅡ먹ᄂᆞ이다。

燕은 春에 와서 집을 짓고 秋가 되면 南方暖地로 가나 그러나 每年 古巢를 이저바리지 아니ᄒᆞ고 還來ᄒᆞᄂᆞ이다.

第十七課　雀이 燕의 巢를 奪ᄒᆞᆫ 話라

燕은 人家簷下에 作巢ᄒᆞ니 其巢ᄂᆞᆫ 진흙을 가지고 風壁처럼 工巧히 外面을 塗褙ᄒᆞ고 其中에ᄂᆞᆫ 毛羽等을 너어 뜻뜻ᄒᆞ게 ᄆᆡᆫ드ᄂᆞ이다.

一日은 ᄒᆞᆫ 狡猾ᄒᆞᆫ 雀이 燕의 不在ᄒᆞᆷ을 보고 그 집에 드러가 제 알을 낫코자 ᄒᆞ거ᄂᆞᆯ 燕이 그 집을 일코 ᄆᆡ우 놀나 와 雀을 向ᄒᆞ야 還給

ᄒᆞ기를懇請ᄒᆞᆫ뒤雀은제집이라ᄒᆞ고도리여驅逐ᄒᆞ야숩ᄂᆞ이다

鷰이엇지헐길업서許多ᄒᆞᆫ벗을招集ᄒᆞ야진흙으로그巢口를塗塞ᄒᆞ니雀이나올수업서그속에서혼자擾亂이구나事勢如此ᄒᆞ야困境을當ᄒᆞ얏ᄂᆞ이다

凡事가ᄉᆞᄉᆞ로勞苦치아니ᄒᆞ고남의物件을奪取ᄒᆞ고ᄌᆞᄒᆞᆫ則이ᄉᆡ쳐럼苦生ᄒᆞᆸᄂᆞ이다.

第十八課 書冊을讀ᄒᆞᄂᆞᆫ法이라

書冊은決斷코速히讀ᄒᆞ고ᄌᆞ말거시오聲音을淸楚케ᄒᆞ야쳔쳔히讀ᄒᆞᆷ이올소이다.

書冊을速히讀ᄒᆞᄂᆞᆫ거시能ᄒᆞᆫ줄노녀기ᄂᆞᆫ者ㅣ잇스나이ᄂᆞᆫ大不可ᄒᆞ니萬若過速히

讀ᄒᆞᄂᆞᆫ셰ᄂᆞᆫ반ᄃᆞ시誤錯이만을거시오이
다.
ᄯᅩ書冊을讀ᄒᆞ되書字의音節만操心ᄒᆞ고
書意를料量치아
니ᄒᆞ면此亦大不
可ᄒᆞ오이다
文字란거ᄉᆞᆫ本來
그生覺을表ᄒᆞᄂᆞᆫ

거시요書冊이란거ᄉᆞᆫ그文字의ᄯᅳᆺ을알고
ᄌᆞ홈이니그런故로文字ᄂᆞᆫ그ᄯᅳᆺ을잇지말
고生覺ᄒᆞᆯ거시오이다
萬一許多ᄒᆞᆫ書籍을읽을지라도그事蹟을
不知ᄒᆞ면一毫라도ᄡᅳᆯ듸업ᄂᆞ이다
是故로書冊읽ᄂᆞᆫ法은그辭義를저도十分
알녀니와그겻헤듯ᄂᆞᆫ者도그ᄯᅳᆺ을아도록
읽ᄂᆞᆫ거시잘읽ᄂᆞᆫ다稱ᄒᆞᆸᄂᆞ이다

第十九課 繪와圖라

繪와圖ᄂᆞᆫ엇더ᄒᆞᆫ異同이잇슬가. 그異同을알미甚히緊要ᄒᆞᆫ일이오이다.

繪라ᄒᆞᆷ은아모物件이든지一目에뵈ᄂᆞᆫ바를다그리ᄂᆞᆫ거시니譬컨ᄃᆡ書冊을繪ᄒᆞ면그冊의冊衣와칙의모퉁이와其他各色貌樣들도다그리ᄂᆞ이다

圖라ᄒᆞᆷ은物件을一面만主張ᄒᆞ야그리ᄂᆞ니書冊表面의圖ᄂᆞᆫ冊衣만그리며그冊의厚薄은그리지아니ᄒᆞ고그冊모퉁이의圖ᄂᆞᆫ그冊모퉁이의厚薄만그리고그冊表面은그리지아니ᄒᆞᄂᆞ이다.

今玆에冊床과交椅와밋書冊의繪와圖가잇스니繪에서ᄂᆞᆫ우리들이冊床의上面과側面과다리와밋舌盒等이며交椅의上部

와다리等이며書冊의衣紙와최모릉이等

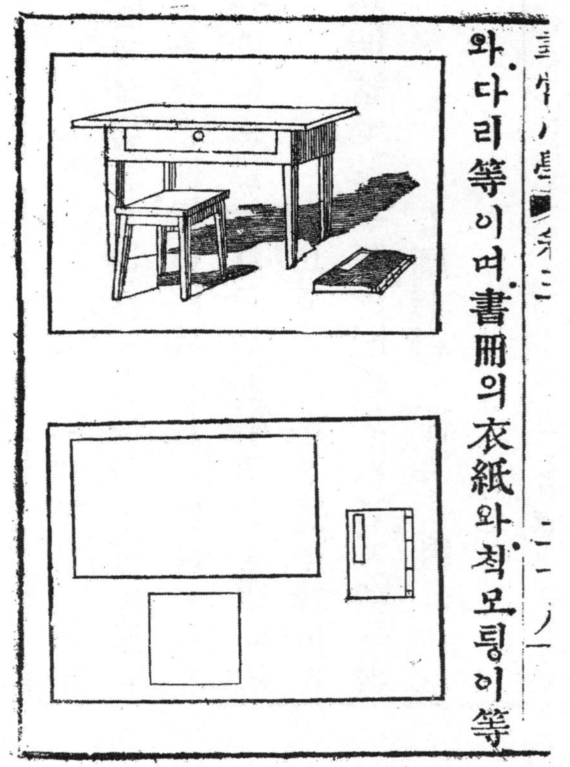

二十八

이다. 뵈이나圖에ᄂᆞᆫ다만冊床과交椅와밋
書冊의上面을뵈일ᄲᅮᆫ이오이다
그리면圖ᄂᆞᆫ繪보다所用이적을뜻ᄒᆞ나우
리ᄂᆞᆫ그冊床과交椅와書冊의形狀이며大小
와밋그세物件이相距ᄒᆞ야잇ᄂᆞᆫ間格을알
기쉅사오이다.

第二十課 日本居留地의地

二十九

圖라

好慶이란兒孩가。그同生好聞을불너。日本居留地에가노던이야기를ᄒᆞ고。그居留地와公使館。領事館의位置를말ᄒᆞ야더니。好聞은어린兒孩라。十分아라듯지못ᄒᆞᄂᆞᆫ지라

好慶이。이에居留地地圖를그려낫낫치일녀주니。好聞이그제야恍然大覺ᄒᆞ야그림을가지고미오歡喜ᄒᆞ야。地圖그리ᄂᆞᆫ法을摹仿ᄒᆞ더니。其後ᄂᆞᆫ景致잇ᄂᆞᆫ곳을當ᄒᆞ면。ᄒᆞᆯ장을그려가지고와서。제兄의게이야기ᄒᆞ얏ᄂᆞ이

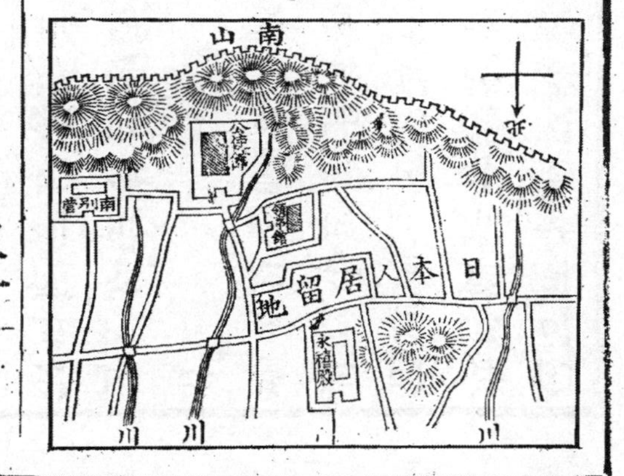

다.

우리들도ᄯᅩ前揭ᄒᆞᆫ地圖를보고好慶이노든日本居留地의貌樣을아라ᄡᅳ며ᄯᅩ山이며谿流며道路等各色의地圖그리는法을비왓스니우리들은此後에이法ᄃᆡ로地圖를그려보옵시다.

第二十一課 山과河라

山이라ᄒᆞ는것슨ᄯᅡ이놉고草木이繁茂ᄒᆞ는데를일으며河이라ᄒᆞ는것슨ᄯᅡ이ᄂᆞᆺ고물이흘르는데를일으ᄂᆞ이다.

山에는飛禽과走獸ㅣ잇고河에는魚族과珠貝ㅣ나며ᄯᅩ山에서

石과材木을、너며、河에서、비와녯목을浮케
ᄒᆞ고、ᄯᅩ물을、잇ᄭᅳ러田畓에灌漑ᄒᆞᄂᆞ이다、
河ᄂᆞᆫ大槪、산ᄉᆞ이에出ᄒᆞ야못ᄎᆞᆷ니바다로、
흘너가ᄂᆞᆫ것시외다、
山에縈回ᄒᆞ야、河가흘너가ᄂᆞᆫ뒤ᄂᆞᆫ、眞實노
景致가、조흐고로、我國에ᄂᆞᆫ山河의景致가、
만ᄊᆞ오이다、

第二十二課 蜜蜂이라

蜜蜂은、才蟲이라。그ᄭᅮᆯ을求ᄒᆞ라나갈ᄯᅢ에
제집에서、五六里가되ᄂᆞᆫ데라도能히。가서、
ᄯᅩ도라오ᄂᆞᆫ길을、잇지아니ᄒᆞ며、萬一길에서、
風雨를、맛나면花葉間을、依托ᄒᆞ야、留宿ᄒᆞ
고、비가、긋친후에卽時、제집으로。도라오나
이다。
蜜蜂은、ᄭᅮᆯ을칠ᄲᅮᆫ더러、ᄯᅩ蠟을민드러、巧ᄒᆞ

게제房을營作ᄒᆞ야그속에蜜을貯蓄ᄒᆞᄂᆞ
이다

ᄒᆞᆫ달핑이가蜜蜂의房中
을向ᄒᆞ고匍匐ᄒᆞ야드러
오거ᄂᆞᆯ벌들이놀나도로
쫏치되달핑이ᄂᆞᆫ背殼의
잇서蜂刺ᄒᆞᆷ을怯내지아
니ᄒᆞ고偃然不動ᄒᆞ거ᄂᆞᆯ

모든벌이一計를내야달핑이의難을避ᄒᆞ
얏나이다

諸蜂이同力ᄒᆞ야밀을가저달핑이를널판
에단단히붓쳐두엇더니달핑이가일신을
조곰도運動치못ᄒᆞ야食物도得지못ᄒᆞ고
드듸여그곳에서죽엇다ᄒᆞᄂᆞ이다

第二十三課　狡猾ᄒᆞᆫ馬라

ᄒᆞᆫ사ᄅᆞᆷ이.場에서.말게鹽을실고.還家ᄒᆞᆯᄉᆡ.川流를건너다가.말이밋그러저너머지니.그소곰이.自然水流ᄒᆞ야.푸러젓ᄂᆞᆫ지라.말은.그짐이업서저.몸이가ᄇᆡ여우믈歡喜ᄒᆞ야.도라왓소이다

다른날다시.鹽을실니고.場에갓더니그말이.前事를想覺ᄒᆞ고.川流를當ᄒᆞ야.부러믈속에너머저.또소곰을버렷사오이다

말의主人이.이거ᄉᆞᆯ보고.말의行實을懲戒ᄒᆞ고자ᄒᆞ야.次日은.許多ᄒᆞᆫ草鞋와.밋空石等을.만히실니고.또場에갓ᄉᆞᆸᄂᆞ이다

말은.그料量업시.川流를當ᄒᆞ야.또너머지니.馬背의草鞋와空石等이.水沉되야.더욱

무거위運動ᄒᆞᆯ수업ᄂᆞᆫ지라主人이더욱미
워ᄒᆞ야鞭策으로몹시ᄯᅥ리여져우回家ᄒᆞ
니汗流滿身ᄒᆞ야大段히苦狀ᄒᆞ얏ᄉᆞᆸᄂᆞ이
다

第二十四課 地球의回轉이라

地球ᄂᆞᆫ靜ᄒᆞ야조곰도動치아니ᄒᆞᄂᆞᆫ듯ᄒᆞ
나其實은暫時도쉬지아니ᄒᆞ고回轉ᄒᆞᄂᆞᆫ
거시오이다
그러므로우리사ᄅᆞᆷ들과
家屋과田畓과山河等도
亦是地球와갓치回轉ᄒᆞ
나그러나우리가其回轉
ᄒᆞᆷ을아지못ᄒᆞ기ᄂᆞᆫ地球
가甚大ᄒᆞᆫ緣故ㅣ라譬컨

ᄃᆡ우리가大船을타고海上에셔가되自己의몸은가지아니ᄒᆞᄂᆞᆫ줄노아ᄂᆞᆫ것과갓소이다.

今에此地球의圖를보시오球의半面은太陽을向ᄒᆞ야밝으며其餘半面은太陽을등지ᄂᆞᆫ故로어두운지라그밝은편은곳晝이오어두운편은곳夜이오이다.

地球ᄂᆞᆫ쉬이지아니ᄒᆞ고回轉ᄒᆞ야太陽을

向ᄒᆞᄂᆞᆫ데ᄂᆞᆫ晝이되고太陽을背ᄒᆞᄂᆞᆫ데ᄂᆞᆫ夜이되옵ᄂᆞ이다.

이쳐럼晝夜ㅣ分ᄒᆞᄂᆞ니地球一回轉間이곳一日二十四時間이오이거ᄉᆞᆯ地球의私轉이라일으ᄂᆞ이다.

地球ᄂᆞᆫ非但一處에서셔回轉ᄒᆞᆯᄲᅮᆫ아니라또太陽의周圍를도라다니ᄂᆞ니이ᄂᆞᆫ地球의公轉이라일으ᄂᆞ이다.

公轉은一年에一回式이니春夏秋冬이이
를因ᄒᆞ야變ᄒᆞ야交生ᄒᆞᄂᆞᆫ지라그仔細ᄒᆞᆫ
理致ᄂᆞᆫ後日에ᄯᅩ說明ᄒᆞᆯ터이오이다

第二十五課　四節이라

一年을十二로分ᄒᆞ니一月二月三月四月
五月六月七月八月九月十月十一月十二
月이오다시此十二箇月을春과夏와秋와
冬의四時로分ᄒᆞ야이것을四節이라稱ᄒᆞ
ᄂᆞ니이다
四節의景色은다一
樣이아니라春은ᄯᅳᆺ
ᄯᅳᆺᄒᆞ야ᄭᅩᆺ도픠고ᄉᆡ
도울며夏ᄂᆞᆫ더웁고
草木이繁茂ᄒᆞ며秋
ᄂᆞᆫ서늘ᄒᆞ고穀食이

結實ᄒᆞ며冬은치웁고눈이오며물이成冰ᄒᆞᄂᆞ이다.

第二十六課 一年의月日이라

新年에ᄂᆞᆫ人人이다業을쉬고新元을致賀ᄒᆞ고讌樂ᄒᆞ며男子ᄂᆞᆫ鳶도날니며女子ᄂᆞᆫ널도뛰ᄂᆞ니그런故로兒孩들은놀기를조

와ᄒᆞ야다一月에오기를苦待ᄒᆞ다ᄒᆞᄂᆞ니다.

汝等은一月부터翌年一月가지幾何日數가잇슬가아ᄂᆞ뇨一年의日數ᄂᆞᆫ三百六十五日이오또一箇月의日數ᄂᆞᆫ三十一日이되ᄂᆞᆫ셰도잇고三十日이되ᄂᆞᆫ셰도잇스나다만二月만二十八日이라그러나그거슨例事로온ᄒᆡ의日數거니와四年마다一番

式 閏年이 올터이니 閏年에ᄂᆞᆫ 一年의 日數ㅣ 三百六十六日이니 二月의 日數가 二十九日이 되ᄂᆞ니라.

左에 各月의 日數를 가지고 지은 歌曲을 記ᄒᆞᄂᆞ니 汝等은 此를 暗記ᄒᆞ라.

四六九十一의
넉달은 三十一日이오
其餘月은 一體로
三十日이 되ᄂᆞ니라.
그러나 二月의 日數ᄂᆞᆫ
例事 二十八日이나.
閏年에ᄂᆞᆫ 一日을
더ᄒᆞ야 二十九日이라.

第二十七課 人의 一生이라

사ᄅᆞᆷ의 一生을 四節에 譬ᄒᆞ건ᄃᆡ 幼稚ᄒᆞᆫ ᄯᅢᄂᆞᆫ.

봄이오長成ᄒᆞᆫ셔ᄂᆞᆫ여름이라조곰衰ᄒᆞᆫ셔ᄂᆞᆫ가을이오老ᄒᆞᆫ셔ᄂᆞᆫ겨을이라

此故로봄과여름ᄉᆞ이에工夫ᄒᆞ야才操의種子를播植지아니ᄒᆞ얏다가가을과겨을이되야才操가不足ᄒᆞ면즐겁게世上을지닐수업ᄂᆞ이다

一日의計ᄂᆞᆫ晨에在ᄒᆞ고

一年의計ᄂᆞᆫ春에在ᄒᆞ고

一生의計ᄂᆞᆫ幼時에在ᄒᆞ오

第二十八課　정셩이라

남을속이지말고쇽이지말며

정셩ᄒᆞᆫ길을직혀라

마음을便安ᄒᆞ게가지고잇스라ᄒᆞ면

정셩ᄒᆞᆫ길을직혀라

歲月을즐기게지내라ᄒᆞ면

정성ᄒᆞᆫ길을직혀라.
오날이나너일이나變홈이업게.
정성ᄒᆞᆫ길을직혀라.
무숨害로은일을맛날지라도
정성ᄒᆞᆫ길을직혀라
暫時도이말을잇지말고.
정성ᄒᆞᆫ길을직혀라

第二十九課 獸의王이라

이그림은獅子ㅣ란짐싱이라
獅子ᄂᆞᆫ許多ᄒᆞᆫ百獸中에
가장強ᄒᆞᆫ니짐싱의王이
라稱ᄒᆞᄂᆞ이다.
此獸ᄂᆞᆫ美妙ᄒᆞᆫ갈기가잇
고또ᄲᅧ족ᄒᆞᆫ발톱과날닌
어금니를具備ᄒᆞ야밤이

되면나와서他獸를尋捕ᄒᆞ야卽時먹ᄂᆞ이다그힘이ᄯᅩᄒᆞᆫ甚強ᄒᆞ야牛馬ㅣ라도그등을ᄒᆞᆫ번치면그ᄲᅧ가粉碎되며ᄯᅩ이갓치큰짐셩이로되ᄡᅳ으러가기를괴가쥐물어가ᄃᆞᆺᄒᆞᄂᆞ이다

그우ᄂᆞᆫ소리ᄂᆞᆫ眞實노悽愴ᄒᆞ고ᄯᅩ그소리가山이울니ᄂᆞ니他獸들은그소리만들어도戰慄ᄒᆞ야恐怖ᄒᆞᆫ다ᄒᆞᄂᆞ이다

第三十課 養生이라

사ᄅᆞᆷ은身體가康健ᄒᆞ니마치多幸ᄒᆞᆫ일이업ᄂᆞ이다몸이康健ᄒᆞᆫᄉᆞᄅᆞᆷ은一生을즐기게지ᄂᆡ려니와多病ᄒᆞᆫᄉᆞᄅᆞᆷ은恆常ᄒᆞᆫ房中에閉蟄ᄒᆞ야生業도못ᄒᆞ고一世를不幸히歲月을지ᄂᆡᄂᆞ이다

ᄉᆞᄅᆞᆷ이初生時에大槪다無病ᄒᆞ나養生法

을行치아니홈으로뼈여러病이나ᄂᆞᆫ것시라그러나幼少ᄒᆞᆫ새에能히養生法을行ᄒᆞ야몸을康健케ᄒᆞ야長成ᄒᆞᆫ後에넉넉히제職業을堪當홈이第一大關事이오이다

養生法이란것ᄉᆞᆫ身體의運動을適當케ᄒᆞ고飮食ᄒᆞ기를適中ᄒᆞ게ᄒᆞ며居處와衣服을淸潔히ᄒᆞᄂᆞᆫ것시오이다

第三十一課 順明의鳩라

春喆이란兒孩ᄂᆞᆫ十里를隔ᄒᆞ야順明이라ᄒᆞᄂᆞᆫ四寸兄이잇스니順明은鳩一首를기르지오리더라

一日은順明이그비들기를가지고春喆의집에왓ᄂᆞᆫ지라春喆이그비들기를貴히너겨撫摩ᄒᆞ면서順明더러問曰이비들기外貌도조커니와ᄯᅩ무슴才操잇ᄂᆞ잇가順明

이 答曰 이 새는 性品이 温和ᄒᆞ야 사ᄅᆞᆷ의게

잘 길드리며 또 저 잇는 집을 詳細히 아는 故로 아모리 멀니와서 放送ᄒᆞ야도 집을 잇지 아니ᄒᆞ고 잘 차저 가ᄂᆞ니라.

春喆이 다시 問曰 그러면 此鳩를 放ᄒᆞ야도 宅으로 갈터이온잇가 順明이 答曰 집에 가기는 勿論ᄒᆞ고 또 能히 書札을 傳送ᄒᆞᄂᆞ니라 春喆이 그 말을 듯고 미오 疑訝ᄒᆞ얏더니 順明이 얄은 조희에 極細字로 片紙를 ᄡᅥ서 비들기 목에 미여 放送ᄒᆞ니 그 비들기 살과 ᄀᆞᆺ치 ᄲᆞᆯ리 나라가더니 不過半時에 順明의 집으로 도라갓더라.

近時에 와서 文明諸國에서는 軍事上의 通

信ᄒᆞᄂᆞᆫ새ᄂᆞᆫ비들기를使喚ᄒᆞ다ᄒᆞᄂᆞᆫ말이
잇ᄉᆞᆸᄂᆞ이다

第三十二課 船이라

船은江海에ᄯᅴ여ᄉᆞᄅᆞᆷ도ᄐᆡ이며또物貨를輪運케ᄒᆞᄂᆞᆫ것시오이다。

船은木으로도製造ᄒᆞ며鐵노도ᄆᆡᆫ드ᄂᆞᆫ것시잇ᄂᆞ이다。木으로ᄆᆡᆫ드ᄂᆞᆫ것ᄉᆞᆫ녜부터我國에도잇서스나鐵노製造ᄒᆞᆫ것ᄉᆞᆫ近時에야行用ᄒᆞ옵ᄂᆞ이다。船의種類

商船 小船 火輪兵艦 津船 國旗 烟筒

는 津船과 帆船과 火輪船이 잇스니 津船은 長
竿이나 櫓로 저어가게 ᄒᆞ며 帆船은
돗대를 세워 돗슬 달고 風力을 써셔 進케 ᄒᆞ
며 火輪船은 蒸氣力으로 進케 ᄒᆞᄂᆞᆫ 것시오
니다

比外에 또 軍艦도 잇스니 軍艦은 蒸氣力으
로 進케 ᄒᆞᄂᆞᆫ 것시되 大砲를 備置ᄒᆞ야 바다
우헤셔 싸홈ᄒᆞᄂᆞᆫ 쎄에 쓰ᄂᆞ니다

第二十三課 武器라

武器란 것슨 銃과 大砲와 軍刀等이니, 다 戰
時에 用ᄒᆞᄂᆞᆫ 것시라

녯적 싸홈에는 弓矢와 鎗劍等을 用ᄒᆞ엿스
나 至今은 이를 만히 쓰지 아니ᄒᆞᄂᆞ니다

이 그림의 右方에 立ᄒᆞᄂᆞᆫ 것슨 至今 士官이
니 帽를 쓰며 軍服을 着ᄒᆞ며 洋靴를 신으며

第三十四課 軍士라

軍士란것슨나라를직희고또ᄡᅡ홈ᄒᆞᄂᆞᆫ사ᄅᆞᆷ이니陸軍에從事ᄒᆞᄂᆞᆫ者와海軍에從事ᄒᆞᄂᆞᆫ者ㅣ잇ᄂᆞ이다

陸軍이란것슨陸戰ᄒᆞᄂᆞᆫ者를稱홈이니此中에銃을메이ᄂᆞ니도잇고馬를타ᄂᆞ니도잇스며大砲를放ᄒᆞᄂᆞ니도잇고또砲臺를ᄡᅡᄒᆞ며橋梁을놋ᄂᆞ니도잇ᄂᆞ이다

軍刀를ᄎᆞᄂᆞ이다또그左方에示ᄒᆞᄂᆞᆫ거슨昔時將帥의貌樣이니甲胄를着ᄒᆞ며臂甲과膝甲을ᄡᅵ고佩劍ᄒᆞ며弓矢를帶ᄒᆞ얏ᄂᆞ이다

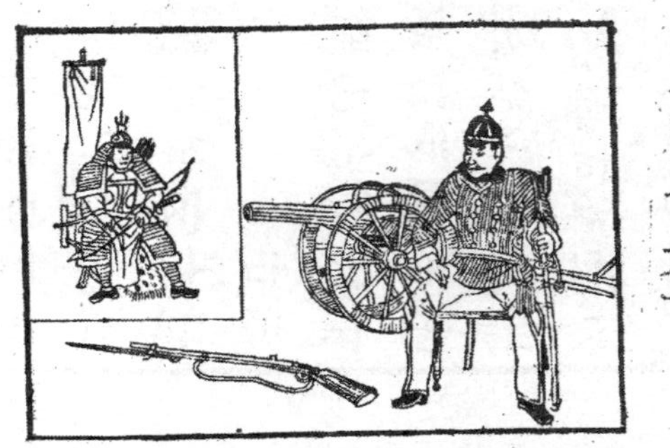

海軍이란것은海戰ᄒᆞᄂᆞᆫ것을稱ᄒᆞᆷ이니. 此에從事ᄒᆞᄂᆞᆫ者ᄂᆞᆫ軍艦의進退ᄅᆞᆯ掌管ᄒᆞᄂᆞ니도잇고大砲ᄅᆞᆯ發放ᄒᆞᄂᆞ니도잇ᄂᆞ이다. 此等軍士ᄂᆞᆫ一朝에國家에戰爭이잇ᄂᆞᆫ셰ᄂᆞᆫ命을不惜ᄒᆞ야敵兵과

ᄡᅡ호며國과君을爲ᄒᆞ야忠誠을盡ᄒᆞᄂᆞᆫ者ㅣ니가장나라ᄅᆞᆯ爲ᄒᆞ야光色이잇ᄂᆞᆫ職務오이다.

新訂尋常小學卷三終

定價十六錢

學部編輯局開刊書籍定價表

書名	定價
萬國地誌	二十四錢
萬國略史上下	四十錢
朝鮮歷代史略漢文三冊	五十錢
朝鮮歷史三冊	四十錢
國民小學讀本	二十錢
朝鮮略史	八錢
朝鮮地誌	二十錢
小學讀本	十錢
牖蒙彙編	八錢
夙惠記略	十四錢
輿載撮要	四十錢
地璆略論	八錢
東輿地圖	八錢
近易筭術上下	八十錢
簡易四則筭術	四十錢
士民必知漢文	三十二錢
西禮須知	十二錢

本局發售諸冊非要利益務圖廣布玆於原定價中又減幾鈔望僉君子諒焉

고등소학독본

(高等小學讀本)

卷1・2

高等小學讀本 卷一

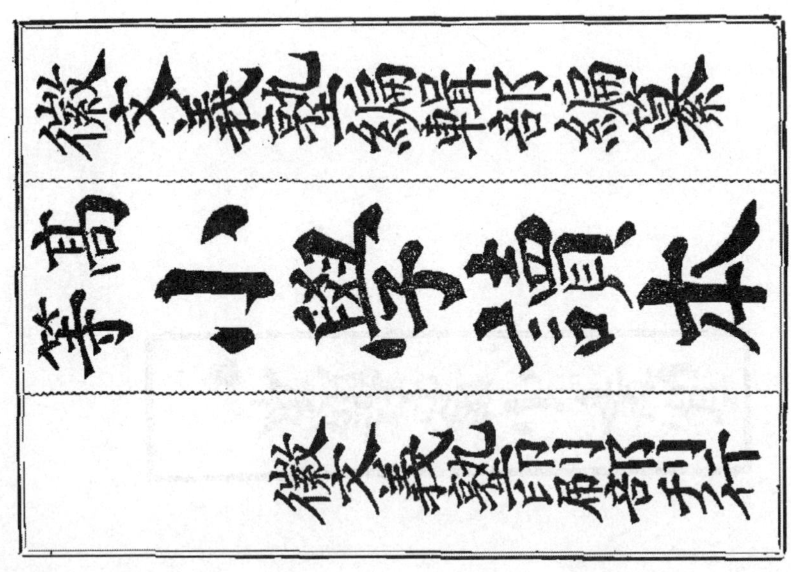

徽文義塾編輯部編纂

高等小學讀本

徽文義塾印刷部刊行

高等小學讀本卷一

第一課 國家

國家는土地와人民으로써成立ᄒᆞᆫ者ㅣ니但土地만有ᄒᆞ고人民이無ᄒᆞ면國家라稱ᄒᆞ기不得ᄒᆞ며人民만有ᄒᆞ고土地가無ᄒᆞ야도亦國家라稱ᄒᆞ기不能ᄒᆞ리니土地와人民이俱有ᄒᆞᆫ然後에國家라始稱ᄒᆞᆯ지라然ᄒᆞ나國家의體는君主國體나共和國體나何에依ᄒᆞ던지其統治主權의下에必政府를設立ᄒᆞ고法律을制定ᄒᆞ야上下秩序가井然不紊ᄒᆞ여야

完全ᄒᆞᆫ國家의地位를占有ᄒᆞᄂᆞ니是故로土地와人民이俱有ᄒᆞᆯ지라도一定ᄒᆞᆫ法律이無ᄒᆞ면是ᄂᆞᆫ水草를逐ᄒᆞ야轉移無常ᄒᆞᄂᆞᆫ一野蠻部落에不過ᄒᆞᆯ지라豈國家의名稱을得ᄒᆞ리오

第二課 人民

吾人이此國土에生ᄒᆞ얏스니人民된權利와義務를勿失ᄒᆞᆯ지라盖人民이國家에對ᄒᆞ야其法律에服從ᄒᆞᆷ은即第一義務나特獨立의精神을腦髓에貫徹ᄒᆞ야各其國家의事業을雙肩에負擔ᄒᆞᆯ지니此負擔으로由ᄒᆞ야納稅의義務와兵役의義務가有ᄒᆞᆯ지라平時에ᄂᆞᆫ勤儉ᄒᆞᆫ生業을營ᄒᆞ던지國家에租稅의納ᄒᆞᆷ을不怠ᄒᆞᆯ지오及國難을遭ᄒᆞᆫ時ᄂᆞᆫ干戈를荷ᄒᆞ고戰地에赴ᄒᆞ야礮彈을冒ᄒᆞ고國耻를雪ᄒᆞ며外侮를禦ᄒᆞᆷ에即國民의當然ᄒᆞᆫ義務ㅣ라臣籍이나吾人의身分에各各貴重ᄒᆞᆫ自由權利를有ᄒᆞᆷ은信敎와言論과著書와集會와結社와財産等이니此ᄂᆞᆫ皆人人마다保維ᄒᆞ야其生存上에自由의幸福을享有ᄒᆞᆷ이即人

民의國有ᄒᆞᆫ公權이라謂ᄒᆞᄂᆞ니라

第三課 大韓

我大韓은亞細亞洲의東部에在ᄒᆞ야四千餘

年前에檀君이國을立ᄒᆞ고王儉城(今平壤)에都ᄒᆞ얏더니後에子孫이衰微ᄒᆞᆷ의殷太師箕子가東來ᄒᆞ사檀氏를代ᄒᆞ야君이됨이八條의敎를設ᄒᆞ고禮義의化를敷ᄒᆞᆷ으로人文이肇開ᄒᆞ니라其後에三韓과三國과高麗를經ᄒᆞ야我

太祖高皇帝ㅣ開國ᄒᆞ심이孔孟의敎를尊崇ᄒᆞ사文化를大闡ᄒᆞ시고聖神이繼承ᄒᆞ사典章을大備ᄒᆞ시니風化의文明ᄒᆞᆷ이東方의第一이라國體ᄂᆞᆫ君主의專制로成立ᄒᆞ나實은

立憲의制度를用ᄒ신故로君主ᄂ主權을總攬ᄒ시고政府에責任을委ᄒ사政治를擧ᄒ시며人民도國家政治에與論의權을許ᄒ더니近代에至ᄒ야ᄂ文弱의弊로由ᄒ야國力이不振홈에至ᄒ니吾人은先王의遺澤을勿忘ᄒ고祖國의精神을奮發ᄒ야學을日修ᄒ고智를益硏ᄒ야써獨立의國權을挽回홈을努力홀지니라

第四課 愛國心

凡我學生이여一家ᄂ個人家族의集合ᄒᆫ所

이오一國은全體家族의集成ᄒᆫ者ㅣ라故로國을愛홈은卽自己家族의父母와兄弟와姊妹를愛홈이오自己의身을愛홈이니人人이各其自愛心으로從ᄒ야其家를愛ᄒ며其國을愛ᄒᄂ心이生ᄒᄂ니此愛國의心이確固히團結ᄒᆫ즉其國이必强홈으로學生이學校에入ᄒ야智識을硏ᄒ며德業을修홈은他日國家에有用의人材를成ᄒ야愛國心을發揚코져홈이라若人民된者ㅣ愛國心이缺ᄒ야怠惰遊逸로써己身을自棄ᄒ면其國이衰弱

ᄒᆞ야他人의侮辱을必受ᄒᆞᆯ지니是等은皆自身을不愛홈으로自國의愛홈을不知홈이라學生은最愛國心을先養ᄒᆞᆯ진저

第五課　愛國心(續)

我大韓의國家ᄂᆞᆫ我二千萬人民의宗國이라我等의祖先으로브터吾身에迄ᄒᆞ도록此土에生ᄒᆞ며此土에長ᄒᆞ며此土에老ᄒᆞ야墳墓도此土에在ᄒᆞ며室家도此土에在ᄒᆞ니此土ᄂᆞᆫ卽四千年傳來ᄒᆞᄂᆞᆫ祖先의鄕國이오此身은卽五百年涵育ᄒᆞᆫ祖宗의恩澤이라列

祖列宗이深恩厚德으로써人民을培養ᄒᆞ심이我等祖先이忠誠을竭ᄒᆞ며筋力을盡ᄒᆞ야國難을捍禦ᄒᆞ며宗社을保護ᄒᆞ야勳業을子孫에게傳ᄒᆞ얏스니子孫된者ㅣ其遺業을一層發揮ᄒᆞ야榮譽로ᄒᆞ야곰先祖에顯케ᄒᆞ고功業으로ᄒᆞ야곰國家에光케ᄒᆞᆯ지오又嘉猷를子孫萬世에貽ᄒᆞ야我로써模範을作케홈이卽吾人의義務ㅣ니凡我學生은宜愛國의心을殫竭ᄒᆞᆯ지니라

第六課　愛國의實

人이自稱曰我가愛國ᄒᆞᄂᆞᆫ者ㅣ라ᄒᆞ면是ᄂᆞᆫ空言으로써愛國ᄒᆞᄂᆞᆫ者ㅣ오實로愛國의誠이有ᄒᆞᆫ者ㅣ아니라蓋愛國의實이有ᄒᆞᆫ者ᄂᆞᆫ我의學問을勉勵ᄒᆞ며我의智識을擴充ᄒᆞ며我의志意를確立ᄒᆞ며我의身體를健康히ᄒᆞ고外國의言語와文字를學ᄒᆞ되必自國의精神을培養ᄒᆞ며自國의文字를貴重히ᄒᆞ고農工商의實業을硏究ᄒᆞ야土地의遺利가無케ᄒᆞ며産物의棄材가少케ᄒᆞᆯ지오其他國民된義務의所擔ᄒᆞᆫ事를一身에自任ᄒᆞ야國産이

日로增殖ᄒᆞ며國權이日로振興ᄒᆞ며國土가日로廣拓ᄒᆞ야國家의榮譽로ᄒᆞ야곰世界에光耀케ᄒᆞᆷ을努ᄒᆞᆯ지라如此ᄒᆞ면國民의天職을不負ᄒᆞᄂᆞᆫ者ㅣ라ᄒᆞ리니嗚呼라我大韓의獨立國權을鞏固ᄒᆞ야列强과幷駕ᄒᆞᆷ이今日諸靑年의身上에擔任ᄒᆞ얏스니勉ᄒᆞᆯ지어다愛國의實을勉ᄒᆞᆯ지어다

第七課　忠義

國에忠義의國民이多ᄒᆞ면其國이强ᄒᆞᄂᆞ니人臣이되야國祿을食ᄒᆞ고職任이有ᄒᆞᆫ者ᄂᆞᆫ

國難을臨ᄒᆞ야身軀를不惜ᄒᆞ며湯火를不避ᄒᆞ고忠을盡ᄒᆞ야死를効ᄒᆞᆷ은固人臣의當然ᄒᆞᆫ分義어니와雖職任이無ᄒᆞᆫ者ㅣ라도其土에生ᄒᆞ야其毛를食ᄒᆞᆯ진ᄃᆡ國家를保守ᄒᆞᄂᆞᆫ國民의責任이吾身에擔有ᄒᆞ얏거ᄂᆞᆯ自國으로ᄒᆞ야곰能히獨立지못ᄒᆞ고他人의羈絆을甘受ᄒᆞ면何顔으로써世界에立ᄒᆞᆯ고天下의辱이此에서加大ᄒᆞᆷ이無ᄒᆞᄂᆞ니是ᄂᆞᆫ不忠不義의民이라謂ᄒᆞᆯ지라然ᄒᆞᆷ으로國民된者ᄂᆞᆫ宜忠義를尙ᄒᆞ야偷生으로爲耻ᄒᆞ고敢死로爲榮ᄒᆞ야愛國의誠을須臾라도毋怠ᄒᆞᆷ이可ᄒᆞ니라

第八課 獨立

泰西人士의有名한言에曰自助를貴히녀인다ᄒᆞ니夫愛群ᄒᆞᄂᆞᆫ者ᄂᆞᆫ能히助人ᄒᆞ고獨立ᄒᆞᄂᆞᆫ者ᄂᆞᆫ能히自助ᄒᆞᆷ을謂ᄒᆞᆷ이라人이世間에生ᄒᆞᆷ이人에게求助ᄒᆞᆷ이無키不能ᄒᆞ나若他人을依賴ᄒᆞᆯ心이成習ᄒᆞ면雖心思와才力이有ᄒᆞᆫ者ㅣ라도能히自用치못ᄒᆞ고用ᄒᆞ야도能히盡用치못ᄒᆞᄂᆞ니此習이久ᄒᆞᆫ則心思

와才力이頑鈍에漸近ᄒᆞ야一、懶怠無用의人을作ᄒᆞᄂᆞ니然ᄒᆞᆷ으로人民의依賴心이長ᄒᆞᆫ則國이萎弱ᄒᆞ야獨立ᄒᆞᆯ思想이乏ᄒᆞᆯ지라從前으로我國의習慣은依賴心이成痼ᄒᆞᆷ으로써國의危弱ᄒᆞᆷ이此에至ᄒᆞ얏스니嗚呼라靑年學生은志氣를奮勵ᄒᆞ야個個히獨立의精神을腦髓에貫徹ᄒᆞ고自助의思想을暫時도勿忘ᄒᆞᆯ지니라

第九課 家族의相愛

一家의父母와兄弟와姉妹ᄂᆞᆫ至極히密切ᄒᆞᆫ

關係가有ᄒᆞᆫ骨肉의親이라同室에相處ᄒᆞ며同堂에共食ᄒᆞ야天然的으로聚合ᄒᆞᆫ倫彝至情이니其慈愛親睦ᄒᆞᆫ心이豈他人에可比ᄒᆞ리오況父子의恩愛ᄂᆞᆫ暇論을不俟ᄒᆞ거니와兄弟姉妹에至ᄒᆞ야ᄂᆞᆫ同氣의親이라宜相愛相扶ᄒᆞ야甘苦를與同ᄒᆞ며勞逸을互分ᄒᆞᆯ지니若家族의間에忿

戾를生ᄒᆞ야不和의情이有ᄒᆞ면外人의侮辱을必招ᄒᆞ야累가一家에及ᄒᆞᆯ지라此豈可耻ᄒᆞᆯ事가아니리오

第十課 智鳥

泰西에一種鳥가有ᄒᆞ니體ᄂᆞᆫ極히瘦小ᄒᆞ나性은甚히靈敏ᄒᆞᆫ지라一日은渴ᄒᆞᆷ을因ᄒᆞ야水를覔ᄒᆞ나得ᄒᆞᆯ處가無ᄒᆞ더니忽見ᄒᆞᆫ즉淸水一鍾이玻璃瓶中에在ᄒᆞᄃᆡ

瓶口ᄂᆞᆫ甚狹ᄒᆞ고鳥嘴ᄂᆞᆫ極短ᄒᆞ야能히得飮치못ᄒᆞᆫ지라此鳥가初에啄ᄒᆞ야撼코져ᄒᆞ나其瓶이穩固ᄒᆞ야無奈ᄒᆞ고且傾ᄒᆞ야注코져ᄒᆞ나無力ᄒᆞ야不能ᄒᆞᆷ으로但瓶前에셔徘徊ᄒᆞ며左思右度ᄒᆞ되可施ᄒᆞᆯ方法이無ᄒᆞ더니忽然히一計를思得ᄒᆞ고沙石을啣ᄒᆞ야瓶中에投ᄒᆞᆷ의水가自然히溢ᄒᆞ야流出ᄒᆞᆷ으로飮ᄒᆞᆷ을得ᄒᆞ얏다ᄒᆞ니此鳥ᄂᆞᆫ智鳥라可謂ᄒᆞᆯ지라人이學을務ᄒᆞᆷ에講究ᄒᆞᆷ을不怠ᄒᆞ면智識의悟得ᄒᆞᆷ이亦此鳥와類ᄒᆞ니라

第十一課 早起早眠

日이出ᄒᆞ면作ᄒᆞ고日이入ᄒᆞ면息ᄒᆞᆷ은人의正當ᄒᆞᆫ職이라今에城市의人은重房煖帳에日高未起ᄒᆞ되農家에ᄂᆞᆫ此時

에已出野ᄒᆞ야歌唱笑樂ᄒᆞ며田畝를畊耘ᄒᆞ고且城市의人은夜深ᄒᆞ도록戲臺酒肆에入ᄒᆞ야精神을疲ᄒᆞ며心情을蕩호ᄃᆡ農家에ᄂᆞᆫ此時에安眠ᄒᆞᆷ이已久ᄒᆞᆫ지라故로城市의人은壽者가少ᄒᆞ고夭者가多ᄒᆞ며鄕野의人은強者가多ᄒᆞ고弱者가少ᄒᆞᆷ은非他라鄕野의人은早眠早起ᄒᆞ야能히日光의清氣를多得ᄒᆞᆫ故ㅣ니盖日光의清氣ᄂᆞᆫ身을養ᄒᆞᄂᆞᆫ最要素의物이니라

第十二課 順師

學生이塾校에在ᄒ야師의指敎를順服ᄒᆷ으로써最要訣을삼ᄂ니宜思惟ᄒ되我의父母가我를敎誨ᄒᆯ餘暇가無ᄒᆷ으로我를塾校에遣ᄒ야師를從케ᄒ얏스니師ᄂ卽父母의職을代ᄒᆫ者ㅣ라父母의命을可違치못ᄒ거던師의命을豈可違ᄒ리오大抵父母ᄂ其子를不愛ᄒᆷ이無ᄒ며師ᄂ其學生을不愛ᄒᆷ이亦無ᄒᆫ故로我ㅣ善이有ᄒ면師ㅣ必喜ᄒ며我ㅣ過ㅣ有ᄒ면師ㅣ亦憂ᄒᄂ니夫善도我의善이오過도亦我의過ㅣ라師에게干係가何有ᄒ리오마ᄂ師의必喜ᄒ며憂ᄒᄂ者ᄂ誠我를愛ᄒᆷ이니學生이能히此로써恒常存心ᄒ면師의命을違ᄒᆷ이無ᄒ리라

第十三課 時間

夫百年의光陰이隙駒와如ᄒ다ᄒᆷ은吾人의恒言ᄒᄂ바ㅣ라然ᄒᆷ으로此一片의時間을虛擲ᄒ면再來ᄒ기不得ᄒᄂ니况靑年의學生은其修業ᄒᆷ에一定ᄒᆫ時間이有ᄒᆫ즉暫時라도時間을失ᄒ면學業에妨害됨이豈淺尠ᄒ리오古人이有言ᄒ되時間의關重ᄒᆷ이金

錢보다尤倍ᄒᆞ다ᄒᆞ니金錢은浪費ᄒᆞ더라도求得ᄒᆯ道ㅣ有ᄒᆞ거니와時間은空費ᄒᆞ면再得키不能ᄒᆯ지니其重要ᄒᆷ이豈金錢에可比ᄒᆞ리오大禹ᄂᆞᆫ聖人이로ᄃᆡ寸陰을惜ᄒᆞ샷스니吾人은當分陰을是競ᄒᆯ지니라

第十四課 勤讀

讀書에懶ᄒᆞᆫ者ᄂᆞᆫ先生의約束을憚ᄒᆞ야塾堂을視호되畏途와如ᄒᆞᄂᆞᆫ故로或學을怠ᄒᆞ며或閒을偷ᄒᆞ야瞞過의事를常圖ᄒᆞ다가及長大成人ᄒᆷ에至ᄒᆞ야ᄂᆞᆫ已往讀過ᄒᆞᆫ書中의文

義만茫然히不知ᄒᆯ뿐아니라甚히一字를無識ᄒᆷ에至ᄒᆞᄂᆞ니此時를當ᄒᆞ야慚悔ᄒᆞᆫ달何益이有ᄒᆞ리오古語에云호되少壯에努力지아니ᄒᆞ면老大에徒悲傷ᄒᆞᆫ다ᄒᆞ얏스니故로讀書의方은時代를勿失ᄒᆷ에在ᄒᆞᆫ지라日月이如流ᄒᆷ을不覺ᄒᆞ고今日明日에推過ᄒᆷ만專事ᄒᆞ다가一朝에家室을有ᄒᆞ야生活의業을營ᄒᆞᄂᆞᆫ境遇에到ᄒᆞ면平生에識字치못ᄒᆷ으로써困難ᄒᆷ을未免ᄒᆯ지니靑年은宜前途를深思ᄒᆞ야勉旃ᄒᆞ고勉旃ᄒᆯ지어다

第十五課 鴉欺羊弱

天下에強ᄒᆞᆫ者ᄂᆞᆫ人이敢侮치못ᄒᆞ고弱ᄒᆞᆫ者ᄂᆞᆫ人의欺侮를受ᄒᆞᄂᆞ니人만豈然ᄒᆞ리오物도亦同ᄒᆞ니昔에鴉가有ᄒᆞ야羊을見ᄒᆞ고愚弄ᄒᆞᆫ디羊曰汝ㅣ가豈我身을將ᄒᆞ야玩弄의物을作ᄒᆞᄂᆞ뇨此ᄂᆞᆫ我의弱ᄒᆞᆷ을欺ᄒᆞᆷ이니假令我ㅣ가雄犬이되

얏스면汝ㅣ가敢히戲치못ᄒᆞ리라ᄒᆞᆫ디鴉曰吾가爾性의柔弱ᄒᆞᆷ을知ᄒᆞᆫ故로能戲ᄒᆞᆷ이라若爾性이剛ᄒᆞ면吾가豈敢如是리오ᄒᆞ니鳴呼라方今競爭ᄒᆞᄂᆞᆫ時代에處ᄒᆞ야自強의力이無ᄒᆞ면羊이鴉에게見侮ᄒᆞᆷ과如치아니ᄒᆞᆫ者ㅣ鮮ᄒᆞ니라

第十六課 世界人種

世界上에人民의種類가各異ᄒᆞ야歐洲에居生ᄒᆞᄂᆞᆫ者ᄂᆞᆫ白色人種이多ᄒᆞ고米洲의土人우原來紅色人種이오斐洲의土人은黑色人

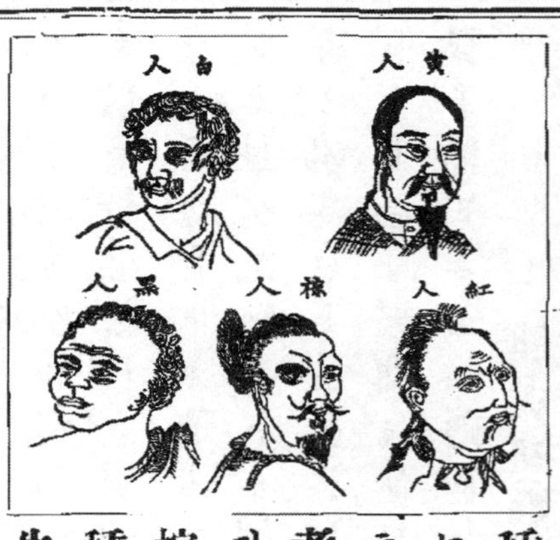

種이오又南洋各島에ᄂᆞᆫ棕色(灰色)人種이散在ᄒᆞ고亞洲에居生ᄒᆞᄂᆞᆫ者ᄂᆞᆫ黃色人種이多ᄒᆞᆷ지라現今紅黑兩種과棕色人種等은未開ᄒᆞᆫ種族인故로土地를見失ᄒᆞ고棲身의地가無ᄒᆞ야流離奔竄ᄒᆞᆷ으로人의奴隸를未免ᄒᆞ니噫라紅黑棕色人種도智識을啓發ᄒᆞ고實力

을養成ᄒᆞ야人民이團合力으로써其國土를保有ᄒᆞ얏스면世界에幷立ᄒᆞ야足히列強을抗衡ᄒᆞ깃거ᄂᆞᆯ冥頑膠守ᄒᆞ야國民의責任을抛棄ᄒᆞᆷ으로種族이皆淪喪의悲境에陷ᄒᆞ얏ᄉᆞ니此를豈鑑戒ᄒᆞᆯ바ㅣ아니리오

第十七課 蒼蠅吐墨

夫學者ᄂᆞᆫ實行에努ᄒᆞ고虛文을不尙ᄒᆞᆯ지어다嘗見ᄒᆞᆫ즉群蠅이窻上에飛集ᄒᆞ얏ᄂᆞᆫ데俄頃에又一蒼蠅이外面으로從來ᄒᆞ다가群蠅의閑話ᄒᆞᆷ을見ᄒᆞ고罵曰汝等이飽食終日에

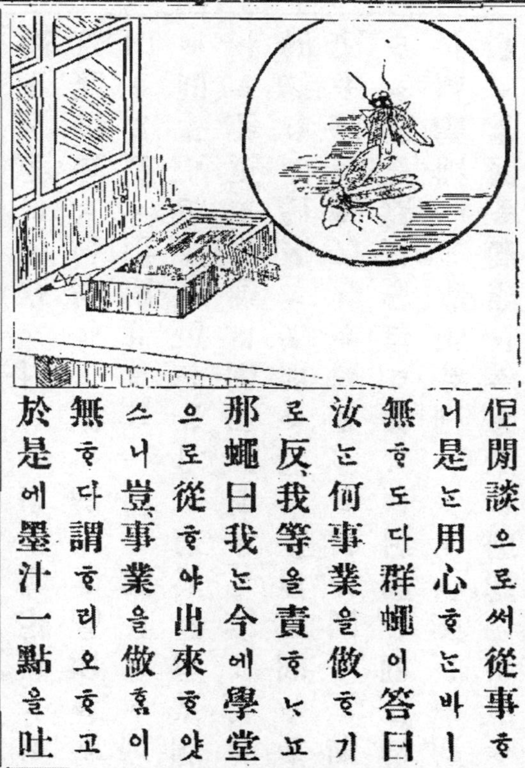

但閒談으로써從事ᄒᆞ니是ᄂᆞᆫ用心ᄒᆞᄂᆞᆫ바ㅣ無ᄒᆞ도다群蠅이答曰汝ᄂᆞᆫ何事業을做ᄒᆞ기로反、我等을責ᄒᆞᄂᆞ뇨那蠅曰我ᄂᆞᆫ今에學堂으로從ᄒᆞ야出來ᄒᆞ얏스니豈、事業을做홈이無ᄒᆞ다謂ᄒᆞ리오ᄒᆞ고於是에墨汁一點을吐出ᄒᆞ야써憑信을삼거ᄂᆞᆯ群蠅이笑曰汝ㅣ가雖、學堂으로從來ᄒᆞ나何를學ᄒᆞᆫ바ㅣ有ᄒᆞ리오吾ᄂᆞᆫ聞ᄒᆞ니古의學者ᄂᆞᆫ躬行ᄒᆞ야心得홈을貴히녁이고嘴上에墨汁을吐홈으로써實學이라謂홈은未聞ᄒᆞ얏노라ᄒᆞᆫ데那蠅이慚을懷ᄒᆞ고去ᄒᆞ더라ᄒᆞ니學業을誠心으로不修ᄒᆞᄂᆞᆫ者ᄂᆞᆫ皆、嘴로써墨汁을吐ᄒᆞᄂᆞᆫ蠅의類라ᄒᆞ노라

第十八課　成器

一、博士가言ᄒᆞ야曰童子ᄂᆞᆫ鐵과如ᄒᆞ니夫、鐵

은初에ᄂᆞᆫ價値가不多ᄒᆞ나鍛鍊을經ᄒᆞᆯᄉᆞ록
價格이漸增ᄒᆞᄂᆞ니假令、平常ᄒᆞᆫ一個鐵條가
約、五圓의價値되ᄂᆞᆫ者로馬掌의鐵을造ᄒᆞᆫ즉
即、二十圓에値ᄒᆞ고又、鍊ᄒᆞ야刀劒의鋒을造
ᄒᆞᆫ즉即、三百五十圓에値ᄒᆞ고又、製ᄒᆞ야縫紉
의針을造ᄒᆞᆫ즉即、三千圓에値ᄒᆞ고更進ᄒᆞ야
時表內의法條를作ᄒᆞᆫ즉可히二萬五千圓에
値ᄒᆞ리니鐵은同一ᄒᆞ되其價値ᄂᆞᆫ鍊ᄒᆞᆷ을由
ᄒᆞ야增高ᄒᆞᄂᆞᆫ故로童子가始에ᄂᆞᆫ戲嬉遊息
ᄒᆞ가다學業을由ᄒᆞ야日로高明에進ᄒᆞ면終

에ᄂᆞᆫ上으로君을致ᄒᆞ고下으로民을澤ᄒᆞ야
名聲을揚ᄒᆞ며父母를顯케ᄒᆞᆯ지니童子ᄂᆞᆫ當、
校塾으로써人을鍊ᄒᆞᄂᆞᆫ洪爐를삼고已ᄂᆞᆫ鍊
치못ᄒᆞᆫ鐵條로認ᄒᆞ야成德成器ᄒᆞ기를勉力
ᄒᆞᆯ지니라

第十九課 擇交

一友人이有ᄒᆞ야野草一把를持來ᄒᆞ얏ᄂᆞᆫᄃᆡ
其馨香의氣가堂室에馥郁ᄒᆞᆫ지라主人이問
曰此草의異香이如此ᄒᆞ니其名은云何며何
地에서生ᄒᆞᆫ者ㅣ뇨客이笑曰此ᄂᆞᆫ本、野外의

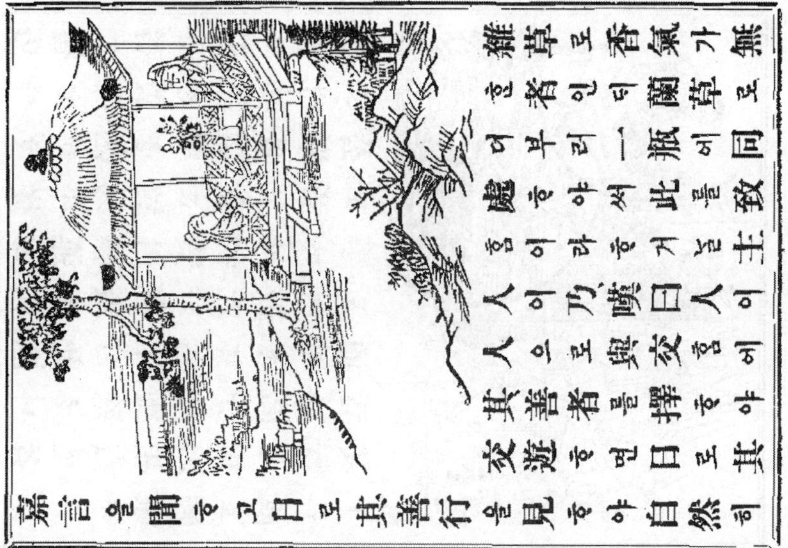

雜草로香氣가無ᄒᆞᆫ者인ᄃᆡ蘭草로더부러一瓶에同處ᄒᆞ야써此를致ᄒᆞᆷ이라ᄒᆞ거ᄂᆞᆯ主人이乃嘆曰人이人으로與交ᄒᆞᆷ에其善者를擇ᄒᆞ야交遊ᄒᆞ면日로其嘉言을聞ᄒᆞ고日로其善行을見ᄒᆞ야自然히

其德性은薰陶ᄒᆞᆯ것이오惡人으로與交ᄒᆞ면其不善에漸染ᄒᆞᆷ이此와亦同ᄒᆞᆯ지니然ᄒᆞᆫ즉交人의道를豈可愼치아니ᄒᆞ리오

第二十課 四民

四民者ᄂᆞᆫ士農工商을謂ᄒᆞᆷ이라盖天下에林林蔥蔥ᄒᆞᆫ人衆의操ᄒᆞᆫ바業이雖千百種이有ᄒᆞ나總히此四者에不離ᄒᆞᆷ으로士된者ᄂᆞᆫ學問으로써道德과智識을修鍊ᄒᆞ야政治를裨補ᄒᆞ며後生을啓導ᄒᆞ고農된者ᄂᆞᆫ土地의耕作에從事ᄒᆞ야其產物로써普通의衣食을供

케ᄒᆞ고工된者ᄂᆞᆫ智巧로써物品을製造ᄒᆞ야公衆의需用을應케ᄒᆞ고商된者ᄂᆞᆫ貿易에從事ᄒᆞ야物貨의輸運으로써彼此의有無를相通케ᄒᆞᄂᆞᆫ者ㅣ니此四者가區分은雖殊ᄒᆞ나其實은相因相資ᄒᆞᄂᆞᆫ者ㅣ라故로國家에一도

缺키不可ᄒᆞᆯ지니라

第二十一課　明理

世人이理에不明ᄒᆞᆫ者ᄂᆞᆫ耳에常聞치못ᄒᆞᆫ바와目에常觀치못ᄒᆞᆫ바ᄂᆞᆫ必鬼恠의所致로認ᄒᆞ야斷然不信ᄒᆞᄂᆞ니雷ᄂᆞᆫ電이聲을發ᄒᆞᆷ이어ᄂᆞᆯ不知ᄒᆞᄂᆞᆫ者ᄂᆞᆫ써雷師의擊鼓ᄒᆞᆷ이라謂ᄒᆞ며日蝕은月影이日을蔽ᄒᆞᆷ이어ᄂᆞᆯ不知ᄒᆞᄂᆞᆫ者ᄂᆞᆫ써天狗가呑噬ᄒᆞᆷ이라謂ᄒᆞᄂᆞ니試問컨ᄃᆡ今日에火車와輪船은人力을不用ᄒᆞ고行駛ᄒᆞᆷ이如飛ᄒᆞᄂᆞ니亦一奇物이라然ᄒᆞᆫ즉此

도亦、鬼怪의作ᄒᆞᆫ바ㅣ라謂ᄒᆞ리로다凡、人이顯明을捨ᄒᆞ고鬼怪를信ᄒᆞ면漸漸幽暗에入ᄒᆞ야卽、心膽이惻ᄒᆞ고志氣가梏ᄒᆞ야天下事를能爲치못ᄒᆞᆯ지니讀書ᄒᆞᄂᆞᆫ者ᄂᆞᆫ格物의工夫를必、注意ᄒᆞᆯ지니라

第二十二課 暗室

古者에一名師가有ᄒᆞ야其門下에二個學生이有ᄒᆞ더니一夜ᄂᆞᆫ師가銀錢二枚로써二生을分與ᄒᆞ고謂曰我ㅣ가今에爾等을與ᄒᆞᄂᆞᆫ銀이價値ᄂᆞᆫ無多ᄒᆞ나爾等은此銀을分持ᄒᆞ

고速히市中에往ᄒᆞ야爾等의意를隨ᄒᆞ야何物이던지購來ᄒᆞ야써此書室을充케ᄒᆞ라ᄒᆞ니二生이應諾ᄒᆞ고出ᄒᆞ야未幾에一生은其銀을盡給ᄒᆞ고稻草를購得ᄒᆞ야其師에게返告曰如許ᄒᆞ면此室을可充ᄒᆞᆫ다ᄒᆞ거ᄂᆞᆯ師曰室은可充ᄒᆞᆯ지나其、黑暗이更甚ᄒᆞᆷ에奈何오又、一生은其銀의三分一를給ᄒᆞ고燭을購來ᄒᆞ야室中에燃

ᄒᆞ고其師에게告曰我ㅣ가此室을充케ᄒᆞ얏다ᄒᆞᆫ디師曰善ᄒᆞ다爾가光으로써此室을充케ᄒᆞᆷ은即聰明의一端이라ᄒᆞ얏스니此에可히智愚의別을見ᄒᆞᆯ지니라

第二十三課 戒誑

昔에一牧童이有ᄒᆞ야品性이輕佻ᄒᆞᆷ으로誑言을最喜ᄒᆞ더니一日은猝然히狼이至ᄒᆞᆫ다呼ᄒᆞᆫ디諸牧童이呼聲을聞ᄒᆞ고咸來相助ᄒᆞ려ᄒᆞ거ᄂᆞᆯ彼가足을翹ᄒᆞ고立ᄒᆞ야掌을拍ᄒᆞ며笑曰爾輩ᄂᆞᆫ易欺로다ᄒᆞ니諸牧童이其誑

言에見欺ᄒᆞᆷ을知ᄒᆞ고一哄皆散ᄒᆞ얏더니未幾에狼이果來ᄒᆞᆷ을見ᄒᆞ고又如前히呼ᄒᆞᆫ디諸牧童이其誑言인가意ᄒᆞ야一個도不至ᄒᆞᆷ의於是에狼이羊을攫去ᄒᆞ얏다ᄒᆞ니蓋誑言을不戒ᄒᆞ야習慣을

作ᄒᆞ면自然히累가身에及ᄒᆞᆯ지라故로人을
對ᄒᆞ야宜信言ᄒᆞ기를注意ᄒᆞᆯ지어다

第二十四課 小鼠老蛙

一小鼠가有ᄒᆞ야一日에大河의旁에休息ᄒᆞ다가河를欲渡ᄒᆞ더니一狡猾의老蛙가鼠에게語ᄒᆞ야曰我ㅣ가爾를負ᄒᆞ고河를渡ᄒᆞ면何如오ᄒᆞ거ᄂᆞᆯ鼠가欣然히從ᄒᆞᆫᄃᆡ蛙가一條堅靭ᄒᆞᆫ線으로其腰間에繫ᄒᆞ고線의一端으로써鼠의前足을繫ᄒᆞ고背에負ᄒᆞ야河水에躍入ᄒᆞ더니河心에至ᄒᆞ야ᄂᆞᆫ蛙가忽然首를鑽ᄒᆞ고水中에入ᄒᆞ니背上의鼠도水底에跌入ᄒᆞᄂᆞᆫ지라乃大呼曰蛙友야爾가我를溺死코져ᄒᆞᄂᆞ냐蛙ㅣ答曰我ㅣ가爾를誤ᄒᆞᆷ이아니라爾의愚로써爾身을自害ᄒᆞᆷ이니爾ᄂᆞᆫ我ㅣ가眞心으로爾를欲渡ᄒᆞᄂᆞᆫ줄信ᄒᆞ얏ᄂᆞ냐ᄒᆞ거ᄂᆞᆯ鼠ᄂᆞᆫ哀告ᄒᆞ야도無益ᄒᆞᆯ줄自知ᄒᆞ고以爲호ᄃᆡ寧閉口聽死ᄒᆞ리라ᄒᆞ더니適空中으로一鶴이飛來ᄒᆞ다가小鼠

가水面에浮沈홈을見ᄒᆞ고遂飛下ᄒᆞ야鼠를喙中에啄ᄒᆞ고其巢에携至ᄒᆞ니蛙도鼠足에懸ᄒᆞ야同往ᄒᆞᆫ지라鶴이蛙에게問曰誰가汝를此에領到ᄒᆞ얏ᄂᆞ냐蛙가乃戰慄而對曰我의騙術이我를累홈이라我ㅣ가小鼠를溺死케ᄒᆞ다가反自貽伊戚이로다ᄒᆞᆫᄃᆡ鶴이笑曰我ㅣ가爾의狡惡ᄒᆞᆫ謀를報ᄒᆞ리라ᄒᆞ고乃其喙를大張ᄒᆞ고蛙를呑下ᄒᆞ얏다ᄒᆞ니此ᄂᆞᆫ害人코져ᄒᆞ다가自害ᄒᆞᄂᆞᆫ者의戒홀바ㅣ니라

第二十五課　及時

夫學의功은日用의外에不出ᄒᆞ니檢身ᄒᆞᆫ즉言을謹ᄒᆞ고行을愼ᄒᆞ며居家ᄒᆞᆫ즉親을事ᄒᆞ고長을敬ᄒᆞ며讀書ᄒᆞᆫ즉理를窮ᄒᆞ고義를講ᄒᆞ야至近至易홈에도宜用力ᄒᆞᆯ지오至切至急홈에도當用力ᄒᆞᆯ지라一日의力을用ᄒᆞ면卽一日의效가有ᄒᆞ고一月의力을用ᄒᆞ면卽一月의效가有ᄒᆞᄂᆞ니今日에毫髮도用力치아니ᄒᆞ고少年의光陰을蹉跎ᄒᆞ면他日에聖賢을得ᄒᆞ야師ᄒᆞ더라도其有益홈을未見ᄒᆞᆯ지니工夫에志ᄒᆞᄂᆞᆫ者ᄂᆞᆫ此時를勿失ᄒᆞᆯ지어

다

第二十六課 救蟻施仁

天地의間에雖、微物이라도亦、一生命이라救濟홈은可커니와戕害홈은不可ᄒᆞ니昔、支那宋朝에宋祈라ᄒᆞᄂᆞᆫ名相이有ᄒᆞ야兒時에堂階下에在ᄒᆞ얏다가蟻穴이驟雨의暴注홈을被ᄒᆞ야將次漂流됨을見ᄒᆞ고心에甚憐ᄒᆞ야於是에竹으로橋를編作ᄒᆞ야階下에放ᄒᆞ고蟻를引渡ᄒᆞ니群蟻가水患을得免ᄒᆞᆫ지라蓋、物를救ᄒᆞᄂᆞᆫ心은人을救ᄒᆞᄂᆞᆫ心과同一ᄒᆞᆫ慈善이되ᄂᆞᆫ故로宋祈의後日名相을作홈은兒時로브터已卜ᄒᆞ니라

第二十七課 爭先

夫ᄂᆞᆫ婦를爲ᄒᆞ야生을謀ᄒᆞ고婦ᄂᆞᆫ夫를爲ᄒᆞ야家를治ᄒᆞ니此ᄂᆞᆫ夫婦가相資홈이오工은農을爲ᄒᆞ야犂를造ᄒᆞ고農은工을爲ᄒᆞ야穀

을生ᄒᆞ나此ᄂᆞᆫ農工이相資ᄒᆞᆷ이라彼遊惰를喜ᄒᆞ야恒産이無ᄒᆞ고人을依仰ᄒᆞ야써生活을計ᄒᆞᄂᆞᆫ者ᄂᆞᆫ譬컨ᄃᆡ動物中에寄生蟲과如ᄒᆞ니名曰社會의蠹라國中에此等人이多ᄒᆞ면社會가必衰ᄒᆞᄂᆞᆫ故로國民된者ᄂᆞᆫ爭先에盡力ᄒᆞ야社會에有益ᄒᆞᆫ人이됨을要ᄒᆞᆯ지니蓋、公益에關ᄒᆞᆫ義擧에對ᄒᆞ야ᄂᆞᆫ踴躍爭先ᄒᆞ야私計를不顧ᄒᆞ고衆人을爲ᄒᆞ야竭誠ᄒᆞᄂᆞᆫ者ᄂᆞᆫ可히써社會의表準이되ᄂᆞ니如此ᄒᆞᆫ人은自家一身에勞苦ᄂᆞᆫ不顧ᄒᆞᆯ지라도衆人에均沾ᄒᆞᄂᆞᆫ利益은夥多ᄒᆞᆯ지라吾黨青年은相資의道로써爭先의勇을養ᄒᆞ야社會의標準이되기를自期ᄒᆞᆷ이可ᄒᆞ도다

第二十八課　節飮食

凡、飮食이란者ᄂᆞᆫ人生의第一、要素라不食ᄒᆞᆫ즉死ᄒᆞ나多食ᄒᆞᆫ즉病ᄒᆞᄂᆞᆫ故로淸茶와淡飯은足히身體를養ᄒᆞ고濃香과厚味ᄂᆞᆫ反히衛生에有碍ᄒᆞᄂᆞ니或、一時口腹의慾을縱ᄒᆞ면終身의憂를必貽ᄒᆞᆯ지라豈可、不愼ᄒᆞ리오大槩、飮食의人을看ᄒᆞ건ᄃᆡ不愼ᄒᆞᄂᆞᆫ人은其、健

康을害ᄒᆞ야天札이常多ᄒᆞᆷ이即其明證이라人은宜嗜慾을撙節ᄒᆞ야飮食을愼ᄒᆞ면是ᄂᆞᆫ衛生의道ㅣ니라

第二十九課 熊被蜂針

暮春初에風光은明媚ᄒᆞ고淑氣ᄂᆞᆫ融和ᄒᆞ며草木은暢茂ᄒᆞ고花卉ᄂᆞᆫ爭姸ᄒᆞ니此美景良辰을際ᄒᆞ야禽獸도亦行樂ᄒᆞᄂᆞᆫ지라時에一熊이有ᄒᆞ야郊外에遨遊ᄒᆞ다가蜂針의刺를被ᄒᆞ야一時痛楚ᄒᆞᆷ을不堪ᄒᆞᆷ으로報讐ᄒᆞ기를思ᄒᆞ야其巢壘를傾覆ᄒᆞᆫ디衆蜂이擁出ᄒᆞ

야熊을圍螫ᄒᆞ니萬狀의痛苦ᄒᆞᆷ이極甚ᄒᆞᆫ지라熊이深悔ᄒᆞ야曰一針의恨을雪코져ᄒᆞ다가反衆針의害를受ᄒᆞ얏다ᄒᆞ니論語에曰小를不忍ᄒᆞ면大謀를亂ᄒᆞᆫ다ᄒᆞᆷ이此熊을指ᄒᆞᆷ이로다

第三十課 孔子

孔子ᄂᆞᆫ東洋의大聖人이라名은丘오字ᄂᆞᆫ仲尼니距今(今은大韓光武十年丙午)二千四百五十七年前周靈王二十一年庚戌(我朝鮮檀紀一千七百七十三年 春秋魯襄公二十二年)에魯昌平鄕에셔誕生ᄒᆞ샷스니父ᄂᆞᆫ叔梁紇이오母ᄂᆞᆫ顏氏라身長이九尺六寸이오腰帶가十圍라兒時嬉戲에俎豆를陳ᄒᆞ야禮容을習ᄒᆞ더니及長ᄒᆞᆷ이聖德이日著ᄒᆞ신지라魯에仕ᄒᆞ샤官이司寇에至ᄒᆞ샷더니後에去魯ᄒᆞ시고齊、宋、衛、陳、蔡에遊ᄒᆞ시다

가道가不行ᄒᆞᆷ을知ᄒᆞ시고返魯ᄒᆞ샤詩書를刪ᄒᆞ시고禮樂을正ᄒᆞ시며周易을贊ᄒᆞ시고春秋를修ᄒᆞ샤素王의道를行ᄒᆞ시고羣聖의大成을集ᄒᆞ시니實로萬世儒教의宗祖시라年이七十三에卒ᄒᆞ심이魯城北泗水上에葬ᄒᆞ니라其弟子三千人에六藝를能通ᄒᆞᆫ者ㅣ七十餘人이니孔子의言行을記ᄒᆞ야論語를撰ᄒᆞ니라自後로支那와我國은皆孔子를世師ᄒᆞ야儒教를最尊信ᄒᆞᄂᆞ니라

第三十一課 孟子

孟子ᄂᆞᆫ孔子의孫子思의門人이니名은軻오字ᄂᆞᆫ子輿라孔子歿後一百八年周烈王四年己酉(距今二千二百四十八年前)에鄒에서誕生ᄒᆞ시니幼時에母仉氏의三遷의教를被ᄒᆞ시고及長ᄒᆞ야ᄂᆞᆫ子思의門에受業ᄒᆞ야道가既成ᄒᆞ심이齊梁에遊ᄒᆞ샤王道를陳ᄒᆞ시되能히用치못ᄒᆞᄂᆞᆫ지라乃退ᄒᆞ샤弟子公孫丑、萬章의徒로더부러孟子七篇을著ᄒᆞ샤孔子의道統

을傳ᄒᆞ시니後世儒教의宗祖를孔孟이라必稱ᄒᆞᄂᆞ니라

第三十二課　本國

我身과我의父母祖宗의所居ᄒᆞᄂᆞᆫ地를曰本國이오本國의人을曰國民이라ᄒᆞᄂᆞ니隆盛ᄒᆞᆫ家에ᄂᆞᆫ他人이敢히其子弟를侮치못ᄒᆞ고隆盛ᄒᆞᆫ國에ᄂᆞᆫ外人이敢히其國民을侮치못ᄒᆞᄂᆞᆫ故로國이強ᄒᆞ면國民의榮이오國이弱ᄒᆞ면國民의耻ㅣ라吾輩ᄂᆞᆫ雖、年少ᄒᆞ나皆、本國의國民이니國民된義務ᄂᆞᆫ其國으로ᄒᆞ야

곰強케ᄒᆞᆷ에在ᄒᆞᆯ지라若國民이能히自強치못ᄒᆞ면其國이亦自強치못ᄒᆞᄂᆞᆫ故로民이其國을爲ᄒᆞ야強코져ᄒᆞᆯ진ᄃᆡ其身의自強ᄒᆞᆷ을必先ᄒᆞᆯ지니自強의道ᄂᆞᆫ無他라身을健히ᄒᆞᆫ즉體가強ᄒᆞ고行을敦ᄒᆞᆫ즉德이強ᄒᆞ고學을力ᄒᆞᆫ즉智가強ᄒᆞ야人人이皆自強ᄒᆞ면自國으로ᄒᆞ야곰地球下에莫強의國이될지니此豈國家의光榮이아니리오

第三十三課 自立

人은能히自立에서加貴ᄒᆞᆷ이無ᄒᆞ고依賴에

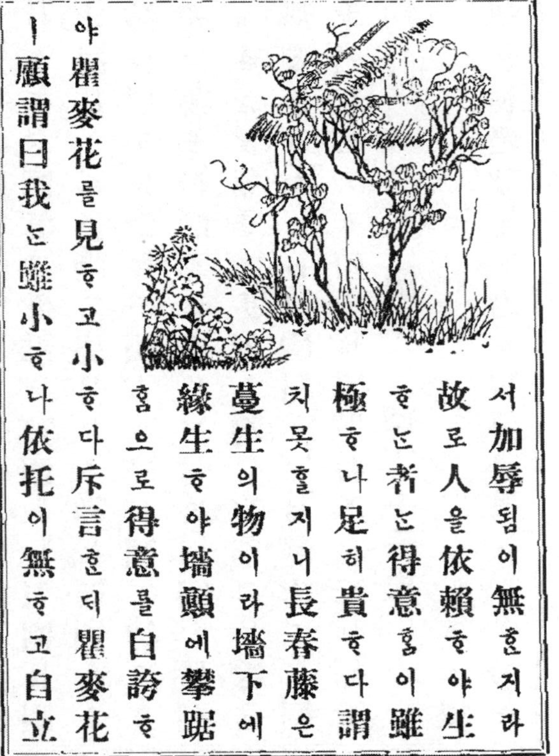

서加辱됨이無ᄒᆞᆫ지라故로人을依賴ᄒᆞ야生ᄒᆞᄂᆞᆫ者ᄂᆞᆫ得意ᄒᆞᆷ이雖極ᄒᆞ나足히貴ᄒᆞ다謂치못ᄒᆞᆯ지니長春藤은蔓生의物이라墻下에緣生ᄒᆞ야墻顚에攀踞ᄒᆞᆷ으로得意ᄅᆞᆯ自誇ᄒᆞ야瞿麥花ᄅᆞᆯ見ᄒᆞ고小ᄒᆞ다斥言ᄒᆞᆫᄃᆡ瞿麥花ㅣ顧謂曰我ᄂᆞᆫ雖小ᄒᆞ나依托이無ᄒᆞ고自立

ᄒᆞᆫ者이오子ᄂᆞᆫ雖高ᄒᆞ나若不幸히墻이崩ᄒᆞ면地에伏ᄒᆞᆷ을不免ᄒᆞ리라ᄒᆞ얏스니噫라世에能히自立치못ᄒᆞᄂᆞᆫ者ᄂᆞᆫ可히知警ᄒᆞᆯ지어다國도亦然ᄒᆞ니自立의力이無ᄒᆞ야外人을賴ᄒᆞᆫ즉終乃其主權을能히自保치못ᄒᆞ며土地ᄅᆞᆯ能히自守치못ᄒᆞᆯ지니嗚呼라靑年이여自立의精神을養ᄒᆞᆯ진저

第三十四課　學徒의正直

大凡學校의規例ᄂᆞᆫ受業時에在ᄒᆞ야肅靜ᄒᆞᆷ을要ᄒᆞ고喧譁ᄒᆞᆷ은不得ᄒᆞᄂᆞ니否ᄒᆞ면罰이

有ᄒᆞᆯ지라一日은敎師가算을敎ᄒᆞᆯ새諸生이皆靜坐傾聽ᄒᆞᄂᆞᆫᄃᆡ獨一邊에서小聲이出ᄒᆞ거ᄂᆞᆯ敎師가聞ᄒᆞ고學徒ᄅᆞᆯ招ᄒᆞ야罰코져ᄒᆞ니其學徒가告曰我ㅣ校에入ᄒᆞᆫ後로每事에訓導ᄅᆞᆯ服膺ᄒᆞᆷ은師의知ᄒᆞ신바ㅣ라今에小聲이有ᄒᆞᆷ은實로我의所爲가아니라ᄒᆞᆫᄃᆡ一學徒가又彼의受罰ᄒᆞᆷ을見ᄒᆞ고直起ᄒᆞ야言曰此事ᄂᆞᆫ實로我의所犯이오니請컨ᄃᆡ我ᄅᆞᆯ罰ᄒᆞᆷ이可ᄒᆞ다ᄒᆞᆫᄃᆡ敎師ㅣ於是에其正直ᄒᆞᆷ을稱賞ᄒᆞ야罰을免ᄒᆞ고先에喚出ᄒᆞᆫ學徒ᄅᆞᆯ

命ᄒᆞ야其原位에復케ᄒᆞ니同學ᄒᆞᄂᆞᆫ諸生도其正直ᄒᆞᆷ을感服ᄒᆞ더라

第三十五課 束木譬喩

天下의事가大小를勿論ᄒᆞ고合ᄒᆞᆫ즉強ᄒᆞ며分ᄒᆞᆫ즉弱ᄒᆞᆷ은理勢의明瞭ᄒᆞᆷ이라古에一翁이臥病在床ᄒᆞ더니一日은衆子를呼ᄒᆞ야分付曰吾가今에一物이有ᄒᆞ야汝等에게與ᄒᆞᄂᆞ라ᄒᆞ고木條一束을擲ᄒᆞ며其衆子로ᄒᆞ야곰折ᄒᆞ라ᄒᆞᆫ대衆子ㅣ應諾ᄒᆞ고各其力을盡ᄒᆞ야折코져ᄒᆞ되能折치못ᄒᆞ거ᄂᆞᆯ翁曰汝等

은條를個個히抽出ᄒᆞ야次第로一個式分ᄒᆞ야折ᄒᆞ라ᄒᆞ니於是에手를隨ᄒᆞ야立斷ᄒᆞᄂᆞᆫ지라翁曰汝等은此를鑑戒ᄒᆞᆯ지어다今에兄弟가或分離ᄒᆞ면人의欺侮를必受ᄒᆞᄂᆞ니奚獨一家만然ᄒᆞ리오一國도亦然ᄒᆞ야人民이各自離散ᄒᆞ면他人의侵犯을禦키難ᄒᆞ고衆

力을合ᄒᆞ야團體를結ᄒᆞ면天下에無敵홈이
此束木의難折ᄒᆞᆫ과如ᄒᆞ다ᄒᆞ니라

第三十六課 變化氣質

凡、各種動物이或其、水土와地氣와飮食等事
를不變ᄒᆞ면幾何年의久를經ᄒᆞᆯ지라도能히
其本性을不易ᄒᆞᄂᆞ니狼은本、野獸라天性이
凶殘ᄒᆞ야何國의産을勿論ᄒᆞ고皆狀貌와性
情이不同ᄒᆞᆫ者ㅣ鮮ᄒᆞ며犬은家에畜ᄒᆞ고野
에遊ᄒᆞ나其飮食과使用을殊異케홈으로形
體와性質이變ᄒᆞ야或、少홈이鼠와如ᄒᆞ며或

兇홈이狼과如ᄒᆞ며或、馴홈이猫와如ᄒᆞᄂᆞ니
此ᄂᆞᆫ配合改變法을因ᄒᆞ야種類의殊別이有
홈이라人도能히其習慣을改革ᄒᆞ야從善自
新ᄒᆞ면愚를變ᄒᆞ야智를成ᄒᆞ며不肖를變ᄒᆞ
야賢을作ᄒᆞᆯ지니可히勉치아니ᄒᆞ리오

第三十七課 蟻知水路

大凡高山峻嶺에井泉을開코져ᄒᆞ면其水源
을先探ᄒᆞᆫ後에可掘ᄒᆞᆯ것이어ᄂᆞᆯ或、茫然히不
知홈을由ᄒᆞ야隨意亂掘ᄒᆞ다가徒勞無功홈
에至ᄒᆞᄂᆞ니昔에齊桓公이孤竹國을伐ᄒᆞᆯ서

軍中에水가乏홈으로山을鑿ᄒᆞ야水를得코져ᄒᆞ나井泉을不得ᄒᆞ더니其臣隰朋이獻策ᄒᆞ야曰蟻穴을向ᄒᆞ야掘ᄒᆞ면可히淸泉을得홀지오且蟻穴을尋홈도定向이有ᄒᆞ니夫蟻ᄂᆞᆫ冬에ᄂᆞᆫ暖을取ᄒᆞ야山陽에居ᄒᆞ고夏에ᄂᆞᆫ凉을取ᄒᆞ야山陰에居ᄒᆞᆫ다ᄒᆞ거ᄂᆞᆯ桓公이其言을依ᄒᆞ야尋掘ᄒᆞ니果然水를得ᄒᆞᆫ지라此에可히古人의格致의學을見홀지니라

第三十八課 玩弄有悟

大凡兒童이玩弄을喜ᄒᆞ야動作을不已홈으

로常時에人의憎惡를被ᄒᆞ나或其玩弄을因ᄒᆞ야利器를做出ᄒᆞ면後人이其利의無窮홈을得享ᄒᆞᄂᆞᆫ者ㅣ有ᄒᆞ니昔和蘭國에一眼鏡店主의子가其父의出外홈을乘ᄒᆞ야其玻璃片으로玩具를作ᄒᆞ야外物를窺視ᄒᆞ다가又玻璃片을取ᄒᆞ야加疊ᄒᆞ야視物ᄒᆞ니遠ᄒᆞᆫ者ㅣ忽然히近ᄒᆞᆫ지라後에其父에게告知ᄒᆞᆫ딕父가試ᄒᆞ니果然ᄒᆞ거ᄂᆞᆯ因ᄒᆞ야此法으로써遠視ᄒᆞᄂᆞᆫ鏡을作ᄒᆞ얏더니後에義

大利의 格物士 夏里留가 其法을 取ᄒᆞ야 望遠鏡을 造ᄒᆞ야 天象을 窺ᄒᆞᆷ으로 至今ᄭᆞ지 利器가 되니 願컨ᄃᆡ 兒童이 塾에 在ᄒᆞᆯ 時에ᄂᆞᆫ 用心修業ᄒᆞ고 其餘暇에ᄂᆞᆫ 何物은 玩弄ᄒᆞ던지 反覆硏究ᄒᆞ면 或 此와 如히 新奇ᄒᆞᆫ 物理를 同悟ᄒᆞ리로다

第三十九課 馬의 敎訓

昔에 一童子가 有ᄒᆞ야 年이 十歲에 未滿ᄒᆞᆫ지라 一日은 馬를 牽ᄒᆞ고 野에 出遊ᄒᆞ더니 暴雨가 忽至ᄒᆞ야 川水가 漲溢ᄒᆞ니 能히 渡歸치 못ᄒᆞᆯ지라 時에 日은 已暮ᄒᆞ고 雨ᄂᆞᆫ 不止ᄒᆞ야 童子가 仰天哭泣ᄒᆞ니 馬가 童子를 助ᄒᆞ야 彼岸에 渡ᄒᆞ나 適 昏黑ᄒᆞ야 程道를 不辨ᄒᆞᄂᆞᆫ데 馬가 及 前導ᄒᆞ야 童子를 引ᄒᆞ니 童子가 馬의 先導ᄒᆞᆷ을 遵ᄒᆞ야 其轡을 執ᄒᆞ고 其後로 徐行ᄒᆞ야 家中에 安到ᄒᆞ얏다ᄒᆞ니 蓋 惻隱의 心은 物도 猶然ᄒᆞ거든 況 最靈ᄒᆞᆫ 人으로써 此心이 無ᄒᆞᆫ 者ㅣ야 豈 馬에게 有愧ᄒᆞᆷ이 無ᄒᆞ리오

第四十課 戒貪

古人이 有言曰 欲ᄒᆞᄂᆞᆫ바를 不見ᄒᆞ면 心이 不

亂ᄒᆞ다ᄒᆞ고又曰利ᄂᆞᆫ智識을昏케ᄒᆞᆫ다ᄒᆞ니是ᄂᆞᆫ貪의一念이能히身을害ᄒᆞᄂᆞᆫ所以라今에鼠로써譬컨ᄃᆡ鼠의性이狡猾ᄒᆞ야穴로出ᄒᆞ야機檻이有ᄒᆞᆷ을見ᄒᆞ고心中에暗度호ᄃᆡ此ᄂᆞᆫ機檻이라彼靈慧ᄒᆞᆫ人이此를設ᄒᆞ고餌를置ᄒᆞ야써我를圖코져ᄒᆞᆷ인즉我ㅣ가若其餌를貪ᄒᆞ야其機에觸ᄒᆞ면彼計에中ᄒᆞ리니我ㅣ가其謀를瞰破ᄒᆞ야見欺ᄒᆞᆷ에不至ᄒᆞ리라然ᄒᆞ나彼餌가馨香ᄒᆞ니捨去ᄒᆞᆷ은可惜ᄒᆞᆫ즉今에我ㅣ가齒로써不嚼ᄒᆞ나但鼻로써嗅ᄒᆞ리라ᄒᆞ고往ᄒᆞ야嗅ᄒᆞ더니機가忽發ᄒᆞ야身이遂殞ᄒᆞ얏스니嗚呼라人이榮利를貪ᄒᆞ야生命을不顧ᄒᆞᄂᆞᆫ者와或倖免을希望ᄒᆞᄂᆞᆫ者ᄂᆞᆫ其身을保ᄒᆞ기難ᄒᆞᄂᆞ니此를豈不戒ᄒᆞ리오

第四十一課　謀逸反勞

昔時에一富翁이有ᄒᆞ니一日은家犬을失ᄒᆞᆫ지라家人으로ᄒᆞ야곰其轎夫를召來ᄒᆞ야命曰速히犬을覓來ᄒᆞ라ᄒᆞᆫᄃᆡ轎夫ᄂᆞᆫ元來愚懶ᄒᆞᆫ習性이라答曰我等은但擡轎ᄒᆞᆷ이職分이

오覓犬ᄒᆞᆷ은分內의事가아니라ᄒᆞ거ᄂᆞᆯ富翁曰爾言이有理ᄒᆞ니我ㅣ가自往尋犬ᄒᆞ리라ᄒᆞ고卽時轎夫를命ᄒᆞ야轎를乘ᄒᆞ고山巓水涯와高原平地에遍行尋覓ᄒᆞ니轎夫ㅣ力竭ᄒᆞ야富翁에게告ᄒᆞ야曰請컨ᄃᆡ暫爲息肩케ᄒᆞ소서足이疲ᄒᆞ야行ᄒᆞ기不能ᄒᆞ니若主翁

이更又遠處에往ᄒᆞ야尋犬코져ᄒᆞ면我等이替往ᄒᆞᆯ지오主翁은勿勞ᄒᆞ소서ᄒᆞᆫᄃᆡ富翁이笑曰然ᄒᆞ즉爾等이往尋ᄒᆞ라ᄒᆞ고遂步歸ᄒᆞ니轎夫等이樹下에셔休憩ᄒᆞ며相顧追悔ᄒᆞ야曰今日에大懲ᄒᆞᆫ지라安逸을謀ᄒᆞ다가反疲勞를加ᄒᆞ얏다ᄒᆞ니俗語에云ᄒᆞ기를弄巧ᄒᆞ다가反成拙이라ᄒᆞᆷ이轎夫를謂ᄒᆞᆷ이로다

第四十二課　勿觀望政府

我國의習慣은依賴心이固結ᄒᆞᆷ으로政府의意見을隨ᄒᆞ야써轉移의方向을作ᄒᆞᄂᆞᆫ지라

是以로衆에稍異ᄒᆞᆷ이有ᄒᆞᆷ을見ᄒᆞ면必誚ᄒᆞ야曰安分치못ᄒᆞᄂᆞᆫ人이라ᄒᆞ니是ᄂᆞᆫ人의改良을禁ᄒᆞ며人의進取를沮ᄒᆞᄂᆞᆫ獘習이라所謂安分이라ᄒᆞᆷ은實懶怠로由ᄒᆞ야自暴自棄의習慣을成ᄒᆞᆷ이니國民된者ㅣ官職은雖無ᄒᆞ나一般國家의責任을負擔ᄒᆞ얏스니豈政府만觀望ᄒᆞ고自家의義務를不修ᄒᆞ리오然ᄒᆞᆫ즉目今의計ᄂᆞᆫ安人人이各其國民의責任을自勵ᄒᆞ야堅忍不拔의精神으로奮發自立ᄒᆞᆷ을努ᄒᆞᆯ지오舊日依賴的習慣과懶怠的性

質은亟亟改除ᄒᆞᆷ이可ᄒᆞᆯ진저

第四十三課　培養士氣

本朝　世宗大王이嘗有疾이어시ᄂᆞᆯ內人等이巫言을惑ᄒᆞ야成均館前에祈禱를設ᄒᆞ더니館學儒生等이巫女輩를驅逐ᄒᆞᄂᆞᆫ지라中使가大怒ᄒᆞ야其由를啓ᄒᆞ니　上이疾을扶ᄒᆞ시고起坐ᄒᆞ샤曰予ㅣ能히士를養치못ᄒᆞᆯ가常患ᄒᆞ얏더니今에士氣가如此ᄒᆞ니予ᄂᆞᆫ何憂가有ᄒᆞ리오此言을聞ᄒᆞᆷ이予의疾이即愈라ᄒᆞ시니라其後에又

成宗大王이嘗有疾이어시ᄂᆞᆯ 大妃ㅣ使女巫로泮宮의碧松亭에往ᄒᆞ야祈禱를設ᄒᆞ더니舘學生李穆이諸生을倡率ᄒᆞ야女巫를杖逐ᄒᆞᆫᄃᆡ巫가大妃ᄭᅴ訴ᄒᆞᆷ이 大妃ㅣ大怒ᄒᆞ샤 大王ᄭᅴ告ᄒᆞ시니 上이大司成을召ᄒᆞ샤酒를特賜ᄒᆞ시고曰爾가能히諸生을導率ᄒᆞ야士習을歸正케ᄒᆞ니予ㅣ가嘉奬ᄒᆞᆷ을不勝ᄒᆞ노라ᄒᆞ시니라

第四十四課 小鼠

一小鼠가其母鼠와富翁의大厦中에서同居

ᄒᆞᄂᆞᆫᄃᆡ美食이甚多ᄒᆞᆷ으로心滿意足ᄒᆞ나一猫가有ᄒᆞ야時時로小鼠를驚嚇ᄒᆞᆷ으로美食을不得ᄒᆞ고洞中에遁藏ᄒᆞ얏더니一日은小鼠가喜形於色ᄒᆞ고母에게奔告ᄒᆞ야曰今日은幸矣라膳夫가或我等이猫에게被傷ᄒᆞᆯ가恐ᄒᆞ야一小室을爲築ᄒᆞ얏ᄂᆞᆫᄃᆡ下에ᄂᆞᆫ木板을舖ᄒᆞ고上面及四圍ᄂᆞᆫ皆鐵絲로ᄡᅥ欄을ᄒᆞ고其中에香美適口ᄒᆞᆫ牛乳餠을儲ᄒᆞ얏스니猫가能히侵入치못ᄒᆞᆯ지라我ㅣ가今에特來告ᄒᆞ노

니母子ㅣ偕往ᄒᆞ야同居ᄒᆞ쟈ᄒᆞᆫᄃᆡ其母ㅣ荅曰我子야汝ㅣ가我에게先告ᄒᆞᆷ이汝의幸福이라汝ㅣ가若、徑入ᄒᆞ얏던들永히再出치못ᄒᆞᆯ번ᄒᆞ도다其室은卽、小鼠를捕ᄒᆞᄂᆞᆫ鐵籠이라ᄒᆞ니凡人이處事ᄒᆞᆷ에疑訝未明ᄒᆞᆫ事를遇ᄒᆞ거던宜、先히審問ᄒᆞᆫ後에行ᄒᆞᆷ이可ᄒᆞᆯ진져

第四十五課 禁吸烟

泰西各學堂에吸烟을皆禁ᄒᆞ되特、水師學堂과武備學堂에ᄂᆞᆫ尤極痛禁ᄒᆞᄂᆞᆫ지라美洲數邦에ᄂᆞᆫ法律을設ᄒᆞ고烟草를將ᄒᆞ야孩童에게賣與ᄒᆞᆷ을不准ᄒᆞ고發資國에셔ᄂᆞᆫ法律를設ᄒᆞ되孩童이街上에셔吸烟ᄒᆞᄂᆞᆫ者를警官이捕捉ᄒᆞ야其罪의擬定을倫竊로相等케ᄒᆞ고現今、日本國에도西國의禁烟ᄒᆞᄂᆞᆫ法을做照ᄒᆞ야年이弱冠이못된者ᄂᆞᆫ吸烟ᄒᆞᆷ을不得ᄒᆞ되其父兄이知情不告ᄒᆞᆫ者ᄂᆞᆫ金一圓을徵罰ᄒᆞ고烟과烟具를未冠ᄒᆞᆫ者에게放賣ᄒᆞᄂᆞᆫ者ᄂᆞᆫ金十圓을徵罰ᄒᆞ니大、孩童의吸烟ᄒᆞᆷ이腦髓를枯渴케ᄒᆞ야精神을耗損케ᄒᆞᆫ故로嚴禁ᄒᆞᆷ이可ᄒᆞ니學生은十分戒愼ᄒᆞᆯ지니라

高等小學讀本 七十六

高等小學讀本卷一 終

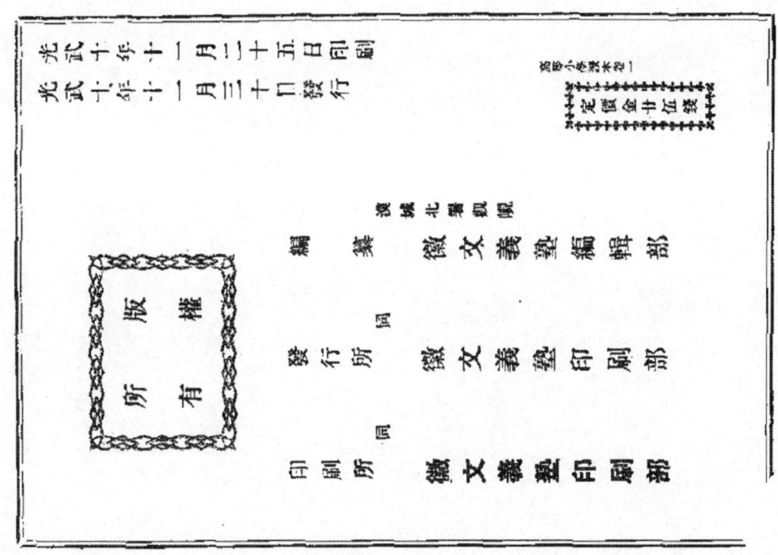

光武十一年十一月二十五日印刷
光武十一年十一月三十日發行

高等小學讀本卷一
定價金廿五錢

版權所有

編纂 漢城北署觀峴 徽文義塾編輯部

發行所 同 徽文義塾印刷部

印刷所 同 徽文義塾印刷部

高等小學讀本 卷二

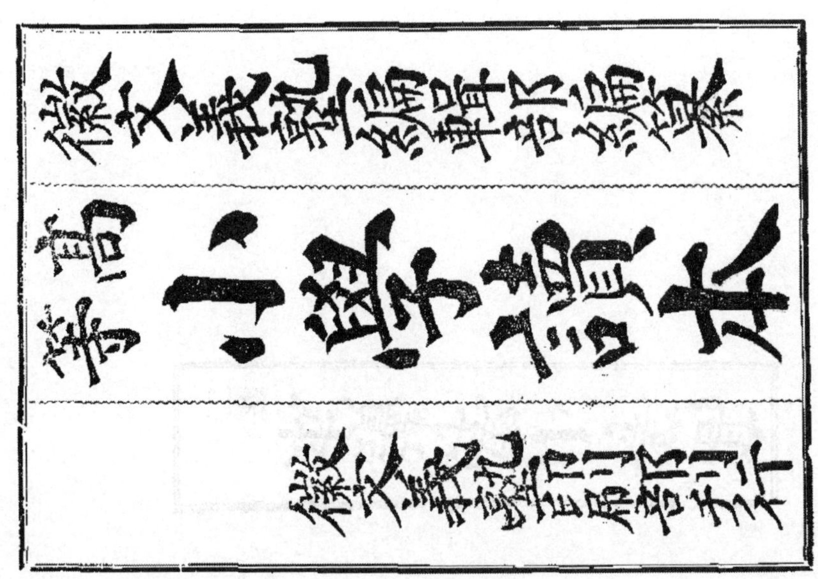

徽文義塾編輯部編纂

高等小學讀本

徽文義塾印刷部發行

高等小學讀本卷二

目次

高等小學讀本卷二

第一課 教育

國民의文明을論ᄒᆞᄂᆞᆫ者ᄂᆞᆫ通國의人民을據ᄒᆞ야言홈이오一二人을擧ᄒᆞ야論홈은아니라蓋普及教育이無ᄒᆞ야國民이賢不肖의等級이多ᄒᆞᆫ者ᄂᆞᆫ團結의力을不得ᄒᆞ며公同의益을不知ᄒᆞ야億萬民이有ᄒᆞ야도各億萬의心이有ᄒᆞᄂᆞ니如此ᄒᆞᆫ國은土地의廣홈과物產의豐홈과人民의衆홈과器械의精홈이有ᄒᆞ나其國家의基礎가沙를聚ᄒᆞ이堤를築홈

과如히完全ᄒᆞᆷ을不得ᄒᆞᆯ지라此優勝劣敗ᄒᆞ
ᄂᆞᆫ時代를當ᄒᆞ야自存自立의道를不講ᄒᆞ면
豈國家의保有ᄒᆞᆷ을能得ᄒᆞ리오若他國이有
ᄒᆞ야無端히兵艦을驅ᄒᆞ야我의同胞를虐ᄒᆞ
며我의城池를奪ᄒᆞ면他處에向ᄒᆞ야伸訴코
저ᄒᆞ나不得ᄒᆞᆯ지며且公法和約이雖有ᄒᆞ나
能히施行치못ᄒᆞ리니彼泰西各國은經營이
屢年ᄒᆞ야如狂如醉히兵船과火器를日新ᄒᆞ
며學術의研究를益精ᄒᆞ야紛紛히教育의熱
心ᄒᆞᆷ은皆普通教育의根本을立코저ᄒᆞᆷ이니

라.

第二課　博愛

凡社會中人은皆平等이라區別이元無ᄒᆞ나
或才識이特出ᄒᆞᆫ者도有ᄒᆞ며或冥頑沒覺ᄒᆞᆫ
者도有ᄒᆞ며家資가巨萬에至ᄒᆞᆫ者도有ᄒᆞ며
貧ᄒᆞ야擔石이無ᄒᆞᆫ者도有ᄒᆞᆫ지라其智愚貧
富의不齊ᄒᆞᆷ으로써上中下社會의別이有ᄒᆞ
니此ᄂᆞᆫ地球上各國이能免치못ᄒᆞᆷ이라然ᄒᆞ
나文明의國은其人民이博愛의道를講究ᄒᆞ
야衣食과日用의費를節ᄒᆞ야大小學堂과圖

書館과博物館과花園等을多設ᄒᆞ야愚昧ᄒᆞ며貧苦ᄒᆞᆫ人으로ᄒᆞ야곰智者의賜를受ᄒᆞ며生存의樂을享ᄒᆞ야써其進取의念을發ᄒᆞ며其憂慼의心을絕ᄒᆞ야平等에漸歸케ᄒᆞ고未開의國은其人民이遊惰에慣ᄒᆞ야謀生에拙ᄒᆞ고恒產이無ᄒᆞ야妄想이生ᄒᆞᄂᆞᆫ故로小ᄒᆞᆫ즉奸을作ᄒᆞ고大ᄒᆞᆫ즉亂을造ᄒᆞᄂᆞ니人民이如此ᄒᆞ면社會의振興이無望ᄒᆞᆫ지라今에節儉을尙ᄒᆞ며勤勞를勉ᄒᆞ야博愛의道를行ᄒᆞ되公益에關ᄒᆞᆷ이有ᄒᆞ면有力ᄒᆞᆫ者ᄂᆞᆫ量力資助ᄒᆞ고無力ᄒᆞᆫ者ᄂᆞᆫ勸化懇頑ᄒᆞ야博愛의主義를必取ᄒᆞᆯ지니라

第三課 原兵

競爭은生物의理라微物의蜂蟻도相鬪ᄒᆞᆷ이有ᄒᆞ거던況人類리오文明이愈進ᄒᆞᆯ수록競爭이尤多ᄒᆞᄂᆞ니古今史策을觀ᄒᆞ건ᄃᆡ數十年間에戰爭의無ᄒᆞᆷ이未有ᄒᆞ야優勝劣敗의蹟을昭然可考ᄒᆞᆯ지라是以로世界列邦이各其兵을養ᄒᆞ며武를習ᄒᆞ야써防禦를務ᄒᆞ며戰鬪를備ᄒᆞ야今日에和平으로結約ᄒᆞ얏다

가明日에干戈로써相尋홈에至ᄒᆞ니此時代를當ᄒᆞ야文에恬ᄒᆞ고武에嬉ᄒᆞ야競爭의心이無ᄒᆞᆫ者ᄂᆞᆫ其疆土의權利를保ᄒᆞ며人民의享福을圖코져ᄒᆞ나豈得ᄒᆞ리오然ᄒᆞ나兵은徵兵의道에莫善ᄒᆞ니라

第四課 徵兵

蓋、徵兵은國家를自己의身家와同視ᄒᆞ야一朝에事ㅣ有ᄒᆞ면農者ᄂᆞᆫ其耰鋤를棄ᄒᆞ며工者ᄂᆞᆫ其斧鋸를捨ᄒᆞ야父母를別ᄒᆞ며兄弟를離ᄒᆞ고矢石銃劒의間에立ᄒᆞᄂᆞ니其身을不

愛ᄒᆞᄂᆞᆫ者ㅣ孰有ᄒᆞ리오마ᄂᆞᆫ特、宗廟丘壠의所在ᄒᆞᆫ者ㅣ卽、國이오田宅財産의所托ᄒᆞᆫ者ㅣ卽、國이라豈、我一身을惜ᄒᆞ야祖國을不保ᄒᆞ리오故로戰陣에一臨ᄒᆞ면進홈은有ᄒᆞ고退홈은無ᄒᆞ야必勝乃已ᄒᆞ되彼、募兵은雇僕과無異ᄒᆞ야家務를整理홈이終是、主人만不如ᄒᆞ니此ᄂᆞᆫ徵募의別이有ᄒᆞᆫ故ㅣ라凡、我靑年은今日學生이他日貔貅로視홈도必有ᄒᆞ리니願컨ᄃᆡ讀書ᄒᆞᆫ暇에兵事를講究ᄒᆞ야써不虞를備ᄒᆞᆯ지어다

第五課　戀家戀鄕非愛國

家與鄕은社會의最、切近ᄒᆞᆫ者ㅣ라故로國을愛ᄒᆞᄂᆞᆫ者ᄂᆞᆫ其家與鄕을愛ᄒᆞᆷ으로始ᄒᆞᄂᆞ니蓋、父母兄弟의團聚와鄕里故舊의追隨ᄒᆞᆷ이此豈、人世의至樂이아니리오然ᄒᆞᆫ즉愛ᄒᆞᆷ은可ᄒᆞ거니와戀ᄒᆞᆷ은不可ᄒᆞ니라世에家鄕을戀ᄒᆞᄂᆞᆫ者ᄂᆞᆫ心計가米鹽의不出ᄒᆞ며足跡이鄕里에僅入ᄒᆞ야家에離ᄒᆞᆷ이百里만되면別淚ㅣ盈襟ᄒᆞ고門에出ᄒᆞᆷ이兼旬이되면歸心이如箭ᄒᆞ니若是ᄒᆞᆫ者ᄂᆞᆫ其志趣가必卑ᄒᆞ며

聞見이必陋ᄒᆞᆯ지라國에何補ᄒᆞᆷ이有ᄒᆞ리오大抵、萬家의邑에長老ᄂᆞᆫ經商遠出ᄒᆞ고子弟ᄂᆞᆫ遊學四方ᄒᆞ면邑中에開明의士와殷實의戶가必多ᄒᆞ리니此ᄂᆞᆫ遠遊의效라嗚呼라男子가國家에有志ᄒᆞᆫ者ᄂᆞᆫ或、氷荒炎熱의地라도可히周遊ᄒᆞ야一藝一技를能學ᄒᆞ야써功業을建ᄒᆞ며名譽를樹ᄒᆞᆷ을思ᄒᆞᆯ지니人이豈可、牖下에老死ᄒᆞ야世에無聞ᄒᆞᆫ穀蟲을甘作ᄒᆞ리오

第六課　紅黑種

西人이有言曰天下에足히英雄의淚를下케ᄒᆞ며壯士의氣를短케ᄒᆞᆯ者ᄂᆞᆫ窮이是라ᄒᆞ니夫鰥寡孤獨四者의民이爲大ᄒᆞ나然ᄒᆞ나彼ᄂᆞᆫ能히其故國에居ᄒᆞ며故里에在ᄒᆞ야猶其行動을自由ᄒᆞ며文字를自學ᄒᆞ며言語를自伸ᄒᆞ며且慷慨悲歌를自唱自和호ᄃᆡ但國이無ᄒᆞᆫ人은或不毛의沙漠과未闢의島嶼로移散ᄒᆞ야肢體를束縛ᄒᆞ며口舌을結緘ᄒᆞ야驅駕鞭策을牛馬와同히ᄒᆞ야人類에不齒ᄒᆞᄂᆞ니此ᄂᆞᆫ天地에至窮ᄒᆞᆫ物이라鰥寡孤獨에比

ᄒᆞᆷ을豈得ᄒᆞ리오嗚呼라亞米利加洲의紅人種과亞非利加洲의黑人種을鑑ᄒᆞ라我靑年은國土의保全ᄒᆞᆷ을吾身의保全ᄒᆞᆷ과同一히思惟ᄒᆞ야我ㅣ가自强ᄒᆞᆷ을奮勵ᄒᆞᆯ지어다

第七課 自顧

昔에二人이同行ᄒᆞ야一樹林에過ᄒᆞᆯᄉᆡ互相議定호ᄃᆡ或中途에難을遇ᄒᆞ거던彼此ㅣ相助ᄒᆞ리라ᄒᆞ더니行ᄒᆞ기를數步가못되야一熊이林中으로從ᄒᆞ야奔出ᄒᆞ거ᄂᆞᆯ其一人은身體가輕捷ᄒᆞ야樹에升ᄒᆞ야避ᄒᆞ고其一人

은驚惻ᄒᆞ야地에仆ᄒᆞ야息을閉ᄒᆞ고死人과如히靜臥ᄒᆞ니熊이至ᄒᆞ야嗅ᄒᆞ고以爲已死라ᄒᆞ야捨去ᄒᆞᄂᆞᆫ지라熊이已去ᄒᆞᆷ이升樹ᄒᆞ얏던者ㅣ友前에趁至ᄒᆞ야問曰我ㅣ가見ᄒᆞᆫ즉熊이爾耳에附ᄒᆞ야密語ᄒᆞ고去ᄒᆞ니何語를聞ᄒᆞ얏ᄂᆞ뇨友曰彼가

他語ᄂᆞᆫ無ᄒᆞ고但曰汝ᄂᆞᆫ愚人이로다不然이면膽小ᄒᆞᆫ人에게靠托ᄒᆞᆷ이必無ᄒᆞ리라ᄒᆞ얏다ᄒᆞ니彼膽小ᄒᆞᆫ者ᄂᆞᆫ險難을一遇ᄒᆞ면友를棄ᄒᆞ고約을背ᄒᆞᄂᆞᆫ故로此에可히自私自便의人은足히友誼를與言치못ᄒᆞᆷ을見ᄒᆞᆯ지니라

第八課 局見

蛙ᄂᆞᆫ井底에셔生長ᄒᆞᆫ物이라此外에ᄂᆞᆫ何等海洋이有ᄒᆞᆷ을不知ᄒᆞ더니一海龜ㅣ偶過ᄒᆞ다가其井中에趺入ᄒᆞ거ᄂᆞᆯ蛙ㅣ迎問曰君이

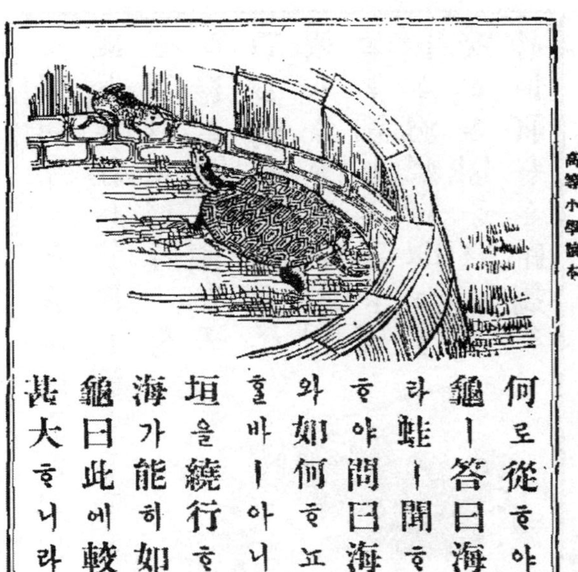

何로從ᄒᆞ야此에至ᄒᆞ뇨龜ㅣ答曰海로從來ᄒᆞ노라蛙ㅣ聞ᄒᆞ고井圍를指ᄒᆞ야問曰海의大小가此와如何ᄒᆞ뇨龜曰此에較ᄒᆞᆯ바ㅣ아니이라蛙ㅣ井垣을繞行ᄒᆞ다가又問曰海가能히如此히大ᄒᆞ뇨龜曰此에較ᄒᆞ면萬倍나甚大ᄒᆞ니라蛙曰然ᄒᆞᆫ즉

海의大ᄒᆞᆷ이何如ᄒᆞ뇨龜曰君이井에在ᄒᆞ야井外에ᄂᆞᆫ如何ᄒᆞᆫ大洋이有ᄒᆞᆷ을不知ᄒᆞ니此ᄂᆞᆫ所見이不廣ᄒᆞᆷ이라若海水를論ᄒᆞᆯ진ᄃᆡ君이十年을游行ᄒᆞ야도能히其半를窺치못ᄒᆞ리라ᄒᆞᆫᄃᆡ蛙曰天下에如此ᄒᆞᆫ水가豈有ᄒᆞ리오君의出身ᄒᆞᆫ바를自誇ᄒᆞᆷ이라ᄒᆞ얏다ᄒᆞ니凡人이見聞에局ᄒᆞ야其思想이能히遠大에致치못ᄒᆞᄂᆞᆫ者ᄂᆞᆫ此、井蛙의類라ᄒᆞᆯ지니라

第九課 孟母의敎子

古에賢母가能히子를敎ᄒᆞ야써大賢을成ᄒᆞᆫ

者ᄂᆞᆫ惟孟母仉氏가最著ᄒᆞᆫ지라孟母ㅣ孟子로ᄒᆞ야곰遊學케ᄒᆞ고家中에서紡織으로써從事ᄒᆞ더니孟子ㅣ偶然히倦ᄒᆞ

사業을不終ᄒᆞ시고家에返ᄒᆞ시거ᄂᆞᆯ孟母ㅣ刀를引ᄒᆞ야其機를自斷ᄒᆞ니孟子ㅣ懼ᄒᆞ사跪問ᄒᆞ신ᄃᆡ孟母曰子의學ᄒᆞᆷ이吾의織ᄒᆞᆷ과

猶ᄒᆞ야絲를積ᄒᆞ야寸尺을成ᄒᆞ고寸尺을不已ᄒᆞ면丈疋을成ᄒᆞᄂᆞ니今에兒ㅣ聖賢을學ᄒᆞ다가倦厭이生ᄒᆞ야歸ᄒᆞ니此ᄂᆞᆫ吾의布를織ᄒᆞ다가未成ᄒᆞ고其機를自斷ᄒᆞᆷ과如ᄒᆞ다ᄒᆞᆫᄃᆡ孟子ㅣ感悟ᄒᆞ사夙往ᄒᆞ야業을成ᄒᆞ샤스니今에學生의父母도皆孟母의心이豈無ᄒᆞ리오宜各自孟子의心으로自勉ᄒᆞᆯ지어다

第十課 榜樣

一猴ㅣ有ᄒᆞ야小孩의入塾ᄒᆞᆷ을見ᄒᆞ고美物의可得ᄒᆞᆷ이必有ᄒᆞᆯ가意ᄒᆞ야塾에隨入ᄒᆞ야

衆孩로同坐ᄒᆞ얏더니孩가書를展ᄒᆞ거ᄂᆞᆯ猴도亦、書를展ᄒᆞ니衆孩가見ᄒᆞ고笑ᄒᆞ거ᄂᆞᆯ猴도亦、笑ᄒᆞ며一孩가有ᄒᆞ야物로써猴에게擲ᄒᆞ거ᄂᆞᆯ猴도亦、還擲ᄒᆞ며

又、一孩가有ᄒᆞ야猴尾의毛를拔ᄒᆞ거ᄂᆞᆯ猴도亦、起ᄒᆞ야孩의髮을拔ᄒᆞ니孩가大聲으로求救ᄒᆞᆯ새塾師ㅣ適至ᄒᆞ야此猴를捉ᄒᆞ니衆孩가呼曰擧ᄒᆞ라ᄒᆞᆫ뒤師曰不可ᄒᆞ다彼의所爲ᄂᆞᆫ皆、汝等의所爲ㅣ라汝等이今에好ᄒᆞᆫ模範으로써示ᄒᆞ얏스면彼도必、效ᄒᆞ리라ᄒᆞ고釋去ᄒᆞ얏다ᄒᆞ니此로써觀ᄒᆞ면汝에셔小ᄒᆞᆫ學生이汝의模樣이或、謹愼치못ᄒᆞᆷ을見ᄒᆞᆫ즉其所爲를必、效ᄒᆞᆷ이此猴와無異ᄒᆞᆫ故로汝等은塾에在ᄒᆞ야可히閑談을毋ᄒᆞ며分爭을勿ᄒᆞ야塾中이雍肅ᄒᆞ야學問을增進ᄒᆞᆷ을是務ᄒᆞᆯ지니라

第十一課 運動及遊戲

凡、人이身體가不健ᄒᆞᆫ즉心志가必、不堅ᄒᆞ고心志가不堅ᄒᆞᆫ즉能、事業을樹立치못ᄒᆞᆷ으로體操라ᄒᆞᄂᆞᆫ것은青年學生으로ᄒᆞ야곰身體를健强히ᄒᆞ며志氣를堅固히ᄒᆞ야他日事業을營爲케ᄒᆞᆷ이니學生의最、必要ᄒᆞᆷ이나然ᄒᆞ나體操ᄂᆞᆫ但、身體를健强히ᄒᆞᆷ에止ᄒᆞᆯᄲᅮᆫ이오必、運動과遊戲를兼行치아니ᄒᆞ면精神을活潑케ᄒᆞ며意志를流動케ᄒᆞᆷ에遺憾이不無ᄒᆞᆫ故로遊戲와運動은體育의不可缺ᄒᆞᆯ者ㅣ라謂ᄒᆞᄂᆞ니現今、世界列邦에學徒를教育ᄒᆞᄂᆞᆫ者ㅣ體育을智育、德育과比重ᄒᆞᆷ은此의故ㅣ라然ᄒᆞ나遊戲와運動은必、時間이有ᄒᆞ니食後나及枵腹될時나或、腦力을過用ᄒᆞᆯ時에ᄂᆞᆫ劇熱ᄒᆞᆫ運動을行ᄒᆞᆷ이不可ᄒᆞ니蓋、身體의疲困ᄒᆞᆷ을因ᄒᆞ야新力이驟生치못ᄒᆞ면血管을破裂ᄒᆞ며筋骨을損斷ᄒᆞᄂᆞᆫ事ㅣ不尠ᄒᆞ니學生은宜、此를注意ᄒᆞ야徐徐히血脈을流通케ᄒᆞᆫ後에劇熱ᄒᆞᆫ遊戲를行ᄒᆞᆯ지니라

第十二課 自重

凡、衆人의集合ᄒᆞᆫ所이던지國家의治安이던지法令條規가必有ᄒᆞᆷ은諸生의所知ᄒᆞᄂᆞᆫ바ㅣ라假如、學堂으로論之ᄒᆞᆯ지라도課時나或寢時에談笑를不得ᄒᆞᆷ이即、必有ᄒᆞᆫ條規라課時에談笑ᄒᆞᆫ즉敎學에妨害됨이不尠ᄒᆞ고寢時에喧譁ᄒᆞᆫ즉同室에傍人이其害를皆、被ᄒᆞᆯ지니條規를謹守ᄒᆞᆷ이亦、吾人의自重ᄒᆞᄂᆞᆫ道라嘗、聞ᄒᆞᆫ즉日本의或人이道上에서遺溺ᄒᆞ거ᄂᆞᆯ警察吏가見ᄒᆞ고責曰汝ㅣ가禁令을不知ᄒᆞᄂᆞ냐其人曰我ᄂᆞᆫ君이不見ᄒᆞᆫ다ᄒᆞ야遺ᄒᆞ얏노라吏曰是가何言고我ㅣ가雖、不見ᄒᆞ더라도子ᄂᆞᆫ獨、自重치아니ᄒᆞᄂᆞ냐且、禁令이란者ᄂᆞᆫ衆人을爲ᄒᆞ야設ᄒᆞᆷ이오警吏를爲ᄒᆞ야設ᄒᆞᆷ이아니라若、人人이皆、爾와如ᄒᆞᆫ즉道路가臭穢ᄒᆞ야行ᄒᆞᄂᆞᆫ者ㅣ苦히녁일지니子에게ᄂᆞᆫ獨、何利가有ᄒᆞᆫ가其人이乃、媿謝ᄒᆞ얏다ᄒᆞ니學生은尤宜、此를注意ᄒᆞ야一層戒愼ᄒᆞᆷ이可ᄒᆞᆯ지로다

第十三課　釋地層

土地ᄂᆞᆫ一時에大塊로凝結ᄒᆞᆫ者ㅣ아니오世

代의變遷을隨ᄒᆞ야漸次結成ᄒᆞᆫ者인故로地殼의各層이有ᄒᆞᆷ을地層이라謂ᄒᆞᄂᆞ니其各層마다動植의遺跡이在ᄒᆞᆫ지라地層의最深ᄒᆞᆫ者ᄂᆞᆫ卽最初地層이니何許動植物의遺跡이無ᄒᆞ고有ᄒᆞᆫ

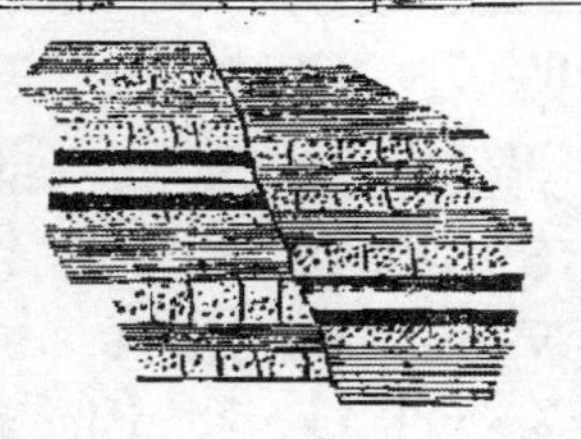

바礦石은皆花崗石、深紅石의類니此ᄂᆞᆫ熱을經ᄒᆞ야鎔化ᄒᆞ야漸次凝結ᄒᆞᆫ者오其上은卽第一地層이오又其上은卽第二地層이니其礦石은片剝石(片石紋이成ᄒᆞᆫ者)靑石、砂石、石灰石等이

니其動植物의遺跡은皆今世에所見이아니라植物의形體가甚簡ᄒᆞ고動物의形은海魚와似ᄒᆞ며又蜥蜴과如ᄒᆞᆫ者도有ᄒᆞ고又其上은第三地層이니其礦石은砂와埴과石炭石、石膏石、礦鹽、鐵礦等이오動植物의遺跡은略今世物과相類ᄒᆞ고最上層은卽第四地層이니礦石은砂와泥와溫石과砂礫等이오其動植物의遺跡은皆今世와彷彿ᄒᆞ며人類의屍骨도亦有ᄒᆞ니라

第十四課 教學의効果

夫動物이라ᄒᆞᄂᆞᆫ것은知覺이有ᄒᆞᆷ으로能痛癢과寒暖을知ᄒᆞ며能運動ᄒᆞ야陸上에飛走ᄒᆞ며水中에游泳ᄒᆞ며且天才가有ᄒᆞ야巧思로써居住를營ᄒᆞ며食物을取ᄒᆞᄂᆞᆫ者ㅣ多ᄒᆞ니如燕雀의巢를構ᄒᆞᆷ과蜂蠆의房을造ᄒᆞᆷ과螻蟻의穴과蜘蛛의網이是라惟人의才能은必敎學을由ᄒᆞ야成ᄒᆞ거ᄂᆞᆯ彼禽蟲은天然ᄒᆞᆫ才能이有ᄒᆞ야敎學을不須ᄒᆞ야도能ᄒᆞ나然ᄒᆞ나禽蟲은其才思의能ᄒᆞᆷ이自古至今으로皆一同ᄒᆞᆫ式ᄲᅮᆫ이오前進ᄒᆞᆷ을未聞ᄒᆞ얏스나

人은敎學으로由ᄒᆞ야舊法을變ᄒᆞ야新智를翔ᄒᆞ며昔習을改ᄒᆞ야新想을發ᄒᆞᆷ으로써世代를隨ᄒᆞ야前進ᄒᆞᆷ이有ᄒᆞ니是ᄂᆞᆫ敎學의効果라靑年은宜此를思ᄒᆞ야敎에服ᄒᆞ며學에勤ᄒᆞ야益益新智의發展ᄒᆞᆷ을努力ᄒᆞᆯ지니라

第十五課 水

水ᄂᆞᆫ明透ᄒᆞᆫ流質이라一勺의水ᄂᆞᆫ生色이無ᄒᆞ나滙ᄒᆞ야大水가되면靑綠色을作ᄒᆞᄂᆞ니水가高山으로브터下ᄒᆞ야或懸瀑이되며大者ᄂᆞᆫ江河가되야浸潤灌漑ᄒᆞ야海에達ᄒᆞ니

地面이나地中의水泉이貫注ᄒᆞᆷ은人身의血脈과如ᄒᆞ며又水中에礦鹽을含ᄒᆞᆫ者ᄂᆞᆫ名을礦質水라ᄒᆞ고其水가地에出ᄒᆞ면名을溫泉水라可히病을療ᄒᆞ며飮品의中에水가最佳ᄒᆞ야能히消化에利ᄒᆞ고性情을和케ᄒᆞ며飮水의人은高壽를多享ᄒᆞᆷ으로水ᄂᆞᆫ養生의要物이라ᄒᆞ나可飮과不可飮의別이有ᄒᆞ니若糞ᄒᆞᆷ에沸가易ᄒᆞ며邑를入ᄒᆞᆷ에化가易ᄒᆞ며蔬를烹ᄒᆞᆷ에熟이易ᄒᆞ면可飮의水오海水의含鹽이過多ᄒᆞᆫ者ᄂᆞᆫ必蒸ᄒᆞ야瀛를成ᄒᆞ면復水를

化ᄒᆞ야飮料가되ᄂᆞ니航海ᄒᆞᄂᆞᆫ者ㅣ海水를飮ᄒᆞᆷ에此法을用ᄒᆞ면煤百斤에約水六七石을可蒸ᄒᆞᆯ지니顯微鏡으로써窺ᄒᆞ면水中의微蟲이無數游泳ᄒᆞᆷ으로水濁ᄒᆞᆫ者ᄂᆞᆫ砂炭等兩物로써疊層을積成ᄒᆞ야濾ᄒᆞᆫ後에用ᄒᆞᄂᆞ니라

第十六課 地球

地球라ᄒᆞᆷ은何를謂ᄒᆞᆷ이뇨天에星의類가二種이有ᄒᆞ니其位置를一定不變ᄒᆞᆫ者ᄂᆞᆫ恒星이라謂ᄒᆞ고太陽을環繞ᄒᆞ야轉ᄒᆞᄂᆞᆫ者ᄂᆞᆫ行

星이라謂ᄒᆞᄂᆞ니地球ᄂᆞᆫ行星의一이라其形體의圓홈이球와如ᄒᆞᆫ故로地球라謂홈이니

即吾人의居生ᄒᆞᄂᆞᆫ大地全體라五大洋과五大洲가此地球上에位置ᄒᆞ니其體가東西ᄂᆞᆫ直徑이稍長(七千九百二十五英里)ᄒᆞ고南北은直徑이稍短(七千八百九十九英里)홈으로楕圓體(柑子形)라謂홈이라地球가常動轉不息ᄒᆞ야中心의直線으로軸을삼아每日에西로브터東으로向ᄒᆞ야一周를旋轉ᄒᆞ면一晝夜를成ᄒᆞ니是를日動이라亦曰私轉이라ᄒᆞ고又地球가太陽을繞ᄒᆞ야三百六十五日과又六小時를歷行ᄒᆞ야一周ᄒᆞ면一年을成ᄒᆞ니是를年動이라又曰公轉이라ᄒᆞ

ᄂᆞ니라

第十七課　五大洋五大洲

地球를畫ᄒᆞ야東西에分ᄒᆞ니曰東半球、曰西半球라ᄒᆞ고全球를環ᄒᆞ야皆、水의所聚라其、大洋을分ᄒᆞᆷ이五가有ᄒᆞ니亞細亞洲로由ᄒᆞ야東으로亞美利加洲에至ᄒᆞ기ᄂᆞᆫ太平洋이有ᄒᆞ고歐羅巴洲와阿斐利加洲로由ᄒᆞ야西으로亞美利加洲에至ᄒᆞ기ᄂᆞᆫ大西洋이有ᄒᆞ고亞洲의南과澳太利洲의西와阿斐利加洲의東에ᄂᆞᆫ印度洋이有ᄒᆞ고南北兩極에ᄂᆞᆫ南

氷洋과北氷洋이有ᄒᆞ니氣候가酷冷ᄒᆞ야終歲토록積氷이不鮮ᄒᆞᆷ으로人의足跡이鮮到ᄒᆞᆫ지라其、五大洋의間에東半球에ᄂᆞᆫ四大洲가有ᄒᆞ니曰亞細亞洲、歐羅巴洲、阿斐利加洲、澳大利亞洲ㅣ니是를舊世界라謂ᄒᆞ고西半球에ᄂᆞᆫ一大洲가有ᄒᆞ니曰南北亞美利加洲ㅣ니是를新世界라謂ᄒᆞᄂᆞ니라

第十八課　亞細亞洲

亞細亞洲ᄂᆞᆫ卽、吾人所居ᄒᆞᄂᆞᆫ東洋이니五大洲中의最大ᄒᆞᆫ者ㅣ라東은太平洋을臨ᄒᆞ고

亞細亞洲

北氷洋
西比里阿
歐羅巴
蒙古
伊犂
西藏
支那
印度
緬甸
安南
暹羅
西域
鹹海
裏海
波斯
黑海
土耳其
亞剌伯
紅海
阿非利加
滿洲
大韓
日本
琉球

南은澳洲(又云濠洲)를接ᄒᆞ고西南은印度洋를橫ᄒᆞ고西ᄂᆞᆫ斐洲와歐洲를界ᄒᆞ고北은氷洋에附ᄒᆞ니其開闢이最早ᄒᆞ야文化로써五洲에第一이더니近百年來로ᄂᆞᆫ俄羅斯ᄂᆞᆫ北에雄ᄒᆞ고英吉利ᄂᆞᆫ南에長ᄒᆞ고其餘法蘭西、德意志等의諸國도亦復蠶食虎噬ᄒᆞ야亞洲大國에如印度ㅣ라如西藏이라如波蘭이라小國은如安南이라如緬甸이라ᄒᆞᄂᆞᆫ諸國이一個도餘存者ㅣ無ᄒᆞ고惟、我大韓과支那와日本의三國이尙在ᄒᆞ야號稱東洋의鼎足이라ᄒᆞᄂᆞ

니嗚呼라我韓도現今艱危에極ᄒᆞ니努力ᄒᆞᆯ
지어다青年아

第十九課 貧而勤學

京城市街中에十二三歲되ᄂᆞᆫ一童子가有ᄒᆞ니衣服은藍縷ᄒᆞ고兩足은徒跣ᄒᆞ얏ᄂᆞᆫᄃᆡ各種報章을手持ᄒᆞ고路上에셔呼賣ᄒᆞ거ᄂᆞᆯ一老人

이其狀을見ᄒᆞ고矜憐히너여問曰汝年이尙幼ᄒᆞ거ᄂᆞᆯ何故爲此ᄒᆞᄂᆞ뇨童子ㅣ答曰余의家中에惟母子의二人뿐인ᄃᆡ甚히貧乏ᄒᆞ야書塾에欲就ᄒᆞ나學費를難得ᄒᆞᆷ으로此業에從事ᄒᆞ야少贏을得ᄒᆞ면써學資를供코져ᄒᆞ노라老人曰汝ㅣ가旣爲此ᄒᆞ거ᄂᆞᆯ又何餘暇ㅣ有ᄒᆞ야能就塾코져ᄒᆞᄂᆞ냐童子曰我ㅣ가每日에必早起ᄒᆞ야各報館의報章을市에賣ᄒᆞ면約二小時를費ᄒᆞᆫ지라故로尙就塾에及ᄒᆞ고惟日中은暇晷ㅣ無ᄒᆞᆫ故로課業에當預

備及溫習ᄒᆞᆯ者ᄂᆞᆫ皆夜間에爲ᄒᆞ노라ᄒᆞ고語次에狀甚忽遽ᄒᆞ야曰九點鍾이將至ᄒᆞ니急히赴塾ᄒᆞᆫ다ᄒᆞ거ᄂᆞᆯ老人曰汝의未售ᄒᆞᆫ報가尙多ᄒᆞ니行將奈何오童子曰亦無如何라ᄒᆞᆫ디老人이戚然히其言을感ᄒᆞ야曰善哉라汝ㅣ能勤苦홈이至此ᄒᆞ니他日所造를可知ᄒᆞᆯ지라ᄒᆞ고乃其餘報를盡買ᄒᆞ고童子로ᄒᆞ야곰塾에速往케ᄒᆞ니라

第二十課 覓島奇功

昔時에西洋人이西半球에南北亞米利加洲

의有홈을不知ᄒᆞ더니歐羅巴洲에一名人컬넘버스가有ᄒᆞ야地學에究心ᄒᆞ며常曰地球ᄂᆞᆫ是圓物이라若半球에ᄂᆞᆫ地가有ᄒᆞ고半球ᄂᆞᆫ盡是海水ᄲᅮᆫ인즉輕重이不均ᄒᆞ야旋轉키不能ᄒᆞᆯ지라故로太平洋을向ᄒᆞ야曠地를尋ᄒᆞ더니此時ᄂᆞᆫ輪船이

無ᄒᆞᆷ으로但,帆船을用ᄒᆞ야周行數年에地를
不見ᄒᆞ고粮食이將盡ᄒᆞ거ᄂᆞᆯ其,同行人이其,
回去ᄒᆞᆷ을勸ᄒᆞ되不肯ᄒᆞ되衆人이皆怨ᄒᆞ야
컬넘버스를海中에欲投ᄒᆞ더니忽然,一鳥가
飛來ᄒᆞᆷ을見ᄒᆞ고卽衆人에게謂ᄒᆞ야曰此處
ㅣ當,離岸不遠ᄒᆞ리로다不然이면此鳥가何
處를從ᄒᆞ야棲息ᄒᆞ리오ᄒᆞ고行ᄒᆞᆫ지數日에
果然,一大地를發現ᄒᆞ고遂,國王에게回告ᄒᆞ
야墾闢成市ᄒᆞ니此ᄂᆞᆫ卽,美洲ㅣ라至今美國
人이컬넘버스의功을崇仰ᄒᆞᄂᆞ니라

第二十一課 燈塔

燈塔의設ᄒᆞᆷ은或,海邊이
나或,海中礁石上에在ᄒᆞ
니船隻이暮夜에往來ᄒᆞᆯ
時ᄂᆞᆫ或,礁石에觸ᄒᆞ거나
或,沙淤에陷ᄒᆞᆯ가慮ᄒᆞ야
是를設ᄒᆞᆷ이니若,燈塔의
光이無ᄒᆞ면海中危險ᄒᆞᆫ
處를黑暗際에明辨ᄒᆞ기
實難ᄒᆞᆫ지라譬컨ᄃᆡ世ᄂᆞᆫ

海와如ᄒᆞ고人은船과如ᄒᆞ고書籍은燈塔과如ᄒᆞ니人이世間에在ᄒᆞ야書籍으로써智識을啓發치아니ᄒᆞ면危險의虞를難免ᄒᆞ리니一般青年은宜書籍으로써引筏ᄒᆞᄂᆞᆫ燈塔을삼을지니라

第二十二課　太宗雨

我 太宗게오셔愛民ᄒᆞ시ᄂᆞᆫ聖念이懇切ᄒᆞ샤疾이大漸ᄒᆞ샤ᄃᆡ猶眷眷히天旱으로爲憂ᄒᆞ샤曰今에亢旱이如此히甚ᄒᆞᆫ지라田家에셔每是月(月即五)을當ᄒᆞ면旱災를可憫ᄒᆞ니予ㅣ

가死ᄒᆞ면當上帝께告ᄒᆞ야雨를降케ᄒᆞ리라ᄒᆞ시고遂 賓天ᄒᆞ샷ᄂᆞᆫᄃᆡ是日에果大雨가降ᄒᆞ니卽壬寅夏五月十日이라是로브터每年마다此日에至ᄒᆞ면必沛然히雨를降ᄒᆞᆷ으로民間이號ᄒᆞ야曰太宗雨라ᄒᆞ니其後에此事를紀頌ᄒᆞ야歌詠에騰ᄒᆞ고科題에試ᄒᆞ니라

第二十三課　鑄字

我 太宗게오셔嘗曰我國은書籍이未備ᄒᆞ야雖博覽코져ᄒᆞ야도板刻이容易치못ᄒᆞᆯᄲᅮᆫ

더러頑缺ᄒᆞ기易ᄒᆞ니安、銅을範ᄒᆞ야活字를鑄ᄒᆞᆯ지라ᄒᆞ시고遂、詩書와左傳字를摸ᄒᆞ야活字를鑄ᄒᆞ시니於是에各種書籍을印佈ᄒᆞ야全國에廣케ᄒᆞᆫ지라其後에是를丁亥字라謂ᄒᆞ고

世宗庚子年에更、小樣字를鑄ᄒᆞ시니名을庚子字라ᄒᆞ고又首陽大君(世祖)을命ᄒᆞ샤綱目의大字를書ᄒᆞ야銅으로써字를鑄ᄒᆞ시니即今、綱目印頒ᄒᆞᆫ思政殿訓義의字가是오壬子에又、安平大君瑢을命ᄒᆞ샤字를書ᄒᆞ야鑄ᄒᆞ시니即、壬子字오

世祖ㅣ姜希顔을命ᄒᆞ샤字를書ᄒᆞ야改鑄ᄒᆞ시니即、乙亥字오其後에鄭蘭宗의書ᄒᆞᆫ바乙酉字가有ᄒᆞ고

成宗朝에辛卯字、癸丑字가有ᄒᆞ니實로世界萬國에活字의嚆矢가되니라

第二十四課　臥薪嘗膽

昔、支那春秋時에越王句踐이吳王에게戰敗ᄒᆞᆷ을被ᄒᆞ야越이吳에臣屬이되얏더니越王이常時에報讎雪耻의念을懷ᄒᆞ야困ᄒᆞ면薪

上에臥ᄒᆞ고渴ᄒᆞ면豬膽을嘗ᄒᆞ야寢을敢히安치못ᄒᆞ며食을敢히飽치못ᄒᆞ야一日이라도吳의讎를忘치아니ᄒᆞᆷ으로其後에終乃吳를滅ᄒᆞ고諸侯에覇ᄒᆞ얏ᄉᆞ니嗚呼라後世에列强의凌辱을被ᄒᆞᆫ者ᄂᆞᆫ國君만然ᄒᆞᆯ샏아니라其國民된者도亦、薪膽의志를勿忘ᄒᆞ야痛을忍

ᄒᆞ며忿을發ᄒᆞ야人人마다自强의道에前進不已ᄒᆞ면可히國權의鞏固ᄒᆞᄂᆞᆫ日을見ᄒᆞ리라

第二十五課　戒賭技

凡人이世에處ᄒᆞᆷ의政事가有ᄒᆞᆫ者ᄂᆞᆫ政事를務ᄒᆞ고家計가有ᄒᆞᆫ者ᄂᆞᆫ家計를務ᄒᆞ고學業을修ᄒᆞᄂᆞᆫ者ᄂᆞᆫ學業을務ᄒᆞ고農業이有ᄒᆞᆫ者ᄂᆞᆫ農業을務ᄒᆞ고工業이나商業이나何等事業을經營ᄒᆞᄂᆞᆫ者ᄂᆞᆫ各其事業을務ᄒᆞᆯ지오事務가無ᄒᆞᆯ時에도又一藝一業으로歲月을浪

費치아니홈이可ᄒᆞ거늘奈何로賭技을好ᄒᆞᄂᆞᆫ人ᄂᆞᆫ身家를不計ᄒᆞ고性命을不顧ᄒᆞ야始에ᄂᆞᆫ他人의財를貪ᄒᆞ야坑穽에陷入ᄒᆞ며終에ᄂᆞᆫ吝惜의情이生ᄒᆞ야安히復本ᄒᆞ기를想ᄒᆞ다가囊이罄ᄒᆞ고產이盡ᄒᆞ야써家를蕩ᄒᆞ고業을敗홈에至ᄒᆞᄂᆞ니盖切友와至戚이라도賭場에一入ᄒᆞ면頃刻에顏을反ᄒᆞ고一錢의得失로怒詈를相加ᄒᆞ야怨을搆ᄒᆞ며讐를結홈이此에서甚홈이無ᄒᆞ니父兄과師長된者ᄂᆞᆫ最嚴禁홀바ㅣ니라

第二十六課

犬墳曲

全羅道南原郡에獒樹驛이有ᄒᆞ니昔에金盖仁이라ᄒᆞᄂᆞᆫ人이一犬을畜ᄒᆞ되甚憐愛ᄒᆞ더니嘗一日은出行홀ᄉᆡ犬도亦隨行ᄒᆞᄂᆞᆫ지라盖仁이醉ᄒᆞ야道傍에昏

睡ᄒᆞᆯ서適、野火가燒及ᄒᆞ거ᄂᆞᆯ犬이其身을川水에濡ᄒᆞ야往來環繞ᄒᆞ며身의水를草茅에潤ᄒᆞ야火의及ᄒᆞᆷ을絕케ᄒᆞ다가氣盡ᄒᆞ야自斃ᄒᆞᆫ지라及、蓋仁이既醒ᄒᆞᆷ이犬의跡을見ᄒᆞ고大慼ᄒᆞ야歌를作ᄒᆞ야哀를寫ᄒᆞ고且、犬을厚瘞ᄒᆞ고杖을植ᄒᆞ야써志ᄒᆞ얏더니杖이生芽ᄒᆞ야樹를成ᄒᆞᆫ故로因、獒樹驛이라名ᄒᆞ니今、樂府에犬墳曲이有ᄒᆞᆫ지라蓋、人의食을食ᄒᆞ고患難에臨ᄒᆞ야身으로써救濟치아니ᄒᆞᄂᆞᆫ者ᄂᆞᆫ此犬만不若ᄒᆞ도다

第二十七課 投金津

高麗恭愍王時에民이兄弟가有ᄒᆞ야偕行ᄒᆞ더니黃金一錠을得ᄒᆞᆫ지라其半으로써兄을與ᄒᆞ고孔巖津(在今陽川)에至ᄒᆞ야同舟共濟ᄒᆞᆯ서半渡에及ᄒᆞ야弟가忽、金을將ᄒᆞ야

水에投ᄒᆞ거ᄂᆞᆯ兄이惟悶ᄒᆞᆫᄃᆡ弟曰吾ㅣ平日에兄을愛ᄒᆞᆷ이甚篤ᄒᆞ더니今에金을分ᄒᆞᆷ이忽然히兄을猜忌ᄒᆞᆯ心이萌ᄒᆞ니此ᄂᆞᆫ不祥의物이라江에投ᄒᆞ야忘ᄒᆞᆷ만不如ᄒᆞ다ᄒᆞ니兄曰汝言이誠是라ᄒᆞ고亦、金을水에投ᄒᆞᆷ으로其津을投金津이라名ᄒᆞ니世에財利로由ᄒᆞ야兄弟間에友愛를傷ᄒᆞ고反目ᄒᆞᆷ에至ᄒᆞᄂᆞᆫ者ᄂᆞᆫ此를鑑戒ᄒᆞᆯ지니라

第二十八課 頴悟

文孝公尹孝孫은南原人이니其父處寬이議

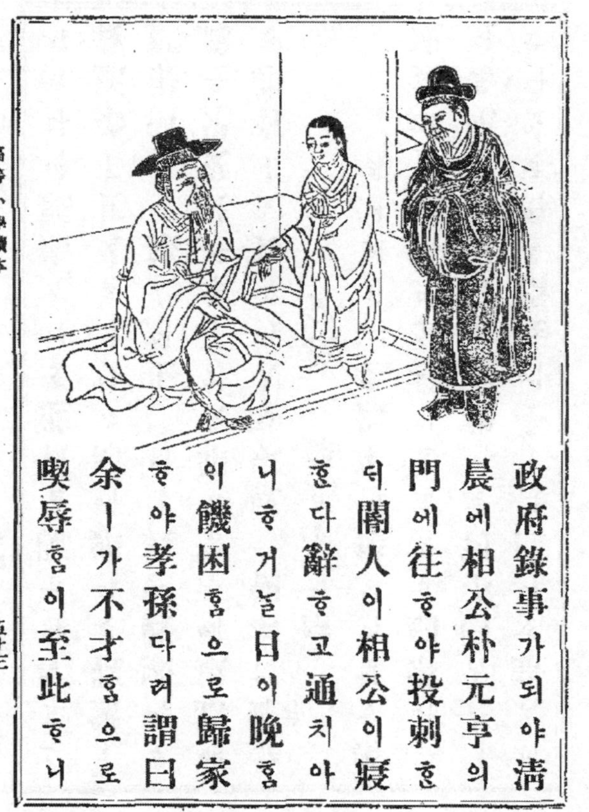

政府錄事가되야淸晨에相公朴元亨의門에往ᄒᆞ야投刺ᄒᆞᆫᄃᆡ閽人이相公이寢ᄒᆞᆫ다辭ᄒᆞ고通치아니ᄒᆞ거ᄂᆞᆯ日이晩ᄒᆞᆷ이饑困ᄒᆞᆷ으로歸家ᄒᆞ야孝孫다려謂曰余ㅣ가不才ᄒᆞᆷ으로喫辱ᄒᆞᆷ이至此ᄒᆞ니

汝ᄂᆞᆫ須業을勤ᄒᆞ야爾父와如치말나ᄒᆞᆫ듸孝孫이其名刺의尾에一詩를書ᄒᆞ니曰相國酣眠日正高ᄒᆞ니門前刺紙已生毛라夢中에若見周公聖커던須問當年吐握勞라ᄒᆞ얏더라翌朝에其父가不省ᄒᆞ고又往ᄒᆞ야投刺ᄒᆞᆫ듸相公이其詩를見ᄒᆞ고引入ᄒᆞ야問曰是ᄂᆞᆫ汝의所題ᄒᆞᆷ이냐處寬이驚懼失措ᄒᆞ야其字樣을審ᄒᆞ니乃其子의筆이라遂實로써告ᄒᆞᆫ듸相公이孝孫을招見ᄒᆞᆫ즉穎悟不凡ᄒᆞᆫ지라朴公이少女가有ᄒᆞ야方擇婿ᄒᆞ더니其夫人에

게入語ᄒᆞ야曰吾ㅣ今에佳婿를得ᄒᆞ얏다ᄒᆞ니夫人曰不可ᄒᆞ다我女를豈錄事의兒로더부러婚姻ᄒᆞ리오ᄒᆞᆫ듸朴公이不聽ᄒᆞ고竟成婚ᄒᆞ얏더니後에果然名宰가되니라

第二十九課　救父

金虬(규)ᄂᆞᆫ本朝　成宗時人이라其父ㅣ有罪ᄒᆞ야詔獄에下ᄒᆞᆷ이罪人의子弟가其父兄을爲ᄒᆞ야陳疏乞哀ᄒᆞᆫ듸　上이大怒ᄒᆞ사曰渠輩ㅣ無狀ᄒᆞ야罪에陷ᄒᆞ얏거ᄂᆞᆯ又其子弟顓蒙으로ᄒᆞ야곰疏를冒進ᄒᆞᆷ이尤痛惡이라ᄒᆞ시

고倂、捉入ᄒᆞ라ᄒᆞ신딕諸人은皆、散走호딕獨、虬가不去라가被執ᄒᆞᆫ지라 上이問曰汝ㅣ가童稚로써獨、不去ᄒᆞᆷ은何오對曰臣이父를救ᄒᆞ기爲ᄒᆞ야章을上ᄒᆞ얏거ᄂᆞᆯ安敢히逃ᄒᆞ리잇가 上曰此疏ᄂᆞᆫ誰가作ᄒᆞᆷ이뇨對曰臣의作ᄒᆞᆫ바ㅣ로소이다 上曰誰가書ᄒᆞᆷ이뇨曰對臣의書ᄒᆞᆫ바ㅣ로소이다 上曰汝의年은幾何오對曰十三이로소이다又問、汝父ᄂᆞᆫ誰오對曰監察金世愚로소이다 上曰若、欺罔ᄒᆞ면罪ㅣ罔赦라ᄒᆞ시고命ᄒᆞ야憫旱을賦

ᄒᆞ라ᄒᆞ신딕虬ㅣ援筆立就ᄒᆞ고尾에書ᄒᆞ야曰昔、東海寃婦도三年의旱을尙致ᄒᆞ얏스니聖主ㅣ此를軫念ᄒᆞ시면成湯의千里雨를致ᄒᆞᆷ이不難ᄒᆞ다ᄒᆞ얏거ᄂᆞᆯ 上이見ᄒᆞ시고大奇히녁이샤御筆로書ᄒᆞ야曰爾、能文ᄒᆞ고又、能書ᄒᆞ니爾文을見ᄒᆞ고爾父를放ᄒᆞ며爾書를見ᄒᆞ고爾父의同寮를放ᄒᆞ노니孝를忠에移ᄒᆞ라ᄒᆞ시고諸囚를特放ᄒᆞ시다後에虬가司馬를中ᄒᆞ고文科에魁ᄒᆞ야官이判官에至ᄒᆞ니라

第三十課 義犬吠盜

人이職이有ᄒᆞ면其職을必盡ᄒᆞᆷ이此를義務라謂ᄒᆞᆯ지니犬도能히夜를守ᄒᆞᆷ도亦其一理라昔에富人이有ᄒᆞ야老猧을畜ᄒᆞ더니一夜ᄂᆞᆫ盜兒가室에入ᄒᆞ거ᄂᆞᆯ猧이怒ᄒᆞ야苦吠ᄒᆞᆫᄃᆡ盜가餌를擲ᄒᆞ야猧을飼ᄒᆞ니盜의意ᄂᆞᆫ猧이食을貪ᄒᆞ야不吠ᄒᆞᆷ을冀호ᄃᆡ猧이食物을不顧ᄒᆞ고一向咆哮ᄒᆞᆷ으로翁이甘夢을先覺ᄒᆞ야盜에게見失ᄒᆞᆷ을免ᄒᆞ얏다ᄒᆞ니彼封疆의臣이나干城의將으로써敵의犯境ᄒᆞᆷ을見

ᄒᆞ고或賂遺를貪ᄒᆞ야防禦를踈忽히ᄒᆞ며或城池를讓與ᄒᆞᄂᆞᆫ者ᄂᆞᆫ此老猧만不如ᄒᆞ도다

第三十一課 嘉俳日

我國俗이八月十五日을嘉俳日이라稱ᄒᆞᆷ은新羅時에始起ᄒᆞᆷ이니其源由를溯考ᄒᆞ건ᄃᆡ新羅儒理王時에王이六部를命ᄒᆞ야王女二人으로ᄒᆞ야곰部內女子를各率ᄒᆞ고左右로分隊ᄒᆞ야七月既望으로브터每日早에宮庭에集ᄒᆞ야麻를續ᄒᆞ되乙夜에罷케ᄒᆞ고八月望日에至ᄒᆞ야ᄂᆞᆫ其女功의多少를考試ᄒᆞ야

負ᄒᆞᆫ者ᄂᆞᆫ酒食을具備ᄒᆞ야勝ᄒᆞᆫ者를供饋ᄒᆞᆯ시是日은歌舞와百戲를作ᄒᆞ고嘉俳日이라謂ᄒᆞ더니是時에負ᄒᆞᆫ家에一女子가起舞ᄒᆞ며歎息ᄒᆞ야曰會蘇會蘇라ᄒᆞ니其音이哀雅凄切ᄒᆞᆫ지라後人이其聲을因ᄒᆞ야歌를作ᄒᆞ니名曰會蘇曲이라ᄒᆞ니라

第三十二課 確樂

新羅慈悲王時에百結先生이有ᄒᆞ니家貧ᄒᆞ야衣服을百結ᄒᆞᆷ으로因ᄒᆞ야號를作ᄒᆞ니라恆常琴一張으로自隨ᄒᆞ야凡喜怒悲歡이有

ᄒᆞ면皆琴으로써宣ᄒᆞ더니歲除日을當ᄒᆞ야隣里에서皆米穀을舂ᄒᆞᄂᆞᆫ지라其妻ㅣ杵聲을聞ᄒᆞ고泣ᄒᆞ야曰他人은皆穀을舂ᄒᆞ거ᄂᆞᆯ我ᄂᆞᆫ獨無ᄒᆞ니何以歲를卒ᄒᆞᆯ고ᄒᆞᆫ대先生이歎ᄒᆞ야曰死生이命이有ᄒᆞ고富貴가天에在ᄒᆞ니君은無傷ᄒᆞ라ᄒᆞ고乃琴을鼓ᄒᆞ야杵聲

을作ᄒᆞ며써其妻를慰ᄒᆞ니世人이此를傳ᄒᆞ야確樂이라謂ᄒᆞᄂᆞ니此ᄂᆞᆫ貧을安ᄒᆞ고分을守ᄒᆞᄂᆞᆫ達士라ᄒᆞ리로다

第三十三課 戒惰

天이既生人ᄒᆞᆷ이其本分의義務를當自盡ᄒᆞᆯ지니學生은學業을盡ᄒᆞᆯ지오卒業ᄒᆞᆫ後ᄂᆞᆫ生活의事業에盡ᄒᆞᆯ지라昔에一農夫가有ᄒᆞ야性이甚懶ᄒᆞ더니一日은天氣가晴明ᄒᆞ거ᄂᆞᆯ其妻다려謂曰農時가至ᄒᆞ얏스니時를失ᄒᆞ야不耕ᄒᆞ면乏食ᄒᆞᆷ을難免ᄒᆞᆯ지니明日은食

을早ᄒᆞ고田에往ᄒᆞ야必耕種에從事ᄒᆞ리라ᄒᆞ더니及明日에飯을早ᄒᆞ고耕具를裝ᄒᆞ야田에將往ᄒᆞ려ᄒᆞᆯ際에忽隣人이有ᄒᆞ야會飮ᄒᆞᆷ을邀請ᄒᆞ거ᄂᆞᆯ農夫가半晌이나遲疑ᄒᆞ다가即決然ᄒᆞ야曰今日은往飮이何害ᄒᆞ리오明日에耕種ᄒᆞᆷ이未晚이라ᄒᆞ고仍赴飮ᄒᆞ얏다가又明日에ᄂᆞᆫ宿醉가未解ᄒᆞᆷ으로頹臥ᄒᆞ야能起치못ᄒᆞ고乃曰明日을姑竢ᄒᆞ리라ᄒᆞ더니又明日은天이陰雨ᄒᆞ야欲耕호ᄃᆡ不得ᄒᆞ고又明日은雖天晴ᄒᆞ나牛가病ᄒᆞ야不能

ᄒᆞ고牛의病愈를待ᄒᆞ더니又別他事故가有ᄒᆞ야外方에出行ᄒᆞ얏다가歸ᄒᆞᆫ즉耕種의期가已過ᄒᆞᆷ으로是年은農事ㅣ歉을致ᄒᆞ얏다ᄒᆞ니嗚呼라人生이世에在ᄒᆞᆷ이今日에明日事를安知ᄒᆞ리오當爲ᄒᆞᆯ者ᄂᆞᆫ即爲ᄒᆞᆷ이可ᄒᆞ니學生이學業에從事ᄒᆞᆷ도農夫의耕作과同ᄒᆞ야一日이라도推過ᄒᆞ면此農夫와如히失時의歎이無ᄒᆞᆯᄂᆞᆫ지安知ᄒᆞ리오靑年은宜此를深戒ᄒᆞᆯ지니라

第三十四課 木州曲

高麗時에木州(今木川)에一孝女가有ᄒᆞ야父와及後母를事호ᄃᆡ孝로써聞ᄒᆞ더니父가後母의讒에惑ᄒᆞ야女를逐ᄒᆞᆫᄃᆡ女ㅣ忍去치못ᄒᆞ고留ᄒᆞ야父母를養ᄒᆞᆷ이益勤不怠ᄒᆞ나父母ㅣ愈怒ᄒᆞ야又逐ᄒᆞ거ᄂᆞᆯ女ㅣ不得已辭去ᄒᆞ야一山中에至ᄒᆞ니石窟中에一老婆ㅣ有ᄒᆞ거ᄂᆞᆯ其情曲을訴ᄒᆞ고寄寓ᄒᆞᆷ을因請ᄒᆞᆫᄃᆡ老婆가哀憐히녁여許ᄒᆞ거ᄂᆞᆯ女ㅣ父母를事ᄒᆞᆷ으로써事ᄒᆞᆫ즉老婆가愛之ᄒᆞ야其子로써娶케ᄒᆞᆷ이夫婦가協心ᄒᆞ야勤儉致富ᄒᆞ얏ᄂᆞᆫᄃᆡ女

ㅣ其父母의生計가甚貧홈을聞ᄒᆞ고其家에邀致ᄒᆞ야奉養이備至호ᄃᆡ父母ㅣ猶不悅홈으로孝女가歌를作ᄒᆞ야써自怨ᄒᆞ니其聲이哀切ᄒᆞᆫ지라高麗樂府에木州曲을傳ᄒᆞ야孝道를勉勵ᄒᆞ니라

第三十五課 二犂

一農夫家에兩犂가有ᄒᆞ니其一은光明홈이鏡과如ᄒᆞ고其一은暗晦ᄒᆞ야銹가生ᄒᆞᆫ지라傍人이問曰此兩犂가同一ᄒᆞᆫ田器로ᄃᆡ光明暗晦의不同홈이何若是ᄒᆞ뇨答曰此ᄂᆞᆫ非他

라地를鋤홈이勤과不勤홈에在ᄒᆞ다ᄒᆞ니此言을鑑ᄒᆞ면可히勤惰의別를知ᄒᆞᆯ지라凡人이用力에勤ᄒᆞᆫ즉身體가强ᄒᆞ야百病이不生ᄒᆞ며用心에勤ᄒᆞᆫ즉智慮가開ᄒᆞ야學問이不成홈이無ᄒᆞᄂᆞᆫ故로懶惰ᄂᆞᆫ德을害ᄒᆞᆯ뿐不是라其身을必害ᄒᆞᄂᆞ니昔에大禹ᄂᆞᆫ聖人이로ᄃᆡ寸陰을惜ᄒᆞ얏슨즉吾輩ᄂᆞᆫ可히勉치아니ᄒᆞ리오

第三十六 木綿

我國의古代에ᄂᆞᆫ蠶桑을尙ᄒᆞ야繭絲로紬를

織ᄒᆞ며絹과紵와麻와葛等의布로써衣服의用에

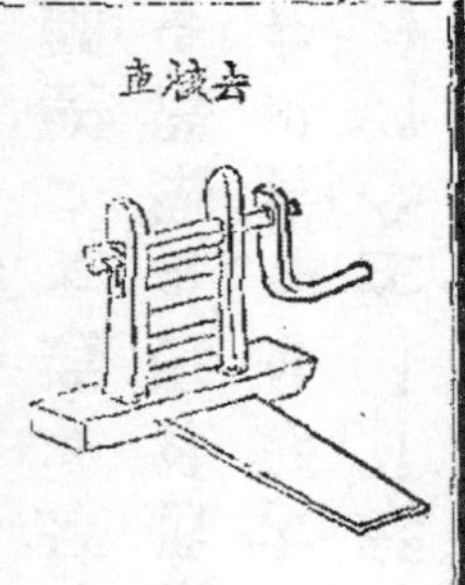
去核車

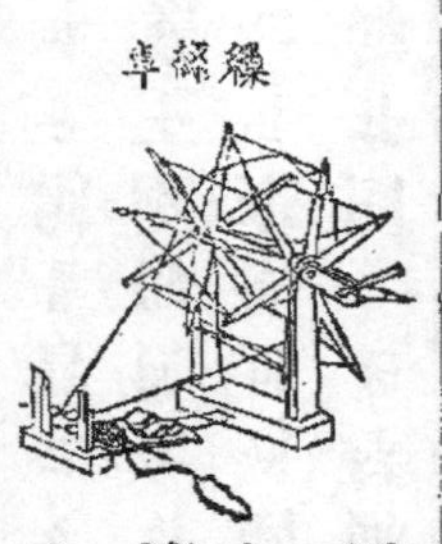
繅絲車

供ᄒᆞ더니高麗恭愍王時에江城君文益漸이蒙古에奉使ᄒᆞ야罪로雲南에被謫ᄒᆞ얏더니其地ᄂᆞᆫ木棉의產出이盛ᄒᆞᆫ지라然ᄒᆞ나其種子를他方으로移殖ᄒᆞᆷ을禁ᄒᆞᆷ으로文公이木棉種을筆管에密藏ᄒᆞ얏다가及本國에歸ᄒᆞᆷ이其舅鄭天益에게屬ᄒᆞ야培種케ᄒᆞᆫᄃᆡ初에

ᄂᆞᆫ培養의術을未曉ᄒᆞ야幾乎絕種ᄒᆞᆯ境遇에至ᄒᆞ얏더니莖이僅存ᄒᆞ야三年을過ᄒᆞᆫ後에幸、蕃衍ᄒᆞᆷ에致ᄒᆞᆷ으로自是로遂、全國에普及ᄒᆞ야衣被의功이甚大ᄒᆞ니今에我國의棉花가品質이甚良ᄒᆞ야世界에著稱ᄒᆞ기를美國의棉花와比等ᄒᆞ다ᄒᆞᄂᆞᆫ지라文公이又、去核車와繅絲車를刱ᄒᆞ야紡織에供ᄒᆞ고其孫萊가繅絲車의制를益加擴張ᄒᆞᆫ故로俗이繅車를名ᄒᆞ야文萊라稱ᄒᆞ니라

第三十七課 伽倻琴

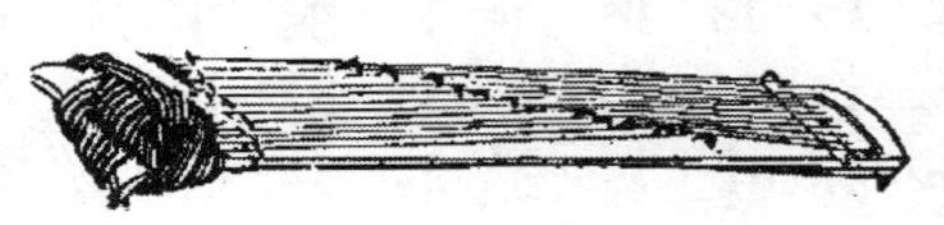

伽倻琴은一曰弁韓琴이니至今ᄭᆞ지我國에만傳來ᄒᆞᄂᆞᆫ古琴이라昔에弁韓의大伽倻國王嘉悉이唐의樂器를見ᄒᆞ고智를創ᄒᆞ야琴을造ᄒᆞ고樂師于勒을命ᄒᆞ야十二曲을製ᄒᆞ얏더니後에勒이其國의將亂홈을見ᄒᆞ고琴을携ᄒᆞ야新羅에投ᄒᆞᆫ디新羅眞興王이國原(今忠州)에安置ᄒᆞ고注知와階古와萬德等의三人을遣ᄒᆞ야其業을傳케ᄒᆞᆫ즉三人이十一曲을旣通홈이相謂ᄒᆞ야曰此音이繁且淫ᄒᆞ니可히雅케ᄒᆞ리라ᄒᆞ고約ᄒᆞ야五曲을삼으니于勒이始聞홈이怒ᄒᆞ더니及其音을聽ᄒᆞ고流涕歎息ᄒᆞ야曰樂而不流ᄒᆞ며哀而不淫ᄒᆞ니可히正이라謂ᄒᆞᆯ지라ᄒᆞ고王에게奏ᄒᆞ얏다ᄒᆞ니實로我國의古物이라今忠州大門山에于勒의彈琴臺가有ᄒᆞ니라

第三十八課　野猪尋柿

凡人이理를從ᄒᆞᆫ즉安ᄒᆞ고欲을縱ᄒᆞᆫ즉勞ᄒᆞᄂᆞ니嘗見ᄒᆞ니一野猪가有ᄒᆞ야柿樹下에常

遊ᄒᆞᆯ식柿의墜落이多ᄒᆞᆷ을見ᄒᆞ고日로求食ᄒᆞ더니一日은寂然히風이無ᄒᆞ야柿子가不落ᄒᆞ얏거ᄂᆞᆯ野猪가地를遍ᄒᆞ야尋覓ᄒᆞ다가其嘴로써地를摽ᄒᆞ야大坑을成ᄒᆞ되一柿子를不得ᄒᆞᆫ지라彼野猪ᄂᆞᆫ柿가地下로써從ᄒᆞ야出來ᄒᆞᆷ으로知ᄒᆞ고樹上에셔結成ᄒᆞ야風을因ᄒᆞ야墜落ᄒᆞᆷ을不知ᄒᆞᆷ으로徒勞無益ᄒᆞᆷ이니吁라世人이僥倖의望으로終日에狗苟蠅營ᄒᆞ야其利祿을求ᄒᆞᄂᆞᆫ者ᄂᆞᆫ此野猪와不同ᄒᆞᆫ者ㅣ幾希ᄒᆞ도다

第三十九課 印書

古代에ᄂᆞᆫ紙筆이有치못ᄒᆞᆷ으로書를記ᄒᆞᄂᆞᆫ者ㅣ必竹으로簡을編ᄒᆞ야或刀로써刻ᄒᆞ며或書ᄒᆞ야誦讀에供ᄒᆞ더니秦時에蒙恬이兎毫로筆을始造ᄒᆞ고東漢時에蔡倫이楮桑으로紙를創造ᄒᆞ야寫本의册이始有ᄒᆞ나然ᄒᆞ나印書ᄒᆞᄂᆞᆫ法은未有ᄒᆞ고但石經의刻만有ᄒᆞᆫ지라五代時에至ᄒᆞ야和凝이木板을雕刻ᄒᆞ야書를印出ᄒᆞ니此ᄂᆞᆫ印板의始오西曆千四百三十六年에德國人구텐쌔그가活字를

創造ᄒᆞ고千四百六十八年에至ᄒᆞ야其壻亨머리가鉛筆를改造ᄒᆞ고其後美國에셔印書架를刱製ᄒᆞ나卽活版의始라後에更以火輪으로瞬息間에千萬部를印出ᄒᆞ야神速ᄒᆞᆷ이無比ᄒᆞ고今에又石印으로印書ᄒᆞᄂᆞᆫ法이有ᄒᆞ야其便利ᄒᆞᆷ이古時보담百倍나勝ᄒᆞ니라

第四十課　篤業

國朝　世宗朝에任城正은宗室로써音律에善ᄒᆞ고鼓琴에能ᄒᆞ더니其家ㅣ崇禮門外에在ᄒᆞᆫ지라每日에早起ᄒᆞ야門閾에踞坐ᄒᆞ야

左右手를迭擧ᄒᆞ며仍又膝을拊ᄒᆞ야如是ᄒᆞᆫ지三年에人이以爲狂人이라ᄒᆞ되猶不輟ᄒᆞ야畢竟杖鼓를能通ᄒᆞ고既而오又吹笛ᄒᆞᆷ을學ᄒᆞᆯ새口를傍ᄒᆞ야指를弄ᄒᆞ며晝夜로不輟ᄒᆞ야人이或來訪ᄒᆞ면若不見ᄒᆞ더니如是三年에吹笛ᄒᆞᆷ을精通ᄒᆞ고且爲人이羸弱ᄒᆞ야弓馬의武技에短ᄒᆞᆷ을恆常恨ᄒᆞ야每早에弓矢를携ᄒᆞ고山에上ᄒᆞ야終日토록馳射를習ᄒᆞᆫ지三年에弓馬의技를能通ᄒᆞ야善射로써世에鳴ᄒᆞ니人이業을學ᄒᆞᆷ에如此히勤篤ᄒᆞᆯ

진ᄃᆡ何業이던지不通홈이有ᄒᆞ리오此ᄂᆞᆫ學生의安師範홀바ㅣ라ᄒᆞ노라

第四十一課 淸操

柳文簡公寬은本朝 太宗時人이라其家ㅣ素貧ᄒᆞ야所居가但茅屋衡門에不過ᄒᆞ더니及拜相에人이其門墻을勸築ᄒᆞᆫᄃᆡ寬曰今에我ㅣ爲相ᄒᆞ야公事에益홈은未有ᄒᆞ고私門을先築홈이不可ᄒᆞ다ᄒᆞ더라每霖雨를値ᄒᆞ야屋漏如注ᄒᆞ거ᄂᆞᆯ寬이傘을持ᄒᆞ고雨을避ᄒᆞ다가嘆曰傘도無ᄒᆞᆫ家ᄂᆞᆫ堪過키難ᄒᆞ깃다

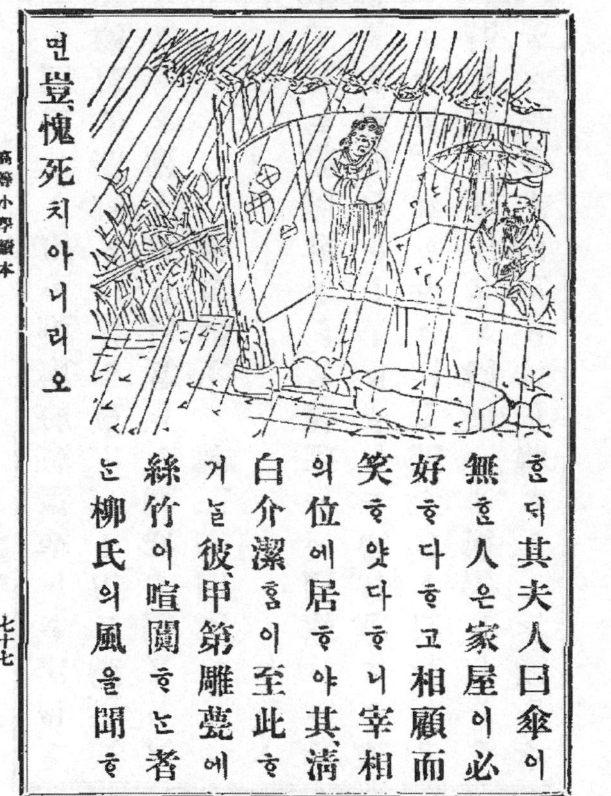

ᄒᆞᆫᄃᆡ其夫人曰傘이無ᄒᆞᆫ人은家屋이必好ᄒᆞ다ᄒᆞ고相顧而笑ᄒᆞ얏다ᄒᆞ니宰相의位에居ᄒᆞ야其淸白介潔홈이至此ᄒᆞ거ᄂᆞᆯ彼甲第雕甍에絲竹이喧闐ᄒᆞᄂᆞᆫ者ᄂᆞᆫ柳氏의風을聞ᄒᆞ면豈愧死치아니리오

第四十二課 戒子書

諸葛亮은支那三國時에蜀漢의丞相이됨이鞠躬盡瘁ᄒᆞ야死而後已ᄒᆞᆯ志를抱ᄒᆞ고漢室을恢復코져ᄒᆞ다가志를未遂ᄒᆞ고軍中에셔卒ᄒᆞᆷ으로千古英雄의淚를不禁케ᄒᆞᄂᆞᆫ其人이라其臨卒에其子瞻에게戒書를遺ᄒᆞ야曰君子의行은靜으로써身을修ᄒᆞ고儉으로써德을養ᄒᆞᄂᆞ니澹泊이아니면써志를明치못ᄒᆞ고寧靜이아니면써遠을致치못ᄒᆞ리니夫學은須靜이오才ᄂᆞᆫ須學이라學이아니면써

才를廣치못ᄒᆞ고靜이아니면써學을成치못ᄒᆞᆯ것이니慆慢ᄒᆞᆫ즉研精ᄒᆞ기不能ᄒᆞ고險躁ᄒᆞᆫ즉理性ᄒᆞ기不能ᄒᆞᆯ지라年이時로더부러馳ᄒᆞ고意가歲로더부러去ᄒᆞ면遂枯落ᄒᆞᆷ을成ᄒᆞ야窮廬에셔悲歎ᄒᆞᆫ덜將復何及ᄒᆞ리오ᄒᆞ니라

第四十三課 太陽黑點

人이太陽을欲觀ᄒᆞ면其目이必不敵ᄒᆞᆷ으로或遠鏡을用ᄒᆞ야上窺ᄒᆞᆯ지라도曛黑ᄒᆞᆫ玻璃로써罩ᄒᆞ며或黑玻璃遠鏡을用ᄒᆞ야日圈을

向ᄒᆞ야細視ᄒᆞ면日의面積에黑點이有ᄒᆞ야東方으로從起ᄒᆞ야十四日을歷ᄒᆞ면漸漸西로向ᄒᆞ야沉下ᄒᆞ고又十四日를歷ᄒᆞ면西로沉ᄒᆞ얏던黑點이更東方으로從起ᄒᆞᄂᆞᆫ지라此에卽ᄒᆞ야可히日球를見ᄒᆞᆯ지니凡二十八日를閱ᄒᆞ면卽一週를旋繞ᄒᆞ야其點의大小ㅣ不等ᄒᆞ며多寡ㅣ亦不同ᄒᆞ고十年十一年을閱ᄒᆞ면黑點이必初次에較多ᄒᆞᆷ은蓋日球의熱力에關係ᄒᆞᆷ이라說者

ㅣ謂ᄒᆞᄃᆡ日球의熱力이小ᄒᆞ면雲과雨도亦少ᄒᆞ야收穫이因ᄒᆞ야歉ᄒᆞ고熱力이多ᄒᆞ면雲과雨도亦多ᄒᆞ야收穫이因ᄒᆞ야豐ᄒᆞᆫ다ᄒᆞ니人도熱力이少ᄒᆞᆫ者ᄂᆞᆫ事業을成ᄒᆞᆷ이無ᄒᆞᄂᆞ니라

第四十四課 空氣

夫空氣라ᄒᆞᄂᆞᆫ것은兩質로合成ᄒᆞᆫ者ㅣ라一曰養氣니能養生ᄒᆞᄂᆞᆫ者오一曰淡氣니養生에不能ᄒᆞᆫ者ㅣ라此氣ㅣ地面에包圍ᄒᆞ야高가約一百五十里許에至ᄒᆞᄂᆞ니愈高ᄒᆞᆯ수록

其氣ㅣ愈薄ᄒᆞ며地面에愈近ᄒᆞᆯ수록其氣ㅣ愈厚ᄒᆞ야本,無色의物로層積密布ᄒᆞ야青蒼ᄒᆞᆫ色을現ᄒᆞ나是ᄂᆞᆫ實物이未有ᄒᆞ고卽,空氣

니若,輕氣球를乘ᄒᆞ고極高處에至ᄒᆞ면何等色도不見ᄒᆞᆯ지라然ᄒᆞ나空氣ᄂᆞᆫ重量이有ᄒᆞ야我頭上直線의空氣柱가一平方寸에約,重이十二斤餘가되ᄂᆞ니空氣의壓力이四面에

均匀ᄒᆞ야自上至下ᄒᆞ며自下至上히其壓力이相抵ᄒᆞᆫ故로人이不覺ᄒᆞᆷ을魚가水中에在ᄒᆞᆷ과如ᄒᆞᆫ지라其理를略言컨ᄃᆡ水一器를置ᄒᆞ고一管을取ᄒᆞ야管의一端을水中에揷ᄒᆞ고彼端으로吸ᄒᆞ면水가上ᄒᆞ리니蓋,口로써氣를吸ᄒᆞᆫ즉管內의空氣가去ᄒᆞ야逼壓의力이無ᄒᆞ고水面의空氣壓力은如故ᄒᆞᆫ故로能,水를送ᄒᆞ야管에入ᄒᆞ야口에上升케ᄒᆞᄂᆞᆫ理由니此ㅣ空氣壓力의一端을示ᄒᆞᆷ이라

第四十五課 羅盤

羅盤이라ᄒᆞᄂᆞᆫ者ᄂᆞᆫ方向을定ᄒᆞᄂᆞᆫ器라盤中에磁針이有ᄒᆞ야旋動不定ᄒᆞ되其一端은常、南方을指ᄒᆞᄂᆞᆫ故로名을指南針이라ᄒᆞᄂᆞ니支那古代에軒轅氏가始、發明

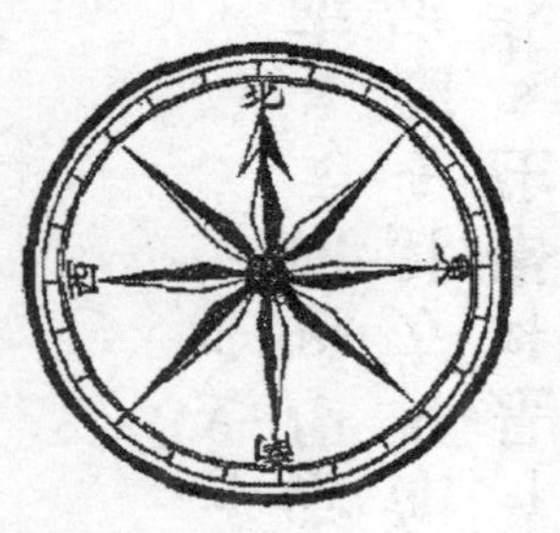

ᄒᆞ야指南車를作ᄒᆞ얏더니其後距今七百年前에西洋葡萄牙國人이其法을得ᄒᆞ야航海를開始ᄒᆞ야喜望角(在亞非利加地)에抵ᄒᆞ야印度洋에達ᄒᆞᆷ을得ᄒᆞ얏고義大利國人걸넘버스가是

法으로大西洋에航行ᄒᆞ야美洲의新地를發見ᄒᆞᆷ이皆、羅盤의功이라若、指南針이아니면茫茫大海中에何處의方向을能知ᄒᆞ리오故로此法이西洋에未到ᄒᆞᆫ時ᄂᆞᆫ西洋人이但、近處海岸을傍ᄒᆞ야行ᄒᆞᆯᄲᅮᆫ이오遠航ᄒᆞᆷ을不敢ᄒᆞ더니此法을得ᄒᆞᆫ以後로ᄂᆞᆫ能、東洋을通ᄒᆞ며新世界를發見ᄒᆞ고近世紀에至ᄒᆞ야ᄂᆞᆫ又、瀛機의航行에此를利用ᄒᆞ야重洋을履ᄒᆞᆷ이平地와如ᄒᆞ고萬里를行ᄒᆞᆷ이咫尺과如ᄒᆞ니故로何事何業을勿論ᄒᆞ고其、指的ᄒᆞᄂᆞᆫ바를

方針이라云ᄒᆞᄂᆞ니卽、羅盤이是라學生도其、
工夫에志ᄒᆞᄂᆞᆫ바를羅盤과如히方針을確定
ᄒᆞ야何等撓改ᄒᆞᆷ이無ᄒᆞ고常、學에向ᄒᆞᄂᆞᆫ志
로써指南針을作ᄒᆞᆷ이可ᄒᆞᆯ지로다

高等小學讀本卷二終

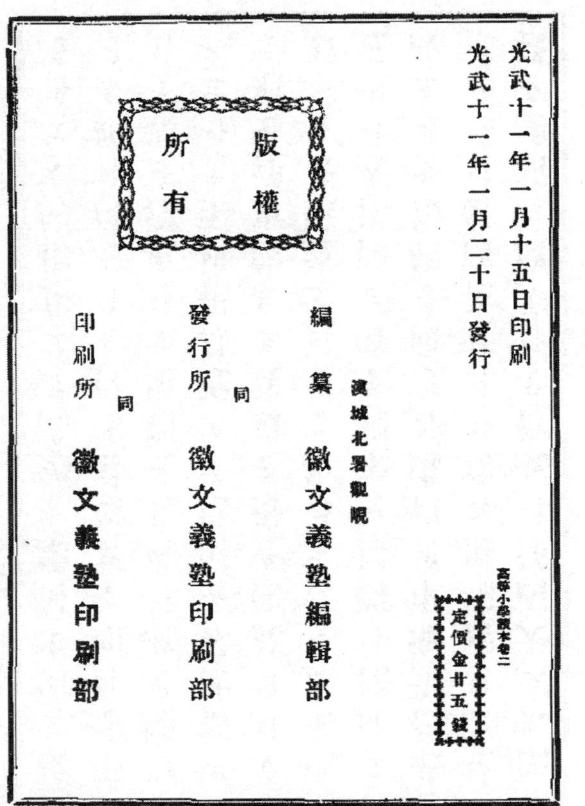

光武十一年一月十五日印刷
光武十一年一月二十日發行

高等小學讀本卷二
定價金卄五錢

版權所有

漢城北署觀峴
編纂 徽文義塾編輯部
同 發行所 徽文義塾印刷部
同 印刷所 徽文義塾印刷部

최신 초등소학

(最新 初等小學)

卷1·2·3·4

最新 初等小學

發賣所 京城銅峴玉虎書林

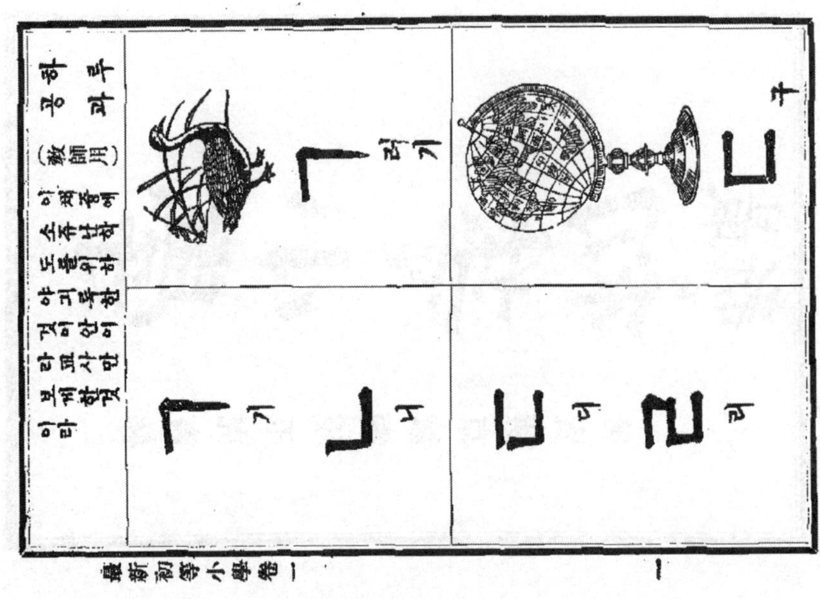
ㄱ 기
ㄴ 니
ㄷ 디
ㄹ 리
ㄱ 기러기
ㄷ 구
(敎師用)
新訂初等小學卷一
一

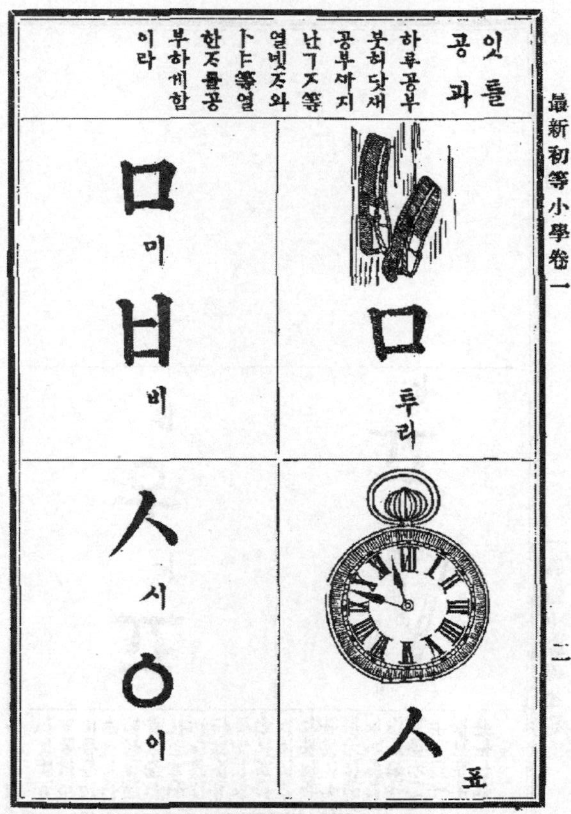

最新初等小學卷一　二

잇틀
공과

하루공부
붓허닷재
공부새지
난ㄱㅈ等
열넷ㅈ와
ㅏㅑ等열
한ㅈ를공
부하게함
이라

ㅁ 투리

ㅁ 미　ㅂ 비

ㅅ 표

ㅅ 시　ㅇ 이

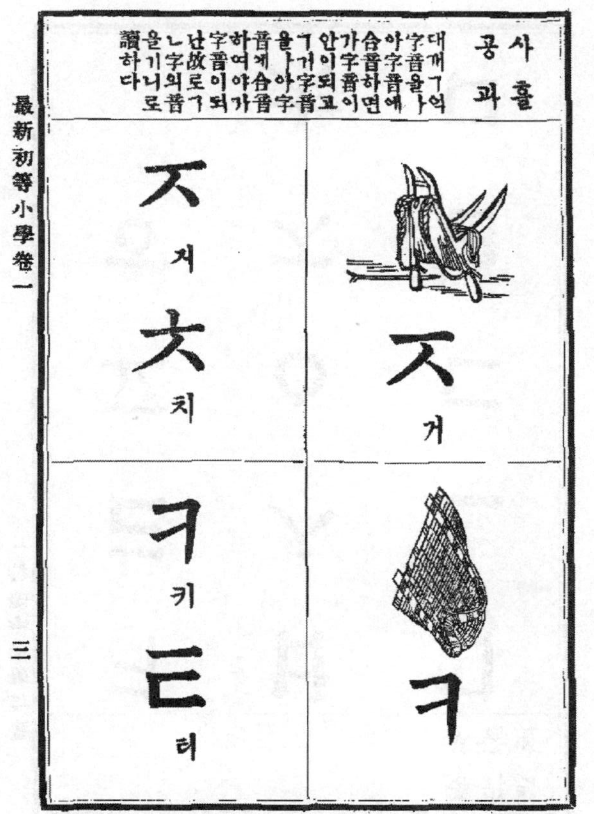

最新初等小學卷一　三

사흘
공과

대개ㄱ억
字音을ㅏ
아字音에
合音하면
가字音이
안이되고
ㄱㅏ字音
을거아字
音게合音
하여야가
字音이되
난故로ㄱ
ㄴ字의音
을기니로
讀하다

ㅈ 거

ㅋ

ㅈ 지　ㅊ 치

ㅋ 키　ㅌ 티

가나과等十五行에一百八十二字를成한後에밧첨할세에난가字에ᄀ기音을밧치면각音이되지안로가字에ᄀ여音을밧쳐야각音이되난ㅍ로가나等字를讀한後에난ᄀㄴ字의音을기억니은으로讀하다

ㅍ 러

ㅍ 퍼

ㅎ 허

첫번 뒤글 공부

ㄱ ㄴ ㄷ ㄹ ㅁ

ㅂ ㅅ ㅇ ㅈ ㅊ

ㅋ ㅌ ㅍ ㅎ

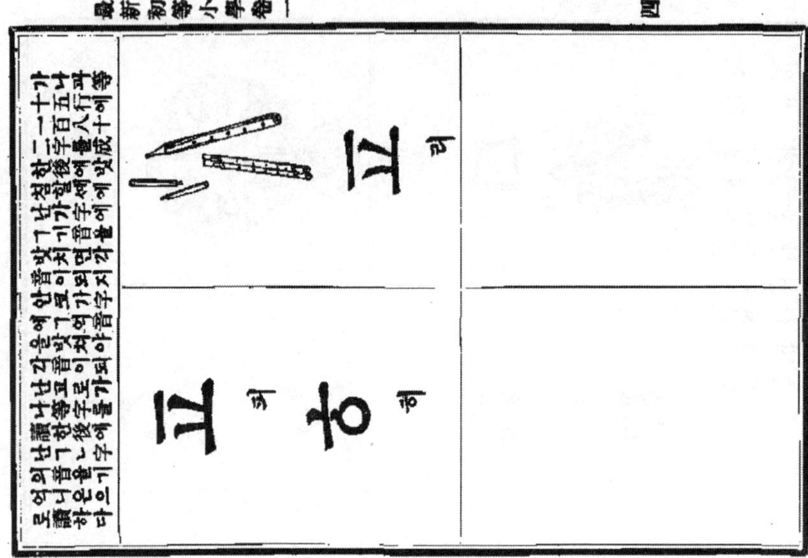

最新初等小學卷一

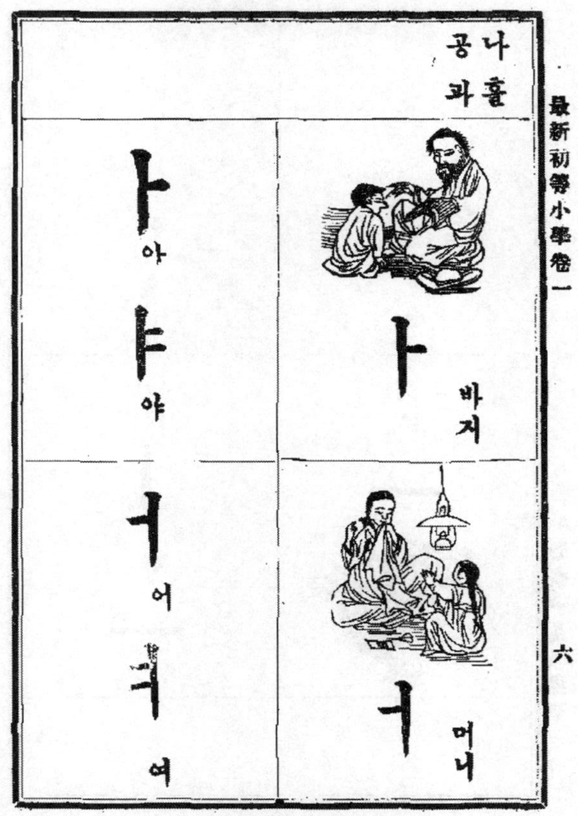

나홀 공과

ㅏ 바지

ㅓ 머니

ㅏ 아 ㅑ 야 ㅓ 어 ㅕ 여

六

最新初等小學卷一

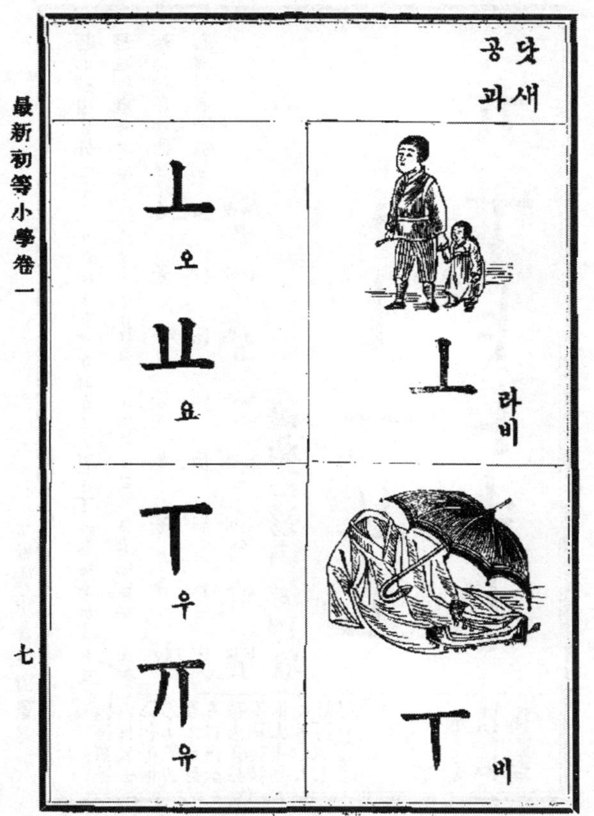

닷새 공과

ㅗ 라비

ㅜ 비

ㅗ 오 ㅛ 요 ㅜ 우 ㅠ 유

七

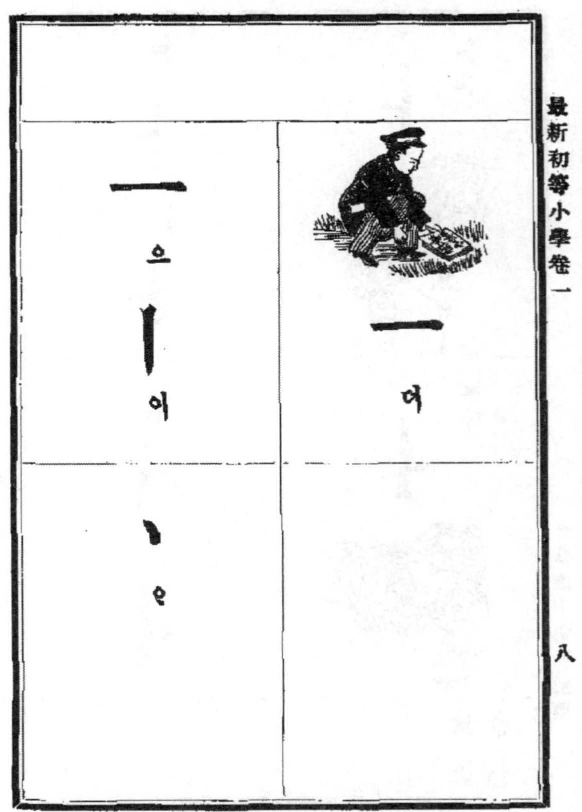

最新初等小學卷一 八

一 어

一 으

ㅣ 이

ㆍ ᄋᆞ

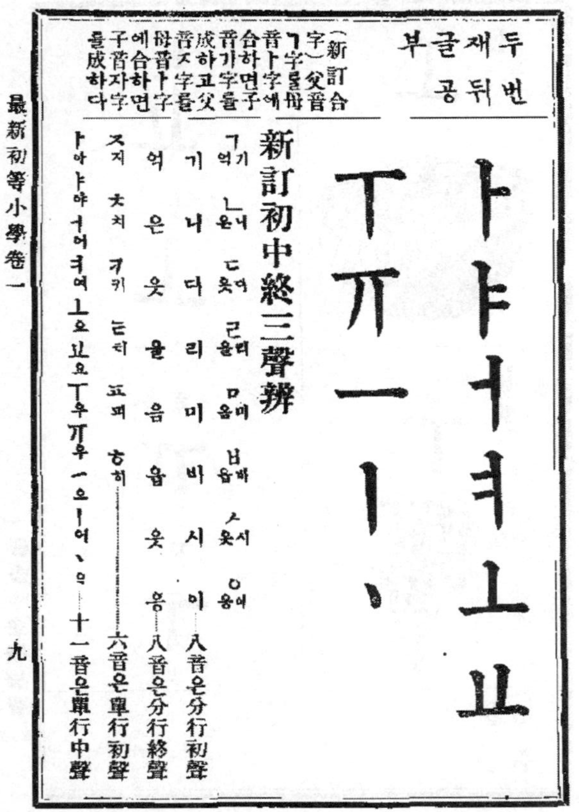

最新初等小學卷一 九

두번재 뒤 글공부

(新訂合字)父音ㄱ字를母音ㅏ字에合하면子音가字를成하고父音ㅈ字를母音ㅏ字에合하면子音자字를成하다

ㅏ ㅑ ㅓ ㅕ ㅗ ㅛ

ㅜ ㅠ ㅡ ㅣ ㆍ

新訂初中終三聲辨

ㄱ기역 ㄴ니은 ㄷ디옷 ㄹ리을 ㅁ미음 ㅂ비읍 ㅅ시옷 ㅇ이응

기 니 디 리 미 비 시 이……八音은分行初聲

억 은 옷 을 음 읍 옷 응……八音은分行終聲

ㅈ지 ㅊ치 ㅋ키 ㅌ티 ㅍ피 ㅎ히……六音은單行初聲

ㅏ아 ㅑ야 ㅓ어 ㅕ여 ㅗ오 ㅛ요 ㅜ우 ㅠ유 ㅡ으 ㅣ이 ㆍᄋᆞ……十一音은單行中聲

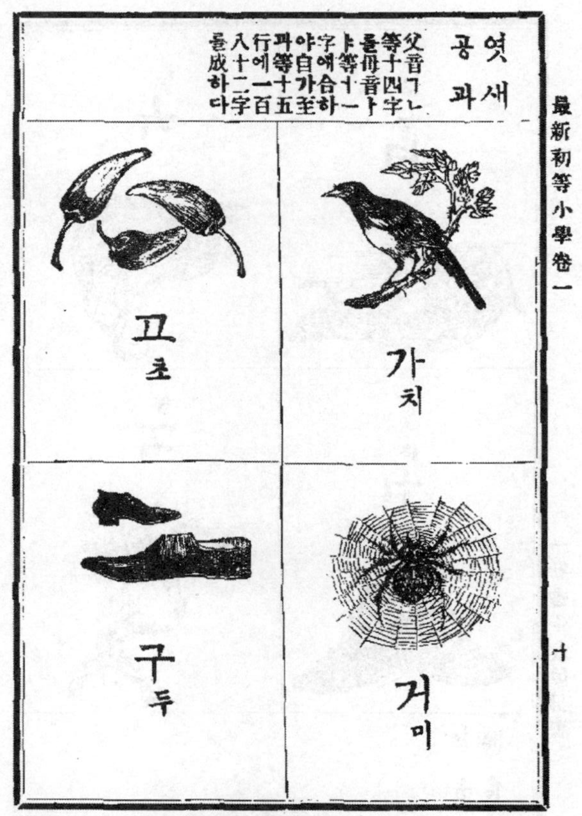
最新初等小學卷一
엿새 공과
父音ㄱㄴ等十四字를冊音ㅏㅑ等ㅣ一字에合하야自가至파等十五行에一百入十二字를成하다
가치
거미
고초
구두
十

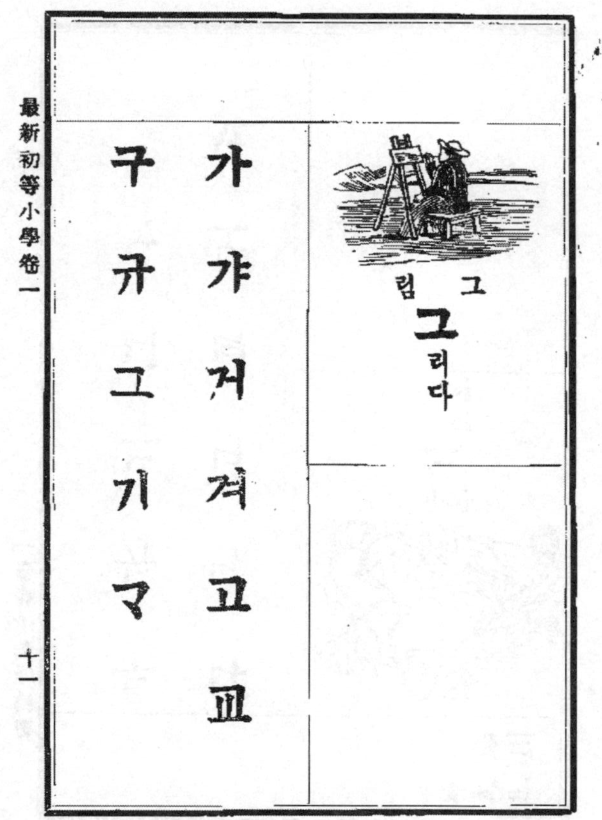
最新初等小學卷一
그림
그리다
가 갸 거 겨 고 교
구 규 그 기 ᄀᆞ
十一

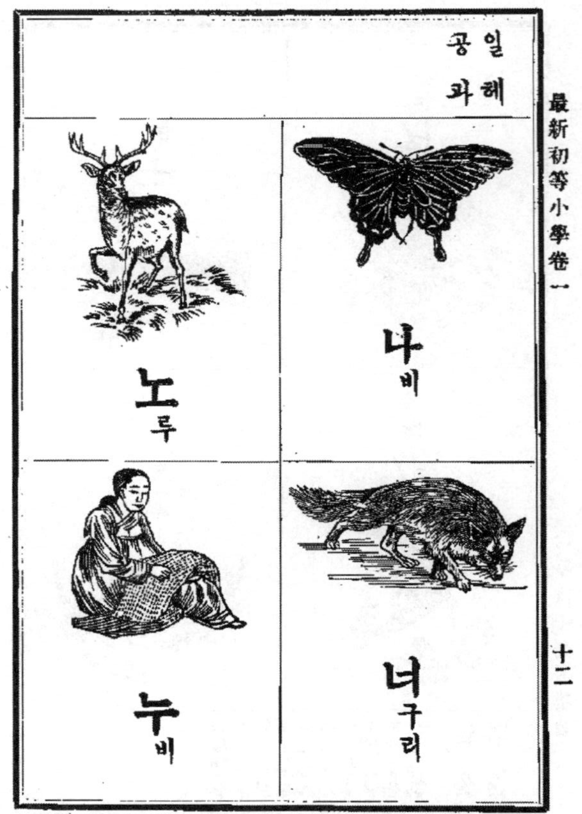
最新初等小學卷一
일헤 공과
나비
노루
너구리
누비
十二

最新初等小學卷一
여드래 공부
가지 느러져
나 냐 너 녀 노 뇨
누 뉴 느 니 ᄂᆞ
十三

아래과
호공

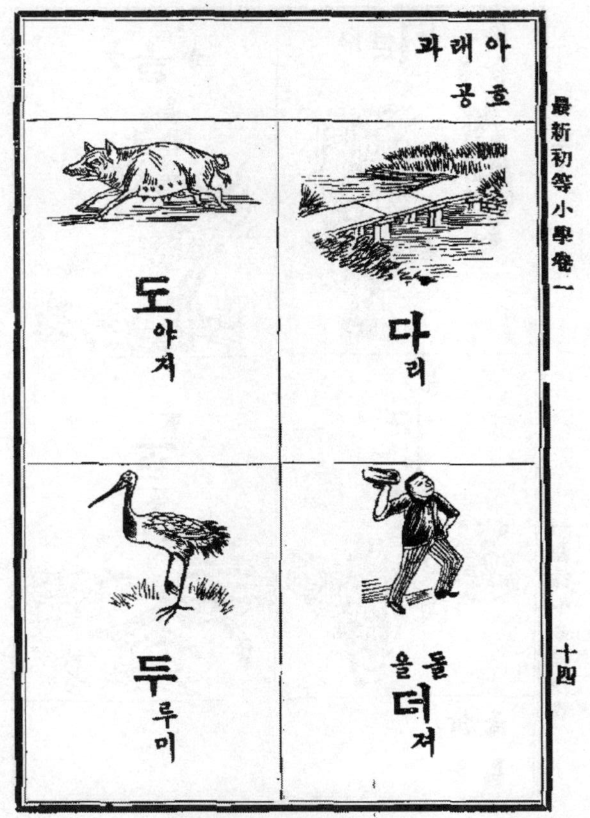

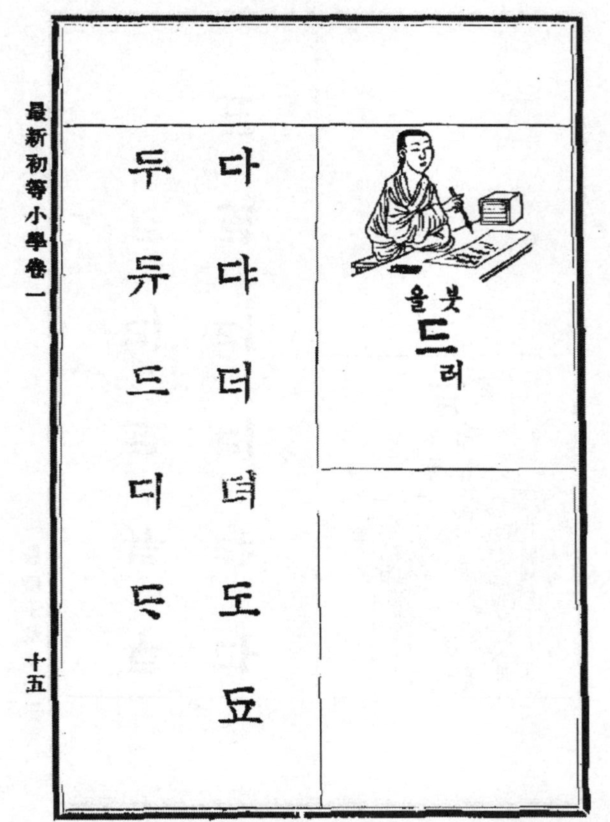

最新初等小學卷一 十六

열흘 공과

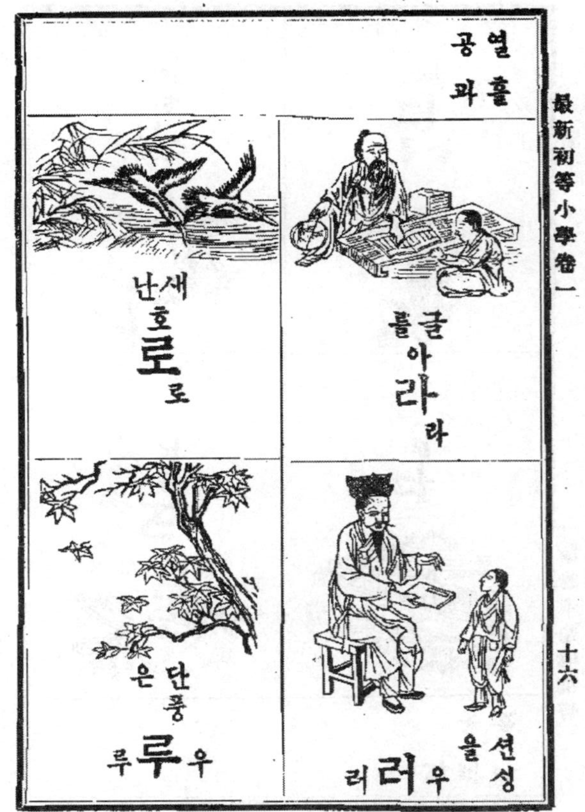

最新初等小學卷一 十七

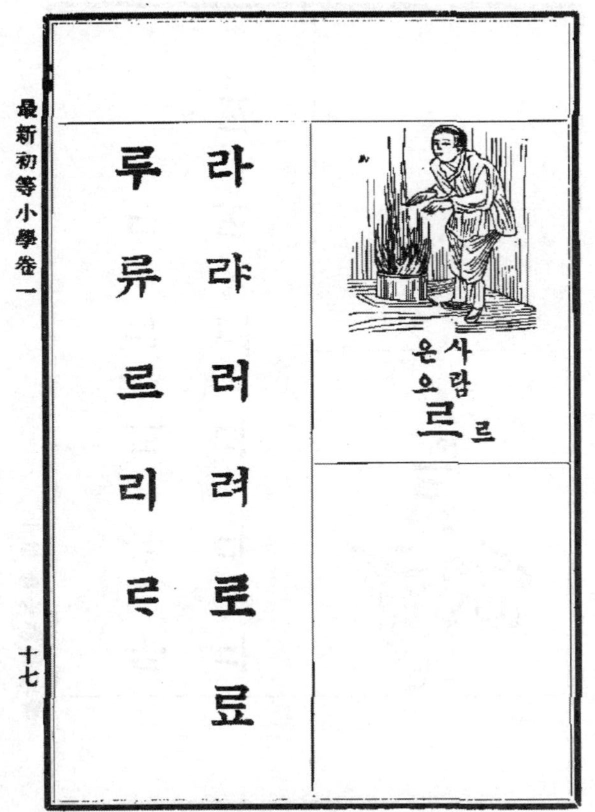

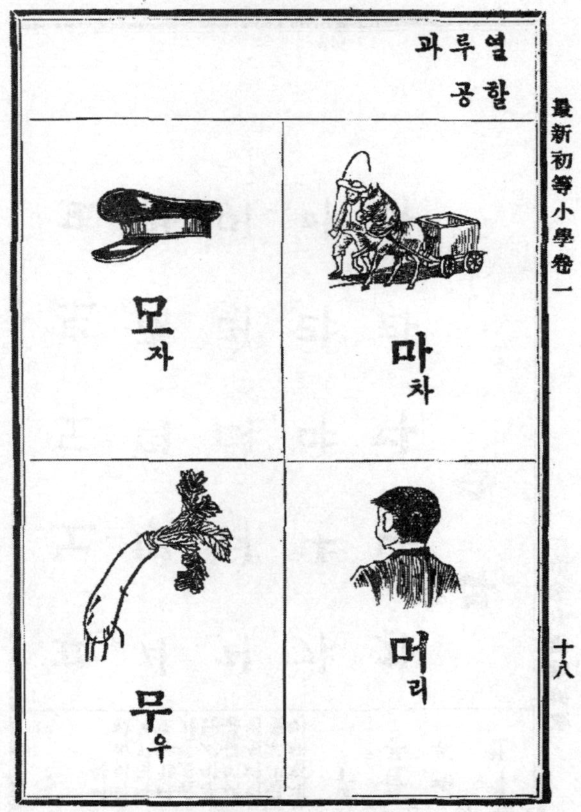

열루과
할공

마차

머리

모자

무우

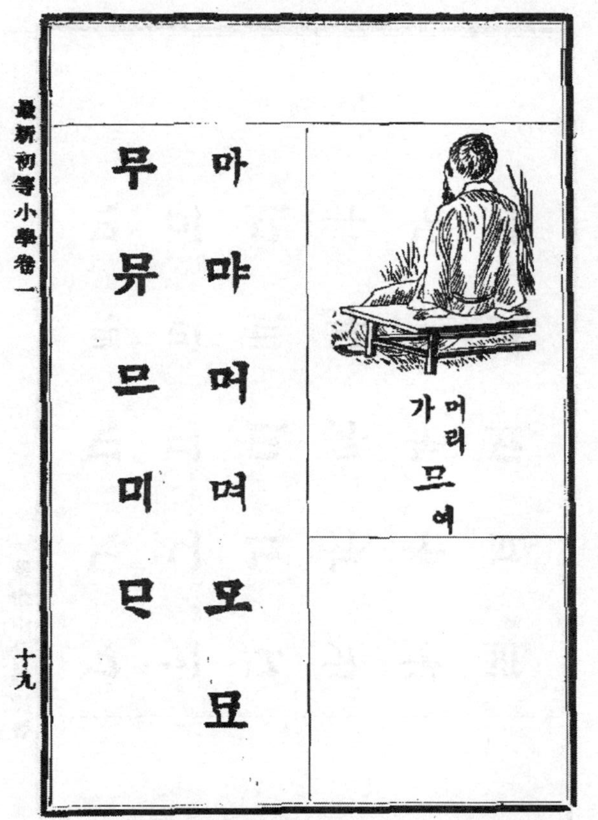

마 먀 머 며 모 묘

무 뮤 므 미 ᄆᆞ

세번재뒤 글공부

세번재뒤 글공부끗 허다셧번 재뒤글공 부싸지난 글ᄌᆞ를가 나갸나로 다셧ᄌᆞ사 익히계합 이라

복습

가 나 다 라 마

갸 냐 댜 랴 먀

거 너 더 러 머

겨 녀 뎌 려 며

고 노 도 로 모

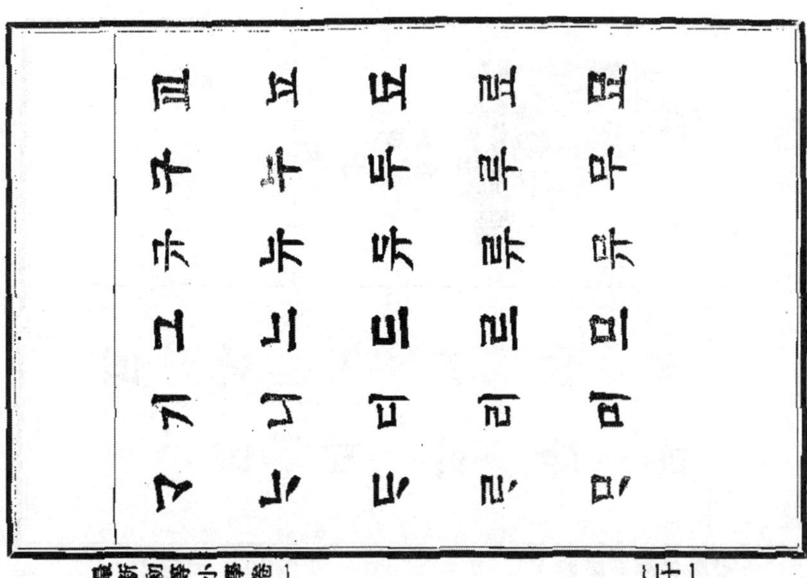

교 뇨 됴 료 묘

구 누 두 루 무

규 뉴 듀 류 뮤

그 느 드 르 므

기 니 디 리 미

ᄀᆞ ᄂᆞ ᄃᆞ ᄅᆞ ᄆᆞ

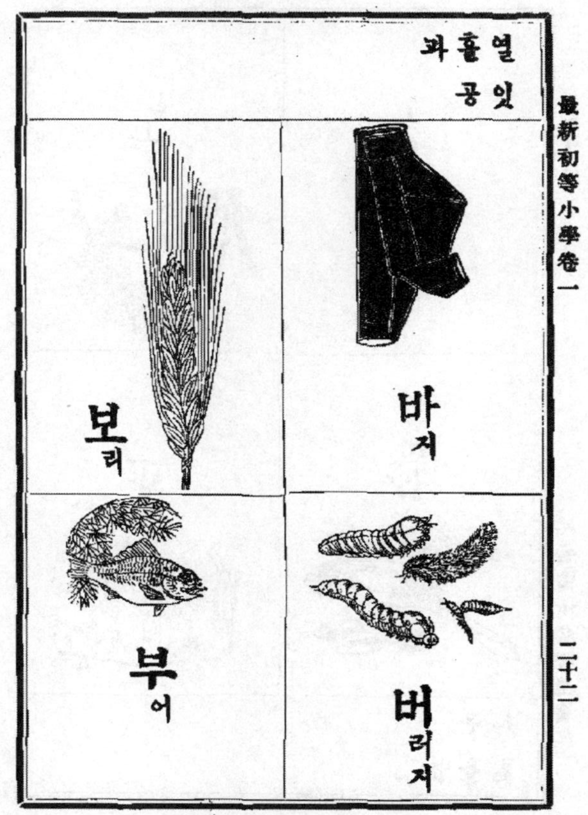
最新初等小學卷一 二十二

열홀과
잇공

바지
버러지
보리
부어

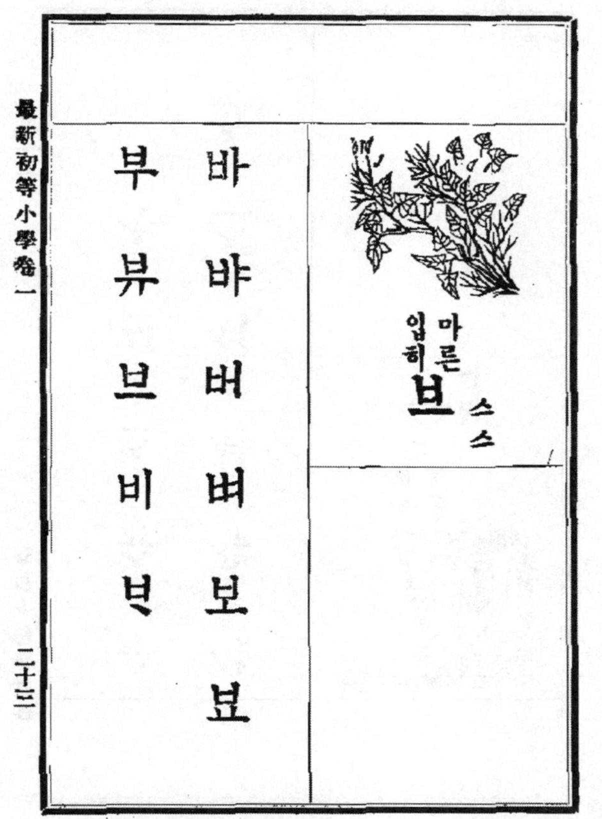
最新初等小學卷一 二十三

마른
입히
브스스

바 뱌 버 벼 보 뵤
부 뷰 브 비 ᄇᆞ

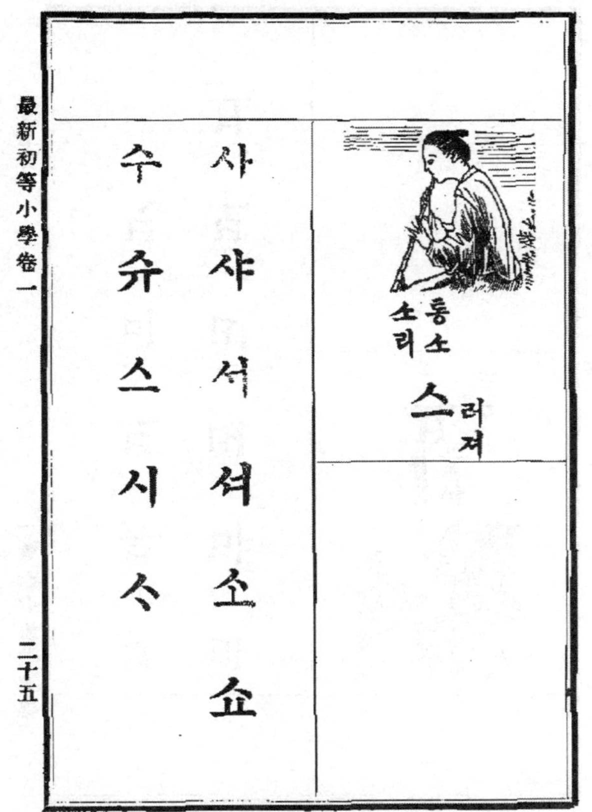
最新初等小學卷一
二十五
사 샤 서 셔 소 쇼
수 슈 스 시 ᄉᆞ

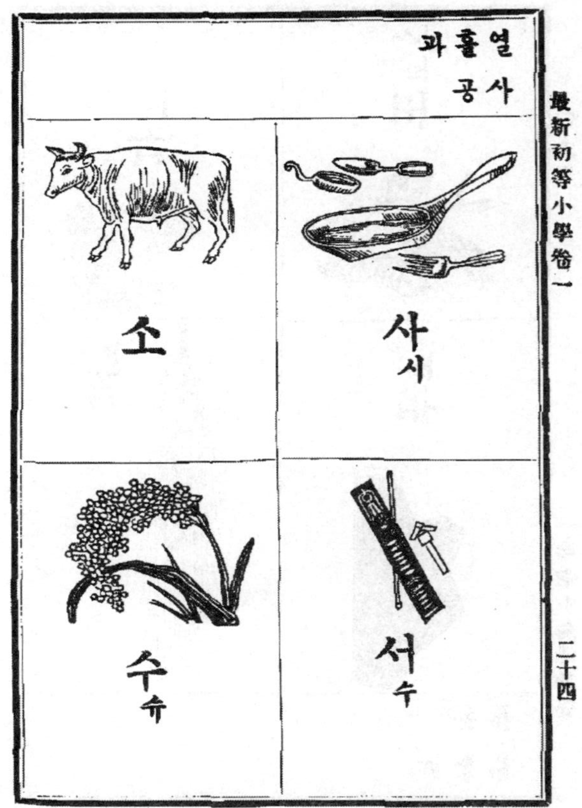
最新初等小學卷一
二十四
열홀과
사공
사시
소
서수
수슈

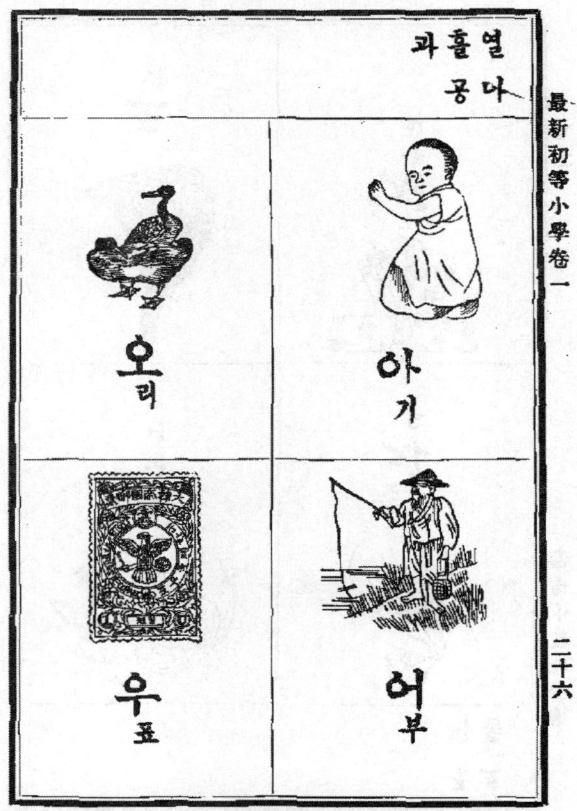
열홉과
다공
아기
어부
오리
우표

이물으니
아 야 어 여 오 요
우 유 으 이 ᄋᆞ

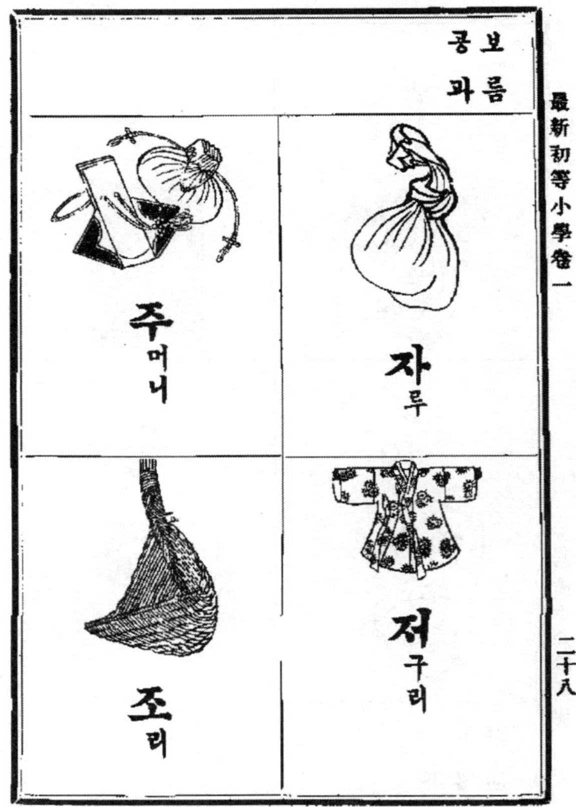
最新初等小學卷一 二十八

보름 공과

자루

저구리

주머니

조리

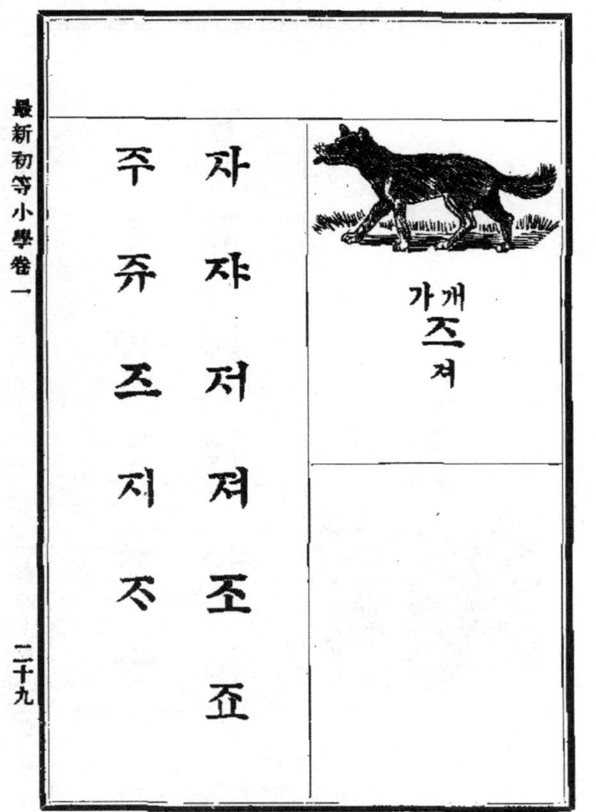
最新初等小學卷一 二十九

가개즈져

자 쟈 저 져 조 죠

주 쥬 즈 지 ᄌ

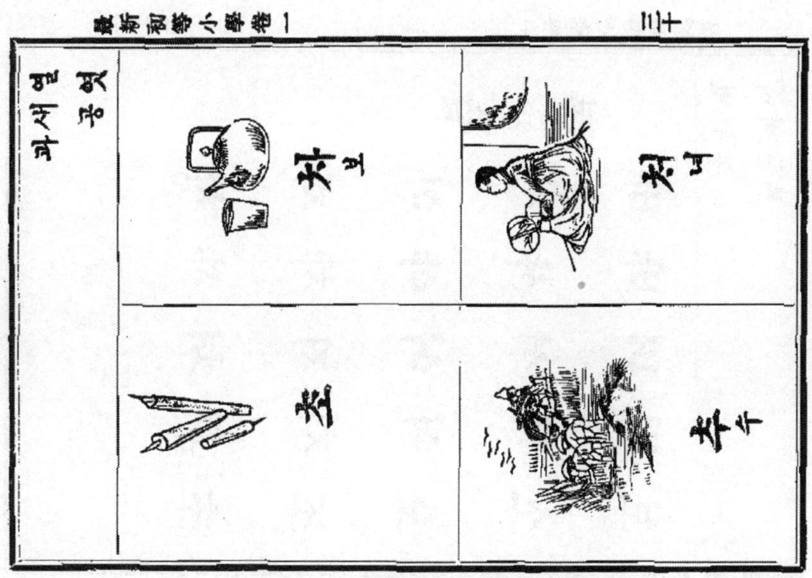
最新初等小學卷一
三十
열새과
엿공
차보
쳐녀
초
추수

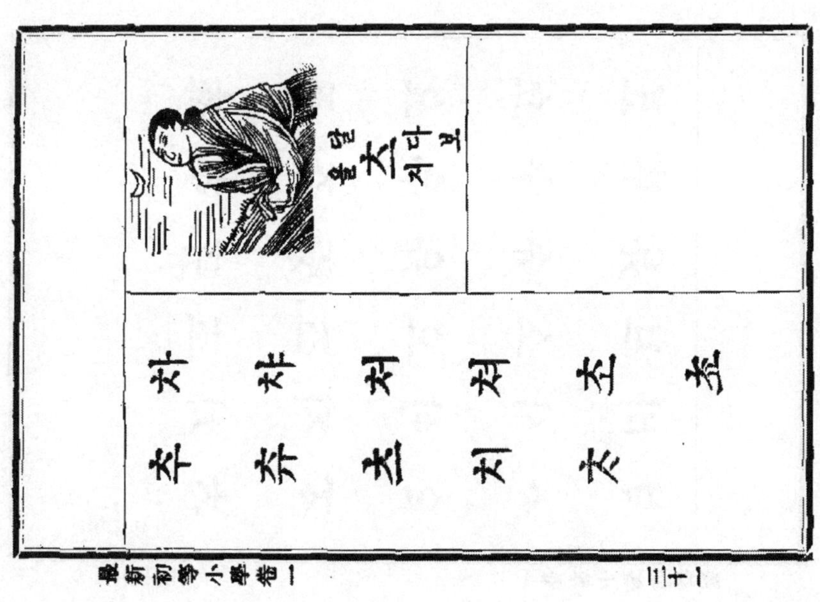
最新初等小學卷一
三十一
달을 ᄎ지 다보
차 챠 처 쳐 초 쵸
추 츄 츠 치 ᄎ

네번재 뒤글공부

복습

바 사 아 자 차

뱌 샤 야 쟈 챠

버 서 어 저 처

벼 셔 여 져 쳐

보 소 오 조 초

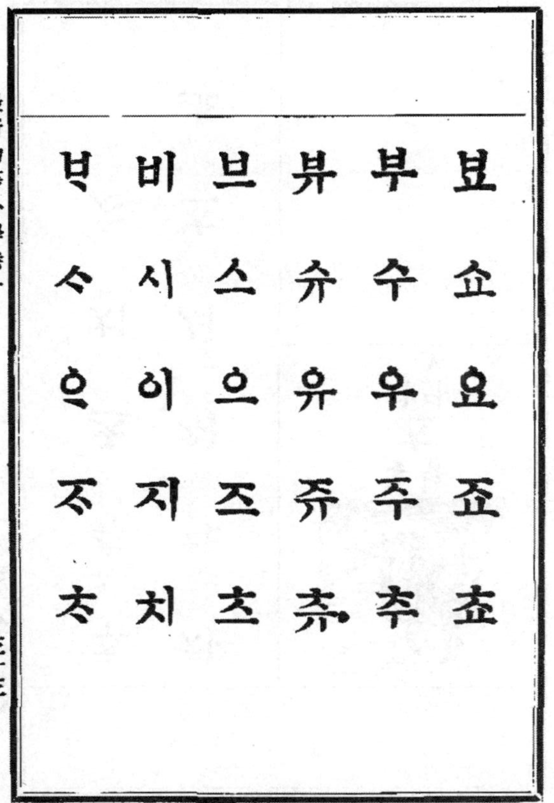

뵤 쇼 요 죠 쵸

부 수 우 주 추

뷰 슈 유 쥬 츄

브 스 으 즈 츠

비 시 이 지 치

ᄇᆞ ᄉᆞ ᄋᆞ ᄌᆞ ᄎᆞ

열일 혜공 과

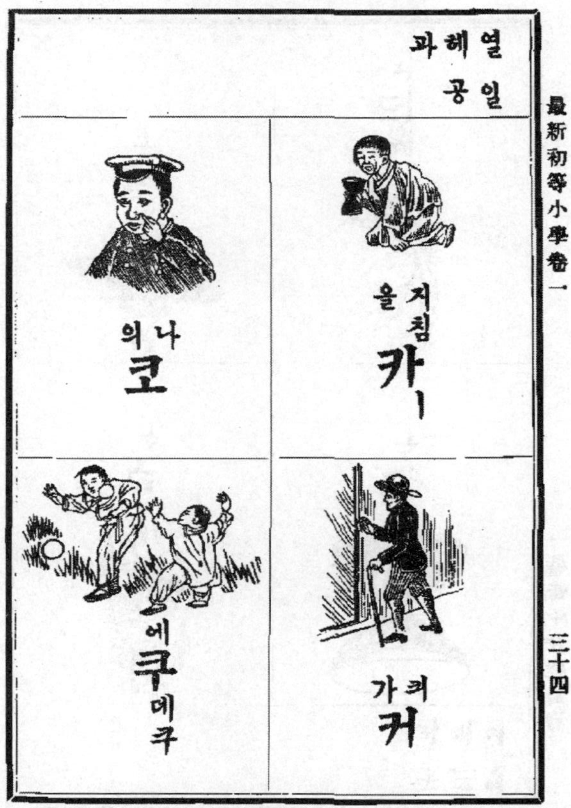

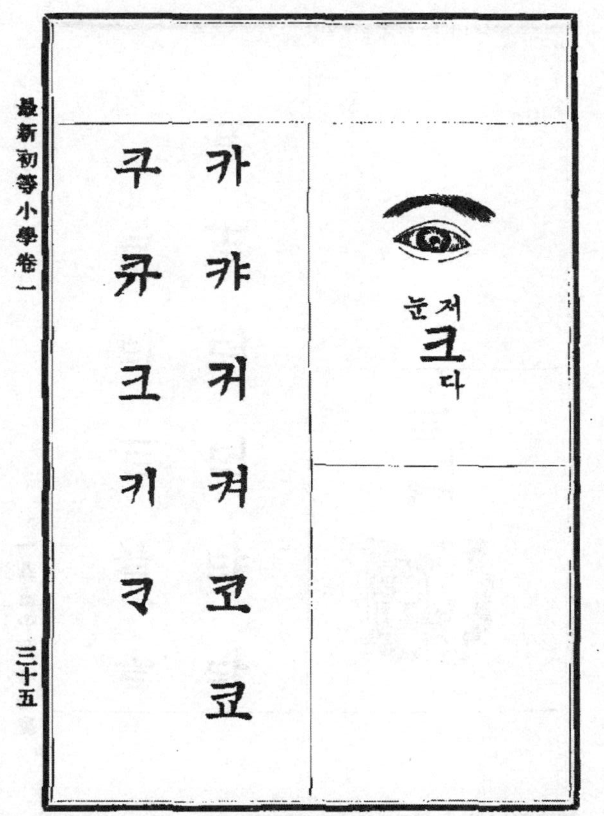

카 캬 커 켜 코 쿄

쿠 큐 크 키 ㅋ

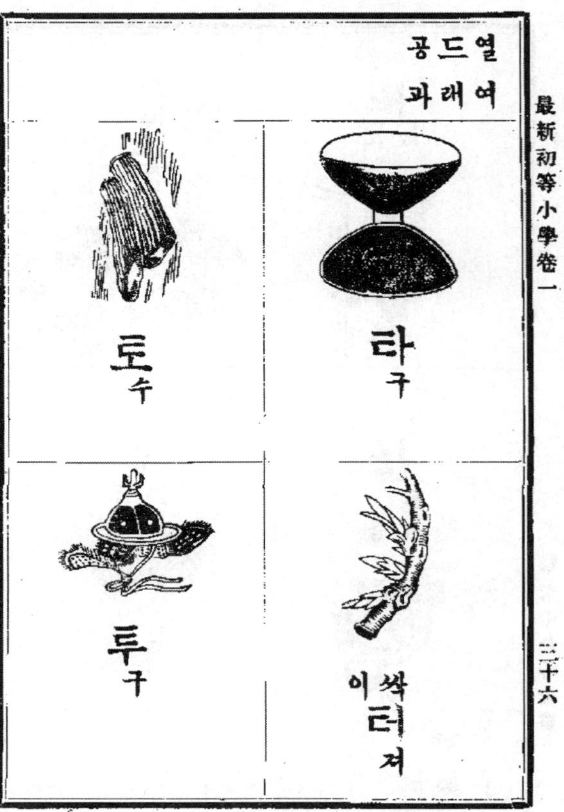
最新初等小學卷一
三十六
열드공
여래과
타구
토수
투구
이싹터져

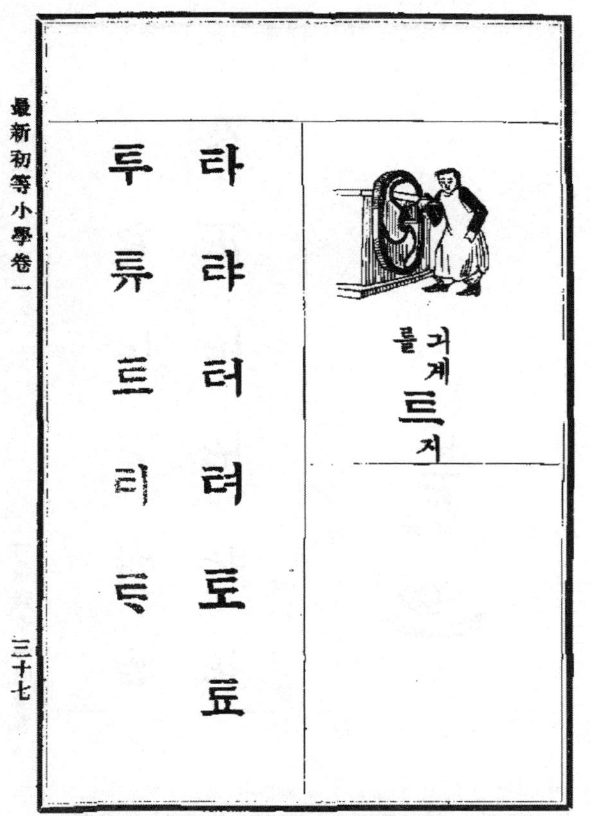
最新初等小學卷一
三十七
기계를
트지
타 탸 터 텨 토 툐
투 튜 트 티 ᄐᆞ

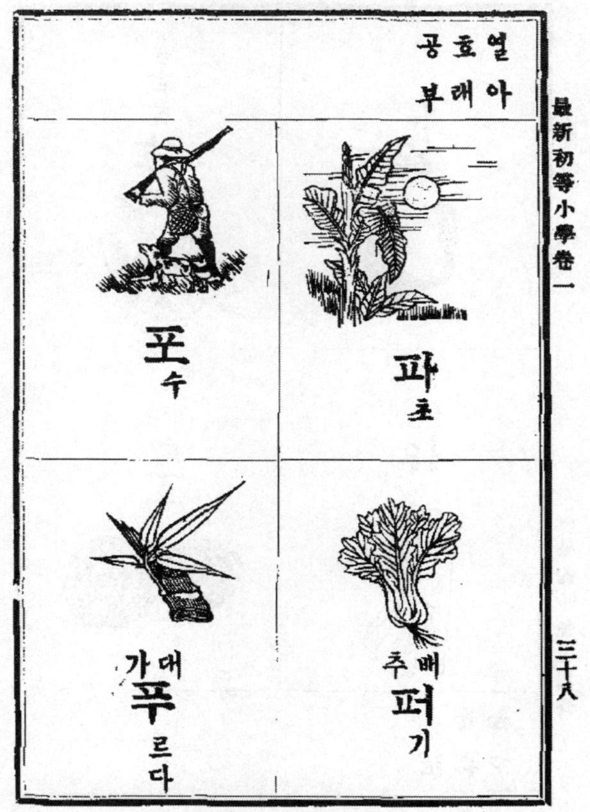

열아효래 공부

파초

포수

배추 펴기

대가 푸르다

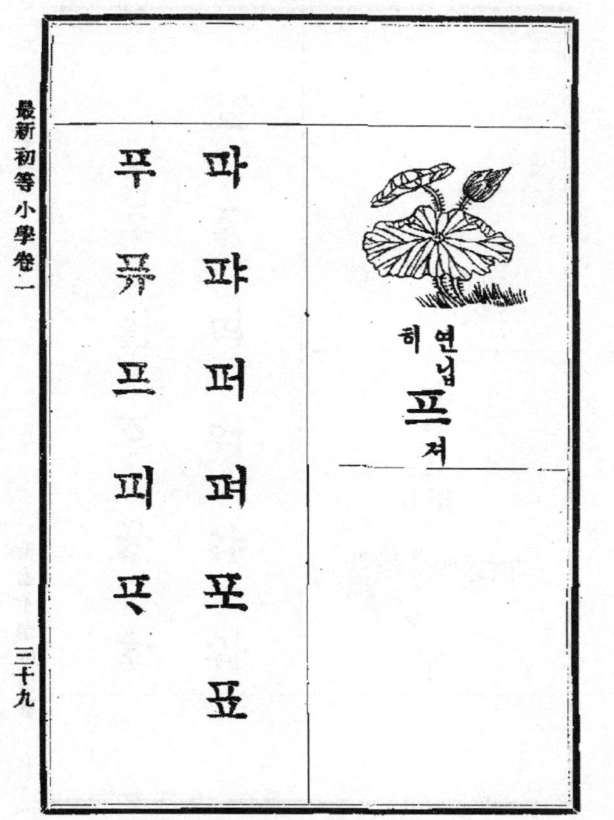

연닙히 프져

파 퍄 퍼 펴 포 표

푸 퓨 프 피 ᄑᆞ

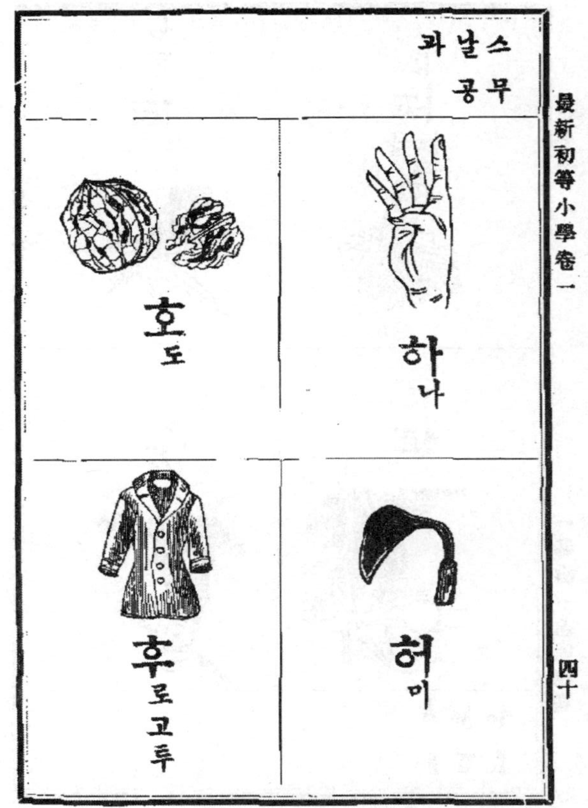

스무날공과

하나

호도

허미

후로고투

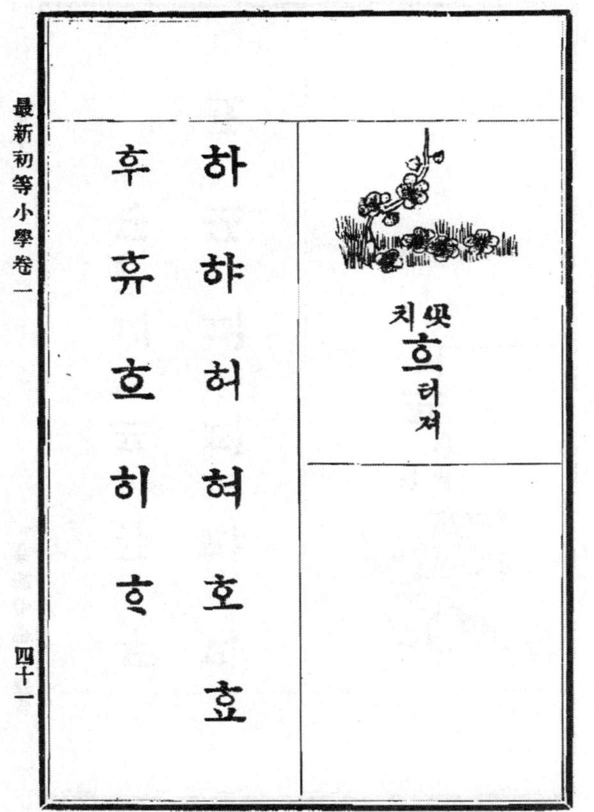

쏫치 흐터져

하 햐 허 혀 호 효

후 휴 흐 히 ᄒᆞ

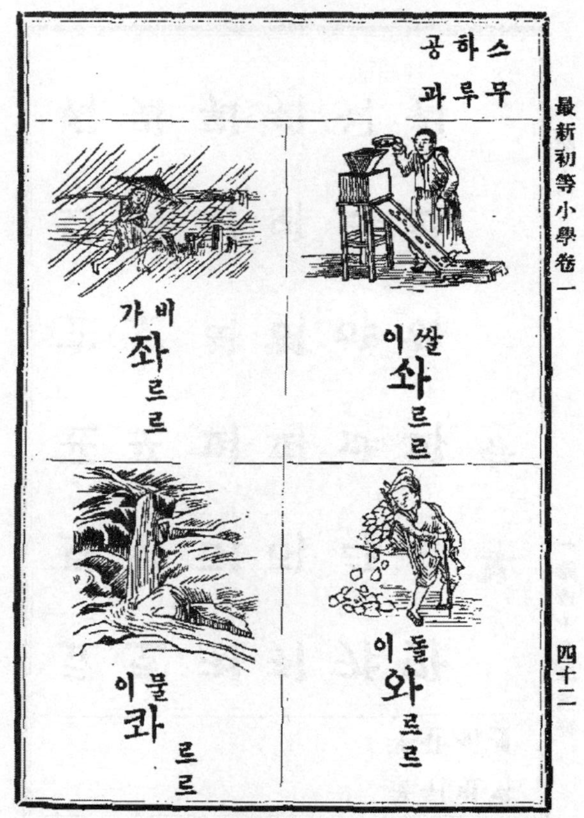

스무 하루 공과

쌀이 솨르르

돌이 와르르

비가 좌르르

물이 콰르르

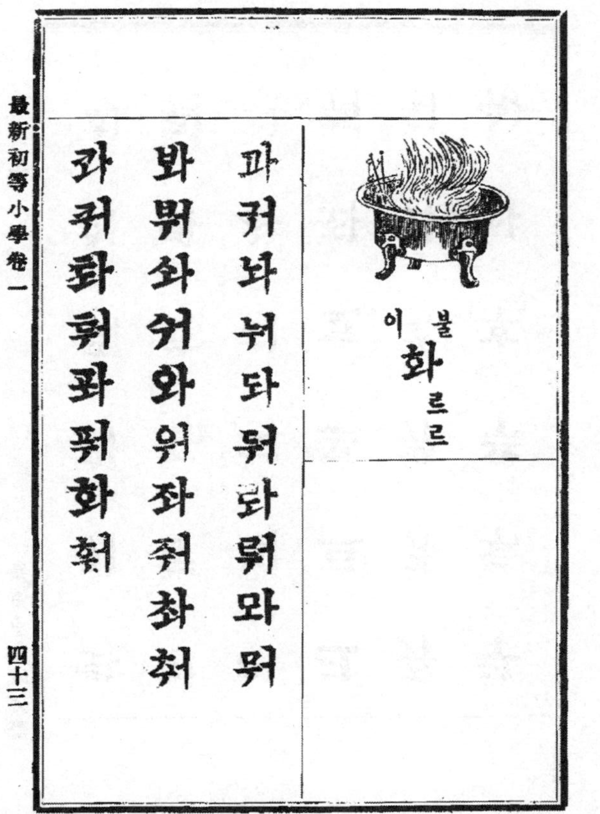

불이 화르르

과 궈 놔 눠 돠 둬 롸 뤄 뫄 뭐

봐 붜 솨 숴 와 워 좌 줘 촤 춰

콰 쿼 톼 퉈 퐈 풔 화 훠

다섯번재글뒤공부

복습

카 캬 커 켜 코 쿄
타 탸 터 텨 토 툐
파 퍄 퍼 펴 포 표
하 햐 허 혀 호 효
과 놔 돠 롸 뫄 봐
궈 눠 둬 뤄 뭐 붜

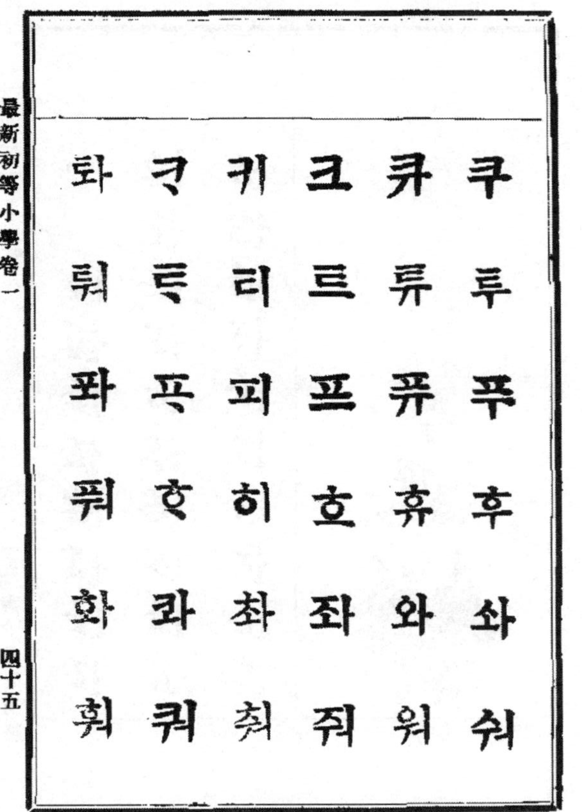

쿠 큐 크 키 ᄏᆞ 톼
투 튜 트 티 ᄐᆞ 퉈
푸 퓨 프 피 ᄑᆞ 퐈
후 휴 흐 히 ᄒᆞ 풔
솨 와 좌 촤 콰 화
숴 워 줘 춰 쿼 훠

ㄱ 기 가갸거겨고교구규그기ᄀᆞ 과궈
ㄴ 니 나냐너녀노뇨누뉴느니ᄂᆞ 놔눠
ㄷ 디 다댜더뎌도됴두듀드디ᄃᆞ 돠둬
ㄹ 리 라랴러려로료루류르리ᄅᆞ 롸뤄
ㅁ 미 마먀머며모묘무뮤므미ᄆᆞ 뫄뭐
ㅂ 비 바뱌버벼보뵤부뷰브비ᄇᆞ 봐붜
ㅅ 시 사샤서셔소쇼수슈스시ᄉᆞ 솨숴

ㅇ 이 아야어여오요우유으이ᄋᆞ 와워
ㅈ 지 자쟈저져조죠주쥬즈지ᄌᆞ 좌줘
ㅊ 치 차챠처쳐초쵸추츄츠치ᄎᆞ 촤춰
ㅋ 키 카캬커켜코쿄쿠큐크키ᄏᆞ 콰쿼
ㅌ 티 타탸터텨토툐투튜트티ᄐᆞ 톼퉈
ㅍ 피 파퍄퍼펴포표푸퓨프피ᄑᆞ 퐈풔
ㅎ 히 하햐허혀호효후휴흐히ᄒᆞ 화훠

ㄱ억 ㄴ은 ㄷ읃 ㄹ을 ㅁ음 ㅂ읍 ㅅ읏 ㅣ외 ㅇ응

가字에억하면각하고가字에은하면간하고가字에읃하면갇하고가字에을하면갈하고가字에음하면감하고가字에읍하면갑하고가字에읏하면갓하고가字에외하면개하고가字에응하면강하니가나다라파字等일백팔십이字의밧침이모도이와갓다

시무잇홉 공부

뎌、닭、보시오、 수닭은、 뎌리、가고 암닭은、 이리、오고、 병아、리도、

나왓소、새벽에、 데、닭이、날개
를、죽죽、치고、
쇡기오、우난、소래에、내가、일직、
갯소、
누의와、오라비가、일직이、일
어나셔、머리빗고、세수、하고、

시무사홀
공부
父母

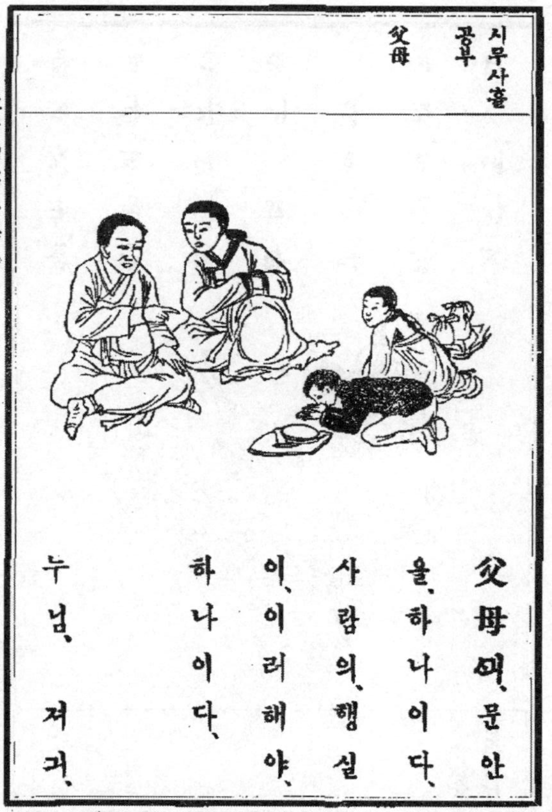

父母씌、문안
을、하나이다、
사람의、행실
이、이러해야、
하나이다、
누님、져긔、

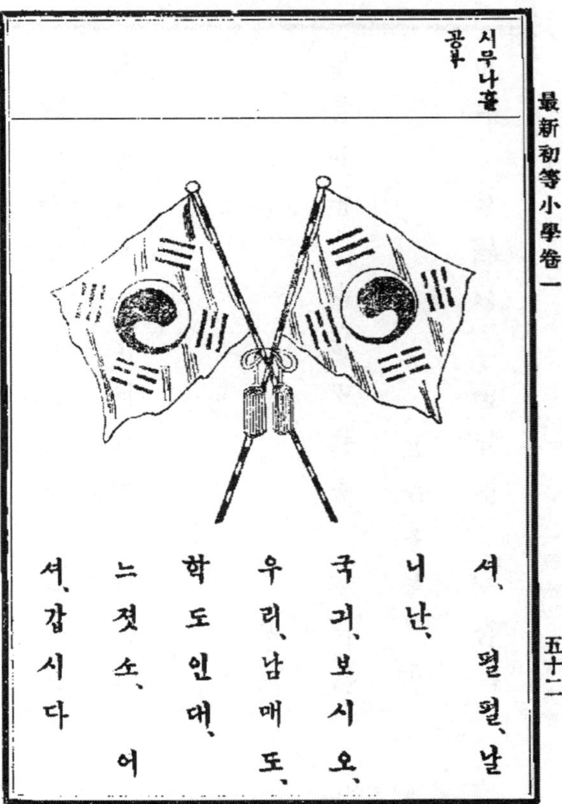

시무나흘 공부

서、펄펄、날
니난、
국긔、보시오、
우리、남매도、
학도인대、
느젓소、어
서갑시다

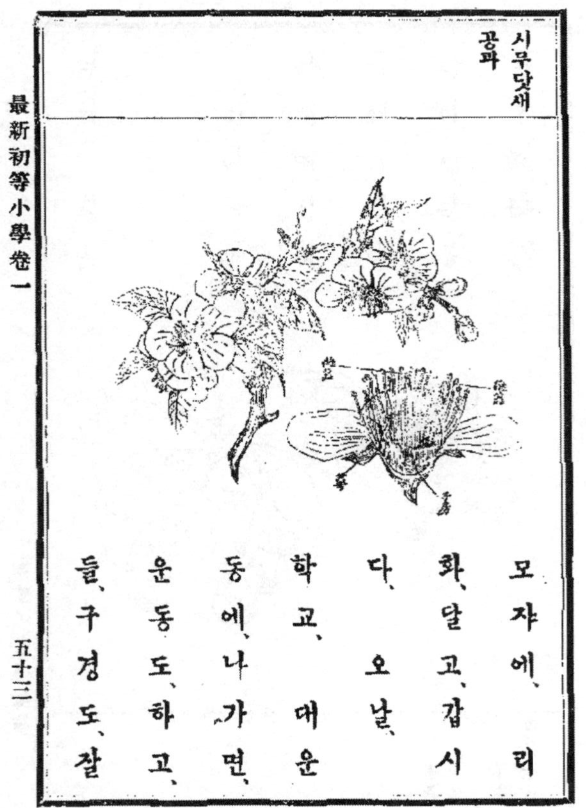

시무닷새 공과

모쟈에、리
화、달고、갑시
다、오날、
학교、대운
동에、나가면、
운동도、하고、
들、구경도、잘

하갯소、

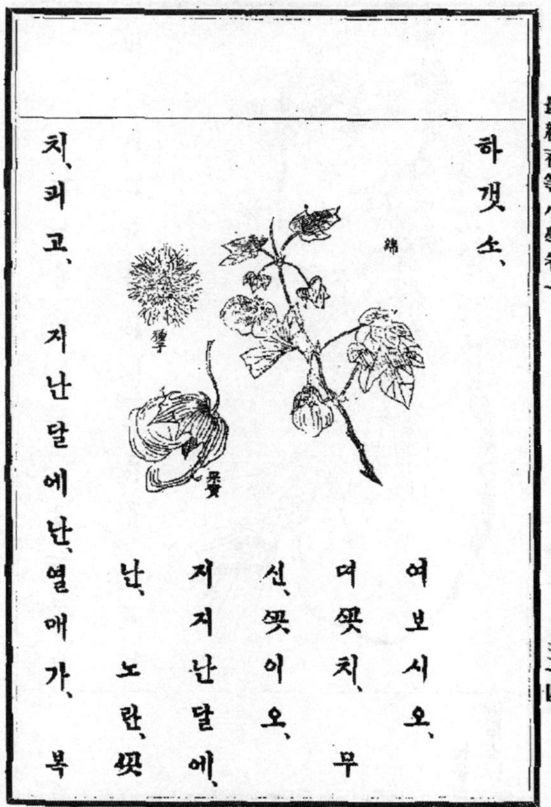

여보시오、

며꽃치、 무

선、꽃이오、

지지난달에、

난、노란、꽃

치、피고、 지난달에난、열매가、 복

송아、갓머니、 직금은、 하얀、꽃치、

만발하얏소、

그꽃은、우리의、 의복하난、면화、꽃

이니、 꽃중에、됴흔、꽃치、올시다

벼、보시오、 벼、이삭、이올시다、 벼

의、쌀로、 세상、사람들이、밥을、해、

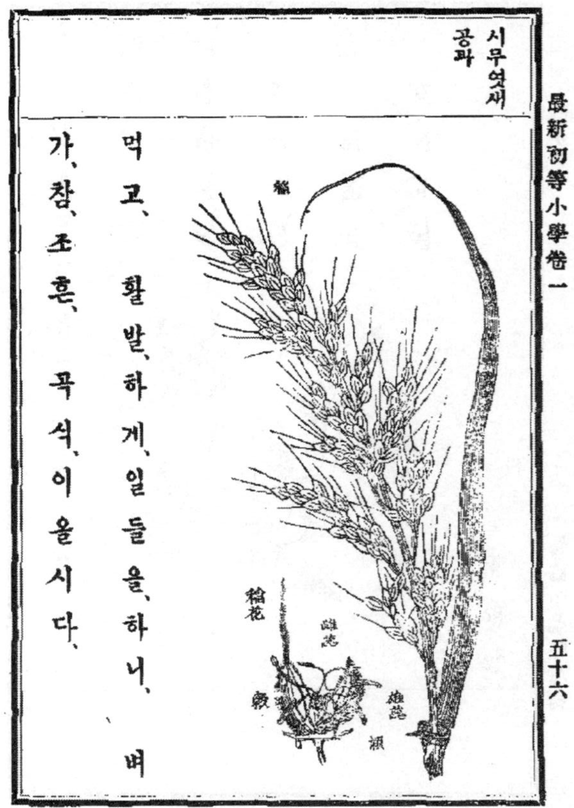

시무엿새 공과

먹고、 활발、하게、일들을、하니、 벼
가、참、조흔、 곡식、이올시다、

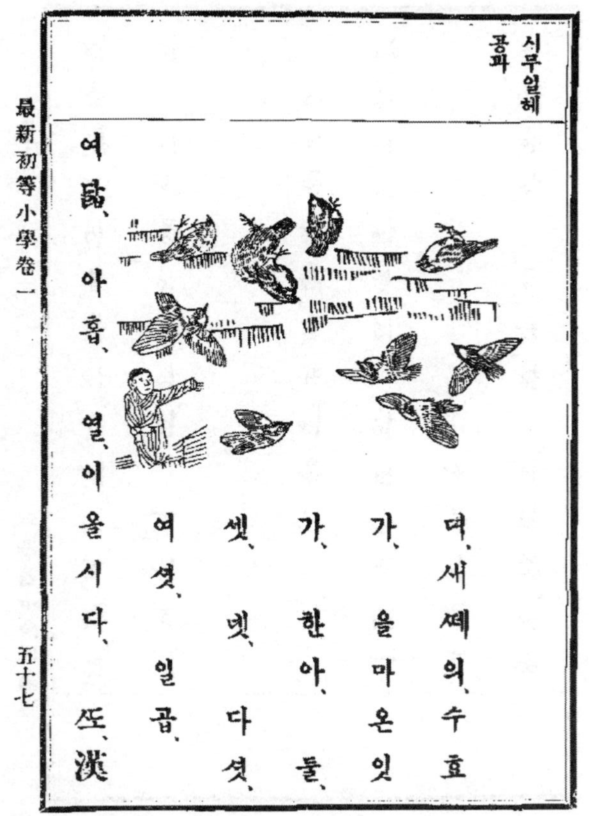

시무일헤 공과

며、새쎄의、수효
가、 을마온잇
가、한아、둘、
셋、 넷、다셧、
여셧、 일곱、
여덟、아홉、 열、이올시다、 또、漢

漢文一二
三四五六
七八九十
日東西南
北夜船海
上指鍼向
方

文、글자로、 혜여、보니、一、二、三、四、五、
六、七、八、九、十、이올시다、
우리들이、 日이、돗기、젼에、 배를、
타고、 큰、바다에、나가니、향방을、
알수、업스나、 지남쳘、 갓을、보니、
東、西、南、北、이분명、하오이다、 그런、

시무여들
애공와
人身體頭
面耳目口
鼻聲音形
色飲食臭
全胴手足

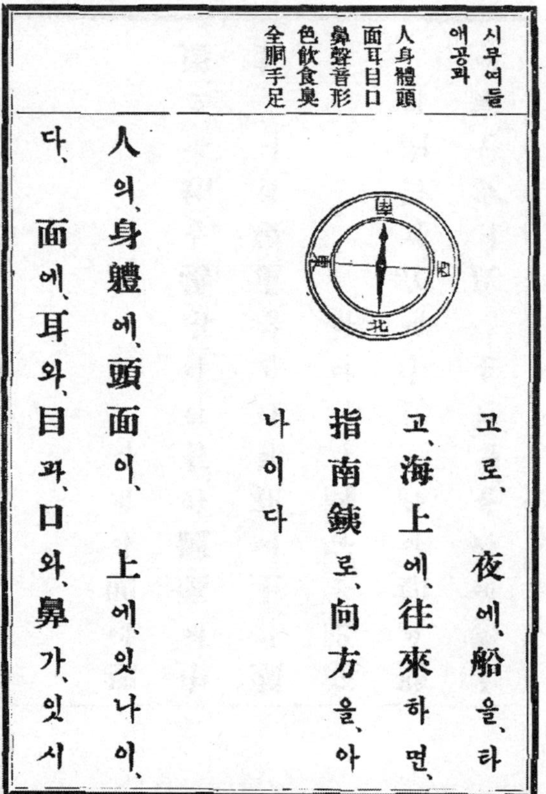

고로、 夜에、船을、타
고、海上에、往來하면、
指南鍼로、向方을、아
나이다

人의、身體에、頭面이、 上에、잇나이、
다、 面에、耳와、目과、口와、鼻가、잇시

皮家壁如
其中在骨
肉筋腸守
護重要腦
髓有事物
知道理明

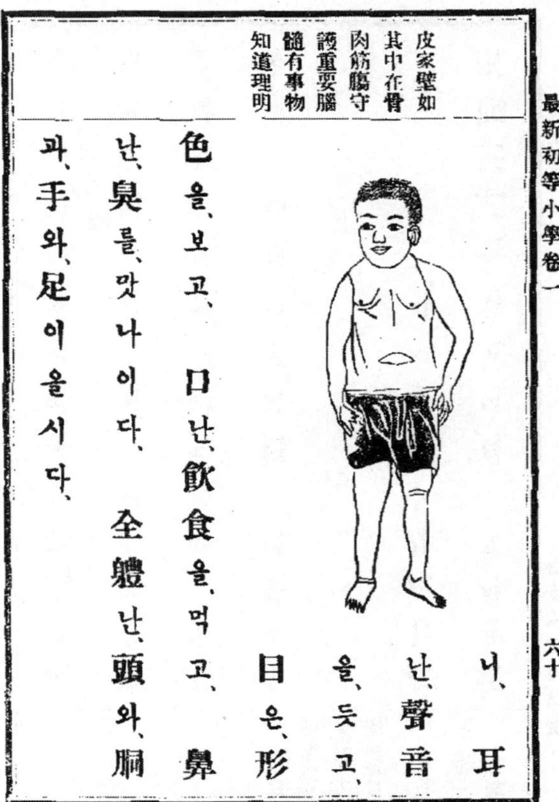

니、 耳난、聲音을、듯고、目은、形色을、보고、 口난、飮食을、먹고、 鼻난、臭를、맛나이다、 全體난、頭와、胴과、手와、足이올시다、

人體에、外를、싼것은、 皮니、皮난、家에、壁과、如하야、 其中에、在한、骨肉과、筋腸을、守護하나이다

頭가、上에、在하야、가장、重要하니、 其中에、腦髓가、有하야、事物을、知하고、道理에、明하외다、

菊花春風
秋寒霜能
故凌高節
氣像學徒
工夫職業
成就

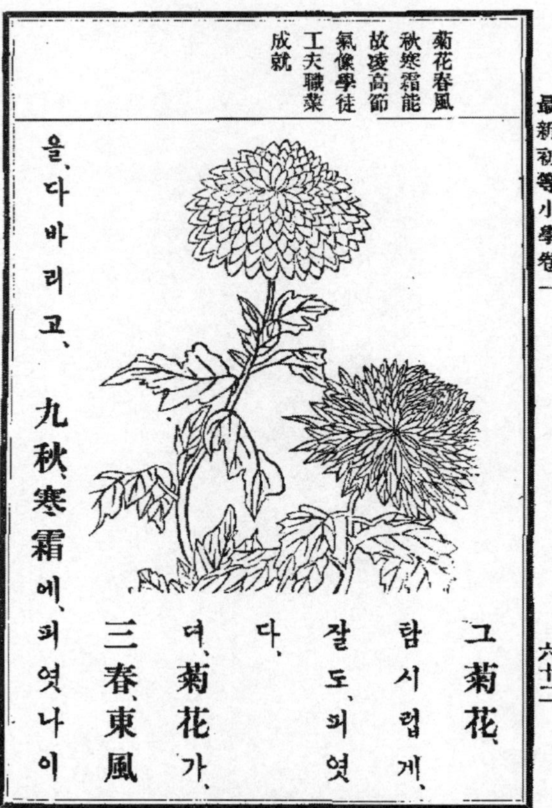

그菊花、탐시럽게、잘도、픠엿다、뎌、菊花가、三春、東風을、다바리고、九秋、寒霜에、픠엿나이

다、뎌、菊花도、風霜을、能히、견대난故로、凌霜高節이라、하나이다、人이、엇지、凌霜하난、氣像으로、어려운것을、견대지、못하오릿가、우리、學徒들은、工夫하난、職業을、成就하야、高節을、세우리로다、

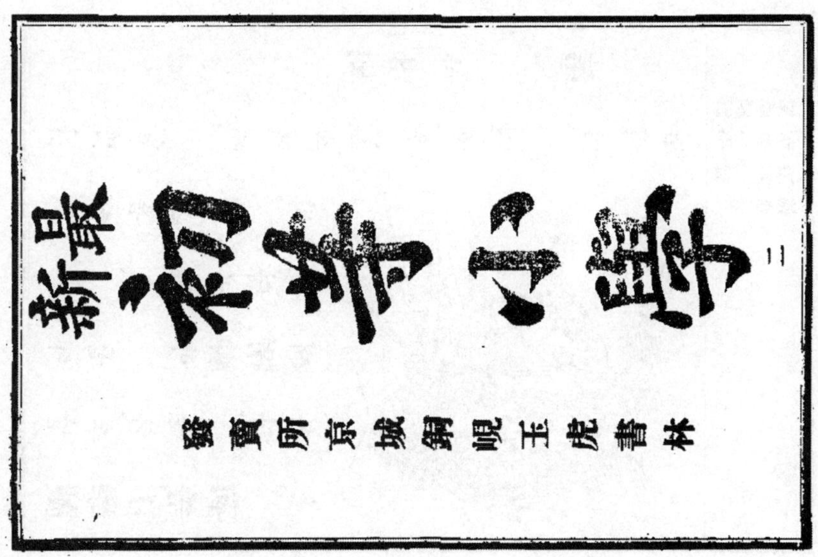
新撰初等小學 二

發賣所京城銅峴玉虎書林

最新 初等小學卷二目次

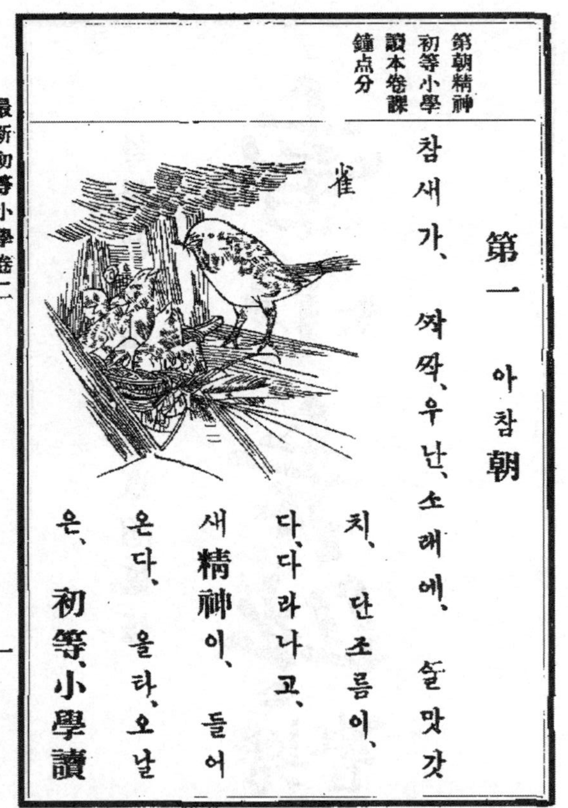

第朝精神 初等小學 讀本卷課 鐘点分

第一 아참朝

참새가、짹짹、우난、소래에、술맛갓치、단조름이、다、다라나고、새精神이、들어온다、울타、오날은、初等、小學讀

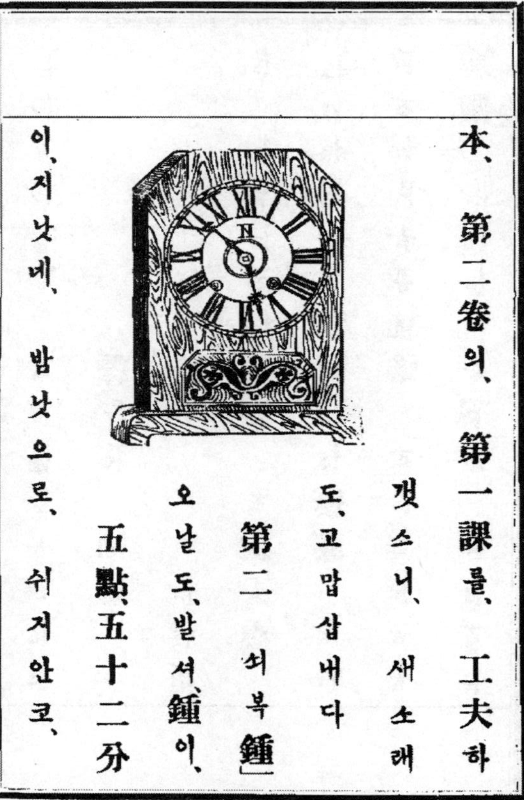

本、第二卷의、第一課를、工夫하
갯스니、새소래
도、고맙삽내다
第二 쇠북鍾
오날도、발셔、鍾이、
五點、五十二分
이、지낫네、밤낫으로、쉬지안코、

步兒孩法
國旗喇叭
進退遲速
齊童子軍
勇參

똑똑、딱딱、도라가니、우리도、쉬지말
고、工夫、
합시다、
第三
거름步
學徒、兒孩
들이、 만

히모혀서、 步法을、 익힐새、 國旗를、든、자도 잇고、 喇叭을、부난자도、잇난대、 進退와、 遲速이、一齊하외다、 童子軍도、 한번、싸온다、하니、 참 勇하다、

第四 인삼蔘

더것은、무슨풀인고、 人蔘이올시다、

藥病蜂項
羽將師圖

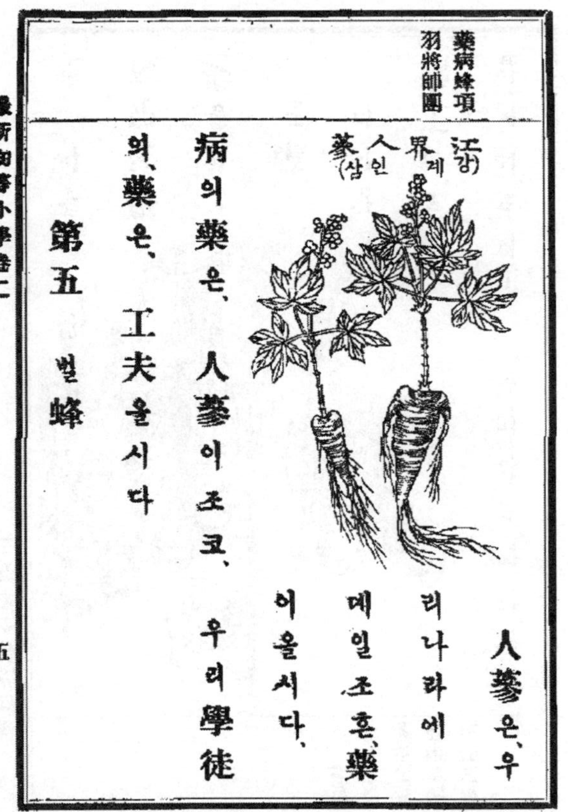

人蔘은、우리나라에 데일조흔、藥이올시다、 病의藥은、人蔘이조코、 우리學徒의、藥은、 工夫올시다

第五 벌蜂

뎌긔、벌어잇소、 쏘면엇지하나、 쇼
고마한、버러지가、 재집을、근듸리면、 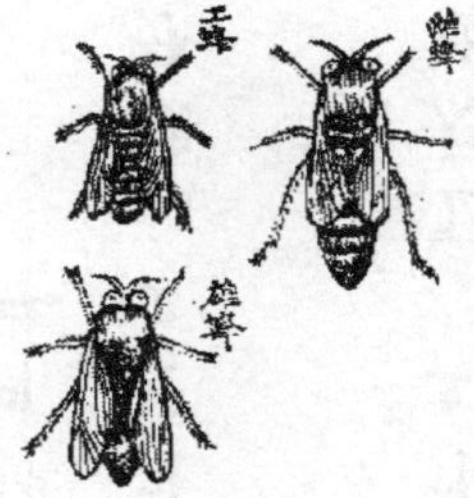
項羽갓흔、將帥라도、
우루루、나와쏘니、 된쌰
蜂軍은、團體가、
닥이올시다、 뎌벌도
수벌과、 암벌과、 역샤하난、벌과、

紀律整齊
復習

왕벌이、잇서서、 각각、職分을、직회고、
紀律이、整齊하니、 人이、엇지、벌만、
못하리잇가、

復習 一

工夫하난、學徒난、 새소래가、고맙다
고、하나이다、
鍾이쪽쪽、 도라가난대로、 工夫를、

부지런이、 하리로다、

童子軍의、 步法이、勇하외다、

人蔘은、病에藥이오、 工夫난、學徒의

藥이올시다、

蜂軍은、 團體가잇고、 職分을、직희

고、 紀律이、잇나이다、

第六 메역藿

藿胎生親 巽根校供

나난、늙은、사람이라、 눈이、어두어、

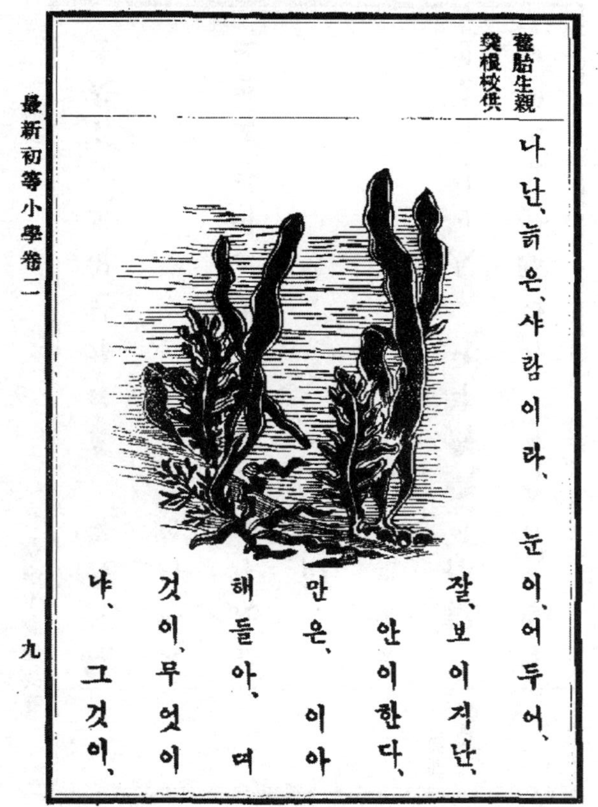

잘、보이지난、

안이한다、

만은、 이아

해들아、 며

것이、무엇이

냐、 그것이、

메역、이람내다、 허허、그럿탄、말이냐、누구던지、胎生하난、日에、그母親에게、藿羹을、供하거날、나난몰낫더니、學童들은、메역의、根本을、다아난고나、學校에、工夫가、조혼것이다、

第七 새鷸휼 조개蚌방

鷸蚌邊島
肉今雨來
不

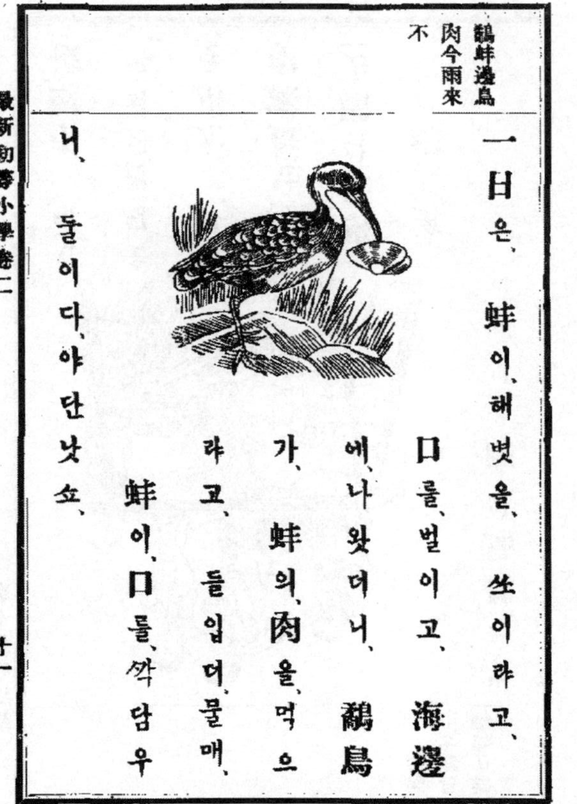

一日은、 蚌이、해볏올、 쏘이랴고、口를、벌이고、 海邊에、나왓더니、 鷸鳥가、蚌의、肉을、먹으랴고、 들입더물매、蚌이、口를、깍담우니、 둘이다、야단낫소、

(鷸) 蚌아、내쥬둥이、노아라、

(蛤) 슬타、너몬져、내살을、노아라、

(鷸) 허허、이조개、보아라、今日도、不雨하고、來日도、不雨하면、말은조개、한아먹갯다、

(蛤) 하하、이鷸鳥야、네쥬둥이가、今日도、不出하고、來日도、不出하면、

膽力此時 長霖大川 運動

내가、鷸鳥의、肉을먹갯다、

第八課

學徒의膽力

此時난、長霖中이라、大川물은、쾅쾅、나려가난대、小學校

에、단이난、兒孩들이、뎌럿케、놉흔、
외나무다리를、건너간다、
뎌兒孩、三人은、運動들에서、運動
하던、버릇으로、膽力잇게、잘도건
너간다、뎌것을보니、運動을、만히
하면、膽力이、大한줄을、알겟다

第九 雉와孔雀

雉孔雀冠毛錦片領草綠彩太極尾完然色華麗

뎌것이무슨새
오닛가、一鳥
난、頭上에、花
冠과、如한、毛가
잇고、錦片과、
如한、領이잇스
나、彩이、分明

하고、一鳥난、體가、草綠바탕에、둥근、文彩가、太極갓흔、尾가、잇스니、孔雀이、完然하다、새중에、毛色이、華麗한새난、雉와、孔雀이올시다、

第十 모긔蚊

여보시오、 뎌사람보시오、 뎌사람이、항샹、말하기를、氣力이、泰山을、

蚊泰山兵
防禦難故

엽헤쎠고、北海를、뛰겟다고、자랑을、하더니、모긔와、싸홈을하니、웬닐、이오닛가、

허허、이사람、 아지못하난、말을、말
쇼、 아모리、力士라도、 무슈한、蚊兵
을、 防禦하기、難하니、 그런故로、
무슈한軍人은、 防禦치못하니라、

復習 二

누구던지、 母親이、 해산을하면、
藿羹을、供하나이다、

橋

鷸鳥와 蚌이、서로、놋치안、나이다
運動를에서、運動을、 배운學徒난、
橋를잘건너가오、
雉난、頭가、 花冠갓치華麗하고、 孔
雀은、體가、 草綠갓치、文彩가잇소、
泰山을、께고、 北海를뛰난、 力士라
도、 蚊兵을、防禦하기、 難하오이다、

第十一 개구리

蛙

밤새도록、각각하
고、짓거리난、네
소래에、귀가압하
셔、잠을못잣다、
太陽이、高照한、大

明世界에난、벙어리가、되엿나냐、
아모소래도、못하고、水中에서、셕며、
草間에셔、往來하난고나、그러나、
農事에、害로운、蟲을、만히、捕食하니、
職分이、잇노라 微物도職分이、잇
스니、人이엇지、職分이、업슬가、

第十二 줄다리기

蛙 陽 照 世
界 間 往 農
害 虫 捕 食
微

會村服衣

學校에셔、運動會를하니、구경을、
갑시다、가셔보니、東
村、學校、學徒들은、運動
服을、닙고왓난대、西村、
學校、學徒들은、衣服도、
치례하엿소、東西편으
로、갈나셔셔、각기세번、
식、 츌을다렷소、西村學徒들은、
찌여지기、쉬운 명쥬옷과、드렵기、
쉬운、白衣를닙은、싸닥에、몸을앗
기고、심을쓰지、못하다가、두번을
젓소、東村、學徒들은、運動歌를、불
으면셔、쵸타쵸타、하압내다、

運動歌

白歌

韓帝國干 萬男女同 胞問棟樑 終行樂凱 旋好還歲

어허우리、大韓帝國、
二千萬의、男女同胞、
一千萬은、男子되고、
一千萬은、女子로다、
우리學徒、學問싹은、
國家棟樑、되리로다、
終日토록、行樂타가、

凱旋歌로、好還한다、
萬歲萬歲、萬萬歲야、
大韓帝國、萬萬歲야、

第十三 소나무松

霜枯凋靑 松

녀보、뎌소나무가、霜雪을、지내여도、葉이、枯凋치、안이하고、四時에、長靑한故로、 靑松、高節이라、하니、

彼意減損
歷史壯

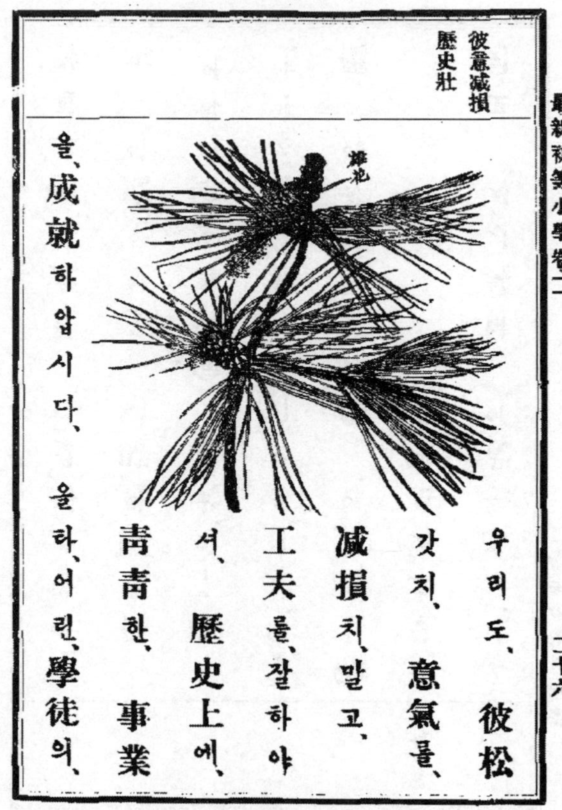

우리도、彼松
갓치、意氣를、
減損치、말고、
工夫를、잘하야
셔、歷史上에、
靑靑한、事業
을、成就하압시다、 울타、어린、學徒의、

貪心犬

말이、壯하다、

第十四 탐심만흔개

貪心만흔、犬이、
고기한덩이를、
어더물고、橋上
으로、、건너오다、
가、橋下를、언듯

急發奪開

보니、또一犬이、 더와갓치、 고기
를、물고、가는지라、
橋上에、犬이、 貪心이、急發하야、 橋
下의、犬이、문、고기를、 奪食코ᄌ、하야、
橋下의、犬을、 向하야、으르렁、하니、
口를、開할時에、 물엇던、肉이、 水
中에、람방、쌔젓다、 이犬이、째그람쟈

牧丹

를、모로고、탐심을、내다가、 져、가젓던、
고기、까지、일엇시니、貪心만은、人은、此
犬을、볼지어다、

第十五 牧丹花

에그、탐스럽다、이애、져것이、무슨、쏫이
냐、 이애、그쏫도、모르느냐、그게、牧丹
花란다、 이애、牧丹花가、무슨쏫이냐

繁王

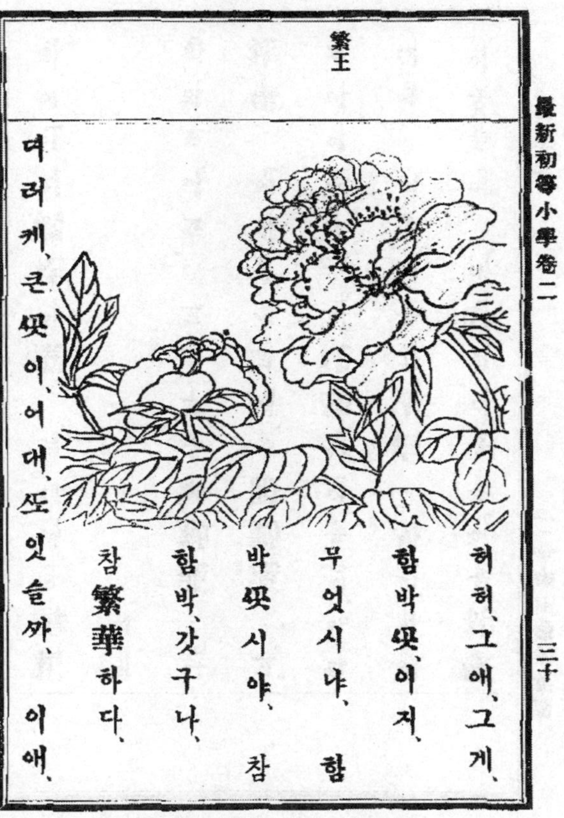

허허、그애、그게、
함박꼿、이지、
무엇시냐、 함
박꼿시야、 참
함박、갓구나、
참繁華하다、
더러케、큰꼿이、어대、또잇슬까、 이애、

그꼿이、 그러케、크고、繁華한、까닭에、
花中에、王이란다、 녀난、어듸셔、그러
케아란나냐、 小學에서、보앗다、

復習 三

개구리난、 잠을、안이자고、 밤새도
록、짓거리다가、 낫지되면、 農事에、
害로온、蟲을捕食한다、

學徒들이、줄을다리난대、 명쥬옷이、
씨여질쌔、白衣가들어울쌔、 염녀
하야、심을덜썬、學徒난、 두번이나、지
고、運動服을、닙고、심을다썬、 學徒
난、 運動歌를부르고、 됴타、됴타、함
내다、

霜雪을、지나되、 葉이、枯凋치안이、함

은、 青松이올시다、

탐심만은犬은、 제그림쟈를、모르고、
무럿던、고기까지、 水中에、탐방、 쌔
티럿소、

牧丹花난、크기도하고、 繁華하야、花
中王이라、함내다

第十六 말馬

馬蹄齒陸
卒業

그말됴타、

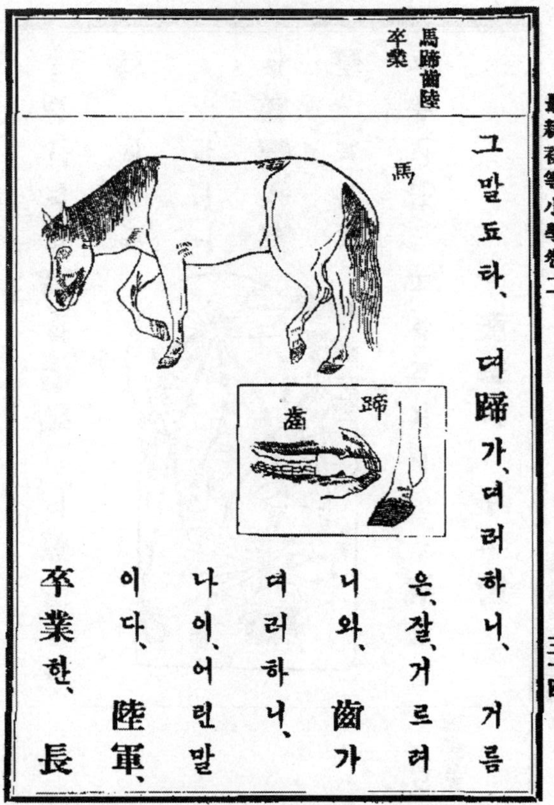

뎌蹄가、뎌러하니、거름
은、잘、거르려
니와、齒가
뎌러하니、
나이、어린말
이다、 陸軍、
卒業한、 長

官洋鞍鞭
加里語忠
御

官이、 뎌말에、洋鞍을、지여라고、 鞭
을、한번、加하면、 千里난、갈듯하다、
모르셧소、 그말이、千里馬람내다、
뎌말이、 물고、차면、엇지하나、
故語에、이르기를、 犬馬도、忠心이、
잇다하니、 엇지、뎌를御하난、人을、害
하오릿가、

蓮葉香觸
貧紙

第十七 연꼿蓮

뎌蓮葉은、 벌기도하고、 花난、곱기

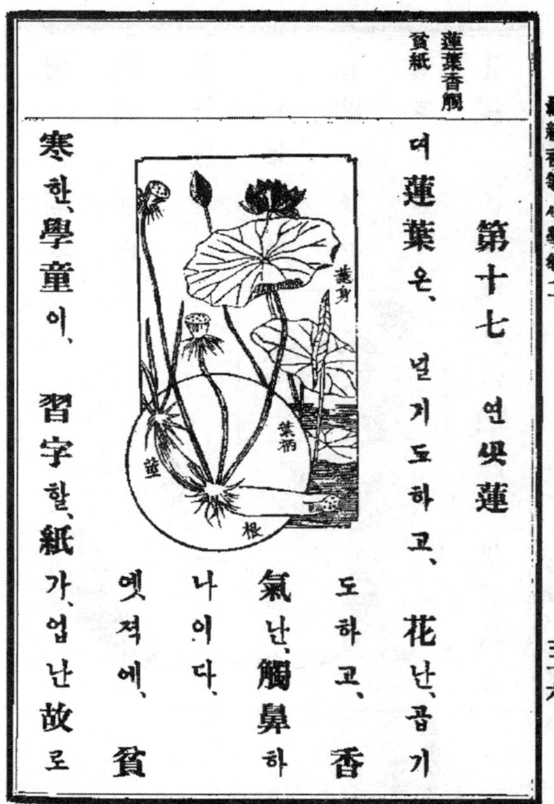

도하고、香
氣난、觸鼻하
나이다、
옛적에、 貧
寒한、學童이、 習字할、紙가、업난故로

每勤字名
筆楷精肖
子

뎌、蓮葉에다、 每日에、勤勤이、 習字
를、하더니、 괄경에、 名筆이、되엿다
하니、 父母가、 紙筆을주며、 글시
를가라치되、 글시를、楷精케、씨지안
이하난者여、 엇지不肖子가、안이오
릿가、 올라、네말이올타、

第十八 家和

和兄弟路梨買

兄弟、二人이、學校로、붓허도라올새、兄이、路에서、一梨를、買하야、그弟를、주지안이하고、家에、還

給奉請罪謝半式

하야、母親께、드린대、母親이、그弟를給하니、弟가、兄의、奉親할、意로、買한것을、먹기를、請한、罪를、謝하고、兄의게、奉하니、兄이、其梨를、半式을、分食하얏다하니、兄이、奉親함과、母가、愛子함과、弟가奉兄함이、家和함이외다、

猫妙

第十九 고양이貓

猫

뎌、고양이、묘하다、 妙해셔、고양이、貓字인가、 네가、쌀로、파고、안친다시、 가만이안젓다마난、쥐、한아만、져나

端潤澤房
出入猪陋
醜紋座席

가면、 나닌다시다라나리라、 네가、體가、 端精하고、 毛가、潤澤한、故로、人의、房中에도、 出入한다、 네가、만일、 猪와갓치、 陋醜하게、行習을、할지경이면、 花紋座席에、 얼는도、못하리라、

人도、뎌貓와、갓치、 身體를、端精이、가

居處

져야、高等座席에、 居處케、되나니
라、

第二十 구원할 救

教黃金妹

黃金萬이라、하난、學徒가、 其妹、菊香
으로、더부러、 동모의、집에、 놀녀、갓
다、오난、길에、 菊香이、너머져셔、 발
목을、쎈、故로、 일어나지、못하고、 황

玉

황、할저음에
白玉手이라、
하난、學徒가
보고、黃金
萬과、갓치、
菊香을、일이
켜、안치고、

致危援當
體稱贊

위로한대、黃學徒、男妹가、致謝하
거날、玉千이、갈아대、人의、危急함
을救援함은、道理의、當行할、事이
라하니、三童의、言語에、體禮가잇
심을、稱贊하노라、

復習 四

陸軍、卒業한、長官이、千里馬에게、洋
鞍을、지여라고、鞭을、加하니、잘도가
오、馬도主人에게、忠이有하오、
蓮葉에、글시를써도、勤하면、名筆
이되나이다、
一梨를、兄이、母에게、奉함과、母가
子를、給함과、弟가、兄에게、奉함이、다
家和함이라、

猫도、端精한고로、 人의、房中에、出入하니、人도、身體가、端精하여야、高等座席에、居處케、되나니라、

白玉千이가、 黃金萬의、妹、 菊香을、救하얏소、

第二十一 結果

學徒들은、 뎌、實果를보라、 뎌實果

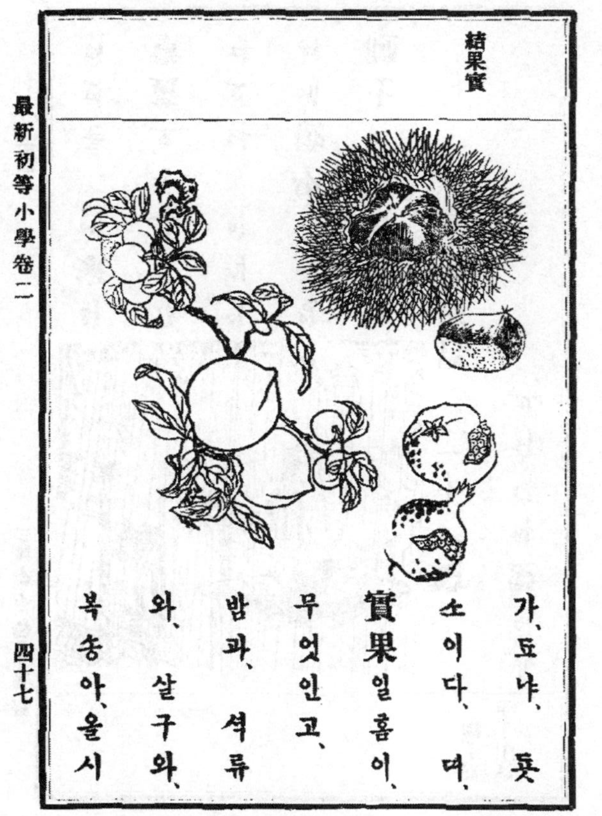
結果實

가、됴냐、뭇소이다、뎌、實果일홈이、무엇인고、밤과、셕류와、살구와、복숭아、올시

栗榴杏桃
庭立愛

다、

그、실과일홈을、漢文字로、써보라、
栗과、榴와、杏과、桃올시다
더實果도、結果가、되야셔、栗과、
榴와、杏과、桃의、名稱으로、學
校庭에、立한故로、人이、愛하니、
人도、學校의、工夫를、結果하여야、

冐雨還册
洪土曜

人이、愛하나니라、

第二十二 冐雨還册

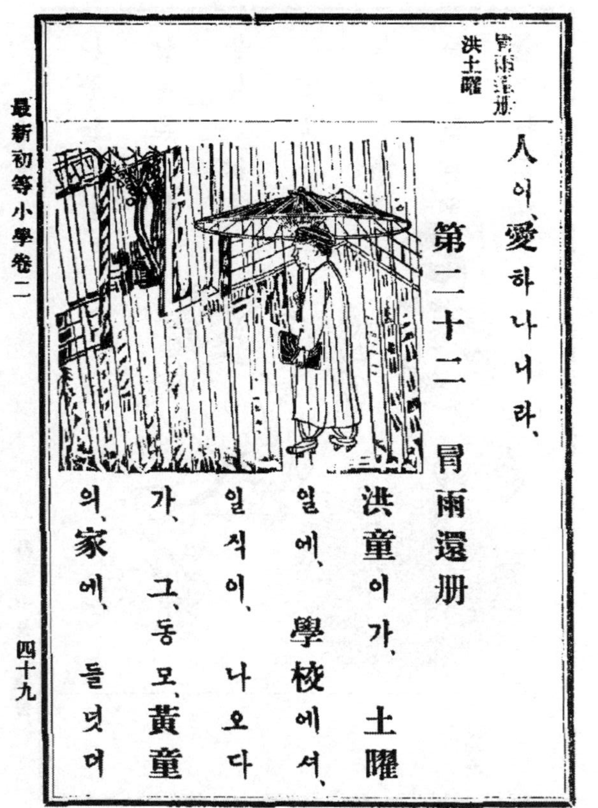

洪童이가、土曜
일에、學校에셔、
일식이、나오다
가、그동모、黃童
의、家에、들넛더

奇午荅木屐

니 그、집에、奇妙한、글시례册이、
잇거날、洪童이、黃童에게、請하
야、갈아대、이册을、明日、上午、七点
鐘게、갓다、젼하리라、
黃童이、荅호대、그리하소셔、明朝
에、大雨가、쏘다져셔、사람이、行
하기、難하나、洪童이、木屐을、신고、

傘信期約勿違 蛛

雨傘을밧고、册을、갓다뎐하얏스니、
洪童은、有信한、者로다、學徒들은、이
와갓치、期約을勿違할지어다、

第二十三 거미蛛

뎌、거미보시오、일도勤히난、한다、
밤잠을、안이자고、부술부술、일만、
하난고나、

勤天閒遊
自

뎌러케、勤히하더니、東天이、훤、하
게、발그면셔、蛛
가、됴와하난、百가
지、食物들이、졀
로와셔걸닌다、우
리、人生도、閒遊
차말고、事에勤하면、衣食이自在

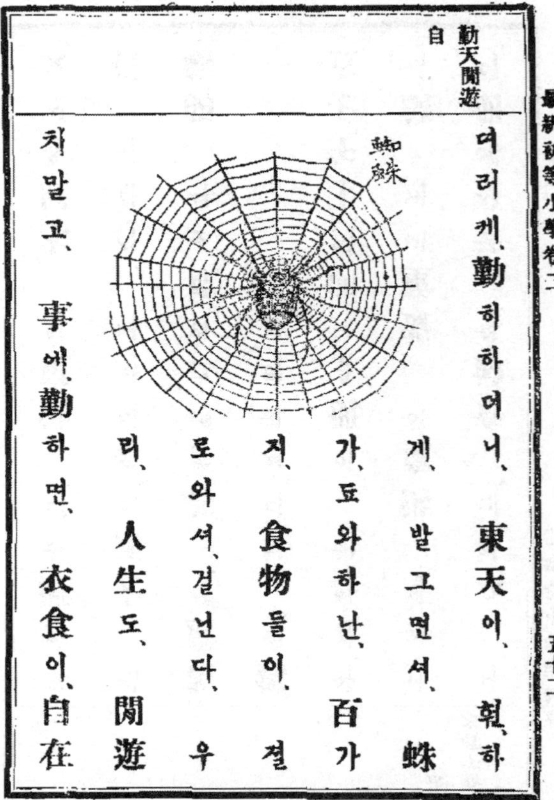

竹君槩堅
固莖短簫
曲調鳳凰
丈

하깃소、

第二十四 대竹

뎌、대、보시오雪中綠竹은、君子의
節槩라、뎌竹의根은、堅固도하다、
뎌、竹莖으로、短簫를맨드러셔、한
曲調를、불게되면、鳳凰이、춤을추
고、뎌竹葉에、風動하면、丈夫의、

筍漸

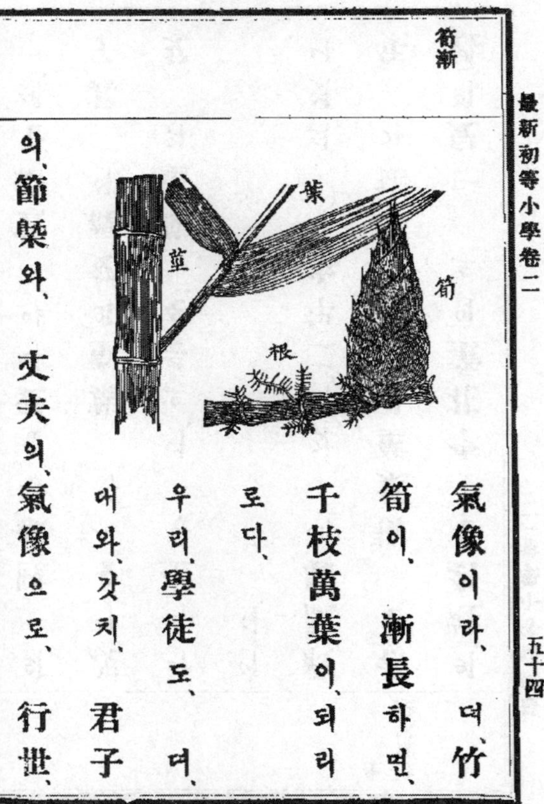

氣像이라、뎌竹筍이、漸長하면、千枝萬葉이、되리로다、

우리、學徒도、뎌대와、갓치、君子의、節槩와、丈夫의、氣像으로、行世、

陞級賞

할지어다、

第二十五

陞級한、賞給、

뎌、兒孩二人은、동모로、小學校、一年級에、단이나、一兒

姓柳試驗 坐

의、姓名은、李花童이오、一兒의、姓
名은、柳葉童이라、두學徒가、年
終試驗에、갓치二年生이、되엿나
이다、
뎌긔、坐한、뎌、으른은、葉童의、父
親이올시다、葉童의父親이、其子
의、陞級함을、愛하야、賞給할새、

帖幅次已 他施然德 勸

葉童의、동모、花童을、筆帖一幅을、
先給하고、次의葉童을、給하나、葉
童의父親이여、自己의子를、愛하
난意를、他人의子에게、施하나、果
然德意로、勸學함이로다、

復習 五

栗과、榴와、杏과、桃도、結果가、

者

된故로 人이、愛하니、 人도、工夫를、
結果하여야、 人이、愛하리로다、
洪童이가、 黃童에게、 비러갓、册을
大雨中에、 갓다젼하니、 有信한、者
로다、
거미난、 밤에도、 일만하더니、 食
物들이、 절로와셔、걸넌다、

鶴音臺

雪中에、綠竹은、 君子의、節槪와、 丈
夫의、氣像이라、
柳葉童의、 父親은、 子를、賞給할새、
子의、동모、 李花童을、 先給하엿소、

第二十六 새鶴

우줄、우줄、춤을、추나이다、 뎌、白鶴이、
우리、 學徒들에、愛國歌를、듯고、 뎨、

가、知音을、하
난지、 우줄、
우줄、춤을、추
니、 그、鶴舞、
可觀이외다、
우리、學徒들도、
鶴에、춤을、구경하니、
春臺에、춤한번、추리로다、

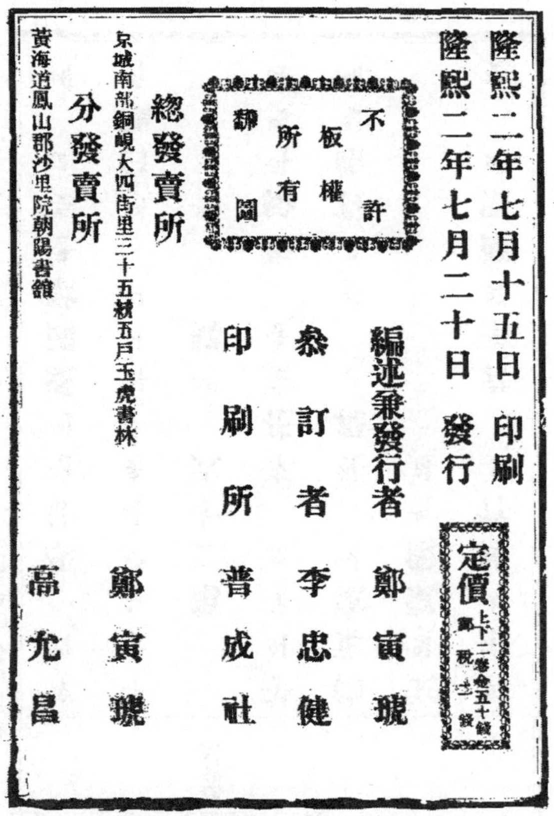

隆熙二年七月十五日 印刷
隆熙二年七月二十日 發行

定價 上下二卷金五十錢 郵稅十二錢

不許 板權 所有 翻圖

編述兼發行者 鄭寅琥
叅訂者 李忠健
印刷所 普成社

總發賣所
京城南部銅峴大四街里二十五統五戶玉虎書林 鄭寅琥

分發賣所
黃海道鳳山郡沙里院朝陽書館 高允昌

新書籍發售廣告

書名	說明	卷數	定價
(最新)初等小學	(文明國尋常學讀本製度를模範ᄒᆞ야精美ᄒᆞᆫ圖本을具ᄒᆞ고八卷을四冊에合製홈)	(二卷合製)	定價金五十錢
(初等)大韓歷史	(文明國歷史制度를從ᄒᆞ야我國의聖帝明王의御眞과忠臣烈士의影幀을具홈)	(定價金	七十錢
(最新初等)大韓地誌	(文明國地誌制度를模倣ᄒᆞ야漢陽의山水며宮闕圖와十三道地	(全	四十錢
(最新高等)大韓地誌	(圖와各港口와關市場과名山大川과都會勝地와地圖를具홈	(全	七十錢
初等植物學	(節마다美國圖本을具홈	(全	三十錢
初等動物學	(節마다英國圖本을具홈	(全	四十錢
國家思想學	(精神敎育	(全	二十五錢
憲法要義	(義務敎育	(全	二十五錢
(國文)大韓地誌敎科書(		(全	四十錢
(國文)大韓歷史敎科書(		(全	四十錢
(國文)大韓十三道遊覽(		(全	四十錢
(國文小說)洞庭秋月(		(全	二十錢

玉虎書林

新撰 初等小學 三

發賣所 京城鍾峴 玉虎書林

初等小學卷三目次

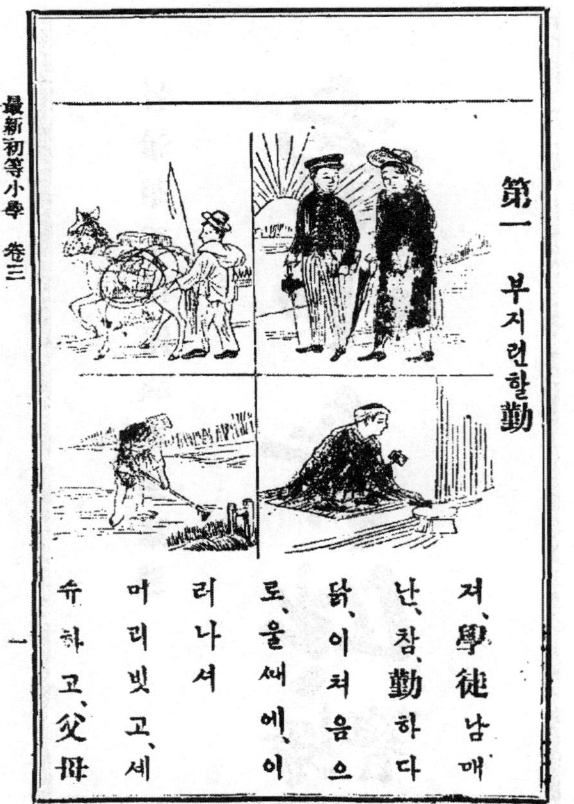

第一 부지런할勤

저、學徒남매
난、참、勤하다
닭、이처음으
로、울쌔에、이
러나셔
머리빗고、세
슈하고、父母

安後昨飯
介商賈件

셔、問安한後에、昨日의、學課를、讀習하고
朝飯을일직먹고、學校에가랴하고、나셧
고나

東方에、日은、불그려、돗난대、農夫난、ᄯᅢ을
한나랑은、파놋코、鐵工은、刀一介를、불녀
놋코、商賈난、物件을、싯고간다

人이、勤함은、家를成하난根本이、되난것
이올시다

蟬

第二 매암이蟬

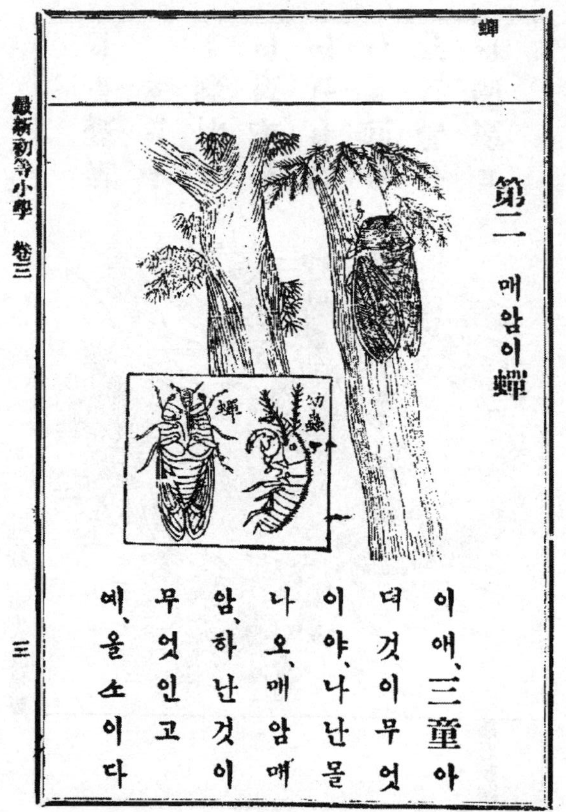

이애、三童아
뎌것이무엇
이야、나난몰
나오、매암매
암、하난것이
무엇인고
예、올소이다

匠民

우난소래가매암매암매암하니매암이울시
다이ㅐ三童아、엇지하야그러한고
學業하면學徒오、農事하면農夫오工業
하면工匠이오商賈하면商民이라하니
매암하난것을、매암이라하겟삽내다
意見은잇다、그럿키에매암이蟬字란다

第三 愛親하난子

此日은、寒食日이라、東風에、御柳난斜하

園迎休暇

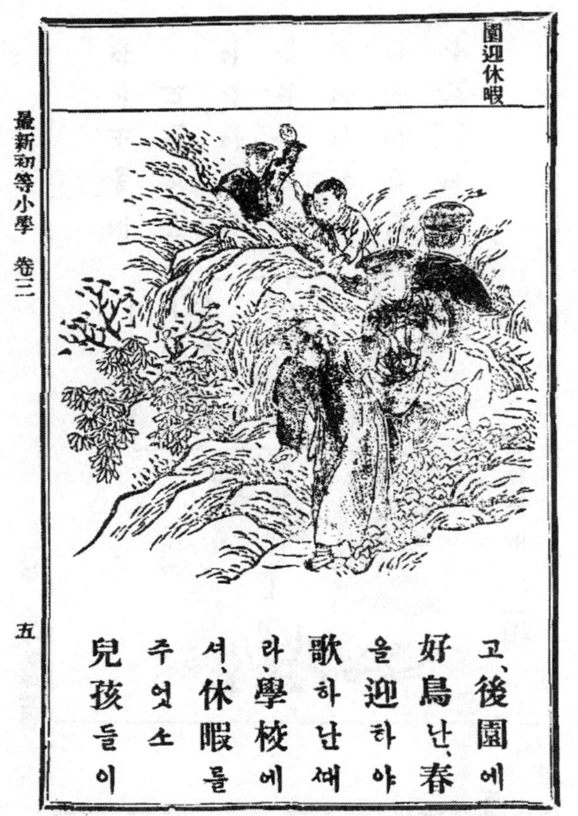

고、後園에
好鳥난、春
을迎하야
歌하난새
라、學校에
셔、休暇를
주엇소
兒孩들이

杜鵑 夕陽 朋友 情 望 歸 親 振 性品 温和

山에올나杜鵑花도、써거보고、들구경도하느라고、夕陽이된지라李童이、갈아대、朋友의情은、謝할지언정家에셔、望하난父母를、歸覲함이、可ᄒᆞ다하고、衣를振하고還하니、李童은、참愛親하난、쟈로다

第四 소牛

뎌、소보라、뎌소가、性品은、溫和하야、부리

牛 性 强 田 耕 耒 挽

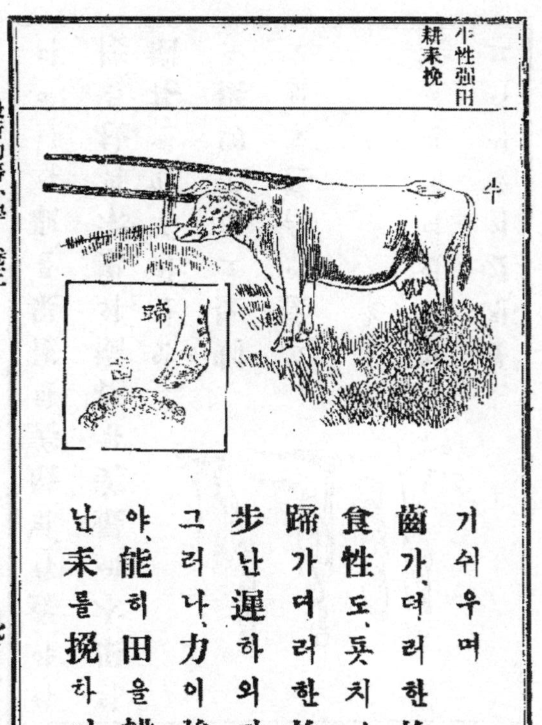

기쉬우며齒가、뎌러한故로食性도、둇치마난蹄가뎌러한故로步난遲하외다、그러나、力이强하야、能히田을耕하난耒를挽하며、物

載車牽益 每被識無 依賴緣識

을、載한、車를牽하나이다 人의、生業에、가장有益하나、每日에、人에게鞭을、被함은人과갓치學識이、無하야 人에게依賴하난、緣故올시다 人도學識이無하야、他人에게、依賴하면 此牛와、同하외다

第五 접합接

떠괴、쯔자노은것、이무엇이냐、그것이、接

接合割切 樹最美枝 養

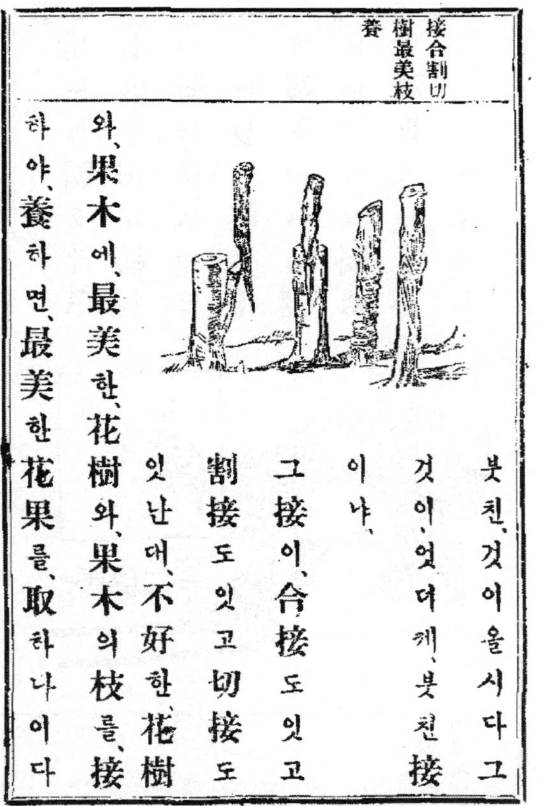

붓친、것이올시다그것이、엇더케、붓친接이냐、

그接이、合接도잇고割接도잇고切接도잇난대、不好한、花樹와、果木에、最美한、花樹와、果木의枝를、接하야、養하면、最美한花果를、取하나이다

善惡擇交 朋友、

人도、善人을、同接하면、善人이되고、惡人을、同接하면、惡人이、되난故로、우리學徒난、善人만擇하야、交、接하나이다

第六 運動

今日은、學徒가、運動하난、日인故로男女學徒가、運動場에、雲과갓치、모아들어셔소

即跳廣畢 取競走敎 師指揮

即今은、學徒들이高跳와、廣跳를、畢하고、旗取競走를하난대

敎師난、旗를들고서서指揮를하나이다

學徒들은、더긔셔

帳幕

진、며旗를、먼저뽑으라고、쌀으기、살갓치
다라난다
먼저旗取에、一等賞을밧은、學徒난、帳幕
으로나오난대、風樂소래에、學徒의生氣
가、절로나오
女學徒들은、발셔運動을、맛치고、가진賞
을、타가지고、셔셔愛國歌를、부르니、果然
大韓國의、文明氣像이올시다

富擔許多
堪康健福

運動歌

大韓帝國의富強하기난
우리學徒가擔當함내다
工夫할새에工夫잘하고
運動할새에運動잘하세
許多事業을堪當하라면
身體康健이第一福이오
一當百하난競爭心으로

愉快侮驕
盤床婦去

太極旗下에愉快運動응
千歲萬歲야우리學徒지
大韓帝國이萬萬歲로다

第七 읍슨여길悔

老猫가、驕心이、生하야、차관을、노은盤床위에、올나안젓거날、婦人이、쫏치되、뎌를키해하난、婦人을、읍슨여기고、不去하거날

慢忽態憎

婦人의、무름위에、안겨잇난兒가、猫에、慢忽한、態를憎하야、猫의尾를、와라잡아채

驚走乳堂受

니、猫가소래를양옹、지르고、驚走하거날

此를見하니、

猫와、乳兒도、읍슨여김은、不受하니、堂堂

한大丈夫가、엇지他人에게、읍슨여김을

受하오릿가

第八 ᄲᅮ리根

뎌것은무엇이냐、草木의、ᄲᅮ리올시다、枝

葉이、無한、ᄲᅮ리만、잇스니、보암직、시럽지

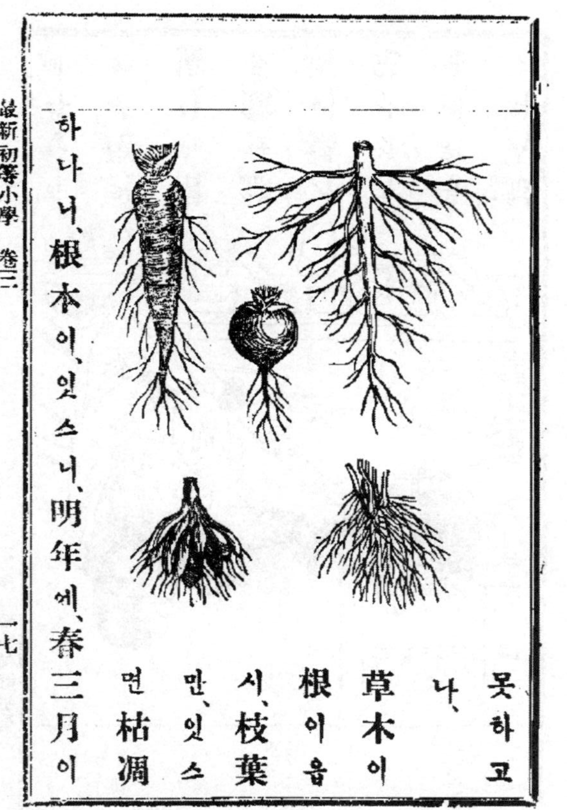

못하고

나、

草木이

根이읍

시、枝葉

만、잇스

면枯凋

하나니、根本이、잇스니、明年에、春三月이

芽萌瑤畵
雕

되면、芽가、萌하나이다
그芽가、長하면、奇花瑤草도、生하고、畵棟
雕樑도、成하나이다
人에、根本은、學이니人도學問이、업시면
枯凋하고、學問이、잇스면、國家의、棟樑을
成하나이다

第九 崔婁伯

며、독긔를들고、大虎를、나리쾌난、아해난

崔婁伯虎
麗水原彼

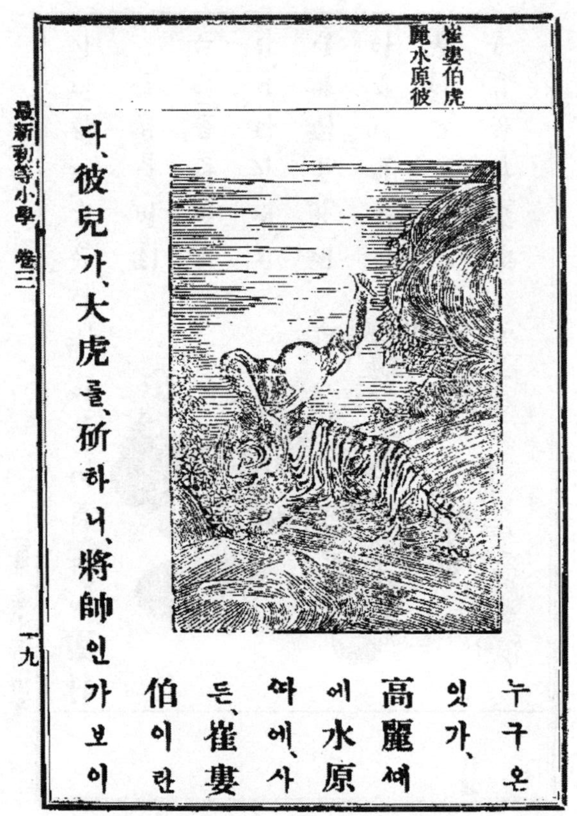

누구온
잇가、
高麗셰
에水原
짜에、사
든、崔婁
伯이란
다、彼兒가、大虎를、斫하니、將帥인가보이

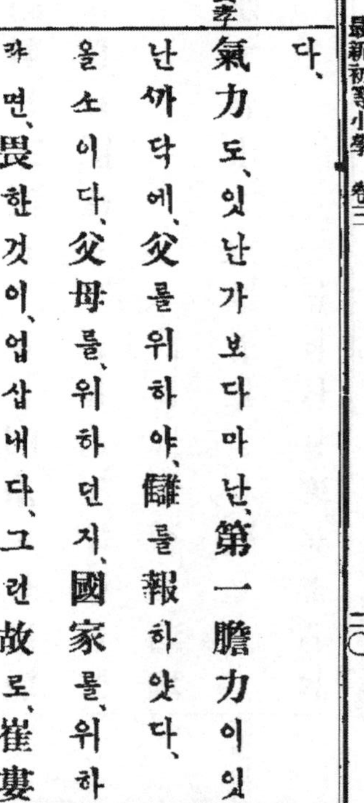

讎報畏孝

다、

氣力도、잇난가보다마난、第一膽力이잇난까닥에、父를위하야、讎를報하얏다、

올소이다、父母를、위하던지、國家를、위하쟉면、畏한것이、업삽내다、그런故로、崔妻伯이가、孝子로우리나라歷史에、올낫단다

第十 이길勝

勝朴

李童이、동상을내여놋코、朴童더러、일너갈아대、此를뛰여넘기、내기하자、하고、동상을、얼는뛰여、넘거늘、

朴童이、또달녀들어、뛰여넘우랴하다가

뛰여넘지못하고、덩갱이만、쌔트리고、머
리만、극젹이고셧소、
그후에、朴童이가、어대를가든지、뛰염박
질을、잘하더니、능히등상을、포개놋코도
뛰여넘삽내다、
李童이난、등상한아밧게、더뛰여넘지、못
하나이다
朴童이난、果然競爭心이、잇난者로다、競

爭心、이、잇셔야他人보다、勝한事業을、하
나니라

第十一 도야지豕

그도야지、크기도하다、소만이나、하고나
김생은、한가진대、
猪난、엇지하야、항상精한자리로、돌고、豕
난、엇지하야、들어운、냄새나난대、잇난고
豕난、性質이、鄙濕한것을、됴와하난싸닭

飛禽鸚鵡 走獸兎玄 卑賤

이오、飛禽의、鸚鵡、孔雀과 走獸의、玉兎、玄猫난 性質이、精端한 까닭이올시다

그런故로、性質이卑賤하면、賤人이되고、性質이高明하면、明人이되나이다

豕

最新初等小學 卷三 二四

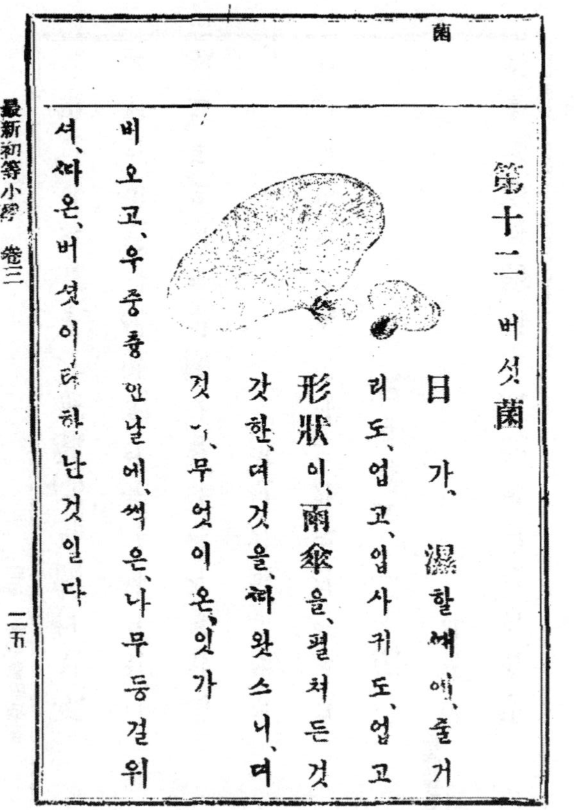

菌

第十二 버섯菌

日가、濕할때에、줄거리도、엽고、입사귀도、엽고 形狀이、雨傘을、펼처든것갓한、뎌것을、뗘왓스니、뎌것ᄉ、무엇이온잇가

비오고、우중충한날에、썩은、나무등걸위서、뗘온、버섯이라하난것일다

最新初等小學 卷三 二五

曠野熱消
腐敗寄植

그러면、버셧이、平原曠野에도、만히、나난
잇가、山에도나고들에도나지
그러나、버셧은、썩은물건위에、만나고、太
陽이照熱하면、雪과、同히、消하나니라
그러면、腐敗한、物을依하야、生하난、物이
니、독립力이、無하고太陽이照하면、消하
니、陽氣가、無한物、올다
올타、그런故로寄生하난、植物이라、하나
니라、
人도、他人에게、의지하야、사난人은、독립
力이、無하고、太陽이照한、明世에、菌과同
히、消ㅅ하나니라

直詳攷破
琉璃室

第十三 直言하난學徒

一日은、教師가室中에、坐하야、書册을、詳
考고하더니、차방에셔、차종을、破하난聲이
나거날、琉璃로、내다보니、李花童이라、

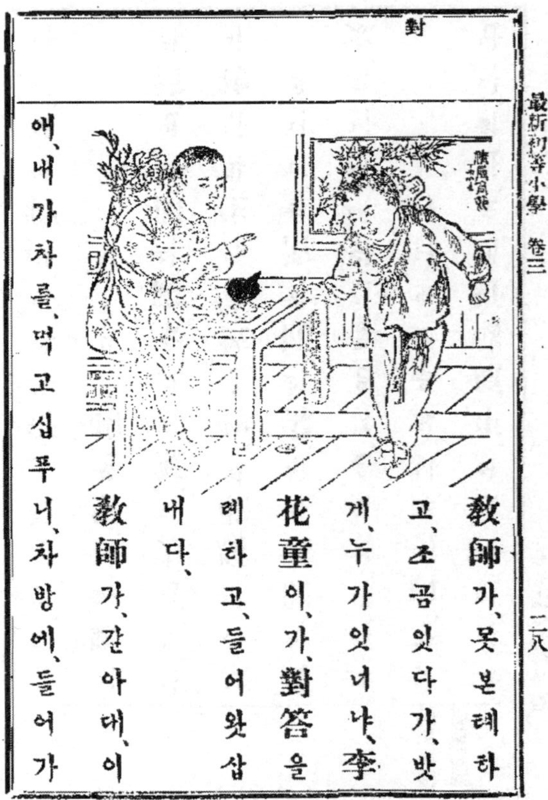

對

教師가、못본톄하고、조곰잇다가、밧게、누가잇너냐、李花童이、가、對答을례하고、들어왓삽내다、

教師가、갈아대、이애、내가차를、먹고십푸니、차방에、들어가

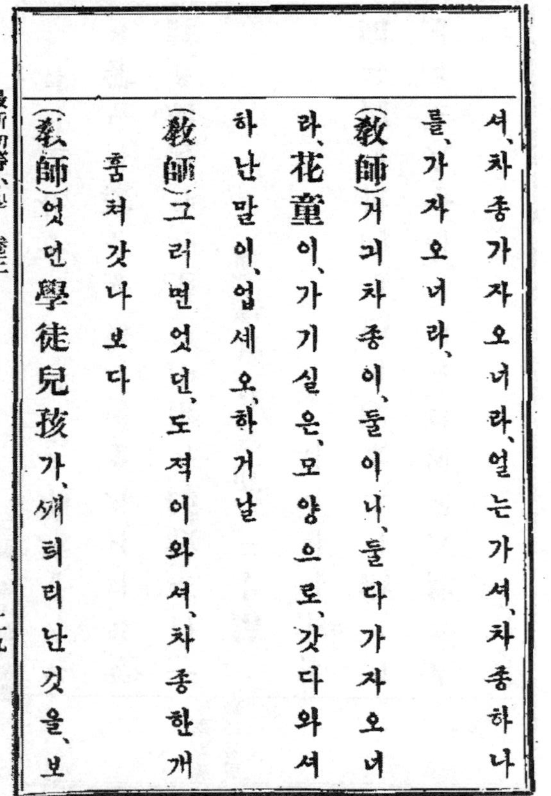

셔、차종가자오너라、얼는가셔、차종하나를、가자오너라、

(教師)거긔차종이、둘이나、둘다가자오너라、花童이、가기실은、모양으로、갓다와셔하난말이、업세오、하거날

(教師)그러면엇던、도적이와셔、차종한개훔쳐갓나보다

(教師)엇던學徒兒孩가、ᄭᅢ틔리난것을、보

지、못햇너냐、아해들어、작난을햇스니까
學徒가、쌔트렷기도、쉬우나、보지난、못하
얏삽내다、
柔類
敎師가、花童의手를잡고、和柔하게말하
되
李花童아、내가못보앗실리가、잇너냐、學
徒가、되야父母든지、敎師를속이면、人類
에참례치、못하난법이니、본대로、말하야

라、
感慚愧顔
李花童이、敎師가、德意로、問함을、感謝히
녁이고、慚愧한顔色으로、對答하되、果然
花童이가、쌔트렷나이다
李花童의、말을들으니、果然直言하난、學
徒兒孩로다

第十四 고기魚

魚腹部
魚난、頭와、腹과、尾를、三部로、分하얏스니

細鱗游泳眼

尾난細하고、腹은肥하고、全體에、밋그러운、鱗이有하고、지느러미를、젓고、꼬리를둘으난故로、水의游泳하난力이、有하고眼이、大하고、明하야能히、水中에서、物을

聽尖鹹淡鯉味活

見하며、耳가有하야、能히聽하며、鼻孔은細小하고、口의齒난、短尖하더라

魚난淡水에도、魚가잇고、鹹水에도、魚가시니、淡水의魚난、쏘가리와、鯉魚가第一味오、鹹水에魚난、도미와、준치가第一味라、上等飮食에、用하니、도미난납적하고준치난、길음하오

魚난、四時에、海中에셔、生活하나、海水의

漁

羊順羣喜 待恆常勇 猛

寒溫을、싸라셔、往來하난、故로、漁父가、四時에、節氣를、싸라、捕하나이다

第十五 양羊

냐은、性質이、지극히、順하고、羣을、合하기를、喜하며、人이善待하면、人으로더부러親하나이다

羊이、恆常겁내난、性이잇스나、危急한、事를、當하면勇猛한氣가잇나이다

綿厚密久 可絨織製 裘裁

羊

綿양에、毛난、厚하고密하야、牧者가、時時로、깍가가되、不久에復生하야、風雨와、霜雪을防禦하게、되나이다、

毛난、可히、絨을、織하며、筆도製하며、裘도、裁하며、肉과、乳난、食

料軟掌甲 角器具弦 造脂燭喂 育

料에用하나이다、
또皮난、柔軟하야、掌甲과、册皮를、製하며
角은、器具를、製하며、腸은、弦을、造하며、脂
난、燭을製하나이다、
무리羊은、牧者의、喂養을、受하여、야生活
하고、여러學徒난、敎師의、敎育을、受하여
야、生活하나이다、

第十六 감柿

柿作亂件 警戒

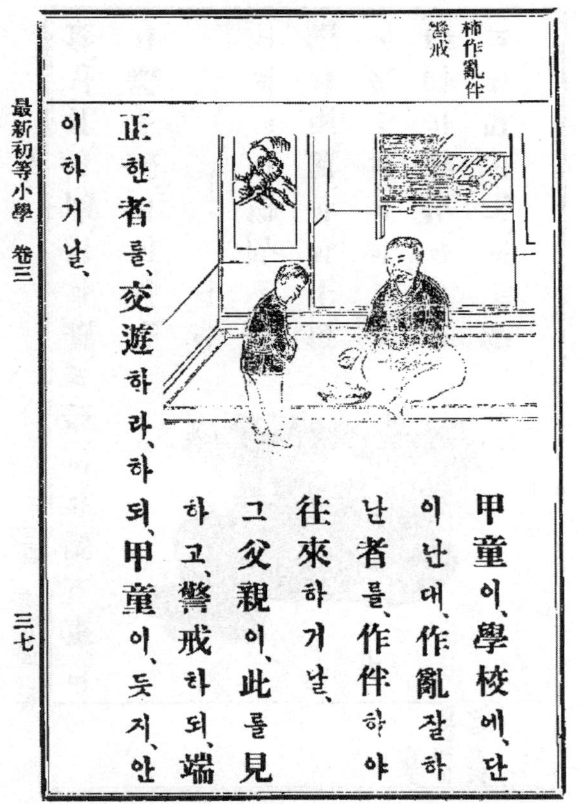

甲童이、學校에、단
이난대、作亂잘하
난者를、作件하야
往來하거날、
그父親이、此를見
하고、警戒하되、端
正한者를、交遊하라、하되、甲童이、듯지、안
이하거날、

그父親이、무루녹게、익은감、다셧개를박
아지에、담아셔、甲童이를、불너주니、甲童
이가、됴아、하거날、

그父親이、썩은감한개를、그위에、노아주
며、갈아대、감여셧개를、한대、뒤셔거、노으
라、하니

甲童이、박아지에、담은、감、여셧개를、뒤셔
그니、셩한、감、다셧개에、썩은감한개가、터
져셔、셕긴故로、한개도먹을수、업난지라
甲童의、內心에、父親이、무신、緣故로셩한
감ᄭᅡ지、못먹게、맨들어노시노、하고、앗가
운、마음이、젹지안은、모양이라

父親이、甲童을、압호로셔라하고、警戒하
야、갈아대、汝난此柿를、見하라、썩은、감한
개를、셩한감에、셕근故로、셩한감도、못먹
게、되엿스니、앗갑지、안이하냐

汝紳士龜
瓦片背覆

비록、善人이라도、惡人을交遊하면、善人도、惡人이되나니、汝난、惡人이、되고자하거든、惡人을、交하고、善人이、되고자하거든、善人을交하라、

甲童이、果然此後로、端正한者를、交遊하더니甲童이、端正한紳士가、되얏나이다

第十七 거북龜

이애뎌것이、瓦와如한片甲을、背에覆하

鏡

고、넙죽이、엽대엿스니、뎌것이무엇이냐、그것이、남생인가보다

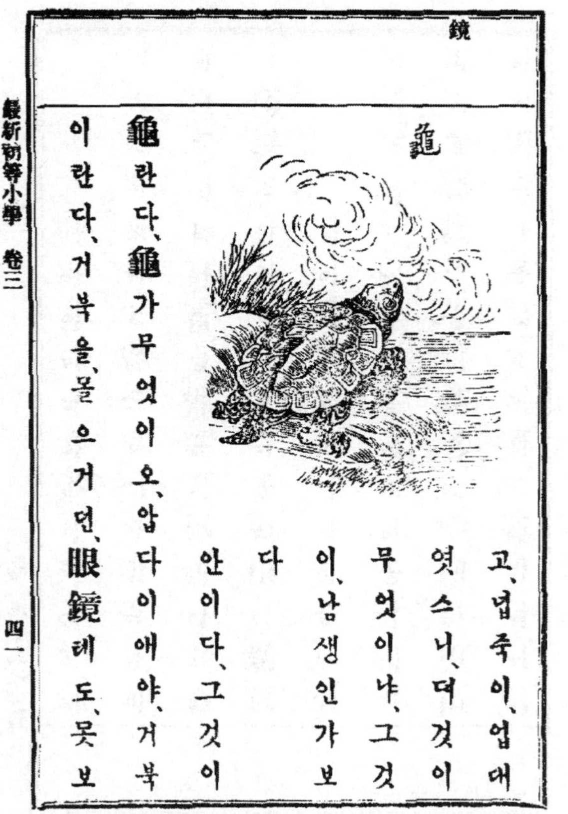

안이다、그것이龜란다、龜가무엇이오、압다이애야、거북이란다、거북을、몰으거던、眼鏡테도、못보

玳瑁八以 達卵產濱 沙掘

앗나냐

眼鏡테에、龜가달넛나、眼鏡테에、龜가달넛시면、眼鏡을目에、씨고、단이기난、고사하고、背에지고、단여도무겁겟다

眼鏡에、玳瑁테가、龜의甲이니、龜난形體가、大하야、六尺以上에、達함애、海水에、游泳하나니라

卵을、產할때에난、海濱에、出하야、沙를掘

棲息靈霞 吐實地務 代

하고、棲息하나니라

옛말에、이르기를、龜가、靈하야、霞를、吐한다하나、직금세상은、實地學을、務하난、時代라、龜갓한、動物을、靈하다고、稱하지안이하리로다

第十八 뽕나무桑

桑

잘도、익엇다、뎌것을、따먹으면、눈이밝다하니、우리한마님、따다들여야

葚

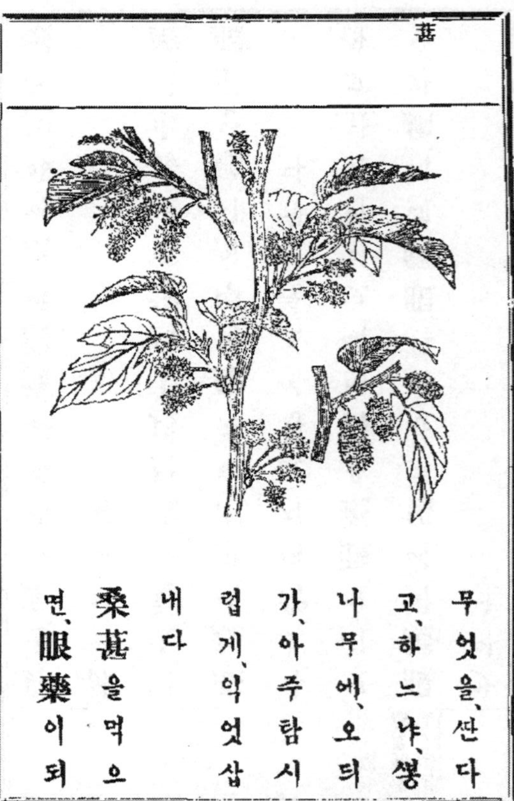

무엇을、싼다고、하느냐、생나무에、오듸가、아주탐시럽게、익엇삽내다

桑葚을먹으면、眼藥이되

醫 蚕 末 紫 甘

난줄은、엇지아노、네가、발셔醫學을、工夫하얏나냐、册에、그런말이、잇셔오

그뿐안이라、桑은、蚕을、養하난대、需用하난、植物이라、그葉이、二三月에、피면、葉을싸셔、蚕을、먹이나이다

桑이、春末에、花가、開하야、夏初에、實을、結하니、形은、젓꼭지와、갓고、色은、紫하고、味난、甘하외다、

綾羅錦繡 絲最緊材

蠶이、桑葉을、食하고、綾羅와、錦繡의、絲를
吐(토)하니、桑이、人의、生業에、最緊하외다、
또桑이、堅固한、材木이라、精細한、器를、製
하며、皮난、紙도、造하나이다

盜守狗

第十九 盜를、守하난、狗

人이、家에、狗를養함은、盜를守하기、爲하
야、養함이라、그런故로、家家에、狗를、養함
은、우리나라든지、타국이든지、한가지올

亭主盡脫 紅濃熟

서다、

李花亭主人이、果
木을、多種하얏난
대、이때난、八九月
이라、秋風에、木葉
은、盡脫하고、黃梨
와、紅柿가、千萬枝
上에、濃熟하얏더

酒醉寢過
牆內帽

라、

이ᄯᅢ에、主人은、酒가、醉하야、寢室에서、감이、깁히들어서、世上事를、몰으더라、

이ᄯᅢ에、學徒兒孩가、果園外로、過하다가牆內에、果가、濃함을、見하고、牆을、넘어、들어와서、梨와、柿를、만히싸서、帽子에、담아가지고、나가랴、하더니

果園中에서、狗가、出하야、물고、덤비니、學

宮繩舌速
毒

이니、守宮이라도、하나이다

뎌、구렁이난、발이업난대、엇지단이노、단일ᄯᅢ에난、繩과、如한、身을、運動하야、단이나이다

舌은、甚히長하되、口中에、出入이、甚히、速하고、舌이、끗혼、ᄯᅢ젓시며、어금니난、칼끗갓혼、것두개가잇나이다

뎌毒蛇에게、人이、만일、물니면、毒한긔운

絕若干

이、人의、피에、섯겨셔、경각간에、人의、全身에、퍼지나이다、

蛇가、冬日에난、흙속에나、돌속에나、색은나무속에、엽대여、數月間에、飮食을、絕하고、若干숨을、쉬니、蛇가、잘먹난개고리로더부러、갓소이다、

덕蛇가、毒할毒字의、毒蛇라고、有名한、故로、人이蛇를、見하면、殺하나이다、

竟賢願

人도、毒하고、惡하다고、有名하면、必竟은재앙을、밧난새가、잇나이다、

그런故로、人은道德을、닥가셔、千秋萬歲에、賢人이되기를、願하나이다、

第二十一　文明한氣像

여보시오、이世上은、사람이、文明해야、하고、나라도、文明해야、한다하니、文明이、엇던것이온잇가

文明한、氣像을
보라거던、學徒
들을、보시오、며
리를、깍고、洋服
을、입고、帽子를
써스니、까、文明
이온잇가、

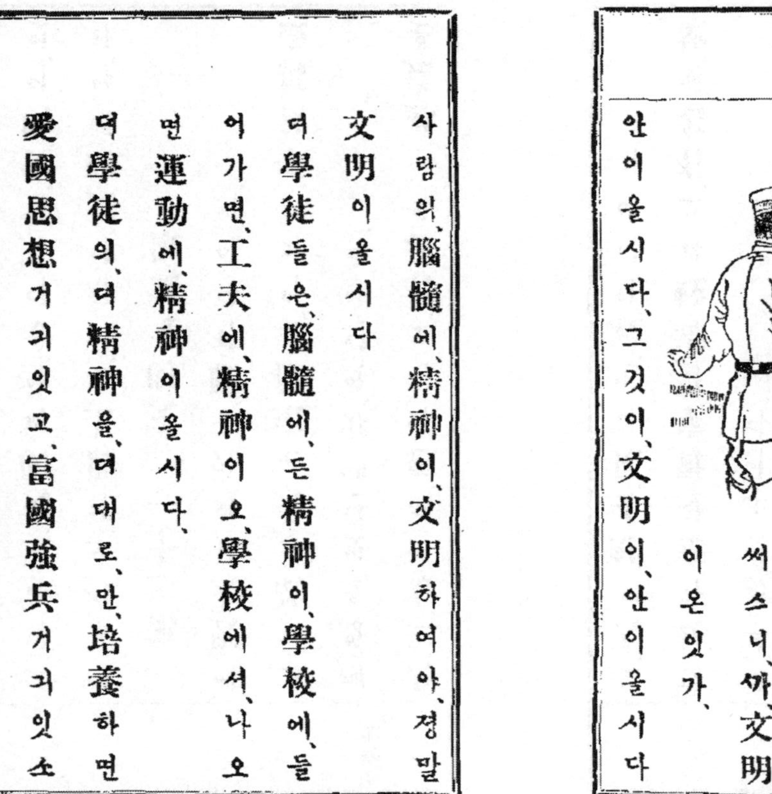

안이올시다、그것이、文明이、안이올시다

사람의、腦髓에、精神이、文明하여야、졍말
文明이올시다
뎌學徒들은、腦髓에、든精神이、學校에、들
어가면、工夫에、精神이오、學校에서、나오
면運動에、精神이올시다、
뎌學徒의、뎌精神을、뎌대로、만、培養하면
愛國思想거리잇고、富國强兵거리잇소
뎌學徒의、역개마다、大韓疆土를、擔負하

臨陣對敵 博協

앗스니、그것이、文明氣像이올시다、
뎌學徒가、長成하야、臨陣對敵하량이면
有進無退할터이니、그것이、文明氣像이
올시다、

社會許

뎌學徒가、長成하야、學士博士된、然後에
協力同心으로、社會團體될터이니、그것
이、文明氣像이올시다、
뎌괴셧난、뎌學徒가、後日에、許多事業을

堪強健

堪當코자하야等閒이나와、놀세에도、身
體康健코자、하야、運動에、精神쓰니、뎌것
이、文明氣像이올시다

第二十二 學徒의이약이

昨日에學校에서放學이된故로、甲童이
가、그동모乙童이를、尋訪하얏소、
이두아해난、본대、家勢가、貧困하야、朝飯
을、못먹고、學校에가서、終日工夫하난날

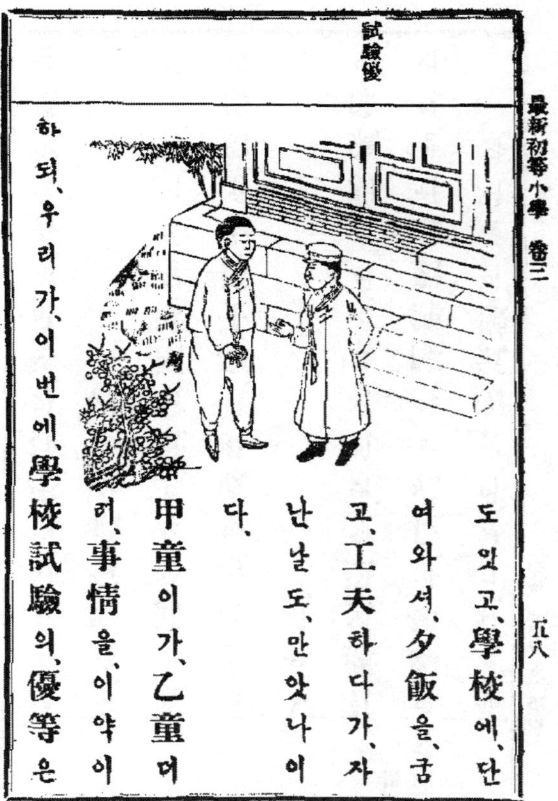

試驗後

도잇고、學校에、단여와서、夕飯을、긂고、工夫하다가、자난날도、만잇나이다、

甲童이가、乙童더러、事情을、이약이하되、우리가、이번에、學校試驗의、優等은

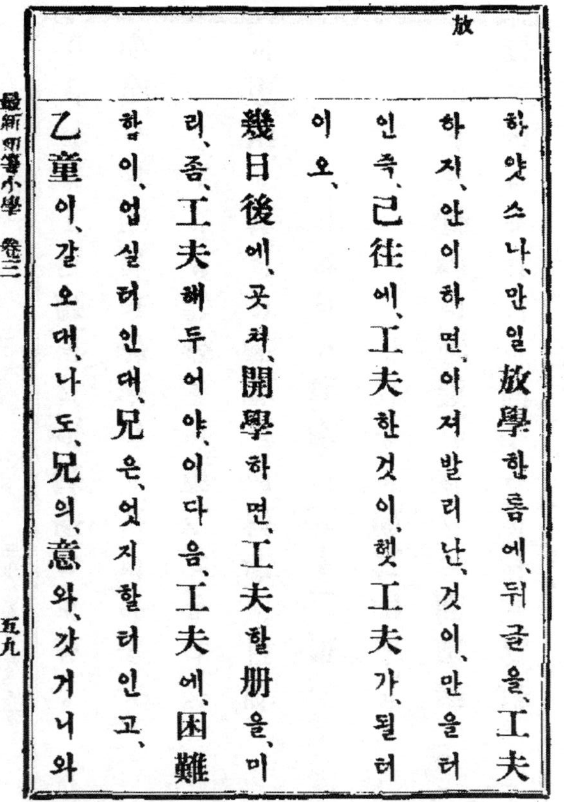

放

하얏스나、만일放學한틈에、뒤글을、工夫하지、안이하면、이져발리난、것이、만을터인즉、已往에、工夫한것이、헛工夫가、될터이오、

幾日後에、곳쳐、開學하면、工夫할冊을、미리、좀、工夫해두어야、이다음、工夫에、困難함이、업실터인데、兄은、엇지할터인고、

乙童이、갈오대、나도、兄의、意와、갓거니와

柴粮燈油
昏漆講射
準備越班

家에、柴粮도、업슬뿐외라、燈油가、업서셔昏夜에、工夫할수업스니、어두운、漆夜에난、뒤글이나、講할수、밧게업노라、

甲童이、갈아대、그러면、우리둘이、合財하야、燈油를、準備해놋코、兩人이、한房애、모혀셔、工夫하면彼此에分力이、될지라、우리가、如此히、勤工하면、이다음、試驗에난、第一等으로、越班을、할지라、

論

陞班하고、越班하면、우리가、四年에、할工夫를、三年에、卒業할터이니、좃치、안켓년가

甲童과、乙童의、工夫할、公論을、드르니、이두學徒난、진실로、成功할學徒로다

最新初等小學第三卷終

新撰初等小學 四

發賣所 京城銅峴 玉虎書林

最新初等小學卷四目次

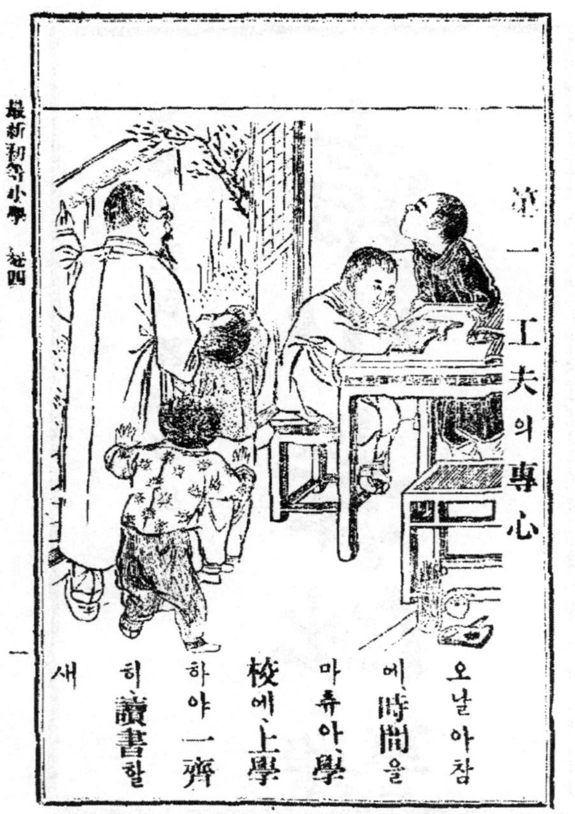

第一 工夫의專心

오날아참에時間을마츄아學校에上學하야一齊히讀書할새

專鴻 鴈險
空仰 視尋
覓贊

教師가、學徒의、專心하는지、안이하는지
試驗코ᄌᆞ、하야혼자、말노、며鴻鴈의一隊
가、나라온다하니、
여러兒孩들이、다토아空中을仰視하야
鴻鴈을尋覓하되
一兒난、天然이坐하야、册만보고、조금도
動치、안커날、教師가、稱贊하야、갈오대、
此兒난참、工夫에、專心한다、하니라

致遠新羅
舶隨科擧
侍巢叛

第二 崔致遠

우리나라、新羅ᄯᅢ에、崔致遠이年이、十二
에海舶을、隨하야、唐에遊學하다가

十八에、科擧하
야侍御史가、되
얏더니、時에、黃
巢가、叛하거날
致遠이、將帥、高

駢討檄思 鬼誅議覺 振翰林策 餘條

駢의、從事가、되야巢를、討하난、檄文을、作하얏스니、갈오대
天下의、人이、巢를죽이기를、思할뿐안이라地中의、鬼도巢를、誅하가로、議한다하얏스니、巢가、檄文을、見하고、下床함을不覺한故로、致遠의、名이、天下에、振動하고本國에도라오거날、王이、翰林學士를삼은대、致遠이、時務策、十餘條를、進하얏스

操

니、우리學徒들도、致遠을、本밧고자하나이다

第三 學徒의體操

어린童子로學校에入學ᄒᆞ난職業이人의職業中에第一큰、職業이올시

次

다、小學校에、職業을일운後에야
千萬가지、날을次第로、할터이올시다
學徒의、몸을、健壯케하기爲하야、教師가
體操를가라치나이다
學徒中에、金童이가、體操를그중잘하난
대、내가못쌰라가갯더니
先生님이가라치난대로、銘心하야、배왓
더니시방은、金童보다、낫다하나이다、

蝴蝶化生
雙特

第四 春의 蝴蝶

며나비、보시
오、며나비가
蟲으로化生

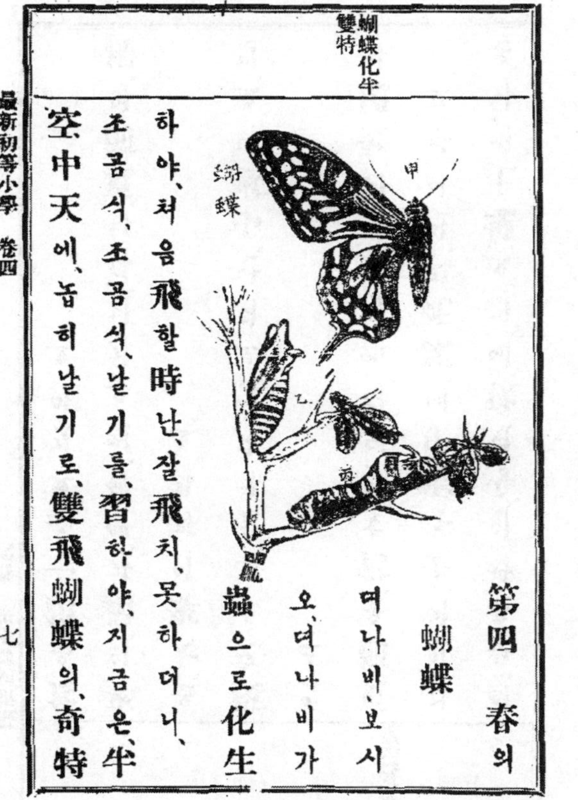

하야、처음飛할時난、잘飛치、못하더니、
조곰식、조곰식、날기를、習하야、지금은、半
空中天에、놉히날기로、雙飛蝴蝶의、奇特

한、名을、으덧스니、
우리學徒들도、工課를、잘習하면、靑春榮
光이、天地間
에、가득할닐
이올시다

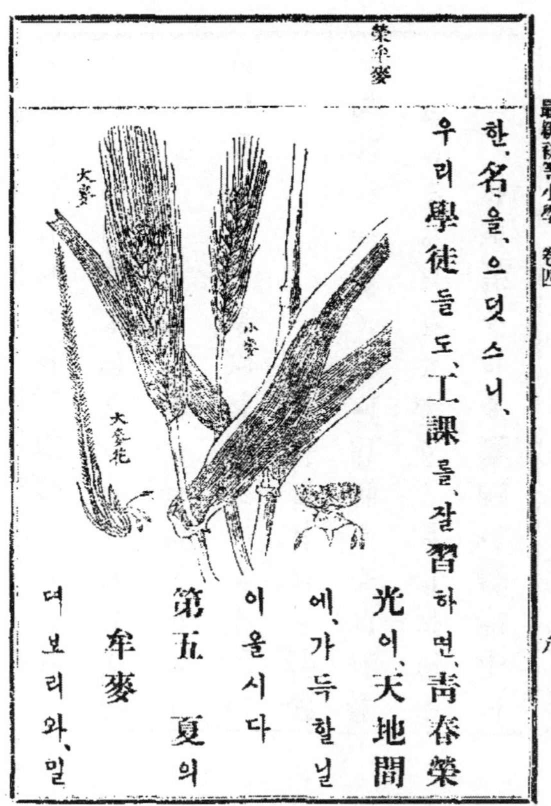

第五 夏의
牟麥

더보리와、밀

의、푸른싹이、상년秋에、겨오、地上에、나온
것인대、去冬雪中에、凍死치、안이하고
夏節을、當ᄒᆞ야、더러케、탐스럽게、發穗하
얏소、
漢文으로、말하라면、보리난、小麥이오、밀
은、大麥이라하오、
麥의、鬚가、썩썩、젤으기난、하나、夏節의、糧
食은、第一、조흔것이오

穫稻熟種
皆

第六 秋의穫稻

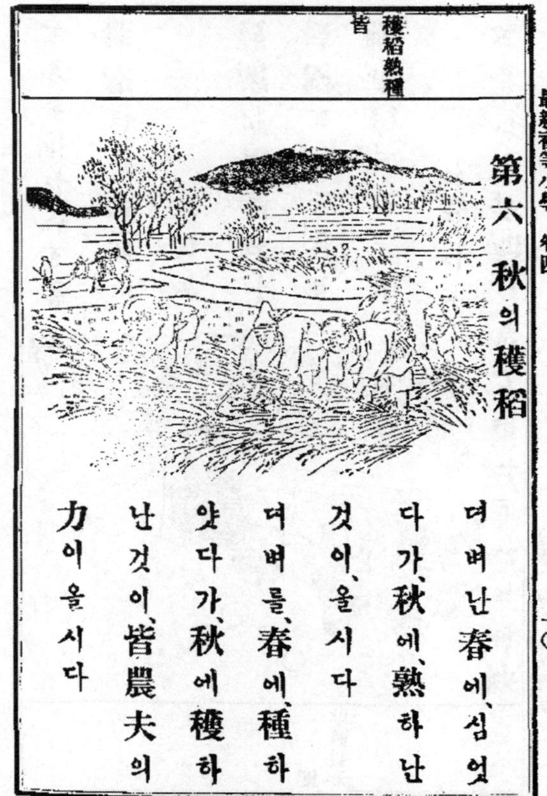

뎌벼난春에、심엇다가、秋에、熟하난것이、올시다

뎌벼를、春에種하얏다가、秋에穫하난것이、皆農夫의力이올시다

粒便飽煖
戰陰冷

더러케、粒粒히、辛苦하난、것을便히안쟈、食하난、人들은、뎌런줄은、不知하고、遊衣遊食하기만、죠화하야、手足한번、까딱안코、飽食煖衣하랴하니뎌農夫가、붓그럽지、안삽나닛가

오냐네말이올타、나도果然、붓그럽다

第七 冬의雪戰

日氣가、連日陰冷하더니、今日은、雪이좀

冬 降 始 布 滿

降하며나보다、에그발서、始作한다、잘도

쏘다진다
山은、모도、白布帳
을、친듯하고、樹枝
마다、梨花가、滿發
ᄒᆞ얏네、
더運動하난、學徒
들보아라、치운줄도

球 亂 擲 梗 鍊 養

不知하고、雪을、뭉처、小球잣치하야、들고
左右便으로갈나셧네、
서로、지지안으랴고雪球를亂擲하야、強
梗히、相戰하니、참、勇猛한、兒孩들、일세、
더것이、學校에、들어가서、學問도、鍊習하
거니와、自強力을、養成한、德이로세
子息두고、學校에、안이보낼슈업네

第八 馬車

服裝鮮芳

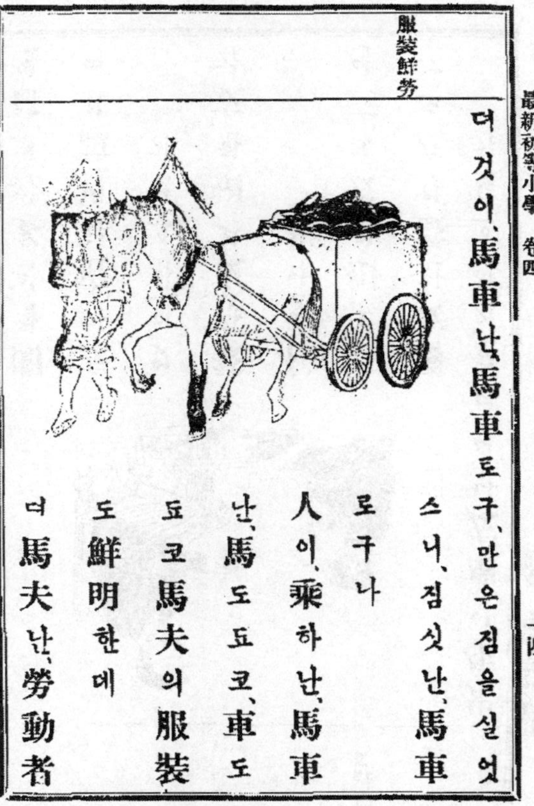

뎌것이、馬車난、馬車토구、만은짐을실엇
스니、짐싯난、馬車
로구나
人이、乘하난、馬車
난、馬도됴코、車도
됴코馬夫의服裝
도鮮明한데
뎌馬夫난、勞動者

馳騁

中에도、下等人物갓쇼이다、우리난
工夫를、어셔어셔잘하고、學問을널니하
야、上等人物이되야
됴흔馬의、됴흔車를타고服裝이鮮明한
馬夫를、압헤、안치고、大路上에、馳騁하면
좀됴켓쇼
아모쬬록上等人物이되고자하노라

第九 朋友

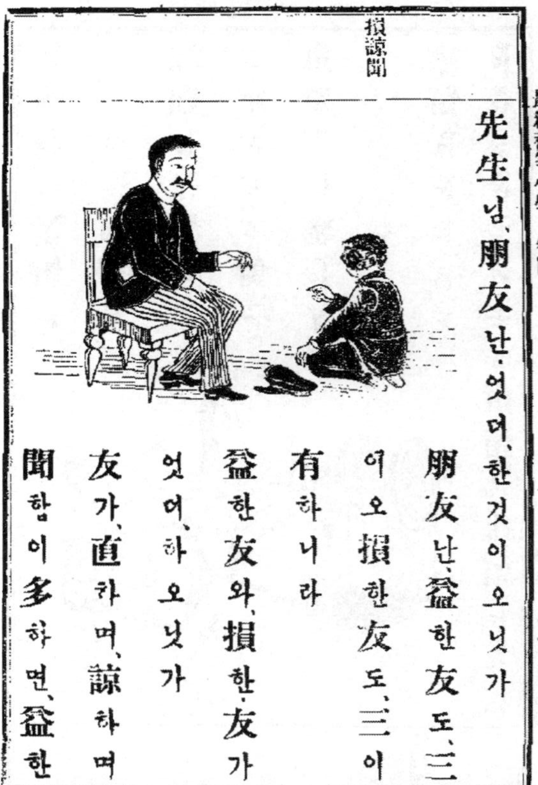

損諒聞

先生님、朋友난·엇더、한것이오닛가

朋友난、益한友도、三
이오損한友도、三이
有하니라

益한友와、損한·友가
엇더、하오닛가

友가、直하며、諒하며
聞함이多하면、益한

辟佞告信
責戲謔從
壞

友가、되고、友가、便辟하며、善柔하며、便佞
하면、損한、友가되나니라
朋友난、그德을、友하나니、友를、交함애、端
正한人을、取하며、友를擇함애、我보다勝
한人、을交할지니라、
交遊하난、道난何如하오닛가、
朋友난善한道로、忠告하며、信으로써、責
할지라、戲謔으로만、相從하면、人道를、壞

敬蟻處

損함이니、久할사록、相敬함이可하니라

第十 蟻

개암이난、穴에、處하난、微蟲이나團體力이、完合하야、能히外侮를禦하나니라、

그中에、王蟻가、有

儲置早愚 迷懇非笑

하고、또將卒이、有하야、行陣함을、見하면紀律이、分明하며、

夏秋에、糧食을、부즈런이、물어들여、儲置하얏다가、三冬과、早春까지、먹나니、愚迷한、人보다、知覺이、잇난、버러지니라、

우리人類들이、엇지며微蟲만、못하리오우리도、團體를、모호고、아모닐이던지、勤懇이、하야、개암이의、非笑를、不受할지라

第十一 義犬의救人

理古昔率
傍義

犬은、人에게、依賴하나、知覺과義理잇난、動物이라、

古昔에、一人이、犬을、率하고、出他하얏다가、술이大醉하야、路傍에、쓸어졋더니、野火가、起하야、醉人의、傍에、近하니、犬이、主人을、爲하야、溪水에、身을、浸하야醉人의、臥傍四面에草를、濕하기를、屢次하다가、力盡하야、醉人의傍에서、死하고火난、能히連燒치、못하얏더라、

醉人이、起하야、犬의如此히、死함을、見하고、大驚傷歎하야、地를、掘하고、뭇어쥬니그地名을、개무덤이라、하니라

火起近主
爲溪浸屢
連燒歎

如此한、犬은、義理업난、人보다、百勝하다

第十二　兒童의義務

이애、우리學徒들아、나의말을、좀들어라、우리들에、할義務난、兒時부터、入學하야

演說學味 想

尋常、高等、卒業하고、中學校와大學校에、次第로、卒業하고、各社會에、出席하야、意見대로、演說하야、잠든同胞깨야보며、名譽教師、自請하야、愚昧青年가르치고、千萬事業、成就할쎄愛國思想、잇지안코、富國強兵、힘을써서、東西洋에、第一됨이、우리義務이안인가、이애들아、힘을써서、우리

踐 石 築 周 圍

義務、實踐하세、

第十三 漢城

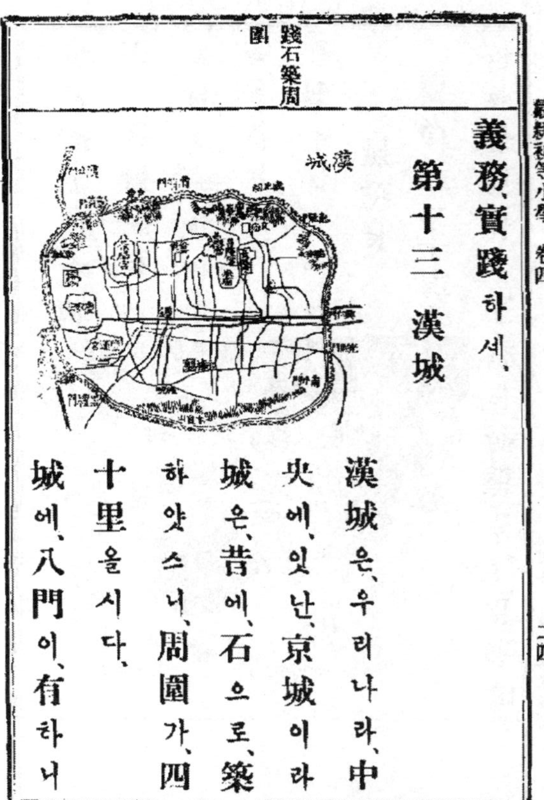

漢城은、우리나라、中
央에、잇난、京城이라
城은、昔에、石으로、築
하얏스니、周圍가、四
十里올시다、
城에、八門이、有하니

崇興仁敦 昭紫彰肅 惠光熙電 橫亘隆都 定

南大門은、崇禮門이오、東大門은、興仁門
이오、西大門은、敦義門이오、西小門은、昭
義門이오、紫霞門은、彰義門이오、北門은
肅淸門이오、東小門은、惠化門이오、水口
門은光熙門이오、電氣鐵道가、城內로、橫
亘하얏나이다

隆熙元年前、五百十六年에、우리 太祖
씌서、漢陽에、都를定하셧나이다

檀箕新句
濟鼎統繼
泐涵泳、

우리나라、太古에、始祖난檀君이오、其後에、箕子가、教化를布하시고、新羅와、高句麗와、百濟가、鼎立하얏다가、新羅가、統一을成하고、高麗가、또統一하얏더니、末葉에、至하야、우리 太祖씌셔、繼起하샤、創業을하엿나이다

우리學徒들은、禮義東方에셔、五百餘年을德化에、涵泳하고、四千餘年을、自由로

昌盛種族
孫

昌盛한、種族의、子孫이올시다

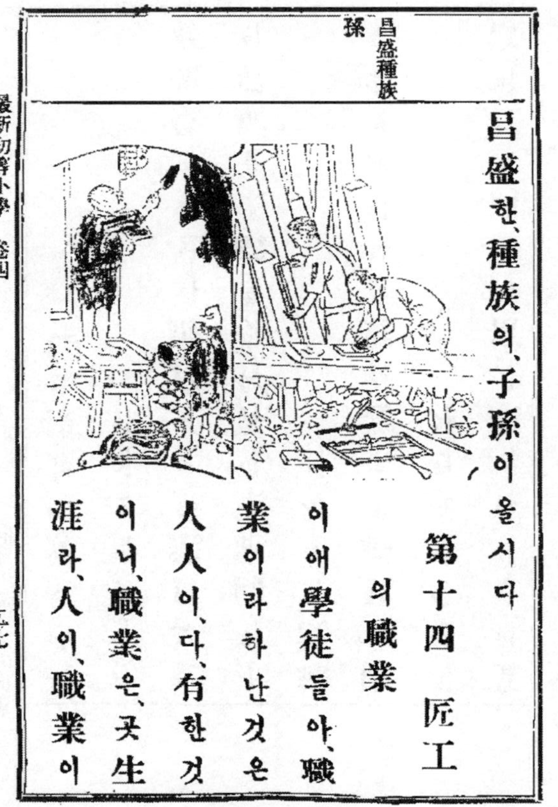

第十四 匠工의職業

이애學徒들아、職業이라하난것은人人이、다、有한것이니、職業은、곳生涯라、人이、職業이

斷孜懈怠

無하면、엇지、世上에、生하리오、뎌木手와土工을、보아라、우리보기에도一日도、間斷업시、孜孜不已하난것이、졔職業이지만은、果然誠勤한、사람이다、

네先生님、말삼이、올소이다참誠勤하오이다

우리二千萬同胞가、뎌와如히各各그職業을、守하야、懈怠치、안이하면、家가엇지

弱歇后

富치、안이하며、家가富하면、國이엇지、富치안이하오릿가、

國이、貧弱함은、遊衣遊食하난人이、多한緣故이、올시다、

우리、同胞들이、各各、맛흔、職業을、歇后이말고、日進하고、又日進하난、것이、急先務가、될듯하오이다、

오냐네말이奇特하다

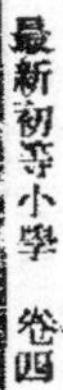

飼

第十五 蠶

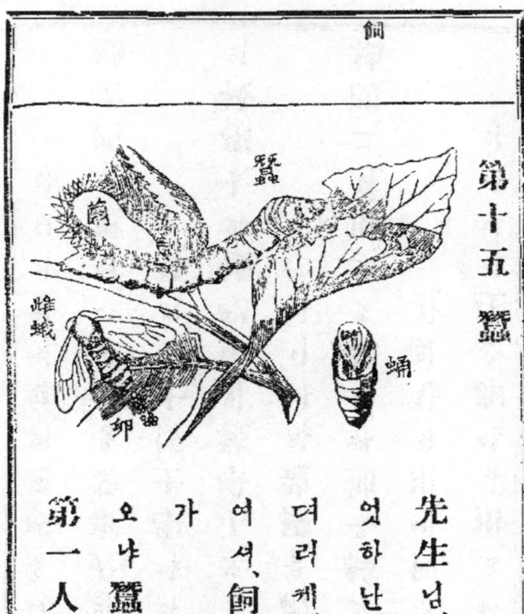

先生님、더 蠶은、무엇하난、蟲이기에 더러케、工夫를、들여서、飼養하난잇가

오나 蠶은、蟲中에 第一人에게、有益한、것이라

黑 蛻 灰 繭 蛹 蛾

三四月間에、卵中에서、黑色의、小한、毛蟲이、生하야、桑葉을、飼한지、數日이되면、毛를、蛻하고、漸漸長하야、四次를、蛻한즉 灰白色이되고、節이多하며、色이、光澤하고、雪白한、絲를、吐하야、繭을作하고、職業을、다하야、功을成하고、蛹이되야、그 內에、在하다가、十餘日後에、蛾가되야、繭

繅抽綢緞 織造變

을、繅하고、出하야、卵을、生하나니라
그繭은、何에、用하난잇가、
繭으로絲를、抽하야、絲로도、用하고、明紬
와、綢緞을、織造하나니라
너의들도、小學校와、中學校와、大學校의
卒業하야、學士博士가、되야、
國家의、大事業을、成하야、뎌蠶의、四次變
하야、功을、成함과、如히、할지니라

蝙蝠鼠異

第十六 蝙蝠

뎌것이鳥도、갓고、鼠
도、갓흔것이니、무엇
인、고異常하다
그것이、蝙蝠이외다
蝙蝠이란것이、鼠도
안이오、鳥도안이오
엇더한、즘생이란、말

翼 晝 幽暗 隱居 翔 稀 罕 會

이냐

그것이、鼠와如하나、翼이有하니、鼠도안이오、鳥와如하나、四足이有하니、鳥도안이오、晝에난幽暗한데、隱居하얏다가、夜에出하야、飛翔하나이다

그러하면、獸라하나냐、禽이라하나냐、禽獸中에稀罕한즘생이로구나

그러하기에、獸가會한데가면、獸라하고禽이、會한데、가면、禽이라、하야、俗談에、박쥐구실이라、하나이다

俗談 恠

그러면禽獸中에、怪惡한、즘생이로구나

此에、붓고、彼에붓허、反覆小人과、如하니어셔쯧차、갓가이오지、못하게하야라

第十七 鹽

鹽 料 調 潮 汐 塲

鹽은、人生의、食料에、업지못할、調和物이라、海邊에、潮汐水가、入하난、沙塲에、幕을

鍾 積聚穴 通

짓고、

海水에、浸하얏던、沙를갈아、田을成ᄒᆞ면潮汐水가、入하얏다가、退한즉沙田에、白麵가로、갓흔앙금이、有하나니、

此沙를、積聚하야、下에穴을、通하고、海水로、沙를、걸너、그水를、밧고굴

釜 漉 煑 繞
産 良 涯 曆

의、겁질을、燒하야、釜를、作하고、漉한、水를、釜에、煑하면、鹽이되고、鐵釜에도、煑하나니라、

我國의、海가、繞한處난、鹽이、다産出하나그中에、色과味가、良好하기난、南陽鹽이第一이니라、

鹽을、製造하기난、海邊의、生活하난、人의生涯가되고每月陰曆初八日과二十三

前 融貴雜念

日이俗語에潮減이니라
此時가、造鹽하난、時니此時에、만일雨가
下하면、沙에、안즌앙금이、다、洗去하고、消
融하니、이런時난、鹽이貴하니라、
너의學徒들도、工夫를、아모리、誠心으로
하다가도、一朝에雜念이、生하야懈怠하
면前日에、誠實이한、工夫가、비마진鹽沙
와如할지니、銘心할지어다

鷰羽頷領 喙短歧

第十八 鷰

鷰은、全身에、黑色의、光澤한羽毛가、有하
고、頷下에紫領을、둘
으고、
喙가短하야、物을、食
하기에、便利하고、兩
翼이、長하며、尾가、또
長하야、二歧로、分하

蹴 翺 泥 簷 牙 巢 雛 雌 雄

니、形容이、絕妙可愛하니라、
夕陽이、되면、水邊에、上下하며、水、를蹴하
야、得意함갓흐며、恆常、空中에、翺翔하야
小蟲을、捕食하나니라

鷰의、性이暖함을、됴아하야、春日이된즉
泥土를、물어다가、人家簷牙에、巢를、作하
고卵을、生하야、雛를、育할새
雌와、雄이돌녀가며、小蟲을、물어다가、雛

凉 候 量 穀

를、먹이되쉬지안이하며雛가長成하고
日氣가凉하면南녁海邊으로갓다가
春이다시、도라오면、또와셔、舊巢를、차쟈
年年이、如一히、去하고、來함이信이잇슴
애候鳥라고名하니라

食量이커셔、一日에、一鷰이、蟲類를、數千
식、捕食하야、穀物의、害한蟲을、만히、먹으
니農家에、대단이、有益한、禽이니라

茂落幹獨
存楓悅

鷲은、小한、禽類로되、信이잇서、어김이업거날、하물며、人이엇지、信이無하랴、

第十九 樹木

樹木은、春에綠葉이、始生하야、夏에、茂盛하고、秋에黃落하야、冬에、枝幹만、獨存하다가、春에、다시生養하나니라

楓과、柿와、漆樹等은、秋가、深하야、霜露가降하면、葉이、鮮紅하야、人의、目을、悅함이

讓緊含

春花에、讓치안이하더라

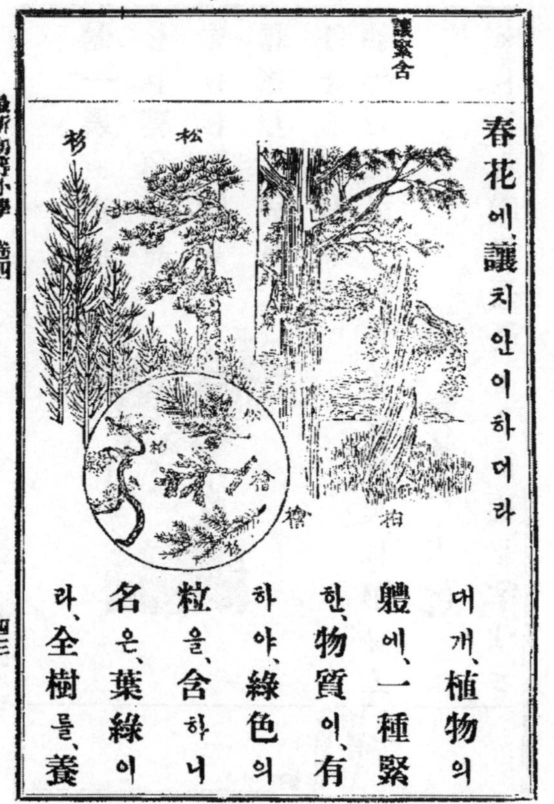

대개、植物의體에、一種緊한、物質이、有하야、綠色의粒을、含하니名은、葉綠이라、全樹를、養

栢檜杉經
倣則困

育하난、功이、有하니라、
樹木의、葉이、落하난、樹난、落葉樹라하니
梅와、桃와、楊柳等이니라
오직、松과、栢과、檜와、杉等은、秋冬을、經하
되、葉色이、變치안이하고、終歲토록、靑靑
한者ㅣ니、常靑樹라、名하니라
人도、松栢의霜雪을、傲하야、四時에、長靑
암을、倣則하야、아모리、困難中에、在하야

志墜奮勵
丁若鏞茶
正祖透澈
濟

도、心志를、墜치말고、益益奮勵할지니라

第二十 丁若鏞

丁若鏞의、號난茶山이니、 正祖皇帝時
에、有名한、才士
라諸子百家書
를、精通하야事
理에、透澈하야
我東에、第一經

勢 津 配 頓 導 著 述 的 籍

濟家라하니라、

然하나、時勢가、利치못하야、大才를、펴지
못하고、또西敎의、緣坐로全羅、南道、康津
地、에定配하니라

일로조차、世念이、頓絶하야오직國民을
開導하기를、自期하야、三百餘卷의、册을
著述하니時務에、的當하야、大用할書籍
이니라

集 茅 屋 號 熱

비롯、海上絶地에、在하나、四方의、學者가
雲과、如히、來集하야、受業하난者가、恆常
數百人이러라

海上茅屋에、讀書하난、聲이絶치、안코또
月出山에、茶樹를、엇어茶葉을、맛보고天
下에、第一가、된다하고、號를、茶山이라하
야、이後로、月山茶가、我國에、有名하다

學徒들아、너의들도、工夫를、熱心으로、하

鷹鳶圓視 嘴爪銳疾 搏

야、事業도、만히하고、書籍도、만히著作하야、後世까지、芳名이、流傳케、ᄒᆞ야라

第二十一　鷹과鳶

鷹은、目이圓하며、大하야、視力이、甚強하야、百里에、秋毫를、見하며、嘴와、爪가、銳하고、飛에、疾함이、矢와、如하야、能히、雉와兎를、搏食하나니라、

食하난、物은、雉와、鷄와、兎等의、肉이오食

攫呑班觀 箭翎捉

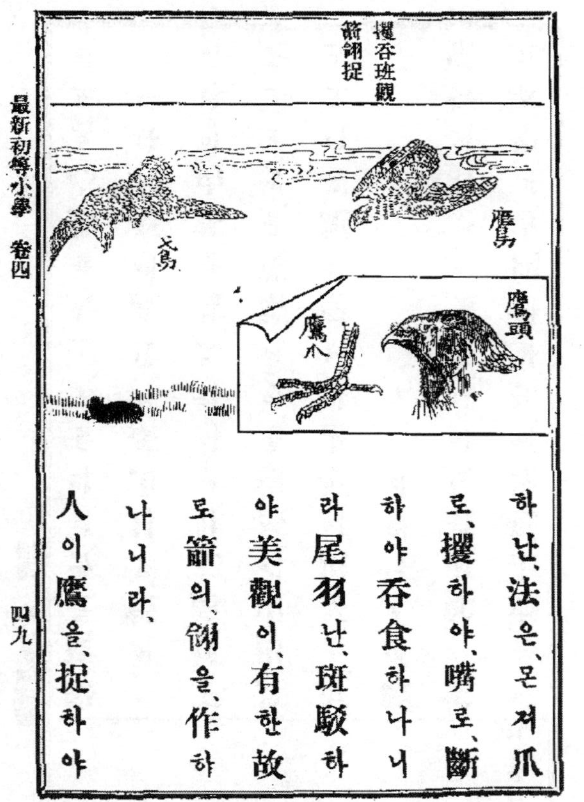

하난、法은、몬저爪로、攫하야、嘴로、斷하야呑食하나니라尾羽난、斑駁하야美觀이、有한故로箭의、翎을、作하나니라、

人이、鷹을、捉하야

紮 枷 上 繫
肘 馴 獵 飢
附 颺 腐 街
衛

兩足을、紮하야、架上에、繫하고、食物로飼하며、肘上에、坐하야、人에게、馴熟한、後에山野에、雉兎를、獵하되、飢한즉、人에게附하고、飽한즉、颺去하나니라、

鳶은、鷹과、相同하나、視力과、飛力이、다、鷹만못하고、腐한、肉을、喜食하야、已死한、鳥獸와、蟲魚를、다、食하난、故로、市街人의、衛生에、益함이多하니라

境遇

무릇、人이自由함이、맛당하나、不得已한境遇로、他人에게、依賴하거든、鷹의飢하면、附하고、飽하면、颺하난、行爲난、本밧지말지니라

乞宅

第二十二 乞人

一日은、門前에셔무손소래가、나거날자세이들으니、巨祿한、宅에셔、積善좀하시오칩고、배곱하、죽겟습니다、하거날、

錢持

教師가、學徒더러、門外에乞人이、왓다錢一分만、쥬어라、

學徒가、錢을持하고、乞人을給하려、다가、乞人을、向하야、갈오대

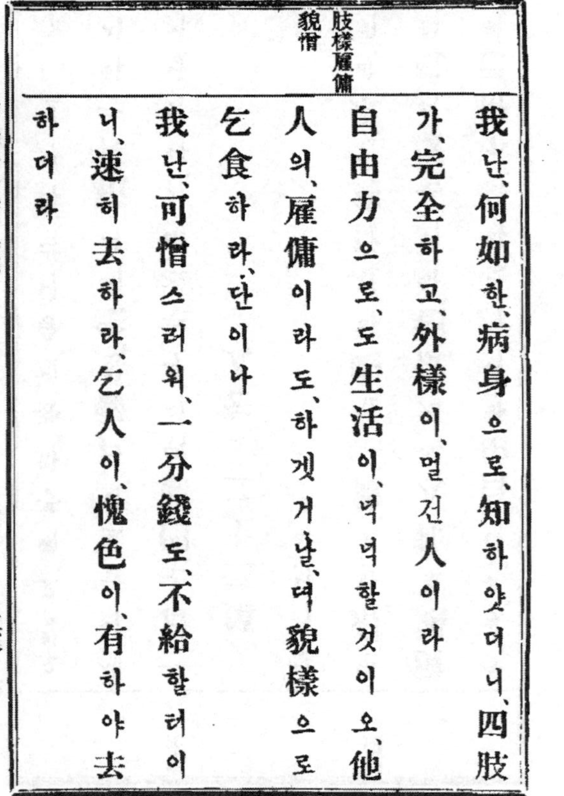

肢 樣 雇 傭 貌 憎

我난、何如한、病身으로、知하얏더니、四肢가、完全하고、外樣이、멀건人이라自由力으로、도生活이、넉넉할것이오、他人의、雇傭이라도、하겟거날、뎌貌樣으로乞食하랴、단이나

我난、可憎스러워、一分錢도、不給할터이니、速히去하라、乞人이、愧色이、有하야去하더라

驕奢鑑戒

教師가,見하고,學徒더려,네가,彼乞人을
不知하나냐,
彼가,京中富人의,子이라,驕奢로,有名
하야,學堂에,가라하면,他處에,往하야,惡
行만배우더니
彼의,父母가,死함에,數年이,못되야,뎌貌
樣으로,단이니
너희는,彼로,鑑을삼아,儆戒할지어다

茶菸康郡
嘉陵

第二十三　茶와菸

茶난,清國과,日本의,特産이오,我國에도 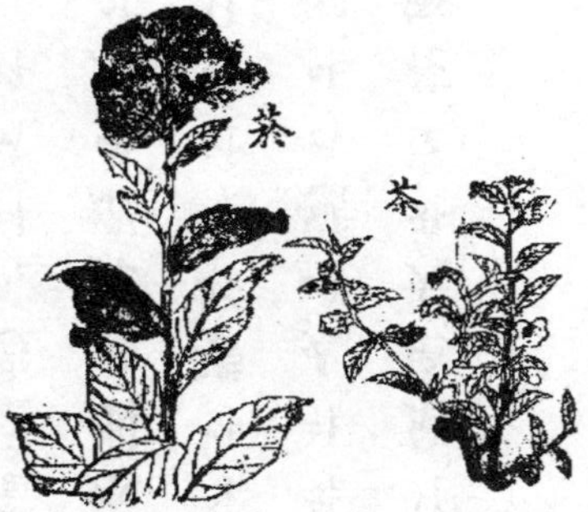
全羅,南道,康津郡의
月出山에서,多産하
나니라
樹가,山茶와,如하야
常青한,叢木인데,性
이暖함을,喜하고,葉

摘亞利洲 諸邦現汁

은、香氣를、含하니라、

早春에、芽가、抽하야、三葉이、되나니、此時

에、摘取하야、製造하나니라

菸는、곳烟草이니、亞美利加洲에서、産出

하난대、三百餘年前에、西北諸邦으로、부

터、始傳하야淸國과、我邦에、入하야、現今

은、各地方에서、多種하나니라

茶난、煑하야、汁을、飮하고、또熱水에、點하

爽嘉賓賣 瓣乾燃烟 吸嗜捲

야、飮도하나니一飮하면、心神이、淸爽한

故로嘉賓을、接待할時에、用하며、賣買도

하나니라

菸난、一年草이니、葉은、大하고、花瓣은、五

片이라、葉을、乾하야、火에、燃하야、烟氣를

吸하니、世界人이、다嗜好하난배니라、

菸가、또旱烟과、水烟과、鼻烟에、別이、有하

고、近日에、捲烟을、盛造하나니라

閔泳煥陼

茶와、菸의、用함이、如此하나、菸난、毒한、氣가、有하야、兒孩들이、吸한즉腦가、空虛하고、骨이軟하니라

茶도、過飮하면、도로혀、害가多하니、學徒들은、極盡히、삼가먹지말미可하니라

第二十四　閔泳煥

光武九年十一月十七日에、우리韓國과日本이、新條約을、成하야、國權이、墮落함

挽回

애、陸軍副將、閔泳煥이大勢를挽回코자하다가時勢가、可爲

刃裁厥儿 筵設挾血 痕遺閉鎖 啓莖軒隙 嗟觀塡咽

치못할지라、이에、白刃으로、自裁하얏나이다、

厥明年에、閔泳煥의、儿筵을、設한挾房에血痕이有한、遺衣를、置하고、其戶를、閉鎖한지、二百五十日에、家人이、啓視함애、靑靑한、四莖의、新竹이、軒隙에、生하얏시니九枝에、四十一葉이라、內外國人이、聞而嗟嘆하며、爭相往觀하고、塡咽하야、갈아대、閔公의、血竹이、二千萬同胞를、喚醒하야、獨立精神을、化生함이라、하얏나이다、

喚蘭臭騷 客趣興效 佳

第二十五 蘭草

蘭草난、香臭가多한、花草라、古今에、文人騷客으로하야곰、淸趣를、興케하니、花草中에、蘭草의、功效가、人에게、最佳하오이다

人이、惡人의、家에、入하면、惡臭가、生함과

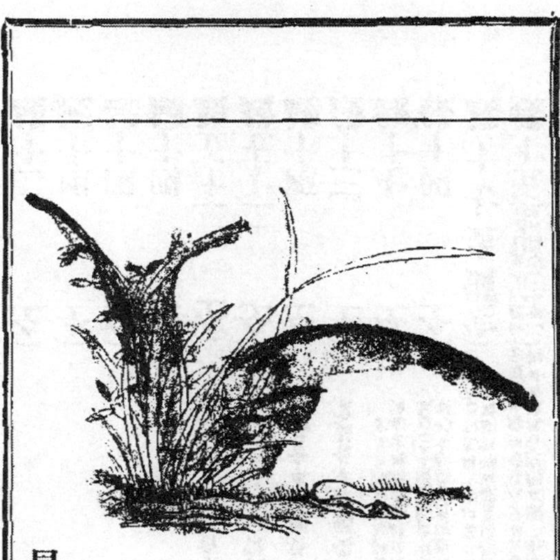

如하고、賢人의家에入하면、蘭室에、入함과、如하다하니、吾人은、蘭室에居하고、蘭室에、出入하리로다

最新初等小學卷四 終

隆熙二年七月一日印刷
隆熙二年七月廿日發行

定價上下二卷金五十錢 郵稅二錢

不許 板權所有

編述兼發行者 鄭寅琥
參訂者 李忠健
印刷所 右文館

總發賣所
京城南部[illegible]大四街[illegible]三十五統五戶 玉虎書林 鄭寅琥

分發賣所
[illegible] 高允昌

新書籍發售廣告

(新訂)初等小學(文部檢定 [illegible])([illegible])(二卷合附)定價金五十錢

([illegible])大韓歷史([illegible])(定價金七十錢

([illegible])大韓地誌([illegible])(仝)四十錢

([illegible])大韓地誌([illegible])(仝)七十錢

(初等植物學(節마다美國國本을具홈)(仝)三十錢

(初等動物學(節마다英國國本을具홈)(仝)四十錢

(國家思想學(精神敎育)(仝)二十五錢

(憲法要義(義務敎育)(仝)二十五錢

(國文)大[illegible](仝)四十錢

(國文)大[illegible](仝)四十錢

(國文)大[illegible](仝)四十錢

(國文小說)洞庭秋月(仝)二十錢

玉虎書林

초등소학

(初等小學)

普成館著作

初等小學 一

發行所 普成館

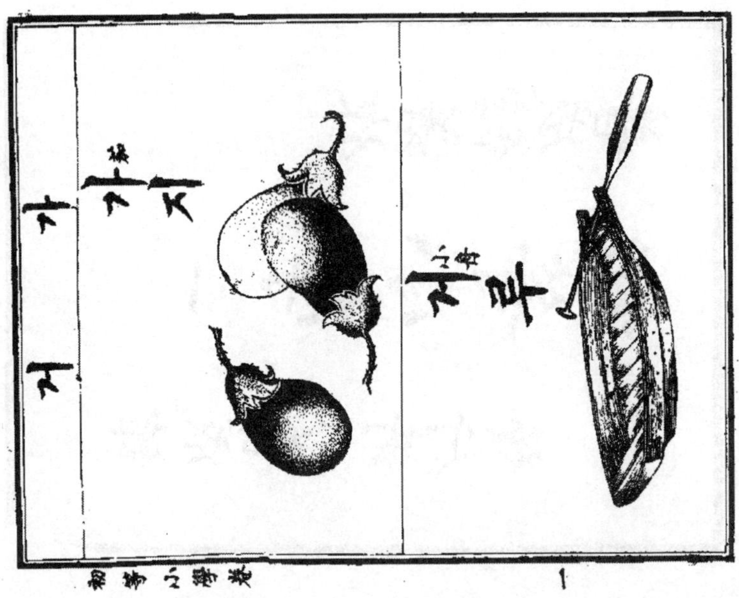

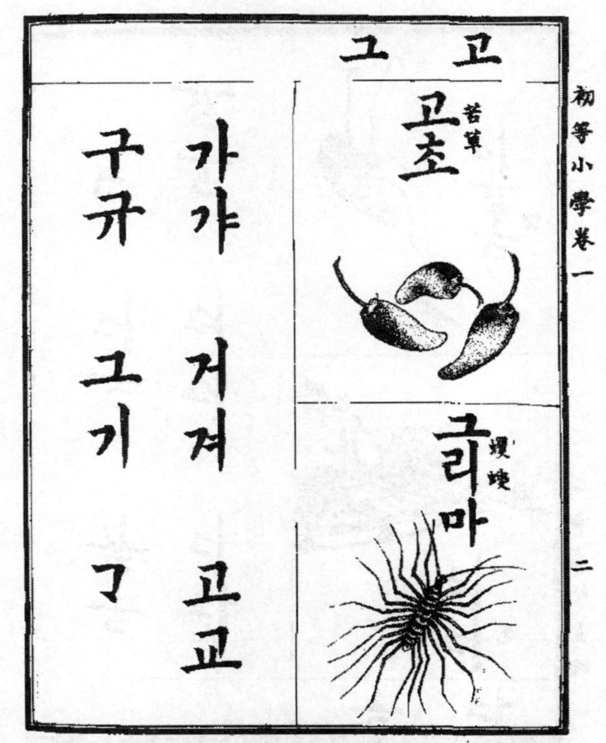
初等小學卷一 二

고 그

고초 苦草

그리마

가 갸 거 겨 고 교

구 규 그 기 ㄱ

初等小學卷一 三

나 노

나비

노루 獐

나 냐 너 녀 노 뇨

누 뉴 느 니 ㄴ

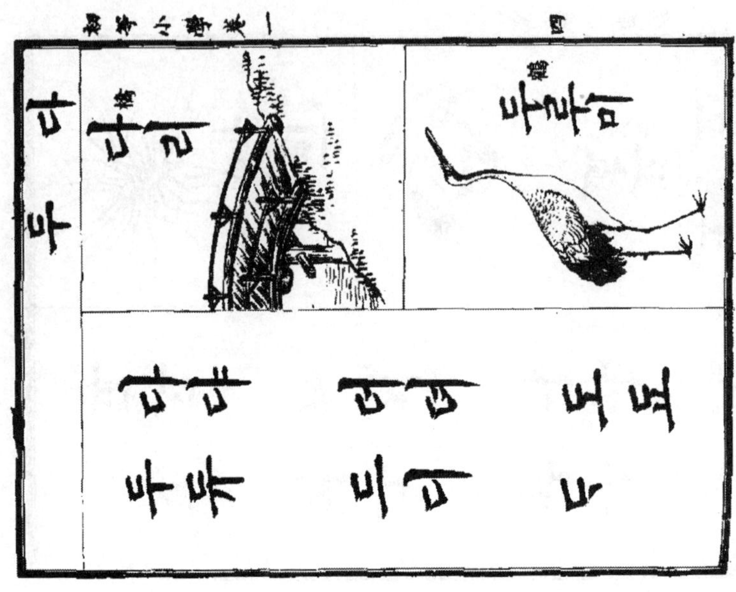

초등소학 권일 (初等小學卷一) 四

다 두

다리 (橋)

두루미 (鶴)

다 댜 더 뎌 도 됴

두 듀 드 디 ᄃᆞ

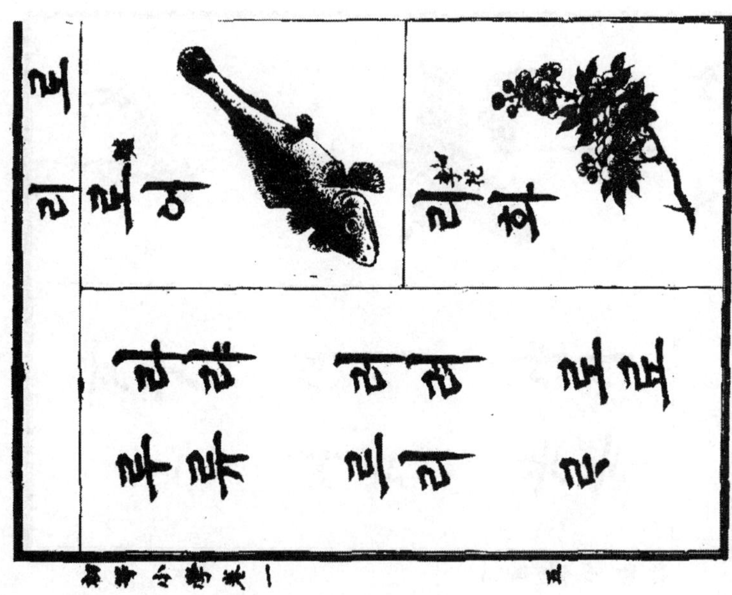

초등소학 권일 (初等小學卷一) 五

로 리

로어 (鱸)

리화 (李花)

라 랴 러 려 로 료

루 류 르 리 ᄅᆞ

初等小學卷一 六

머 무

마 야　머 며　모 묘

무 뮤　므 미　ᄆᆞ

初等小學卷一 七

벼 보

바 뱌　버 벼　보 뵤

부 뷰　브 비　ᄇᆞ

사 소

사ᄌᆞ 獅

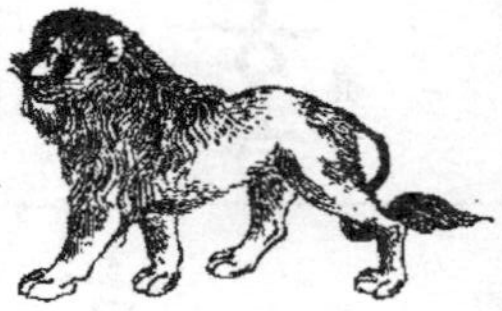

소 牛

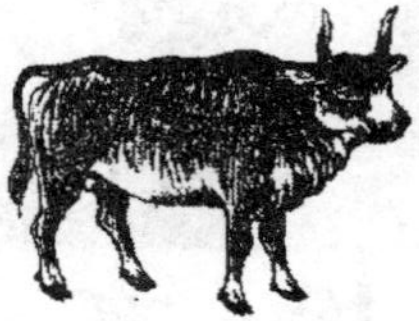

사 샤 서 셔 소 쇼

수 슈 스 시 ᄉᆞ

아 어

아바지 父

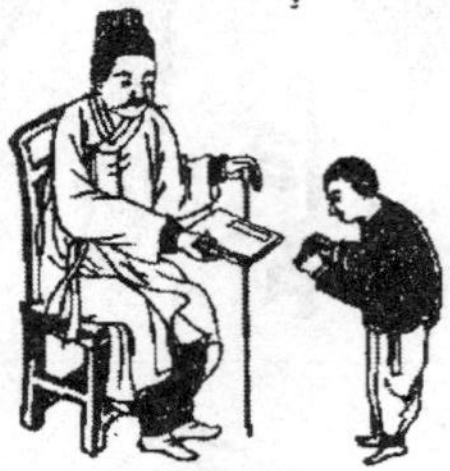

어마니 母

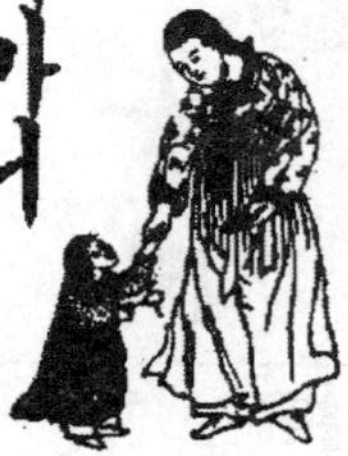

아 야 어 여 오 요

우 유 으 이 ᄋᆞ

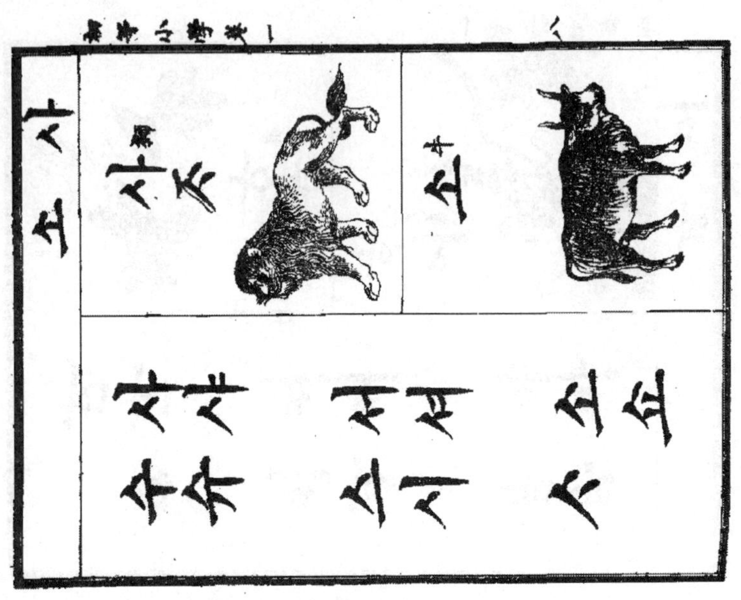

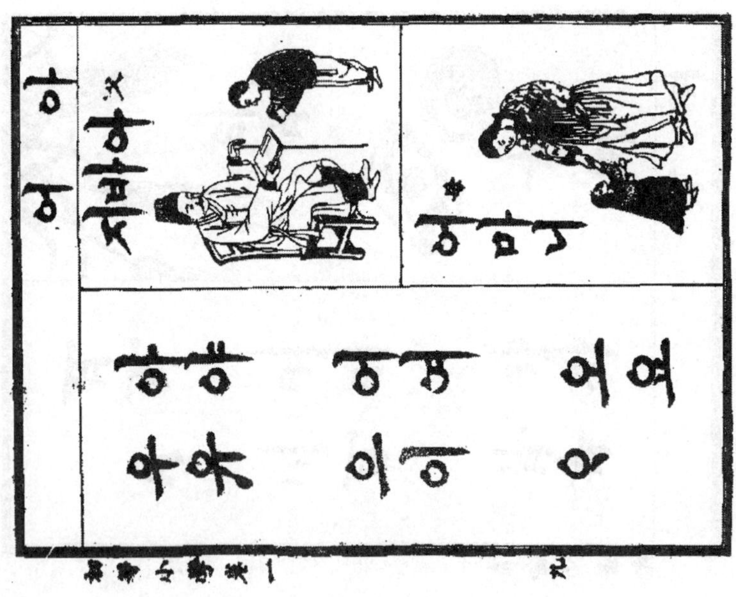

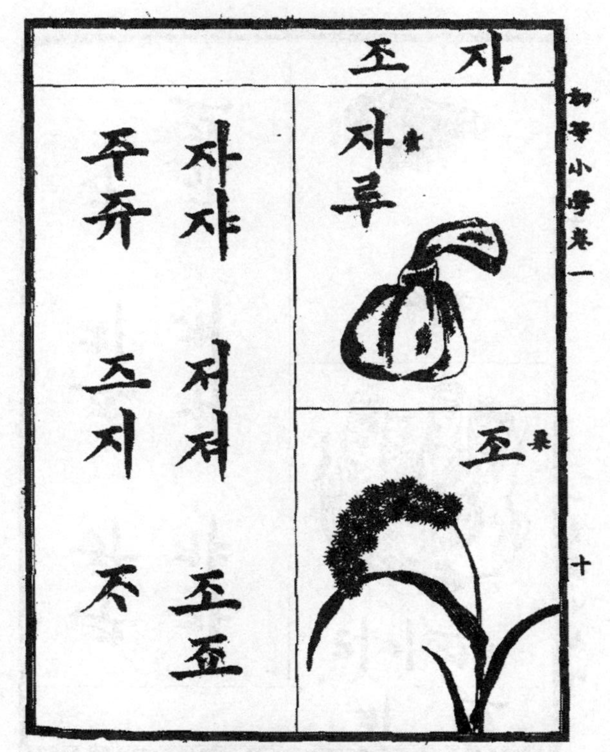
初等小學卷一
十
자 조
자루 袋
조 粟
자자 저져 조죠
주쥬 즈지 ᄌᆞ

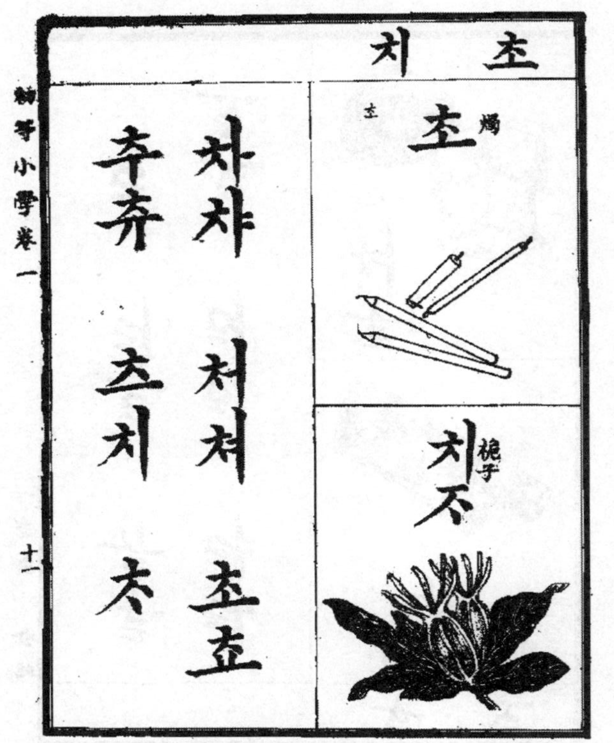
初等小學卷一
十一
초 치
초 燭
치ᄌᆞ 梔子
차챠 처쳐 초쵸
추츄 츠치 ᄎᆞ

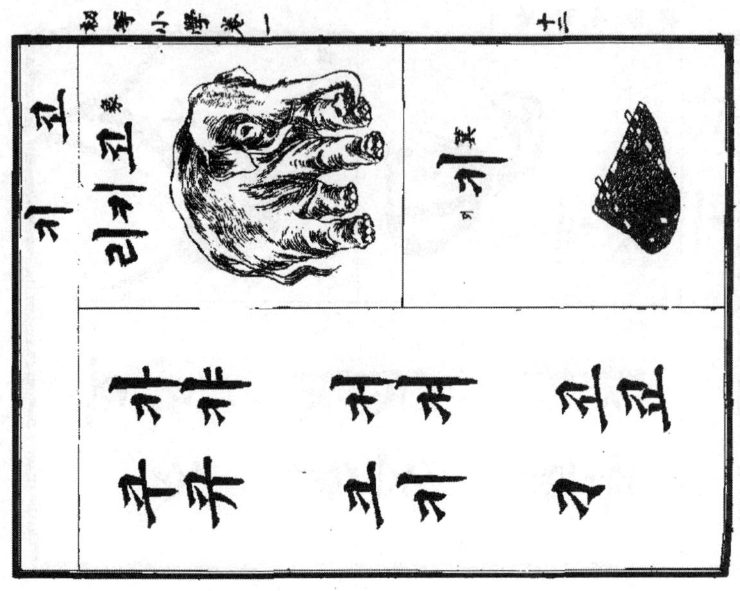
初等小學卷一
十二
코 키
코기리 象
키 箕
카캬 커켜 코쿄
쿠큐 크키 ㅋ

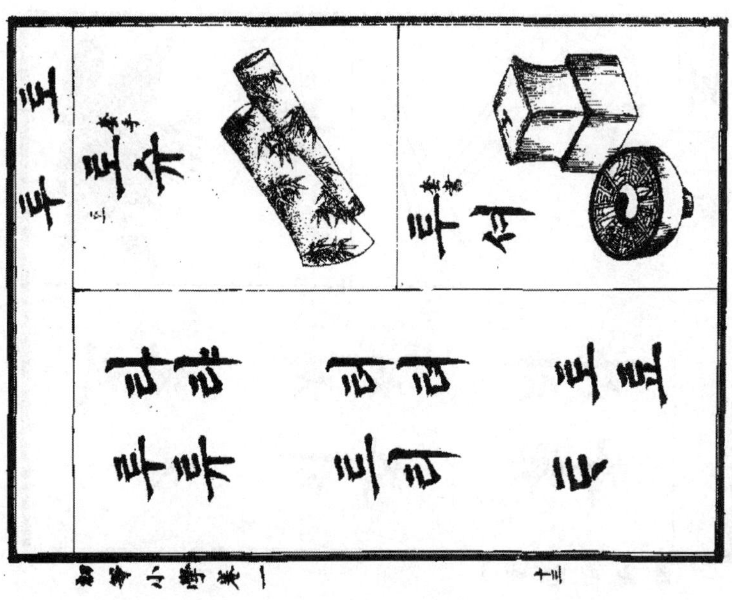
初等小學卷一
十三
토 투
토슈 套手
투셔 套書
타탸 터텨 토툐
투튜 트티 ㅌ

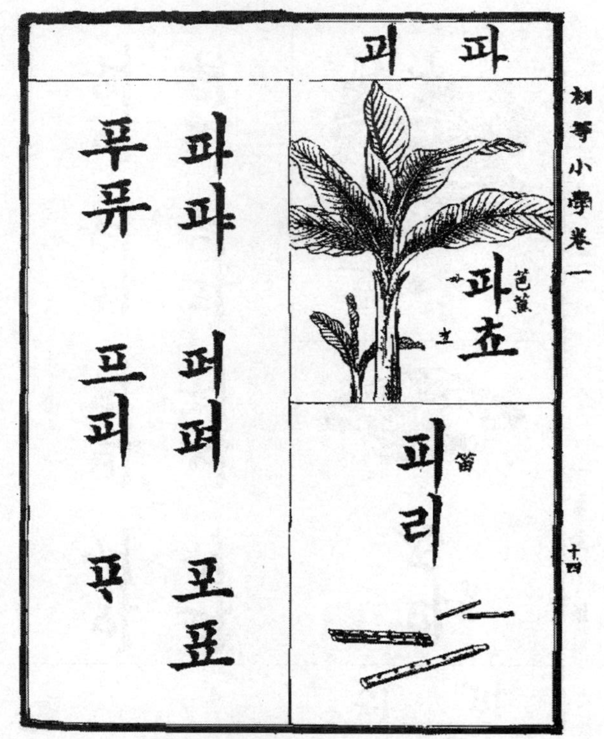

파 피

파쵸 (芭蕉)

피리 (笛)

파 퍄 퍼 펴 포 표

푸 퓨 프 피 ᄑᆞ

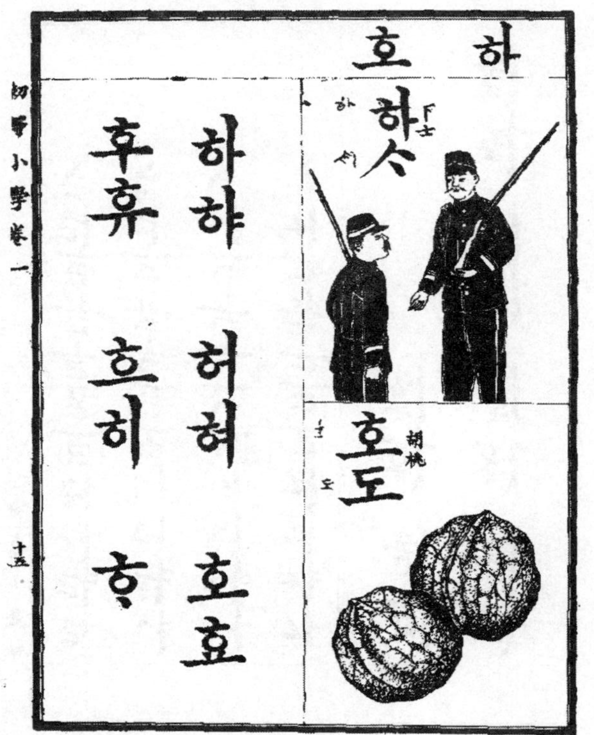

하 호

하ᄉᆞ (下士)

호도 (胡桃)

하 햐 허 혀 호 효

후 휴 흐 히 ᄒᆞ

과 화

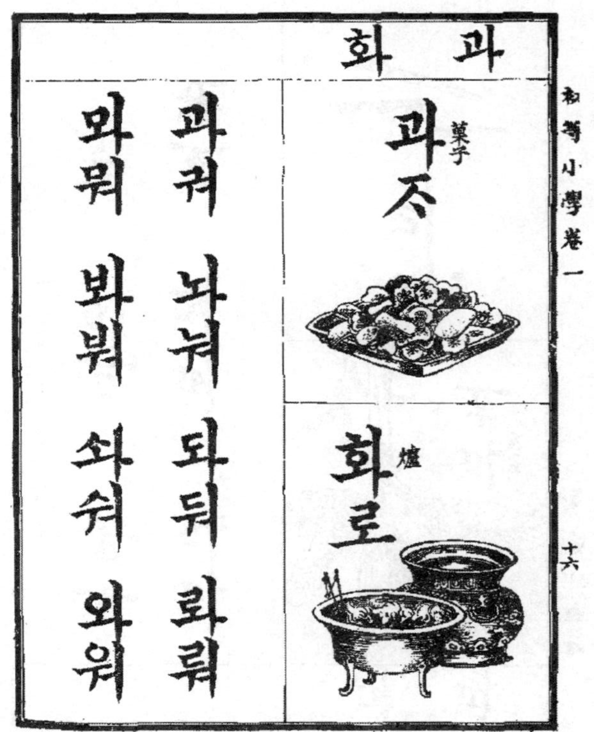

과궈 놔눠 돠둬 롸뤄

뫄뭐 봐붜 솨숴 와워

좌줘 촤춰 콰쿼 톼퉈

퐈풔 화훠

가갸거겨고교구규그기ᄀᆞ

나냐너녀노뇨누뉴느니ᄂᆞ

다댜더뎌도됴두듀드디ᄃᆞ

라랴러려로료루류르리ᄅᆞ

마먀머며모묘무뮤므미ᄆᆞ

바뱌버벼보뵤부뷰브비ᄇᆞ

사샤서셔소쇼수슈스시ᄉᆞ

아야어여오요우유으이ᄋᆞ

자쟈저져조죠주쥬즈지ᄌᆞ

차챠처쳐초쵸추츄츠치ᄎᆞ

카캬커켜코쿄쿠큐크키ᄏᆞ

타탸터텨토툐투튜트티ᄐᆞ

파퍄퍼펴포표푸퓨프피ᄑᆞ

하햐허혀호효후휴흐히ᄒᆞ

과궈놔눠돠둬롸뤄뫄뭐봐붜솨숴

와워좌줘촤춰콰쿼톼퉈퐈풔화훠

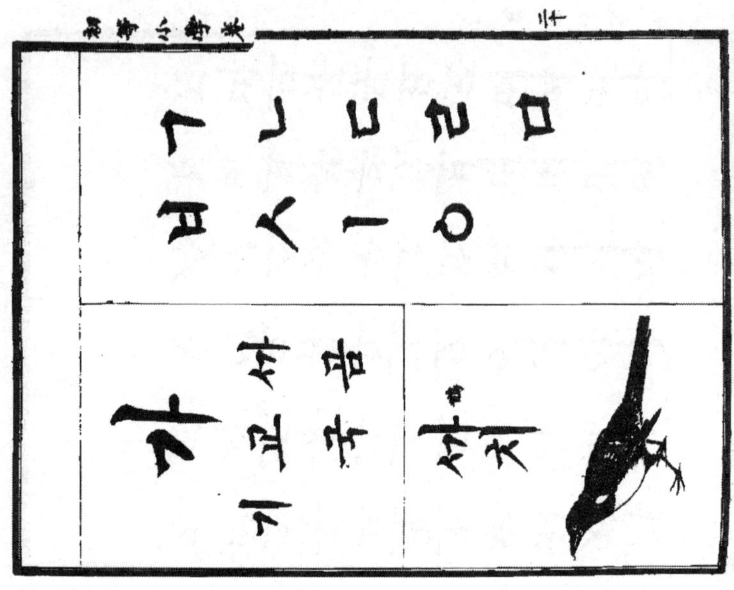

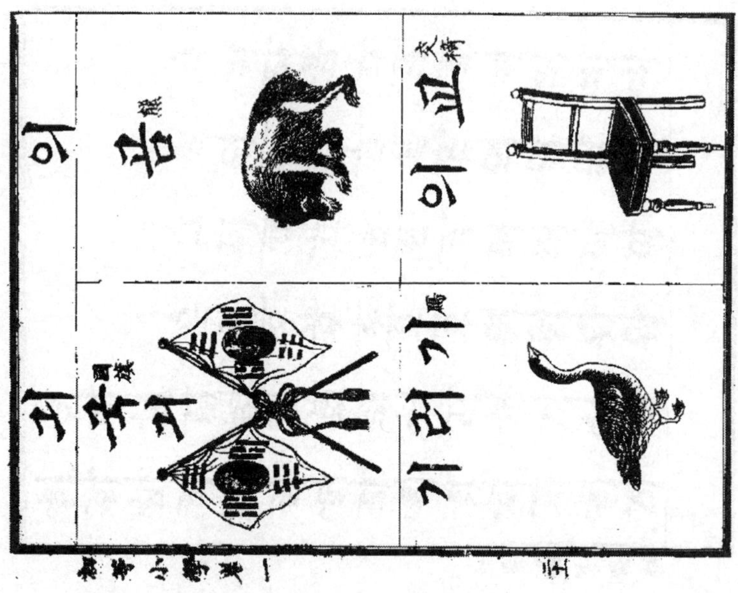

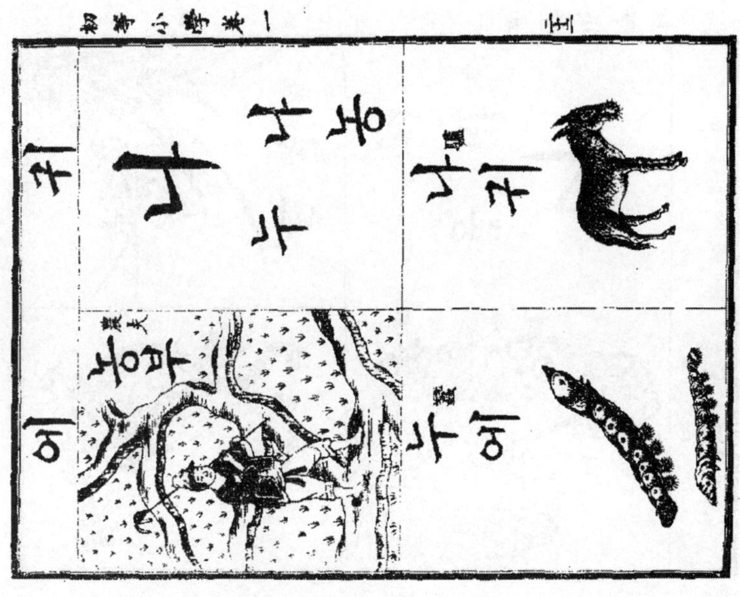
初等小學卷一
농부 農夫
누에
나귀

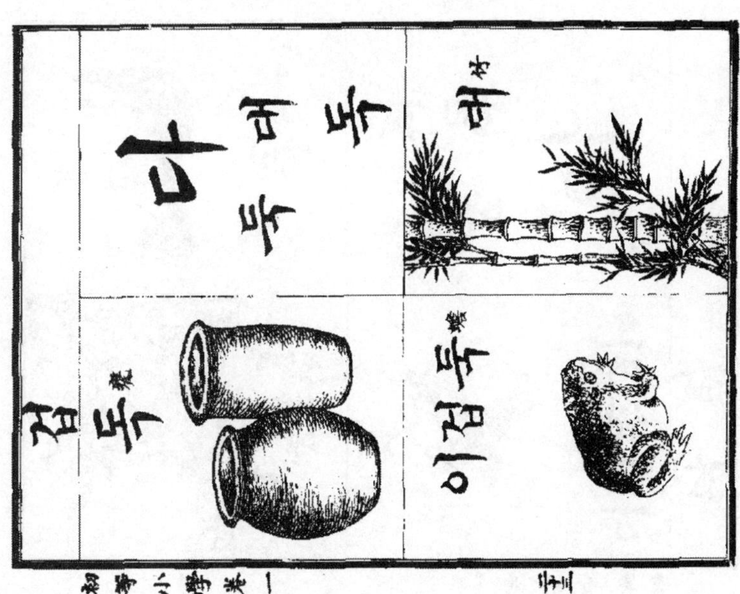
初等小學卷一
대

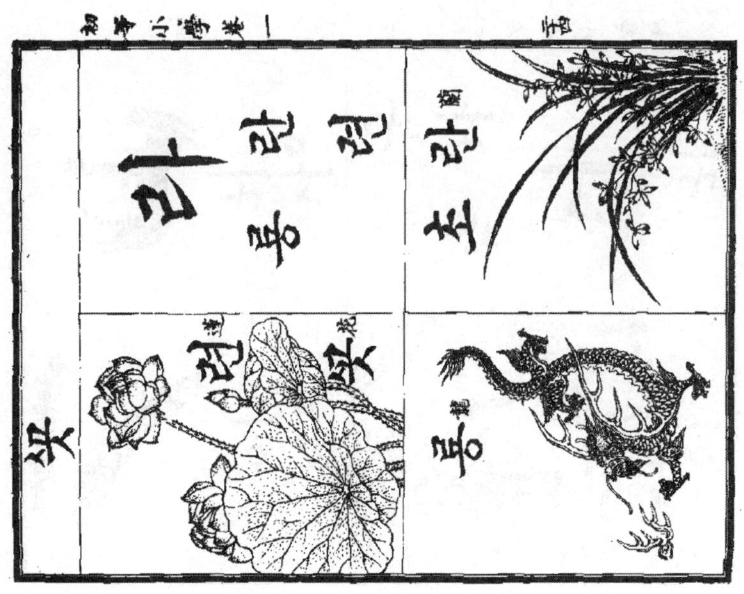
初等小學卷一
꼿
라
란 련
룡
련 蓮
꼿 花
초란 蘭
룡 龍
二十四

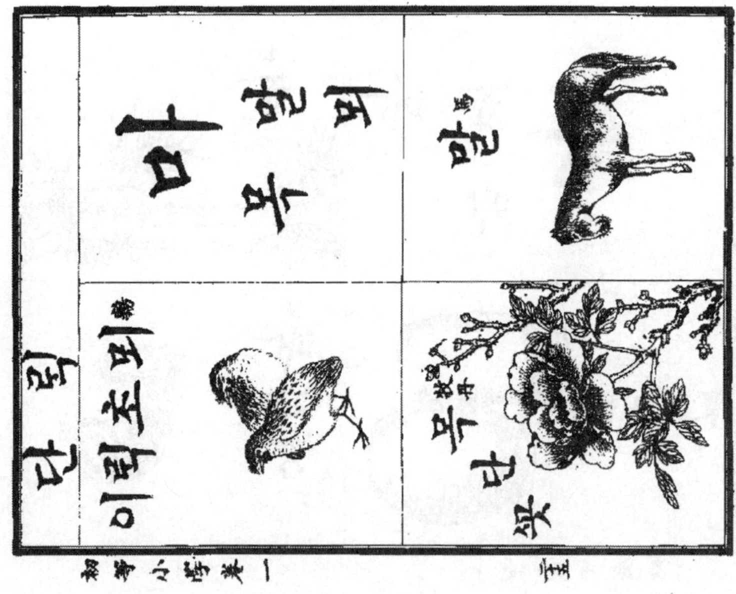
初等小學卷一
단릐
이릐초뫼 鶉
마
말 뫼
목
말 馬
목 牧丹
단
꼿
二十五

初等小學卷一
三十六
바
박 버
빅 들
박 匏
빅로 白鷺
버들 楊柳

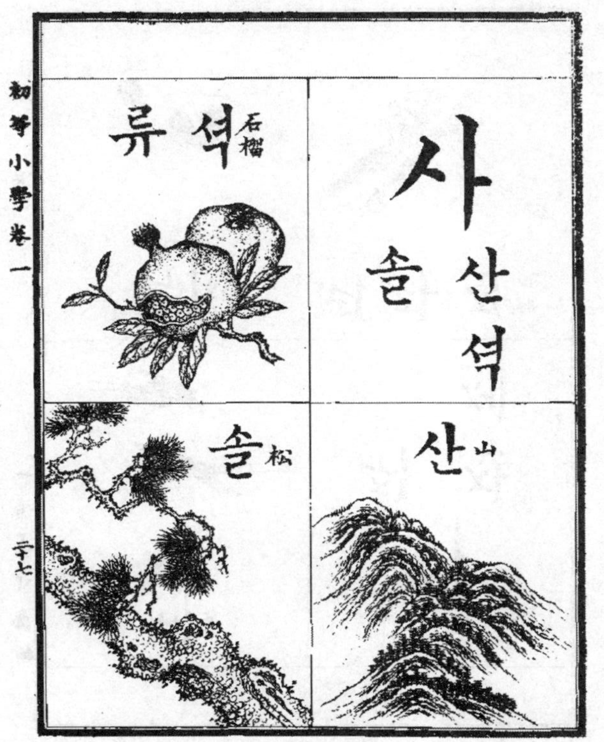
初等小學卷一
三十七
사
산 셕
솔
산 山
셕류 石榴
솔 松

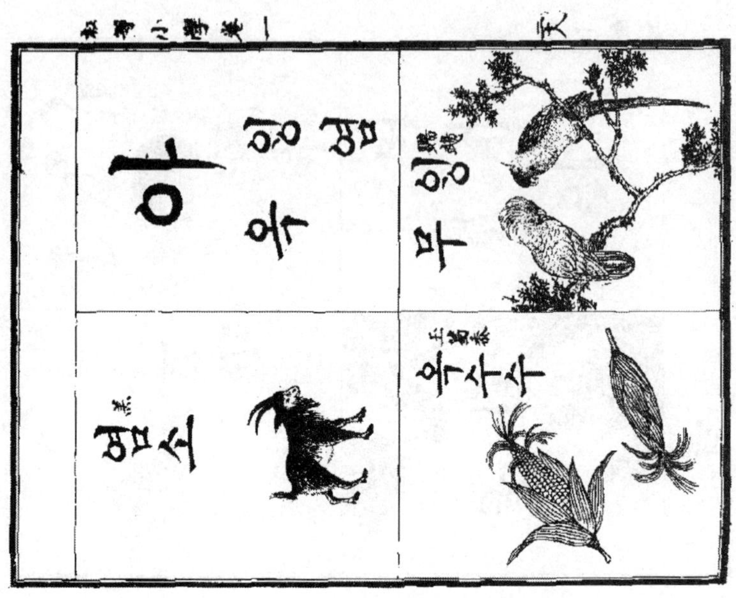

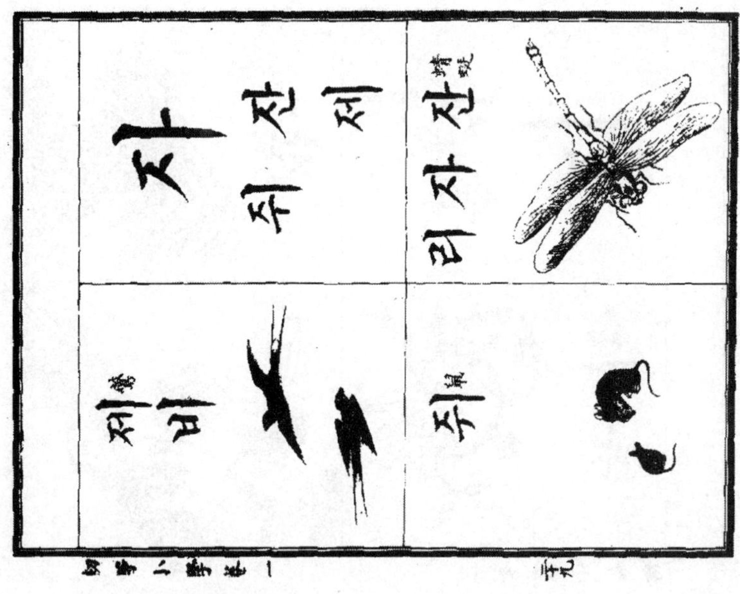

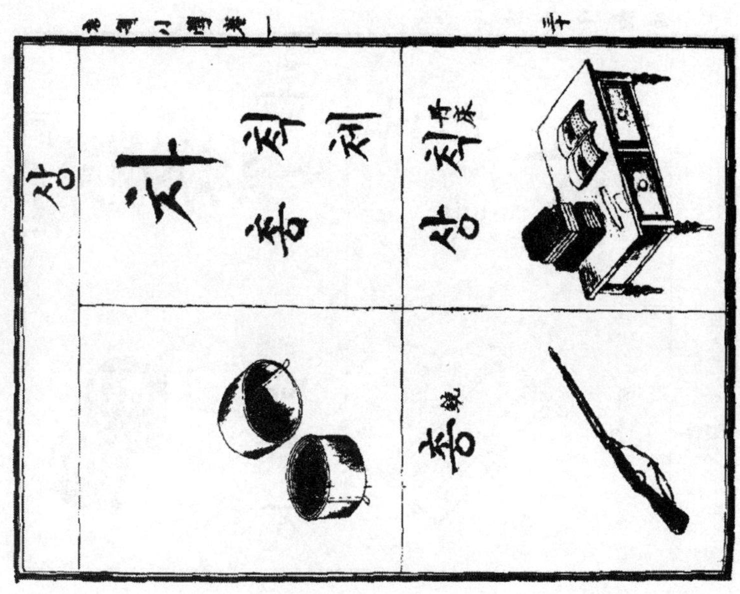

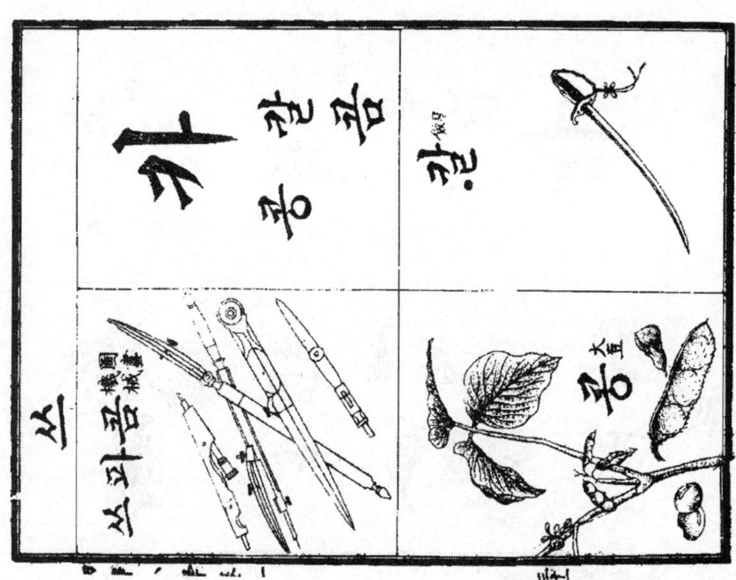

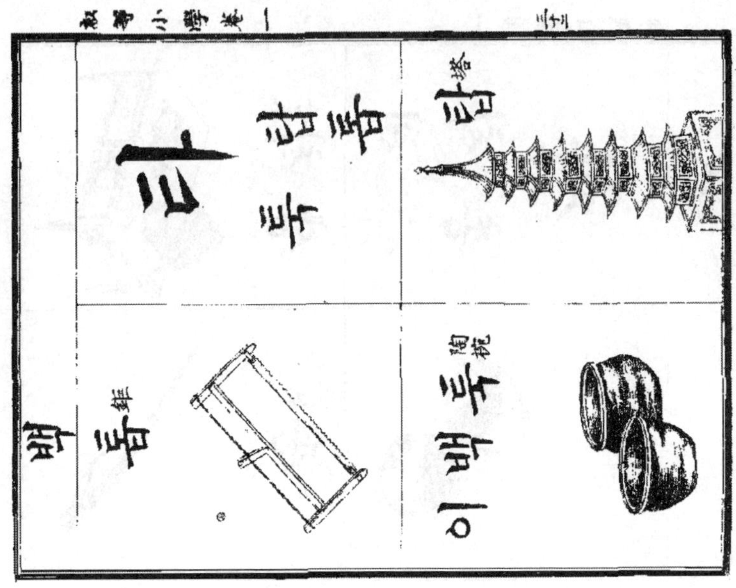
初等小學卷一
백
톱 鋸
타
탑 톱
툭
탑 塔
이 백 툭 陶椀

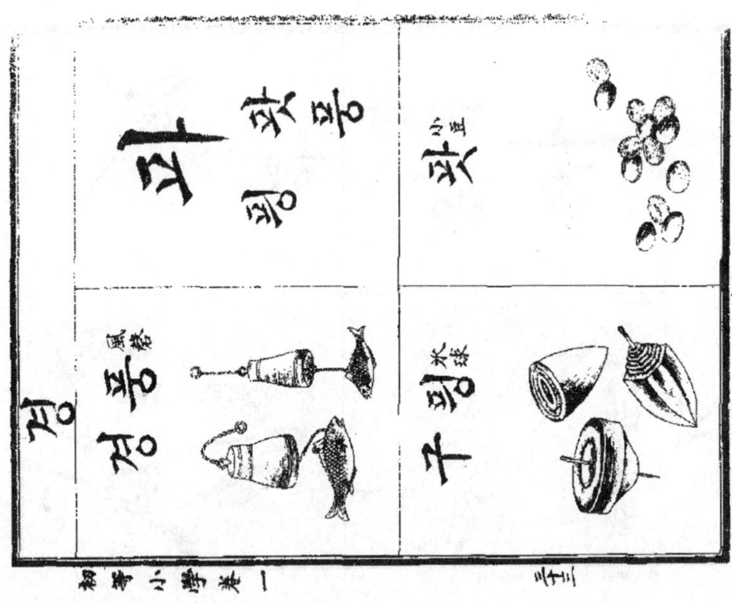
初等小學卷一
경
경 풍 風磬
과
팟 풍
핑
구 핑 氷球
팟 小豆

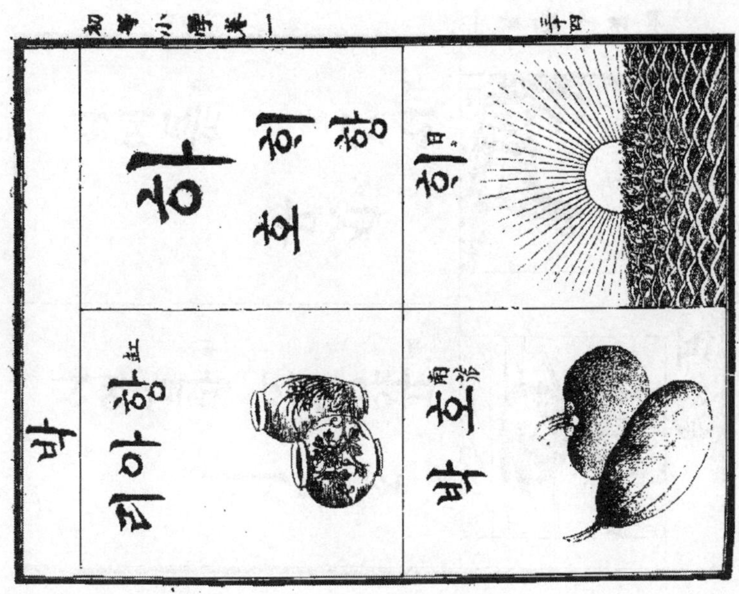
初等小學卷一
박
리아항 缸
하
호
희
항
박호
희 日
三十四

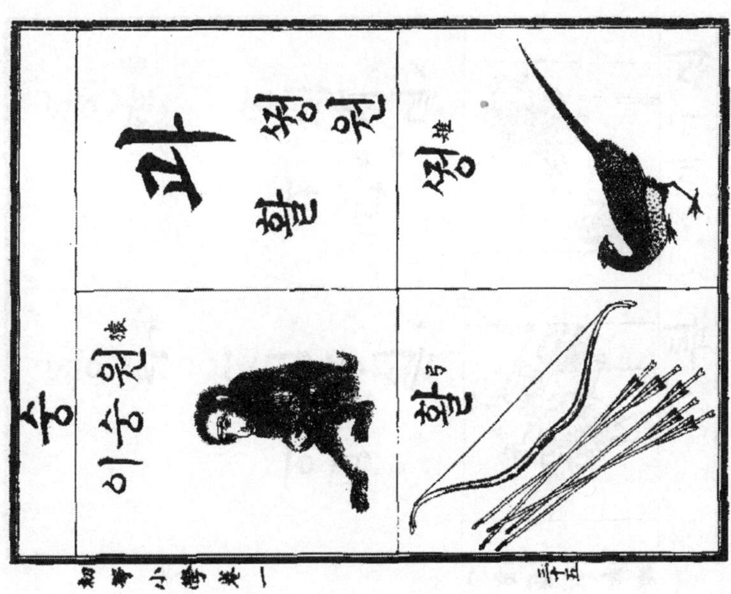
初等小學卷一
숭
이숭원 猿
과
활
꿩
원
활 弓
꿩 雉
三十五

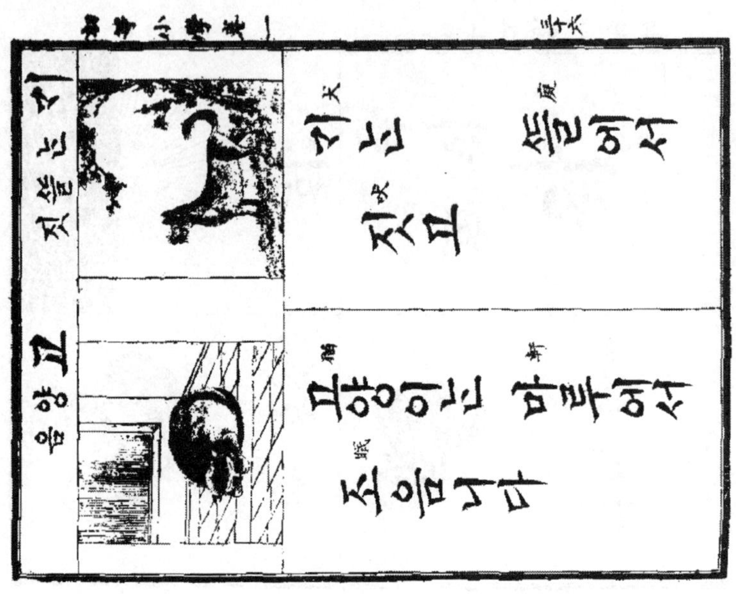

初等小學卷一 三十六

ᄀᆡ 는 ᄯᅳᆯ 짓 고 양 음

ᄀᆡ(犬)는 ᄯᅳᆯ(庭)에서

짓(吠)고

고양이(猫)는 마루(軒)에서

조(睡)음니다

初等小學卷一 三十七

녀 편 네 을 늙 은

녀편네(婦人)는 ᄭᅩᆺ(花)을

ᄭᅩᆺ(揷)고

늙은이(老人)는 ᄎᆡᆨ(冊)을

보(看)오

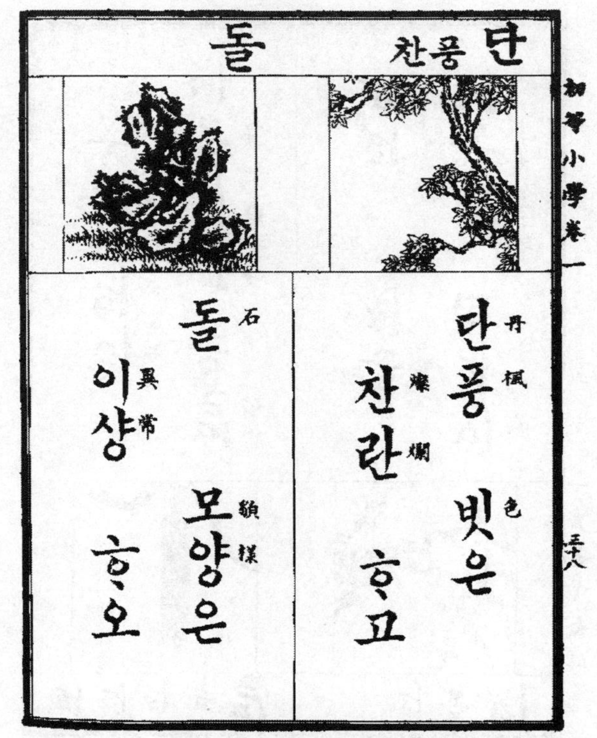

初等小學卷一 三十八

단 풍 찬　돌

단풍(丹楓) 빗(色)은
찬란(燦爛)ᄒᆞ고
돌(石) 모양(貌樣)은
이상(異常)ᄒᆞ오

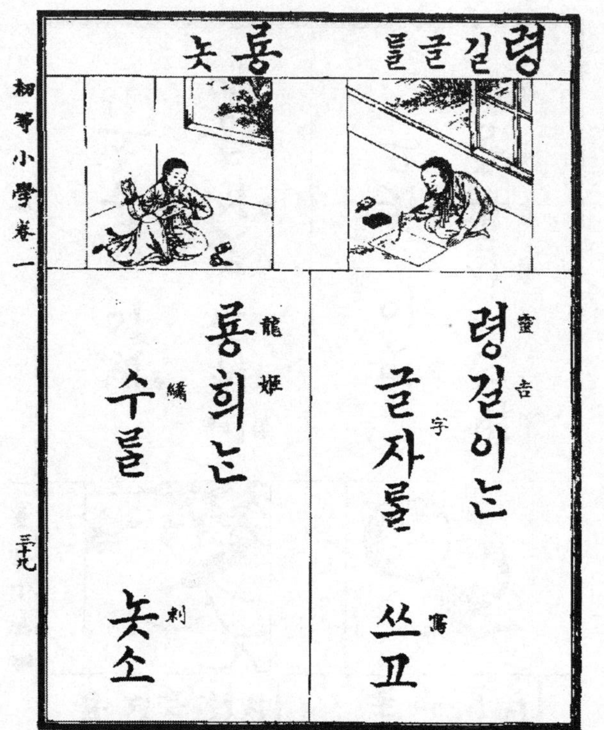

初等小學卷一 三十九

령 길 글 를　룡 놋

령길(靈吉)이는
글자(字)를 쓰(寫)고
룡희(龍姬)는
수(繡)를 놋(刺)소

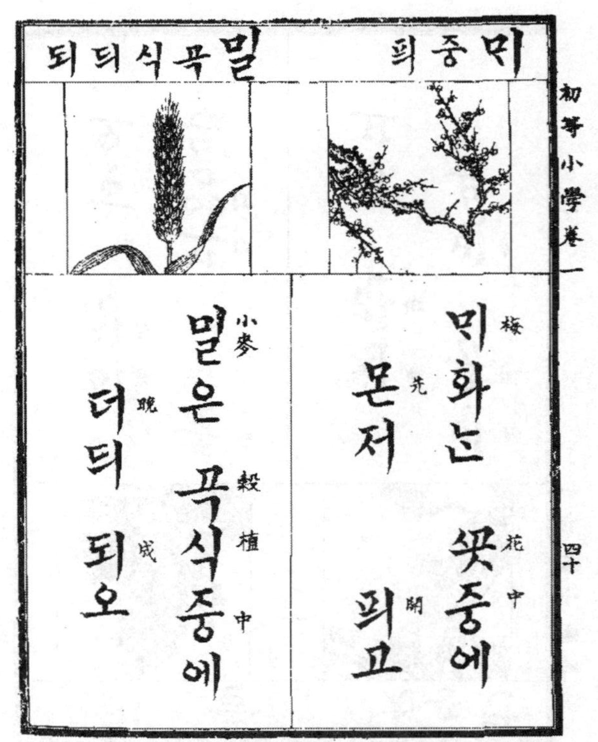
初等小學卷一
미 중 픠
밀 곡 식 듸 되
미[梅]화는 꼿[花]중[中]에
몬저[先] 픠[開]고
밀[小麥]은 곡식[穀植]중[中]에
더듸[晩] 되[成]오
四十

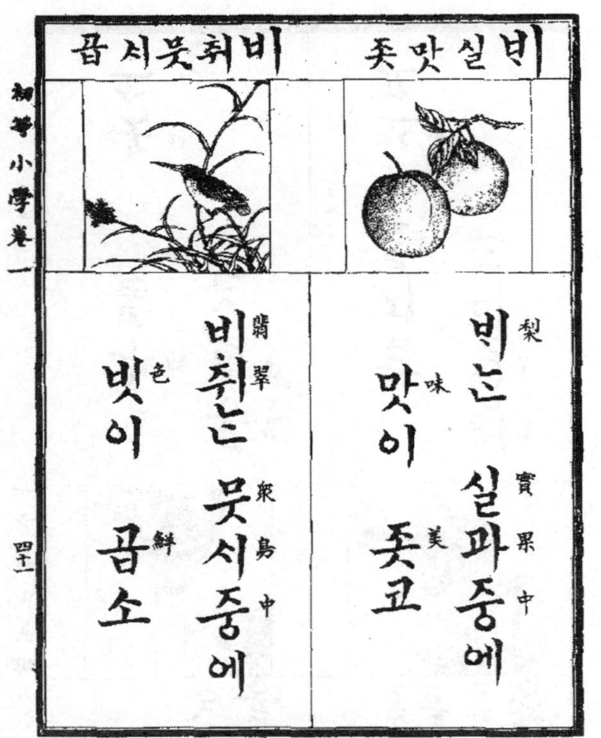
初等小學卷一
비 실 맛 죳
비 취 뭇 시 곱
비[梨]는 실과[實果]중[中]에
맛[味]이 죳[美]코
비취[翡翠]는 뭇시[衆鳥]중[中]에
빗[色]이 곱[鮮]소
四十一

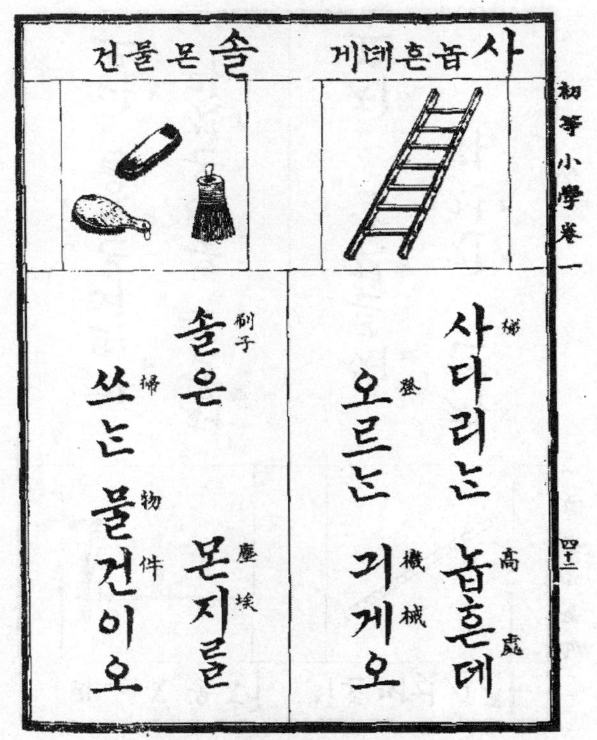

사다리(梯)는 놉(高)흔데(處)
오르(登)는 긔(機)계(械)오
솔(刷子)은 몬지(塵埃)를
쓰(掃)는 물건(物件)이오

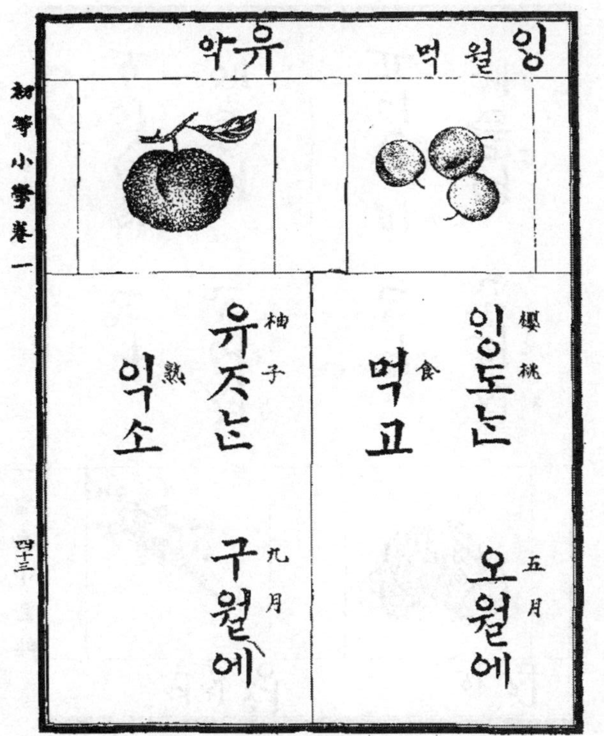

잉도(櫻桃)는 오월(五月)에
먹(食)고
유ᄌᆞ(柚子)는 구월(九月)에
익(熟)소

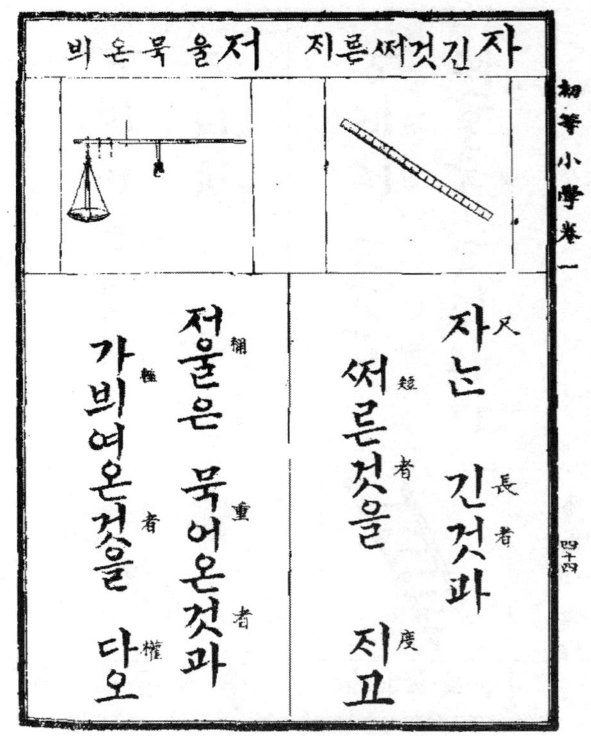

初等小學卷一
자 긴것써른지 저울 묵온비

자는 긴것과
써른것을 지고

저울은 묵어온것과
가비여온것을 다오

四十四

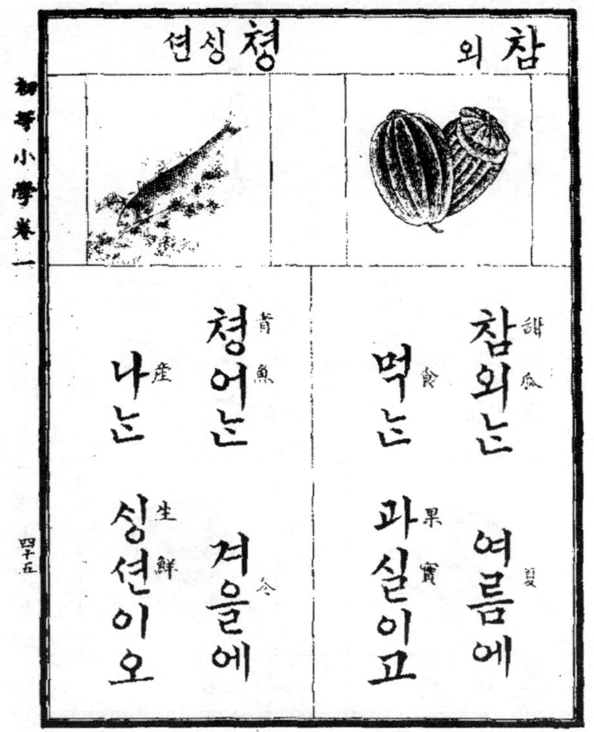

初等小學卷一
참외 청싱션

참외는 여름에
먹는 과실이고

청어는 겨울에
나는 싱션이오

四十五

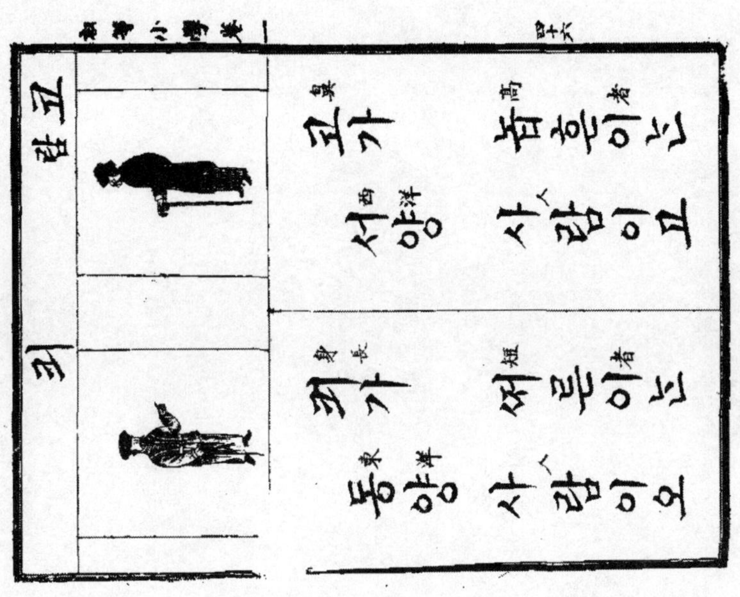

코(鼻)가 놉흔(高)이는(者)
서양(西洋) 사람(人)이고
킈가(身長) 쩌른(短)이는(者)
동양(東洋) 사람(人)이오

보통학교 학도용 국어독본

(普通學校 學徒用 國語讀本)

卷1・2・3・4・5・6・8

學部編纂

普通學校 學徒用

國語讀本 卷一

韓國政府印刷局印刷

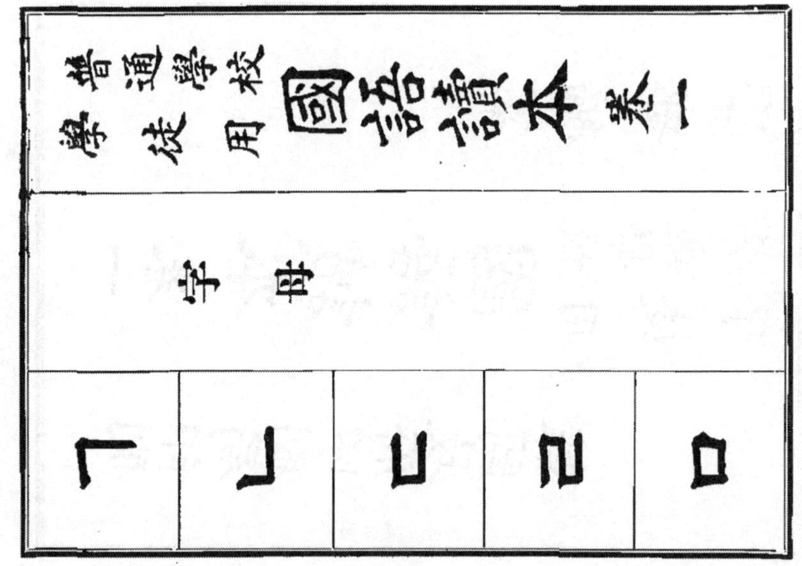

普通學校 學徒用 國語讀本 卷一

字母

ㄱ ㄴ ㄷ ㄹ ㅁ

ㅂ	ㅅ	ㅇ		
ㅈ	ㅊ	ㅋ	ㅌ	ㅍ
ㅎ				

ㅏ	ㅑ	ㅓ	ㅕ	ㅗ
ㅛ	ㅜ	ㅠ	ㅡ	ㅣ
ㆍ				

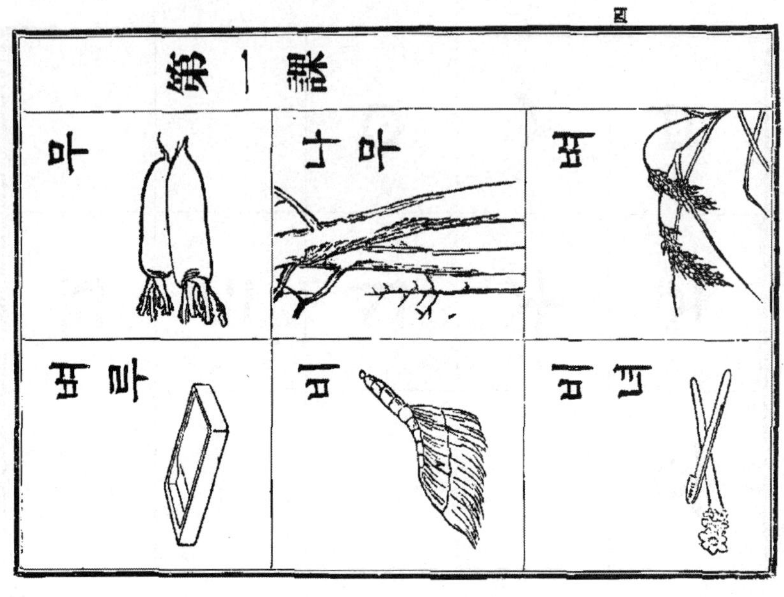
第一課
무
나무
벼
벼루
비
비녀
四

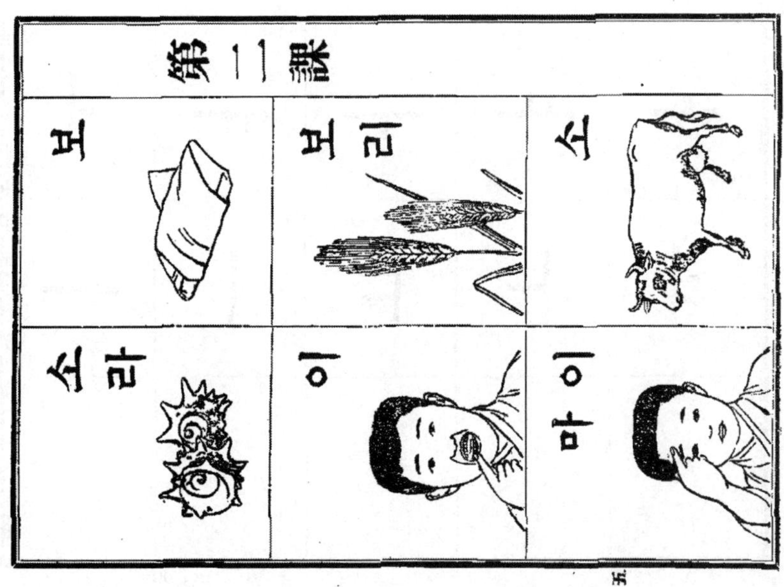
第二課
보
보리
소
소라
이
이마
五

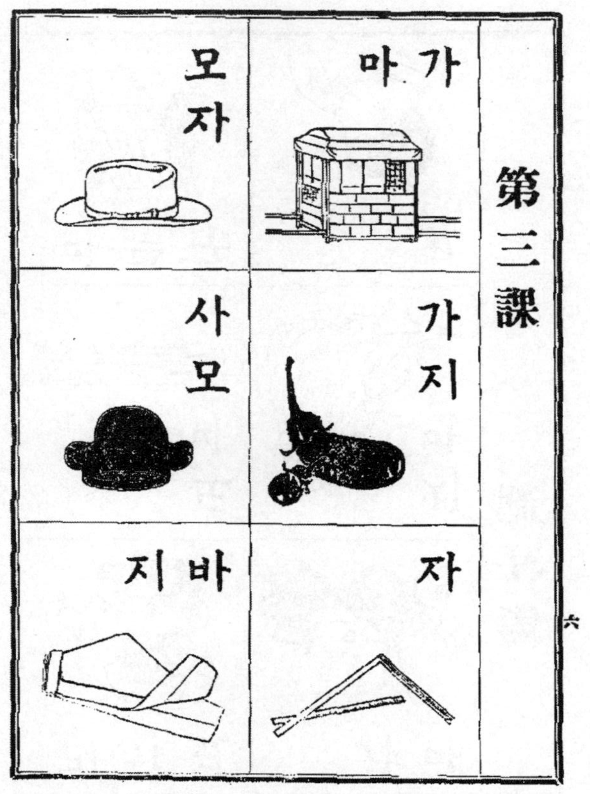
第三課
가마
가지
자
모자
사모
바지
六

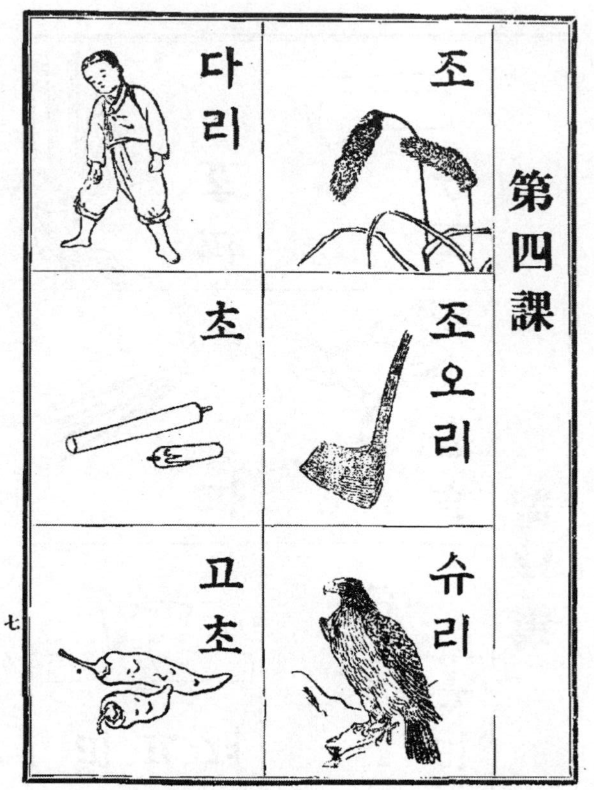
第四課
조
조오리
슈리
다리
초
고초
七

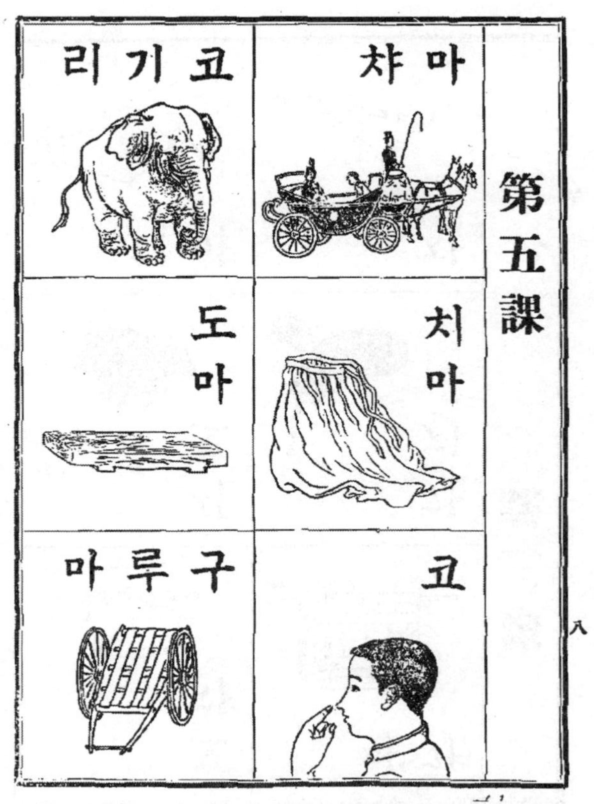

第五課
마
챠
코기리
치마
도마
코
구루마
八

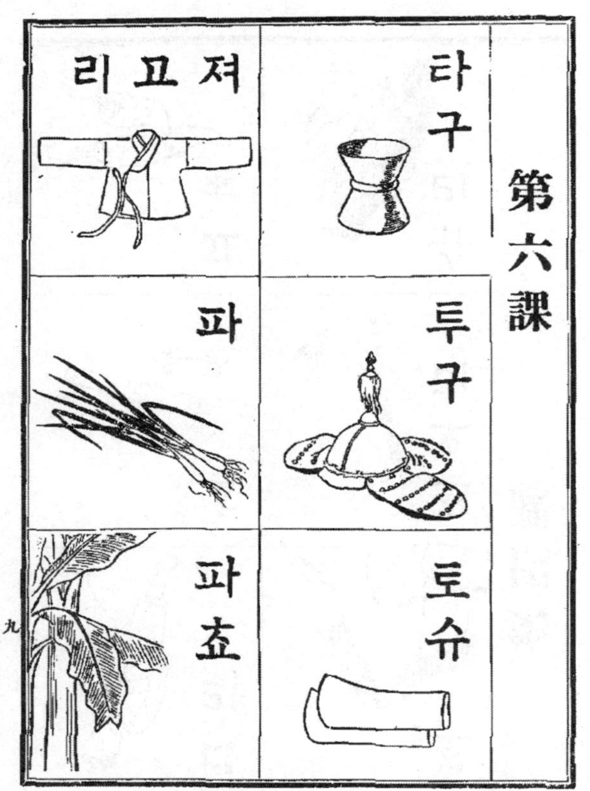

第六課
타구
져고리
투구
파
토슈
파쵸
九

第七課

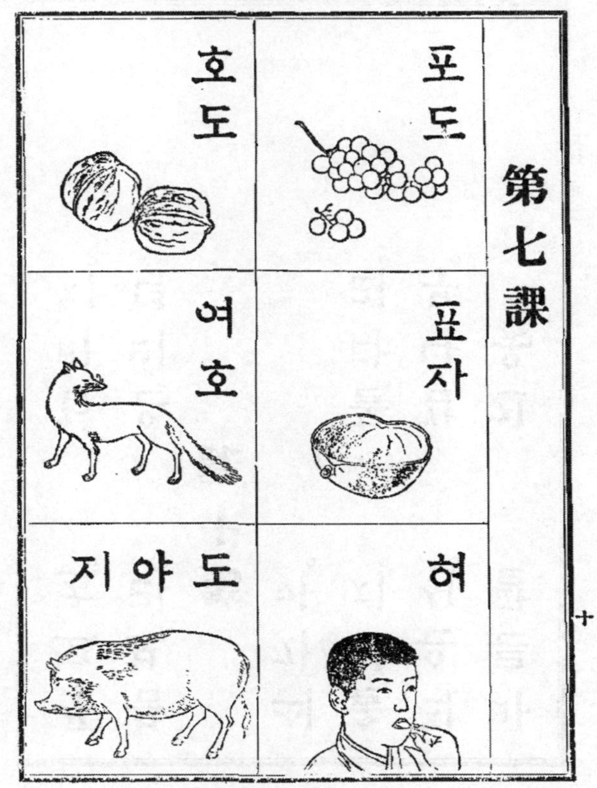

十

第八課

날무。흰이。새보。메조。

흔비。한자。움파。

큰소。양초。찰벼。

第九課

압문。뒤챵。왼손。

十一

바른팔。 긴옷。
작은신。 감나무。
솔가지。 돌다리。
쇠가마。

第十課

봄보리。 은비녀。
풋고초。 겹바지。

놉흔산。 깁흔물。
모진돌。 둥근달。
찬바람。 더운날。

第十一課

검은기。 누른말。
가는실。 좁은길。
나즌언덕。 야흔우물。

무거운쇠。 가벼운털。

됴흔사람。 착ᄒᆞᆫᄋᆞ히。

第十二課

하ᄂᆞᆯ이놉다。

하ᄂᆞᆯ이푸르다。

날이됴타。

일긔가됴타。

바람이분다。

第十三課

날이ᄒᆞ렷다

비가온다。

눈이온다。

비가기엿다。

눈이기엿다。

十六

第十四課

ᄯᅡ이크다。

산이놉다。

새가운다。

물이깁다。

고기가만타。

第十五課

十七

복동아오나라。

잘잣ᄂᆞ냐。

아침먹엇ᄂᆞ냐。

수남이불너라。

학교에가쟈。

第十六課

선싱님드러오신다。

학도가경례ᄒᆞᆫ다。

선싱님이가르치신다。

학도ᄂᆞᆫ비운다。

노ᄂᆞᆫ시간되엿다。

第十七課

나아가운동ᄒᆞ쟈。

너ᄂᆞᆫ목마ᄅᆞᆯ타라。

나ᄂᆞᆫ근네뛰마。

오나라줄다리기ᄒᆞ쟈。

마주서셔공친다。

第十八課

오정친다뎜심먹쟈。

호각분다뎨조ᄒᆞ쟈。
죵친다샹학ᄒᆞ쟈。
하학죵친다。
히가느젓스니집에가쟈。

第十九課

어머니저녁잡습시다。
아버지진지잡습시오。

二十

람프에불켜고。
글닑ᄂᆞᆫ다。
밤열시에잔다。
아침여숫시에
이러ᄂᆞᆫ다。

第二十課

방쓸고세슈ᄒᆞ깃다。

二十一

할아버지안녕히주므셧습닛가。
할머니밤ᄉᆡ긔톄엇더ᄒᆞ십시요。

第二十一課

봄일긔가ᄯᅡᆺᄯᅳᆺᄒᆞ다。
오ᄂᆞᆯ은空日이다。

二十二

學校ᄂᆞᆫ休가다。
兄님나ᄒᆞ고구경갑시다。
山에가셔ᄭᅩᆺ구경ᄒᆞᆸ시다。

第二十二課

진달네ᄭᅩᆺ치만히픠엿다。
복숭아ᄭᅩᆺ츤붉

二十三

다。
ᄇᆡ꼿ᄎᆞᆫ눈갓티
희다。
기나리꼿빗ᄎᆞᆫ
黃金갓다。
꼿ᄎᆞᆫ향긔가됴타。

第二十三課

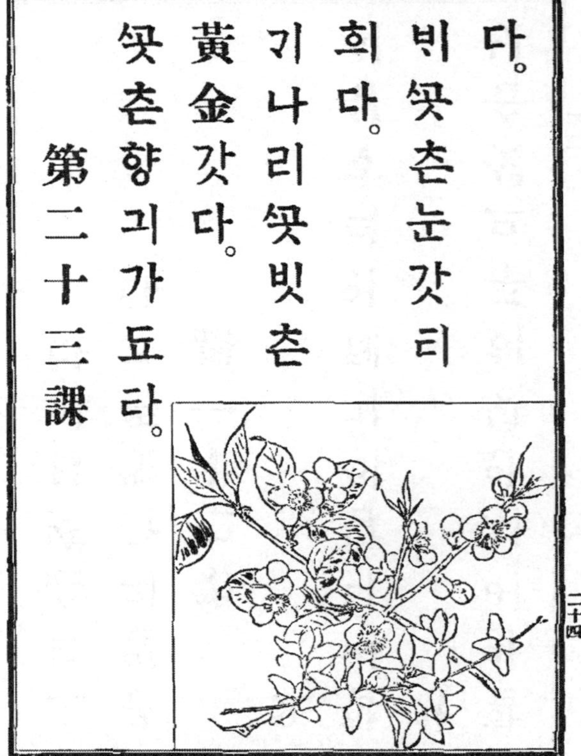

二十四

란쵸도향긔가됴타。
란쵸꼿ᄎᆞᆫᄌᆞ지빗치다。
파쵸입흔크기가키갓다。
소나무ᄂᆞᆫ뎡ᄌᆞ갓다。
버들가지ᄂᆞᆫ느러졋다。

第二十四課

셕류꼿ᄎᆞᆫ여름에핀다。

二十五

菊花ᄂᆞᆫ가을에핀다。
梅花ᄂᆞᆫ겨을에핀다。
무궁花ᄂᆞᆫ셕달을피더라。
月桂ᄂᆞᆫ달달히피더라。

第二十五課

져긔ᄂᆞᆫ새가만타。
ᄭᅬ고리ᄂᆞᆫ노릐ᄒᆞᆫ다。

두루미가춤을
추더라。
소리기ᄂᆞᆫ中天
에ᄯᅥᆺ다。
나븨가ᄭᅩᆺ츠로
날어온다。

第二十六課

오놀구경잘ᄒᆞ엿다。
마옴이샹쾌ᄒᆞ다。
그렁저렁히가다젓다。
달이발셔ᄯᅥᆺ다。
兄님어셔집에갑시다。

第二十七課

玉姬야밥다오。

二十八

반찬이됴타。
고초가로가만ᄒᆞ셔맵다。
간장을너머쳐셔짜다。
兄님게술과안쥬드려라。

第二十八課

玉姬야물다오。
슉늉한그릇가져오나라。

二十九

冷水ᄂᆞᆫ차셔실타。
비부르다샹치워라。
술샹도가져가거라。

第二十九課

學校규측은처음브터잘직혀
야ᄒᆞᄂᆞ니라。
工夫를부즈런히ᄒᆞ여라。

졂어셔工夫아니ᄒᆞ면늙어셔
ᄂᆞᆫ뉘웃치ᄂᆞ니라。

第三十課

父母게ᄂᆞᆫ효도ᄒᆞᄂᆞ니라。
임금게ᄂᆞᆫ충셩ᄒᆞᄂᆞ니라。
先生님게ᄂᆞᆫ공경ᄒᆞᆫ다。
兄弟ᄂᆞᆫ우이ᄒᆞᄂᆞ니라。

百姓은나라ᄅᆞᆯ사랑ᄒᆞᆫ다。

第三十一課

우리나라國旗ᄂᆞᆫ태극과팔괘ᄅᆞᆯ그렷더라。日本국긔에ᄂᆞᆫᄒᆡᄅᆞᆯ그렷더라。

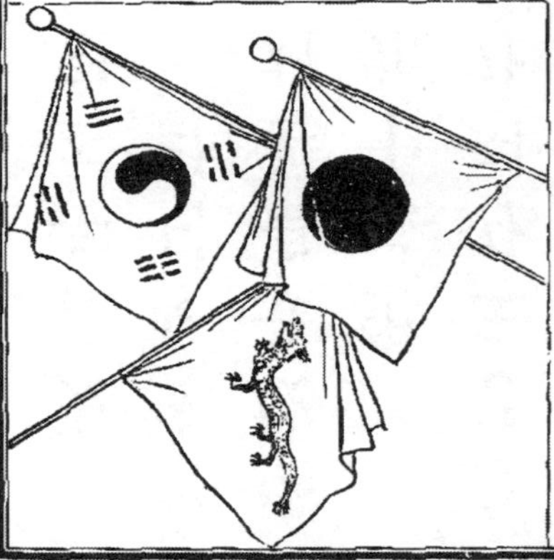

三十二

청국국긔ᄂᆞᆫ룡을그렷다。

第三十二課

거쳐음식이츄ᄒᆞ면위싱에해롭다。

二三層집은풍긔가됴타。

양료리ᄂᆞᆫ맛이됴타。

샤진을주시니감샤ᄒᆞ오。

三十三

三十四

第三十三課

來日 다시 뵙깃습니다。

安寧히 가십시요。

平安히 가시요。

平安히 가게。

잘 가거라。

第三十四課

나무우헤 깻치가 안젓다。

흔마리 두마리 세
마리。
세마리가 잇다。
흔마리논 날어갓
다。
두마리가 되엿다。

三十五

三十六

第三十五課

ᄋᆞ히가다름박질ᄒᆞᆫ다。
기가뒤로쫏차간다。
져ᄋᆞ히ᄂᆞᆫ기ᄅᆞᆯ귀야ᄒᆞᆫ다。
져기ᄂᆞᆫ兒孩ᄅᆞᆯᄯᆞ른다。
기ᄂᆞᆫ兒孩ᄅᆞᆯᄯᆞᆯ어간다。

第三十六課

三十七

미암이ᄂᆞᆫ나무
가지에셔운다。
잔자리ᄂᆞᆫ밧테
셔난다。
농부ᄂᆞᆫ쇼로로
간다。
소ᄂᆞᆫ들에셔풀

을 쓰더 목ᄂᆞᆫ다。

見孩ᄂᆞᆫ 물에셔 희염ᄒᆞᆫ다。

第三十七課

시ᄂᆡ에 맑은 물이 흘은다。

져 물은 어ᄃᆡ셔 오ᄂᆞ냐。

져 山속에셔 흘너 온다。

어ᄃᆡ로 흘너 가ᄂᆞ냐。

三十八

바다로 흘너 간다。

第三十八課

긔챠가 온다。

사ᄅᆞᆷ이 만이 탓다。

져 汽車ᄂᆞᆫ 釜山셔 왓다。

三十九

저汽車ᄂᆞᆫ京城으로간다。
저러케ᄲᆞᆯ니다러ᄂᆞᆫ다。

第三十九課

時計가時ᄅᆞᆯ친다。
하나둘셋넷다ᄉᆞᆺ。
발셔다ᄉᆞᆺ時가되엿다。
ᄒᆡᄂᆞᆫ西山에걸녓다。

四十

곳ᄒᆡ가지깃다。
ᄒᆡ가지가지면달이ᄯᅳ깃다。

第四十課

오ᄂᆞᆯ은日氣가됴타。
農夫ᄂᆞᆫ벼ᄅᆞᆯ벤다。
벼가잘익엇다。
됴흔날아니베엿다가비오면

四十一

못벤다。벼벨셰ᄂᆞᆫ農夫가대단히밧부다。

第四十一課

우리들은올四月에學校에入學ᄒᆞ얏도다。

우리들은學校에셔讀書와算

術과作文과習字等을비홀지니라。

學校에ᄂᆞᆫ教場과運動場이잇ᄂᆞ니라。

教場은工夫ᄒᆞᄂᆞᆫ곳이오運動場은運動과遊戲ᄒᆞᄂᆞᆫ곳이니라。

教場에셔ᄂᆞᆫ誠心으로工夫ᄒᆞ
고運動場에셔ᄂᆞᆫ즐겁게遊戲
와運動ᄒᆞᄂᆞᆫ것이됴흐니라。

第四十二課

農夫가兒孩와ᄒᆞᆷ씌밧흘가ᄂᆞᆫ
도다。
뎌兒孩ᄂᆞᆫ今年에겨오九歲가

되얏도다。
뎌兒孩ᄂᆞᆫ今年
에처음으로普
通學校에入學
ᄒᆞ얏도다。
뎌兒孩ᄂᆞᆫ每日
아참에일즉니

러나셔學校에가기前에뜰을
쓰ᄂᆞᆫ도다。
學校에셔도라와셔ᄂᆞᆫ소ᄅᆞᆯ먹
이며또밧헤가셔父親을助力
ᄒᆞᄂᆞᆫ도다。
學校에셔도ᄆᆡ오勤實ᄒᆞᆫ學徒
라稱讚ᄒᆞ더라。

第四十三課

太陽은草木의이슬에빗최ᄂᆞᆫ
ᄃᆡ더見孩ᄂᆞᆫ太陽을向ᄒᆞ야섯
도다。
太陽은東에셔나와셔西으로
들어가ᄂᆞ니라。
見孩의前面은東이오後面은

西이니라。
兒孩의右便을
南이라닐ᄋᆞ고
左便을北이라
닐ᄋᆞᄂᆞ니東西
南北을四方이
라닐ᄋᆞᄂᆞ니라。

四十八

卽今뎌兒孩가뒤흐로도라설
진ᄃᆡ그右便은무ᄉᆞᆷ方向이되
겟ᄂᆞ뇨。

第四十四課

太陽이西山에ᄯᅥ러져셔날이
임의졈을엇도다。
禽鳥ᄂᆞᆫ尋巢ᄒᆞ야도라가니山

四十九

野가다寂寂ᄒᆞ도다。農夫ᄂᆞᆫ소ᄅᆞᆯᄭᅳ을고집으로도라가ᄂᆞᆫ도다。

어린兒孩들은문밧게서셔父親의도라옴을기ᄃᆞ리더라。

農夫ᄂᆞᆫ아침에일즉나아가셔져녁에늣게도라오ᄂᆞᆫ도다。

農夫ᄂᆞᆫ終日勤勞ᄒᆞ야쉬ᄂᆞᆫᄯᅢ가적으니라。

第四十五課

이것은싀골田家의景致로다。家後에ᄂᆞᆫ푸른樹木이繁盛ᄒᆞ고門前에ᄂᆞᆫᄆᆞᆰ은시내가흘으ᄂᆞᆫ도다。

農夫의안히ᄂᆞᆫ
시내에셔ᄲᆞᆯ니
ᄒᆞᄂᆞᆫ도다。
兒孩ᄂᆞᆫ새ᄅᆞᆯ쫏
차적은길로달
녀가고개ᄂᆞᆫ兒
孩의뒤ᄅᆞᆯᄯᆞ라

五十二

가ᄂᆞᆫ도다。

ᄃᆞᆰ은熱心으로버러지ᄅᆞᆯ찻고
소ᄂᆞᆫ閒暇히풀을먹ᄂᆞᆫ도다。

國文綴字

가 갸 거 겨 고 교 구 규 그 기 ᄀᆞ
나 냐 너 녀 노 뇨 누 뉴 느 니 ᄂᆞ
다 댜 더 뎌 도 됴 두 듀 드 디 ᄃᆞ

五十三

라랴러려로료루류르리ᄅᆞ
마먀머며모묘무뮤므미ᄆᆞ
바뱌버벼보뵤부뷰브비ᄇᆞ
사샤서셔소쇼수슈스시ᄉᆞ
아야어여오요우유으이ᄋᆞ
자쟈저져조죠주쥬즈지ᄌᆞ
차챠처쳐초쵸추츄츠치ᄎᆞ

카캬커켜코쿄쿠큐크키ᄏᆞ
타탸터텨토툐투튜트티ᄐᆞ
파퍄퍼펴포표푸퓨프피ᄑᆞ
하햐허혀호효후휴흐히ᄒᆞ

終聲附밧침

각간갇갈감갑갓강。
낙난낟날남납낫낭。

重中聲

과 궈 놔 눠 돠 둬 롸 뤄 뫄 뭐 봐 붜
솨 숴 와 워 좌 줘 촤 춰 콰 쿼 톼 퉈
퐈 풔 화 훠。
개 걔 게 계 괴 ᄀᆈ 귀 ᄀᆔ 긔 기。

激音된시옷

ᄭᅡ ᄭᅣ ᄭᅥ ᄭᅧ ᄭᅩ ᄭᅭ ᄭᅮ ᄭᅲ ᄭᅳ ᄭᅵ ᄭᆞ

ᄯᅡ ᄯᅣ ᄯᅥ ᄯᅧ ᄯᅩ ᄯᅭ ᄯᅮ ᄯᅲ ᄯᅳ ᄯᅵ ᄯᆞ
ᄲᅡ ᄲᅣ ᄲᅥ ᄲᅧ ᄲᅩ ᄲᅭ ᄲᅮ ᄲᅲ ᄲᅳ ᄲᅵ ᄲᆞ
싸 쌰 써 쎠 쏘 쑈 쑤 쓔 쓰 씨 ᄊᆞ
ᄶᅡ ᄶᅣ ᄶᅥ ᄶᅧ ᄶᅩ ᄶᅭ ᄶᅮ ᄶᅲ ᄶᅳ ᄶᅵ ᄶᆞ

重終聲둘밧침

갉 갊 갋 갌。
낡 낢 낣 낤。

ᄯᅡᆰ ᄯᅡᆱ ᄯᅡᆲ ᄯᅡᆳ。

ᄯᅪᆰ ᄯᅪᆱ ᄯᅪᆲ ᄯᅪᆳ。

普通學校學徒用 國語讀本卷一 終

光武十一年二月一日發行
隆熙二年二月一日再版
隆熙三年三月廿五日參版
隆熙三年十月廿九日四版

定價金拾貳錢

學部

印刷局印刷

學部編纂

普通學校 學徒用 國語讀本 卷二

大日本圖書株式會社印刷

普通學校學徒用 國語讀本 卷二

目次

普通學校學徒用國語讀本卷二

第一課 童子一

보아라뎌童子ᄂᆞᆫᄆᆞᆯ을쏘을고가면셔 글을닑ᄂᆞᆫ도다。

뎌童子의일홈은福童이오나흔겨우 十二歲니라。

福童은讀書ᄒᆞ기ᄅᆞᆯ됴화ᄒᆞ나家勢가 苟且ᄒᆞ야學校에ᄃᆞ니지못ᄒᆞᄂᆞ니라。

더兒孩ᄂᆞᆫ每日나무
를팔아다가父親의
生計를도읍기爲ᄒᆞ
야終日汨沒ᄒᆞ고別
로히讀書ᄒᆞᆯ겨를이
업ᄂᆞᆫ故로몰을쇼을
고ᄃᆞ니면셔글을닑
ᄂᆞ니라

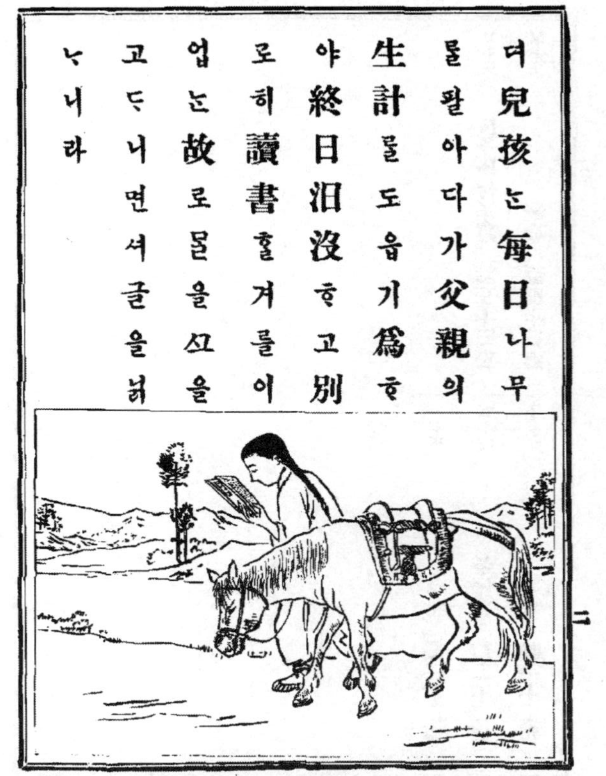

二

第二課 童子 二

福童의집리웃에順明이라ᄒᆞᄂᆞᆫ同甲
兒孩가잇더라。
順明의父親은洞內에第一가ᄂᆞᆫ富者
인ᄃᆡ田畓과園林을만히가젓더라。
順明은날마다學校에가셔工夫를ᄒᆞ
더라。
順明이福童의ᄆᆞᄋᆞᆷ을感動ᄒᆞ야져녁

三

마다福童의게讀書ᄒᆞᄂᆞᆫ法을ᄀᆞᄅᆞ쳐
주더라。
福童의가진書册도모다順明이가쥰
것이더라。
洞里사ᄅᆞᆷ들이이두童子를ᄆᆡ오ᄉᆞ랑
ᄒᆞ고恭敬ᄒᆞ더라。

第三課　四時

一年에ᄂᆞᆫ春夏秋冬의四時가잇ᄂᆞ니

라。
봄은ᄯᅡᆺᄯᅡᆺᄒᆞ야草木이萌芽를生ᄒᆞᄂᆞ
니라。
ᄭᅩᆺ은웃고새ᄂᆞᆫ노래ᄒᆞ니一年中에ᄀᆞ
장즐거운時節이니라。
여름은甚히더웁고草木이靑靑히茂
盛ᄒᆞᄂᆞ니라。
樹陰에셔ᄆᆡ암이소리를듯ᄂᆞᆫ것도ᄯᅩ

ᄒᆞᆫ즐거오니라。
가을은선을ᄒᆞ야五穀이成熟ᄒᆞ고百
果가結實ᄒᆞ니農夫가ᄀᆞ장奔走ᄒᆞᆫ時
節이니라。
겨을은甚히추어셔눈이오ᄂᆞᆫ지라山
이나들에눈이가득히싸엿슬ᄯᆡᄂᆞᆫ보
기에ᄆᆡ오爽快ᄒᆞ니라。

六

第四課 鷄

이곳에ᄃᆞᆰ이세머리가잇도다。
ᄒᆞᆫ머리ᄂᆞᆫ수컷이오두머리ᄂᆞᆫ암컷이
니라。

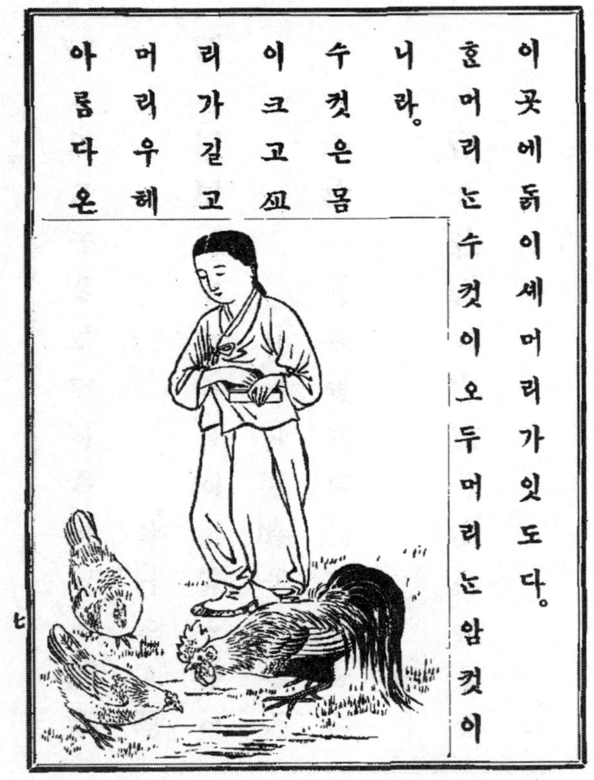

수컷은몸
이크고ᄭᅩ
리가길고
머리우헤
아름다온

七

八

花冠을엿도다。

수컷은새벽마다울어셔밤이붉음을告ᄒᆞ고암컷은알을낫터라。

ᄃᆞᆰ은穀屬과나물과버러지를먹더라。

이兒孩는ᄃᆞᆰ을ᄉᆞ랑ᄒᆞ야날마다모이를주더라。

ᄃᆞᆰ은이兒孩를보면곳모도혀와셔반가온소리를ᄒᆞ며머리를들고兒孩를치어다보더라。

第五課 牛와馬

順明의집에소와몰을먹이는지라。

順明은날마다소와몰을보고그形狀이믜오다른것을알엇더라。

소의몸은크고몰의몸은적더라。

몰의ᄃᆞ리는길고소의ᄃᆞ리는짧으며라。

九

第六課 懶者一

이곳에두길이잇스니ᄒᆞᆫ길은學校에가는길이오ᄒᆞᆫ길은들에가는길이니라。

(張) 나는學校에가기실ᄒᆞ니이리오너라들에가자草茵

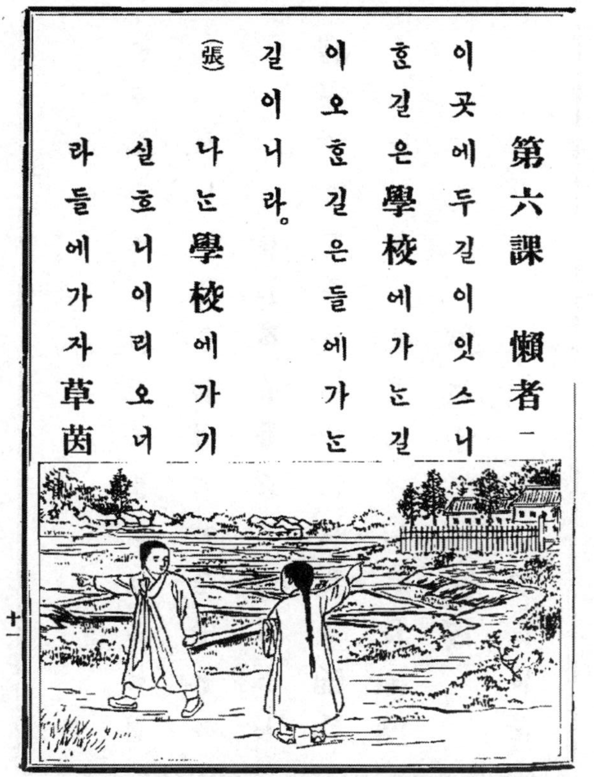

ᄉᆈ는ᄲᅮᆯ이잇고ᄆᆞᆯ은갈기가잇더라。ᄉᆈ의ᄭᅩ리는ᄭᅳᆺ헤만긴털이잇고ᄆᆞᆯ의ᄭᅩ리는다긴털이더라。

ᄆᆞᆯ의굽은통으로ᄉᆡᆼ기고ᄉᆈ의굽은두조각이더라。

ᄆᆞᆯ은사ᄅᆞᆷ을태오며짐을싫고ᄉᆈ는수레ᄅᆞᆯᄭᅳ을며田畓을가니두가지가모다要緊ᄒᆞᆫ動物이니라。

에누어서ᄊᆞᆺ이나ᄯᅡ면서놀자。

(李) 너ᄂᆞᆫ엇지ᄒᆞ야學校를됴화ᄒᆞ지아니ᄒᆞᄂᆞ뇨每日새것을비호ᄂᆞᆫ것이ᄀᆞ장즐겁지아니ᄒᆞ뇨。

(張) 算術國語日語漢文ᄀᆞᆺᄒᆞᆫ것을비혼덜무엇에쓰리오나ᄂᆞᆫ홀로들에가서滋味잇게놀겟다ᄒᆞ더라。

이처럼ᄒᆞ고張은原野로가고李ᄂᆞᆫ學校로가니라。

第七課 懶者 二

二十年즈음지ᄂᆞᆫ後에두兒孩ᄂᆞᆫ흥씨壯大ᄒᆞᆫ사ᄅᆞᆷ이되얏더라。

어ᄂᆞ酷毒히치운冬日에襤褸ᄒᆞᆫ衣服을닙은男子一人이大家門前에셧스니곳貧寒ᄒᆞᆫ者ㅣ라。아참브터ᄒᆞᆫ술밥도엇어먹지못ᄒᆞ얏스니積善ᄒᆞ라ᄒᆞ

며懇切히밥을빌더라。
고흔衣服을닙은主人이나오더니大驚ᄒᆞ야그乞人을ᄇᆞ라보고잇더라。
乞人은붓그러워ᄒᆞ는貌樣으로머리를수구리고잇더라。
너희들은이두사ᄅᆞᆷ을누구인줄로싱각ᄒᆞᄂᆞ뇨。

第八課 家

새는복음자리를얽어깃드리고즘싱은窟에處ᄒᆞ며。
사ᄅᆞᆷ은집을지어서風雨寒暑를避ᄒᆞᄂᆞ니라。
我國과日本과淸國의家屋은多數히나모로造成ᄒᆞ고蓋瓦나或藁草로집웅을니으며흙으로壁을바르ᄂᆞ니라。
집웅은비와이슬을막으며壁은바람

十五

을막음이라。
그러ᄒᆞ나四面을모다壁으로막으면。엇더ᄒᆞ겟ᄂᆞ뇨。房안이캄캄ᄒᆞ야아모것도分辨ᄒᆞ기極難ᄒᆞ고ᄯᅩ衛生에ᄆᆡ오맛당치못ᄒᆞᆫ지라。
그런故로門을내고窓을열어日光을引導ᄒᆞ야드리ᄂᆞ니라。

第九課 園圃

園圃에各色草木을심으ᄂᆞᆫ것은實로즐거온일이니라。
四時로ᄭᅩᆺ을보며根葉과果實을먹기도ᄒᆞ고ᄯᅩ草木을培養ᄒᆞ야그生長ᄒᆞᆷ을보ᄂᆞᆫ것도ᄀᆞ장樂事ㅣ니라。
爲先봄이되야ᄯᅡᆺᄯᅡᆺᄒᆞᆫ바ᄅᆞᆷ이불면草木은모다새싹이生ᄒᆞ고새싹은漸漸

닙사귀가되며줄기도되여
또다시가지를일우ᄂᆞ니라。
가지ᄭᅳᆺ헤ᄂᆞᆫᄭᅩᆺ봉오리가미
치고ᄭᅩᆺ봉오리가퓌여셔고
ᄒᆞᆫᄭᅩᆺ이되ᄂᆞ니라。
ᄭᅩᆺ이마르면微妙ᄒᆞᆫ果實은
임의ᄭᅩᆺ을더신ᄒᆞᄂᆞ니라。
아참마다일즉닐어나셔밤

사이에發育ᄒᆞᆫ草木을보면
極히爽快ᄒᆞᆫ일이니라。

第十課 我家一

우리집에ᄂᆞᆫ아우二人과妹
弟一人이잇스니父母ᄭᅡ지
家族이六人이로다。
家族外에ᄂᆞᆫ婢僕도업고다
만소ᄒᆞᆫ匹과ᄃᆞᆰ세머리가잇

스니ᄃᆞᆰ은ᄯᅢᄯᅢ로알을낫더라。
父親은아참마다일즉닐어나셔園圃를도라보는것으로즐거온일을삼으시더라。
母親은그사이에朝飯을지으시고妹弟는房안을쓰는ᄃᆡ나는소의게ᄭᅩᆯ을주고ᄃᆞᆰ의게모이를주는도다。
父母와妹弟는들에나아가신後에나는學校에가고두아우는집에셔놀더라。

第十一課 我家 二

리웃집에醫師가잇ᄂᆞᆫᄃᆡ父親과極히親切ᄒᆞ게相從ᄒᆞ야父親ᄭᅴ셔가시기도ᄒᆞ고醫師가오기도ᄒᆞ야種種밤들도록談話ᄒᆞᆯ셰도잇더라그러ᄒᆞ나우리집에ᄂᆞᆫᄒᆞᆫ사ᄅᆞᆷ도病든者ㅣ업ᄂᆞᆫ故

로病을보기爲ᄒᆞ야醫師가옴은아니러라。

父母ᄂᆞᆫ每日우리들과ᄒᆞᆷᄭᅴ食事ᄒᆞ시기로ᄆᆞ장樂事를삼ᄂᆞ시ᄂᆞ니라。

父親이恒常ᄀᆞᆯᄋᆞ샤대우리집이비록艱難ᄒᆞ나勤實히일을ᄒᆞ면衣食에窘塞치아니ᄒᆞᆯ것이오ᄯᅩᄒᆞᆫ집에ᄒᆞᆫ사ᄅᆞᆷ도病잇ᄂᆞᆫ者ㅣ업스니第一幸福이라

ᄒᆞ시더라。

第十二課　馬

소금섬을실은ᄆᆞᆯ을사ᄅᆞᆷ이ᄆᆞᆯ고내를건너가ᄂᆞᆫ도다。

ᄆᆞᆯ이밋그러져서水中에너머지니그소금이다물에풀어젓더라。

짐이瞥眼間에輕ᄒᆞ여짐애몸이甚히됴화ᄒᆞ더라。

잇흔날에그사ᄅᆞᆷ이몸의게藥草ᄅᆞᆯ飮고내ᄅᆞᆯ건너가더라。

몸은어제일을ᄉᆡᆼ각ᄒᆞ고。짐즛물속에너머지더라。

사ᄅᆞᆷ이싸리기ᄅᆞᆯ過度히ᄒᆞ니몸이艱辛히집으로도라갈새짐이무거워미오고ᄉᆡᆼᄒᆞ더라。

第十三課　葉書와封函

이것은葉書의그림이니葉書ᄂᆞᆫ一張갑시다만金貨一錢五厘니라。

葉書의ᄒᆞᆫ편에ᄂᆞᆫ受信人의居住와姓名을쓰고ᄒᆞᆫ편에ᄂᆞᆫ事實을써셔郵遞筩에너흐면我國과日本에ᄂᆞᆫ어ᄂᆞ곳에던지信息을通ᄒᆞᄂᆞ니라。

그러ᄒᆞ나葉書ᄂᆞᆫ죠회가狹小ᄒᆞ야만히쓰지못ᄒᆞ고ᄯᅩ다른사ᄅᆞᆷ도보ᄂᆞᆫ故로秘密ᄒᆞᆫ말은쓰지못ᄒᆞᄂᆞ니라。

京城東署崇信坊御倉契
十三統五戶
朴箕仁氏
西署慶幸坊校洞
三十六統七戶
柳根水
月 日

다른사ᄅᆞᆷ이보지못ᄒᆞ게ᄒᆞ고ᄯᅩ만히쓰고져ᄒᆞ면封函을쓰ᄂᆞᆫ것이됴ᄒᆞ니라。

이것은封函의그림이니封函에ᄂᆞᆫ金

二十六

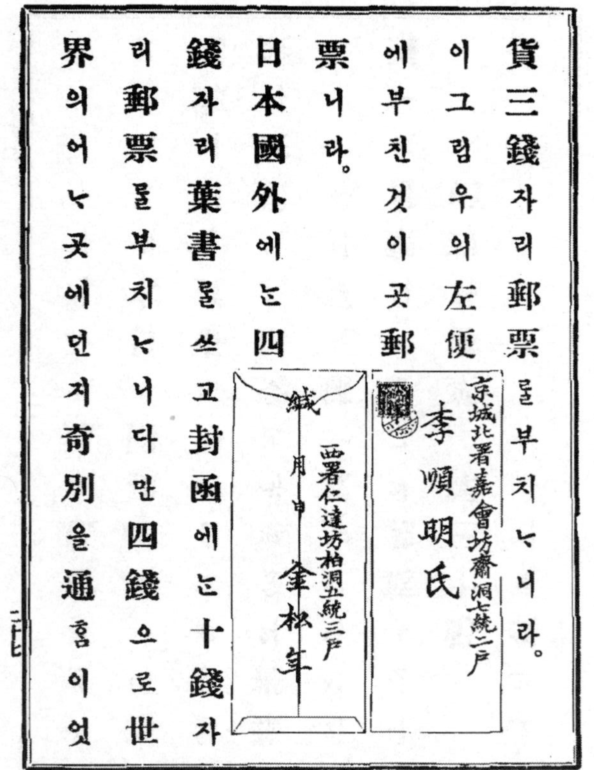

貨三錢자리郵票ᄅᆞᆯ부치ᄂᆞ니라。

京城北署嘉會坊齋洞七統二戶
李順明氏

西署仁達坊柏洞五統三戶
金松年
月 日
緘

이그림우의左便에부친것이곳郵票니라。

日本國外에ᄂᆞᆫ四錢자리葉書ᄅᆞᆯ쓰고封函에ᄂᆞᆫ十錢자리郵票ᄅᆞᆯ부치ᄂᆞ니다만四錢으로世界의어ᄂᆞ곳에던지奇別을通ᄒᆞᆷ이엇

二十七

지便利라ᄒᆞ지아니ᄒᆞ리오。

第十四課 郵便局

葉書와封函等의分傳을主管ᄒᆞᄂᆞᆫ곳을郵便局이라닐ᄋᆞᄂᆞ니라。

我國에도大都會處에ᄂᆞᆫ大槩郵便局이잇ᄂᆞ니라。郵便局갓가온ᄃᆡᄂᆞᆫ處處에郵遞筩이잇스니葉書와封函을그속에너허두면遞傳夫가와셔이것을모도위郵便局으로가져가ᄂᆞ니라。

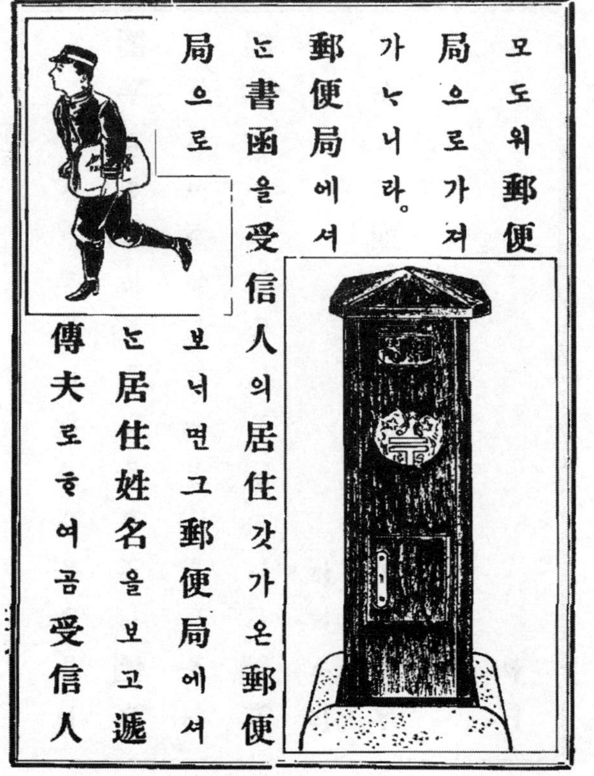

郵便局에셔ᄂᆞᆫ書函을受信人의居住갓가온郵便局으로보너면그郵便局에셔ᄂᆞᆫ居住姓名을보고遞傳夫로ᄒᆞ여곰受信人

의게로分傳ᄒᆞᄂᆞ니라。

假令日本東京에잇ᄂᆞᆫ親舊가나의게通信ᄒᆞ랴면그親舊가葉書나封函을갓가온郵遞筩속에너흔즉東京郵便局의遞傳夫ᄂᆞᆫ그것을東京郵便局으로가져가고東京郵便局에셔ᄂᆞᆫ그것을我國郵便局으로보내면我國郵便局의遞傳夫ᄂᆞᆫ우리집으로가져오ᄂᆞ

니라。

第十五課 晝夜

太陽은每日東에셔나셔西으로들어가ᄂᆞ니라。

太陽이나ᄂᆞᆫ셰ᄅᆞᆯ아참이라ᄒᆞ고太陽이들어갈셰ᄅᆞᆯ져녁이라ᄒᆞᄂᆞ니라。

太陽이잇슬동안을낫이라ᄒᆞ고太陽이업슬동안을밤이라ᄒᆞᄂᆞ니라。

太陽이中天에도라온ᄯᅢ를正午라ᄒᆞᄂᆞ니라。

正午以前을午前이라ᄒᆞ고正午以後를午後라ᄒᆞᄂᆞ니라。

午前과午後가各열두時間인故로晝夜를合ᄒᆞ야二十四時間이되ᄂᆞ니라。

우리들은午前에學校에갓다가午後에집으로도라오ᄂᆞ니라。

第十六課 汽車

汽車가멀니들가온ᄃᆡ로通ᄒᆞ야가거놀동산우에서汽車를구경ᄒᆞᄂᆞᆫ兒孩들이잇스니ᄒᆞᆫ兒孩ᄂᆞᆫ兄이오ᄒᆞᆫ兒孩ᄂᆞᆫ아우더라。

(弟) 兄님보시오汽車가烟氣를내면서ᄊᆞᆯ니가니汽車ᄂᆞᆫ大段히긴車이오。

(兄) 여긔셔보면ᄒᆞᆫ수레ᄀᆞᆺᄒᆞᆫ나며것
온여러수레를連ᄒᆞᆫ것이니라。
第一압헤셔烟氣를내며가ᄂᆞᆫ것
을機關車라ᄒᆞᄂᆞ니라。
사ᄅᆞᆷ이탄것을客車라ᄒᆞᄂᆞ니客
車ᄂᆞᆫᄒᆞᆫ個ᄲᅮᆫ이아니오여러個가
잇ᄂᆞ니라。
機關車와客車사이에검은車가

세個잇ᄂᆞᆫ딕이것은貨車라ᄒᆞᄂᆞ
니짐을싣ᄂᆞᆫ車니라。
機關車ᄒᆞᆫ個가모든車를ᄭᅳᆯ고
가ᄂᆞ니라。
(弟) 兄님機關車ᄂᆞᆫ엇지그쳐럼힘이
만ᄒᆞ오。
(兄) 그ᄭᅡᄃᆞᆰ은너의게말ᄒᆞ야도잘아
지못ᄒᆞ리니每日學校에가기를

二三年ᄒᆞ면先生이ᄀᆞᄅᆞ쳐주시리라.

第十七課　停車場

汽車가그치ᄂᆞᆫ곳을停車場이라ᄒᆞᄂᆞ니라.

停車場에ᄂᆞᆫ車票ᄅᆞᆯ파ᄂᆞᆫ데가잇ᄉᆞ니이車票ᄅᆞᆯ사가지고汽車ᄅᆞᆯ타ᄂᆞ니라.

汽車의房은一等과二等과三等의等

分이잇ᄉᆞ니車票의갑은一等이第一비ᄡᆞ고三等이ᄀᆞ장歇ᄒᆞ며車票의빗이一等은흰빗이오二等은푸른빗이오三等은븕은빗이니라.

汽車가停車場에오ᄂᆞᆫ것과ᄯᅩ停車場에셔ᄯᅥ나ᄂᆞᆫ時間은一定홈이잇ᄂᆞ니라.

미리와셔汽車ᄅᆞᆯ기ᄃᆞ리ᄂᆞᆫ사ᄅᆞᆷ을爲

ᄒᆞ야待合室이잇스며또停車場여러
곳에됴회를붓치고賃金과時間을告
示ᄒᆞ니라。
그러ᄒᆞ나文字를아지못ᄒᆞᄂᆞᆫ者ᄂᆞᆫ알
아보지못ᄒᆞᄂᆞ니눈으로文字를보지
못ᄒᆞ고또남의게뭇지아니ᄒᆞ면알지
못ᄒᆞᄂᆞ니라。

第十八課 慾心이만ᄒᆞᆫ犬

ᄒᆞᆫ머리개가잇ᄂᆞᆫᄃᆡ고기를물고ᄃᆞ리
를건너갈ᄉᆡᄃᆞ리아ᄅᆡ에도또ᄒᆞᆫ고기
를먹ᄂᆞᆫ개가잇ᄂᆞᆫ것을보앗더라。
이개ᄂᆞᆫ甚히慾心이만ᄒᆞᆫ개라그고기
ᄭᅡ지ᄲᅢ앗고져ᄒᆞ야
짓더라。
지즐ᄯᅢ에

입이열녀셔물엇던고기가곳물가온더싸진지라이셔아리에잇던개가물엇던고기도ᄒᆞᆷ끠업셔졋더라。甚히慾心이만ᄒᆞᆫ者ᄂᆞᆫ도로혀損害되ᄂᆞᆫ일이만ᄒᆞ니라。

第十九課 太陽力

太陽이나면四方에빗최여셔萬物이ᄇᆞᆰ게보이고太陽이隱蔽ᄒᆞ면天地가暗黑ᄒᆞ야아모것도못보ᄂᆞ니낫이陽明ᄒᆞᆷ은太陽이빗최ᄂᆞᆫ緣故오밤이暗黑ᄒᆞᆷ은太陽이隱蔽ᄒᆞᆫ緣故ㅣ니라。

太陽이此世界에光輝ᄅᆞᆯ주ᄂᆞ니太陽이업스면全世界가暗黑ᄒᆞ야晝夜의分別이업슬지니라。

太陽이빗최ᄂᆞᆫ곳은쌋쌋ᄒᆞ고太陽이빗최지못ᄒᆞᄂᆞᆫ곳은치우니낫은쌋쌋

ᄒᆞ고밤이치운것은日光이빗최고빗
최지못ᄒᆞ는緣故ㅣ니라。
太陽은此世界에熱氣를주ᄂᆞ니太陽
이업스면世界는恒常치워셔山海와
原野가다一體로氷雪이되야草木
이나蟲類나魚類나우리人類가다凍
死를免치못홀지니라。
初春에次第로셔싹이漸々生長홈은

四十二

太陽의溫氣를밧는ᄯᆞ닭이오。겨울에
草木의닙사귀가凋落홈은太陽의熱
氣가弱ᄒᆞ야치운ᄯᆞ닭이니라。

第二十課 山上眺望

우리들은오날처음이山에올나왓도
다。山上에셔멀니바라보면河川과村
落과森林이다一齊히보이는도다。ᄀᆞ
장갓가히보이는곳은우리가每日노

四十三

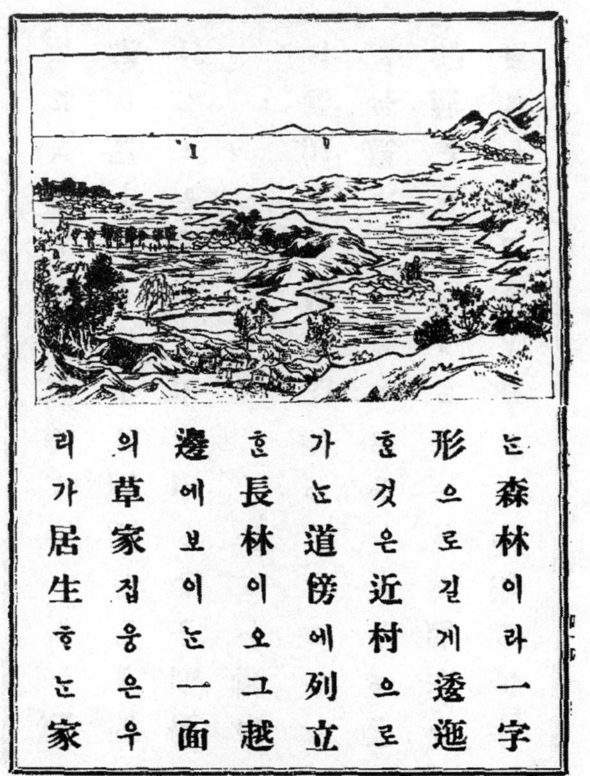

는森林이라一字形으로길게逶迤ᄒᆞᆫ것은近村으로가는道傍에列立ᄒᆞᆫ長林이오그越邊에보이는一面의草家집웅은우리가居生ᄒᆞ는家屋이로다。已熟ᄒᆞᆫ누른벼와未熟ᄒᆞᆫ푸른벼는道傍에茂盛ᄒᆞᆫ풀과相交ᄒᆞ야布帳을편것과恰似ᄒᆞ고人馬等의往來ᄒᆞ는것은ᄀᆡ암이가움쟉이는貌樣과ᄀᆞᆺ도다。

村前에흐ᄅᆞ는내는上村下村을둘너셔岸底로隱流ᄒᆞ다가다시森林中으로브터流出ᄒᆞ야구뷔구뷔흘너셔終

末에ᄂᆞᆫ海中으로流入ᄒᆞᄂᆞᆫ도다。海面은迢遠ᄒᆞ야물결도보이지안코波濤聲도들니지안ᄂᆞᆫ도다。다만水鳥와又치적고、흰것이海上에ᄯᅳᆫ것은漁船의布帆이로다。

後面을본즉山과山이重疊ᄒᆞ고。ᄯᅩ右便을본즉廣潤ᄒᆞᆫ平野로다。平野의越邊에멀니구름貌樣으로보이ᄂᆞᆫ것도

ᄯᅩᄒᆞᆫ山이로다。

第二十一課 水

우리ᄂᆞᆫ물의一點이라비가되야하ᄂᆞᆯ로브터와셔木葉上에결녓도다。

바ᄅᆞᆷ에불녀巖上에ᄯᅥ러져셔他點水와合ᄒᆞ야谷底로ᄂᆞ려가다가이윽고嶮峻ᄒᆞᆫ岸上으로流出ᄒᆞ야一瀉直下ᄒᆞᆯ셔岸邊에數多ᄒᆞᆫ觀光者가잇셔셔

우리나려옴을보고아름다온瀑布라
ᄒᆞᄂᆞᆫ도다。
岸下에서數回를轉廻ᄒᆞ야ᄂᆞ려온故
로甚히眩恍ᄒᆞ도다少頃에눈을여러
보니임의넓은原野로나왓도다左右
에아름다온ᄭᅩᆺ도보이고새젓거리ᄂᆞᆫ
소리도들니도다。數日後에이廣濶ᄒᆞᆫ
바다에와서蒼波와서로合ᄒᆞ얏도다

途中에서머리우ᄒᆞ로자로人馬와車
輛等의騷擾ᄒᆞᆫ소리가들니더니追後
에드른즉橋梁이라ᄒᆞᄂᆞᆫ도다。

第二十二課　米와麥

쌀과보리ᄂᆞᆫ우리의ᄀᆞ장要用되ᄂᆞᆫ食
物이라。
米稔되ᄂᆞᆫ풀은벼라名稱ᄒᆞ나麥稔되
ᄂᆞᆫ풀은ᄒᆞᆫ갓보리라ᄒᆞᆯ섄이오別로히

名稱은업ᄂᆞ니라。벼ᄂᆞᆫ春夏溫暖ᄒᆞᆫ時에서싹이나고보리ᄂᆞᆫ秋冬稍寒ᄒᆞᆫ時에시싹이나ᄂᆞ니라。벼ᄂᆞᆫ가을不寒ᄒᆞᆯᄯᅢ에닉고보리ᄂᆞᆫ여름不熱ᄒᆞᆯᄯᅢ에닉ᄂᆞ니라。벼ᄂᆞᆫ水田에生長ᄒᆞᄂᆞ니물이업스면枯乾ᄒᆞ며보리ᄂᆞᆫ乾田에生長ᄒᆞᄂᆞ니물이잇스면朽敗ᄒᆞᄂᆞᆫ故로보리ᄅᆞᆯ베인後에물을引入ᄒᆞ야벼ᄅᆞᆯ심으고벼ᄅᆞᆯ베인後에물을몰녀서보리ᄅᆞᆯ심으ᄂᆞ니라。

稻藁ᄂᆞᆫ靭強ᄒᆞ고麥稈은脆弱ᄒᆞ며쌀은甘味가잇고보리ᄂᆞᆫ甘味가적어서서로ᄀᆞᆺ지아니ᄒᆞᆷ이만ᄒᆞ니라。

第二十三課　母心

히ᄂᆞᆫ임의지고돌은아직나지아니ᄒᆞᆫ져라져녁바람은차셔몸에侵砭ᄒᆞ고

四方은寂寞ᄒᆞ도다」。貞童과壽童은낫에나아가셔아직도라오지아니ᄒᆞ니母親은깁히憂慮ᄒᆞ샤門을倚立ᄒᆞ야싱각호ᄃᆡ我子等이失路ᄒᆞ엿ᄂᆞᆫ지어ᄃᆡ를傷ᄒᆞ

엿ᄂᆞᆫ지내에ᄲᅢ지지나아니ᄒᆞ얏ᄂᆞᆫ지惡ᄒᆞᆫ同伴와싸오고울지나아니ᄒᆞᄂᆞᆫ지饑寒에고싱이나아니ᄒᆞᄂᆞᆫ지여러가지로근심ᄒᆞ며기ᄃᆞ리ᄂᆞᆫ도다。

두兒孩ᄂᆞᆫ母親이如斯히心慮ᄒᆞᄂᆞᆫ줄은모로고놀기에着心ᄒᆞ더니日暮ᄒᆞ야어두온後에야慌々히도라왓도다。

母親은心慮ᄒᆞ다가두兒孩가無事히

도라옴을깃부게싱각ᄒᆞ고兩腕으로두兒孩ᄅᆞᆯ안엇도다.

父母의게憂慮ᄅᆞᆯ끼치ᄂᆞᆫ者ᄂᆞᆫ不孝莫大ᄒᆞᆷ이로다。孔子ㅣᄀᆞᆯᄋᆞ사ᄃᆡ父母ㅣ계시거든멀니놀지말며노라도반ᄃᆞ시方向이잇다ᄒᆞ시니라。

第二十四課 我鄕

우리고을에ᄂᆞᆫ戶數一千五百이잇ᄉᆞ니瓦家와草家가거의相半ᄒᆞ도다。그즁에ᄀᆞ장宏傑ᄒᆞᆫ집은郡守잇ᄂᆞᆫ官舍와學校ㅣ니라。

그러나郡守의公堂은우리나라制度로建築ᄒᆞᆫ古屋이니甚히雄壯ᄒᆞ고學校ᄂᆞᆫ新制度로建築ᄒᆞᆫ者ㅣ니甚히華麗ᄒᆞ도다。

郡守ᄂᆞᆫ溫厚ᄒᆞᆫ사ᄅᆞᆷ이니人民을아돌

ᄀᆞᆺ치사랑ᄒᆞ고人民은郡守의게깁히
心服ᄒᆞᄂᆞᆫ도다.
郡守가우리고을에莅任ᄒᆞᆫ지五個年
間에邑樣이날로繁昌ᄒᆞ야고을百姓
이各々安業ᄒᆞᄂᆞᆫ도다.
學校校舍ᄂᆞᆫ新築ᄒᆞᆫ故로廣濶ᄒᆞᆫ運動
場도設置ᄒᆞ고凡百이一新ᄒᆞ야以前
學校와ᄂᆞᆫ全然히別貌樣이되얏도다.

教師六人이잇스니우리들을子弟와
ᄀᆞᆺ치親切히ᄀᆞᄅᆞ치ᄂᆞᆫ도다. 우리들은
아참에일직이니러나셔學校에가ᄂᆞᆫ
것으로第一樂事를삼ᄂᆞᆫ도다.
ᄯᅩ巡査도極히勤實ᄒᆞᆫ사ᄅᆞᆷ이라恒常
邑內를巡行ᄒᆞ야盜賊과火災가업도
록注意ᄒᆞᄂᆞᆫ故로今番巡査가우리고
을에온後로브터火災와賊患의所聞

은듯지못ᄒᆞ얏도다。

第二十五課 獵夫와원숭이

어ᄂᆞ날에ᄒᆞᆫ獵夫가山에올나세머리원숭이ᄅᆞᆯ보앗도다。ᄒᆞᆫ머리ᄂᆞᆫ어이원숭이오두머리ᄂᆞᆫ삿기원숭이러라。獵夫가即時銃을노호려ᄒᆞᆫ즉어이원숭이가自己의危急ᄒᆞᆷ을不顧ᄒᆞ고삿기원숭이ᄅᆞᆯ逃避케ᄒᆞᄂᆞᆫ사이에彈丸

이亂下ᄒᆞ야被殺ᄒᆞᆫ바ㅣ되얏더라。獵夫가잡은원숭이ᄅᆞᆯ가져다가家中

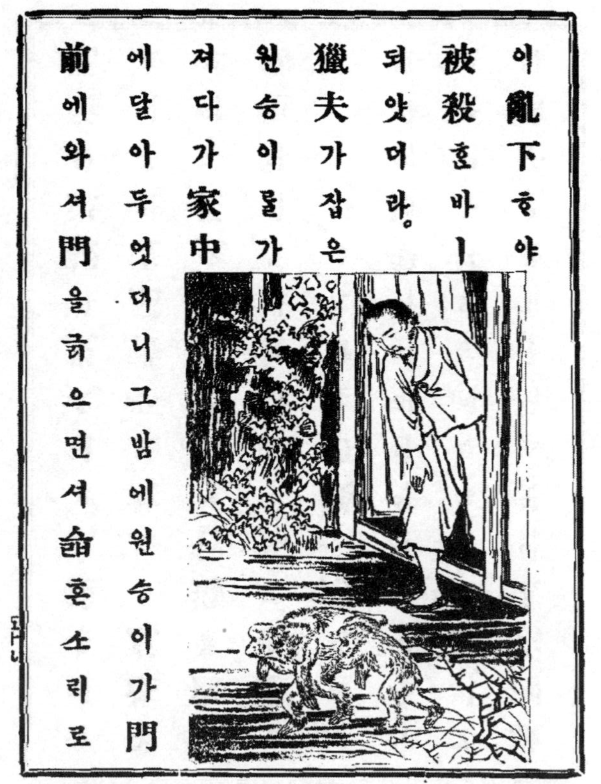

에달아두엇더니그밤에원숭이가門前에와서門을긁으면서命혼소리로

우는지라門을열고본즉낫에보던두머리삿기원숭이러라。

獵夫가삿기원숭이를銃으로견우면셔소릐지르나逃亡치아니ᄒᆞ고어이원숭이의屍體를向ᄒᆞ야그것을出給ᄒᆞ야지라ᄒᆞ는것ᄀᆞᆺᄒᆞᆫ지라。

獵夫도可矜히녁여그屍體를投與ᄒᆞᆫ즉삿기원숭이가그것을背負ᄒᆞ고울면셔어ᄂᆞ곳으로도라가더라。

普通學校學徒用 國語讀本卷二終

光武十一年二月一日發行
隆熙二年二月一日再版
隆熙三年一月卄日三版
隆熙三年四月十日四版
隆熙三年十一月卄日五版
隆熙四年八月卄日六版

定價金拾貳錢

學部

大日本圖書株式會社印刷

學部編纂

國語讀本 卷三

大日本圖書株式會社印刷

國語讀本卷三 目次

國語讀本卷三

第一課 草木生長

새와알은어미새가쌋쌋ᄒᆞ게품어셔석기가되고草木의種子는雨露에졋고日光의溫氣를밧어셔새싹을生ᄒᆞ야次第로成長ᄒᆞᄂᆞ니라。

假令봄에桃實을土中에埋置ᄒᆞ면四五日間에복ᄉᆞ아의씨는둘에分割ᄒᆞ

야ᄲᅮ리ᄂᆞᆫ地中으로延入ᄒᆞ고싹은地
上으로吐出ᄒᆞᄂᆞ니새싹은二枚의닙
사귀ㅣ라。그中으로브터別로히새싹
이生ᄒᆞ야次第로成長ᄒᆞ야줄기가되
고가지ᄂᆞᆫ줄기로브터分ᄒᆞ야다시小
枝를生ᄒᆞᄂᆞ니녀름이되면닙사귀가
茂盛ᄒᆞᆫ나무가되ᄂᆞ니라。
줄기ᄂᆞᆫ地上에서成長ᄒᆞ고ᄲᅮ리ᄂᆞᆫ地

下에셔四方으로蔓延ᄒᆞ야물을吸取
ᄒᆞ야幹枝와닙사귀를養ᄒᆞᄂᆞ니五六
年後에본즉큰나무가되야아름다운
ᄭᅩᆺ이픠여열ᄆᆡ를ᄆᆡ잣도다。
이러케一一히작은씨로브터ᄒᆞᆫ株의
나무가되야열ᄆᆡ를만히ᄆᆡᆺᄂᆞᆫᄃᆡ니ᄅᆞ
러次第로生長홈을보면實로滋味잇
ᄂᆞᆫ者ㅣ니라。

第二課　桃花

ᄭᅩᆺ은黃赤白紫色等이잇고其形體도ᄯᅩᄒᆞᆫ여러種類가잇ᄂᆞ니라。

이것은桃花의畫圖ㅣ니라。ᄭᅩᆺ의ᄀᆞ장아름다운部分을花瓣이라ᄒᆞ고桃花의淡紅ᄒᆞᆫ아름다운빗은곳花瓣의빗이니桃花에는五個의花瓣이잇ᄂᆞ니라。花瓣아래房을包ᄒᆞᆫ푸른部分을ᄭᅩᆺᄲᅮ리라ᄒᆞ고ᄭᅩᆺᄲᅮ리도ᄯᅩᄒᆞᆫ花瓣과ᄀᆞ치五片이잇ᄂᆞ니라。ᄭᅩᆺᄲᅮ리는花蕾를包ᄒᆞ야風雨를막기爲ᄒᆞ는者ㅣ니ᄭᅩᆺ핀後는ᄭᅩᆺᄲᅮ리가잇는故로더욱아름답게보이ᄂᆞ니라。

花中에ᄂᆞᆫ細絲ᄀᆞᆺᄒᆞᆫ者ㅣ만히잇스니
그머리에黃色의粉末을붇지어다이
것을花蕊라ᄒᆞ고當中에ᄒᆞᆫ개의큰花
蕊가잇스니이것을雌蕊라ᄒᆞ고其他
의花蕊ᄂᆞᆫ雄蕊라ᄒᆞᄂᆞ니라。
山野와庭園과路傍에퓐ᄭᅩᆺ의種類ᄂᆞᆫ
極多ᄒᆞ야其形도여럿이로대。仔細히
보면花瓣花萼雄蕊及雌蕊가잇스니

이것이업ᄂᆞᆫ것은稀少ᄒᆞ니라。

第三課 英祖大王仁德

我朝
英祖大王은至極히仁德ᄒᆞ신聖君이
시니人民을아ᄃᆞᆯᄀᆞᆺ치사랑ᄒᆞ시니라。
어ᄂᆞ날侍臣을命召ᄒᆞ야ᄀᆞᆯᄋᆞ사대朕
이年老ᄒᆞ야筋力이임의衰弱ᄒᆞ야坐
臥가如意치못ᄒᆞ니卿은朕을爲ᄒᆞ야

輕煖ᄒᆞᆫ寢褥을造繕ᄒᆞ라ᄒᆞ신대侍臣이勅語를奉承ᄒᆞ고寢褥一襲을裁縫ᄒᆞ야奉呈ᄒᆞ얏도다。

數日後에大王이다시侍臣을부ᄅᆞ사ᄀᆞᆯ아사대卿이奉呈ᄒᆞᆫ寢褥은極히輕煖ᄒᆞ야坐臥가자못便安ᄒᆞ나그러나이것을쓴즉漸漸怠惰ᄒᆞ야아참에늣게니러나며져녁에일즉이자니이

러케便安홈을取ᄒᆞ면國民의疾苦를不察ᄒᆞ리로다朕은國民의父라父ㅣ되야셔子의疾苦를싱각지못ᄒᆞ면不可타ᄒᆞ시고못ᄎᆞᆷ내侍臣에게寢褥을還給ᄒᆞ시고ᄯᅩ勅語를ᄂᆞ리사ᄀᆞᆯ아사대國中에年老ᄒᆞ야飢寒ᄒᆞᆫ者ㅣ必多ᄒᆞ리니今後브터卿은朕을몸밧아錢米를領給ᄒᆞ라ᄒᆞ시고ᄯᅩ諸臣을도라

보시고卿等은各盡其職ᄒᆞ야朕과ᄒᆞᆷ
ᄭᅴ萬民을撫愛ᄒᆞ야同樂케ᄒᆞ라ᄒᆞ셧
ᄂᆞ니라。

第四課 空氣

입과코ᄅᆞᆯ막고呼吸을긋치면難堪ᄒᆞ
야苦痛ᄒᆞᄂᆞ니다시입과코ᄅᆞᆯ열면무
숨긔운이一時에體內로드러셔苦痛
이忽地에긋치ᄂᆞ니라。

코와입으로브터連續히出入ᄒᆞᄂᆞᆫ것
을空氣라ᄒᆞᄂᆞ니라。
空氣ᄂᆞᆫ形體도업고빗도업고눈에보
이지도안코ᄯᅩ손으로잡을슈도업스
나空氣ᄂᆞᆫ此世界에充滿ᄒᆞ니라。
扇子로부치면微風이ᄯᅥᆯ치ᄂᆞ니이것
은空氣가搖動ᄒᆞᄂᆞᆫ것이오。
큰나무ᄅᆞᆯ顚倒ᄒᆞ며집웅을날니ᄂᆞᆫ바

람도ᄯᅩᄒᆞᆫ空氣의搖動이니라。

第五課 鳥類

飛禽에ᄂᆞᆫ여러種類가잇스니白鷺ᄂᆞᆫ희기가白雪과ᄀᆞᆺ고가마귀ᄂᆞᆫ검기가먹과ᄀᆞᆺ도다羽毛가ᄀᆞ장美麗ᄒᆞᆫ者ᄂᆞᆫ孔雀과鸚鵡等이오ᄀᆞ장高尙ᄒᆞᆫ者ᄂᆞᆫ鶴이니라。

제비와ᄆᆡᄂᆞᆫ羽翼이커셔날기를ᄀᆞ장

速ᄒᆞ게ᄒᆞ고ᄃᆞᆰ과家鴨等은羽翼이적어셔能히멀니날지못ᄒᆞᄂᆞ니라。어ᄂᆞ새ᄂᆞᆫ

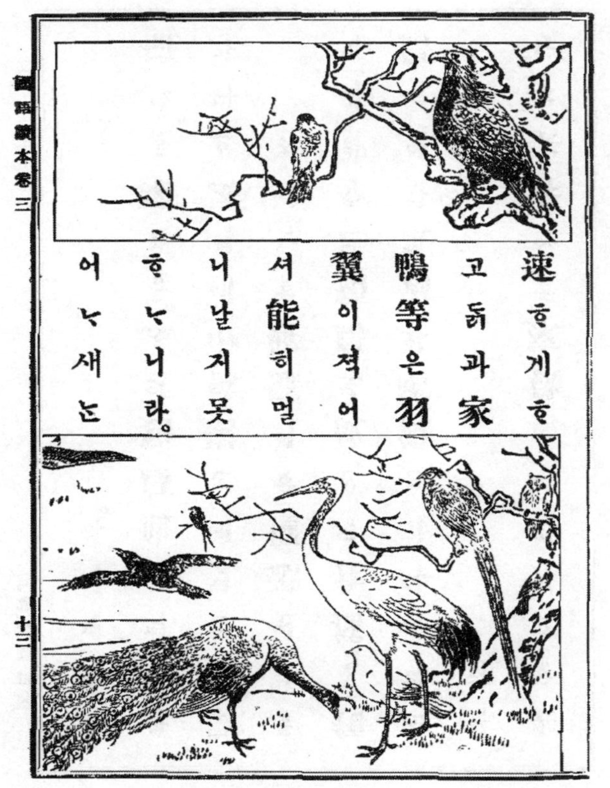

山애살고어ᄂᆞ새ᄂᆞᆫ물에살고。ᄎᆞᆷ새와가마귀와비듥이ᄀᆞᆺᄒᆞᆫ것은人家에ᄀᆞᆺ가히살며山鳥와啄木鳥類ᄂᆞᆫ山林中에셔棲息ᄒᆞᄂᆞ니라。

졔비ᄂᆞᆫ春來ᄒᆞ야秋

去ᄒᆞ고기력이ᄂᆞᆫ秋來ᄒᆞ야春去ᄒᆞᄂᆞ니라。

소리개와ᄆᆡᄂᆞᆫ銳嘴와鉤爪가잇셔鳥類ᄅᆞᆯ捕食ᄒᆞᄂᆞᆫ故로鳥類ᄂᆞᆫ슈리와ᄆᆡᄅᆞᆯ보면恐懼ᄒᆞ야隱避ᄒᆞᄂᆞ니라。

梟鴟ᄂᆞᆫ낫에ᄂᆞᆫ樹林中에셔조으다가밤이되면他鳥類의조음을乘ᄒᆞ야捕食ᄒᆞᄂᆞ니라。

體小聲大ᄒᆞ야아름다운者ᄂᆞᆫ黃鳥라。山中에서啼聲을듯고尋覓ᄒᆞᆫ즉一握도못되ᄂᆞᆫ小鳥가谷中을響應ᄒᆞ야울고잇슴을보앗도다。

第六課 時計

福童은時計의우ᄂᆞᆫ數를세여서時間의計數法을아ᄂᆞᆫ도다。時計가칠때에父親은몃時나되얏ᄂᆞ냐무른즉。福童

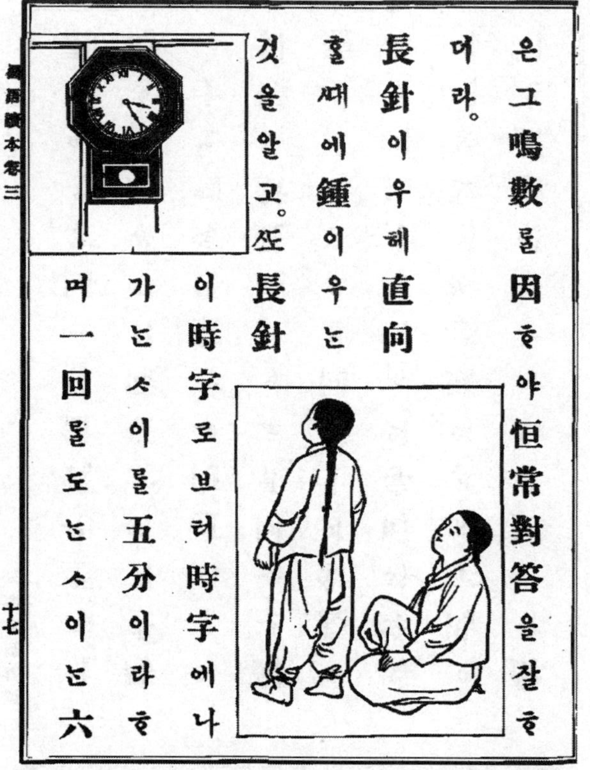

은그鳴數를因ᄒᆞ야恒常對答을잘ᄒᆞ더라。

長針이우헤直向ᄒᆞᆯ때에鍾이우ᄂᆞᆫ것을알고。또長針이時字로브터時字에나가ᄂᆞᆫᄉᆞ이를五分이라ᄒᆞ며一回를도ᄂᆞᆫᄉᆞ이ᄂᆞᆫ六

十分이되ᄂᆞᆫ일이며六十分이ᄒᆞᆫ時間되ᄂᆞᆫ줄도알더라。

福童의兄은時計의鳴數를세히지안코다만時計만보고몃時몃分된줄을아ᄂᆞᆫ도다。福童은이것을奇異히싱각ᄒᆞ고兄에게무른즉兄은如左히말ᄒᆞ아들니더라。

時計에ᄂᆞᆫ長針과短針이잇ᄂᆞᆫ대長

針이一回를도ᄂᆞᆫᄉᆞ이에短針은겨오時字로브터時字ᄭᆞ지도ᄂᆞᆫ지라。時字와時字의ᄉᆞ이ᄂᆞᆫ十二가잇ᄉᆞ니長針이十二回를도ᄂᆞᆫᄉᆞ이에短針은一回를도ᄂᆞ니라長針과短針이우헤直向ᄒᆞ야重合될ᄯᅢᄂᆞᆫ十二時가되고十二時의다음時ᄂᆞᆫᄒᆞᆫ時니라。至今長針이一回를돌면時計

는ᄒᆞᆫ番치고短針은次字에나가고ᄯᅩ長針이一回를돌면時計는두番치고短針은其次時字에이르ᄂᆞ니라。順次로如斯히長針과短針이조곰도쉬지안ᄂᆞ니라。短針의ᄀᆞᄅᆞ치는時字는一二三四와ᄯᅩᄒᆞᆫ數字가되ᄂᆞ니ᄒᆞᆫ時될ᄯᅢ에短針의ᄀᆞᄅᆞ치는數字는곳一이라。글노브터二三四를計數ᄒᆞᄂᆞ니라。

短針이二와三ᄉᆞ이에잇는즉前時가두時된줄알고四와五ᄉᆞ이에잇ᄉᆞ면四時된줄아ᄂᆞ니라。

短針이三과四ᄉᆞ이에잇고長針이二十五分곳에잇ᄉᆞ면세時二十五分이되ᄂᆞ니라。ᄯᅩ數字와數字의ᄉᆞ이가ᄃᆞ샷에分ᄒᆞ얏스니仔細히보

면二十三分二十七分等을아ᄂᆞ니
라。

兄은如此히說明ᄒᆞᆫ後아우를向ᄒᆞ야
至今이時計ᄂᆞᆫ몃時몃分이되얏ᄂᆞ냐
무르니아우ᄂᆞᆫ七時十三分이되얏다
고分明히對答ᄒᆞ니라。

第七課 有事探聞

敬啓者生은四五日頃에平壤에下去

ᄒᆞ면月末에上京爲計이오니或有所
託事어던無論某事ᄒᆞ고隨機力圖ᄒᆞᆯ
터이오니勿嫌詳示ᄒᆞ심을爲希이오
며當躬進ᄒᆞ야問其事由로대緣於多
忙ᄒᆞ야替書仰告ᄒᆞ오니。諒之ᄒᆞ심
을爲要。

五月五日 李裕澤拜

金百濟 座下

同回答

貴械을奉讀ᄒᆞᆸ고感荷萬萬이오며示意ᄂᆞᆫ謹悉인바三錢價値의鉛筆六柄과二十四五錢의朱墨一梃을貿來付投ᄒᆞ심을切望이오며代金五十錢을仰呈ᄒᆞ오니査受ᄒᆞ시고萬一不足ᄒᆞ거던先當ᄒᆞ야주시면還宅後에即爲計呈ᄒᆞ겟사오니以此諒燭ᄒᆞ심을爲望。

五月五日　金百濟敬覆

李裕澤　座下

第八課　練習功效

어ᄂᆞ商會에서使喚一人을雇入ᄒᆞ라고新聞에廣告ᄒᆞ얏더니應募者가十五人에達ᄒᆞᆫ지라。

主人은이兒孩들을一室에呼入ᄒᆞ야

貌樣을본즉다年齡이比等ᄒᆞᆫ지라。主人이天障에인도고로믄든공을달고「이棒子로三度를쳐서二度를的中ᄒᆞᆫ者를收用」ᄒᆞ겟다ᄒᆞ니ᄒᆞᆫ兒孩가나와서棒子를

가지고ᄒᆞᆫ번치니右便으로橫走ᄒᆞ고다시치니左便으로橫走ᄒᆞ야的中치못ᄒᆞ니라。그러케十五兒孩들이試驗ᄒᆞ야다的中치못ᄒᆞ니主人은이兒孩들을다보ᄂᆡ고다시新聞에募集을廣告ᄒᆞ얏더니二三日后에ᄯᅩ十名에達ᄒᆞᆫ지라其中에前日에왓던兒孩도잇도다。主人이前과ᄀᆞᆺ치공을달고몬져

그兒孩로셔이니棒子를가지고잘見樣ᄒᆞ야공을치니폭ᄒᆞ고소사오르거늘또다시치니곳的中ᄒᆞᆫ지라。主人은拍手ᄒᆞ며「엇지ᄒᆞ야이러케鍊熟ᄒᆞ냐ᄒᆞᆫ대」

兒孩가「前日맛치치못ᄒᆞᆫᄯᆡ에잘工夫ᄒᆞ면맛치겟다싱각ᄒᆞ고歸家後에家庭나무에공을달고屢次私

習ᄒᆞ얏노라」對答ᄒᆞ니主人은크게感服ᄒᆞ야「무ᄉᆞᆷ일이던지그러케誠心ᄒᆞ면아니되ᄂᆞᆫ일이업ᄂᆞ니라」ᄒᆞ고이兒孩로雇入ᄒᆞ얏더니그兒孩가漸次發身ᄒᆞ야果然큰商賈가되니라。

第九課 順序

如何ᄒᆞᆫ物件이던지順序로되ᄂᆞᆫ者ㅣ니라。

우리들의먹ᄂᆞᆫ밥은엇지ᄒᆞ야되얏ᄂᆞᆫ지ᄉᆡᆼ각ᄒᆞ야볼지어다。

벼ᄅᆞᆯ落種ᄒᆞᆫ後移秧ᄒᆞ야雜草ᄅᆞᆯ除ᄒᆞ며風災와虫災ᄅᆞᆯ念慮ᄒᆞ다가收穫ᄒᆞ며租로玄米ᄅᆞᆯ作ᄒᆞ고玄米로白米ᄅᆞᆯ舂精ᄒᆞ야炊飯ᄒᆞᄂᆞ니그次序가엇더ᄒᆞ뇨。

ᄯᅩ졉시에담긴生鮮은낙시로잡으며그믈로도잡앗도다。

이것을맛잇게ᄒᆞᆯ소금과甘漿도製造ᄒᆞᆫ手功이엇더케만ᄒᆞ뇨。

衣服을製作ᄒᆞᆷ도ᄯᅩᄒᆞᆫ그와ᄀᆞᆺ도다。봄에綿花의種子ᄅᆞᆯ심엇다가가을에收入ᄒᆞ야機械로去核ᄒᆞᆫ後棉絲ᄅᆞᆯ繅出ᄒᆞ야各樣으로染色ᄒᆞ야織造裁縫ᄒᆞᄂᆞ니毛織과絹紗와麻布等도이와ᄀᆞᆺ

ᄒᆞ니라。
家屋을建築ᄒᆞᆷ은몬져基地를定ᄒᆞ고
그地面을堅固히修築ᄒᆞ고山에서材
木을斫伐ᄒᆞ야建築ᄒᆞᄂᆞ니木手泥匠
石手等이ᄒᆞᆫ집을造成ᄒᆞ기ᄭᆞ지幾多
ᄒᆞᆫ手功이드ᄂᆞᆫ지ᄉᆡᆼ각ᄒᆞᄂᆞ뇨。
成事ᄒᆞᆷ은順序가잇고物件을製作ᄒᆞᆷ
은手功을要ᄒᆞᄂᆞ니無論무엇이던지

이와ᄀᆞᆺᄒᆞ니라。

第十課 竹筍生長

비가온後에竹筍이만히生ᄒᆞ얏도다。
오날아ᄎᆞᆷ에처음地上에現出ᄒᆞᆷ도잇
고數日前에生ᄒᆞ야임의三四尺에達
ᄒᆞᆫ者도잇ᄂᆞᆫ지라。
順明은竹筍과키를比較ᄒᆞ니最大ᄒᆞᆫ
것이順明과ᄀᆞᆺᄒᆞ야高가三尺八寸이

오其他ᄂᆞᆫ順明의耳邊에達ᄒᆞᆷ도잇고。肩部에達치못ᄒᆞᆫ者도잇고腰下와膝下에不及ᄒᆞᆫ者도잇ᄂᆞᆫ지라。

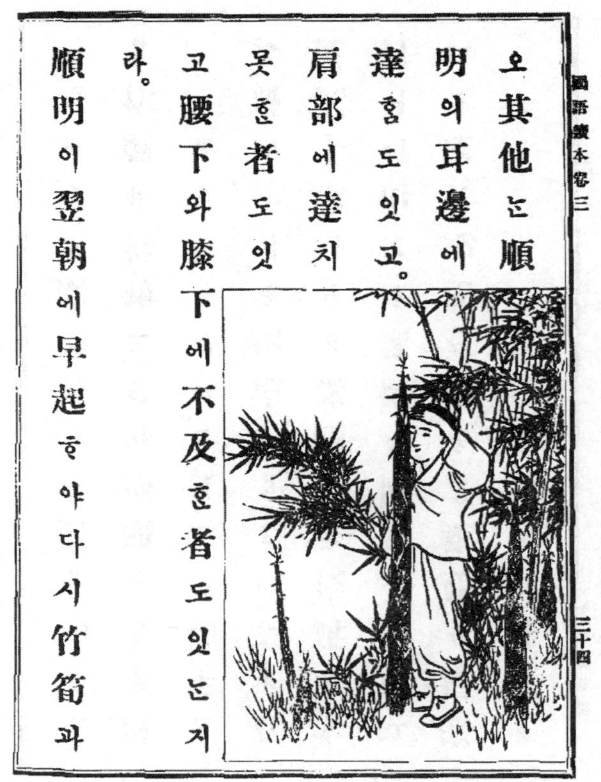

順明이翌朝에早起ᄒᆞ야다시竹筍과

키를比較ᄒᆞᆫ즉昨日順明과ᄀᆞᆺᄒᆞ던竹筍은임의五六寸이놉고耳邊에達ᄒᆞ던것은불셔順明의키보담二寸이놉고肩部에達치못ᄒᆞ던것이임의順明의키와ᄀᆞᆺ고腰下에不及ᄒᆞ던것이胸部에達ᄒᆞᄂᆞᆫ지라。順明은竹筍의生長이이ᄀᆞᆺ치速ᄒᆞᆷ을놀나더라。

第十一課 蝙蝠

夏夕에空中으로날나든이ᄂᆞᆫ蝙蝠을보면누구던지다새라고ᄉᆡᆼ각ᄒᆞ리로다。

蝙蝠은새도아니고頭形이쥐와近似ᄒᆞᆫ즘ᄉᆡᆼ이라。蝙蝠의ᄂᆞᆯ기ᄅᆞᆯ仔細히보면手指와ᄀᆞᆺᄒᆞᆫ五個가잇

ᄉᆞ니拇指ᄂᆞᆫ작으나四指ᄂᆞᆫ甚長ᄒᆞ며그ᄉᆞ이에인도고ᄀᆞᆺᄒᆞᆫ膜이잇서서空中을自由로飛行ᄒᆞᄂᆞᆫ도다。

近年我國에流行ᄒᆞᄂᆞᆫ洋傘을蝙蝠傘이라ᄒᆞᆷ은그ᄲᅧ와ᄀᆞᆺ치細小ᄒᆞᆫ살이잇서서蝙蝠의ᄂᆞᆯ기와ᄀᆞᆺᄒᆞᆫᄶᅡ닭이니라。

蝙蝠은낫에ᄂᆞᆫ樹木과屋瓦ᄉᆞ이에潛伏ᄒᆞ고日沒ᄒᆞᆯ즈음에飛行ᄒᆞ야모긔

와其他虫類를捕食ᄒᆞᄂᆞ니라。

第十二課 蝙蝠話

녜로브터蝙蝠에對ᄒᆞ야滋味잇ᄂᆞᆫ니야기가잇도다。

어ᄂᆞᄯᅢ羣鳥와衆獸의戰爭이잇ᄂᆞᆫ대。蝙蝠은나ᄂᆞᆫ鳥類도아니오獸類도아니라아무데도附從치아니ᄒᆞᆫ다ᄒᆞ더니。

獸羣이優勢됨을보고蝙蝠은나ᄂᆞᆫ身體가쥐와ᄀᆞᆺᄒᆞᆫ즉獸類라ᄒᆞ야獸羣에附從ᄒᆞ니라。

其後에形勢가一變ᄒᆞ야鳥羣이優勢되ᄂᆞᆫ지라蝙蝠은ᄯᅩ나ᄂᆞᆫ羽翼이잇슨즉鳥類라ᄒᆞ고鳥羣에附從ᄒᆞ랴ᄒᆞᄂᆞᆫ지라

鳥獸等이終日戰爭에兩便이疲困ᄒᆞ

야드ᄃᆞ여和睦ᄒᆞ니라。
故로鳥類와獸類ᄂᆞᆫ다蝙蝠을믜워ᄒᆞ야그類에叅入케못ᄒᆞ니其後로브터蝙蝠은白晝에飛行치못ᄒᆞᄂᆞ니라。
이니야기ᄂᆞᆫ二心을가진사ᄅᆞᆷ을警戒ᄒᆞᆷ이니라。

第十三課　蓮花

蓮花ᄂᆞᆫ아ᄅᆞᆷ답게픤지라。

蓮葉이池上一面에덥혀서물이ᄉᆞ못보이지안ᄂᆞᆫ도다。靑靑ᄒᆞ고넓은닙사귀우헤큰ᄭᅩᆺ이픤것은甚히美麗ᄒᆞ도다。
불지어다蓮花ᄂᆞᆫ흰것과淡紅도잇ᄂᆞ니픠면白色이되ᄂᆞᆫᄭᅩᆺ이라도蓓蕾ᄂᆞᆫ大槪淡紅色이니라。
蓮은濁ᄒᆞᆫ물과汚穢ᄒᆞᆫ흙에生長ᄒᆞ야

스나그러나甚히美麗ᄒᆞ야조곰도汚土와濁水中에서生ᄒᆞᆷ과ᄀᆞᆺ지안토다。

第十四課 海濱

小兒三人이海濱에서노ᄂᆞᆫ도다。

海上에ᄂᆞᆫ비三隻이잇스니二隻은布帆을달고一隻은黑烟을吐ᄒᆞᄂᆞᆫ도다。布帆을단것은漁船이오黑烟을吐ᄒᆞᄂᆞᆫ것은汽船이니라。汽船은暫時間에

島蔭에隱蔽ᄒᆞ얏고漁船은조곰도動ᄒᆞᆷ이업ᄂᆞᆫ지라。漁父ᄂᆞᆫ비를停留ᄒᆞ고釣魚ᄒᆞ더라。

汽船은多數ᄒᆞᆫ사ᄅᆞᆷ과物貨를搭載ᄒᆞ고遠邦에行ᄒᆞᄂᆞᆫ도다。

波浪은濱邊에打來ᄒᆞ야小兒의ᄇᆞᆯ에부ᄃᆡ침에小兒들은波浪을逃避ᄒᆞ야沙原으로走去ᄒᆞ다가다시波浪을조차물에드러가며小兒가작은ᄇᆞᆯ로沙場에셔足跡을지으면물결은곳그것을埋沒ᄒᆞ야다시平케ᄒᆞ도다。

海濱에ᄂᆞᆫ白沙도잇고小石도잇고자기도잇도다。

자기와小石에ᄂᆞᆫ青赤黑白이잇고그形狀도ᄯᅩᄒᆞᆫ여러種類ㅣ니라。물결은晝夜分別이업시이것을恒常洗滌ᄒᆞᄂᆞᆫ故로ᄆᆞᆰ고아름다운지라。물결은舊滓ᄅᆞᆯ滌去ᄒᆞ고淸水ᄅᆞᆯ駛來ᄒᆞᄂᆞᆫ故로恒常새로움을보ᄂᆞᆫ도다。

第十五課 蚌鷸之爭

어ᄂᆞᄯᅡᆺᄯᅡᆺᄒᆞᆫ날에죠개가海濱向陽ᄒᆞᆫ

곳에나와잇ᄂᆞᆫ지라。황새가飛來ᄒᆞ야
長嘴로죠기를쪼으니죠기가堅殼을
固閉ᄒᆞᆫ지라황새ᄂᆞᆫ長嘴를拔出ᄒᆞ랴
호대죠기ᄂᆞᆫ限死ᄒᆞ고더욱固殼을堅
閉ᄒᆞ얏도다。
황새가決斷코너를먹지안케스니노
호라고말ᄒᆞ고져호대口嘴를閉鎖ᄒᆞ
야ᄒᆞᆯ슈업ᄂᆞᆫ지라죠기ᄂᆞᆫ固殼을열면

먹혀죽을ᄭᅡ畏懼ᄒᆞ
야죠곰도開放치아
니ᄒᆞᄂᆞᆫ도다。이러ᄒᆞᆯ
즈음에漁父가와셔
魚籠에너허가지고
가니라。
이럼으로兩人이相
爭에他人이利益을

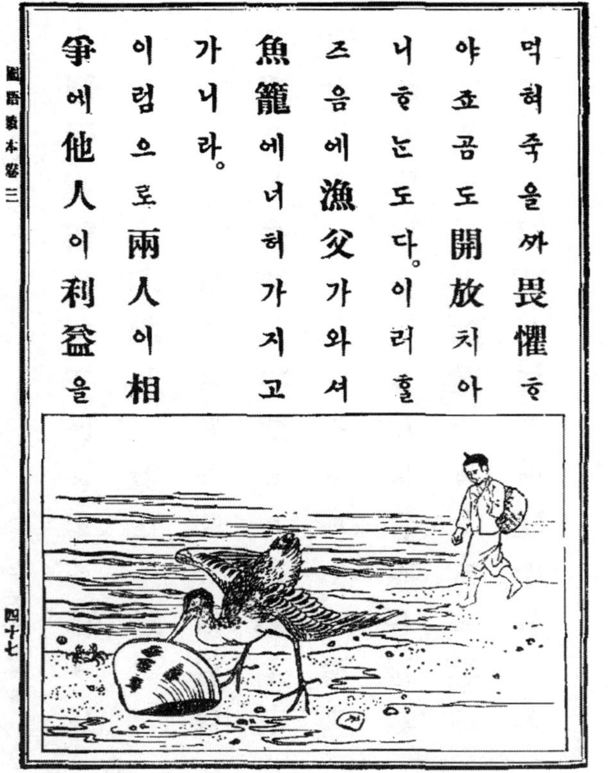

엇는것을蚌鷸의닷홈이라ᄒᆞᄂᆞ니라。

第十六課 職業

穀類와菜蔬를지음은農夫의職業이오魚類를잡음은漁父의職業이니라。

農夫가穀類와菜蔬만먹으면身體가弱ᄒᆞ야勞働이充實치못ᄒᆞᄂᆞ니魚類는甚히味珍ᄒᆞᄂᆞ每日이것만먹을슈도업ᄂᆞ니라。

農夫는所作ᄒᆞᆫ穀類와菜蔬를먹고도오히려남으며漁父는그잡은魚類의十分의一도못먹는도다。그런故로漁父는魚類를農夫에게주고그대신에穀類와菜蔬를밧는故로서로穀類와菜蔬와魚類를먹음을엇ᄂᆞ니라。

木手와泥匠은家屋을建築ᄒᆞ는職業이라。農夫와漁父를爲ᄒᆞ야家屋을建

築ᄒᆞ고그대신에穀類와菜蔬와魚類
ᄅᆞᆯ밧ᄂᆞᆫ故로農夫와漁父ᄂᆞᆫ家屋內에
住居ᄒᆞᆷ을엇고木手와泥匠은穀類와
菜蔬와魚類ᄅᆞᆯ먹음을엇ᄂᆞ니라。

이러ᄒᆞᆫ즉各項職業에不同ᄒᆞᆫ사ᄅᆞᆷ이
잇서互相扶助ᄒᆞ야利益을엇ᄂᆞ니라。
漁業에工巧ᄒᆞᆫ사ᄅᆞᆷ도木手가되면壅
拙ᄒᆞ며泥工에透理ᄅᆞᆯ得ᄒᆞᆫ사ᄅᆞᆷ도漁
業을ᄒᆞ면甚히魯鈍ᄒᆞᆫ지라故로사ᄅᆞᆷ
이그長技의職業을選擇ᄒᆞᄂᆞᆫ도다。

第十七課 汽車窓

壽童은처음汽車ᄅᆞᆯ탓도다汽車ᄂᆞᆫ나
ᄂᆞᆫ것과ᄀᆞᆺ치走行ᄒᆞᄂᆞᆫ故로壽童은滋
味잇게ᄉᆡᆼ각ᄒᆞ고窓外ᄅᆞᆯ觀望ᄒᆞᄂᆞᆫ도
다。

山林家屋은다後面에飛行ᄒᆞᆷ과ᄀᆞᆺᄒᆞ

며田野에勞働ᄒᆞᄂᆞᆫ사ᄅᆞᆷ과道路에行人과車馬等이보이더니별셔後面에잇도다。

汽車아래에셔瞥眼間큰소리가들니더니汽車ᄂᆞᆫ方今긴鐵橋ᄅᆞᆯ건너ᄂᆞᆫ도다。다리아래ᄂᆞᆫ깁흔河川이잇셔물이만히흐르고물이업ᄂᆞᆫ沙原에ᄂᆞᆫ漂白物을曝晒ᄒᆞ며사ᄅᆞᆷ은水中에셔悠悠

히釣魚ᄒᆞ며소ᄂᆞᆫ水邊에셔閒暇히풀을먹도다。

越邊에작은市街가보이더니별셔汽車ᄂᆞᆫ그市街停車場에到着ᄒᆞ얏도다。停車場에ᄂᆞᆫ겨우數人에

乘客이잇ᄂᆞᆫ대ᄒᆞᆫ老人은長竹을믈고停車塲近地에셔죠을더라。

少焉에汽車ᄂᆞᆫᄒᆞᆫ소리汽笛을울니며沆瀣中으로走入ᄒᆞ도다우회ᄅᆞᆯ본즉車內에燈火ᄅᆞᆯ다랏고사ᄅᆞᆷ들은兩便의窓을緊閉ᄒᆞᆫ지라。壽童은아모것도볼수업ᄉᆞᆷ이무ᄉᆞᆷ일이잇ᄂᆞᆫ가ᄉᆡᆼ각ᄒᆞ더니汽車ᄂᆞᆫ다시光明ᄒᆞᆫ곳으로나옴

애右便에廣潤ᄒᆞᆫ바다가보이도다至今通去ᄒᆞᆫ沆瀣ᄒᆞᆫ곳은山을鑿通ᄒᆞᆫ隧道ㅣ러라。

第十八課 開國紀元節

우리 太祖高皇帝께셔비로소開國ᄒᆞ셧스니五百年間에我國을朝鮮이라稱號ᄒᆞ셧도다。光武一年今上皇帝陛下께셔ᄂᆞᆫ國號ᄅᆞᆯ大韓이라改稱

ᄒᆞ시고皇帝位에卽ᄒᆞ셧ᄂᆞ니라。오날은陰曆七月十六日이라七月十六日은무ᄉᆞᆷ날이뇨우리 太祖高皇帝ᄭᅦ셔卽位ᄒᆞ시고우리나라의基礎ᄅᆞᆯ定ᄒᆞ신날이니라그런故로이날을開國紀元節이라稱ᄒᆞᄂᆞ니라。

우리ᄂᆞᆫ 太祖高皇帝의德澤을永遠히不忘ᄒᆞ기爲ᄒᆞ야每年七月十六日에ᄂᆞᆫ休業ᄒᆞ고祝意ᄅᆞᆯ表ᄒᆞᄂᆞ니라불지어다집집에國旗ᄅᆞᆯ달엇도다。

日光은國旗에빗나고國旗ᄂᆞᆫ바람에飄揚ᄒᆞ야祥瑞로운긔운이滿天ᄒᆞ도다。

第十九課　牝鷄及家鴨

ᄒᆞᆫ머리牝鷄가잇ᄂᆞᆫ대등우리에다ᄉᆞᆺ個鷄卵이잇슴을보고每日이것을溫

煖ᄒᆞ게품더라數日後에알이다孵化ᄒᆞ야可愛ᄒᆞᆫ석기가其中에셔나오니라牝鷄ᄂᆞᆫ大喜ᄒᆞ야一心으로此ᄅᆞᆯ愛護ᄒᆞ더라。

석기ᄂᆞᆫ次第로生長ᄒᆞ야自由로步行ᄒᆞᄂᆞᆫ대至ᄒᆞᆷ애牝鷄ᄂᆞᆫ이것들을다리고庭園에셔穀類와虫類ᄅᆞᆯ주어먹도다그집압헤넓은川渠가잇ᄂᆞᆫ지라ᄒᆞᆫ

머리석기ᄂᆞᆫ물을보고깃버ᄒᆞ야곳나라물노드러가니牝鷄ᄂᆞᆫ놀나울고부루대물에헤염ᄒᆞᆷ이危殆ᄒᆞ니速히出來ᄒᆞ라ᄒᆞ니라。其他석기ᄂᆞᆫ무ᄉᆞᆷ일이잇ᄂᆞᆫ가ᄒᆞ고본즉ᄒᆞᆫ머리동모

가水中에드러가셔快樂ᄒᆞ게헤염ᄒᆞ
ᄂᆞᆫ지라셔로닷토와다水中으로나라
드러가니牝鷄ᄂᆞᆫ더욱놀나川邊에셔
머리를느리고水中에陷落ᄒᆞᆷ도헤아
리지안코氣力을다ᄒᆞ야呌呼ᄒᆞ나그
리나셕기들은顧見치도아니ᄒᆞ고다
만즐겁게헤염ᄒᆞ며무숨일로어미ᄂᆞᆫ
즐겁게노ᄂᆞᆫ것을挽留ᄒᆞᄂᆞ뇨ᄒᆞ고異

常히싱각ᄒᆞ더라。

牝鷄ᄂᆞᆫ나의셕기로싱각ᄒᆞ고至今ᄭᆞ
지養育ᄒᆞ얏스나셕기ᄂᆞᆫ우리가ᄃᆞᆰ의
셕기가아니오家鴨의셕기라ᄒᆞ도다。
ᄃᆞᆰ은工巧히알을ᄊᆞᆺᄊᆞᆺᄒᆞ게孵化ᄒᆞᄂᆞᆫ
지라그러나ᄃᆞᆰ은自己가나흔알과다
른새가나흔알을分別치못ᄒᆞᄂᆞᆫ故로
사ᄅᆞᆷ이家鴨의알을孵化케ᄒᆞ라면ᄃᆞᆰ

에게안기ᄂᆞ니라。

第二十課 鯨

世界에고래처럼큰動物이업ᄂᆞ니그最大ᄒᆞᆫ者ᄂᆞᆫ長이十餘丈이니ᄭᅩ리와鰭角이잇고그形狀이海魚와近似ᄒᆞᆷ으로녯사ᄅᆞᆷ은海魚로싱각ᄒᆞ더라。

그러나仔細히보면胸部에乳房이잇도다。

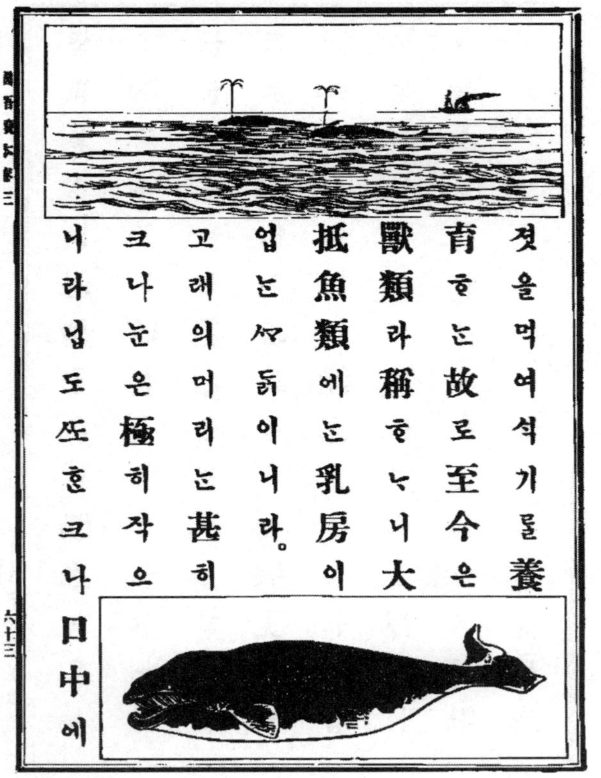

젓을먹여석기ᄅᆞᆯ養育ᄒᆞᄂᆞᆫ故로至今은獸類라稱ᄒᆞᄂᆞ니大抵魚類에ᄂᆞᆫ乳房이업ᄂᆞᆫᄭᆞ닭이니라。

고래의머리ᄂᆞᆫ甚히크나눈은極히작으니라닙도ᄯᅩᄒᆞᆫ크나口中에

馬尾ᄀᆞᆺᄒᆞᆫ鬚髯이잇서셔큰魚類ᄂᆞᆫ삼키지못ᄒᆞᄂᆞᆫ故로鰯鯡와ᄀᆞᆺ치작은魚類ᄅᆞᆯ食物로ᄒᆞ야數千尾ᄅᆞᆯᄒᆞᆫ번에삼키ᄂᆞ니라。

고래ᄂᆞᆫ水中에잇스나水中에셔ᄂᆞᆫ呼吸ᄒᆞᄂᆞᆫ일이업고頭上에鼻孔이잇ᄂᆞ니머리ᄅᆞᆯ水面에들고呼吸ᄒᆞᄂᆞ니라。

汽船을搭乘ᄒᆞ고넓은바다에航行ᄒᆞ

면噴水와ᄀᆞᆺ치海水가飛揚ᄒᆞᄂᆞᆫ일이잇스니그것은고래가呼吸ᄒᆞᄂᆞᆫ것이니라。

漁父ᄂᆞᆫ이噴水ᄒᆞᆷ을보고고래잇ᄂᆞᆫ곳을알고銃砲로擊捕ᄒᆞᄂᆞ니라。

고래의脂肪은기ᄅᆞᆷ을製造ᄒᆞ고고기ᄂᆞᆫ食物을만들고ᄲᅧ와鬚髯은器具와ᄯᅩ裝飾品에쓰ᄂᆞ니。조곰도버리ᄂᆞᆫ것이업ᄂᆞᆫ故로最大ᄒᆞᆫ고래一頭에價値가四五千圓에니ᄅᆞᄂᆞ니라。一頭의고래ᄅᆞᆯ捕得ᄒᆞ면海邊의一邑이同時에富裕ᄒᆞᄂᆞᆫ일이잇ᄂᆞ니라。

第二十一課 正直之利

어ᄂᆞ싀골商賈가京城에와셔어ᄂᆞ商廛에셔絹布ᄅᆞᆯ貿買ᄒᆞ야旅館으로왓더니夜深後에ᄒᆞᆫ사ᄅᆞᆷ이來訪ᄒᆞ야ᄀᆞᆯ

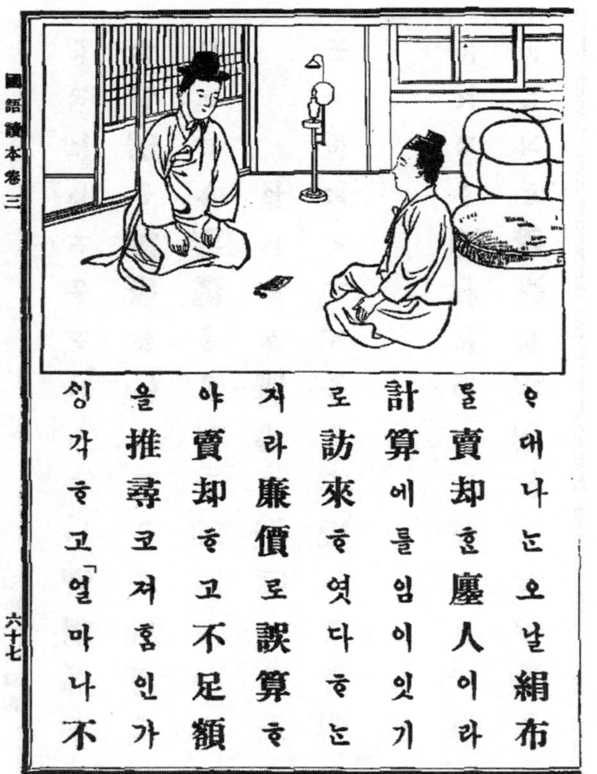

ᄋᆞ대나ᄂᆞᆫ오날絹布ᄅᆞᆯ賣却ᄒᆞᆫ廛人이라計算에를임이잇기로訪來ᄒᆞ엿다ᄒᆞᄂᆞᆫ지라廉價로誤算ᄒᆞ야賣却ᄒᆞ고不足額을推尋코져홈인가ᄉᆡᆼ각ᄒᆞ고「얼마나不

足ᄒᆞ냐」ᄒᆞᆫ즉「不足홈이아니라過額을
밧은故로還償ᄒᆞ기爲ᄒᆞ야왓다」ᄒᆞ고。
代金幾許를還償ᄒᆞᄂᆞᆫ지라。
싀골商人이그正直홈을感動ᄒᆞ야世
上에欺人ᄒᆞ야劣品의物件도高價로
賣却ᄒᆞᄂᆞᆫ商人도잇거ᄂᆞᆯ뎌商店은實
로正直ᄒᆞ도다사ᄅᆞᆷ마다이말을듯고
稱讚ᄒᆞ더라이러홈으로그商店은正

直ᄒᆞ다ᄂᆞᆫ聲聞이傳播된지라。
商店의信用이잇ᄂᆞᆫ고로漸漸繁昌ᄒᆞ
야每日貿買ᄒᆞᄂᆞᆫ者ㅣ多數ᄒᆞ야恒常
사ᄅᆞᆷ이湊集홈으로男女數十人을使
傭ᄒᆞᄂᆞᆫ大商이되엿다ᄒᆞ더라。

第二十二課 洪水

四五日을連續ᄒᆞ야비가오더니江水
가漲溢ᄒᆞ얏도다。

早朝에大水가驟至ᄒᆞᆷ애逃亡ᄒᆞ자고
大呼ᄒᆞᄂᆞᆫ者ㅣ잇스니洞里사ᄅᆞᆷ이다
慌惻ᄒᆞ야扶老携幼ᄒᆞ고近傍의山上
으로逃避ᄒᆞ더라。

玉童도祖父의손을붓들고山上에셧
도다山上에셔ᄂᆞ려다본즉田野ㅣ一
面에물이오村里全部가水中에잇도
다。

그後에드른즉隣里에셔ᄂᆞᆫ家屋의漂
流와家畜의流失ᄒᆞᆫ者ㅣ夥多ᄒᆞ도다。
玉童의리웃은물에困難ᄒᆞᆯ뿐이오집
과家畜을流失ᄒᆞᆫ일은업스나그밤은
다山上에잇기로一粒의밥도먹지못
ᄒᆞᆫ지라玉童의祖父ᄂᆞᆫ一村의第一老
人이라山上에셔洪水에恐懼ᄒᆞ던니
약이를次例로左와ᄀᆞᆺ치말ᄒᆞ더라。넷

젹은山에樹木이茂盛ᄒᆞᆫ故로오날ᄀᆞᆺᄒᆞᆫ洪水를보기가稀少ᄒᆞ니라。山에樹木이잇스면大雨가올ᄯᅢ라도물을멈을너조곰식流出ᄒᆞᄂᆞᆫ故로洪水가작더니近時ᄂᆞᆫ함브로樹木을버히ᄂᆞᆫ故로조곰비가오더라도그물이一時에流出ᄒᆞ야忽地에洪水가되ᄂᆞᆫ도다。그러ᄒᆞᆫ즉樹木을버히더라도버힌後

에植木ᄒᆞᆷ이可ᄒᆞ니라이러ᄒᆞ면若干大雨에도田畓의破落ᄒᆞᆷ이업고또旱魃時에도川水가渴涸ᄒᆞᆷ이업ᄂᆞ니라。

第二十三課 洪水寒暄

日前大水에 貴近處ᄭᆞ지水災를當ᄒᆞ얏다ᄒᆞ오니聞甚驚駭이오며오작키騷動되셧스리오一洞이다無事安過ᄒᆞ셧다니미우반갑사오이다。數字

로探　候不次敬具

十月三日　壽童拜

玉童　座下

貴械은感荷이오며一時는甚히騷動되얏사오나霎時間에水退ᄒᆞ야無事安過ᄒᆞ얏사오니爲幸이오며如是惠問ᄒᆞ시니感謝ᄒᆞ오이다餘不備敬覆

十月四日　玉童拜覆

壽童　座下

國語讀本卷三終

光武十一年二月印刷

學部編纂

大日本圖書株式會社印刷

學部編纂

普通學校學徒用 國語讀本 卷四

大日本圖書株式會社印刷

普通學校學徒用 國語讀本卷四 目次

普通學校學徒用 國語讀本卷四

第一課 正直之利

어ᄂᆞ 싀골 商賈가 京城에 와서 어ᄂᆞ 商
廛에여 紬布ᄅᆞᆯ 貿買ᄒᆞ야 旅館으로 왓
더니 夜深後에 ᄒᆞᆫ 사ᄅᆞᆷ이 來訪ᄒᆞ야 ᄀᆞᆯ
ᄋᆞᄃᆡ 나ᄂᆞᆫ 오날 紬布ᄅᆞᆯ 賣却ᄒᆞᆫ 廛人이
라 計算에 틀님이 잇기로 來訪ᄒᆞ엿다
ᄒᆞᄂᆞᆫ지라 廉價로 誤算ᄒᆞ야 賣却ᄒᆞ고

不足額을推尋코져ᄒᆞᆷ인가싱각ᄒᆞ고「얼마나不足ᄒᆞ냐」ᄒᆞᆫ즉「不足ᄒᆞᆷ이아니라過額을밧은故로還償ᄒᆞ기爲ᄒᆞ야왓다」ᄒᆞ고代金幾許를還償ᄒᆞ는지라。

二

싀골商人이그正直ᄒᆞᆷ을感動ᄒᆞ야世上에欺人ᄒᆞ야劣品의物件도高價로賣却ᄒᆞ는商人도잇거늘뎌商店은實로正直ᄒᆞ도다사ᄅᆞᆷ마다이말을듯고稱讚ᄒᆞ더라。이러ᄒᆞᆷ으로그商店은正直ᄒᆞ다는聲聞이傳播된지라。

商店의信用이잇는故로漸漸繁昌ᄒᆞ야每日貿買ᄒᆞ는者ㅣ多數ᄒᆞ야恒常

三

사ᄅᆞᆷ이湊集ᄒᆞᆷ으로男女數十人을使傭ᄒᆞᄂᆞᆫ大商이되엿다ᄒᆞ더라。

第二課 洪水

四五日을連續ᄒᆞ야비가오더니江水가漲溢ᄒᆞ얏도다。

早朝에大水가驟至ᄒᆞᆷ애逃亡ᄒᆞ자고大呼ᄒᆞᄂᆞᆫ者ㅣ잇스니洞里사ᄅᆞᆷ이다慌惻ᄒᆞ야扶老携幼ᄒᆞ고近傍의山上

으로逃避ᄒᆞ더라。

玉童도祖父의손을붓들고山上에셧도다山上에셔ᄂᆞ려다본즉田野ㅣ一面이물이오村里全部가水中에잠겻도다。

그後에드른즉隣里에셔ᄂᆞᆫ家屋의漂流와家畜의流失ᄒᆞᆫ者ㅣ夥多ᄒᆞ도다。

玉童의리웃은물에困難ᄒᆞᆯ생이오집

과家畜을流失ᄒᆞᆫ일은업스나그밤은다山上에서서엿기로一粒의밥도먹지못ᄒᆞᆫ지라玉童의祖父ᄂᆞᆫ一村의第一老人이라山上에서洪水에恐懼ᄒᆞ던니약이를次例로左와ᄀᆞᆺ치말ᄒᆞ며라。녯적은山에樹木이茂盛ᄒᆞᆫ故로오날ᄀᆞᆺᄒᆞᆫ洪水를보기가稀少ᄒᆞ니라。山에樹木이잇스면大雨가올셔라도물

을멈을너조곰식流出ᄒᆞᄂᆞᆫ故로洪水가적더니近時ᄂᆞᆫ함브로樹木을베이ᄂᆞᆫ故로조곰비가오더리도그물이一時에流出ᄒᆞ야忽地에洪水가되ᄂᆞᆫ도다。

그러ᄒᆞᆫ즉樹木을베이더리도베인後에植木홈이可ᄒᆞ니라。이러ᄒᆞ면若干大雨에도田畓의破落홈이업고ᄯᅩ旱

魃時에도川水가渴涸홈이업ᄂᆞ니라。

第三課 洪水寒暄

日前大水에貴洞近處ᄭᅡ지水災를當ᄒᆞ얏다ᄒᆞ오니聞甚驚駭이오며오쟉히騷動되셧스리오一洞이다無事安過ᄒᆞ시고貴宅도均謐ᄒᆞ셧다니미오반갑사오이다數字로探候不備敬具

十月三日 壽童拜

玉童 座下

貴緘은感荷이오며日前洪水에一時ᄂᆞᆫ甚히騷動되얏ᄉᆞ오나霎時間에水退ᄒᆞ야無事安過ᄒᆞ얏ᄉᆞ오니爲幸이오며如是惠問ᄒᆞ시니感謝ᄒᆞ오이다餘不備敬覆

十月四日 玉童拜覆

壽童 座下

第四課 韓國地勢

우리大韓國은三面에바다가둘너잇고一面은大陸과相接ᄒᆞ얏스니東에ᄂᆞᆫ日本海가잇고南에朝鮮海가잇스며西에ᄂᆞᆫ黃海가잇ᄂᆞ니라。

東海에ᄂᆞᆫ欝陵島밧게島嶼가업고東

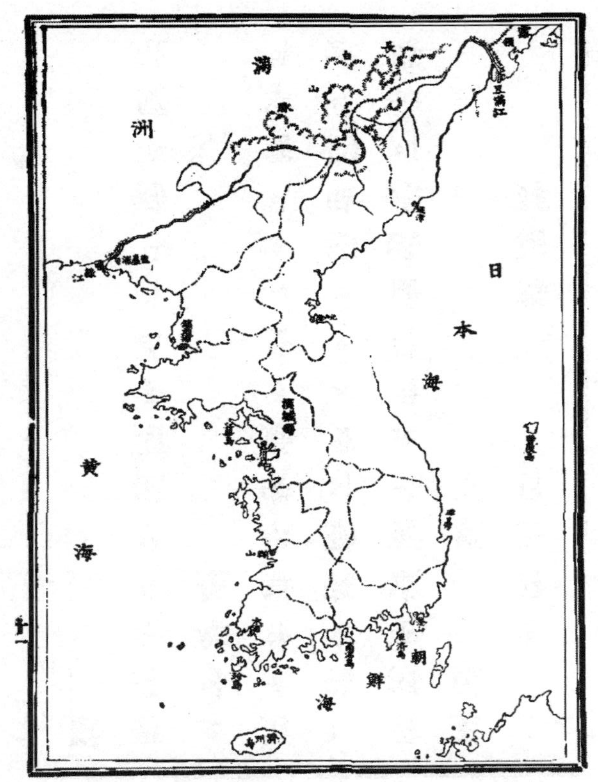

南海와黃海에ᄂᆞᆫ無數ᄒᆞᆫ島嶼가잇스니其中에巨濟島、南海島、濟州島、珍島、江華島等은ᄀᆞ장큰島嶼ㅣ니라。四面에물이둘넌陸地를島嶼라稱ᄒᆞ고또三面에바다가둘너잇고一面에만大陸과接續ᄒᆞᆫ陸地를半島라稱ᄒᆞᄂᆞ니우리大韓國은半島國이니라。우리大韓國은南北은길고東西ᄂᆞᆫ짜르니南北은三千里에니르고東西ᄂᆞᆫ五六百里에니르ᄂᆞ니라。

第五課 韓國海岸

바다가陸地에亘入ᄒᆞᆫ곳을灣이라稱ᄒᆞ고灣이깁허船舶을碇泊ᄒᆞᄂᆞᆫ곳을港口라稱ᄒᆞᄂᆞ니我國의南方과西方海岸에ᄂᆞᆫ無數ᄒᆞᆫ島嶼가잇슬ᄲᅮᆫ아니라또無數ᄒᆞᆫ灣이잇스니灣이만흐면

港口도만흐니라。

釜山、馬山浦、木浦、群山、仁川、鎭南浦、龍巖浦等은船舶이ᄀᆞ장만히輻湊ᄒᆞᄂᆞᆫ良港이오其外에船舶을碇泊ᄒᆞ기適當ᄒᆞᆫ港灣은到處에잇ᄂᆞ니라。

東海岸에ᄂᆞᆫ島嶼도적고港灣도만치아니ᄒᆞ야西南海岸의港口와比較ᄒᆞᆯ만ᄒᆞᆫ것은다만元山港뿐이오其他延

十四

日、城津、淸津等二三港口가잇스나船舶의出入은甚히적으니라。

陸地가海中에突出ᄒᆞᆫ것을岬이라稱ᄒᆞ며또串이라稱ᄒᆞᄂᆞ니西南海岸에ᄂᆞᆫ岬이만코東海岸에ᄂᆞᆫ적으니라。

第六課　運動會에請邀

再明日은우리學校에셔數處學校와聯合ᄒᆞ야運動會를ᄒᆞᆸᄂᆞ이다本年

十五

은學徒들이잘練習ᄒᆞ고로昨年보다
더욱滋味잇겟ᄉᆞᆸᄂᆞ이다觀察使와郡
守도來臨ᄒᆞᆫ다ᄒᆞᄂᆞᆫ故로學徒等이ᄏᆞ
게奮發ᄒᆞᆸᄂᆞ이다昨年에ᄂᆞᆫ六百尺
되ᄂᆞᆫ徒步競走에조곰를넘으로二等
이되엿스나今年은반ᄃᆞ시一等이되
고져ᄒᆞ야每日鍊習ᄒᆞᆸᄂᆞ이다。
叔主ᄭᅴ셔도閑暇ᄒᆞ시거던福童과同

行ᄒᆞ시와 來臨觀光ᄒᆞ시ᄋᆞᆸ소셔萬
一忽忙ᄒᆞ시거던選手競走나觀覽ᄒᆞ
시ᄋᆞᆸ소셔選手競走ᄂᆞᆫ各學校中에ᄀᆞ
장ᄲᆡ르게다름박질ᄒᆞᄂᆞᆫ者十人을選
擇ᄒᆞ야競走케ᄒᆞᄂᆞᆫ것인ᄃᆡ姪도被選
되얏ᄉᆞᆸᄂᆞ이다時間은午後三時오니
午飯後에暫時來臨ᄒᆞᄋᆞᆸ시기ᄅᆞᆯ伏
望ᄒᆞᄋᆞᆸᄂᆞ이다。

年　月　日

壽童上函

第七課 運動會 一

今日은우리學校의運動會라。昨夜에天氣가호린故로비가올가念慮ᄒᆞ야安眠치못ᄒᆞ얏더니今朝에早起ᄒᆞ야日氣를觀測ᄒᆞ니구름이一點도업고少焉에日光이杲杲ᄒᆞᆫ지라。我等은興

十八

奮ᄒᆞᆫᄆᆞᄋᆞᆷ으로學校에會集ᄒᆞ야運動場에드러가니各色旗ᄂᆞᆫ바람을조차翩翩ᄒᆞ고學徒等은셰를지어往來ᄒᆞᄂᆞᆫ지라、運動場周圍에會集

十九

二十

ᄒᆞᆫ觀光人의머리ᄂᆞᆫ春花가滿開ᄒᆞᆷ과恰似ᄒᆞ더라。

午前九時에先生이運動場가온ᄃᆡ놉흔臺上에셔呼角一聲을吹下ᄒᆞᄂᆞᆫ故로我等은一齊히聚合ᄒᆞ야聯合體操를시작ᄒᆞ니觀光者들이셔로稱贊ᄒᆞ야말호ᄃᆡ學徒의行動이整齊ᄒᆞ다ᄒᆞ며或은服色이華麗ᄒᆞ다ᄒᆞᄂᆞᆫ故로我等은더욱感奮ᄒᆞᆫᄆᆞ음이잇ᄂᆞᆫ지라。

運動場을도라본즉六百尺이라。六百尺徒步競走에一等賞을取코져ᄒᆞ야每日熱心으로鍊習ᄒᆞ엿더니이쎄를當ᄒᆞ야我等과先生과觀光人ᄭᆞ지라도一體로傾心注目ᄒᆞ야競走의勝負를기ᄃᆞ리ᄂᆞᆫᄃᆡ그競走ᄂᆞᆫ五次라每次一等을取ᄒᆞᆯ쎄마다拍手喝采ᄒᆞᄂᆞᆫ소

二十一

리가山岳이문허지ᄂᆞᆫ듯ᄒᆞ더라。

第八課 運動會 二

ᄆᆞ장우수온것은二人三脚과一人一脚이라。最先에善走ᄒᆞ던者가瞥眼間에顚倒ᄒᆞ야四等五等이될듯ᄒᆞ다가다시一等되ᄂᆞᆫ者도잇고달녀가다가顚倒ᄒᆞ더니卽時다시니러나서最後에追走ᄒᆞ다가그압헤가던者가넘어

지고ᄯᅩᄃᆞ리에미인ᄭᅳᆫ이플녀서進行을中止ᄒᆞᆫ故로最後에잇던者가二等三等된者도잇도다。

一人一脚에ᄂᆞᆫᄆᆞ장身長ᄒᆞᆫ者가손과머리를움작이며急走코져ᄒᆞ나ᄃᆞ리가疲勞ᄒᆞ야나아가지못ᄒᆞᄂᆞᆫ者도잇고體小ᄒᆞᆫ者가ᄭᅵ고리와ᄀᆞᆺ치工巧ᄒᆞ게ᄯᅱ여드러가서一等賞을取ᄒᆞᄂᆞᆫ者

도잇스니우슴소리가場中에가득ᄒᆞ더라。

旗取ᄂᆞᆫ旗三個ᄅᆞᆯ三回往復에一個式取ᄒᆞᄂᆞᆫ것이라。最遠處에잇ᄂᆞᆫ旗ᄅᆞᆯ몬져取ᄒᆞᄂᆞᆫ者도잇고最近處에잇ᄂᆞᆫ旗ᄅᆞᆯ몬져取ᄒᆞᄂᆞᆫ者도잇스니近處의旗ᄅᆞᆯ몬져取ᄒᆞᄂᆞᆫ者ᄂᆞᆫ他人보다旗두기ᄅᆞᆯ몬져取ᄒᆞ얏스니반ᄃᆞ시一等이되

겟다고싱각ᄒᆞ얏더니最遠處에잇ᄂᆞᆫ旗ᄅᆞᆯ取ᄒᆞᆯ사이에도로혀遲滯된者도잇고或者ᄂᆞᆫ前進者의衣袂ᄅᆞᆯ挽執ᄒᆞ야急走치못ᄒᆞ게ᄒᆞ고自己가一等이되얏더니先生이賞品을주지안코그次等된者의게一等賞을준지라。

運動會ᄂᆞᆫ男子의活潑ᄒᆞᆫ行爲로ᄒᆞᆯ것이오決코妄邪ᄒᆞᆫ行動은ᄒᆞ지못ᄒᆞᆯ것

이라고싱각ᄒᆞ얏도다。

第九課 雁

기력이가行列을지어飛行ᄒᆞᄂᆞᆫ것을불지어다。기력이ᄂᆞᆫ甚寒ᄒᆞᆫ싸에棲息지안코또甚熱ᄒᆞᆫ곳에도잇지아니ᄒᆞᄂᆞᆫ지라。

夏節이지나고漸漸生凉되면寒地로브터飛來ᄒᆞ얏다가翌年春節이지나

고녀름이되면다시寒地로向ᄒᆞ야飛去ᄒᆞᄂᆞᆫ도다。

기력이ᄂᆞᆫ오고갈새에

반ᄃᆞ시整齊히行列을짓ᄂᆞᆫ지라。萬一整齊ᄒᆞᆫ行列을짓지안코各各ᄆᆞ옴ᄃᆡ로飛行ᄒᆞᆯ진ᄃᆡ雲霧가空中에가득ᄒᆞ고大風이어지러히불셰와深谷과高山을넘어갈셰에서로分離되야길을니져ᄇᆞ리고方向을알지못ᄒᆞᆯ지라。볼지어다。最先에進行ᄒᆞᄂᆞᆫ기럭이ᄂᆞᆫ恒常그行列을셰나셔압호로나아가

ᄂᆞ니。뎌것은一列全體의先導가되야셔여러기럭이ᄅᆞᆯ引導ᄒᆞ야方向을指示ᄒᆞᄂᆞᆫ것이라。

밤에기ㅣ룩기ㅣ룩울면셔中天에飛去ᄒᆞᄂᆞᆫ새ᄂᆞᆫ곳기럭이라月色이ᄇᆞᆰ아셔山川의方向을알기됴흘셰에雁群의往來가ᄀᆞ장만토다。

기럭이ᄂᆞᆫ무ᄉᆞᆷ일을爲ᄒᆞ야우ᄂᆞᆫ고그

것은서로軍號를맛초어行列을셔나
셔길을니져ᄇᆞ리지안케홈이니그周
密ᄒᆞᆫ注意ᄂᆞᆫ참놀납도다。

第十課 水鳥

ᄃᆞᆰ은물에드러가면即時溺死ᄒᆞ나그
러나오리ᄂᆞᆫ비록小雛라도能히游泳
ᄒᆞ야溺死ᄒᆞᄂᆞᆫ일이업ᄂᆞᆫ지라。
ᄯᅩᄃᆞᆰ은물에드러가면設或 지지아

三十

니ᄒᆞᆯ지라도그寒氣를忍耐치못ᄒᆞ야
죽을터이나오리等類의水鳥ᄂᆞᆫ極寒ᄒᆞ
ᄒᆞᆫ冬日이라도水中에셔얼지아니ᄒᆞ
ᄂᆞᆫ지라。
大抵水鳥ᄂᆞᆫ足指ᄉᆞ이에蹼이라ᄒᆞᄂᆞᆫ
것이잇스니蹼으로써물을헤어ᄃᆞᆫ기
여游泳ᄒᆞ나그러나ᄃᆞᆰ과ᄀᆞᆺᄒᆞᆫ陸鳥等
은蹼이업ᄂᆞᆫ고로水中에셔能히游泳

三十一

치못ᄒᆞᄂᆞ니라。
또水鳥의몸에ᄂᆞᆫ가족에기름이잇셔
셔그기름이恒常羽毛ᄅᆞᆯ적시ᄂᆞᆫ고로
水中에잇슬지라도물에젓지안코또
寒氣ᄅᆞᆯ모로ᄂᆞᆫ지라。
隆冬을當ᄒᆞ야아참에池水가凍結ᄒᆞᆫ
셰에도水鳥가모힌곳은얼지안코水
鳥等이尋常ᄒᆞ게睡眠ᄒᆞᄂᆞᆫ것을보겟

도다。
水鳥의몸은물에젓지아니홀뿐아니
라甚히溫暖ᄒᆞᆫ者ㅣ니라。

第十一課 材木

樹木을斫伐ᄒᆞ야家屋을建築ᄒᆞ고器
具ᄅᆞᆯ造作홈에쓰ᄂᆞᆫ것을材木이라ᄒᆞ
ᄂᆞ니라。우리나라에셔ᄂᆞᆫ家屋을建築
ᄒᆞᄂᆞᆫ뒤松木을만히쓰ᄂᆞᆫ故로기동과

대들보와도리가다松木이라그러나器具等을만드ᄂᆞᆫ材木은그種類가許多ᄒᆞᆫ中에槐木欅木等은ᄀᆞ장堅强ᄒᆞᆫ나무라독긔와광이等의자로ᄂᆞᆫ大槩欅木으로만돌고梧桐은ᄀᆞ장가븨야온나무라籠과樻等屬을만드ᄂᆞᆫ데쓰고華柳와朱華柳ᄂᆞᆫ材木中에ᄀᆞ장價高ᄒᆞᆫ것이라故로貴族富豪等의家內裝飾과上等器具를만드ᄂᆞ니그光澤이甚히美麗ᄒᆞ니라。

鐵道의枕木은흔히栗木을쓰ᄂᆞ니堅强ᄒᆞ야容易히朽敗치아니ᄒᆞᄂᆞᆫ所以오電信柱ᄂᆞᆫ흔히杉木을쓰ᄂᆞ니杉木은日本國에ᄀᆞ장만히産出ᄒᆞ나我國에ᄂᆞᆫ稀少ᄒᆞ니라。

第十二課 植物의功效

植物의須用은甚히浩大ᄒᆞ야或은食用에供具ᄒᆞ고或은器具에資用ᄒᆞ고或은衣服을製作ᄒᆞᄂᆞᆫ綿絲가되고或은家舍를建築ᄒᆞᄂᆞᆫ材木이되ᄂᆞᆫ지라。

食用에適當ᄒᆞᆫ植物의第一은五穀이오其次에野菜、果物、海草等이니쌀、보리、콩、팟、무、가지、파、감、과리、昆布等이오衣服을製作ᄒᆞᄂᆞᆫ것은棉花、麻絲等이

니其中에棉花가第一重要ᄒᆞ고ᄯᅩᄲᅩᆼ은養蠶ᄒᆞ며쪽은染色ᄒᆞ기에必要ᄒᆞᆫ植物이니라。

松木과槐木과栗木等은베여셔材木도ᄒᆞ며켜셔板子도ᄒᆞ고梧桐과대나무ᄂᆞᆫ器具를造作ᄒᆞ기에適當ᄒᆞ니라。

楮皮와藁草로써紙物을製造ᄒᆞ고櫨木에셔蠟을取ᄒᆞ고漆木에셔漆을取

ᄒᆞ고茌實에서기름을取ᄒᆞ고芥子와人蔘에서藥을取ᄒᆞ고其他雜木과雜草라도或은柴草로쓰고或은家畜의食物로쓰고或은肥料로쓰ᄂᆞ니所用이업ᄂᆞᆫ植物은殆無ᄒᆞ니라。

第十三課 文德大勝

昔者우리나라가三國이라稱ᄒᆞ엿슬ᄯᅢ에。高句麗에乙支文德이라ᄒᆞᄂᆞᆫ名將이잇스니이ᄯᅢ支那ᄂᆞᆫ隋國이라隋帝가大軍을發ᄒᆞ야我國을攻擊ᄒᆞ거ᄂᆞᆯ文德이勅命을밧아셔隋敵을防禦ᄒᆞ다가거즛敗ᄒᆞ야退軍ᄒᆞ니敵軍이乘勝ᄒᆞ야平壤北方三十里處ᄭᆞ지追來ᄒᆞᆫ지라。

文德은隋軍이遠路에疲弊ᄒᆞ야對戰키不能ᄒᆞᆷ을알고四面으로브터一齊

히攻擊ᄒᆞ니隋軍이견듸지못ᄒᆞ야四方으로逃走ᄒᆞ거ᄂᆞᆯ高句麗軍이追擊ᄒᆞ기를甚히急히ᄒᆞ니隋軍의死傷이甚多ᄒᆞᆫ지라最初隋軍이我國北境에侵入ᄒᆞᆫ時에ᄂᆞᆫ三十萬大軍이러니本國에生還ᄒᆞᆫ者가겨우二千七百人에不過ᄒᆞ엿더라。

第十四課 我國의北境

我國北境에ᄂᆞᆫ二大江이잇스니一은鴨綠江이라稱ᄒᆞ고一은豆滿江이라稱ᄒᆞᄂᆞᆫ지라。鴨綠江은黃海로흐르고豆滿江은日本海로흐르ᄂᆞ니我國에第一長江은鴨綠江이오其次ᄂᆞᆫ豆滿江이니라。

二大江사이에高山이相連ᄒᆞᆫ것을長白山脈이라稱ᄒᆞᄂᆞ니山脈은山岳이相

連ᄒᆞᆷ을謂ᄒᆞᆷ이니라。그二大江과一大山脈은天然ᄒᆞᆫ境界가된지라이곳으로브터北方一帶地ᄂᆞᆫ滿洲라稱ᄒᆞᄂᆞ니淸國에屬ᄒᆞ얏고豆滿江口로브터大凡百里되ᄂᆞᆫ곳은俄國의領土와相接ᄒᆞ니라。

第十五課 漢城

漢城의一名은京城이니。大韓帝國

皇帝陛下의御都ᄒᆞ옵신곳이오內閣、宮內府、內部、度支部、學部、農商工部等諸官衙가다이곳에잇ᄂᆞᆫ지라。漢城은四面에山岳이圍繞ᄒᆞ고山上에ᄂᆞᆫ城壁이擁衛ᄒᆞᆫ지라其東西南北과間方에八門이잇고八門中에東西南北四門은ᄀᆞ장宏大ᄒᆞᆫ故로이것을四大門이라稱ᄒᆞᄂᆞ니라。

停車場은南大門과西大門外에잇고또四面에山勢巍巍ᄒᆞ고巖石이磊磊ᄒᆞ야風景

이甚히아름답고漢城中央에ᄂᆞᆫ西으로브터東으로흐르ᄂᆞᆫ川水가잇셔셔城內市街를南北二部에分ᄒᆞ엿ᄂᆞᆫ데昌德宮、景福宮은川北에잇고慶運宮은川南에잇스니

皇帝陛下ᄭᅴ옵셔昌德宮에時御ᄒᆞ신지라景福宮前에大道가잇스니이것은곳六曹압이라各官衙ᄂᆞᆫ大槪그兩

側에잇고諸外國人은大槪川南에居住ᄒᆞᄂᆞᆫᄃᆡ泥峴으로브터南山麓一帶地ᄂᆞᆫ日本人의居住地이니現今漢城內에ᄀᆞ장繁華ᄒᆞᆫ곳이니라。

漢城은我國의第一큰都會라戶數가大凡四萬三千이오人口가二十萬이니라。

然이나我國家屋은다矮小ᄒᆞᆫ故로宮

四十六

闕과城門과外國人의家屋外에ᄂᆞᆫ壯麗ᄒᆞᆫ家屋이稀少ᄒᆞ더니自今으로層屋을建築ᄒᆞᄂᆞᆫ者ㅣ만ᄒᆞ니라。

第十六課 乾元節

三月二十五日은乾元節이니우리大韓國 皇帝陛下의誕降ᄒᆞ옵신慶事로온날이라집집에國旗ᄅᆞᆯ달고學校와各官衙에셔다休業ᄒᆞ야 聖壽萬

四十七

歲를祝賀ᄒᆞᄂᆞ니라。漢城에셔ᄂᆞᆫ我國大官과數多ᄒᆞᆫ外國人들이詣闕ᄒᆞ야。大皇帝陛下ᄭᅴ謁見ᄒᆞ고恭敬ᄒᆞ야祝賀ᄒᆞᄂᆞ니라。

볼지어다이것은宮

城의그림이라。큰國旗ᄂᆞᆫ闕門前에걸녀잇고아ᄅᆞᆷ다온大禮服을닙은사ᄅᆞᆷ들이或ᄆᆞᆯ도타고或馬車도타고或人力車도타고闕門前에모혓스니이것은지금詣闕ᄒᆞᄂᆞᆫ사ᄅᆞᆷ들이라。

我等도學校에가셔즐겁게노ᄅᆡᄒᆞ야慶事로온날을祝賀ᄒᆞ리로다。

第十七課 新鮮ᄒᆞᆫ空氣

아참에일즉이門外에行步ᄒᆞ면바ᄅᆞᆷ이조ᄅᆞᆷ을ᄡᅬ여셔心界가爽快ᄒᆞᆫ것은新鮮ᄒᆞᆫ空氣를呼吸ᄒᆞᄂᆞᆫ所以라。만일空氣가업스면我等은瞬時라도生活키不能ᄒᆞᆯ지라。

사ᄅᆞᆷ이空氣中에生活ᄒᆞᄂᆞᆫ것은魚族이水中에生活ᄒᆞᆷ과ᄀᆞᆺᄒᆞ야고기가물밧게나면살지못ᄒᆞᆯ것이오사ᄅᆞᆷ이空

五十

氣를離ᄒᆞ면呼吸動作을不得ᄒᆞᆯ지라。

사ᄅᆞᆷ이水中에ᄲᅡ져죽ᄂᆞᆫ것은물을먹ᄂᆞᆫᄭᆞ닭이아니오空氣를呼吸치못ᄒᆞᄂᆞᆫ所以니라。

물에清水와濁水가잇ᄂᆞᆫ것과ᄀᆞᆺ치空氣에도清潔ᄒᆞᆫ空氣와汚穢ᄒᆞᆫ空氣가잇서셔清潔ᄒᆞᆫ것은衛生上에有益ᄒᆞ고汚穢ᄒᆞᆫ것은有害ᄒᆞᆫ지라多數ᄒᆞᆫ사

五十一

름이會集ᄒᆞᆫ狹室中에드러가면惡臭가잇고居無何에頭痛이나ᄂᆞᆫ것은空氣가汚濁ᄒᆞᆫ證據ㅣ니라。그런故로室中에空氣流通을善良케ᄒᆞ고朝夕으로洒掃ᄅᆞᆯ精히ᄒᆞ며時時로窓戶ᄅᆞᆯ開放ᄒᆞ야新鮮ᄒᆞᆫ空氣ᄅᆞᆯ注入ᄒᆞᆯ지니라。

第十八課 公園

各國都會에ᄂᆞᆫ公園이잇ᄉᆞ니公園은

廣潤ᄒᆞᆫ空地에草木을栽培ᄒᆞ고魚鳥ᄅᆞᆯ飼養ᄒᆞ야衆人의遊樂ᄒᆞᄂᆞᆫ곳이니市都中이나或은市都近郊에設置ᄒᆞᄂᆞ니라。

人家가稠密ᄒᆞᆫ市街中에만잇ᄉᆞ면新鮮ᄒᆞᆫ空氣ᄅᆞᆯ呼吸ᄒᆞᆷ이罕少ᄒᆞ고耳目을快樂케ᄒᆞᆯ수업ᄂᆞᆫ故로身體가衰弱ᄒᆞᆯ지라公園에ᄂᆞᆫ草木이鬱蒼ᄒᆞ고空

氣가清潔ᄒᆞ며ᄯᅩᄭᅩᆺ이픠고새가울고
고기가노ᄂᆞᆫ것이모다사ᄅᆞᆷ의耳目을
娛樂케ᄒᆞᄂᆞᆫ것이라。

그런故로空氣가不潔ᄒᆞᆫ市內에生活
ᄒᆞᄂᆞᆫ者라도時時로公園에優遊ᄒᆞ면
忽然히身體의疲勞ᄒᆞᆷ을回復ᄒᆞᆯ지라。

公園은衆人을爲ᄒᆞ야設置ᄒᆞᆫ것인故
로衆人이互相注意ᄒᆞ야樹枝ᄅᆞᆯᄭᅥᆨ지

五十四

아니ᄒᆞ며花朶ᄅᆞᆯᄯᅡ지아니ᄒᆞ며公園
이不潔ᄒᆞ면衆人의不快ᄒᆞᆫ感情을挑
發ᄒᆞᄂᆞᆫ故로糞尿等汚穢物을放散ᄒᆞ
ᄂᆞᆫ것은極惡ᄒᆞᆫ行爲로檢束ᄒᆞᄂᆞ니라。

그런故로上等開明國의公園에ᄂᆞᆫ一
點塵埃도업고奇花가路傍에滿開ᄒᆞᆯ
지라도ᄭᅥᆨᄂᆞᆫ者ㅣ업ᄉᆞ니翫賞ᄒᆞᄂᆞᆫ者
도愉快ᄒᆞᄂᆞ니라。

五十五

第十九課 石炭과石油

石炭은堅强ᄒᆞ기가돌과ᄀᆞᆺ고검기가숫과ᄀᆞᆺᄒᆞᆫ것이라。木炭을燃燒ᄒᆞᄂᆞᆫ것보다火力이猛熱ᄒᆞᆫ故로燃料로恒用ᄒᆞᄂᆞ니大都會에柴草가稀少ᄒᆞᆫ곳에셔ᄂᆞᆫ炊飯ᄒᆞ고沸湯ᄒᆞᄂᆞᆫ것도모다石炭을쓰ᄂᆞ니라。

汽車와汽船과各樣工場에셔機械를運轉ᄒᆞᄂᆞᆫ것은蒸氣力이라큰가마에물을ᄭᅳᆯ혀셔蒸氣를만ᄃᆞᄂᆞᆫ데에ᄂᆞᆫ반ᄃᆞ시石炭을쓰ᄂᆞᆫ故로汽車·汽船과工場의烟突에셔나오ᄂᆞᆫ黑烟은다石炭의烟氣ㅣ라工場이最多ᄒᆞᆫ

各國都會에가면烟突이森林과又치空中에聳立ᄒᆞ야市街가濃烟中에싸힌지라이러ᄒᆞᆫ곳의家屋等은다煤烟에薰汚ᄒᆞ야아름다온光澤이업ᄉᆞ나그러나人民은甚히富裕ᄒᆞ야그家內에ᄂᆞᆫ金殿玉樓와又ᄒᆞᆫ者ㅣ만ᄒᆞᆫ지라。

石炭은돌과又ᄒᆞ나그러나元來돌이아니라太古時代에樹木이土中에埋沒ᄒᆞ야된것이라我國에도石炭이富ᄒᆞ多ᄒᆞ나그러나그品質이良好치못ᄒᆞ다云ᄒᆞᄂᆞ니라。

洋燈에點火ᄒᆞᄂᆞᆫ石油도또ᄒᆞᆫ地中에셔湧出ᄒᆞᄂᆞᆫ것이니最初地中에셔掘出ᄒᆞᆯ째에ᄂᆞᆫ各種物이混雜ᄒᆞ야濃濁ᄒᆞ나그것을精製ᄒᆞ면ᄆᆞᆰ은기름이되ᄂᆞ니라。

第二十課 平壤

平壤은우리韓國에ᄀᆞ장古都ㅣ라。距今三千年前에箕子가支那로브터來到ᄒᆞ야國都로定ᄒᆞᆫ곳이라其後에國都ᄂᆞᆫ各處로옴겻ᄉᆞ나그러나平壤은恒常西北의第一큰都會로傳來ᄒᆞᄂᆞᆫ지라。

現今도平安南道觀察府를平壤城에設置ᄒᆞ엿ᄂᆞᆫᄃᆡ戶數가七千이오人口가三萬餘ㅣ라그宏大ᄒᆞᆷ이京城에버금ᄒᆞᄂᆞᆫ도다.

平安南道에ᄂᆞᆫ廣濶ᄒᆞᆫ平野가잇고大同江이그平野에橫流ᄒᆞᄂᆞᆫᄃᆡ土地가肥沃ᄒᆞ야ᄌᆞ못農業에適當ᄒᆞᆫ지라。平壤은大同江岸에잇서서背山臨流ᄒᆞᆫ지라그後面의山上에登臨ᄒᆞ야平野

로俯瞰ᄒᆞ면風景이絕勝ᄒᆞ도다。平壤은漢城과義州의相半處에잇셔京義鐵道線中에重要ᄒᆞᆫ停車場이잇고平壤으로브터二十五里되ᄂᆞᆫ下流處에萬景臺라ᄒᆞᄂᆞᆫ곳이잇스니汽船等이大同江으로航行ᄒᆞ야萬景臺에碇泊ᄒᆞᄂᆞᆫ故로交通이ᄯᅩᄒᆞᆫ甚히便利ᄒᆞᆫ지라。

市街ᄂᆞᆫ內城、中城、外城、東北城四區에分ᄒᆞ얏ᄂᆞᆫᄃᆡ內城에ᄂᆞᆫ周圍二十里되ᄂᆞᆫ外廓이圍繞ᄒᆞ고其四方에城門이잇고居民中에富豪가만코ᄯᅩ外國人도多數히居留ᄒᆞᄂᆞᆫ故로壯大ᄒᆞᆫ家屋이櫛比ᄒᆞ니라。

第二十一課　玉姬의慈善

어ᄂᆞ날新聞紙에「可憐ᄒᆞᆫ母子」라ᄒᆞᄂᆞᆫ

題目下에左記ᄒᆞᆫ事實을揭載ᄒᆞ얏더라」。

白洞十二統一戶에사ᄂᆞᆫ李如源은今年十一歲되ᄂᆞᆫ童子ㅣ라如源의父ᄂᆞᆫ木工으로資生ᄒᆞ더니어ᄂᆞ날某家의修理工役에被傭ᄒᆞ엿다가重傷ᄒᆞ야死亡ᄒᆞ니이ᄯᅢᄂᆞᆫ如源의나히五歲라其母ㅣ悲痛ᄒᆞᆫ中에每日낫에ᄂᆞᆫ菜蔬ᄅᆞᆯ行賣ᄒᆞ고밤에ᄂᆞᆫ他人의衣裳을裁縫ᄒᆞ야僅僅히歲月을보내ᄂᆞᆫ지라。

그러나그ᄋᆞᄃᆞᆯ如源을教育코져ᄒᆞ야七歲時에白洞普通學校에入學케ᄒᆞ얏더니如源이비록年幼ᄒᆞ나그母親

의苦勞홈을焦悶ᄒᆞ야學校에在ᄒᆞ야
ᄂᆞᆫ先生의訓導ᄅᆞᆯ克從ᄒᆞ고自家에在
ᄒᆞ야ᄂᆞᆫ母親을誠心으로셤기더라。
三年을經過홈이如源이第四年生이
된지라然이나그母親이積年苦勞ᄒᆞᆫ
所以인지猝然히臥病ᄒᆞ거ᄂᆞᆯ如源이
크게憂慮ᄒᆞ야學業을廢止ᄒᆞ고薪炭
과菜蔬ᄅᆞᆯ行賣ᄒᆞ야엇은돈으로써藥

劑ᄅᆞᆯ사셔母親의게進供ᄒᆞ고밤에ᄂᆞᆫ
母側에셔至誠으로侍湯ᄒᆞᄂᆞᆫ디그母
親은自己ᄋᆞᄃᆞᆯ의可憐ᄒᆞᆫ形容을보면
셔心中에혜아리되「뎌吾子가오작히
學校에가고십흐랴」ᄒᆞ야因ᄒᆞ야涕泣
ᄒᆞ더라。
母親의病勢가더욱沈重홈이如源은
心中에焦悶ᄒᆞ야門外에도出去치안

코侍湯ᄒᆞ기ᄅᆞᆯ至誠으로ᄒᆞ더라。
슯호다如源이自今으로엇더케돈을
엇으며엇더케藥을살수잇스리오그
母子의身勢가참可憐ᄒᆞ도다。
玉姬라ᄒᆞᄂᆞᆫ女子의母親이그新聞을
닑을셔玉姬가듯고크게感心ᄒᆞ야平
日에貯蓄ᄒᆞᆫ돈六十錢을如源의게捐
助ᄒᆞ겟다ᄒᆞᆷ이그母親도玉姬의慈善
心에感動되야나도衣服을주겟다ᄒᆞ
더니翌日에玉姬와그母親이如源의
집을차져셔돈과衣服을捐助ᄒᆞ니如
源이喜悅ᄒᆞᆫᄆᆞ옴과感激ᄒᆞᆫ情을익의
지못ᄒᆞ야無數히拜謝ᄒᆞ고如源의母
親도病床에셔懇切히그恩惠ᄅᆞᆯ닏곳
더라。

第二十二課　金續命의歎息

高麗末에니ᄅᆞ러國內가大亂ᄒᆞ야人民이安業치못호ᄃᆡ國王은昏闇ᄒᆞ야畋獵에從事ᄒᆞ고淫逸을恣行ᄒᆞ야조곰도國政을도라보지아니ᄒᆞ며羣臣은各各一身의利害만計較ᄒᆞ고國事ᄅᆞᆯ憂慮ᄒᆞᄂᆞᆫ者ㅣ업ᄂᆞᆫ지라。金續命이라ᄒᆞᄂᆞᆫ사ᄅᆞᆷ이잇스니剛毅正直ᄒᆞᆫ者ㅣ라國政이益益히衰退ᄒᆞᆷ을보고ᄒᆞᆯ로憂憤호ᄃᆡ一人의힘으로ᄂᆞᆫ無可奈何ᄒᆞᆫ지라일직이病臥ᄒᆞ얏더니諸大臣이와셔問病ᄒᆞ거ᄂᆞᆯ續命이嘆曰現今大臣中에自己와ᄀᆞᆺ치祿을盜賊ᄒᆞ고位ᄅᆞᆯ汚損ᄒᆞ고心法이不正ᄒᆞᆫ者ᄂᆞᆫ업다ᄒᆞᆷ이大臣等이이말을듯고大驚ᄒᆞ야公의心法이不正ᄒᆞ다ᄒᆞᆯ진대누가正直ᄒᆞᆯ者ㅣ리오ᄒᆞ거ᄂᆞᆯ

續命이ᄯᅩᄀᆞᆯᄋᆞᄃᆡ나ᄂᆞᆫ厚祿을먹고高位에在ᄒᆞ야人君의不義ᄒᆞᆷ을矯正치못ᄒᆞ고人民의患難을救濟치못ᄒᆞ고도로혀心中에不良ᄒᆞᆷ을舌端으로是ᄒᆞ다ᄒᆞᆫ일이常多ᄒᆞ니ᄉᆞᄉᆞ로븟그러워ᄒᆞ노라。大臣等이默默ᄒᆞ야荅ᄒᆞᄂᆞᆫ者ㅣ업스니續命의말이實로當時朝臣의實情을說破ᄒᆞᆫ所以러라。

普通學校學徒用

國語讀本卷四終

光武十一年二月一日發行
隆熙二年二月一日再版
隆熙三年一月廿日三版
隆熙三年四月十日四版
隆熙三年十一月廿日五版

定價金拾貳錢

學　　部

大日本圖書株式會社印刷

學部編纂

普通學校學徒用

國語讀本 卷五

大日本圖書株式會社印刷

普通學校學徒用 國語讀本 卷五

目次

普通學校學徒用 國語讀本 卷五

第一課 古代朝鮮

史乘에傳ᄒᆞ야曰古昔에王儉이라ᄒᆞᄂᆞᆫ사ᄅᆞᆷ
이太白山檀樹下에降生ᄒᆞ엿ᄂᆞᆫ데그智德이
卓越ᄒᆞᆷ으로國人이尊奉ᄒᆞ야王을삼을ᄉᆡ檀
樹下에降生ᄒᆞᆫ故로ᄡᅥ檀君이라稱ᄒᆞ다。檀君
이平壤에定都ᄒᆞ고國號ᄅᆞᆯ朝鮮이라稱ᄒᆞ얏
스나그年代ᄂᆞᆫ詳徵ᄒᆞᆯ文獻이업도다

距今三千餘年에箕子라ᄒᆞᄂᆞᆫ聖人이支那로
브터渡來ᄒᆞ야朝鮮王이되여平壤에居ᄒᆞ
다。

當時의朝鮮은漢江以北卽今韓國北部와滿洲南部를據有ᄒᆞ고漢江以南에ᄂᆞᆫ他國이잇섯ᄂᆞ니라。箕子로브터四十代九百年을歷ᄒᆞ야箕準의세에이르러支那燕國人衛滿이平壤을來襲ᄒᆞᄂᆞᆫ故로箕準이近

古朝鮮及三韓圖

二

臣을率ᄒᆞ고南方으로避走ᄒᆞ니箕子의國이遂亾ᄒᆞ다。

當時支那에立國ᄒᆞᆫ者ᄂᆞᆫ漢이라稱ᄒᆞ야甚히強大ᄒᆞᆫ지라衛滿의孫右渠의세에漢武帝ㅣ大軍을發ᄒᆞ야右渠를討平ᄒᆞ고朝鮮四郡을두다。衛氏의歷年은八十七年이러라。

第二課 象의重量

昔者에印(인)度國王이巨象一匹을宮庭에牽出ᄒᆞ고諸王子及羣臣을命召ᄒᆞ야能히象의重量을量度ᄒᆞᆯ者ㅣ잇ᄂᆞ뇨ᄒᆞᆫ지라。小物ᄀᆞᆺᄒᆞ면

三

能히秤錘로써量度ᄒᆞ려니와象과ᄀᆞᆺ흔巨物은權衡을難用ᄒᆞᆫ故로、一人도其方法을攄得ᄒᆞᆫ者ㅣ업ᄂᆞᆫ지라。

其中에賢明ᄒᆞᆫ王子一人이出班ᄒᆞ야曰ᄂᆡ가이것을試驗ᄒᆞ리라ᄒᆞ고爲先近臣을命ᄒᆞ야庭中蓮塘에片舟ᄅᆞᆯᄯᅴ여놋코舟中으로象을驅入ᄒᆞᄂᆞᆫ지라。觀者ᄂᆞᆫ其所爲ᄅᆞᆯ莫知ᄒᆞ고다만面面相覷ᄒᆞ더니。少焉에象의重量을因ᄒᆞ야片舟가漸沈ᄒᆞ며舟緣이水面에露出홈이無幾ᄒᆞ거ᄂᆞᆯ。이에王子ᄂᆞᆫ筆墨을取ᄒᆞ야沈水

四

ᄒᆞ엿던舟緣에一線을畫ᄒᆞ고象을引出ᄒᆞᆫ後石礫을滿載ᄒᆞᄂᆞᆫ지라。石礫을漸載ᄒᆞ야池水가墨線에達홈을보고다시石礫을運出ᄒᆞ야秤錘로써量度ᄒᆞ야그重量의總計ᄅᆞᆯ算出ᄒᆞᆫ지라。王子ᄂᆞᆫ此ᄅᆞᆯ紙片에記錄ᄒᆞ야父王前에進呈ᄒᆞ고此ᄂᆞᆫ象의重量이라ᄒᆞᆫᄃᆡ王과밋羣

五

臣이다驚歎ᄒᆞ니라。

第三課　五大江'

我國은土地의廣袤로比較ᄒᆞ건ᄃᆡ江河가甚多ᄒᆞᆫ지라。其中에鴨綠江、豆滿江、大同江、漢江、洛東江의五流ᄂᆞᆫ淵源이最長ᄒᆞ니이ᄅᆞᆯ韓國의五大江이라稱ᄒᆞᄂᆞᆫ도다。且淸川江、臨津江、錦江、榮山江、蟾津江、의五流ᄅᆞᆯ合ᄒᆞ야十大江이되니라。

鴨綠江은我國에第一되ᄂᆞᆫ長流라。白頭山에셔發源ᄒᆞ야無數ᄒᆞᆫ小流와相合ᄒᆞ고又滿洲

에서流來ᄒᆞᄂᆞᆫ渾河、靉河ᄅᆞᆯ合ᄒᆞ야黃海로注入ᄒᆞ니其長이一千七百里가되ᄂᆞ니라。豆滿江도亦是白頭山에서發源ᄒᆞ엿스나鴨綠江과反對되ᄂᆞᆫ方面으로流下ᄒᆞ야日本海로注入ᄒᆞᄂᆞᆫ도다。日本海로注入ᄒᆞᄂᆞᆫ長江은다만此江ᄲᅮᆫ이라。此江은我國에第二되ᄂᆞᆫ大江이니其長이九百里가되ᄂᆞ니라。

大同江은平安南道의平野ᄅᆞᆯ貫流ᄒᆞ며下流ᄂᆞᆫ載寧江과合ᄒᆞ야黃海로注入ᄒᆞᄂᆞᆫ도다。漢江은江原道五臺山에서發源ᄒᆞ야春川江

을合ᄒᆞ고다시臨津江과合ᄒᆞ야江華島ᄅᆞᆯ抱流ᄒᆞᆯ서左右二派에分ᄒᆞ야海로入ᄒᆞ니라。洛東江은慶尙道內의諸小流ᄅᆞᆯ合ᄒᆞ야釜山의西方에이르러大海로注入ᄒᆞ니라。

大同江、漢江、洛東江은其長이大槪相等ᄒᆞ니凡七百里라韓國의江河ᄂᆞᆫ江口가甚廣ᄒᆞ야江口와海門을難辨ᄒᆞᆯ者ㅣ居多ᄒᆞ니라。

第四課　皮膚의養生

眼力으로能히見解치못ᄒᆞ나我等의身體의皮膚에數多ᄒᆞᆫ小孔이잇ᄂᆞᆫ지라。이小孔으로조차體內의廢物을時時排出ᄒᆞᄂᆞᆫ도다。

皮膚를오리洗滌지아니ᄒᆞ면皮膚의表面은廢物과流汗의掩蔽ᄒᆞᆫ바ㅣ되며且空氣中塵埃도附着ᄒᆞ야汚垢가되ᄂᆞᆫ지라。此等汚物이皮膚의小孔을閉塞ᄒᆞ면廢物이體外로泄出치못ᄒᆞ고體內에留積ᄒᆞᄂᆞ니라。

此等小孔은且體外로부터各種物質을吸收ᄒᆞᄂᆞᆫ힘이잇ᄂᆞᆫ지라。故로汚物이皮膚를掩蔽ᄒᆞ면다시體內로吸收ᄒᆞ야血液의循環이不順케ᄒᆞ고ᄆᆞᆺᄎᆞᆷᄂᆡ疾病에罹ᄒᆞ기易ᄒᆞ니라。

皮膚를不潔케ᄒᆞᆷ은身體에有害ᄒᆞᆯᄲᅮᆫ아니라他人所視에醜態를顯露ᄒᆞ야自己의品位를卑賤케ᄒᆞᆷ이니라。

然則我等은時時로沐浴ᄒᆞ고浣濯ᄒᆞᆫ衣服을닙어身體를清潔케ᄒᆞᆷ이可ᄒᆞ도다。我國人은衣服을恆常浣濯ᄒᆞ나沐浴을稀濶케ᄒᆞᄂᆞᆫ도다。

沐浴은溫浴과冷浴이잇ᄂᆞᆫ지라。溫浴은皮膚를清潔케ᄒᆞᆯᄲᅮᆫ아니라、疲困ᄒᆞᆷ을忘却케ᄒᆞᄂᆞᆫ도다。終日勤勞ᄒᆞᆫ後에溫湯에沐浴ᄒᆞ면心神

이爽快ᄒᆞ야一日의困勞홈을慰安ᄒᆞᄂᆞ니라。冷浴은皮膚를強健케ᄒᆞ며血液의循環을善良케ᄒᆞᄂᆞᆫ功이잇ᄂᆞᆫ지라。每日淸晨에冷浴ᄒᆞᄂᆞᆫ사ᄅᆞᆷ은寒感에嬰觸홈이甚少ᄒᆞ고且精神이恒常快活ᄒᆞ도다。故로近來文明國에ᄂᆞᆫ冷浴이盛行ᄒᆞᄂᆞ니라。

第五課　氣候

我國은南北이延長ᄒᆞᆫ故로南方과北方의氣候가懸殊ᄒᆞᆫ지라。忠淸、全羅、慶尙、三道ᄂᆞᆫ氣候가溫暖ᄒᆞ야各種植物이繁茂ᄒᆞ고此三道를

三南이라稱ᄒᆞᄂᆞ니、農產物의豐富ᄒᆞ며人口가稠密ᄒᆞ도다。

北方의五道ᄂᆞᆫ寒氣가猛烈ᄒᆞ야豆滿江、鴨綠江、大同江等은冬期三四朔間을結氷ᄒᆞ야人馬가氷上에通行ᄒᆞᄂᆞᆫ지라。三南地方에比ᄒᆞ면農業이凋殘ᄒᆞ고人口가亦少ᄒᆞ도다。

我國의氣候ᄂᆞᆫ寒暑가다劇甚ᄒᆞᆫ지라。南韓溫暖ᄒᆞᆫ地方도冬節은極寒ᄒᆞ고北韓寒冷ᄒᆞᆫ地方도夏節은極熱ᄒᆞ며。一日之內에도晝夜의溫度가逈異ᄒᆞ도다。

俗語에三寒四溫이라稱홈은酷寒이三日을連續ᄒᆞᆫ즉四日間은寒氣가稍減ᄒᆞᆫ다홈이라。四溫에相當ᄒᆞᄂᆞᆫ날은深冬이라도견ᄃᆡ기됴ᄒᆞ니라。

第六課 紙鳶과평이

올녀라연아연아　　활신활신올녀라
공중에나라가ᄂᆞᆫ　　더소리기보담도
올녀라연아연아　　좀더좀더놉직이」
도러라평이평이　　얼는얼는도러라
바람에평ᄉᆞ도ᄂᆞᆫ　　바람갑이보담도

도러라평이평이　　좀더좀더쌔르게」

第七課 三韓

古昔漢江以南에馬韓、辰韓、弁韓、三國이잇스니此를三韓이라稱ᄒᆞ엿스니此三國의始起ᄂᆞᆫ距今幾百年前인지未詳ᄒᆞ니라。

馬韓은ᄀᆞ장強大ᄒᆞ야漢江以南의京畿道와및忠淸、全羅二道의全部를領有ᄒᆞ엿ᄂᆞᆫ지라。朝鮮王箕準이衛滿에게國土를見奪ᄒᆞᆫ셔에餘衆을引率ᄒᆞ고馬韓에入據ᄒᆞ야王이라稱ᄒᆞ고其後二百年間에子孫이繼承ᄒᆞ야馬韓

을統治ᄒᆞ니라。辰韓은馬韓의東方에잇스니現今慶尙道의大部分을占領ᄒᆞᆫ지라。此地에는支那에서移住ᄒᆞᆫ者ㅣ最多ᄒᆞ고人智가早開ᄒᆞ니라。

弁韓은馬韓과辰韓의中間에잇스니現今慶尙道의南部를僅有ᄒᆞ야三韓中에最小ᄒᆞ니라。

三韓은其國境이日本과近接ᄒᆞᆷ으로써人民의交通이頻繁ᄒᆞ얏슨즉彼此에互相歸化ᄒᆞᆫ者ㅣ不少ᄒᆞ얏스리로다。日本의古史를溯閱ᄒᆞᆫ즉辰韓의王子日槍이王位를其弟에게讓授ᄒᆞ고日本에歸化ᄒᆞ얏는ᄃᆡ。其時에玉과鏡과刀와槍等을携去ᄒᆞ얏다云ᄒᆞ얏스니人智가임의發達ᄒᆞᆷ을足히推知ᄒᆞ겟더라。

古昔의風俗을比較ᄒᆞ건ᄃᆡ三韓과日本은相似ᄒᆞᆫ바ㅣ甚多ᄒᆞ니墳墓의周圍에土器를羅列ᄒᆞ며珠玉을衣髮에包裹ᄒᆞ야頸部에懸置ᄒᆞᆫ等事ㅣ其一例니라。

第八課 他人의惡事

先生이學徒를對ᄒᆞ야「工夫ᄒᆞ는時間에한눈

을과ᄂᆞᆫ者ᄂᆞᆫ罰주리라」ᄒᆞ셧ᄂᆞᆫ지라。應善은艮明과誼가不愜ᄒᆞᆫ故로艮明이한눈을팔면先生의게告ᄒᆞ라고每日艮明의動靜을注意ᄒᆞ야슓히더라。

一日은艮明이無心히한눈을판지라。應善이보고곳先生에게告ᄒᆞ다。

應善의싱각에ᄂᆞᆫ先生이본ᄃᆞ시艮明을罰주고自己를稱讚ᄒᆞ리라ᄒᆞ얏더라。

然이나先生이應善을對ᄒᆞ야ᄀᆞᆯ오ᄃᆡ「너지ᄒᆞ야그것을보앗ᄂᆞ뇨。그ᄯᅢ에네눈은

보앗ᄂᆞ뇨」ᄒᆞᆫᄃᆡ應善이能히一言도對答지못ᄒᆞ고얼골이土色ᄀᆞᆺ흔지라。다른學徒들이서로도라보며嘲笑ᄒᆞ더라。

사ᄅᆞᆷ은自己의行ᄒᆞᆯ바를着實히行ᄒᆞ고他人의惡事에ᄂᆞᆫ留心치아니ᄒᆞᆷ이可ᄒᆞ도다。自己의行ᄒᆞᆯ바일에熱心ᄒᆞ면他人의惡事에注目ᄒᆞᆯ餘暇가업슬지니라。

第九課　政治의機關

我大韓國의政體ᄂᆞᆫ君主專制이니

大皇帝陛下ᄂᆞᆫ政治의萬機를總攬ᄒᆞᄋᆞᆸ시ᄂᆞ

니라、漢城에內部、度支部、學部、農商工部、等四部를排置ᄒᆞ야全國의政務를分掌케ᄒᆞ옵시고各部의長官을大臣이라稱ᄒᆞ고次官이有ᄒᆞ야此를補佐ᄒᆞ니라。

또別노히內閣이잇서一般政務를議定ᄒᆞᄂᆞ니內閣은各部大臣과밋內閣總理大臣으로써組成ᄒᆞ니라。

內閣總理大臣은諸大臣의首位에居ᄒᆞ야一切政務를總理ᄒᆞᄂᆞ니라。

宮內府ᄂᆞᆫ皇室의일만掌理ᄒᆞᄂᆞᆫ官廳인ᄃᆡ一

般政治에關係홈이업고、宮內府의長官도亦是大臣이라稱ᄒᆞᄂᆞ니라。

全國은十三道에分ᄒᆞ고各道에觀察使를置ᄒᆞ다。觀察使의官衙를觀察道라稱ᄒᆞᄂᆞ니十三道의觀察道所在地ᄂᆞᆫ如左ᄒᆞ니라。

京畿 水原　　忠淸北道 淸州
忠淸南道 公州　　全羅北道 全州
全羅南道 光州　　慶尙北道 大邱
慶尙南道 晉州　　黃海道 海州
平安北道 義州　　平安南道 平壤

江原道(春川)　咸鏡北道(鏡城)
咸鏡南道(咸興)

且道ᄅᆞᆯ數多ᄒᆞᆫ府와郡으로分ᄒᆞ엿스니仁川、義州、東萊等重要ᄒᆞᆫ都會地만特別히府라ᄒᆞ니郡은全國에三百十八이오府ᄂᆞᆫ겨오十一이니此外에漢城府가有ᄒᆞ나此ᄂᆞᆫ道에屬치아니ᄒᆞ고內部의直轄이니라。

府에ᄂᆞᆫ府尹이잇고郡에ᄂᆞᆫ郡守가잇스니府의官衙ᄂᆞᆫ府尹府라稱ᄒᆞ고郡의官衙ᄂᆞᆫ郡衙라云ᄒᆞᄂᆞ니皆觀察道의管轄下에在ᄒᆞᄂᆞ니라。漢城府尹과觀察使ᄅᆞᆯ總히地方長官이라稱ᄒᆞᄂᆞ니라。府郡을勿論ᄒᆞ고面及里或洞의二階級이잇ᄂᆞᆫ지라。各該面及里或洞長은人民의選擧로擇定ᄒᆞᄂᆞ니라。

第十課　母親에게寫眞을送呈ᄒᆞᆷ

母主前上白是

日前에學友의勸ᄒᆞᆷ을因ᄒᆞ야寫眞을박혓삽ᄂᆞᆫᄃᆡ잘되지못ᄒᆞ얏ᄉᆞ오나밧아보시옵소서두장즁에ᄒᆞᆫ장은松洞叔母主에게보ᄂᆡ여쥬시옵소서近來ᄂᆞᆫ每日運動이甚ᄒᆞ온故로벗

헤결어서얼골빗이검어졋ᄉ오니보시고우
스실줄노아옵ᄂᆞ이다。

年　月　日　子俊明　上平書

第十一課　同答書

俊明回見

보낸바寫眞은반갑게보앗스며天然ᄒᆞᆫ擧動
이눈압헤보이ᄂᆞᆫ듯ᄒᆞ나다만말업ᄂᆞᆫ것이恨
이로다볏헤결어서아라보지못ᄒᆞ도록몸이
튼튼ᄒᆞᆷ은깃부며叔母主에게ᄂᆞᆫ卽時보녀여
드렷더니大端히반가와ᄒᆞ실샌아니라너의
父主의졂으실셰와恰似ᄒᆞ다고稱歎ᄒᆞ심을
마지아니ᄒᆞ시며竹姬ᄂᆞᆫ옵바옵바ᄒᆞ고안고
노치아니ᄒᆞᆫ다運動은몸에有益ᄒᆞ나傷ᄒᆞ지
안케操心ᄒᆞ여라。

年　月　日　母答

第十二課　三國의始起

朝鮮이亾ᄒᆞᆫ後未幾에新羅、高句麗、百濟、三國
이幷起ᄒᆞ야全國을三分ᄒᆞ야各々一方을割
據ᄒᆞ엿스니이ᄅᆞᆯ三國時代라ᄒᆞ며三國中에
ᄀᆞ장先起ᄒᆞᆫ者ᄂᆞᆫ新羅이니라。

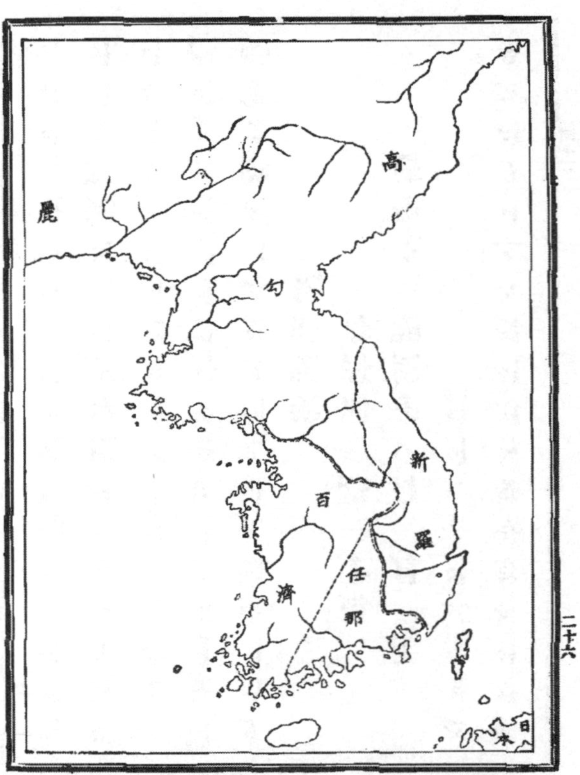

新羅의始祖는朴赫居世니邑長의子이라幼時로부터勇氣가잇더니長成ᄒᆞᆷ에밋처는크게人心을엇어王이되야國都를慶州에定ᄒᆞ고辰韓의地를領有ᄒᆞ얏스니大凡距今一千九百六十年前이니라。

漢國이朝鮮의地를分ᄒᆞ야郡縣을設置ᄒᆞ엿스나次國과道路가隔遠ᄒᆞᆫ故로政令이行ᄒᆞ지못ᄒᆞ니라。朝鮮의北方에扶餘라稱ᄒᆞ는小國이잇스니其王子朱蒙이武藝를能通ᄒᆞ는지라。其兄弟가朱蒙의材能을猜忌ᄒᆞ야殺害

코져ᄒᆞ거ᄂᆞᆯ朱蒙이禍ᄅᆞᆯ避ᄒᆞ야南方으로逃走ᄒᆞ엿다가徒黨을嘯集ᄒᆞ야四方을征服ᄒᆞ고王이된지라。國號ᄅᆞᆯ高句麗라稱ᄒᆞ고平安道成川에定都ᄒᆞ니新羅建國後二十一年이라未幾에朝鮮의地가다高句麗의領土에屬ᄒᆞ니라。

高句麗王朱蒙의子溫祚ㅣ馬韓에移居ᄒᆞ니馬韓의人民이來歸ᄒᆞᄂᆞᆫ者ㅣ甚多ᄒᆞ거ᄂᆞᆯ溫祚ㅣ드ᄃᆡ여王이되여京畿道廣州에定都ᄒᆞ고國號ᄅᆞᆯ百濟라ᄒᆞ엿ᄉᆞ니溫祚의即位ᄂᆞᆫ朱

蒙의立國後二十年이라。溫祚ㅣ馬韓을滅ᄒᆞ고其地ᄅᆞᆯ統一ᄒᆞ니라。

於是에高句麗ᄂᆞᆫ漢江以北即朝鮮의全部ᄅᆞᆯ領有ᄒᆞ고百濟ᄂᆞᆫ馬韓의後ᄅᆞᆯ襲ᄒᆞ야忠清、全羅二道及京畿道의大部分을占據ᄒᆞ고新羅ᄂᆞᆫ百濟의東方一帶의地ᄅᆞᆯ僅有ᄒᆞ니라。

第十三課　蜜蜂

蜜蜂은數千或數萬이羣集ᄒᆞ야一巢內에棲息ᄒᆞᄂᆞᆫ도다。其中에女王、雄蜂、働蜂의三種이잇ᄉᆞ니。女王은一羣中에다만一個가잇슴ᄯᅳ

몸이라。

常時巢中에居ᄒᆞ야産卵홈으로써爲務ᄒᆞ고。

雄蜂은二三百個
가잇스니, 體形은
稍大ᄒᆞ나勞働은
아니ᄒᆞ고。一羣中
에最多ᄒᆞᆫ者ᄂᆞᆫ働
蜂이라。女王과又
치雌蜂이나그러
나産卵ᄒᆞ지못ᄒᆞ

三十

고勞働으로써專務를삼ᄂᆞᆫ지라。巢를造ᄒᆞ며
食物을聚集ᄒᆞ며幼蟲을飼養ᄒᆞᄂᆞᆫ等事에終
日토록勞勞役役ᄒᆞ야休息홈이殆無ᄒᆞ도다。
百花를遍尋ᄒᆞ야山野의間에飛去飛來ᄒᆞᄂᆞᆫ
者ᄂᆞᆫ다働蜂이라。働蜂은花粉과蜜液을持歸
ᄒᆞ야他蜂을飼養ᄒᆞ고所餘ᄂᆞᆫ巢中에貯蓄ᄒᆞ
야深冬無花ᄒᆞᆫᄢᅢ의食料를預備ᄒᆞᄂᆞ니라秋
風이始起ᄒᆞ야山野에花卉가稀少홈에이르
면働蜂은雄蜂과又치無用ᄒᆞᆫ者를飼養치안
코져ᄒᆞ야働蜂이成羣ᄒᆞ야雄蜂을爭殺ᄒᆞᄂᆞᆫ

三十一

도다。
幼蟲이長成ᄒᆞᆫ즉女王은其中新女王에게讓位ᄒᆞᆫ後部下를引率ᄒᆞ고他處로移居ᄒᆞ야別巢를經營ᄒᆞᄂᆞ니이것을分封이라稱ᄒᆞᄂᆞ니라。分封ᄒᆞᄂᆞᆫ時期ᄂᆞᆫ大槩五六月頃이라。其時에蜂桶을適當ᄒᆞᆫ곳에設置ᄒᆞ면分去ᄒᆞᄂᆞᆫ一羣이其中에入居ᄒᆞ야다시造巢ᄒᆞᄂᆞ니。蜜蜂을飼養ᄒᆞᄂᆞᆫ者ᄂᆞᆫ如斯히蜂桶의數를漸增ᄒᆞᄂᆞ니라。

我等의食物에添味ᄒᆞᄂᆞᆫ淸蜜은蜜蜂의貯蓄

ᄒᆞᆫ바蜜液을精製ᄒᆞᆫ者이라。또蜂巢에서黃蠟、膏藥等을取ᄒᆞᄂᆞ니。蜜蜂은我等에게緊要ᄒᆞᆫ蟲類ㅣ로다。我國東北地方에서ᄂᆞᆫ養蠶ᄒᆞᄂᆞᆫ것과ᄀᆞᆺ치養蜂으로써一種生業을삼ᄂᆞᆫ者ㅣ不少ᄒᆞ도다。

第十四課　驟雨

난데업ᄂᆞᆫ一陣狂風　검은구름모라다
먹장갈아씨언진듯　왼하ᄂᆞᆯ을덥더니
번개불이번적번적　우뢰소리우루루」
주먹ᄀᆞᆺᄒᆞᆫ큰비방울　여긔뎌긔덧다가

함박으로퍼붓는듯 평々좕々쏫아져
나모닙이너푼너푼 락슈물이주루루」
되셩번기뻔히나며 바ᄅᆞᆷ소리비소리
上天下地뒤놋는듯 瞬息間에漲水나
시너물이출넝출넝 모ᄅᆡ언덕우수수」
적은ᄃᆞ시비가긋처 구름것고ᄒᆡ날제
彩色다리架設ᄒᆞᆫ듯 무지ᄀᆡ가뻣쳣네
各色草木너훌너훌 멋는이슬후두두」

第十五課 平安道

平安道ᄂᆞᆫ韓國西北隅에位置ᄒᆞ얏스니。鴨綠

三十四

平安道之圖

三十五

江이韓淸의國境을定限ᄒᆞ엿도다。
北部ᄂᆞᆫ山脈이甚多ᄒᆞ고南部ᄂᆞᆫ平野가曠遠ᄒᆞᆫ디。淸川江、大同江이平野의中間을橫流ᄒᆞ고其沿岸左右ᄂᆞᆫ地味가肥沃ᄒᆞ야農業에適宜ᄒᆞᆫ지라。故로養蠶과牧牛의盛ᄒᆞᆷ이全國에第一이오且處々에鑛山이잇ᄉᆞ니。殷山、雲山의金과平壤의無烟炭과价川의鐵等屬이有名ᄒᆞ며其產額이亦是豐富ᄒᆞ더라。

鴨綠江沿岸에ᄂᆞᆫ義州와新義州等이잇ᄉᆞ니。義州ᄂᆞᆫ古昔부터北方의關門으로全國第一

의貿易場이되고。且支那와往來ᄒᆞᄂᆞᆫ使節을此地에셔送迎ᄒᆞ얏슴으로써ᄀᆞ장繁盛ᄒᆞᆫ都會가되얏더라。그러나近年에ᄂᆞᆫ淸國과使節의往來가끈치고貿易이衰退ᄒᆞ며汽車가新義州를通ᄒᆞᆷ으로因ᄒᆞ야義州ᄂᆞᆫ一時凋殘ᄒᆞᆫ듯ᄒᆞ되民風이質直勤儉ᄒᆞ야各其職業에勉勵ᄒᆞ더라。

新義州ᄂᆞᆫ元是一小村落에不過ᄒᆞ나京義鐵道가通ᄒᆞᆫ後로人物이繁殖ᄒᆞ야一都會가되엿ᄂᆞᆫ지라。今日의北方關門은義州가아니오

新義州라홀지로다。

平壤은最古ᄒᆞᆫ都會인ᄃᆡ箕子廟、七星門、玄武門、牧丹峰乙密臺、大同門、練光亭、浮碧樓等名勝古跡이만ᄒᆞ며商業이興旺ᄒᆞᆷ이亦是自古로北韓의第一이라稱ᄒᆞ얏도다。

鎭南浦ᄂᆞᆫ大同江의下流에잇ᄂᆞᆫᄃᆡ灣內가深濶ᄒᆞ야軍艦이라도碇泊ᄒᆞ기足ᄒᆞ니實로我國의屈指ᄒᆞᄂᆞᆫ良港이로다。鎭南浦平壤의間에ᄂᆞᆫ每日小汽船의往復이잇ᄂᆞ니라。

三十八

第十六課 蠶

蠶이비로소蛾卵에셔孵化ᄒᆞᆫ者를幼蟲이라稱ᄒᆞᄂᆞ니。幼虫은形體가甚小ᄒᆞᆫᄃᆡ本質은黑色이오灰色의細毛가遍身ᄒᆞ엿ᄂᆞ니라。生長ᄒᆞᆷ을ᄯᆞ라黑皮를蛻脫ᄒᆞ고純灰色으로變化ᄒᆞᄂᆞᆫ도다。

幼蟲이十分成長ᄒᆞ면口側의疣로부터吐絲ᄒᆞᄂᆞᆫ지라。其絲가體內에잇슬ᄯᆡᄂᆞᆫ透明ᄒᆞᆫ粘液ᄲᅮᆫ이나口疣로부터吐出되야當風ᄒᆞ면忽然히堅緻ᄒᆞ야지ᄂᆞᆫ도다。如此ᄒᆞᆫ細絲로ᄡᅥ蟲體를重々히包圍ᄒᆞᆫ者를繭이라云ᄒᆞᄂᆞ니。一

三十九

繭의絲長은三十里에延長ᄒᆞᄂᆞᆫ者ㅣ잇도다
幼蟲이繭內에居ᄒᆞᆫ지數日에變ᄒᆞ야蛹이되
ᄂᆞ니。蛹은褐色이오其形이
棗核와ᄀᆞᆺ도다。蛹이또十日
頃을經過ᄒᆞ면兩翅가生ᄒᆞ
야繭體를破ᄒᆞ고出來ᄒᆞᄂᆞᆫ
者를蛾라稱ᄒᆞᄂᆞ니。蛾ᄂᆞᆫ幼
蟲과不同ᄒᆞ야頭、胸、腹의區
別이分明ᄒᆞ니라。蛾ᄂᆞᆫ繭體
에셔出來ᄒᆞ면許多ᄒᆞᆫ卵을

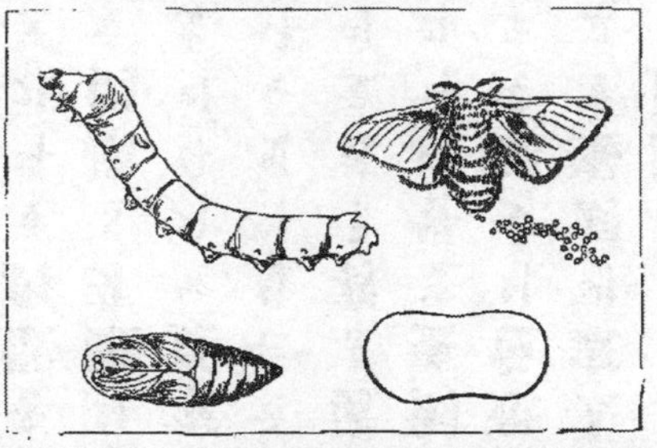

産ᄒᆞ고未幾에自斃ᄒᆞᄂᆞᆫ도다。厚紙에卵을産
附케ᄒᆞ야貯置ᄒᆞ엿다가翌春에孵化케ᄒᆞ면
다시幼蟲이되ᄂᆞᆫ지라。此紙를蠶卵紙라ᄒᆞᄂᆞ
니商人이이것을買賣ᄒᆞᄂᆞᆫ故로遠地의蠶種
도買得ᄒᆞ야孵化케ᄒᆞᄂᆞ니라。

第十七課 養蠶

夏節에木葉을먹ᄂᆞᆫ蟲類가許多ᄒᆞ니。엇더ᄒᆞᆫ
虫이던지사ᄅᆞᆷ이輒見ᄒᆞ면다不快ᄒᆞᆷ을感覺
ᄒᆞᄂᆞᆫ도다。蠶兒도亦是食葉ᄒᆞᄂᆞᆫ蟲의一種인
즉萬一自然히繁殖ᄒᆞ야山野의桑葉만먹을

진딘婦人幼兒ᄂᆞᆫ一見에戰慄ᄒᆞᆯ지로다、그러ᄒᆞ되蠶繭에셔美麗ᄒᆞᆫ絹絲를取ᄒᆞᆷ으로人家에飼養ᄒᆞ고婦女라도손으로撫摩ᄒᆞ야恐色이少無ᄒᆞ도다。今日은一般農家에셔만飼養ᄒᆞᆯ뿐아니라富貴家에셔도養蠶室을設置ᄒᆞᆫ者ㅣ만ᄒᆞ며世界各國의皇后도親히養ᄒᆞᄂᆞᆫ일이잇ᄂᆞ니라。養蠶의時期ᄂᆞᆫ季春부터季夏ᄶᆞ지라。비로소孵化ᄒᆞᆫ幼蟲에게ᄂᆞᆫ桑樹의嫩芽를摘飼ᄒᆞ고稍々成長ᄒᆞ면普通桑葉을散與ᄒᆞ다가ᄆᆞᄎᆞᆷ내ᄂᆞᆫ桑枝를折與ᄒᆞᄂᆞᆫ지

라。成長ᄒᆞᆫ蠶兒에게桑葉을散與ᄒᆞᆯ셔ᄂᆞᆫ驟雨聲과彷彿ᄒᆞ며瞬息間에食盡ᄒᆞᄂᆞ니라。幼蟲이孵化ᄒᆞᆫ지七八日을經過ᄒᆞ면脫皮ᄒᆞᄂᆞ니脫皮ᄒᆞᄂᆞᆫ동안은桑葉을먹지안코就眠ᄒᆞᄂᆞᆫ지라。此最初의就眠ᄒᆞᆷ을第一眠이라ᄒᆞ고其後로每六日에一次식就眠ᄒᆞ야第二眠、第三眠、第四眠을經過ᄒᆞᄂᆞᆫ도다。四回를脫皮ᄒᆞᆫ後에八日量을經過ᄒᆞ면蠶體의全部가變色ᄒᆞᄂᆞ니。於是乎簇箔에옴겨繭을짓게ᄒᆞᄂᆞᆫ도다。

繭을지은十日後에ᄂᆞᆫ蠶이羽化ᄒᆞ야繭을破ᄒᆞ고出來ᄒᆞᆫ즉繭은紡絲ᄒᆞ기不能ᄒᆞᆫ故로絹絲를取ᄒᆞ고져ᄒᆞᄂᆞᆫ者ᄂᆞᆫ蠶이破繭ᄒᆞ기前에燥殺ᄒᆞᆯ지니라。蠶에게ᄂᆞᆫ各種의病이發生ᄒᆞᆷ이잇고。或時寒氣에冐觸ᄒᆞ야卒死ᄒᆞᆷ도잇고。蠶은健强ᄒᆞᆯ지라도桑葉이霜災에凋落ᄒᆞ야蠶을餓死케ᄒᆞᆷ도잇ᄂᆞᆫ지라。蠶이처음孵化ᄒᆞᆫᄯᅢ로부터繭을짓기ᄭᆞ지ᄂᆞᆫ農家의奔忙ᄒᆞᆷ과憂慮ᄒᆞᆷ이非常ᄒᆞ야間或深夜에도安眠치못ᄒᆞᄂᆞ니라。

第十八課　咸鏡道

咸鏡道ᄂᆞᆫ南北의長이一千五百里에延亙ᄒᆞ엿스니八道中에面積이最廣ᄒᆞ도다。西北으로滿洲境에ᄂᆞᆫ長白山脈의高峰峻嶺이鬱蒼ᄒᆞ고豆滿江의下流ᄂᆞᆫ滿洲及露領과接境ᄒᆞ얏ᄂᆞᆫ지라。山脈이全道에蔓延ᄒᆞ야平野가稀少ᄒᆞ고地味가瘠薄ᄒᆞᆫ故로面積보다人口가稠密치못ᄒᆞ나그러나陸地에ᄂᆞᆫ麻、紬、牛等의産出이甚殷ᄒᆞ고海上에ᄂᆞᆫ鯨、明太魚等의漁利가豐富ᄒᆞ도다。麻布ᄂᆞᆫ品質이良好ᄒᆞᆫ故로

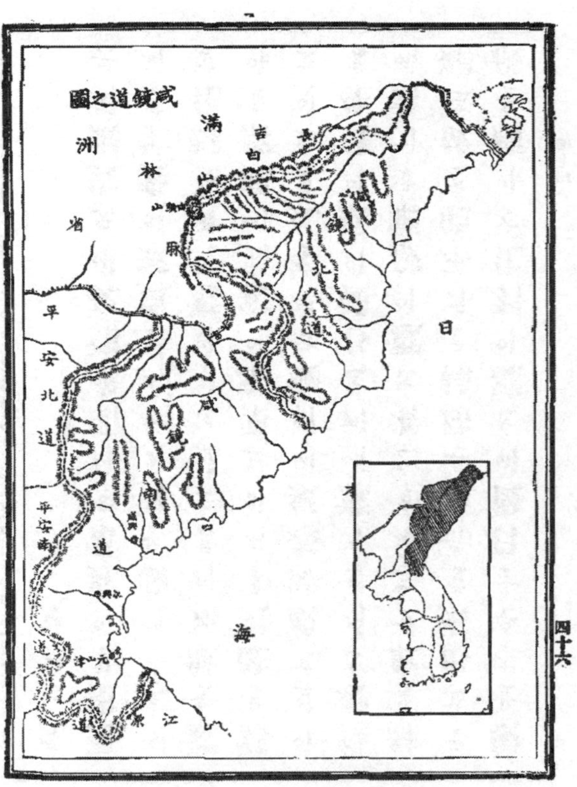

自昔으로每年에進上ᄒᆞᄂᆞᆫ前例가잇셧ᄂᆞ니라。

且金、銀、銅等鑛物의產額이平安道의次가되엿스니金은永興郡에最多ᄒᆞ고銀은端川郡에셔多出ᄒᆞ고甲山郡銅山은其產出이國內에第一이니라。元山은東海岸의第一良港이라。人口一萬以上이居ᄒᆞ고。釜山에셔海路로三百六里오海蔘威가三百三十里인즉兩港의中間에介在ᄒᆞ야交通과貿易의便利홈이잇도다。灣口에ᄂᆞᆫ羣島가羅列ᄒᆞ야風景이絕

勝ᄒᆞ니라。

咸興은有名ᄒᆞᆫ都會나그러나海門이稍遠ᄒᆞᆫ故로元山과ᄀᆞᆺ치繁盛치못ᄒᆞ니라。

本朝　太祖高皇帝의誕降ᄒᆞ옵신永興은元山과咸興의中間에잇ᄂᆞᆫᄃᆡ近傍에麻、紬가多産ᄒᆞᄂᆞ니라。

本道의西北에鴨綠江上流의一帶地方은有名ᄒᆞᆫ鴨綠江森林의中央이라。數百里間에鬱密ᄒᆞᆫ樹木이相連ᄒᆞ얏도다。

惠山鎭을本據로定ᄒᆞ고數多ᄒᆞᆫ樵夫가伐採

에從事ᄒᆞᄂᆞᆫᄃᆡ。그伐採ᄒᆞᆫ材木은筏을編造ᄒᆞ야鴨綠江으로流下ᄒᆞ야安東縣에都聚ᄒᆞᄂᆞ니라。

第十九課　時計

時計가뎅々친다
어서어서니러나세　밤이발서시엿네
衣服을갈어닙게　아츰밥이되엿네」

時計가뎅々친다
洗手ᄒᆞ고밥먹은후　運滯말고學校에
冊싸서엽헤끼게　남보다몬져가세」

時計가뎅〃친다
工夫ᄒᆞ세工夫ᄒᆞ세 晝夜로부즈런케
닑고쓰고외일제 다른ᄆᆞ음두지말게」
時計가뎅〃친다
活潑ᄒᆞ게놀며가세 下學時間되엿네
집으로얼는가셔 快樂케노라보세」

第二十課 麻

「麻中之蓬은不扶而自直이라」ᄒᆞ얏ᄂᆞ니麻莖의正直홈은可知ᄒᆞᆯ지로다。麻莖은中虛ᄒᆞ고細長ᄒᆞ야甚히脆弱ᄒᆞ나그러나包莖ᄒᆞᆫ外皮

ᄂᆞᆫᄀᆞ장靭强ᄒᆞ야能히麻莖을保護ᄒᆞᄂᆞᆫ故로如干風雨에ᄂᆞᆫ挫折치아니ᄒᆞᄂᆞ니라。

麻皮ᄂᆞᆫ外皮와內皮가잇ᄂᆞ니。外皮ᄅᆞᆯ버리고內皮ᄅᆞᆯ取ᄒᆞ야各般所用에供ᄒᆞᄂᆞᆫ도다。

麻莖을刈取홈은其花蕾의欲發未發ᄒᆞᆫᄯᅦ가最良ᄒᆞ도다。若或其時期보다早刈ᄒᆞᆫ則

麻絲가弱ᄒᆞ야쓰지못ᄒᆞ게되며且花蕾가綻開ᄒᆞᆫ後에刈取ᄒᆞ면太硬ᄒᆞ야品質이良好치못ᄒᆞᄂᆞ니라。

刈取ᄒᆞᆫ麻莖은枝葉을剪去ᄒᆞ고蒸出ᄒᆞ야浸水ᄒᆞ얏다가麻皮를剝取ᄒᆞᆫ後刀子로外皮를括去ᄒᆞ고太陽에曬乾ᄒᆞᆫ者를麻라稱ᄒᆞᄂᆞ니라。

我等의衣服에쓰ᄂᆞᆫ麻布ᄂᆞᆫ麻絲로써織組ᄒᆞᆫ바이라。麻布ᄂᆞᆫ甚히輕凉ᄒᆞᆫ故로夏節衣服에適當ᄒᆞ도다。淨潔ᄒᆞᆫ麻衣ᄂᆞᆫ보기만ᄒᆞ여도淸凉ᄒᆞᆷ을自覺ᄒᆞᄂᆞ니라。

麻種은壓搾取油ᄒᆞ고其油糟ᄂᆞᆫ肥料에쓰며剝皮ᄒᆞᆫ白莖은火藥의原料로쓰ᄂᆞ니麻의全體가다必要ᄒᆞᆫ物質이니라。

第二十一課　廢物利用

糞尿ᄂᆞᆫᄀᆞ장汚穢ᄒᆞᆫ物件이나그러나이것을肥料로쓰면穀類、菜蔬、果實等을培養ᄒᆞ며。牛馬의骨節은卑賤히녁이ᄂᆞᆫ바이로ᄃᆡ이것을利用ᄒᆞ면櫛笄가되야貴婦人의首飾物이되며。

五十四

襤褸ᄂᆞᆫ一見에所用이업ᄂᆞᆫ듯ᄒᆞ나書籍과新聞紙에쓰ᄂᆞᆫ洋紙ᄂᆞᆫ襤褸로써製造ᄒᆞᆫ者이만ᄒᆞ며。

床下의塵芥ᄂᆞᆫ濕氣가잇고惡臭가發ᄒᆞ야不潔ᄒᆞᆫ것이로되可驚ᄒᆞᆯ爆發力이잇ᄂᆞᆫ火藥의原料ᄂᆞᆫ이塵芥에셔나ᄂᆞᆫ도다。空中에彩花를飛揚케ᄒᆞᄂᆞᆫ烟火ᄂᆞᆫ火藥의힘인ᄃᆡ火藥은如此히不潔ᄒᆞᆫ床下의塵芥가그原料됨을알지니라。

一見에所用이업ᄂᆞᆫ듯ᄒᆞᆫ諸物을研究ᄒᆞ야有用ᄒᆞᆫ物로모ᄃᆞᄂᆞᆫ것을廢物利用이라ᄒᆞᄂᆞ니。

大凡天地間에無用ᄒᆞᆫ物은업도다。廢物로알고抛棄ᄒᆞᆷ은다만人智에不及ᄒᆞᆷ이라。古昔에ᄂᆞᆫ廢物로棄擲ᄒᆞ얏던者도人智의開發을ᄯᆞ라緊用ᄒᆞᆷ을發明ᄒᆞᆫ者ㅣ甚多ᄒᆞ니라。

五十五

第二十二課　支那의關係

高句麗의國境은支那와相接ᄒᆞᆫ故로支那의侵略을밧음이非止一再러라。

故國原王의ᄯᅢ에支那東北部에燕이라ᄒᆞᄂᆞᆫ나라가니러ᄂᆞᆫ지라。燕王이高句麗를來攻ᄒᆞᆯ

서高句麗王이大敗ᄒᆞ야單騎로出走ᄒᆞ거ᄂᆞᆯ燕王이高句麗의都城을毁破ᄒᆞ고財寶ᄅᆞᆯ略奪ᄒᆞ며男女ᄅᆞᆯ生擒ᄒᆞ야도라가니故國原王이燕에使者ᄅᆞᆯ보내여和親을乞ᄒᆞ되燕이樂浪公을封ᄒᆞ얏스니이ᄂᆞᆫ이距今一千五百四十年前이니라。

百濟도亦是一帶水ᄅᆞᆯ隔ᄒᆞ야支那와相對ᄒᆞᆫ故로彼此의交通이頻繁ᄒᆞ야그關係가密邇ᄒᆞ얏도다。高句麗가燕과結和ᄒᆞᆫ지六十年後에百濟王直支도支那와相戰ᄒᆞ야見敗ᄒᆞ고。

新羅ᄂᆞᆫ半島의東南隅에잇서서支那와相距가最遠ᄒᆞᆫ故로高句麗百濟에比ᄒᆞ면支那와關係가疎遠ᄒᆞ얏스나百濟王이見敗ᄒᆞᆫ지四十年을지니여眞興王에이르러ᄂᆞᆫ往ᄒᆞᆫ支那의援備ᄅᆞᆯ밧엇도다。

三國이다支那의侵害ᄅᆞᆯ넘어或은封冊을밧으며或은納貢을헌야ᄒᆞ얏슴으로屬國과又ᄒᆞᆫ關係가잇섯스나其後에盟約ᄒᆞᆷ이無幾ᄒᆞ고其實은獨立의態度ᄅᆞᆯ支持ᄒᆞᆫ故로支那와抗爭이屢起ᄒᆞ니라。

第二十三課　井蛙의所見

蛙가井中에서生長ᄒᆞ야井外에出視홈이업ᄂᆞᆫ지라。井底에서天을仰見ᄒᆞ고天의廣大無邊홈을不知ᄒᆞ며井底ᄂᆞᆫ世界의全部로自信ᄒᆞ고。井中에寄生ᄒᆞᄂᆞᆫ小蟲等을任意로捕食ᄒᆞ며世界에나ᄀᆞᆺ치強ᄒᆞᆫ者ᄂᆞᆫ更無ᄒᆞᆫ줄로思量ᄒᆞ더니。

一日은世界가崩潰ᄒᆞᄂᆞᆫ듯ᄒᆞᆫ大聲이忽起ᄒᆞ며井水가混濁ᄒᆞ야暫時間은何物도보이지아니ᄒᆞ더라。

少頃에風靜浪息ᄒᆞ거ᄂᆞᆯ左右ᄅᆞᆯ顧瞻ᄒᆞᆫ즉一恠物이蛙傍에蹲坐ᄒᆞ얏ᄂᆞᆫ디形體ᄂᆞᆫ石塊와ᄀᆞᆺᄒᆞ며兩眼이突出ᄒᆞ야蛙ᄅᆞᆯ睥睨ᄒᆞᄂᆞᆫ지라。蛙가처음에ᄂᆞᆫ驚惻ᄒᆞ야戰慄ᄒᆞ얏스나更思ᄒᆞ되此世界에나보담強ᄒᆞᆫ者ᄂᆞᆫ업다ᄒᆞ야恠物과決鬪ᄒᆞ랴ᄒᆞᆫ디。怪物이冷笑ᄒᆞ며隻手로蛙ᄅᆞᆯ壓伏ᄒᆞ고「唐突ᄒᆞᆫ놈이라」ᄒᆞ니。蛙ᄂᆞᆫ怪物의膂力이絶倫홈을驚歎ᄒᆞ야「너ᄂᆞᆫ如何ᄒᆞᆫ者이며何處로從來ᄒᆞ얏ᄂᆞ뇨」ᄒᆞ고詰問ᄒᆞᆫ즉恠物이應聲ᄒᆞ야ᄀᆞᆯᄋᆞ디「나ᄂᆞᆫ龜라ᄒᆞᄂᆞᆫ者이니

大海로從來ᄒᆞ얏노라」
蛙 大海ᄂᆞᆫ何處에잇ᄂᆞ뇨。
龜 井外에잇ᄂᆞ니라。
蛙 廣大ᄒᆞᆫ곳이뇨。
龜 至極히廣潤ᄒᆞ니라。
蛙 이井中과大小가엇더ᄒᆞ뇨。
龜ᄂᆞᆫ大笑ᄒᆞ고。
如此히狹窄ᄒᆞᆫ곳과比較ᄒᆯ수업ᄂᆞ니라
너와ᄀᆞᆺᄒᆞᆫ者ᄂᆞᆫ數朔間을泳行ᄒᆯ지라도
此岸에셔彼岸에到達치못ᄒᆞ게廣潤ᄒᆞ

니라。
蛙 此世界外에汝言과ᄀᆞᆺ치廣大ᄒᆞᆫ곳이
잇ᄂᆞᆫ줄은不知ᄒᆞ얏노라。
龜 大海外에ᄂᆞᆫ또廣遠ᄒᆞᆫ陸地라稱ᄒᆞᄂᆞᆫ
곳이잇스니너의居ᄒᆞᄂᆞᆫ井水ᄂᆞᆫ陸에
一小穴을鑿開ᄒᆞᆷ이니라。
蛙 然則大海와陸地에ᄂᆞᆫ너보담强大ᄒᆞᆫ
者가잇ᄂᆞ뇨。
龜ᄂᆞᆫ또大笑ᄒᆞ고
大海에던지陸地에던지我等보담數百

倍가長大ᄒᆞ야我等과ᄀᆞᆺ흔者ᄂᆞᆫ一呑에
不過ᄒᆞᄂᆞᆫ者ㅣ到處에잇ᄂᆞ니라。너ᄂᆞᆫ若
此히狹隘ᄒᆞᆫ곳에生長ᄒᆞ야蟲類의弱小
ᄒᆞᆫ者만보고나에서强大ᄒᆞᆫ者ᄂᆞᆫ업ᄂᆞᆫ줄
로自量ᄒᆞ얏슬지라。그러나井外의廣大
ᄒᆞᆫ世界에서ᄂᆞᆫ너ᄀᆞᆺ흔者가ᄀᆞ장弱小ᄒᆞᆫ
者에屬ᄒᆞ리라。

蛙ᄂᆞᆫ自己의所見이狹小ᄒᆞ며스ᄉᆞ로强ᄒᆞᆫ줄
로妄信ᄒᆞᆷ이過失임으로始覺ᄒᆞ얏더라。

이ᄂᆞᆫ他人의如何ᄒᆞᆷ을聞見치못ᄒᆞ고自己의

六十二

知覺과才能이出衆ᄒᆞᆷ으로妄信ᄒᆞᄂᆞᆫ者를警
戒ᄒᆞᆫ古談이라。故로如此ᄒᆞᆫ所見을가진者를
井底蛙ㅣ라稱ᄒᆞᄂᆞ니라。

六十三

普通學校 學徒用 國語讀本卷五終

隆熙二年 三月一日發行
隆熙三年 三月一日再版 定價金拾貳錢
隆熙三年十一月廿日參版

學部

大日本圖書株式會社印刷

學部編纂

普通學校
學徒用

國語讀本 卷六

大日本圖書株式會社印刷

普通學校學徒用 國語讀本 卷六

目次

普通學校學徒用

國語讀本卷六

第一課 明君의英斷

本朝 世宗大王은聖神文武ᄒᆞ신巍德이萬古의聖君이시라。嘗有疾ᄒᆞ시니侍臣等이憂慮ᄒᆞ야巫女로ᄒᆞ야곰成均館近處에셔祈禱케ᄒᆞ다。當時成均館儒生에抗直ᄒᆞᆫ士가만흔지라。巫女輩의祈禱ᄒᆞᆷ을보고欺君罔上ᄒᆞᄂᆞᆫ奸臣輩의所使ㅣ라ᄒᆞ야이에巫女를驅逐ᄒᆞ얏더니、

侍臣等이憤怒ᄒᆞ야此意를奏上ᄒᆞᆫᄃᆡ。 王이

二

力疾ᄒᆞ시고起御ᄒᆞ샤ᄀᆞᆯᄋᆞ샤ᄃᆡ「士氣가如此ᄒᆞ니朕病이卽愈ㅣ로다。巫女ᄂᆞᆫ閭閻下賤의徒로愚夫愚婦ᄅᆞᆯ欺弄ᄒᆞ야祈禱ᄅᆞᆯ行ᄒᆞ니風俗을頹敗케ᄒᆞᆷ이莫甚ᄒᆞᆫ지라。今也에儒生等이此等弊風을一掃ᄒᆞᆷ이니實로嘉尙ᄒᆞ다」ᄒᆞ신ᄃᆡ。侍臣等이 王의英明ᄒᆞ심을敬服ᄒᆞ야恐懼히退ᄒᆞ니라。

成宗大王도 世宗大王과幷稱ᄒᆞᄂᆞᆫ聖君이시라。王이疾甚ᄒᆞ시니。大妃가巫女로ᄒᆞ야곰成均館碧松亭에祈禱케ᄒᆞ시다。館生이또ᄒᆞᆫ杖棒으로써巫女ᄅᆞᆯ驅逐ᄒᆞ니。 大妃ㅣ大怒ᄒᆞ사이事由ᄅᆞᆯ 王ᄭᅴ告ᄒᆞ신ᄃᆡ 王이卽時에館長을 命召ᄒᆞ샤御酒ᄅᆞᆯ下賜ᄒᆞ시고ᄀᆞᆯᄋᆞ샤ᄃᆡ「成均館의儒生이巫女ᄅᆞᆯ逐出ᄒᆞ야·그祈禱ᄅᆞᆯ禁止ᄒᆞ얏슨즉이ᄂᆞᆫ諸生의學識이卓越ᄒᆞᆫ바이오爾의指導가得當ᄒᆞᆷ이니朕이ᄆᆞ장嘉悅ᄒᆞ노라」ᄒᆞ시니라。

第二課 三國과日本

三國時代에이르러ᄂᆞᆫ日本과交通이더옥頻繁ᄒᆞ야彼此間에서로歸化ᄒᆞᄂᆞᆫ者ㅣ漸次增

三

四

加ᄒᆞᆫ지라。其中에高位高官으로任用된者도不少ᄒᆞ니라。

日本史記에云ᄒᆞ되昔者弁韓의地에伽倻라稱ᄒᆞᄂᆞᆫ小國이잇ᄂᆞᆫ지라。三國이並起ᄒᆞᆫ後未幾에伽倻王이使者를日本에보내여鎭將되기를請ᄒᆞ거ᄂᆞᆯ。日本이其所請을依ᄒᆞ야鎭將의卿을보내고伽倻에因居케ᄒᆞ며또國名을任那라改稱ᄒᆞ얏다云ᄒᆞ니라。

其後에任那ᄂᆞᆫ屢次新羅의侵略을當ᄒᆞ야救援을日本에請ᄒᆞᆫᄃᆡ。日本의神功皇后가大軍

五

을率來ᄒᆞ야新羅와相戰ᄒᆞ다。新羅王이可히抵當치못ᄒᆞᆯ줄을알고和約을締結ᄒᆞ얏ᄂᆞᆫ지라。適其時에百濟도亦是日本과通好結約ᄒᆞ다。

自是로我國과日本의關係ᄂᆞᆫ愈往愈深ᄒᆞ얏도다。當時에我國은文學工藝等이早已發達ᄒᆞ고日本은오히려幼穉ᄒᆞᆷ으로써我國의學者와匠工等이多數히日本에渡航ᄒᆞ야彼國의文化를啓發ᄒᆞ니라。百濟의使者가日本에이른ᄃᆡ。日本皇帝가그使者의博學多聞ᄒᆞᆷ을

보고무리ᄅᆞᆯᄋᆞᄃᆡ卿의나라에卿보다優勝ᄒᆞᆫ學者ㅣ잇ᄂᆞ뇨。使者ㅣ對答ᄒᆞ되王仁이라ᄒᆞᄂᆞᆫ博士ㅣ잇ᄉᆞ니我國의第一되ᄂᆞᆫ學者ㅣ니라。於是에日本이使節을派遣ᄒᆞ야王仁을禮聘ᄒᆞ니。王仁이日本에이르러論語와밋千字文을傳ᄒᆞ니。於是乎日本에漢學이始傳ᄒᆞ다。이ᄂᆞᆫ距今一千六百九十年의일이라。王仁은ᄆᆞᆺᄎᆞᆷ내日本에歸化ᄒᆞ야太子師가되고其子孫은世世로史官이되니라。

新羅ᄂᆞᆫ日本과和約을締結ᄒᆞ얏스나背約ᄒᆞ

六

ᄂᆞᆫ일이만코또任那ᄅᆞᆯ자로侵略ᄒᆞᆷ으로써日本과交兵ᄒᆞᆷ이그치지아니ᄒᆞ다。百濟ᄂᆞᆫ新羅와서로仇視ᄒᆞᆷ으로써恆常日本을援助ᄒᆞ니라。百濟ᄂᆞᆫ滅亡ᄒᆞᆯ셰ᄭᆞ지日本의友邦이되야有事의時에ᄂᆞᆫ日本이반ᄃᆞ시援兵을發ᄒᆞ야保護ᄒᆞ얏스며。百濟의碩學과名工等이만히日本에前往ᄒᆞ야學問과技術을教授ᄒᆞ얏ᄂᆞ니라。

第三課 軍艦

戰爭에쓰ᄂᆞᆫ船隻을軍艦이라稱ᄒᆞᄂᆞ니。古代

七

의軍艦은木製에지나지못ᄒᆞ얏스나今世의軍艦은鋼鐵로製造ᄒᆞᄂᆞ니라。

軍艦에ᄂᆞᆫ大砲를多數히備置ᄒᆞ얏ᄂᆞ니。大砲의最大ᄒᆞᆫ者ᄂᆞᆫ長이五十尺이나되ᄂᆞᆫ도다。

如斯ᄒᆞᆫ大砲의發射ᄒᆞᄂᆞᆫ彈丸은周圍가三尺이오重量은百斤이넘ᄂᆞ니라。然이나軍艦의周圍ᄂᆞᆫ厚가一尺으로부터一尺四五寸되ᄂᆞᆫ鋼鐵로製造ᄒᆞ얏슨즉如斯ᄒᆞᆫ彈丸으로써攻擊ᄒᆞᆯ지라도容易히貫通치안ᄂᆞᆫ지라「軍艦은海上의城」이라ᄒᆞᄂᆞᆫ말이잇스나今世의軍艦은昔時의城壘보다堅固ᄒᆞ도다。

昔時의城壘ᄂᆞᆫ今世의軍艦의大砲로써射擊ᄒᆞ면猝地에破壞될지오昔時의城壘에셔放射ᄒᆞᄂᆞᆫ小銃의彈丸은今世의軍艦에雨下ᄒᆞᆯ

지라도足히顧慮홀바ㅣ아니니라。

그ᄲᅮᆫ아니라城壘ᄂᆞᆫ他處로運移홀수업스나軍艦은自由로廻轉ᄒᆞ야所用을任意로ᄒᆞᄂᆞᆫ도다。

巨大ᄒᆞᆫ軍艦이港口에碇泊홈을望見ᄒᆞ면山岳이나島嶼가兀立홈과恰似ᄒᆞ도다。雖然이나汽笛一聲에黑烟을吐出ᄒᆞ며疾走홀ᄯᅢᄂᆞᆫ鷹鷲의飛去홈과ᄀᆞᆺ치風潮를不畏ᄒᆞᄂᆞᆫ도다。然則昔時의軍艦은비록千百隻이잇슬지라도能히今世의軍艦一隻을抗敵치못홀지라。

十

그러나今世의軍艦一隻의價額은昔時의軍艦千百隻보다倍蓰ᄒᆞᄂᆞ니라。

第四課 燈火

白晝에ᄂᆞᆫ太陽의光線을밧아萬物이透明ᄒᆞ나昏夜에ᄂᆞᆫ太陽이업ᄂᆞᆫ故로咫尺을難辨이로다。

月輪이圓滿ᄒᆞ면夜色이皎々如晝ᄒᆞ나瑣小ᄒᆞᆫ것은見解키어려온지라。故로吾人은太陽의代身으로燈火를點用ᄒᆞᄂᆞ니라。

古代에ᄂᆞᆫ松木을燃燒ᄒᆞ야燈火를삼앗고其

十一

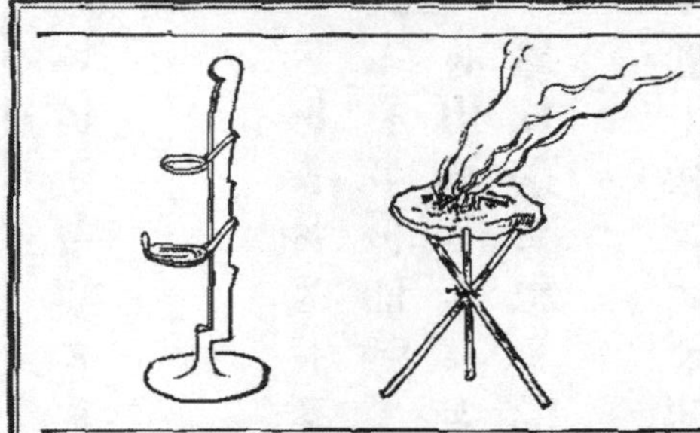

後에麻,棉,菜等의種子로써搾油홈을發明ᄒᆞ얏스니이를種油라稱ᄒᆞ니라。種油로써點燈홈이燃松홈보다便利ᄒᆞ고兼ᄒᆞ야安全ᄒᆞᆫ故로松火로燈燭을삼ᄂᆞᆫ者ㅣ漸稀ᄒᆞ얏도다。且爐實에셔蠟을取ᄒᆞ야蠟燭을製造홈도種油와同時에發見되얏ᄂᆞᆫ지라。室內의燈火ᄂᆞᆫ種油가便利ᄒᆞ나種油의

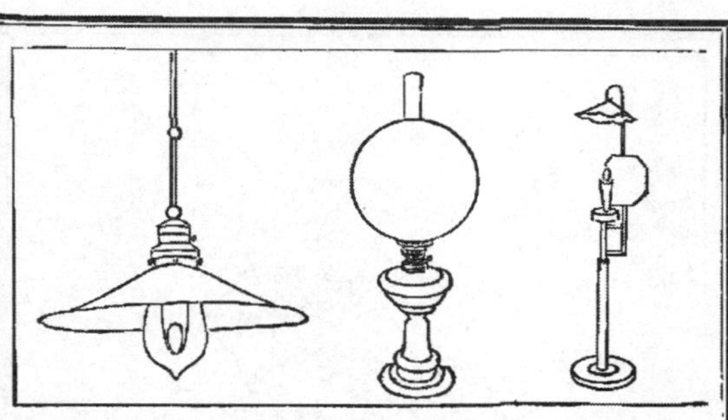

燈火ᄂᆞᆫ携帶홈에甚히不便ᄒᆞ도다。

暗夜에戶外에出入홀셰ᄂᆞᆫ蠟燭이最良ᄒᆞ고室內에셔도燈火를들고무엇을搜索홀셰ᄂᆞᆫ蠟燭이輕便ᄒᆞ니라。

人智가漸々發達홈이또石油의發明이잇셧ᄂᆞᆫ지라。洋燈은即石油의燈火ㅣ라石油ᄂᆞᆫ泉水와ᄀᆞᆺ치地中에셔

湧出ᄒᆞᄂᆞᆫ것이니價額이甚廉ᄒᆞᆯᄲᅮᆫ아니라明光이倍勝ᄒᆞᆫ즉今日에ᄂᆞᆫ種油ᄅᆞᆯ쓰ᄂᆞᆫ者ㅣ甚少ᄒᆞ니라。

近年에이르러洋燈보다倍明ᄒᆞᆫ電氣燈이發明되얏스되電氣燈을點用ᄒᆞ랴ᄒᆞ면費用이太過ᄒᆞᆫ故로大都會에만잇고鄕曲에ᄂᆞᆫ불수업도다。都會에셔라도貧賤ᄒᆞᆫ사ᄅᆞᆷ의집에ᄂᆞᆫ點用치못ᄒᆞᄂᆞ니라。

十四

第五課 江原道

江原道ᄂᆞᆫ山勢가甚히險峻ᄒᆞ고海岸은거의

十五

一直線이되야港灣과島嶼가稀少홈으로船舶을碇泊홀곳이殆無ᄒᆞ도다。是故로海陸에交通이甚히不便ᄒᆞ야他道에比ᄒᆞ면文化의發達이遲鈍ᄒᆞ도다。全道에平野가업스며土地가磽确ᄒᆞ야農産物이豊富치못ᄒᆞ고다만人蔘과綿紬의産出이不少ᄒᆞ니라。南北九百里에延亘ᄒᆞᆫ海岸에漁利가甚殷ᄒᆞᆫ中特別히鰮魚의漁利ᄂᆞᆫ全國中에本道와ᄀᆞᆺᄒᆞᆫ者ㅣ업도다。

春川은漢江上流에臨ᄒᆞᆫ本道觀察道廳의所

在地로ᄃᆡ戶數가三百에不過ᄒᆞᄂᆞᆫ一小邑이오。鐵原은咸鏡道永興과서로伯仲ᄒᆞᄂᆞᆫ綿紬의所産地오또鐵이産出홈으로因ᄒᆞ야郡名을지엇다ᄒᆞ며。戶數ᄂᆞᆫ春川보다三倍를超過ᄒᆞ니實로本道의第一都會니라。

第六課　無益ᄒᆞᆫ勞心

二人의旅客이잇ᄂᆞᆫᄃᆡ同船ᄒᆞ야遠方에旅行홀ᄉᆡ。一人은甚히性燥ᄒᆞ고또惻이만ᄒᆞᆫ故로憤怒홈과恐懼홈과憂慮홈이太過ᄒᆞ야부절업시勞心ᄒᆞᄂᆞᆫ사ᄅᆞᆷ이라。船體가動搖ᄒᆞ면舟

子의行船術이拙ᄒᆞ다ᄒᆞ야怒叱ᄒᆞ고風浪이
少起ᄒᆞ면覆船될가恐惕ᄒᆞ며日氣가淸明치
못ᄒᆞ면비가暗礁에抵觸ᄒᆞᆯ가憂愁ᄒᆞ야。自朝
達夕에安心ᄒᆞᆯ暇隙이업고又좀너飮食을全
廢ᄒᆞ니數日사이에形容이甚히瘦瘠ᄒᆞ더라。
一人은度量이寬弘ᄒᆞ고膽略이잇는故로容
易히憤怒ᄒᆞ지아니ᄒᆞ며恐懼ᄒᆞ지아니ᄒᆞ며
憂慮ᄒᆞ지아니ᄒᆞ고。天君이泰然ᄒᆞ야勞心焦
思ᄒᆞᆷ이적더라。是以로船體가動搖ᄒᆞ던지風
浪이翻覆ᄒᆞ던지日氣가陰沉ᄒᆞ던지少不動

念ᄒᆞ고。每日에寢食이如常ᄒᆞ야顔色이더옥
華麗ᄒᆞ더라。
二週日後에該船이無事히目的地에到着ᄒᆞ
야乘客이다下陸ᄒᆞᆫ지라。其間에晝宵로勞心
ᄒᆞ던者ㅣ무엇이有益ᄒᆞ뇨。무ᄉᆞᆷ일이던지人
力으로能致치못ᄒᆞᆯ바는오ᄌᆞᆨ天運에任置ᄒᆞ
고安心ᄒᆞᆷ이君子의行ᄒᆞᆯ바이로다。無用ᄒᆞᆫ일
에心神을虛費ᄒᆞ야自苦를取ᄒᆞᆷ은庸愚의至
極ᄒᆞᆷ이니라。

第七課　蝶

나뷔야더나뷔야 이리와셔노자노자
꼿타여긔花階우에 우숨웃듯꼿퓌엿다
香너도서롬거면 살맛좃ᄎᆞ달곰ᄒᆞᆯ사」
나뷔야더나뷔야 꼿속에셔잠만자나
더꼿속에ᄒᆞᆫ잠자고 이꼿속에ᄯᅩ잠자나
잠ᄭᆡ여라봄늣는다 무숨ᄭᅮᆷ을ᄭᅮ엇는가」
나뷔야더나뷔야 닙밋흐로ᄊᆞᆨ숨어라
너의一身날닐셔라 너의날기져즐셔라
모진바람빗겨불며 急ᄒᆞᆫ비가모라온다」

二十

第八課 牛

牛는體形이長大ᄒᆞ고四肢가短ᄒᆞ고脅力이強ᄒᆞ도다。頭上에는雙角이幷立ᄒᆞ고眼孔이烱火ᄒᆞ야猛惡ᄒᆞᆫ形狀이잇스나사ᄅᆞᆷ에게길드러至極히順ᄒᆞ니라。

牛蹄는馬蹄와不同ᄒᆞ야二片으로岐分ᄒᆞ얏도다。

前齒는下顎에만잇고上

二十一

顎에ᄂᆞᆫ全無ᄒᆞᆫ故로咬嚙ᄒᆞ기不能ᄒᆞ나그러나牙齒ᄂᆞᆫ甚히크고凹凸이相合ᄒᆞ야食物을磨碎ᄒᆞ기에便利ᄒᆞ니라。

牛의胃ᄂᆞᆫ四房으로分ᄒᆞ얏ᄂᆞᆫ지라。最初에ᄂᆞᆫ食物을十分咀嚼지아니ᄒᆞ고第一房으로呑下ᄒᆞ야第二房에達ᄒᆞᆫ즉다시口中으로吐出ᄒᆞ야徐々히磨嚙ᄒᆞᆷ을反芻라ᄒᆞᄂᆞ니。牛가步行ᄒᆞᆯ셰나休息ᄒᆞᆯ셰나恆常兩顎을交動ᄒᆞᆷ은反芻ᄅᆞᆯᄒᆞᆷ이니라。其次에第三房第四房으로移下ᄒᆞ야漸次消化ᄒᆞᄂᆞᆫ도다。牛ᄂᆞᆫ田畓을耕

墾ᄒᆞ며物件을輸運ᄒᆞᆷ에必要ᄒᆞᆯᄲᅮᆫ아니라牛肉、牛乳ᄂᆞᆫ人生의最良ᄒᆞᆫ滋養品이니라。牛骨과牛角은團鈕와櫛笄等屬을製造ᄒᆞ고牛皮ᄂᆞᆫ신과가방과其他各種器具ᄅᆞᆯ製造ᄒᆞᄂᆞᆫ더쓰며牛毛ᄂᆞᆫ褥속을넛ᄂᆞ니。牛ᄂᆞᆫ全體中에엇더ᄒᆞᆫ部分이던지廢棄ᄒᆞᆯ바이업고다要用이되ᄂᆞ니라。

我國의牛ᄂᆞᆫ其種類가甚佳ᄒᆞ도다。特別히咸鏡、平安兩道에셔産出ᄒᆞᄂᆞᆫ者ᄂᆞᆫ肥大ᄒᆞ야一匹의價額이百圓以上에達ᄒᆞᄂᆞᆫ者ㅣ不少ᄒᆞ

니라。生牛及牛皮ᄂᆞᆫ我國輸出品中에屈指ᄒᆞᄂᆞᆫ것인ᄃᆡ每年日本과밋海蔘威로輸出ᄒᆞᆷ이數十萬圓에達ᄒᆞᄂᆞ니라。

第九課 孔子와孟子

東洋의大聖人孔子의名은丘오字ᄂᆞᆫ仲尼라。昔時에支那ᄂᆞᆫ數多ᄒᆞᆫ小國으로分裂ᄒᆞᆷ이잇셧ᄂᆞᆫ지라。孔子ᄂᆞᆫ距今二千四百六十年前에魯國昌平이라ᄒᆞᄂᆞᆫᄯᅡ에誕生ᄒᆞ시다。魯ᄂᆞᆫ韓國黃海道와相對ᄒᆞᆫ山東省의一部分에位置ᄒᆞ얏던國名이니라。孔子ᄂᆞᆫ幼時로부터聰明

ᄒᆞ사學問을됴화ᄒᆞ시고三十歲에ᄂᆞᆫ學問과道德이一世에卓越ᄒᆞ신지라。그高名을듯고四方에서와弟子된者ㅣ三千人에達ᄒᆞ니라。

孔子ᄂᆞᆫ修身齊家治國平天下의道ᄅᆞᆯ다仁의一字로本領을삼으셧ᄂᆞ니라。

壯年에天下에周遊ᄒᆞ사諸侯ᄅᆞᆯ敎導코져ᄒᆞ셧스나그道ᄅᆞᆯ行ᄒᆞᄂᆞᆫ者ㅣ업슴으로ᄆᆞᆺᄎᆞᆷᄂᆡ魯國에還歸ᄒᆞ사專혀弟子ᄅᆞᆯ敎育ᄒᆞ시며仁義道德을論述ᄒᆞ샤天下萬世에垂敎ᄒᆞ시다。

孔子ᄂᆞᆫ七十三歲에沒ᄒᆞ시다。沒ᄒᆞ신後에門

弟子가그立言ᄒᆞ신바ᄅᆞᆯ編纂ᄒᆞ야一書ᄅᆞᆯ만들엇스니我等의誦讀ᄒᆞᄂᆞᆫ바論語가곳이것이라。

孔子가沒ᄒᆞ신지百年後에大賢孟子가나시다。

孟子의名은軻오字ᄂᆞᆫ子輿라。孟子ᄂᆞᆫ魯國의南鄰되ᄂᆞᆫ鄒라ᄒᆞᄂᆞᆫ小國에誕生ᄒᆞ시다。幼時로부터賢母의教養을밧아學識이大進ᄒᆞ시니라。

孟子ᄂᆞᆫ孔子의道統을傳承ᄒᆞ사世教의衰頹

二十六

ᄒᆞᆷ을扶植ᄒᆞ시다。孟子도ᄯᅩᄒᆞᆫ孔子와ᄀᆞᆺ치諸國에周遊ᄒᆞ셧스나그道ᄅᆞᆯ行치못ᄒᆞ시고退歸ᄒᆞ야弟子로더브러難議問荅ᄒᆞ야一書ᄅᆞᆯ著作ᄒᆞ시니。後世에其書ᄅᆞᆯ孟子라稱ᄒᆞ야論語와ᄀᆞᆺ치永遠히東洋에道德의模範이되다。

孔子孟子의教ᄅᆞᆯ儒教라ᄒᆞᄂᆞ니라。

第十課　儒教와佛教

儒教ᄂᆞᆫ上古로부터我國에傳來ᄒᆞ얏스나國中에廣布됨은三國時代이니라。

距今一千五百餘年前에高句麗小獸林王은

二十七

平壤에大學을建設ᄒᆞ고儒教를크게奬勵ᄒᆞ다。

其時에百濟에ᄂᆞᆫ임의博士가잇셧ᄂᆞᆫ지라。王仁이日本에渡去ᄒᆞ야儒教를傳布ᄒᆞ얏슨즉百濟의文化가早開홈은可히推知ᄒᆞᆯ지로다。新羅ᄂᆞᆫ高句麗、百濟에比ᄒᆞ면儒教의傳布됨이最遲ᄒᆞ야平壤에大學을設置ᄒᆞᆫ지三百五十年後에야新羅의國學이始起ᄒᆞ니라。國學은卽大學이라其後에孔子及諸弟子의畵像을國學에位ᄒᆞ고祭奠을行ᄒᆞ며國王도屢次幸行ᄒᆞ야講義問難ᄒᆞ고聰俊子弟를選拔ᄒᆞ야支那에留學케ᄒᆞ얏스니儒教의盛홈이三國에第一이되니라。

佛教ᄂᆞᆫ高句麗에始傳ᄒᆞᆫ지라。高句麗가平壤에大學을建設ᄒᆞ던同年에支那僧順道라ᄒᆞᄂᆞᆫ者ㅣ佛教의經典을來呈ᄒᆞ니小獸林王이大喜ᄒᆞ야子弟로ᄒᆞ여곰受學케ᄒᆞ다。其後에諸王中에佛教를熱心으로奬勵ᄒᆞᆫ者ㅣ잇고名僧이輩出ᄒᆞ야佛教가漸盛ᄒᆞ니라。

其時에摩羅難陁라ᄒᆞᄂᆞᆫ道僧이百濟에來到

ᄒᆞ니枕流王이厚禮로써待遇ᄒᆞ야廣州에寺刹을建築ᄒᆞ고因居케ᄒᆞ다。百濟의諸王은佛教ᄅᆞᆯ信仰ᄒᆞᄂᆞᆫ者ㅣ居多ᄒᆞᆷ으로佛教의盛ᄒᆞᆷ이三國의第一이오儒教ᄂᆞᆫ못ᄎᆞᆷ내振興치못ᄒᆞ니라。佛教ᄅᆞᆯ日本에傳ᄒᆞᆷ도ᄯᅩᄒᆞᆫ百濟라。百濟의聖王은佛像과밋經典을日本으로賚送ᄒᆞᆯ새그功德을讚揚ᄒᆞ야ᄀᆞᆯᄋᆞ되「斯教ᄂᆞᆫ諸教中에ᄀᆞ장善美ᄒᆞᆫ者인ᄃᆡ孔子도能히아지못ᄒᆞᆫ바이잇다」ᄒᆞ얏더라。高句麗에佛教가傳ᄒᆞᆫ지二百年後新羅眞興王ᄯᅢ에高僧惠亮이高

句麗로부터入來ᄒᆞ야特殊ᄒᆞᆫ寵遇ᄅᆞᆯ밧으니라。

眞興王은ᄉᆞᄉᆞ로削髮ᄒᆞ고僧衣ᄅᆞᆯ닙고法雲이라號ᄒᆞ다。王妃도ᄯᅩᄒᆞᆫ尼가되야寺院에住居ᄒᆞ니라。是故로佛教가全國에廣布ᄒᆞ야信仰치아니ᄒᆞᄂᆞᆫ者ㅣ업더라。

第十一課 俚語

붓도막의소곰도집어녀어야짜다。

三歲之習이至于八十이라。

急ᄒᆞ면바ᄂᆞᆯ허리ᄆᆡ여쓰나。

塵合泰山이라。

百聞이不如一見이라。

無虎洞中에狸作虎라。

人長之德이오木長之害라。

毒藥이苦口ㅣ나利於病이라。

小貪大失이라。

人誰無過ㅣ리오改之爲貴라。

第十二課 黃海道

黃海道는京義鐵道의中部ᄅᆞᆯ橫貫ᄒᆞ고鐵道線路以西는半島의形狀을이루어海中에突

出ᄒᆞ니라。

海州ᄂᆞᆫ觀察道廳의所在地나그러나商業의盛홈이도로혀長淵이나黃州에밋지못ᄒᆞᄂᆞ니라。

長淵은四圍의土地가饒沃ᄒᆞ야米穀과大豆의產出이甚多ᄒᆞ고。黃州ᄂᆞᆫ兼二浦로通ᄒᆞᆫ鐵道支線의分岐點이라棉花、大豆、生牛의產出이殷富ᄒᆞ며平壤、開城等地의商賈가多數히往來ᄒᆞ야商業이盛ᄒᆞ니라。

載寧을中心으로삼은一面의平野ᄂᆞᆫ載寧江

의灌漑로因ᄒᆞ야米穀의產出이만코。그平野에서產出ᄒᆞᄂᆞᆫ바白米ᄂᆞᆫ米粒이長大ᄒᆞ고品質이特殊홈으로써昔時부터宮中의內膳으로進上ᄒᆞ얏ᄂᆞ니라。

第十三課　鐵의談話

白日이遲々ᄒᆞ야柱上에걸닌時計ᄂᆞᆫ午正을報ᄒᆞ고家中이寂寞ᄒᆞᆫ데어데셔소리잇셔갈ᄋᆞ데「오날은多幸히家中이閑寂ᄒᆞ니彼此來歷을穩話홈이可ᄒᆞ도다」ᄒᆞ니。「그것참됴ᄒᆞᆫ말이라」ᄒᆞᄂᆞᆫ對答소리四面에셔나더니少頃에

「ᄂᆡ가몬져말ᄒᆞ리라」ᄒᆞ고出班ᄒᆞᄂᆞᆫ者ᄅᆞᆯ본즉鼎이라。골ᄋᆞ되。

나ᄂᆞᆫ本來土中에雜在ᄒᆞ야數千年前브터엇더ᄒᆞᆫ鑛山에잇더니十餘年前에사ᄅᆞᆷ의掘出ᄒᆞᆷ을밧아製鐵所로가서土와相離ᄒᆞ고生鐵이되얏더니猛火에溶解ᄒᆞ야模型으로鑄造ᄒᆞ야ᄆᆞᆺᄎᆞᆷ내此身이되얏노라。我等의同類中에各種器具가된者ㅣ許多ᄒᆞ나至今은消息을莫通이로라。

柱上에잇ᄂᆞᆫ釘이골ᄋᆞ되。

我等은本是엇더ᄒᆞᆫ川邊砂中에散居ᄒᆞ야砂鐵이라稱呼ᄒᆞᄂᆞᆫ黑粒의鐵이되얏더니사ᄅᆞᆷ의採拾ᄒᆞᆷ을밧아製鐵所로드려가서生鐵이되얏ᄂᆞᆫ지라。其後에冶工의手中으로드려가火燒와水浸의無限ᄒᆞᆫ鍛鍊을밧고此身이되얏ᄂᆞᆫ되。我等의同類ᄂᆞᆫ鍛鐵이라稱ᄒᆞ야火箸와鐵棒이된者도잇고鋤鍬等이된者도잇고또無數히打延ᄒᆞ야平面의鐵片이된者도잇노라。

第十四課 鐵의談話二

其時에床上에잇ᄂᆞᆫ小刀ㅣ ᄀᆞᆯᄋᆞᄃᆡ。
나도根本砂鐵이더니最初에生鐵이되얏다가打擊과鍛鍊과浸冷等의百般辛苦ᄅᆞᆯ備嘗ᄒᆞᆫ後에此身이되얏노라。我等은鋼鐵이라稱ᄒᆞ야諸鐵中에ᄀᆞ장堅剛ᄒᆞᆫ者인故로自昔으로刀、劍、鑿、鑢、鋸、鎌의類와陸海軍의武器와鐵道의레일等屬을製造ᄒᆞᄂᆞᆫ所用이되고。또我等은彈力이強ᄒᆞᆫ故로各種器械의彈機가되노라。

小刀가言未畢에柱上에걸닌時計가온ᄃᆡ셔

소ᄅᆡ잇셔ᄀᆞᆯᄋᆞᄃᆡ「果然果然」이라ᄒᆞᄂᆞᆫ者ᄂᆞᆫ時計의胎葉이라連聲ᄒᆞ야ᄀᆞᆯᄋᆞᄃᆡ。
我等도本是鋼鐵이라小刀君과ᄀᆞᆺ치艱難辛苦ᄅᆞᆯ격것도다。艱難을격금으로因ᄒᆞ야今日에ᄂᆞᆫ義務의一部分을다ᄒᆞ노라。그러나ᄀᆞᆺᄒᆞᆫ鐵中에도欽羨ᄒᆞᄂᆞᆫ바ᄂᆞᆫ諸君의身世라。諸君은時々로休息ᄒᆞᆯ餘暇가잇스되我等은瞬息間이라도休暇가업도다。

柱上의釘이撫慰ᄒᆞ야ᄀᆞᆯᄋᆞᄃᆡ「나ᄂᆞᆫ君의勞働ᄒᆞᆷ을欽羨히녁이노라。我等과ᄀᆞᆺ치活動치안

ᄂᆞᆫ者ᄂᆞᆫ漸次로酸化ᄒᆞ야命壽가減縮ᄒᆞᄂᆞ니恆常勤勞ᄒᆞᄂᆞᆫ君의身世가참부럽도다」ᄒᆞ니滿座가다그말을感歎ᄒᆞ더라。

第十五課 鐵歌

烈火에달궈너고 冷水에담거너여
집긔로ᄶᅢᆨ집어서 마치로두다리니
百番鍛鍊이너몸 强ᄒᆞ기그지업다
强ᄒᆞ면壽ᄒᆞᆯ손가 아니쓰면못ᄒᆞ리라
자조쓰면빗치나고 아니쓰면록이ᄂᆞᆫ다
빗나면서로옵고 록슬면ᄡᅥᆨᄂᆞ니라

말듯거라青年들아 逸居無教ᄒᆞᆯ작시면
黃糲白醭가득ᄒᆞ야 草木同腐슬플지라
學問을랑힘써닥고 寶劒을랑자조갈게

第十六課 京畿道

京畿道ᄂᆞᆫ全國의中央에位置ᄒᆞ야一面은海門을臨ᄒᆞ야仁川의良港이잇도다。鐵道ᄂᆞᆫ漢城을中心으로定ᄒᆞ고三路로通ᄒᆞ얏스며漢江과臨津江의二大流가平野를貫流ᄒᆞ니海陸의交通이ᄀᆞ장便利ᄒᆞ니라。

漢城은我國의首府로ᄀᆞ장繁盛ᄒᆞᆫ都會로다。

龍山은漢城西南方으로家屋이相連ᄒᆞ고。漢江東北岸에臨ᄒᆞ얏스니。京義鐵道ᄂᆞᆫ此地에셔부터分設되니라。

仁川은漢城에셔西南으로相距가二十五哩에不過ᄒᆞ니汽車로行ᄒᆞ면僅々一時間에到達ᄒᆞᄂᆞᆫ도다。港後에邱陵이蜿蜒ᄒᆞ고山上山下에人家가櫛比ᄒᆞ니라。

距今二十四年前ᄭᆞ지仁川은荒凉ᄒᆞᆫ一漁村에不過ᄒᆞ더니至今은釜山과ᄀᆞᆺ치韓國의第一通商港으로船舶이多數히出入ᄒᆞ고商業

이繁昌ᄒᆞ니라。開城은或松都라稱ᄒᆞ며或松京이라云ᄒᆞᄂᆞ니。高麗의四百五十六年間王都의舊墟ㅣ라。漢城과又치四面에山岳邱陵이羅列ᄒᆞ야自然ᄒᆞᆫ城壁이되얏도다。

開城의住民은農商等實業에專力ᄒᆞ야勤儉貯蓄의美風이잇ᄂᆞᆫ故로一般人民이富裕ᄒᆞ니라。

開城은人蔘의所産地인故로政府에서紅蔘蒸造所를設置ᄒᆞ고官吏를派送ᄒᆞ야蔘政을監督ᄒᆞᄂᆞ니라。水原은漢城과相距ᄒᆞᆷ이仁川과相似ᄒᆞ니。山湖의風景이絶勝ᄒᆞᆫ지라。城內에離宮이有ᄒᆞ니。

正祖皇帝以後 列聖朝에서 先陵에行幸ᄒᆞ실時에歷臨ᄒᆞ시니라。今에京畿觀察道廳의位置가此에在ᄒᆞ니라。

第十七課 隋唐의來侵

距今一千三百年에支那의隋煬帝가高句麗를併呑코져ᄒᆞ야大軍을親率ᄒᆞ고來攻ᄒᆞᄂᆞᆫ지라。

高句麗의名臣乙支文德이隋軍을大破ᄒᆞ고

國威를宣揚ᄒᆞ얏도다。當初에隋軍이我國邊境에侵入ᄒᆞᆯ셔ᄂᆞᆫ三十萬이라稱ᄒᆞ얏스나生還ᄒᆞᆫ者ᄂᆞᆫ二千七百名에不過ᄒᆞ니라。

其後未幾에隋가亡ᄒᆞ고唐이興ᄒᆞᆫ지라。唐太宗이ᄯᅩᄒᆞᆫ高句麗를侵略코져ᄒᆞ야스ᄉᆞ로諸軍을指揮ᄒᆞ야遼東에侵入ᄒᆞ다。當時에ᄂᆞᆫ南滿洲로부터遼東全部가다高句麗에屬ᄒᆞ니라。

新羅,百濟兩國이唐太宗의命에服從ᄒᆞ야高句麗를挾攻ᄒᆞ다。唐은大國이라國富兵强ᄒᆞᆯ

四十六

ᄲᅮᆫ아니라新羅,百濟兩國이應援ᄒᆞᄂᆞᆫ故로高句麗가甚히危急ᄒᆞ얏도다。

雖然이나高句麗兵이能히防守ᄒᆞ며能히擊退ᄒᆞᆷ으로써唐軍이深入치못ᄒᆞ고。僅々히遼東數城을取ᄒᆞᆷ에不過ᄒᆞ얏도다。適其時에隆冬을當ᄒᆞ야草木이枯盡ᄒᆞ고江河가合氷ᄒᆞ야軍糧이乏絶ᄒᆞᆯ셔高句麗兵이襲擊ᄒᆞ니太宗이ᄆᆞᆺ참ᄂᆡ敗殘ᄒᆞᆫ兵卒을收合ᄒᆞ야退歸ᄒᆞ다。初也에出兵ᄒᆞᆯ셔ᄂᆞᆫ士卒이十萬이오馬匹이一萬이러니退歸ᄒᆞᆯ셔ᄂᆞᆫ士卒이千餘名에

四十七

不過ᄒᆞ고馬匹의損失이十에八九가되ᄂᆞ니라。

第十八課　林檎을贈與ᄒᆞᄂᆞᆫ書札

敬啓者再昨年春에家嚴이外國種의林檎苗木百餘本을買入ᄒᆞ야園林에栽培ᄒᆞ얏ᄉᆞᆸ더니本年에야비로소結實ᄒᆞ온바蟲蝕도別로히업ᄉᆞᆸ고大顆와美味가本國보다倍勝ᄒᆞᆸ기로一箱을送呈ᄒᆞ오니情으로밧으셔試嘗ᄒᆞ시옵쇼셔明春에ᄂᆞᆫ培養ᄒᆞᄂᆞᆫ方法을一層改良ᄒᆞ와美果ᄅᆞᆯ엇으려ᄒᆞᆸᄂᆞ이다。

月　日

李嘉永　拜手

閔博義　仁兄　座下

第十九課　同答書

敬復者　惠饋ᄒᆞᆸ신林檎은稀貴ᄒᆞᆫ珍品이온ᄃᆡ이ᄀᆞᆺ치豐盛히주시니무ᄉᆞᆷ말ᄉᆞᆷ으로써仰謝ᄒᆞ올ᄂᆞᆫ지몰으옵ᄂᆞᆫ中老母ᄂᆞᆫ七十年來에이ᄀᆞᆺ치美味의林檎은今始初見이라ᄒᆞᆸᄂᆞ이다外國種의林檎이크고됴타ᄂᆞᆫ말은曾往에드럿ᄉᆞ오나我國에셔도培養되ᄂᆞᆫ것을보온즉吾兄이殖產에有意ᄒᆞ심을感服ᄒᆞᆸ고弟도期於히栽培ᄒᆞ려ᄒᆞ오니苗木와買入

과培養의方法을 明教ᄒᆞ시옵쇼셔日間에
乘隙ᄒᆞ와晉拜ᄒᆞ겟ᄉᆞᆸᄂᆞ이다。

月 日 閔博義 拜復

李嘉永 仁兄 座下

第二十課 忠淸道

忠淸道ᄂᆞᆫ京畿道의南方과接境ᄒᆞ얏스니。漢江의上流ᄂᆞᆫ其北部로流下ᄒᆞ고錦江은其南部로橫流ᄒᆞᄂᆞᆫ도다。兩江의沿岸은曠潤ᄒᆞᆫ沃野이니錦江의流域이全國第一의農産地니라。

本道의海岸은出入이만ᄒᆞ나그러나良港이라稱ᄒᆞᆯ만ᄒᆞᆫ者ㅣ업ᄂᆞ니라。

忠州ᄂᆞᆫ漢江上流에近接ᄒᆞ고該地方의物貨ᄂᆞᆫ京城으로輸運ᄒᆞᆷ이便利ᄒᆞ도다。

公州ᄂᆞᆫ古昔의都邑으로熊津이라稱ᄒᆞ던古都ㅣ라。沃野의中央에잇슴으로써各種의産物을集合ᄒᆞ야商業이發達ᄒᆞ니라。

江景浦의附近平野ᄂᆞᆫ國內에第一肥沃ᄒᆞᆫ土地오農産物이豐富ᄒᆞ도다。然故로江景、羣山間의汽船은每日錦江에上下ᄒᆞᄂᆞᆫ도다。

清州ᄂᆞᆫ錦江의支流鵲川에臨ᄒᆞ얏스니。其周圍에有名ᄒᆞᆫ清州平野가잇서서農業이他處에比ᄒᆞ면進步되얏다ᄒᆞᆯ만ᄒᆞ니라。

第二十一課　水의蒸發

釜鼎에물을가득히붓고長時間을煮沸ᄒᆞ면물은漸々減ᄒᆞᆯ지오。濕濡ᄒᆞᆫ衣服을日光에曝曬ᄒᆞ면幾時間後에ᄂᆞᆫ말나서水分은何處로飛去ᄒᆞ고말지오。春秋에草木닙사귀에玉과ᄀᆞ치밋쳣던朝露ᄂᆞᆫ午正이되면餘痕도업시盡乾ᄒᆞᄂᆞᆫ도다。

此等의水分은如何히消滅ᄒᆞ며何處로飛散ᄒᆞᄂᆞ뇨。太陽이나火氣의熱을因ᄒᆞ야水分이變ᄒᆞ야空氣와ᄀᆞᆺᄒᆞᆫ者이되야空氣中에飛散ᄒᆞᄂᆞ니이것을水蒸氣라或은蒸氣라稱ᄒᆞ고。물이水蒸氣됨을蒸發이라ᄒᆞᄂᆞ니라。

水蒸氣ᄂᆞᆫ空氣와ᄀᆞᆺ치無形無色ᄒᆞᆫ즉我等이能히보지못ᄒᆞ나恆常空氣中에充滿ᄒᆞ얏ᄂᆞ니라。我等의吐ᄒᆞᄂᆞᆫ바숨가온ᄃᆡ도多量의水蒸氣가混在ᄒᆞ얏ᄂᆞ니。이ᄂᆞᆫ我等의飮食物中의水分이體內에서暖氣를밧아水蒸氣가되ᄂᆞᆫ者이니라。

무릇充溢ᄒᆞ던물의漸次減少ᄒᆞᆷ과濕濡ᄒᆞᆫ者의乾曝ᄒᆞᆷ은그물이水蒸氣가되야飛散ᄒᆞᄂᆞᆫ緣故이니라。

第二十二課　雨露

鏡面을對ᄒᆞ야呼吸ᄒᆞᆫ즉鏡面이朦朧ᄒᆞ야我等의顔色이正照치안ᄂᆞᆫ도다。이ᄂᆞᆫ我等의吐ᄒᆞᄂᆞᆫ바水蒸氣가冷ᄒᆞᆫ鏡面에衝當ᄒᆞᆫ즉卽時식어셔다시小水球를이루ᄂᆞ니라。

碧空에密雲이滿布ᄒᆞ야太陽을掩蔽ᄒᆞᆷ이잇

ᄂᆞ니。이ᄂᆞᆫ空氣中에飛散ᄒᆞᆫ水蒸氣가冷風에
식어서小水球가됨이라。구름은地上에서본
즉山도ᄀᆞᆺ고彈綿도ᄀᆞᆺᄒᆞ야그形
態가千差萬別ᄒᆞ나다만無數ᄒᆞᆫ小水球의集
合ᄒᆞᆷ에不過ᄒᆞᄂᆞᆫ도다。

그小水球가漸々식으면合ᄒᆞ야大水球가되
야能히空中에飛散치못ᄒᆞ고地上으로落來
ᄒᆞᄂᆞ니。이를雨라稱ᄒᆞᄂᆞᆫ도다。雨ᄂᆞᆫ海水河水
와其他地上에서水蒸氣되얏던것이다시地
上으로歸來ᄒᆞᆷ이라。且地上에落來ᄒᆞᄂᆞᆫ雨水

ᄂᆞᆫ草木을濕濡케ᄒᆞ얏다가土中으로浸流ᄒᆞ
야河川이되야湖海에流入ᄒᆞ얏다가다시日
光에熱沸ᄒᆞ야水蒸氣가되야空氣中에飛散
ᄒᆞᄂᆞᆫ도다。물은如此히恒常空中과地上에往
還ᄒᆞᄂᆞ니라。

水蒸氣ᄂᆞᆫ空中에充滿ᄒᆞᆫ冷物과相觸ᄒᆞ면忽
然히凝結ᄒᆞ야小水球가되ᄂᆞᆫ지라。早朝에草
木의梢末과屋上의瓦甍等이이슬에濕潤ᄒᆞᆷ
을볼지어다。이ᄂᆞᆫ水蒸氣가夜間에寒冷ᄒᆞᆫ草
木瓦甍等과相觸ᄒᆞ야凝結ᄒᆞᆷ이로다。무릇雲、

霧、霞等은다水蒸氣의凝結ᄒᆞᆫ小水球이니라。

第二十三課　雨

비야비야오ᄂᆞᆫ비야
어ᄃᆡ로셔나려왓노　하ᄂᆞᆯ노셔나려왓네
空中에셔나려왓네
그前에ᄂᆞᆫ어ᄃᆡ잇셧노
河川에도잇셧고　池塘에도잇셧고
湖海에도잇셧네
엇지ᄒᆞ야올나갓노
쓰거온볏헤쪼여　水蒸氣가되여셔

뭉게뭉게올나갓네
只今어ᄃᆡ로가려노
河川으로가려ᄒᆞ네　池塘으로가려ᄒᆞ네
湖海로가려ᄒᆞ네

第二十四課　百濟、高句麗의衰亾

百濟의諸王은太半이나驕奢淫佚ᄒᆞ야國政을不顧ᄒᆞ고。兵戈를屢用ᄒᆞ야國用이不足ᄒᆞ니。人民의怨上ᄒᆞᄂᆞᆫ소ᄅᆡ가國中에가득ᄒᆞ더라。義慈王ᄯᅢ에이르러ᄂᆞᆫ唐이新羅와合兵ᄒᆞ야百濟의國都를包圍攻擊ᄒᆞ거ᄂᆞᆯ。百濟의將

卒이力拒ᄒᆞ얏스나ᄆᆞᆺᄎᆞᆷ내能히支保치못ᄒᆞ고。義慈王이唐軍에게投降ᄒᆞ다。唐將蘇定方은王과밋王의諸族을唐으로護送ᄒᆞ다。百濟ᄂᆞᆫ溫祚王으로부터六百七十八年에亾ᄒᆞ얏도다。此時에百濟의遺臣이日本에歸化ᄒᆞᆫ자라。其後에唐이ᄯᅩ新羅와合勢ᄒᆞ야高句麗의國都平壤을來圍ᄒᆞ거ᄂᆞᆯ。高句麗의高藏王은能히抗敵지못ᄒᆞᆷ을알고ᄯᅩᄒᆞᆫ唐軍에게投降ᄒᆞ다。高句麗ᄂᆞᆫ朱蒙이建國ᄒᆞᆫ지七百五年에亾ᄒᆞ니、百濟가滅亾ᄒᆞᆫ後八年이러라。

唐은百濟와高句麗의土地ᄅᆞᆯ略取ᄒᆞ얏스나本國과相距가甚遠ᄒᆞ야政令이行치못ᄒᆞ니라。

新羅ᄂᆞᆫ百濟의土地ᄅᆞᆯ侵略ᄒᆞ고ᄯᅩ高句麗의叛臣을厚遇ᄒᆞᆷ으로ᄡᅥ唐이怒ᄒᆞ야新羅의封爵을削奪ᄒᆞ고擧兵ᄒᆞ야攻伐코져ᄒᆞ거ᄂᆞᆯ。王이이에使臣을派遣ᄒᆞ야謝罪ᄒᆞ다。伊後에大同江以南은다新羅의領土가되니라。

第二十五課　全羅道

全羅道ᄂᆞᆫ半島의西南端에잇스니。三面이臨

海ᄒᆞ고海岸은出入이甚多ᄒᆞ며大小三百餘의島嶼가星羅碁布ᄒᆞ얏도다。其中에濟州島、珍島、莞島、突山島、莊子島、慈恩島等이最大ᄒᆞ니라。濟州島ᄂᆞᆫ陸地와相距가最遠ᄒᆞ고木浦에셔汽船의往來가不絕ᄒᆞ더라。

全羅道에ᄂᆞᆫ萬頃江、榮山江、蟾津江의三大江이잇고ᄯᅩ忠淸道와接境ᄒᆞᆫ곳에錦江이잇더라。米、麥、豆、綿、麻、苧等의産出이極多ᄒᆞ고。ᄯᅩ그近海에ᄂᆞᆫ魚鹽의利가富裕ᄒᆞ니라。羣山과木浦又ᄒᆞᆫ良港이잇셔셔物貨의運輸가便利ᄒᆞᆷ

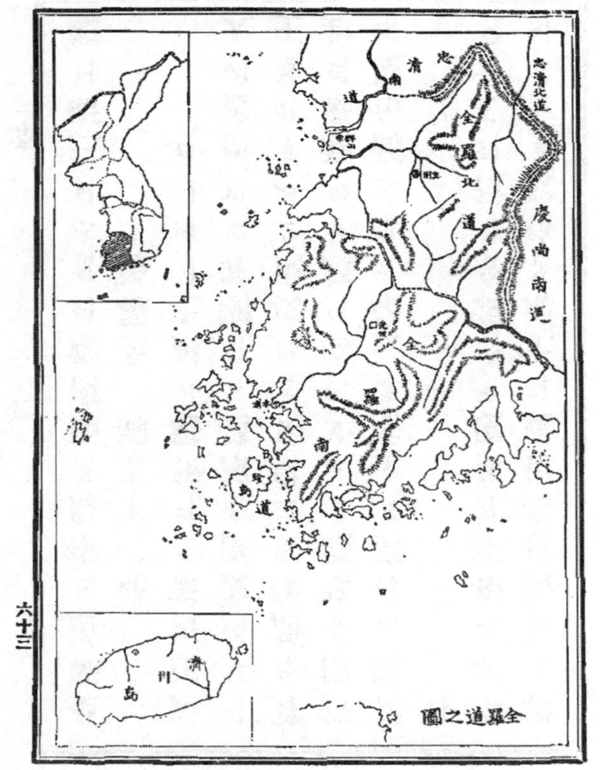

으로商業이ᄯᅩᄒᆞᆫ크게發達ᄒᆞ얏더라。全州의平野ᄂᆞᆫ江景의平野와相連ᄒᆞ야全道中에特殊히農業이盛ᄒᆞᆫ地方이라。全州ᄂᆞᆫ兩平野의中間에處ᄒᆞ야市街의繁盛ᄒᆞᆷ이公州보다倍勝ᄒᆞ니라。

羣山은錦江江口에잇ᄉᆞ니。仁川과木浦의中間에位置ᄒᆞᆫ지라。全州、江景兩平野의所産物을輸出ᄒᆞᄂᆞᆫ港口오。

木浦ᄂᆞᆫ榮山江江口에잇ᄉᆞ니。羣山과ᄀᆞ치背後에物産이豐富ᄒᆞᆫ沃野가잇ᄂᆞᆫ지라。船舶의出入이極多ᄒᆞ도다。榮山江의沿岸과밋近海諸島ᄂᆞᆫ棉花를栽培ᄒᆞ기에適宜ᄒᆞᆫ故로水原勸業模範場의支部를木浦에設置ᄒᆞ고棉花栽培의改良을開始ᄒᆞ니라。

第二十六課　鹽과砂糖

鹽과砂糖은人生의重要ᄒᆞᆫ食物이라。我等의日日常食ᄒᆞᄂᆞᆫ바魚肉、菜蔬、菓子等의美味ᄂᆞᆫ鹽과砂糖으로調味ᄒᆞᆫ緣故ㅣ로다。如何ᄒᆞᆫ山海의珍味라도鹽과砂糖을調和치안코다만冷水로料理ᄒᆞ면吾人은到底히飮食치못ᄒᆞᆯ

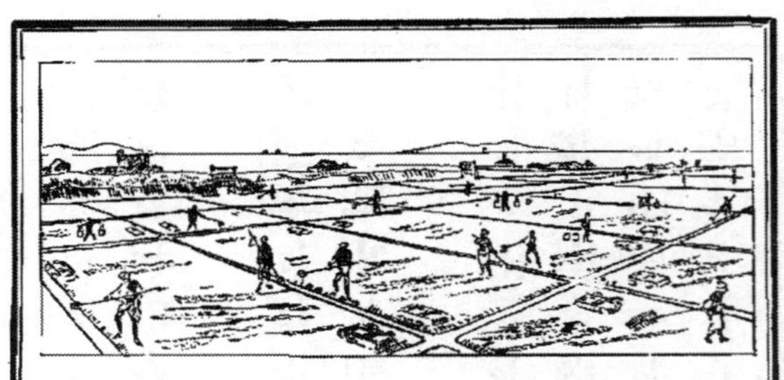

지니라。
鹽과砂糖은모든食物에添味ᄒᆞᄂᆞᆫ者이라。兩種이다白色의粉末인故로一見에恰似ᄒᆞ야分辨키어려오나其味ᄂᆞᆫ甘鹹이全然히不同ᄒᆞ니라。

砂糖은植物의汁으로써製造ᄒᆞᄂᆞ니。林檎、梨、柿等의天然ᄒᆞᆫ甘味ᄂᆞᆫ砂糖을含有ᄒᆞᆫ緣故이오。또草根에甘味잇ᄂᆞᆫ者ㅣ만ᄒᆞ니이ᄂᆞᆫ다砂糖의溶汁을含有ᄒᆞᆷ이니라。

砂糖을含有ᄒᆞᆷ이最多ᄒᆞ고其味가最甘ᄒᆞᆫ者ᄂᆞᆫ甘蔗ㅣ라。故로砂糖은甘蔗로製造ᄒᆞᆷ이居多ᄒᆞ니라。

甘蔗ᄂᆞᆫ細長體幹에마듸가잇고其葉도또ᄒᆞᆫ細長ᄒᆞ야高粱과恰似ᄒᆞ도다。

甘蔗ᄂᆞᆫ春間에播種ᄒᆞ얏

다가秋末에十分成熟ᄒᆞᆷ을보고刈取ᄒᆞᄂᆞ니。이를砂糖黍라稱ᄒᆞᄂᆞ니라。

砂糖黍의汁을搾取ᄒᆞ야長時間煑沸ᄒᆞ야水分은ᄇᆞ리고砂糖을製造ᄒᆞᄂᆞ니라。

鹽은海水로煑製ᄒᆞᆷ이通行ᄒᆞᄂᆞᆫ法이라。海濱廣平ᄒᆞᆫ싸에鹽田을營作ᄒᆞ고海水를導入ᄒᆞ야日光에曝曬ᄒᆞᄂᆞᆫ도다。然則水分은蒸發ᄒᆞ고鹽分만남아셔地面을蔽ᄒᆞᄂᆞ니上面의泥沙와相交ᄒᆞᆫ鹽을收合ᄒᆞ야淸水에溶解ᄒᆞ야大釜에너코煑沸ᄒᆞᄂᆞᆫ도다。

이ᄀᆞᆺ치ᄒᆞᆫ즉물은火熱로因ᄒᆞ야蒸發ᄒᆞ고白雪과ᄀᆞᆺᄒᆞᆫ鹽만釜中에殘留ᄒᆞᄂᆞ니라。

且巖鹽이라ᄒᆞᄂᆞᆫ鹽塊가巖石과ᄀᆞᆺᄒᆞᆫ것이山中에셔産出ᄒᆞᆷ이잇ᄂᆞᆫ지라。이것을掘出ᄒᆞ야精製ᄒᆞ면至白至精ᄒᆞᆫ鹽이되ᄂᆞᆫ도다。海鹽은到處에잇스되巖鹽의産地ᄂᆞᆫ稀少ᄒᆞ니라。

普通學校學徒用 國語讀本卷六終

隆熙二年三月一日發行
隆熙三年三月一日再版　定價金拾貳錢
隆熙三年十一月廿日參版

學部

大日本圖書株式會社印刷

學部編纂

普通學校學徒用 國語讀本 卷八

大日本圖書株式會社印刷

普通學校學徒用 國語讀本卷八 目次

普通學校學徒用 國語讀本卷八

第一課 美術工藝의發達

高麗時代에ᄂᆞᆫ學術만進步ᄒᆞᆯᄲᅮᆫ이아니라美術工藝도ᄯᅩᄒᆞᆫ크게發達ᄒᆞ얏ᄂᆞᆫ지라。太祖ᄂᆞᆫ功臣閣을建築ᄒᆞ고그壁에功臣의畵像을描寫케ᄒᆞ얏스니其時의畵法은오히려拙ᄒᆞ얏슬지로다。

仁宗ᄯᅢ에李寧이라ᄒᆞᄂᆞᆫᄉᆞᄅᆞᆷ이宋人의게畵法을學得ᄒᆞ야極히巧妙ᄒᆞᆫ지라。使臣을隨行ᄒᆞ야宋에漫遊ᄒᆞᆯᄯᅢ에宋人이李寧의畵法을

보고歎賞ᄒᆞ야李寧을師事ᄒᆞᆫ者ㅣ만ᄒᆞ니라。毅宗이華麗ᄒᆞᆷ을崇尙ᄒᆞ야宮殿을盛飾ᄒᆞᆷ으로因ᄒᆞ야繪畵가一時에發達ᄒᆞ니라李寧이毅宗朝에出仕ᄒᆞ야宮殿의圖畵를만히描寫ᄒᆞ고其子光弼도ᄯᅩᄒᆞᆫ繪畵로써擅名ᄒᆞ고明宗이甚히愛重ᄒᆞ니라。

明宗은畵圖에能ᄒᆞ고特別히山水에得其妙ᄒᆞᆫ지라。王은李光弼高雅訪等과每日繪畵로爲事ᄒᆞ고國政을不顧ᄒᆞ니라。

書法에得妙ᄒᆞᆫ者도ᄯᅩᄒᆞᆫ甚多ᄒᆞ니。睿宗ᄯᅢ에

洪灌이라ᄒᆞᄂᆞᆫ名筆이잇고。ᄯᅩ高宗ᄯᅢ에郭預라ᄒᆞᄂᆞᆫ名筆이잇ᄉᆞ니。此二人이ᄀᆞ장著名ᄒᆞᆫ者이라。特別히郭預ᄂᆞᆫ天下의書法을一變ᄒᆞ얏다稱ᄒᆞᄃᆞ。毅宗은內外의工匠을廣招ᄒᆞ야宮殿을壯麗케ᄒᆞᆷ으로因ᄒᆞ야建築도此時부터可見ᄒᆞᆯ者ㅣ잇셧ᄂᆞ니라。其後로歷代諸王이遊宴과奢侈로爲事ᄒᆞᄂᆞᆫ故로衣服器具와各種裝飾의製作이크게進步ᄒᆞᄃᆞ。其中에陶器ᄂᆞᆫ高麗磁器라稱ᄒᆞ야甚히精妙ᄒᆞᆫ지라。今日에도世人의愛玩ᄒᆞᄂᆞᆫ바가되야그價額이

騰貴ᄒᆞ니라。

第二課 漂衣

山谷間에흐르는 맑은물가에
뎌긔안즌뎌漂母 방망이들고
이옷뎌옷쌜젹에 하도밧부다
히는어이딸나셔 西山을넘네
물에잠가두ᄃᆞ려 얼는헹구고
다시ᄒᆞᆫ번쥐여ᄶᅡ 너러말닐졔
나모가지에걸고 뜰밧헤펀다
벗혼어이없어셔 뎌듸말으네
멀니뵈는山언덕 희기도희다
終日토록쌘옷이 다말낫스니
주셤〃〃것어셔 가지고간다
익는어이쳘업셔 비죕하우네
셔리오고바람찬 長〃秋夜에
옷다듬는뎌소리 이집뎌집셔
장단맛쳐應ᄒᆞ니 듯기도됴타
달은어이多情히 窓에비최네

第三課 清國

清國은支那本部、滿洲新疆、西藏、青海의六部

로分ᄒᆞ얏ᄂᆞᆫ지라。領土의全部를合ᄒᆞ면韓國
의五十倍가넘ᄂᆞᆫ大國이로다。그러나支那本
部와滿洲以外ᄂᆞᆫ山嶽、高原、沙漠等이니全國
의三分之二ᄂᆞᆫ農業에適當치못ᄒᆞ고居民이
ᄯᅩᄒᆞᆫ稀潤ᄒᆞ니라。
支那本部에ᄂᆞᆫ平野가曠遠ᄒᆞ고土地가肥沃
ᄒᆞ야絹、茶、木綿、麻、米、麥、豆等屬의物産이豐饒
ᄒᆞᆫ中에絹과茶ᄂᆞᆫ世界의第一이라稱ᄒᆞᄂᆞ니
라。
淸國에西出東流ᄒᆞᄂᆞᆫ二長江이잇ᄉᆞ니。北方

六

에잇ᄂᆞᆫ것을黃
河라稱ᄒᆞ고南
方에잇ᄂᆞᆫ것을
楊子江이라稱
ᄒᆞᄂᆞᆫ도다。楊子
江은東亞의第
一長流인ᄃᆡ其
長이一萬四千
餘里라。그支流
도鴨綠江의幾

七

倍되ᄂᆞᆫ者ㅣ不少ᄒᆞ도다。黃河도其長이一萬一千餘里에達ᄒᆞ얏스나。恒常混濁ᄒᆞ야黃色을ᄯᅴᆫ故로이ᄀᆞᆺ치命名ᄒᆞ니라。清國에도最古에開拓된者ᄂᆞᆫ黃河沿岸이니古都의洛陽長安이다此地에잇도다。ᄀᆞ장豐饒ᄒᆞᆫ곳은楊子江沿岸이니其下流에沿在ᄒᆞᆫ平野ᄂᆞᆫ世界에居甲ᄒᆞᄂᆞᆫ沃野ㅣ라。今日清國의富源은다此地方에잇도다。清國의首府ᄂᆞᆫ北京이라稱ᄒᆞᄂᆞ니人口ᄂᆞᆫ一百六十萬인즉日本의東京보다稍少ᄒᆞ고街衢ᄂᆞᆫ方正ᄒᆞ나道路가甚히不潔ᄒᆞ니라。我國과밋日本에셔北京으로向ᄒᆞᄂᆞᆫ者ᄂᆞᆫ太沽에셔下陸ᄒᆞ야鐵道의便을엇ᄂᆞ니天津은그途中이오北部貿易의中心이니라。楊子江口에잇ᄂᆞᆫ上海ᄂᆞᆫ清國의最良ᄒᆞᆫ貿易港으로各國汽船의出入이絡繹不絕ᄒᆞ며宏大ᄒᆞᆫ會社商店等이櫛比ᄒᆞ니라。上海에셔楊子江으로溯上ᄒᆞ면漢江이잇스니商業의最盛ᄒᆞᆫᄯᅡ이라。漢江北京間에敷設ᄒᆞᆫ鐵道ᄂᆞᆫ京漢鐵道ㅣ라稱ᄒᆞᄂᆞ니라。

香港은上海보담도優勝ᄒᆞᆫ貿易地나그러나

英國領土에屬ᄒᆞᆫ지라。英國人의東洋諸國과
商業을經營ᄒᆞᄂᆞᆫ者ㅣ太半이나此地로써根
據를삼ᄂᆞᆫ도다。古今에有名ᄒᆞᆫ萬里長城은東
으로山海關에起點ᄒᆞ야西으로嘉峪關에終
點이되얏스니其長이大凡八千餘里에達ᄒᆞᆫ
지라。昔時에秦始皇이北胡의侵入을防禦ᄒᆞ
기爲ᄒᆞ야築成ᄒᆞᆫ者ㅣ니라。

第四課 滿洲

滿洲ᄂᆞᆫ韓國의西北에잇스니。松花江이그平
野를廻抱ᄒᆞ야露領에드러가黑龍江이되고。

遼河ᄂᆞᆫ南으로向ᄒᆞ야渤海灣에流入ᄒᆞ고。遼
河의東에半島가잇스니이를遼東半島라稱
ᄒᆞ며其南端에旅順港이잇ᄂᆞᆫ지라。日淸戰爭
後에淸國이그半島를日本에割讓ᄒᆞ얏더니
露國이日本을勸ᄒᆞ야還附케ᄒᆞ다其後未幾
에露國이旅順港을淸國에셔借得ᄒᆞ야軍港
으로定ᄒᆞ고城壘를築造ᄒᆞ고多數ᄒᆞᆫ軍艦을
備置ᄒᆞ니라。

日露戰爭ᄯᅢ에日本이露國의軍艦을全滅ᄒᆞ
고城壘를奪取ᄒᆞᆫ지라。其後에日本은旅順口

로軍港으로大連灣을通商港으로定ᄒᆞ다。露國의西伯利亞鐵道ᄂᆞᆫ滿洲의中部로橫斷ᄒᆞ야海蔘威에達ᄒᆞ고。哈爾賓

에서旅順港으로通ᄒᆞᆫ鐵道ᄂᆞᆫ本是露國에서敷設ᄒᆞᆫ바이나이것도日露戰爭의結果로長春以南은日本의所有가되야只今은南滿洲鐵道ㅣ라稱ᄒᆞᄂᆞ니라。

奉天은滿洲의第一大都會오遼陽이其次가되ᄂᆞ니。兩處에서다日本軍이露軍을大破ᄒᆞ다。安東縣과奉天間에도日露戰爭中에日本軍의假設ᄒᆞᆫ鐵道가잇스니日本이改設ᄒᆞ기에着手ᄒᆞ얏고。또鴨綠江에鐵橋를架設ᄒᆞ야義州와安東縣을連絡ᄒᆞᆯ計畫이잇ᄂᆞᆫ지라。이

工事가竣成ᄒᆞ면我國에서汽車로歐羅巴諸國에往來ᄒᆞ게될지로다。

第五課 與妹弟書

妹弟竹姬의게

春日이漸和ᄒᆞᆫᄃᆡ

兩堂氣力康旺ᄒᆞ옵시고大小宅諸節이一安ᄒᆞ옵신消息드르니ᄆᆞ옴에탐〻깃브다兄은客地에잇스나心神이快活ᄒᆞ야晝夜로勤工ᄒᆞ니이런말ᄉᆞᆷ兩堂에稟達ᄒᆞ야라小包郵便으로보낸바周衣ᄂᆞᆫ昨日에到着ᄒᆞ얏ᄂᆞᆫᄃᆡ長

十四

廣이適體ᄒᆞ고裁縫이鮮明ᄒᆞ니針工의進步ᄒᆞᆷ을喜幸히녁이며夏期休學에ᄂᆞᆫ丁寧히歸覲ᄒᆞ려ᄒᆞᄂᆞᆫᄃᆡ來週부터ᄂᆞᆫ試驗을始作ᄒᆞ니二週間後에ᄂᆞᆫ相面ᄒᆞᆯ줄밋ᄂᆞᆫ다餘不宣。

年 月 日 家兄平書

第六課 勸業模範場

勸業模範場은水原城外에잇스니。農業改良의模範을敎示ᄒᆞᄂᆞᆫ處所ㅣ라。水原에ᄂᆞᆫ邱陵이起伏ᄒᆞ야田畓이相連ᄒᆞ고。西湖ᄂᆞᆫ물이充溢ᄒᆞ야廣野의稻田을灌漑ᄒᆞ기에裕足ᄒᆞ고。

十五

邱陵에ᄂᆞᆫ樹木을栽培ᄒᆞᆯ만ᄒᆞ며田畓에ᄂᆞᆫ穀類와菜屬을培養ᄒᆞᆯ만ᄒᆞ고。水禽과魚族을飼養ᄒᆞᆷ에물이잇고牛馬豚羊을牧畜ᄒᆞᆷ에草原이잇스니ᄀᆞ장農業에適宜ᄒᆞ도다。該地ᄂᆞᆫ鐵道沿邊에잇고또全國中央에位置ᄒᆞ얏슴으로써觀覽者를聚集ᄒᆞᆷ에便利ᄒᆞ니라。勸業模範場

의試作地ᄂᆞᆫ田畓이다잇스니。穀類와菜屬과其他果樹、麻、苧、棉花、煙草等以外에我國氣候風土에適宜ᄒᆞᆫ農作物은大概試作ᄒᆞ며。또養鷄場、牧場、養蠶室、實驗室等을設備ᄒᆞ얏스니。實驗室에서ᄂᆞᆫ肥料檢査와害虫驅除法等의農事改良에必要ᄒᆞᆫ各種事項을研究ᄒᆞ고또諸般標品을陳列ᄒᆞ야衆人의觀覽에供ᄒᆞᄂᆞᆫ도다模範場內에서ᄂᆞᆫ觀覽者를歡迎ᄒᆞ야綜詳히說明ᄒᆞᆯ섇아니라農業上에對ᄒᆞ야質問ᄒᆞᄂᆞᆫ者ㅣ잇스면隨問隨答ᄒᆞ고또農作物의

良種을多貯ᄒᆞ야請求ᄒᆞᄂᆞᆫ者의게分給ᄒᆞ기를不惜ᄒᆞᄂᆞᆫ도다。大抵我國의農業은他國에比ᄒᆞ면極히幼稚ᄒᆞᆫ지라。農業을改良ᄒᆞ야多額의收穫을엇고져ᄒᆞᄂᆞᆫ者ᄂᆞᆫ이模範場을一次往見ᄒᆞᆷ이可ᄒᆞ도다。水原停車場에서西北으로通ᄒᆞᄂᆞᆫ一條의通路가잇고。該路의終點된小岡上에宏大ᄒᆞᆫ一座家屋이잇스니。이ᄂᆞᆫ곳勸業模範場이오그前面一帶의田畓은試作ᄒᆞᄂᆞᆫ싸이라。前面으로ᄂᆞᆫ廣野를隔ᄒᆞ야靑山이相連ᄒᆞ고後面으로ᄂᆞᆫ西湖를對ᄒᆞ야綠

十八

楊이隱暎ᄒᆞᄂᆞᆫ도다。道路의兩側과模範場의庭園에櫻、楓、躑躅等의各種花卉를滿栽ᄒᆞ얏스니。이ᄂᆞᆫ花卉栽培ᄒᆞᄂᆞᆫ模範을教示코져ᄒᆞᆷ이라。此等樹木이繁茂ᄒᆞ야百花가四時不絕ᄒᆞ면勸業模範場은我國의屈指ᄒᆞᄂᆞᆫ遊覽場이되리로다。

第七課 學術의盛衰

學術의進步를因ᄒᆞ야浮華를崇尙ᄒᆞᄂᆞᆫ文弱의弊가生ᄒᆞ야詩文을弄ᄒᆞ며宴樂을耽ᄒᆞᄂᆞᆫ者ㅣ漸多ᄒᆞᆫ지라。高麗毅宗ᄯᆡ에弊風이莫甚

十九

ᄒᆞ야王은金敦中、韓賴等으로더브러日夜로設宴ᄒᆞ고詩文을唱酬홈으로樂을삼ᄂᆞᆫ지라。然故로文人이王의寵遇를獨專ᄒᆞ고武人을賤待ᄒᆞ거ᄂᆞᆯ鄭仲夫等이크게憤激ᄒᆞ야儒冠을冠ᄒᆞᆫ者ᄂᆞᆫ만히殺害ᄒᆞ다。自是로武人이擅權ᄒᆞ야文人을抑制ᄒᆞ니學術이漸々衰ᄒᆞ니라。

雖然이나이ᄂᆞᆫ一時의災厄에지나지안코其後忠烈王ᄭᅴ에學術의再興ᄒᆞᄂᆞᆫ氣運이回復ᄒᆞᆫ지라忠烈、忠宣二王은文學을專尚ᄒᆞ야그

學識이一世에卓絕ᄒᆞ다。特別히忠宣王은元에前往ᄒᆞ야燕京에萬卷堂을建設ᄒᆞ고元의碩學鴻儒와交遊ᄒᆞ야學術을硏究ᄒᆞ니라。高麗明宗ᄭᅴ에宋에程子、朱子二賢이잇스니。儒學을闡明ᄒᆞ야孔孟의遺書를註解ᄒᆞ야後世에傳ᄒᆞ다。宋이亾ᄒᆞᆫ後忠肅王ᄭᅴ에白頤正이元에遊學ᄒᆞ야程朱의學을修得ᄒᆞ고歸國ᄒᆞᆫ後程朱의學說을廣布ᄒᆞ니。爾後로儒學을談論ᄒᆞᄂᆞᆫ者ㅣ다程朱之書를依據ᄒᆞ니라。

如此히儒風이大振ᄒᆞ야學者ㅣ輩出ᄒᆞ니。其

中에鄭夢周、李穡二人은高麗四百五十餘年間에最大賢儒ㅣ라鄭夢周ᄂᆞᆫ儒學의宗匠이될ᄲᅢᆫ아니라其忠義大節이萬古의人心을風勵ᄒᆞ니라。

鄭夢周ᄂᆞᆫ世稱圃隱先生이오李穡은世稱牧隱先生이니라。

第八課 俚諺

말일코외양간고친다。

臨渴掘井이라。

자라보고놀ᄂᆞᆫ가슴솟잉보고놀ᄂᆞᆫ다。

二十二

欲速不達이라。

含血噴人이면先汚其口ㅣ라。

防民之口ᄂᆞᆫ甚於防川이라。

隻掌難鳴이라。

農夫餓死種子爲枕이라。

全痴ᄂᆞᆫ誇妻ᄒᆞ고半痴ᄂᆞᆫ誇子ㅣ라。

盜之逮捕에厥足이自麻ㅣ라。

第九課 박테리아

박테리아ᄂᆞᆫᄀᆞ장細微ᄒᆞᆫ動物이니顯微鏡이라ᄒᆞᄂᆞᆫ眼鏡이업스면能히보지못ᄒᆞᄂᆞᆫ도다。

二十三

박테리아ᄂᆞᆫ到處에生存ᄒᆞ나그러나特別히塵埃와汚水와腐敗物에셔多生ᄒᆞᄂᆞ니라。

박테리아ᄂᆞᆫ自體의分裂로因ᄒᆞ야繁殖ᄒᆞᄂᆞ니。即發育ᄒᆞ야一定ᄒᆞᆫ體大에達ᄒᆞ면中央에셔分裂ᄒᆞ야二個가되ᄂᆞᆫ도다。如此히成長ᄒᆞ야또同樣으로分裂ᄒᆞ며。그分裂ᄒᆞᄂᆞᆫ時間이甚히迅速ᄒᆞ야二十分이나三十分에一次식分裂ᄒᆞᄂᆞᆫ지라。故로一個의박테리아가四五日後에ᄂᆞᆫ不可勝數ᄒᆞᄂᆞ니라。박테리아ᄂᆞᆫ他物에寄生ᄒᆞ야그養分을奪取ᄒᆞᄂᆞᆫ者인ᄃᆡ我

等의身體中에寄生ᄒᆞᆫ者中에ᄂᆞᆫ可畏ᄒᆞᆫ者이잇도다。

膓窒扶斯、虎列剌、赤痢病等은다박테리아寄生으로因生ᄒᆞᄂᆞᆫ者인ᄃᆡ이것으로因ᄒᆞ야生命을損失ᄒᆞᄂᆞᆫ弊端이不少ᄒᆞᄂᆞ니라。

然則我等은注意ᄒᆞ야박테리아의發生을預防치아니치못ᄒᆞᆯ지라。박테리아ᄂᆞᆫ塵埃와汚水와腐敗物가온ᄃᆡ셔發生ᄒᆞᄂᆞᆫ者ㅣ最多ᄒᆞᆫ즉家屋의內外ᄅᆞᆯ恆常清潔히掃除ᄒᆞ야如此ᄒᆞᆫ不潔物이積滯케ᄒᆞ지말고또身體와衣服

을淸淨케ᄒᆞ며飮食物은본다시煮沸ᄒᆞᆯ지니라。

且박테리아ᄂᆞᆫ虛弱ᄒᆞᆫ身體에侵入ᄒᆞ면繁殖이甚速ᄒᆞ나健全ᄒᆞᆫ身體에ᄂᆞᆫ設或侵入ᄒᆞᆯ지라도卽時枯死ᄒᆞᄂᆞ니我等은平日에身體를健全케ᄒᆞ야그繁殖을不許ᄒᆞ도록注意ᄒᆞᆯ지로다。

박테리아中에ᄂᆞᆫ人類의게毒害가업고도로혀有益ᄒᆞ게ᄒᆞᄂᆞᆫ것이잇스니酒、醋、漿、等의美味를生케홈은其中에無害ᄒᆞᆫ박테리아가繁

殖ᄒᆞᄂᆞᆫ然故이니라。

且박테리아의繁殖으로因ᄒᆞ야凡物이腐敗ᄒᆞᄂᆞᆫ것인ᄃᆡ我等人類의게爲害홈이甚多ᄒᆞ나그러나若或何物이던지腐敗홈이업스면太古로브터今日ᄭᆞ지發生ᄒᆞ야枯死ᄒᆞᆫ動植物이地球上에堆積ᄒᆞ야我等의住居ᄒᆞᆯ處所가업슬지로다。雖然이나박테리아가잇셔셔枯死ᄒᆞᆫ無用物을腐敗케ᄒᆞ야恆常世界를空潤케ᄒᆞᄂᆞ니라。

第十課　地球上의人種

吾人의棲息ᄒᆞᄂᆞᆫ地球上에各色人種이잇ᄉᆞ니。英吉利、佛蘭西、獨逸、露西亞等歐羅巴人은體形이長大ᄒᆞ고鼻高色白ᄒᆞ며髮赤眼碧ᄒᆞ고。亞弗利加人은色黑鼻平ᄒᆞ며毛髮이細縮ᄒᆞ고。印度人은身長과鼻準이歐羅巴人과彷彿ᄒᆞ나皮膚와毛髮의黑色은亞弗利加人과恰似ᄒᆞ고。大韓、日本、淸國等亞細亞人은色黃髮黑ᄒᆞ며歐羅巴人에比ᄒᆞ면身長이稍矮ᄒᆞ며鼻準이亦低ᄒᆞ고。亞細亞의南部에잇ᄂᆞᆫ半島와밋羣島의住居ᄒᆞᄂᆞᆫ馬來人은亞細亞人

과酷肖ᄒᆞ나皮膚가稍黑ᄒᆞ야我國의漁夫가夏日에曝黑ᄒᆞᆷ과恰似ᄒᆞ고。亞米利加人은歐羅巴에셔移住ᄒᆞᆫ人種인즉歐羅巴人과無異ᄒᆞ도다。그러나自昔으로該地에原居ᄒᆞ던土人은馬來人과相似ᄒᆞ니라。

今日에ᄀᆞ장開化ᄒᆞᆫ者ᄂᆞᆫ

三十

歐羅巴人과亞細亞人이라亞細亞人은韓日清三國人이其大部分을占ᄒᆞ얏도다。歐羅巴人은文字를쓰ᄂᆞᆫᄃᆡ自左向右ᄒᆞ야橫書ᄒᆞ고我等亞細亞人은右로부터始初호ᄃᆡ自上向下ᄒᆞ야縱書ᄒᆞᄂᆞ니라。韓日清三國은漢文을通用호ᄃᆡ漢字의사이에諺文이나假名을交用ᄒᆞᆷ은我韓과日本이相同ᄒᆞ니라。

第十一課 種子의選擇

一切植物은그種子의好否를因ᄒᆞ야發育이懸殊ᄒᆞᆫ지라。土地를深耕ᄒᆞ고肥料를多施ᄒᆯ

三十一

지라도種子가不好ᄒᆞ면結實이良好치못ᄒᆞ고收穫이僅少ᄒᆞ리로다。故로農業을經營ᄒᆞᄂᆞᆫ者ᄂᆞᆫ好種을選擇ᄒᆞᆷ이可ᄒᆞ니라。

禾、麥、粟、黍、豆等穀類ᄂᆞᆫ播種ᄒᆯ셰에擇取ᄒᆞᄂᆞ니。豆類ᄂᆞᆫ粒々히檢察ᄒᆞ야病傷者를拔去ᄒᆯ지나禾麥黍粟等은鹽水中에너은즉完全ᄒᆞᆫ者ᄂᆞᆫ沉下ᄒᆞ고病傷ᄒᆞᆫ者ᄂᆞᆫ浮上ᄒᆞᆷ으로ᄡᅥ分類ᄒᆞᆷ이容易ᄒᆞ도다。此法으로ᄡᅥ選擇ᄒᆞᆫ種子ᄂᆞᆫ다시清水에너어鹽分을洗出ᄒᆯ지니라。蘿蔔蕪菁等菜屬은發育의最良ᄒᆞᆫ者를擇ᄒᆞ야

取種ᄒᆞ얏다가翌年에耕種ᄒᆞᆷ이可ᄒᆞ도다。每年에如此히ᄒᆞᆫ則種子ᄂᆞᆫ漸々良好ᄒᆞ야收穫이增加ᄒᆞᄂᆞ니라。

林檎、桃、梨等果樹ᄂᆞᆫ接木ᄒᆞᄂᆞᆫ法을쓰ᄂᆞ니。接木이라ᄒᆞᆷ은他木의傍枝ᄅᆞᆯ折取ᄒᆞ야原查에接ᄒᆞᆷ이니。比컨ᄃᆡ只今此處에林檎木一株가잇ᄂᆞᆫᄃᆡ그果實이良好치안커던該木의全體ᄅᆞᆯ伐去ᄒᆞ고原查만남긴後에結實이優良ᄒᆞᆫ他木의傍枝ᄅᆞᆯ原查에接付ᄒᆞᆷ이라。

또如何ᄒᆞᆫ植物이던지他處에서良種을求來ᄒᆞ야栽植ᄒᆞᆯ지니라。이것도亦是擇種ᄒᆞᄂᆞᆫ一法이라古昔에ᄂᆞᆫ交通이不便ᄒᆞᆷ으로써農夫ᄂᆞᆫ다만自己의住居ᄒᆞᄂᆞᆫ地方에잇ᄂᆞᆫ者ᄅᆞᆯ培養ᄒᆞᆯᄲᅮᆫ이오他處에ᄂᆞᆫ良種이잇슬지라도求之不得ᄒᆞ얏도다。그러나近來ᄂᆞᆫ交通이크게發達ᄒᆞ야遠方의일이라도알기容易ᄒᆞ게되얏슨즉各處에서良種을求來ᄒᆞ야農産物을改良ᄒᆞᆷ이盛行ᄒᆞᄂᆞ니라。

第十二課　善友

물은담ᄂᆞᆫ그릇의빗을ᄯᅡ라셔

이리도변ᄒᆞ며뎌리도변ᄒᆞ고。
사ᄅᆞᆷ은사괴ᄂᆞᆫ친구ᄅᆞᆯᄯᆞ라셔
善ᄒᆞ게도되며惡ᄒᆞ게도되오。
날보담몃비나優勝ᄒᆞᆫ朋友ᄅᆞᆯ
擇ᄒᆞ고求ᄒᆞ야셰々相從ᄒᆞ고。
過失을고치고善行을본밧아
이너몸도賢人君子되고지고。

第十三課 高麗가亾ᄒᆞᆷ

高麗ᄂᆞᆫ國祚ᄅᆞᆯ保存ᄒᆞᆷ이四百五十六年이라然而中葉以後二百餘年間은諸王이다闇弱

ᄒᆞ야遊樂으로能事ᄅᆞᆯ삼고國政의弊瘼을改善치못ᄒᆞ며人民의疾苦ᄅᆞᆯ顧念치안은지라。然故로人民도ᄯᅩᄒᆞᆫ一身의利만ᄭᅬᄒᆞ야王室을尊崇치아니ᄒᆞ니風紀가紊亂ᄒᆞ고士氣가衰退ᄒᆞ다。彼倭寇ᄅᆞᆯ能히防禦치못ᄒᆞᆫ一事ᄅᆞᆯ볼지라도國力의如何히衰微ᄒᆞᆷ을可히推知ᄒᆞᆯ진저。

倭寇ᄂᆞᆫ我國과接近ᄒᆞᆫ日本海濱의水賊의徒黨인ᄃᆡ그姓名도未詳ᄒᆞᆫ者ㅣ라。彼等은小舟ᄅᆞᆯ타고每年沿海各郡에來侵ᄒᆞ야財貨ᄅᆞᆯ略

奪ᄒᆞᄂᆞᆫ지라。高麗王이屢次出兵ᄒᆞ야討滅코
져ᄒᆞ얏스나國力이貧弱ᄒᆞ야軍粮과兵器가
不足ᄒᆞᆷ으로써恆常奏功치못ᄒᆞ고。因ᄒᆞ야使
臣을日本에派遣ᄒᆞ야禁戢ᄒᆞ기ᄅᆞᆯ請ᄒᆞ얏스
나當時의日本은國內가大亂ᄒᆞ야戰爭이不
息ᄒᆞᆫ故로能히外國을爲ᄒᆞ야用力지못ᄒᆞ니
라。僧侶에遍照라ᄂᆞᆫ者ㅣ잇스니。國王의寵愛
ᄅᆞᆯ닙어位祿이漸〃昇進ᄒᆞᆫ지라。이에還俗ᄒᆞ
야辛旽이라改名ᄒᆞ니그威權이國王을壓倒
ᄒᆞ더라。自是로民心이더욱離散ᄒᆞ야王室의

威信이墮地ᄒᆞᆫ지라。其時에一人의英雄이나
셔國家의秩序ᄅᆞᆯ恢復ᄒᆞ다英雄이라ᄒᆞᆷ은何
人이뇨곳我太祖高皇帝이시라。太祖高皇帝
께셔ᄂᆞᆫ咸鏡道永興人이시니。天姿가英邁ᄒᆞ
고度量이寬洪ᄒᆞ신지라。屢進ᄒᆞ샤兵馬節度
가되시니天下의人心이歸服ᄒᆞ니라。高麗ᄅᆞᆯ
顚覆ᄒᆞᆫ王은恭讓王이라ᄒᆞᄂᆞ니王은甚히柔
弱ᄒᆞ야佛을奉事ᄒᆞᄂᆞᆫ外에民國의興亾을不
知ᄒᆞ니。於是에諸臣이相議ᄒᆞ야恭讓王을廢
ᄒᆞ고太祖高皇帝ᄅᆞᆯ推戴ᄒᆞ야王을삼다。太祖

高皇帝께셔古昔의國號를取ᄒᆞ야朝鮮이라
改稱ᄒᆞ고國都를漢陽에定ᄒᆞ셧스니。이ᄂᆞᆫ곳
本朝刱業之主ㅣ시니라。

第十四課 會社

良明이道上에行ᄒᆞ다가某々會社라ᄒᆞᄂᆞᆫ懸
板을屢次보앗ᄂᆞᆫ지라。一夜에그父親을侍坐
ᄒᆞ야談話ᄒᆞ다가。

良明 處々에셔某々會社라懸板ᄒᆞᆫ큰商店
과ᄀᆞᆺᄒᆞᆫ것이잇스니。會社라ᄒᆞᄂᆞᆫ것은
엇더ᄒᆞᆫ것이오닛가。

父 會社라ᄒᆞᄂᆞᆫ것은衆人이資本을醵出
ᄒᆞ야商業을經營ᄒᆞᄂᆞᆫ團體니라。

良明 人々이各々商業을經營치안코衆人
이資本을醵合ᄒᆞᆷ은何故오닛가。

父 些少ᄒᆞᆫ資本으로될만ᄒᆞᆫ商業은一人
의獨力으로足히經營ᄒᆞ거니와多數ᄒᆞᆫ
資本金을要ᄒᆞᄂᆞᆫ商業은一二人으로
ᄂᆞᆫ能히行치못ᄒᆞᄂᆞᆫ지라。如此ᄒᆞᆫ셰에
ᄂᆞᆫ衆人이合力ᄒᆞ야多數ᄒᆞᆫ資本金을
鳩聚ᄒᆞᄂᆞ니라。故로會社의經營ᄒᆞᄂᆞᆫ

商業은必也에大商業이니라。多大ᄒᆞᆫ財産을가진商人은一人으로도會社보담큰商業을經營ᄒᆞᄂᆞᆫ者ㅣ不少ᄒᆞ니라。

良明　然則會社에셔엇ᄂᆞᆫ바利益은如何ᄒᆞᆫ方法으로分配ᄒᆞᄂᆞᆫ가。

父　그것은最初에辦出ᄒᆞᆫ바資本金額을應ᄒᆞ야配當ᄒᆞᄂᆞᆫ지라。假令四人이合力ᄒᆞ야十萬圓의資本金으로써會社를刱設ᄒᆞ얏다가一萬圓의利益을取

入ᄒᆞ얏ᄂᆞᆫᄃᆡ。만일四人이二萬五千圓식各出ᄒᆞ얏스면各々二千五百圓의配當을밧을지오。만일甲은四萬圓乙은三萬圓丙은二萬圓丁은一萬圓을各出ᄒᆞ얏스면그配當은四千圓三千圓二千圓一千圓의梯等이잇ᄂᆞ니라。

第十五課　友人의慈親喪을弔慰ᄒᆞᆷ

先夫人은春秋가邵隆ᄒᆞ시나吾　兄의孝養이至極ᄒᆞ심을因ᄒᆞ야百歲退齡을安享ᄒᆞ시기로期望ᄒᆞ얏ᄉᆞᆸ더니千萬夢外에　訃音을

遽承ᄒᆞ오니驚怛ᄒᆞ옵기마지아니ᄒᆞ오며吾兄誠孝로思慕號絕ᄒᆞ심이오작ᄒᆞ오시릿가十分寬抑ᄒᆞ시와孝로써孝를傷치마옵소셔

不備謹疏。

年 月 日 張永基疏上

權明德 至孝、 苫前

第十六課 同答狀

明德은稽顙再拜言明德이先考를早失ᄒᆞ고偏母가在堂ᄒᆞ오나家貧孝薄ᄒᆞ와晩景菽水之供도盡誠치못ᄒᆞ옵다가卒然히凶禍를當ᄒᆞ오니擧號擗踊ᄒᆞ오며叩地呌天ᄒᆞ와生全ᄒᆞ옵기를바라지안숩ᄂᆞᆫᄎᆞ에慰問ᄒᆞ심을밧ᄌᆞ오니哀感無地이옵ᄂᆞ이다荒迷不次謹疏。

年 月 日 孤哀子權明德疏上

張永基 大人 座下

第十七課 統監府

日露戰爭後에日本이我國과協議ᄒᆞ야京城에統監이라稱ᄒᆞᄂᆞᆫ大官을置ᄒᆞ다。統監은韓國政治를改善ᄒᆞ고教育이普及ᄒᆞ고農商工業을發達케ᄒᆞ야써韓國人民의安寧幸福을

셰ᄒᆞ고。또韓國에在留ᄒᆞᄂᆞᆫ日本人을監督ᄒᆞᆷ으로任務ᄅᆞᆯ삼ᄂᆞ니라。統監의官廳을統監府라稱ᄒᆞᄂᆞ니統監府에ᄂᆞᆫ數多ᄒᆞᆫ官吏가잇서서統監의指揮ᄅᆞᆯ承ᄒᆞ야諸般事務ᄅᆞᆯ分掌ᄒᆞ다。釜山、馬山、大邱、木浦、羣山、仁川、京城、平壤、鎭南浦、新義州、元山、城津、淸津、十三處에ᄂᆞᆫ理事官을

統監府

置ᄒᆞᆫ지라。理事官은統監의指揮ᄅᆞᆯ承ᄒᆞ야各該地方에居留ᄒᆞᄂᆞᆫ日本人을監督ᄒᆞᆷ이其職務니라。理事官의官衙ᄅᆞᆯ理事廳이라稱ᄒᆞᄂᆞ니理事廳잇ᄂᆞᆫ곳은大槪日本人이多住ᄒᆞᄂᆞᆫ土地니라。

統監府ᄂᆞᆫ設置된後로其日은猶淺ᄒᆞ나韓國의政治敎育農商工業은漸次改進ᄒᆞᄂᆞᆫ데로向ᄒᆞ얏ᄂᆞᆫ지라。이形勢로써數十年을經過ᄒᆞ면韓國은全然히面目을一新ᄒᆞ리로다。

第十八課 害蟲

蝶蛾等이原野草花之間에飛去飛來ᄒᆞᆷ을보면그美麗ᄒᆞᆷ이足히愛翫ᄒᆞᆯ만ᄒᆞ나그變生ᄒᆞ기前의幼蟲은形容도醜惡ᄒᆞ고農作物에莫大ᄒᆞᆫ害를ᄭᅵ치ᄂᆞᆫ者ㅣ만토다。一切穀物野菜果樹等을侵蝕ᄒᆞ야그發育을害ᄒᆞᄂᆞᆫ虫類를害虫이라ᄒᆞᄂᆞ니。害虫은其形이甚少ᄒᆞ나一時에만히發生ᄒᆞᆯᄯᅢᄂᆞᆫ農作物을遍害ᄒᆞ야荒年이되ᄂᆞᆫ일도잇ᄂᆞ니라。害蟲은그種類가ᄀᆞ장만ᄒᆞ니이제그尤甚ᄒᆞᆫ者를摘記ᄒᆞ리라。螟蟲은體形이甚小ᄒᆞ고背上에褐色線이잇ᄂᆞᆫ

四十六

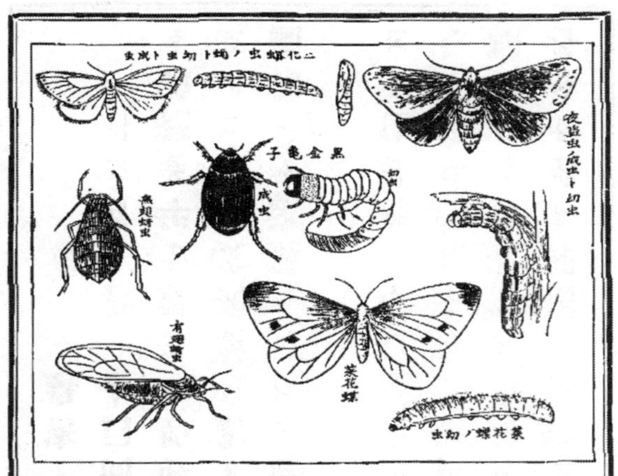

지라。稻莖의內部에蝕入ᄒᆞᄂᆞ니。稻莖의萎黃ᄒᆞᆷ은螟蟲의害니라。此害가最甚ᄒᆞᆯᄯᅢᄂᆞᆫ十의七八이減損ᄒᆞᄂᆞ니라。螟蟲은五月頃에淡褐色의蛾가되야秧葉에産卵ᄒᆞᄂᆞᆫ도다。故로秧田에飛集ᄒᆞᄂᆞᆫ蛾를

四十七

捕捉ᄒᆞ고蛾卵을除去ᄒᆞ야그害를豫防ᄒᆞᆯ지니라。또螟蟲의害를밧은稻莖은根上에셔부터刈取ᄒᆞ야燒火ᄒᆞᆷ이可ᄒᆞ도다。

夜盜蟲은처음에ᄂᆞᆫ綠色이오後에ᄂᆞᆫ褐色으로變ᄒᆞᄂᆞ니。晝間은根底에潛伏ᄒᆞ얏다가日暮後에出來ᄒᆞ야嫩葉을蝕盡ᄒᆞᄂᆞᆫ도다。此蟲이多數히發生ᄒᆞᆫ즉數日之間에農作物이綠色을全失ᄒᆞᄂᆞ니。夜盜蟲이生ᄒᆞᆫ田畓에ᄂᆞᆫ深一尺廣五寸의溝洫을掘開ᄒᆞ고蟲을其中에搖落케ᄒᆞ야沒死케ᄒᆞᆷ이됴ᄒᆞ니라。

黑金龜子ᄂᆞᆫ黑色의甲蟲이라。晝間은土中에隱伏ᄒᆞ얏다가夜中에出來ᄒᆞ야農作物을蝕盡ᄒᆞᄂᆞ니。一夜之間에梨栗等의樹葉을盡蝕ᄒᆞ고一葉의餘存도업ᄂᆞᆫ일도잇ᄂᆞ니。樹下에廣紙를布置ᄒᆞ고薄暮에蟲이來集ᄒᆞ거던樹枝를拂搖ᄒᆞ야落地케ᄒᆞᆯ지니라。

菜螟蛉은綠色이오背上에短毛가掩蔽ᄒᆞ얏ᄂᆞᆫ지라。菜葉을剝蝕ᄒᆞ고葉柄만남기ᄂᆞ니菜田에此蟲이生ᄒᆞᆫ즉除蟲菊粉이라ᄒᆞᄂᆞᆫ藥을和水ᄒᆞ야注瀉ᄒᆞᆷ이最良法이니라。

蚜蟲은果樹野菜等의稺葉을剝蝕ᄒᆞ니其害가莫甚ᄒᆞ도다。蚜蟲을除去코저ᄒᆞ면除蟲菊과洗濯石鹼을和水ᄒᆞ야注瀉ᄒᆞᆯ지니라。

第十九課 益蟲

蟲類中에ᄂᆞᆫ害蟲을殺ᄒᆞ야農作物의損害를減ᄒᆞ야我等의게利益이되게ᄒᆞᄂᆞᆫ者도잇ᄂᆞ니此等의蟲類를益蟲이라ᄒᆞᄂᆞ니라。

益蟲에ᄂᆞᆫ害蟲을捕食ᄒᆞᄂᆞᆫ者도잇고。또害蟲의卵上에다시產卵ᄒᆞ야害蟲의卵을消滅케ᄒᆞᄂᆞᆫ者도잇도다。

五十

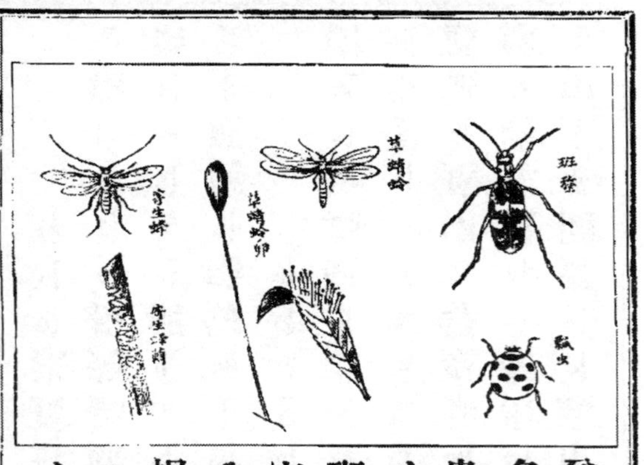

益蟲中에ᄀᆞ장害蟲을多殺ᄒᆞᄂᆞᆫ者ᄂᆞᆫ斑蝥、瓢蟲、草蜻蛉、寄生蜂等이라。

斑蝥의幼蟲은土中에穿穴ᄒᆞ고其中에棲息ᄒᆞ야各種의蟲類를捕捉ᄒᆞ야穴中에서食ᄒᆞ고。成蟲이된즉敏捷ᄒᆞ게諸蟲을捕獲ᄒᆞᄂᆞ니

五十一

夏日에道路에徘徊ᄒᆞ다가사ᄅᆞᆷ을보면前面으로數尺식高飛ᄒᆞᄂᆞᆫ美麗ᄒᆞᆫ蟲이곳斑蝥ㅣ니라。

瓢蟲은半球狀으로된美麗ᄒᆞᆫ小蟲이라。全體黃色에黑點잇ᄂᆞᆫ者도잇고黑色에赤點잇ᄂᆞᆫ者도잇ᄂᆞ니蚜蟲을捕食ᄒᆞᆷ으로爲主ᄒᆞᄂᆞ니라。

草蜻蛉은蜻蛉의一種이라形體ᄂᆞᆫ小ᄒᆞ나綠色에光澤이잇ᄂᆞᆫ지라。能히蚜蟲所集處에產卵ᄒᆞᄂᆞ니幼蟲은蝨과ᄀᆞᆺᄒᆞ나稍大ᄒᆞ고蚜蟲

을食ᄒᆞ야그津液을盡吸ᄒᆞᄂᆞ니라。

寄生蜂은大概螟蛉類에寄生ᄒᆞ야其肉을食ᄒᆞ고羽化ᄒᆞ면小蜂이되ᄂᆞ니라。

此等益蟲은害蟲의七割五分을殺ᄒᆞᄂᆞ니。萬若益蟲이업스면害蟲은더욱繁殖ᄒᆞ야每年에農作物을損害ᄒᆞᆷ이莫大ᄒᆞᆯ지라。然則我等은害蟲과益蟲을區別ᄒᆞ야益蟲을保護ᄒᆞᆷ이可ᄒᆞ니라。

第二十課　郊外散步를勸誘ᄒᆞᆷ

春雨가初晴ᄒᆞ옵고風和日暖ᄒᆞ온ᄃᆡ兼ᄒᆞ야

日曜日이온즉同志四五人으로더부러南郊에散策ᄒᆞ야桃花ᄅᆞᆯ翫賞ᄒᆞ다가龍山으로轉進ᄒᆞ야江上淸風에終日消暢ᄒᆞ면精神이爽活ᄒᆞ고氣宇가軒昻ᄒᆞ야讀書窮理ᄒᆞᆷ에腦力이綽々히餘地가잇스리니엇지吾人의樂事가아니리오幸望吾 兄은午前十一時에弊居로 枉駕ᄒᆞ야同䏂諸君과作伴케ᄒᆞ시ᄋᆞᆸ쇼셔餘不備禮。

年 月 日 弟李全應拜手

金德明 仁兄 座下

第二十一課 同答書

琅函은謹承이오며今日은開春以來의好日氣라南郊에桃花가滿發ᄒᆞ야風光이正佳ᄒᆞᆷ을듯ᄉᆞᆸ고一次淸遊ᄒᆞᆯᄆᆞᄋᆞᆷ은잇ᄉᆞ오나試驗期가在邇ᄒᆞᆫ故로復習ᄒᆞ기에餘念이업ᄉᆞᆸᄂᆞ니。

兄敎와ᄀᆞᆺ치一日快樂으로써精力을養ᄒᆞᆸ도未爲不可온지라 指的ᄒᆞ오신時刻에仙館을往叩ᄒᆞ리니 下諒如何오餘不備謝上

年 月 日 弟金德明拜復

李全應 仁兄 座下

第二十二課 陸地의海洋

地球의表面의高處ᄂᆞᆫ陸地가되고底處ᄂᆞᆫ海洋이되얏스니。海洋의廣은陸地의三倍되다。陸地의最大ᄒᆞᆫ者四個가잇스니。亞米利加、亞弗利加、大洋洲、와밋我等의住居ᄒᆞᄂᆞᆫ大陸이是也ㅣ라。我等

五十六

의棲息ᄒᆞᄂᆞᆫ바大陸의西方의一部ᄅᆞᆯ歐羅巴라ᄒᆞ고其餘ᄂᆞᆫ亞細亞라ᄒᆞᄂᆞ니。亞細亞의面積은全世界의三分之一이니라。

韓國、日本、淸國等은亞細亞에屬ᄒᆞ고英吉利、佛蘭西、獨逸、露西亞等은歐羅巴에屬ᄒᆞ얏도다。亞弗利加도古昔에ᄂᆞᆫ亞細亞와大陸이相連ᄒᆞ얏스나그最狹ᄒᆞᆫ곳을掘開ᄒᆞ야運河ᄅᆞᆯᄆᆞᆫ든結果로今日에ᄂᆞᆫ分

五十七

離ᄒᆞ야一個大陸이되니라。
亞米利加의中部ᄂᆞᆫ陸地가甚히狹隘ᄒᆞ니。그狹隘ᄒᆞᆫ곳에셔北方은北亞米利加라稱ᄒᆞ고南方은南亞米利加라稱ᄒᆞᄂᆞᆫ도다。二個廣大ᄒᆞᆫ大陸사이에狹隘ᄒᆞᆫ部分을地峽이라ᄒᆞᄂᆞ니。南北亞米利加의中間된地峽을파나마地峽이라稱ᄒᆞᄂᆞᆫ도다。近年에이地峽을鑿斷ᄒᆞ야南北亞米利加를分離케ᄒᆞ고져ᄒᆞᄂᆞᆫᄃᆡ方今工役中에잇ᄂᆞᆫ지라。이工役이竣成되면亞米利加도또ᄒᆞᆫ二個의陸地가될지니라。亞細

亞、歐羅巴、亞弗利加、北亞米利加、南亞米利加大洋洲를六大洲라稱ᄒᆞᄂᆞ니라。
海洋은亞細亞와大洋洲와亞米利加의中間에잇ᄂᆞᆫ것을太平洋이라ᄒᆞ고。歐羅巴와밋亞弗利加와亞米利加의中間에잇ᄂᆞᆫ것은大西洋이라ᄒᆞ고。또印度의南方에잇ᄂᆞᆫ것을印度洋이라ᄒᆞᄂᆞ니。太平洋이最廣ᄒᆞ고印度洋이最狹ᄒᆞ니라。
北極의海洋을北極洋이라稱ᄒᆞ고南極의海洋을南極洋이라稱ᄒᆞᄂᆞ니。北極洋과南極洋

은極寒ᄒᆞ야四時에氷雪이融解치아니ᄒᆞᆫ즉船舶도通치못ᄒᆞᆷ이實地를往見ᄒᆞᆫ者ㅣ업ᄂᆞ니라。

第二十三課 世界의强國

今日世界의强國이라稱ᄒᆞᄂᆞᆫ者ᄂᆞᆫ英吉利、佛蘭西、獨逸、露西亞、日本과밋亞米利加合衆國의六個國이라。其中에英吉利、佛蘭西、獨逸、露西亞四個國은歐羅巴에잇ᄂᆞ니라。

英吉利ᄂᆞᆫ眇小ᄒᆞᆫ一島國이나官吏가廉潔ᄒᆞ고人民이勤勉ᄒᆞ야國力이强大ᄒᆞᆫ故로世界

各處에廣大ᄒᆞᆫ領地를두엇스며。商工業의發達ᄒᆞᆷ이此國과比肩ᄒᆞᆯ者ㅣ업도다。그首府倫敦은世界의第一되ᄂᆞᆫ大都會오世界商業의中心이라稱ᄒᆞᄂᆞ니라。

佛蘭西ᄂᆞᆫ物産이豐富ᄒᆞ며算術工藝가ᄀᆞ장進步ᄒᆞ고。그首府巴里ᄂᆞᆫ世界에第一華麗ᄒᆞᆫ城市니라。獨逸은學術이ᄀᆞ장進步ᄒᆞᆫ故로世界各國에셔此國에遊學ᄒᆞᄂᆞᆫ者ㅣ甚多ᄒᆞ나그러나商工業은英吉利에不及ᄒᆞ고算術工藝ᄂᆞᆫ佛蘭西에不及ᄒᆞᄂᆞ니라。

露西亞ᄂᆞᆫ歐羅巴의半部와亞細亞의三分之一을領有ᄒᆞᆫ大國이라。雖然이나氣候가甚寒ᄒᆞ야太半은農業에適當치안토다。西伯利亞ᄂᆞᆫ그廣袤가我國二十四五倍가되나人口ᄂᆞᆫ겨오二千萬에不過ᄒᆞᄂᆞᆫ지라。故로土地가荒漠ᄒᆞ야富强에達치못ᄒᆞ니라。

亞米利加合衆國은面積이甚廣ᄒᆞ고到處에土地가膏沃ᄒᆞ야農業에適當ᄒᆞ고。金銀鐵石炭等의天産物이豐饒ᄒᆞᆷ으로써人民이ᄀᆞ장富贍ᄒᆞ고商業은英吉利에버금되ᄂᆞ니라。

亞細亞ᄂᆞᆫ面積이最廣ᄒᆞ고物産이亦富ᄒᆞ도다。支那와印度ᄂᆞᆫ世界中에ᄀᆞ장先開ᄒᆞ얏스나印度ᄂᆞᆫ英吉利의領地가되고支那ᄂᆞᆫ法度가解弛ᄒᆞ고政令이紊亂ᄒᆞᆫ故로國力이甚히不振ᄒᆞ며。惟獨日本이일즉이歐米의文化ᄅᆞᆯ模倣ᄒᆞ야敎育을盛히ᄒᆞ고農商工業의發達에注意ᄒᆞ얏슴으로써國力이强大ᄒᆞ야日淸日露兩戰役에勝捷을奏ᄒᆞ고今也에ᄂᆞᆫ世界六强國에幷列ᄒᆞ얏ᄂᆞ니라。

普通學校學徒用 國語讀本卷八終

隆熙 二年三月一日發行
隆熙 三年四月十日再版

定價金拾貳錢

學部

大日本圖書株式會社印刷

150部 限定版

韓國開化期教科書叢書 6

〈國語篇全 8 卷 55,000원〉

編著 韓國學文獻研究所

〈國語 VI〉

國語讀本

發行者 亞細亞文化社

서울特別市中區奬忠洞1街四八의二四

登錄業番號 二―一二五・對替五、四六〇四

電話(二五)六九一〇、(二九)九二六六

一九七七年 九月二十五日印刷

一九七七年 十月 三 日發行

定價7,000원

근대 한국학 교과서 총서 1 | 국어과 |

초판인쇄 2022년 04월 11일
초판발행 2022년 04월 25일

편 자 성신여대 인문융합연구소
발 행 인 윤석현
발 행 처 제이앤씨
책임편집 최인노
등록번호 제7-220호

우편주소 서울시 도봉구 우이천로 353 성주빌딩
대표전화 02) 992 / 3253
전 송 02) 991 / 1285
전자우편 jncbook@hanmail.net

ISBN 979-11-5917-202-1 94370 정가 48,000원
979-11-5917-201-4 (Set)